高等学校土木工程专业“十四五”系列规划教材·应用型

结构力学

（第2版）

主　编　张来仪　田志莹

副主编　段　旻　胡东萍　彭　傲
　　　　　吴胜番　任　丽

四川大学出版社
SICHUAN UNIVERSITY PRESS

图书在版编目（CIP）数据

结构力学 / 张来仪，田志莹主编．-- 2 版．-- 成都 ：四川大学出版社，2025. 2. -- ISBN 978-7-5690-7640-0

Ⅰ．O342

中国国家版本馆 CIP 数据核字第 20254M2K32 号

书　　名：结构力学（第 2 版）
　　　　　Jiegou Lixue（Di-er Ban）
主　　编：张来仪　田志莹

选题策划：王　睿
责任编辑：周维彬　王　睿
特约编辑：孙　丽
责任校对：蒋　玙
装帧设计：开动传媒
责任印制：李金兰

出版发行：四川大学出版社有限责任公司
　　　　　地址：成都市一环路南一段 24 号（610065）
　　　　　电话：（028）85408311（发行部）、85400276（总编室）
　　　　　电子邮箱：scupress@vip.163.com
　　　　　网址：https://press.scu.edu.cn
印前制作：湖北开动传媒科技有限公司
印刷装订：武汉乐生印刷有限公司

成品尺寸：200mm×270mm
印　　张：21.5
字　　数：603 千字

版　　次：2025 年 2 月 第 2 版
印　　次：2025 年 2 月 第 1 次印刷
定　　价：58.00 元

本社图书如有印装质量问题，请联系发行部调换

四川大学出版社
微信公众号

特别提示

教学实践表明，有效地利用数字化教学资源，对于学生学习能力以及问题意识的培养乃至怀疑精神的塑造具有重要意义。

通过对数字化教学资源的选取与利用，学生的学习从以教师主讲的单向指导模式转变为建设性、发现性的学习，从被动学习转变为主动学习，由教师传播知识到学生自己重新创造知识。这无疑是锻炼和提高学生的信息素养的大好机会，也是检验其学习能力、学习收获的最佳方式和途径之一。

本系列教材在相关编写人员的配合下，逐步配备基本数字教学资源，主要内容包括：

文本：课程重难点、思考题与习题参考答案、知识拓展等。

图片：课程教学外观图、原理图、设计图等。

视频：课程讲述对象展示视频、模拟动画，课程实验视频，工程实例视频等。

音频：课程讲述对象解说音频、录音材料等。

数字资源获取方法：

① 打开微信，点击“扫一扫”。

② 将扫描框对准书中所附的二维码。

③ 扫描完毕，即可查看文件。

更多数字教学资源共享、图书购买及读者互动敬请关注“开动传媒”微信公众号！

前　言

本书是依据高等学校土木工程学科专业指导委员会编制的《高等学校土木工程本科指导性专业规范》(以下简称《专业规范》)以及教育部审定的《结构力学课程教学基本要求(A类)》而编写的。本书可作为高等学校土木工程专业本科教材,也可供有关工程技术人员学习参考。

本书在编写过程中始终注意把握以下编写原则:

第一,课程体系的组织,注重系统性和完整性的编写要求,以便读者系统地、完整地掌握结构力学的基本理论和基本知识。

第二,具体内容的安排,把握"以必需、够用为度"的编写原则,在讲解每一知识点时,突出其应用性和实用性,并注重学生基本能力的培养。

第三,基本内容的阐述,注意由浅到深,由易到难,方便教师教学和学生自学。每章内容在讲解之前有"内容提要""能力要求""价值塑造",讲完之后有"本章小结",并配有一定数量的思考题和习题。

第四,教学深度的掌握,注意"留有余地,方便选用"的编写尺度,在满足《专业规范》提出的最低要求的前提下,为各类学校的教学需要留有选择的余地。

根据《专业规范》的要求,完成本课程的教学至少需要78学时。考虑到各校的实际需要,在具体编写时增加了约25%的内容,即按98学时进行编写。超出《专业规范》最低教学要求以外的内容,在目录前冠以"*"号表示。

本书由重庆大学张来仪、重庆城市科技学院田志莹担任主编;重庆财经职业学院段旻,重庆城市科技学院胡东萍、彭傲、吴胜番,以及山东协和学院任丽担任副主编。

具体编写分工为:

重庆大学,张来仪(前言、第13章);

重庆城市科技学院,田志莹(第6章、第10章);

重庆财经职业学院,段旻(第1章、第2章);

重庆城市科技学院,胡东萍(第7章、第8章);

重庆城市科技学院,彭傲(第11章、第12章);

重庆城市科技学院,吴胜番(第3章、第4章);

山东协和学院,任丽(第5章、第9章)。

由于编者水平有限,书中难免存在不足之处,欢迎读者批评指正。

编　者

2024年10月

目　录

1　绪论 ………………………………………………………………………… (1)

1.1　结构力学概述 ……………………………………………………………… (1)

1.2　杆件结构的计算简图 ……………………………………………………… (3)

1.3　平面杆件结构的分类 ……………………………………………………… (8)

1.4　荷载的分类………………………………………………………………… (10)

本章小结 ……………………………………………………………………… (10)

思考题 ………………………………………………………………………… (11)

参考文献 ……………………………………………………………………… (11)

2　平面体系的几何组成分析………………………………………………… (12)

2.1　几何组成分析中的几个基本概念………………………………………… (12)

2.2　平面体系的计算自由度…………………………………………………… (16)

2.3　平面几何不变体系的基本组成规则……………………………………… (17)

2.4　几何组成分析举例………………………………………………………… (20)

2.5　体系的几何组成与静力特性的关系……………………………………… (21)

本章小结 ……………………………………………………………………… (23)

思考题 ………………………………………………………………………… (23)

习题 …………………………………………………………………………… (24)

参考文献 ……………………………………………………………………… (26)

3　静定梁和静定平面刚架的内力分析……………………………………… (27)

3.1　单跨静定梁的内力分析…………………………………………………… (28)

3.2　多跨静定梁的内力分析…………………………………………………… (35)

3.3　静定平面刚架的内力分析………………………………………………… (40)

本章小结 ……………………………………………………………………… (49)

思考题 ………………………………………………………………………… (49)

习题 …………………………………………………………………………… (49)

参考文献 ……………………………………………………………………… (51)

4　静定平面桁架和组合结构的内力分析…………………………………… (52)

4.1　概述………………………………………………………………………… (53)

4.2　结点法……………………………………………………………………… (56)

4.3　截面法……………………………………………………………………… (60)

4.4　三种简支梁式桁架受力性能比较………………………………………… (64)

4.5　静定组合结构的内力……………………………………………………… (67)

本章小结 ……………………………………………………………………… (69)

思考题 ………………………………………………………………………… (69)

习题 …………………………………………………………………………… (70)

参考文献 …………………………………………………………………………………………… (71)

5 三铰拱的内力分析 …………………………………………………………………………… (72)

5.1 拱结构及其受力特点 ………………………………………………………………………… (72)

5.2 三铰拱的支座反力及内力计算 ……………………………………………………………… (75)

5.3 三铰拱的合理拱轴 …………………………………………………………………………… (80)

5.4 静定结构的特性 ……………………………………………………………………………… (83)

本章小结 …………………………………………………………………………………………… (84)

思考题 ……………………………………………………………………………………………… (85)

习题 ………………………………………………………………………………………………… (85)

参考文献 …………………………………………………………………………………………… (86)

6 静定结构的位移计算 ………………………………………………………………………… (87)

6.1 概述 …………………………………………………………………………………………… (87)

6.2 变形体系的虚功原理 ………………………………………………………………………… (88)

6.3 平面杆件结构位移计算的一般公式 ………………………………………………………… (93)

6.4 静定结构在荷载作用下的位移计算 ………………………………………………………… (95)

6.5 图形相乘法 …………………………………………………………………………………… (99)

6.6 静定结构由于温度变化和支座移动所引起的位移计算 …………………………………… (105)

6.7 线弹性体系的互等定理 ……………………………………………………………………… (108)

本章小结 …………………………………………………………………………………………… (110)

思考题 ……………………………………………………………………………………………… (111)

习题 ………………………………………………………………………………………………… (111)

参考文献 …………………………………………………………………………………………… (113)

7 力法 …………………………………………………………………………………………… (114)

7.1 超静定结构概述 ……………………………………………………………………………… (114)

7.2 力法基本原理 ………………………………………………………………………………… (117)

7.3 用力法计算超静定结构在荷载作用下的内力 ……………………………………………… (121)

7.4 用力法计算超静定结构在支座移动和温度变化时的内力 ………………………………… (135)

7.5 对称性的利用 ………………………………………………………………………………… (139)

7.6 超静定结构的位移计算 ……………………………………………………………………… (147)

7.7 超静定结构内力图的校核 …………………………………………………………………… (150)

7.8 超静定结构的一般特性 ……………………………………………………………………… (152)

本章小结 …………………………………………………………………………………………… (153)

思考题 ……………………………………………………………………………………………… (153)

习题 ………………………………………………………………………………………………… (153)

参考文献 …………………………………………………………………………………………… (157)

8 位移法 ………………………………………………………………………………………… (158)

8.1 概述 …………………………………………………………………………………………… (158)

8.2 等截面直杆的转角位移方程 ………………………………………………………………… (160)

8.3 位移法的基本概念 …………………………………………………………………………… (165)

8.4 用典型方程法计算超静定结构的内力 ……………………………………………………… (169)

8.5　用直接平衡法计算超静定结构的内力 …………………………………… (180)
本章小结…………………………………………………………………………… (181)
思考题……………………………………………………………………………… (182)
习题………………………………………………………………………………… (183)
参考文献…………………………………………………………………………… (186)
9　力矩分配法与近似法 …………………………………………………… (187)
9.1　力矩分配法的基本概念 …………………………………………………… (187)
9.2　多结点结构的力矩分配法 ………………………………………………… (194)
*9.3　多层多跨刚架的近似计算方法 …………………………………………… (197)
本章小结…………………………………………………………………………… (203)
思考题……………………………………………………………………………… (204)
习题………………………………………………………………………………… (204)
参考文献…………………………………………………………………………… (206)
10　影响线及其应用………………………………………………………… (207)
10.1　影响线的概念…………………………………………………………… (207)
10.2　用静力法作静定梁的影响线…………………………………………… (208)
10.3　用静力法作结点荷载作用下梁的影响线……………………………… (213)
10.4　用机动法作静定梁的影响线…………………………………………… (215)
10.5　用影响线计算影响量值………………………………………………… (217)
10.6　移动荷载最不利位置的确定…………………………………………… (219)
*10.7　用机动法作连续梁的影响线 ………………………………………… (222)
10.8　内力包络图……………………………………………………………… (224)
本章小结…………………………………………………………………………… (229)
思考题……………………………………………………………………………… (229)
习题………………………………………………………………………………… (230)
参考文献…………………………………………………………………………… (232)
11　矩阵位移法……………………………………………………………… (233)
11.1　概述……………………………………………………………………… (233)
11.2　杆件结构的离散化……………………………………………………… (234)
11.3　单元坐标系中的单元刚度矩阵………………………………………… (237)
11.4　结构坐标系中的单元刚度矩阵………………………………………… (240)
11.5　直接刚度法形成结构刚度矩阵………………………………………… (242)
11.6　结构的综合结点荷载列阵……………………………………………… (247)
11.7　求解结点位移和单元杆端力…………………………………………… (251)
11.8　矩阵位移法的计算步骤及举例………………………………………… (252)
本章小结…………………………………………………………………………… (260)
思考题……………………………………………………………………………… (260)
习题………………………………………………………………………………… (261)
参考文献…………………………………………………………………………… (263)

12 结构的动力计算……………………………………………………………………… (264)
12.1 概述……………………………………………………………………………… (265)
12.2 单自由度体系的运动方程…………………………………………………… (268)
12.3 单自由度体系的自由振动…………………………………………………… (270)
12.4 无阻尼单自由度体系的强迫振动…………………………………………… (278)
*12.5 两个自由度体系的自由振动 ………………………………………………… (284)
12.6 两个自由度体系在简谐荷载作用下的受迫振动…………………………… (291)
*12.7 振型分解法 …………………………………………………………………… (297)
本章小结……………………………………………………………………………… (303)
思考题………………………………………………………………………………… (304)
习题…………………………………………………………………………………… (305)
参考文献……………………………………………………………………………… (308)
13 结构的稳定计算……………………………………………………………………… (309)
13.1 概述……………………………………………………………………………… (310)
13.2 确定临界荷载的静力法……………………………………………………… (313)
*13.3 确定临界荷载的能量法 ……………………………………………………… (318)
13.4 直杆的稳定…………………………………………………………………… (324)
本章小结……………………………………………………………………………… (329)
思考题………………………………………………………………………………… (330)
习题…………………………………………………………………………………… (330)
参考文献……………………………………………………………………………… (332)

数字资源目录

1 绪 论

【内容提要】

本章主要内容包括：结构力学的研究对象和任务，选取结构计算简图的原则、要求及其主要内容，平面杆件结构的分类。本章教学内容的重点是：结构力学研究的对象和任务，杆件结构的计算简图。本章教学内容的难点是：结构计算简图的选取。

【能力要求】

通过本章的学习，学生应了解结构力学的研究对象和任务，理解将实际结构简化为计算简图的选取原则，理解各种支座和结点的约束特点，了解平面杆件结构的分类。

【价值塑造】

计算简图的绘制是一个深度分析和抽象提炼的过程，它要求我们将复杂的实体结构简化为可以运用力学知识进行分析的结构模型。在这一过程中，我们必须具备一种敏锐的洞察力，能够精准地识别并忽略那些对整体受力分析影响甚微的细节，转而全神贯注于展现结构的受力特性。

这种能力在解决实际问题的过程中同样具有举足轻重的地位。在现实生活中，我们时常会面临各种复杂的问题，这些问题往往涉及多个方面和因素，错综复杂。为了有效地解决这些问题，我们需要从大局出发，具备“抓住主要矛盾，忽略次要矛盾”的能力。这意味着我们需要有清晰的头脑，能够洞察问题的本质，抓住问题的核心，同时不被那些次要的因素所干扰。

将复杂的问题简单化，不仅仅是一种解决问题的方法，更是智慧和能力的体现。通过绘制计算简图，我们学会了如何将复杂的问题进行简化，从而更加高效、准确地找到问题的解决方案。这种能力不仅对于工程领域具有重要意义，也对于我们的日常生活和职业发展具有深远的影响。

1.1 结构力学概述

1.1.1 结构及其分类

建筑物或构筑物中，用以承受、传递荷载，并维持其使用功能形态的部分，称为工程结构，简称结构。例如，在房屋建筑中由屋面板、屋架、梁、板、柱及基础等组成的房屋结构，在桥梁中由桥面板、桥面梁或桁架、桥墩等组成的桥梁结构，水工建筑物中的闸门和水坝等。图 1-1 是一些工程结构的实例。

结构科普

(a)　(b)

(c)　(d)　(e)

(f)　(g)

图 1-1

(a)台北 101 大楼;(b)重庆朝天门长江大桥;(c)长江三峡大坝;(d)北京工业大学体育馆;(e)国家体育馆;(f)国家游泳馆;(g)万里长城

万里长城

结构通常是由若干构件连接而成的。按照结构构件的几何特征,结构可分为以下三类:

(1)杆件结构。

杆件结构是由若干杆件按照一定的方式组合而成的体系。杆件的几何特征是外形细长(图 1-2),其长度 l 比截面宽度 b 和截面厚度 h 大得多。杆件结构是土木工程中普遍应用的一种结构形式,如钢筋混凝土屋架、桥梁钢桁架、起重机塔架等。

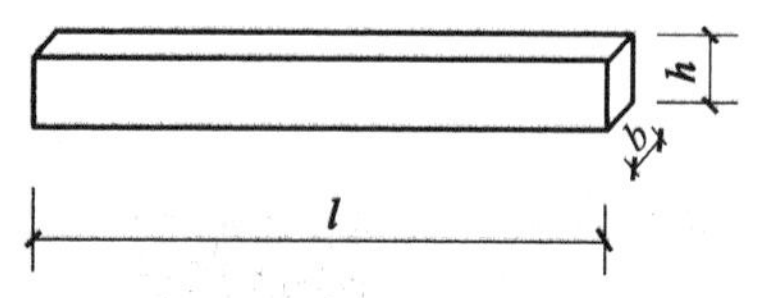

图 1-2

(2)薄壁结构。

薄壁结构是由薄壁构件组成的。薄壁构件的厚度 h 要比长、宽两个维度的尺寸小得多(图 1-3)。当薄壁结构为平面形状时,称为平板;当薄壁结构为曲面时,称为壳体。目前,应用日渐增多的薄膜结构也属于此类结构。

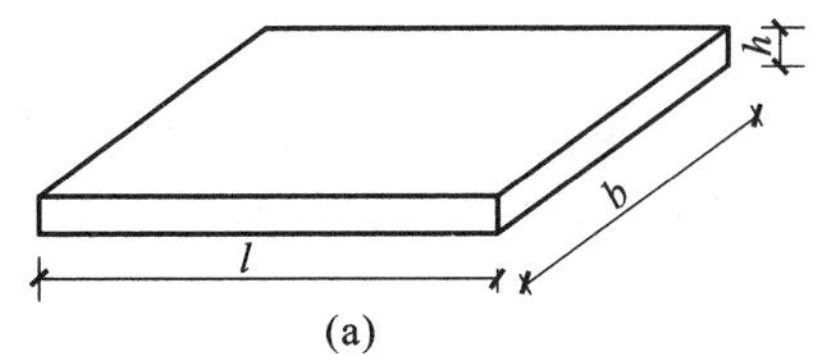

图 1-3

(3)实体结构。

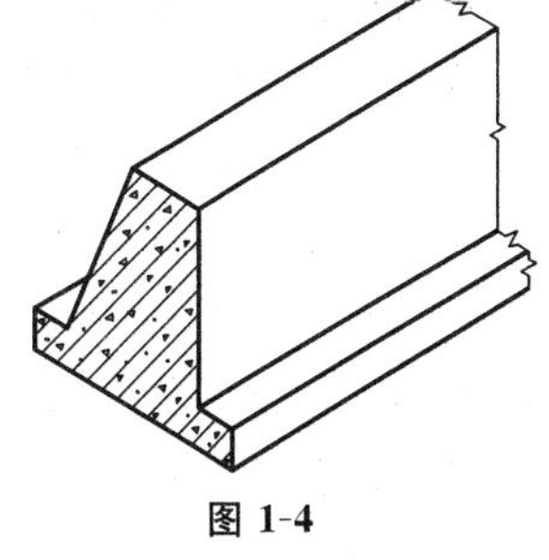
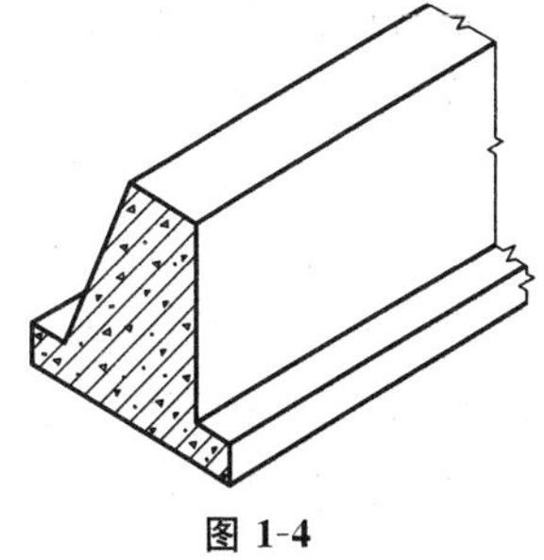

图 1-4

实体结构是由长、宽、厚三个尺度大致相当的块体组成的结构。如图 1-4 所示挡土墙、图 1-1(c)所示长江三峡大坝均是实体结构。

1.1.2　结构力学的研究对象和任务

按照目前国内学科的划分方法，结构力学的研究对象主要是杆件结构，薄壁结构和实体结构的受力分析将在弹性力学中进行研究。严格地说，一般的杆件结构都是空间结构，但它们中的大多数均可简化为平面结构来分析。因此，本书主要研究平面杆件结构，即组成结构的所有杆件及结构所承受的外荷载都在同一平面内。

结构力学研究杆件结构的强度、刚度和稳定性问题，其具体任务包括以下几个方面：

①杆件结构的组成规律和合理的组成方式。

②杆件结构内力和变形的计算方法，以便进行结构的强度计算和刚度验算。

③杆件结构的稳定性以及在动力荷载作用下的结构反应。

1.2　杆件结构的计算简图

1.2.1　计算简图及其选择原则

工程结构实际是很复杂的，在结构设计中，要完全按照结构的实际情况进行力学分析几乎是不可能的，也是不必要的。因此，在进行结构分析之前，一般都要对实际结构进行简化，抓住其主要受力特征，略去次要因素，用一个简化的力学模型来代替实际结构。这种经过科学抽象加以简化的力学计算模型，称为实际结构的计算简图。

结构的简化

计算简图的选择应遵循下列两条原则：

①正确地反映结构的实际受力及变形性能，使计算结果接近实际情况；

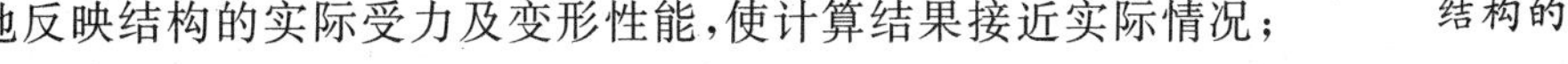

②保留主要因素，略去次要因素，使计算简图便于计算。

需要指出，在上述原则指导下，计算简图要根据具体要求和条件来选择，并不是一成不变的。例如，对于不重要的结构可以采用较简单的计算简图，对重要的结构应采用较精确的计算简图；在初步设计阶段应选择较粗略的计算简图，在施工图设计阶段应选择较精确的计算简图；手算时可选取较简单的计算简图，电算时应选取较复杂的计算简图。

对于常用的结构形式，可借助前人的经验直接选取计算简图；对于一些新型结构，往往要通过多次的试验和实践，才能获得比较合理的计算简图。总的来说，结构计算简图的选择是一个比较复杂的问题，需经过本书的学习、后续专业课的学习以及今后工作的实践，才能逐渐理解和掌握。

1.2.2　计算简图的简化要点

将实际杆件结构简化为计算简图，通常从以下几方面进行简化：

(1)结构体系的简化。

实际工程结构都是空间结构,但计算空间结构的工作量很大。在多数情况下,常可以忽略一些次要的空间约束而将空间结构分解为平面结构,使计算简化,并能满足一定的工程精度要求。

(2)杆件的简化。

在杆件结构中,当杆件的长度大于其截面宽度和厚度的五倍以上时,通常可认为杆件变形时其横截面仍保持为平面,截面上某点的应力可根据截面的内力(弯矩、剪力、轴力)来确定。由于内力只沿杆长方向变化,因此,在计算简图中,不论是直杆或曲杆均可用其轴线(截面形心的连线)表示。

(3)材料性质的简化。

土木工程结构所用的建筑材料通常有钢、混凝土、砖、石等。在结构分析时必须建立材料受力与变形间的关系模型。为了简化计算,通常假设材料为连续的、均匀的、各向同性的、完全弹性或弹塑性的。对金属材料,以上假设在一定受力范围内是符合实际情况的,但对混凝土、砖、石等材料则带有一定程度的近似性。

(4)结点的简化。

杆件与杆件的连接处用杆件轴线的交点表示,称为结点。实际工程结构杆件连接处的构造形式多种多样,但在计算简图中通常简化为以下三种理想情况:

①刚结点。刚结点的特点是:汇交于结点的各杆端之间不能发生相对转动,各杆间可相互传递力和力矩。如图 1-5(a)所示是一现浇钢筋混凝土刚架的结点,梁和柱的钢筋在该处用混凝土浇成整体,其计算简图如图 1-5(b)所示。当结构发生变形时,汇交于刚结点的各杆端切线之间的夹角将保持不变,各杆端转动同一角度 φ,见图 1-5(c)。

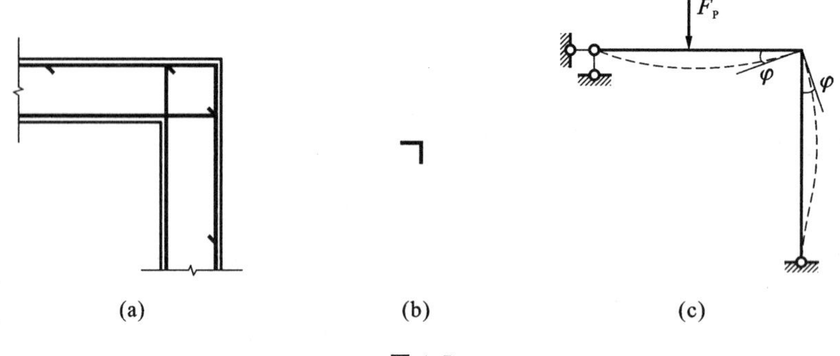

图 1-5

②铰结点。铰结点的特点是:汇交于结点的各杆端可以绕结点自由转动,各杆间可相互传递力,但不能传递力矩。如图 1-6(a)所示为一钢桁架的结点,是通过结点板把各杆件焊接在一起的。实际上,各杆端不能自由地相对转动,但在桁架中各杆主要承受轴力。因此,计算时将这种结点简化为铰结点,如图 1-6(b)所示的 A 结点。

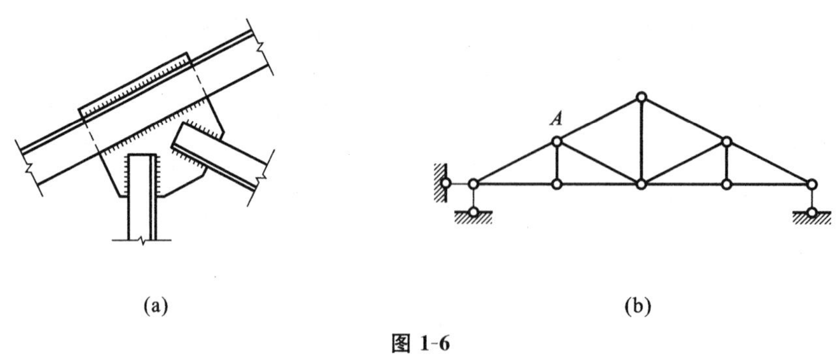

图 1-6

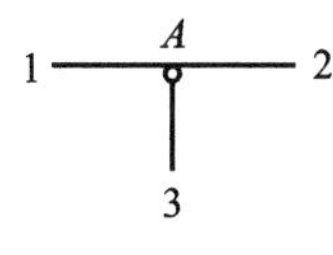

图 1-7

③组合结点。在同一结点上，某些杆件相互刚结，而另一些杆件相互铰结，则称为组合结点。如图 1-7 所示结点 A，其中杆件 1 与 2 在结点 A 刚结，杆件 3 与杆件 1、2 在结点 A 铰结。

(5)支座的简化。

结构与基础的连接装置称为支座。结构所受的荷载通过支座传到基础和地基。支座对结构的反作用力称为支座反力，简称为支反力。根据支座的构造和所起作用的不同，平面结构的支座可简化为下列五种：

图 1-8

①活动铰支座。桥梁中用的辊轴支座[图 1-8(a)]即属于这种支座。它允许结构绕铰 A 转动和沿支承平面方向移动，但 A 点不能沿垂直于支承面的方向移动。因此，当不考虑支承平面上的摩擦力时，这种支座的反力将通过铰 A 的中心并与支承平面相垂直，即反力的作用点和方向都是确定的，只有大小是一个未知量。根据上述特征，这种支座可以用一根垂直于支承面的链杆表示[图 1-8(b)]。

②固定铰支座。这种支座的构造如图 1-9(a)所示，常简称为铰支座，它允许结构绕铰 A 转动，但 A 点不能沿水平或竖向移动。支座反力将通过铰 A 中心，但其大小和方向都是未知的，通常可用水平反力 F_{Ax} 和竖向反力 F_{Ay} 表示。这种支座的计算简图可用交于 A 点的两根支承链杆来表示，如图 1-9(b)、(c)所示。

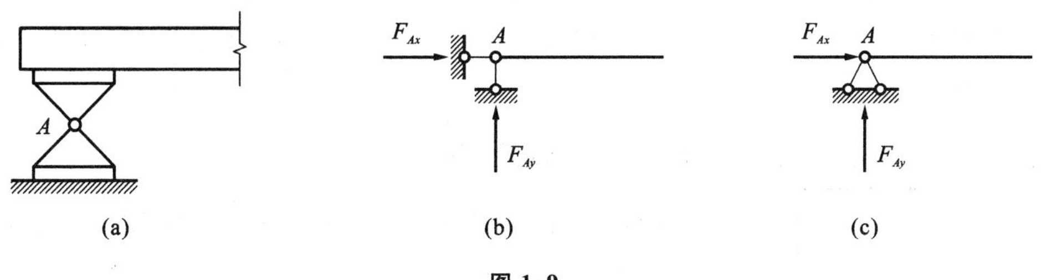

图 1-9

③固定支座。这种支座不允许结构在支承处发生任何方向的移动和转动。如图 1-10(a)所示悬臂梁，当梁端插入墙身有相当深度且四周与墙体紧密接触时，梁端被完全固定，可以视为固定支座，计算简图如图 1-10(b)所示。它的支座反力大小、方向和作用点位置都是未知的，通常用水平反力 F_{Ax}、竖向反力 F_{Ay} 和反力偶 M_A 来表示。

④定向支座。定向支座又称滑动支座，如图 1-11(a)所示为这种支座的示意图。结构在支承处不能转动，不能沿垂直于支承面的方向移动，但可沿支承面方向滑动。计算简图用垂直于支承面的两根平行链杆表示[图 1-11(b)]，其反力为一个垂直于支承面的力和一个力偶。此外，还有如图 1-11(c)所示的另一种定向支座。

上述四种支座都假定其本身不发生变形，计算简图中的支杆被认为是刚性链杆，这类支座称为刚性支座。

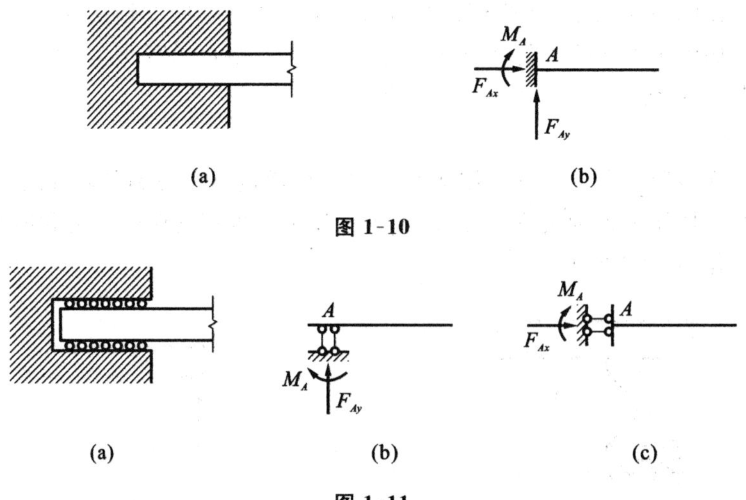

图 1-10

图 1-11

⑤弹性支座。如果在结构计算中,需要考虑支座本身的变形时,则这种支座称为弹性支座。弹性支座又分为抗移动弹性支座和抗转动弹性支座,分别如图 1-12(a)、(b)所示。图 1-12 中 k 表示弹性支座发生单位移动(或单位转动)时所产生的反力(或反力偶),称为弹性刚度系数。

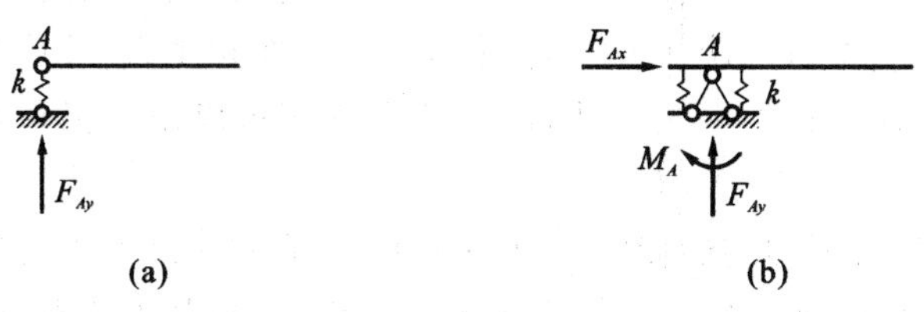

图 1-12

(6)荷载的简化。

荷载是指主动作用在结构上的外力。例如结构的自重,作用在结构上的人群或货物的质量、土压力、水压力、风力、车轮的压力等。在对结构进行分析时,常将荷载简化为沿杆轴连续分布的线荷载或作用在一点的集中力。

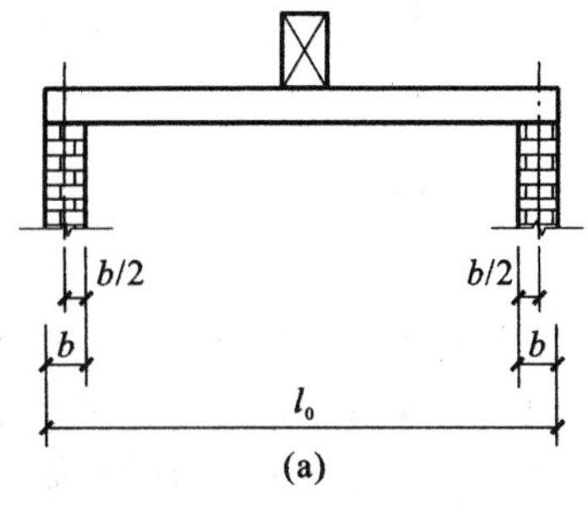

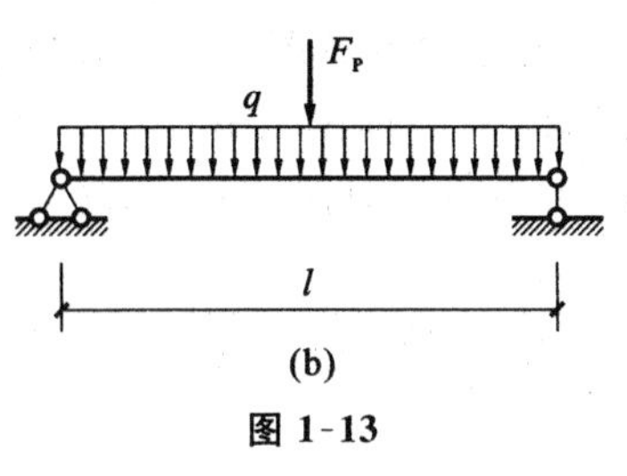

图 1-13

1.2.3 计算简图举例

【例 1-1】 图 1-13(a)是房屋建筑的楼面中的梁板结构,试选取梁的计算简图。

【解】 (1)结构体系的简化。

略去预制板对梁所起的约束作用,并将预制板传给梁的荷载和梁垫反力简化到梁轴所在竖向平面内,以梁的纵轴线代表实际的梁,如图 1-13(b)所示。

(2)梁的跨度。

梁与梁垫间接触面上的压力分布是很复杂的,当接触面的长度不大时,可取梁两端与梁垫接触面中心的间距作为梁的计算跨度 l,如图 1-13(b)所示。为了简化计算,有时也取 $l=1.05l_0$ 作为计算跨度,其中 l_0 为梁的净跨度。

(3)支座的简化。

由于梁端嵌入墙内的实际长度比较短,加之梁与梁垫之间是用水泥砂浆连接的,密实性较差,所以在受力后有产生微小转动的可能,不能起到固定支座的约束作用。另外,考虑到梁作为整体虽然不能有水平移动,但又存在着由于梁的变形而引起梁端部有微小伸缩的可能性。因此,通常把梁的一端简化为固定铰支座,另一端则简化为可动铰支座,这种形式的梁称为简支梁。

(4)荷载的简化。

由于重物的分布尺寸较小,可将其简化为一集中荷载,用 F_P 表示。梁的自重可简化为一个沿梁纵轴分布的均布荷载。人群等楼面荷载一般按均布荷载考虑,将它与预制板、抹面等的自重合并在一起,折算成沿梁轴分布的均布荷载,用 q 表示。

经过以上简化,即可得到如图 1-13(b)所示的计算简图。

【例 1-2】 如图 1-14(a)所示是一钢筋混凝土厂房结构,屋架和柱都是预制的。屋架下端插入基础的杯口内,然后用细石混凝土填实。屋架与柱的连接是通过屋架端部和柱顶的预埋钢板进行焊接而实现的。屋架在横向平面内与柱组成排架[图 1-14(b)],各个排架之间,在屋架上有屋面板连接,在柱间有吊车梁连接,试选取计算简图。

【解】 (1)结构体系的简化。

从整体上看,该厂房是一个空间结构。但从其荷载传递来看,屋面荷载和吊车轮压等都主要通过屋面板和吊车梁等构件传递到一个个的横向排架上,故在选择计算简图时,可以略去排架之间纵向联系的作用,而把这样的空间结构简化为一系列的平面排架来分析,如图 1-14(b)所示。

(2)屋架的计算简图。

屋架承受屋面板传来的竖向荷载的作用,荷载大小按柱间距中线之间的面积计算。屋架的计算简图如图 1-14(c)所示。这里进行以下的简化:

①屋架杆件用其轴线表示;

②屋架杆件之间的连接简化为铰结点;

③屋架的两端通过预埋件与柱顶焊接,可简化为一个固定铰支座和一个活动铰支座;

④屋面荷载通过屋面板的四个角点以集中力的形式作用在屋架的上弦上。

(3)排架柱的计算简图。

竖向荷载作用下,排架柱的计算简图如图 1-14(d)所示。这里进行了以下的简化:

①柱用其轴线表示。由于上下两段柱的截面大小不同,因此应分别用一条通过各自截面形心的连线来表示。

②屋架以一链杆代替。由于屋架的刚度很大,相应变形很小,因此认为两柱顶之间的距离在受荷载前后没有变化,即可用 $EA\to\infty$ 的一根链杆代替该屋架。

③柱插入基础后,用细石混凝土填实,柱基础视为固定支座。

④排架柱除承受屋架传来的压力外,还承受牛腿上吊车梁传来的吊车荷载的作用。

上面所举的两个例子,都是可以分解为平面结构的空间结构。但是应当注意,并不是所有的空间结构都可以分解为平面结构来计算。例如,大跨度建筑中的空间网架屋顶、输电线路中的铁塔、起重机塔架等。它们要么根本不是由平面结构组成;要么虽由平面结构组成,但其工作状况主要是空间性质的。故对这样一些结构,必须按空间结构进行计算。

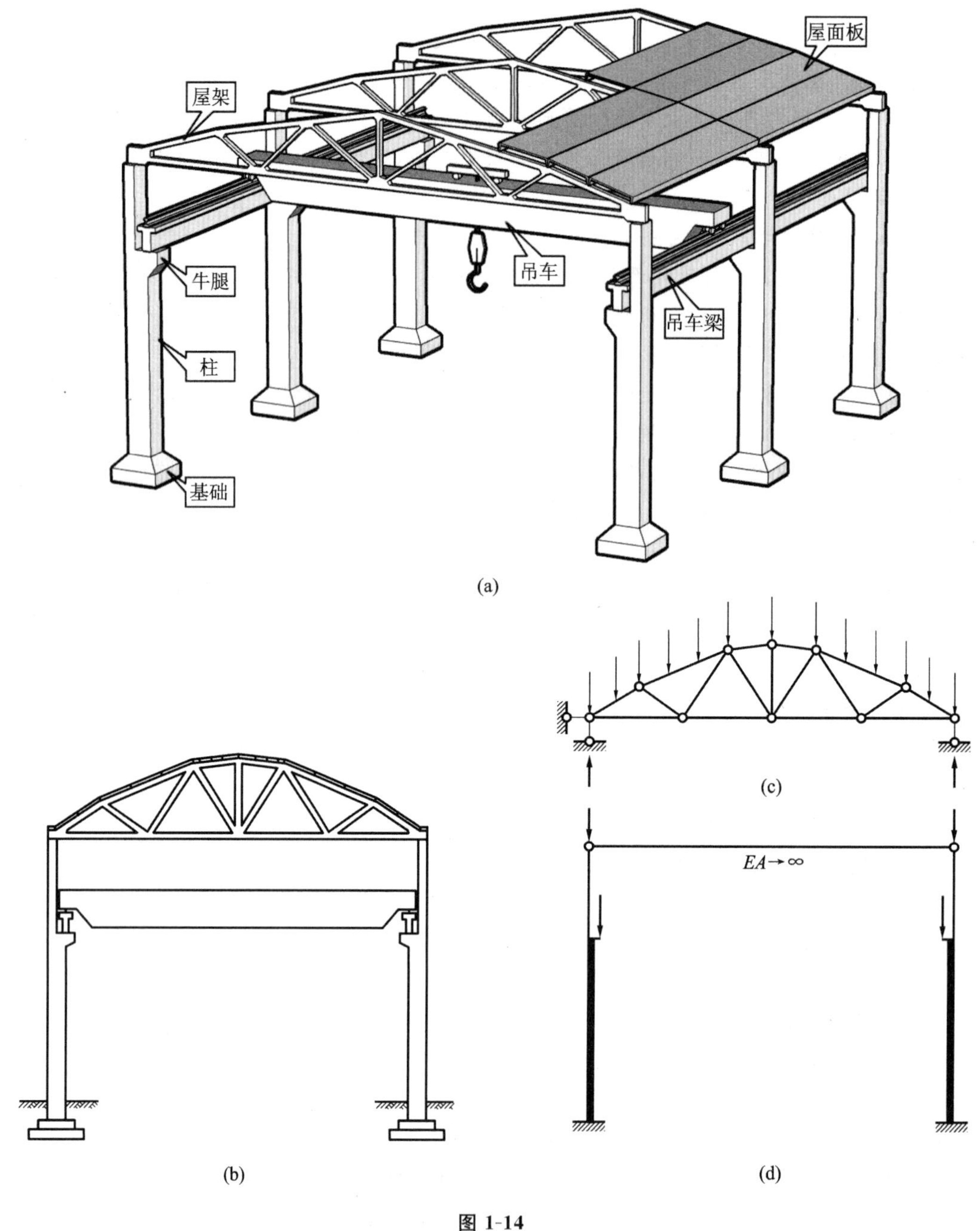

图 1-14

1.3 平面杆件结构的分类

如前面章节所述,结构力学所研究的是经过简化以后的计算简图。因此,所谓结构的分类,实际上是指结构计算简图的分类。

按照不同的构造特征和受力特点,常用的平面杆件结构可分为以下几类:

(1)梁。

梁是一种受弯构件,其轴线通常为直线,它可以是单跨的[图 1-15(a)、(c)],也可以是多跨的

[图 1-15(b)、(d)]。其内力一般有弯矩和剪力,以弯矩为主。

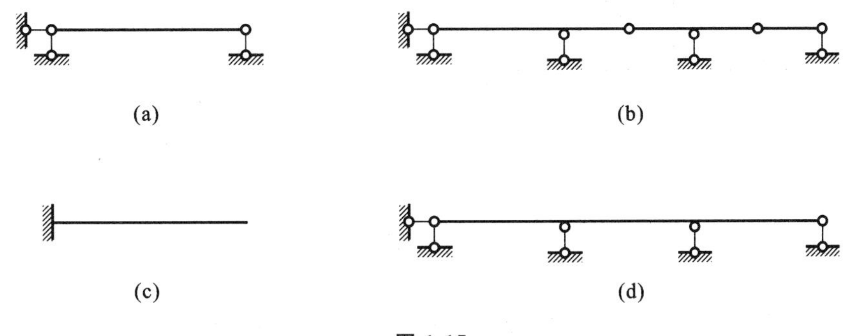

图 1-15

(2)刚架。

刚架是由梁和柱组成的结构(图 1-16),结点多为刚结点。刚架杆件内力一般有弯矩、剪力和轴力,其中弯矩为主要内力。

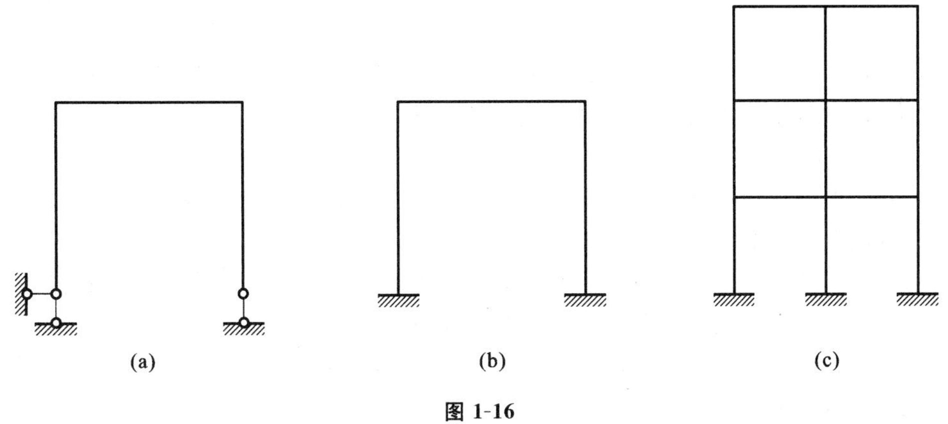

图 1-16

(3)拱。

拱的轴线一般为曲线(图 1-17),在竖向荷载作用下会产生水平反力(推力),这使得拱内弯矩远小于跨度、荷载及支承情况与之相同的梁的弯矩。

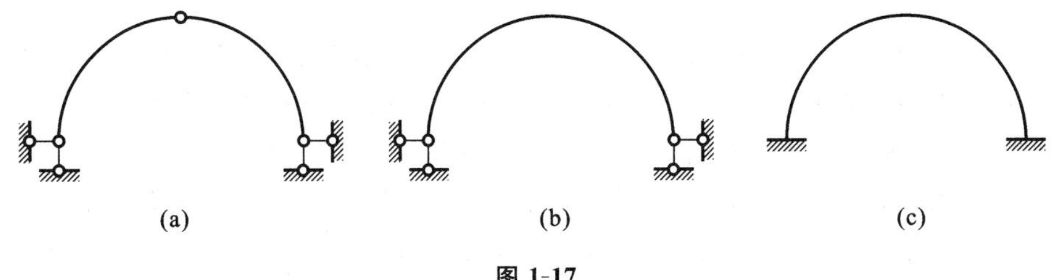

图 1-17

(4)桁架。

桁架是由若干杆件在两端用理想铰连接而成的结构(图 1-18),当只受到作用于结点的集中荷载时,各杆只产生轴力。

(5)组合结构。

组合结构是由承受弯矩、剪力及轴力的梁式杆和只承受轴力的链杆组成的结构(图 1-19),其结点中有组合结点。

后面各章将详细讨论上述各类结构的计算原理和计算方法。

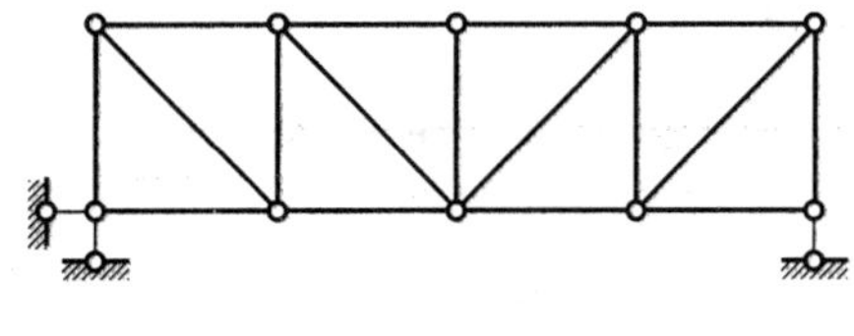

图 1-18

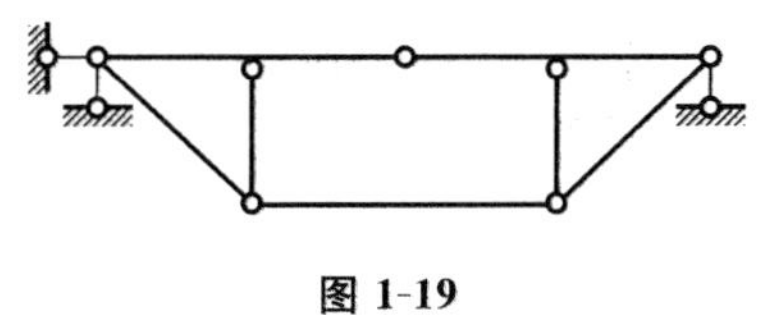

图 1-19

1.4 荷载的分类

根据荷载作用时间的长短、分布情况和作用的性质,荷载可作如下分类。

(1)按荷载作用时间的长短分。

根据《建筑结构荷载规范》(GB 50009—2012)的规定,可分为以下三类。

①恒载:永久作用在结构上的不变荷载,如结构自重、固定设备自重、土压力等。

②活载:暂时作用在结构上的可变荷载,如临时设备自重、人群、风力、水压力、移动的汽车和吊车等。

对结构进行计算时,恒载和大部分活载在结构上的位置可以认为是固定的,这种荷载称为固定荷载。有些活载,如桥梁上的汽车荷载、吊车梁上的吊车荷载等,它们在结构上的位置是移动的,这种荷载称为移动荷载。

③偶然荷载:偶然作用在结构上的荷载,其值很大且持续时间很短,如地震、爆炸冲击荷载等。

(2)按荷载的分布情况分。

①集中荷载:当荷载的分布面积远小于结构的尺寸时,则可认为此荷载是作用在结构的一个点上,称为集中荷载。集中荷载有集中力和集中力偶两种。

②分布荷载:当荷载的分布面积较大时,即是分布荷载。分布荷载又可分为均匀分布荷载、线性分布(如三角形或梯形分布)荷载等。

(3)按荷载作用的性质分。

①静力荷载:其大小、方向和位置不随时间而变化或变化极为缓慢,不会使结构产生显著的振动,因而可略去惯性力的影响。恒载以及只考虑位置改变而不考虑动力效应的移动荷载都是静力荷载。

②动力荷载:随时间迅速变化的荷载,使结构产生显著的振动,因而惯性力的影响不能忽略。如往复周期荷载(机械运转时产生的荷载)、冲击荷载(爆炸冲击波)和瞬时荷载(地震)等。

除荷载外,还有其他一些因素也可以使结构产生内力和位移,例如温度变化、支座沉陷、制造误差、材料胀缩等。从广义上来说,可将这些因素视为广义荷载。在结构设计中所要考虑的各种荷载,国家都有具体规定,设计时可查阅《建筑结构荷载规范》(GB 50009—2012)和《建筑抗震设计规范(2024 年版)》(GB/T 50011—2010)等。对于特殊结构,必要时还要进行专门的实验和理论研究以确定荷载。

本章小结

(1)结构是指建筑物或构筑物中,用以承受、传递荷载,并维持其使用功能形态的部分。结构力学的研究对象是平面杆件结构,研究任务是平面杆件体系的几何组成规律及平面杆件结构的强度、刚度和稳定性的计算原理和方法。

(2)用一理想化的简化模型来代替实际结构,这种经过科学抽象加以简化的力学计算模型,称为实际结构的计算简图。选择计算简图的两条原则可归纳为“准确、简单”四个字。要通过分析结构的构造特征、受力特征,并结合经验和实验综合考虑,才能确定出计算简图。计算简图是从结构体系、杆件、材料性质、结点、支座、荷载等几个方面入手进行简化。

(3)平面杆件结构可划分为梁、刚架、拱、桁架以及组合结构等几种类型。

思考题

1-1 什么是结构?它有哪几种类型?

1-2 结构力学的研究对象和研究任务是什么?

1-3 什么是结构的计算简图?它与实际结构有什么联系与区别?为什么要将实际结构简化为计算简图?

1-4 平面杆件结构的结点有哪几种类型?请分析它们的构造特征、变形特征和传递力的特征各有何异同。

1-5 平面杆件结构的支座有哪几种类型?请分析它们的构造特征、限制结构位移的特征和支座反力各有何异同。

1-6 平面杆件结构承受的荷载是如何分类的?

1-7 常用的平面杆件结构有哪几类?

参考文献

[1] 萧允徽,张来仪.结构力学Ⅰ.3版.北京:机械工业出版社,2018.

[2] 萧允徽,张来仪.结构力学Ⅱ.3版.北京:机械工业出版社,2018.

[3] 文国治.结构力学.2版.重庆:重庆大学出版社,2022.

[4] 赵更新.结构力学.北京:中国水利水电出版社,知识产权出版社,2004.

2　平面体系的几何组成分析

【内容提要】

本章主要内容包括：几何不变体系、几何可变体系、刚片、自由度、约束、瞬变体系和虚铰的基本概念，平面几何体系计算自由度的计算，平面几何不变体系的基本组成规则、几何组成分析方法及体系的几何组成与静力特性的关系。本章教学内容的重点是：几何不变体系的基本组成规则与分析方法。本章教学内容的难点是：平面体系几何组成分析规则的灵活运用。

【能力要求】

通过本章的学习，学生应理解几何不变体系、几何可变体系、刚片、自由度、约束、瞬变体系和虚铰的概念；了解平面杆件体系计算自由度的计算；熟练掌握平面几何不变体系的基本组成规则与分析方法；理解静定结构的概念，了解静定结构与超静定结构的几何组成特征。

【价值塑造】

在工程领域中，设计师也需要考虑自由度与约束的平衡，以确保结构的稳定性和功能性。设计师还必须精确地确定约束条件，避免过度约束或约束不足的情况，以确保设计的准确性和可靠性。因此，了解并正确应用自由度与约束的概念，在工程领域中至关重要。

在几何体系中，自由度和约束之间的关系也反映了人类在生活中的行为。在生活中，我们也需要一定的约束来规范行为，以保持社会秩序，如法律规定、道德准则等。这些约束可以帮助我们在正确的轨道上行动，不至于陷入混乱和失控的状态。

对于青少年而言，适当的约束更是非常必要。父母和老师的引导和约束可以帮助他们树立正确的人生观、价值观和行为准则，帮助他们加强自律能力，形成稳定成熟的个性。当青少年的自由度超过他们的自律能力时，外部约束就显得尤为重要，以避免他们偏离正轨，走向错误的方向。

因此，对于青少年的成长过程，及时给予适当的约束和引导，帮助他们建立正确的三观，不仅有助于他们的个人成长，也有助于社会的和谐稳定。只有在自由度和约束之间取得平衡，才能实现人生的全面发展。

2.1　几何组成分析中的几个基本概念

2.1.1　几何不变体系和几何可变体系

任一杆件体系受荷载等外因作用时，杆件截面上会产生应力，材料因而产生应变，从而引起结构的变形。这种变形通常是微小的，不会影响结构的正常使用。因此，在几何组成分析时不考虑由于材料的应变所引起的变形。

如图 2-1(a)所示铰接体系，若忽略材料应变，即忽略各杆件自身的变形，尽管只受到很小的荷载 F_P 作用，由于杆件之间发生刚性位移，其几何形状和位置也会发生很大变化，甚至倾倒，这样的体系称为几何可变体系。如图 2-1(b)所示体系与图 2-1(a)相比多了一根斜杆，同样不考虑材料的变形，显然当其受到任意荷载作用时，几何形状和位置均能保持不变，这样的体系称为几何不变体系。

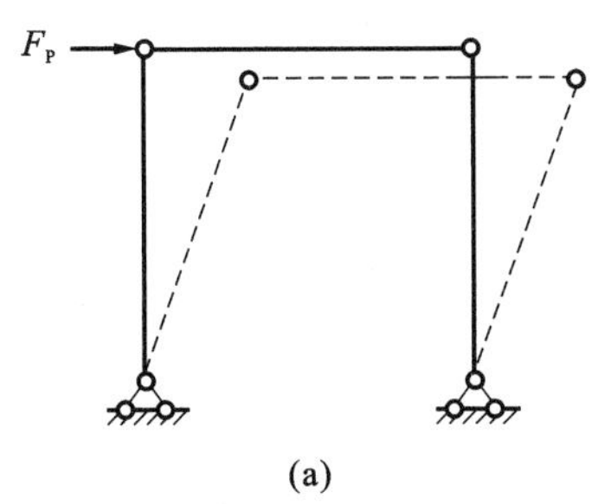

(a)

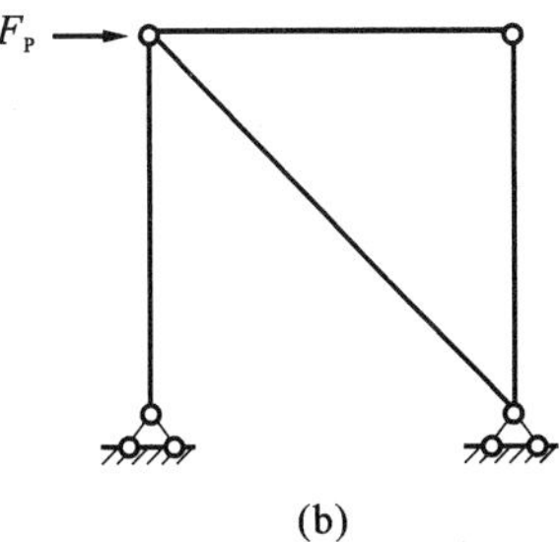

(b)

图 2-1

可见，工程结构必须是几何不变体系，否则将不能承受任意荷载且维持平衡。体系几何组成分析的主要目的，就是要检查并设法保证结构是几何不变体系，同时为正确区分静定和超静定结构以及进行结构的内力计算打下基础。

2.1.2 刚片

刚片是指具有几何不变性的平面刚体。

由于平面体系的几何组成分析不考虑杆件自身的变形，所以，所有杆件在本章都可以看作刚片。结构中已判明的几何不变部分，无论大小，也无论是整体还是局部，分析中均可看作一个刚片。如图 2-2(a)所示铰接四边形 $ABCD$ 具有几何不变性，因此可以看作一个刚片，其中△ABD 或△ACD 均是四边形中的一个几何不变部分，也可以看作是大刚片 $ABCD$ 中的一个小刚片，可见，一个大刚片可以看作是由几个小刚片联合组成的。如图 2-2(b)所示为一个几何可变体系，不具有几何不变性，因此不能视为刚片。

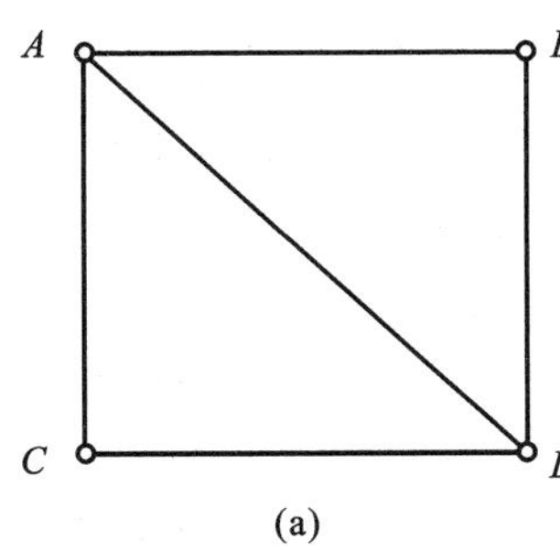

(a)

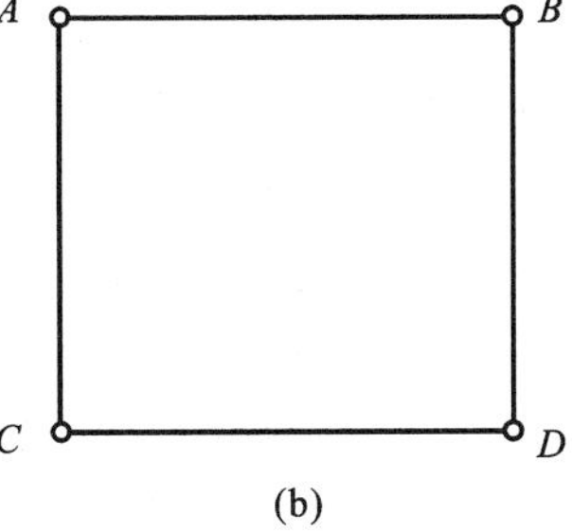

(b)

图 2-2

另外，由于不考虑材料的应变，故分析时也可以将基础视为刚片。

2.1.3 自由度

判别一个体系是否为几何不变体系，涉及自由度的概念。体系的自由度是指该体系运动时所具有的独立运动方式数目，即用来确定其几何位置所需的彼此独立的几何参数的数目。例如，平面内某点 A 具有两种独立运动的方式(沿水平方向移动，沿竖直方向移动)，换句话说，其位置可由两

个独立的坐标 x、y 来确定[图 2-3(a)],所以平面内一个点的自由度等于 2。又如平面内一个运动的刚片,其在平面内的位置可以通过刚片上任一点 A 的坐标 x、y 和过 A 的任一直线 AB 与水平线的夹角 φ 来确定[图 2-3(b)],此时确定刚片在平面内的位置需要 x、y 和 φ 三个独立的参数,即一个刚片在平面内有三种独立运动的方式,故平面内一个刚片的自由度等于 3。

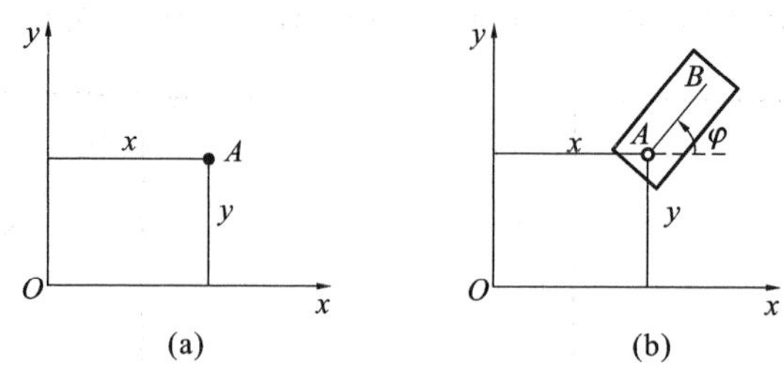

图 2-3

一般工程结构都是几何不变体系,不会发生任何运动,故自由度等于零。若自由度大于零,则为几何可变体系。

2.1.4 约束

在刚片间加入某些装置,它们的自由度会减少。凡是能减少自由度的装置都称为约束(或联系)。能减少一个自由度的装置称为一个约束,能减少 n 个自由度的装置称为 n 个约束。体系内常用的约束有链杆、铰结点、刚结点等。

如图 2-4(a)所示,用一根链杆 OA 将刚片Ⅰ与基础相连。在未联结前,刚片Ⅰ在平面内具有 3 个自由度。用链杆 OA 联结后,对于刚片Ⅰ而言,在平面内的位置仅需链杆 OA 与水平线的倾角 φ_1 以及刚片上过 A 点的任意一条直线 AB 与水平线的倾角 φ_2 来确定,此时刚片的自由度由 3 减少为 2。所以,一个链杆相当于一个约束。一个固定铰支座相当于两个约束,故也可以用两个链杆来等效替换。

再如,用一个铰 A 把刚片Ⅰ和刚片Ⅱ联结起来[图 2-4(b)]。未联结前,平面内两个独立的刚片共有 6 个自由度。联结后,刚片Ⅰ的位置可由 A 点的坐标 x、y 和倾角 φ_1 三个参数来确定;刚片Ⅰ的位置确定后,刚片Ⅱ只能绕着 A 点做相对转动,此时再需一个参数倾角 φ_2 其位置便可确定。这样,该两个刚片形成的体系在平面内共有 4 个自由度。可见,刚片Ⅰ和刚片Ⅱ用铰 A 相连后,自由度减少了两个,相当于铰 A 提供了两个约束。这种只联结两个刚片的铰称为单铰。故由上述分析可知,一个单铰相当于两个约束,也相当于两个链杆的作用。

若一个铰联结了三个或三个以上的刚片,这种铰称为复铰。如图 2-4(c)所示,刚片Ⅰ、刚片Ⅱ、刚片Ⅲ用复铰 A 相连,刚片Ⅰ的位置可由三个参数 x、y 和倾角 φ_1 确定,此时刚片Ⅱ和刚片Ⅲ只能绕 A 点作相对转动,再用两个独立的参数(倾角 φ_2、φ_3)就可确定它们的位置。此时该体系共有 5 个自由度,而平面内三个独立的刚片共有 9 个自由度,故自由度减少了 4 个。可见,联结 n 个刚片的复铰相当于$(n-1)$个单铰,相当于 $2(n-1)$ 个约束。

平面内相互独立的两个刚片若用刚结点联结在一起,如图 2-5(a)所示,则由刚结点的特性可知,此时该体系可视为一个刚片,自由度由 6 个减少为 3 个。这种仅联结两个刚片的刚结点称为单刚结点。一个单刚结点相当于 3 个约束。若一个刚结点上联结三个或三个以上的刚片则称为复刚结点,如图 2-5(b)所示。同理分析可知,联结 n 个刚片的复刚结点相当于$(n-1)$个单刚结点,相当于 $3(n-1)$ 个约束。

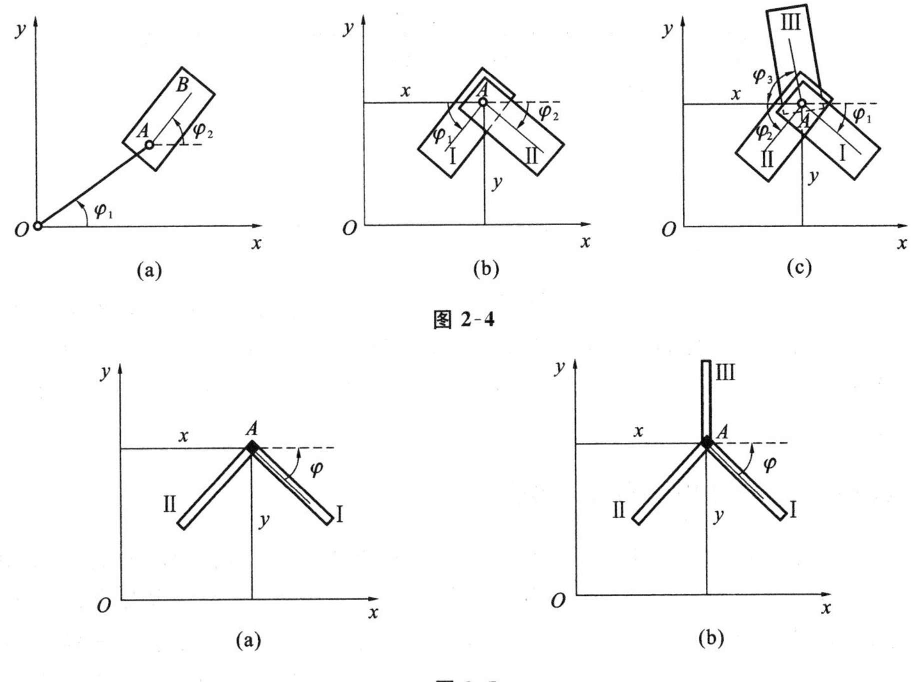

图 2-4

图 2-5

2.1.5 实铰与虚铰

如图 2-6 所示，将刚片Ⅰ用两根不平行的链杆 AB、CD 与基础相连，两链杆的延长线相交于 O 点，则体系仍具有一个自由度，即刚片Ⅰ仍具有一种独立运动的方式。分析其运动特点可知，由于链杆的限制作用，A 点可沿垂直链杆 AB 方向产生微小运动，C 点可沿垂直链杆 CD 方向产生微小运动。显然，刚片Ⅰ可以发生以 O 点为中心的微小转动，O 点称为刚片Ⅰ的转动瞬心。从瞬时微小运动来看，上述刚片Ⅰ的运动情况与在 O 点将刚片Ⅰ和基础用铰相连时的运动情况相同，即此时链杆 AB、CD 的约束作用等效于其交点 O 处的一个铰的约束作用，这个铰称为虚铰。显然，虚铰的位置并不是固定不动的，而是会随着刚片的转动而发生变化。相较于虚铰而言，单铰和复铰则可称为实铰。

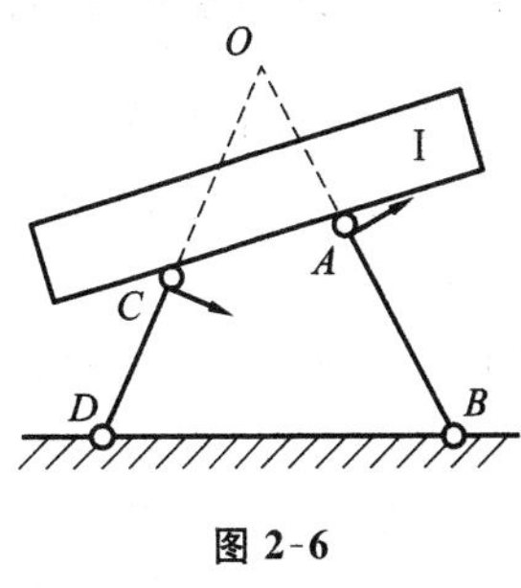

图 2-6

2.1.6 必要约束和多余约束

通过前面的分析可知，一个平面体系通常是由若干刚片加入某些约束而组成的。加入约束能减少自由度，如果在体系中加入一个约束并不能减少体系的自由度，则这样的约束称为多余约束。相反地，影响体系自由度数目增减的约束称为必要约束。

如图 2-7(a)所示，AB 杆可看作一个刚片，与基础之间通过三根链杆①、②、③相连，自由度为零，拆除其中任一个链杆，体系的自由度都会增加，体系几何可变，因此三根链杆都是该体系的必要约束。若在该体系上增加一根链杆④，如图 2-7(b)所示，体系自由度仍为零，则④杆为多余约束。在①、②、③、④四杆中若拆除链杆①，体系的自由度不变，则①杆也可看作多余约束，但若移去链杆②或③则体系几何可变，因此②杆和③杆均为必要约束。

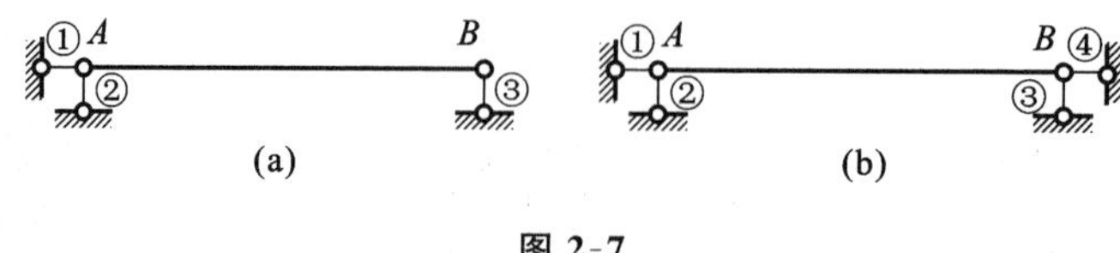

图 2-7

2.2 平面体系的计算自由度

结构体系要成为几何不变体系应满足两个方面的条件：一是刚片间具有足够数量的约束；二是约束的布置方式要合理。因此，体系能否具有几何不变性，要从这两个方面具体分析。

结构体系中约束的数量是否足够，可以根据其计算自由度进行判别。本节将主要针对计算自由度进行讨论。

2.2.1 平面体系的实际自由度与计算自由度

平面体系一般是由若干刚片加入一些约束与基础相连组合而成的。体系的实际自由度，是指体系中各刚片的自由度总和与必要约束总和的差值。计算自由度，是指体系中各刚片的自由度总和与加入的约束数目总和之差，计为 W 。由前面的分析可知，多余约束不会影响体系的自由度变化，所以，计算自由度并不一定能反映体系的实际自由度，只有当体系的全部约束中没有多余约束时，体系的计算自由度才等于实际自由度。然而，在分析体系是否几何不变时，还是可以先根据 W 判断总的约束数目是否足够。

2.2.2 平面体系的计算自由度的计算

设一个平面体系中，刚片总数(不计入地基)为 m ，换算的单刚结点数为 s ，单铰数为 h ，支座链杆数为 r ，则其计算自由度 W 为

$$W = 3m - 3s - 2h - r \tag{2-1}$$

式中　s , h ——单刚结点数和单铰数，若为复刚结点或复铰则应换算为单刚结点和单铰再计入公式进行计算。

根据各结点所提供的约束数目不同，一个复铰相当于 $(n-1)$ 个单铰，一个复刚结点也相当于 $(n-1)$ 个单刚结点，其中 n 为结点上联结的刚片数目。

【例 2-1】 试确定如图 2-8 所示体系的计算自由度。

【解】 将该体系中 AB、BC、BD 杆件视为刚片，$m=3$ ，单刚结点数 $s=0$ ，其中 B 点为联结三个刚片的复铰，换算单铰数为 $h=2$ ，支座链杆数 $r=5$ 。由式(2-1)，可得

$$W = 3 \times 3 - 3 \times 0 - 2 \times 2 - 5 = 0$$

表明该体系的计算自由度等于零。

【例 2-2】 计算如图 2-9 所示体系的计算自由度。

【解】 该体系的每一根杆件均视为一个刚片，$m=11$ ，其中，I 为复刚结点，换算单刚结点数 $s=2$ ；C、E 为单铰，B、D、F 为复铰，折算后的单铰数目 $h=11$ ；A、G 为固定铰支座，各相当于 2 个链杆约束；H 为固定支座，相当于 3 个链杆约束，故支座链杆数 $r=7$ 。则由式(2-1)，得

$$W = 3 \times 11 - 3 \times 2 - 2 \times 11 - 7 = -2$$

表明该体系总的约束数目多 2 个，但体系是否几何稳定，尚需做进一步分析。

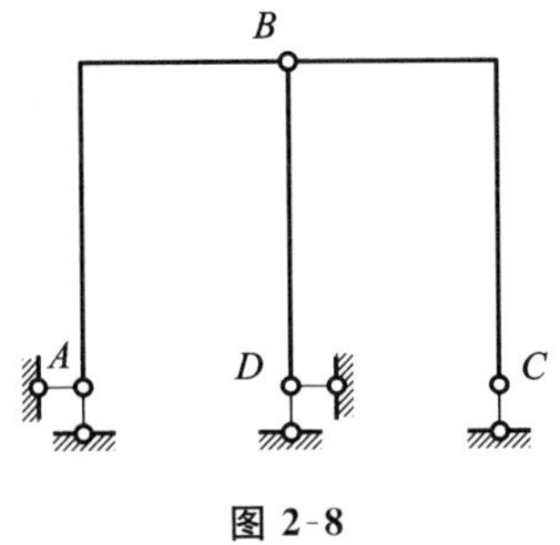

图 2-8

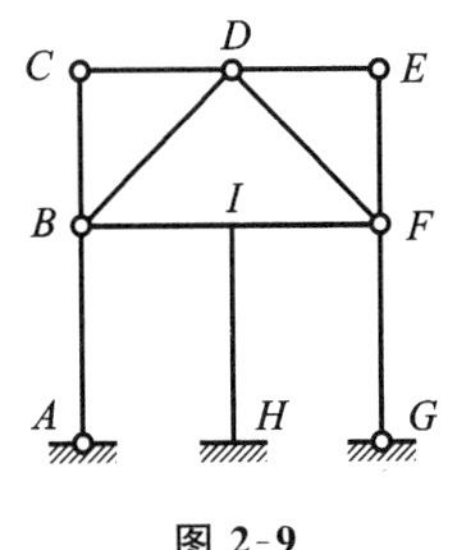

图 2-9

【例 2-3】 试确定图 2-10 所示体系的计算自由度。

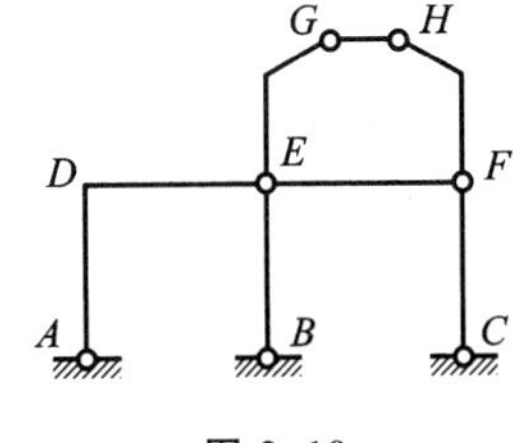

图 2-10

【解】 该体系中将杆件 ADE、BE、CF、EF、EG、HG、HF 视为刚片，则 $m=7$；A、B、C、G、H 为单铰，F 为复铰，相当于 2 个单铰，E 为复铰，相当于 3 个单铰，则 $h=10$；刚结点数 $s=0$，支座链杆数 $r=0$，由式(2-1)，得

$$W=3\times7-3\times0-2\times10-0=1$$

体系的计算自由度大于零，说明该体系中缺少一个约束，故体系几何可变。

2.2.3　计算自由度及其与几何不变性的关系

根据以上分析结果可归纳出以下三种情况：

①若 $W<0$，表明体系具有多余约束，但是否为几何不变体系还要考虑约束的布置方式是否合理。

②若 $W=0$，表明体系具有保证几何不变所需的最少约束的数目。如果布置恰当，则体系几何不变；若布置不当，则几何可变。

③若 $W>0$，表明体系缺少足够的约束，可以产生某种运动，该体系几何可变。

因此，一个几何不变体系需满足计算自由度 $W\leqslant0$，但满足 $W\leqslant0$ 的体系并不一定都是几何不变体系。

2.3　平面几何不变体系的基本组成规则

由 2.2 的分析知，一个平面体系要几何不变，必须满足计算自由度 $W\leqslant0$ 的条件，但满足上述条件的平面体系并不能肯定就是几何不变的。如图 2-11(a)所示体系，$W>1$，故为可变体系；图 2-11(b)所示体系，虽然具有必要的约束数量，$W=0$，但其布置方式不恰当，故也为几何可变体系。因此，当体系的计算自由度满足要求，即体系具有足够数量的约束时，要保证结构体系几何不变，还需进一步研究几何不变体系的组成规则。

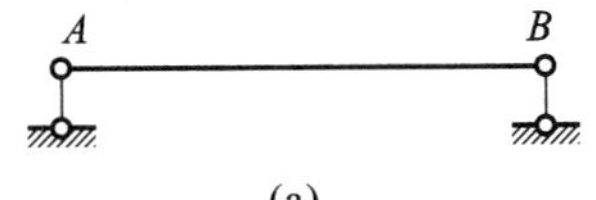

(a)

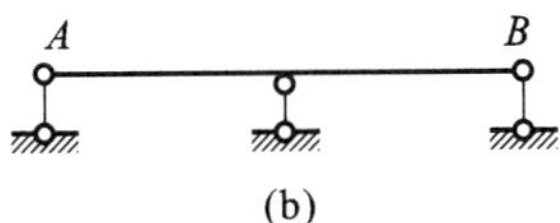

(b)

图 2-11

2.3.1　二元体规则

如图 2-12 所示，将铰 A 用两根不共线的杆件与基础相连，形成一个铰接三角形。显然，体系

的几何形状不会发生变化,为无多余约束的几何不变体系。

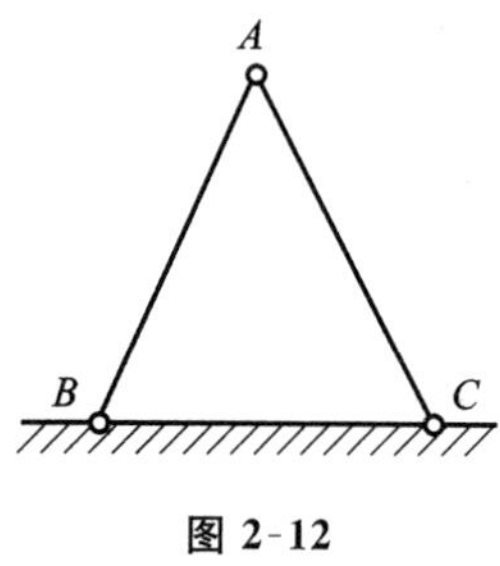

图 2-12

这种由两根不共线的链杆联结一个新节点的装置(如图 2-12 中 C—A—B)称为二元体。已知平面内一个节点具有两个自由度,用两根不共线的链杆相连相当于增加了两个约束,减少两个自由度。因此,增加或者拆除一个二元体对体系的实际自由度不会产生影响。由此可以得出结论:在一个体系上增加或拆除二元体并不会改变体系的几何组成性质。

因此,在分析体系的几何组成时,可以先将二元体拆除,再对剩余的部分进行分析,所得结论与原体系几何组成分析的结论相同;也可以先对体系中的某一部分进行几何组成分析,其余部分看作是在该部分上增加二元体构成的,则所得结论也是相同的。如图 2-12 所示可以看作在基础上增加二元体 C—A—B 组成的,由于基础可以视为一个刚片,几何不变,故体系也为几何不变体系,且无多余约束。

2.3.2 两刚片规则

平面内两个独立的刚片共有 6 个自由度,要组成一个刚片需要减少 3 个自由度,即两刚片间至少要用三个约束相连,才有可能组成一个几何不变体系。下面讨论增加何种形式的约束,以及约束应该如何布置才能达到这一目的。

如图 2-13(a)所示,刚片Ⅰ和刚片Ⅱ用两根不平行的链杆 AB、CD 相连,两链杆的延长线交于虚铰 O_1 点。若固定刚片Ⅱ不动,则刚片Ⅰ运动时,其上 A 点的运动方向与链杆 AB 垂直,C 点的运动方向与链杆 CD 垂直,此时,刚片Ⅰ的运动方式将是绕虚铰 O_1 而转动。相当于将刚片Ⅰ和刚片Ⅱ在 O_1 点用铰相联结。要限制两刚片的相对转动,则需再增加一个约束,如图 2-13(b)所示,增加链杆 EF。刚片Ⅰ绕 O_1 点转动时,E 点将沿与 O_1E 连线垂直的方向运动。但就链杆 EF 而言,E 点的运动方向需与链杆 EF 垂直,而 EF 的延长线并不通过 O_1 点,所以 E 点的运动不可能发生。刚片Ⅰ要运动则要同时绕着三链杆延长线的交点 O_1、O_2、O_3 三点运动,显然这种运动不可能发生。因此,如图 2-13(b)所示体系中,刚片Ⅰ和刚片Ⅱ不会发生相对运动,为无多余约束的几何不变体系。

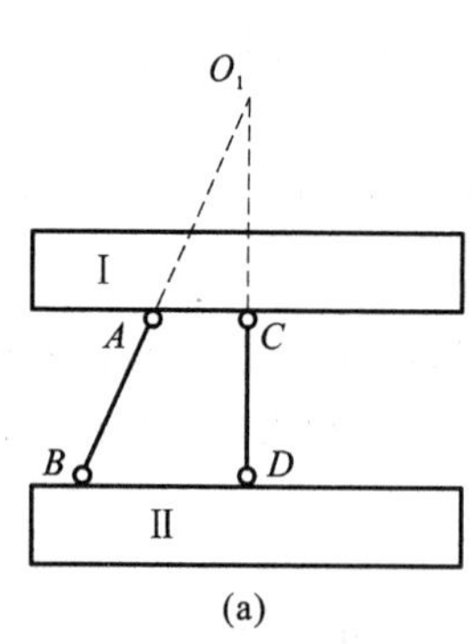

(a)

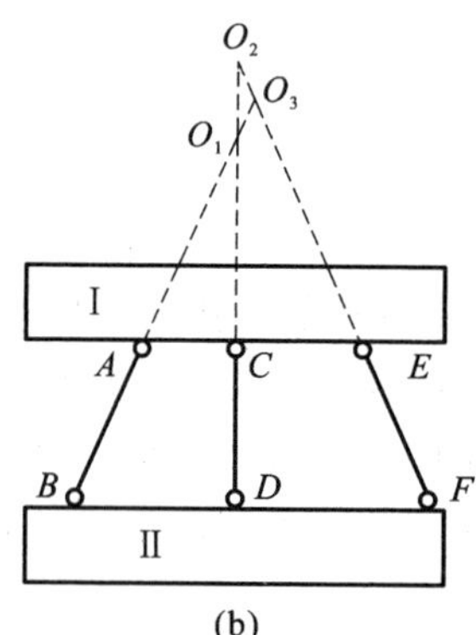

(b)

图 2-13

由此可以得出结论:平面内两个独立的刚片用三根既不完全相交于一点,也不完全平行的链杆相连,则所组成的体系为无多余约束的几何不变体系。

如果在两刚片间增加一个单铰和一根链杆,同样也可以增加三个约束。如图 2-14 所示,将刚片Ⅰ和刚片Ⅱ用铰 A 和链杆 BC 相连,则当 BC 不通过铰 A 时,两刚片和链杆 BC 组成一个铰接三角形,几何不变,且 $W=3$,没有多余约束。由此可以得出结论:平面内两个独立的刚片用一个铰和一根不通过该铰的链杆相连，则所形成的体系为无多余约束的几何不变体系。

2.3.3 三刚片规则

若将图 2-14 中杆件 BC 也视为一个刚片，如图 2-15 所示，则三铰不共线时，体系为铰接三角形，根据三角形规则，其几何形状不会发生变化。由此可以得出结论：平面内三个独立的刚片，用不在同一直线上的三个铰两两相连，则所组成的体系为无多余约束的几何不变体系。

由于一个单铰的作用相当于两根链杆，所以 A、B、C 三个单铰也可以分别用两个链杆来代替，如图 2-16 所示。只要两个链杆所形成的实铰或虚铰不在同一直线上，这样组成的结构体系也为几何不变体系。

注意，两根相互平行的链杆可认为其虚铰在无穷远处。

上述几何不变体系的组成规则中，对刚片间约束的布置方式提出了一些限制条件，如果不能满足这些条件，则体系几何可变。几何可变体系包括几何常变体系和几何瞬变体系。

如图 2-17 所示，刚片Ⅰ和刚片Ⅱ用三根相互平行的链杆相联结，可知两刚片会发生相对移动，为几何可变体系。设在两刚片微小相对移动后，三链杆产生的微小相对位移为 Δ，转角为 α_1、α_2、α_3。

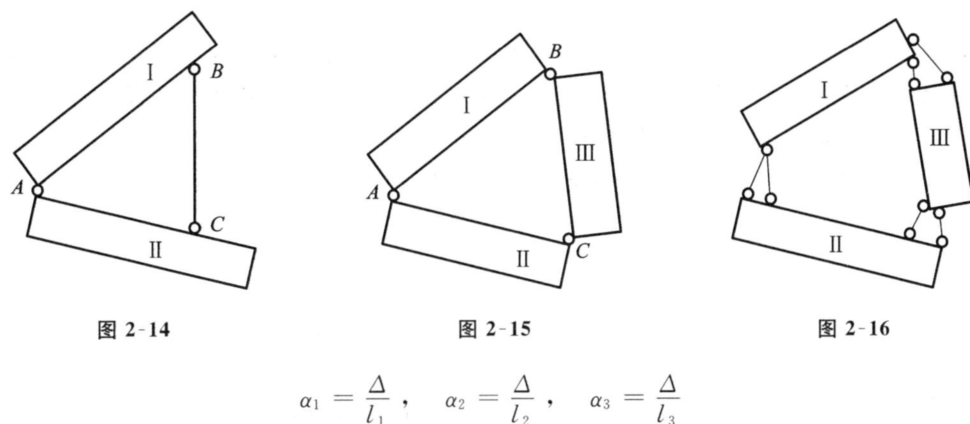

图 2-14　　图 2-15　　图 2-16

$$\alpha_1 = \frac{\Delta}{l_1}, \quad \alpha_2 = \frac{\Delta}{l_2}, \quad \alpha_3 = \frac{\Delta}{l_3}$$

如果三根链杆不等长，如图 2-17(a)所示，$l_1 \neq l_2 \neq l_3$，则两刚片发生相对移动后，三刚片的转角 $\alpha_1 \neq \alpha_2 \neq \alpha_3$。也就是说，三根链杆不再相互平行且不会相交于一点，根据两刚片的组成规则，此时体系变为几何不变体系。这种微小移动后由几何可变转化为几何不变的体系称为瞬变体系。

如果三根链杆长度相等，如图 2-17(b)所示，$l_1 = l_2 = l_3$，则 $\alpha_1 = \alpha_2 = \alpha_3$，这也就是说，发生相对微小移动后，三根链杆仍然相互平行，体系依然是几何可变的。这样的体系称为常变体系。

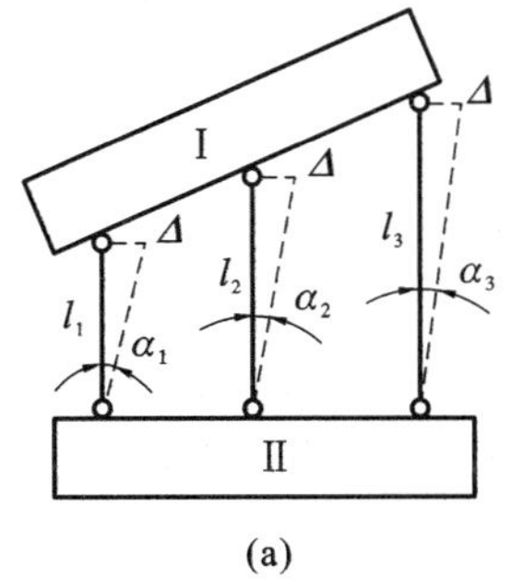

(a)

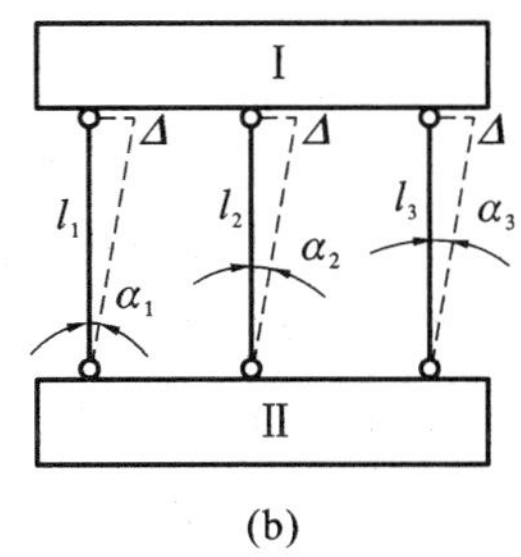

(b)

图 2-17

2.4 几何组成分析举例

对平面体系进行几何组成分析,可以从前述的两个方面进行考虑。一般先考察体系的计算自由度,若 $W>0$,则体系几何可变;若 $W\leqslant 0$,则体系是否几何不变,需利用组成规则进一步分析。一般情况下,可以略去 W 的计算,而直接利用几何不变体系的组成规则进行分析。

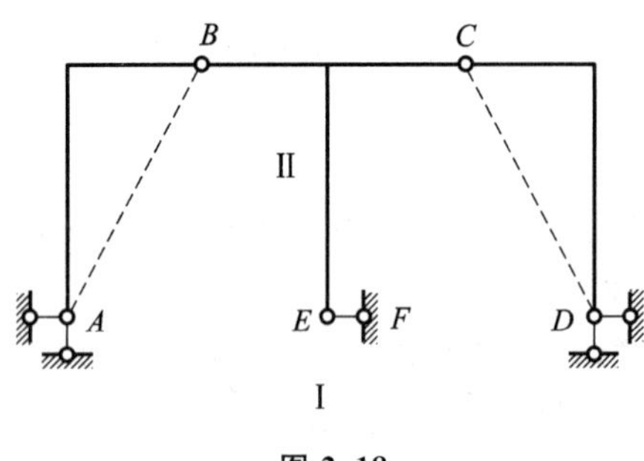

图 2-18

【例 2-4】 试对如图 2-18 所示体系进行几何组成分析。

【解】 该体系中将基础视为刚片Ⅰ,T形部分 BCE 为体系中的一个几何不变部分,视为刚片Ⅱ。折杆 AB 本身为一个刚片,而且只通过两端的铰 A、B 与体系中其他部分相连。显然,AB 杆为二力杆,它的作用与 A、B 两铰连线上的链杆相同,如图 2-18 中虚线所示。同理,折杆 CD 的作用也相当于 C、D 两铰连线上的一根链杆。固定铰支座相当于在基础上增加了一个二元体,故支座 A、D 可与基础看作一个整体,同为刚片Ⅰ。这样,体系为两个刚片Ⅰ、Ⅱ用三根链杆 AB、CD、EF 相连组成的,三杆既不相交于一点也不完全平行,根据两刚片组成规则,体系为几何不变体系,且无多余约束。

【例 2-5】 试对如图 2-19(a)所示体系进行几何组成分析。

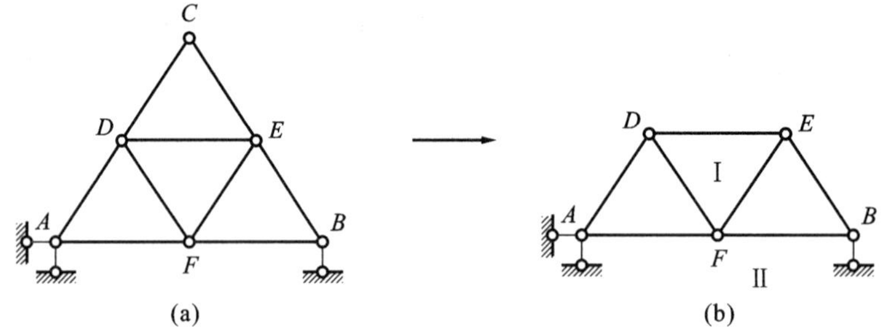

图 2-19

【解】 根据二元体规则,先拆除二元体 $D—C—E$,使体系简化,如图 2-19(b)所示,再分析剩余部分的几何组成。多边形 $ADEBFA$ 相当于在一个基本的铰接三角形 ADF 的基础上依次增加两个二元体 $D—E—F$、$E—B—F$ 所组成的,故为一个几何不变部分,视为刚片Ⅰ。基础视为刚片Ⅱ。则两刚片通过支座 A、B 处的三根链杆相连,三杆既不完全相交于一点,也不完全平行,故体系为几何不变体系且无多余约束。

【例 2-6】 试对如图 2-20(a)所示体系进行几何组成分析。

【解】 根据二元体规则,依次拆除二元体 $B—C—D$、$B—A—H$、$H—G—F$、$F—E—D$、$B—D—F$,使体系简化,如图 2-20(b)所示,再对剩余的体系进行几何组成分析。将杆件 BH 和杆件 FH 分别认定为刚片Ⅰ和刚片Ⅱ,两刚片通过单铰 H 相连,少一个约束,故体系为几何可变体系。

【例 2-7】 试对如图 2-21 所示体系进行几何组成分析。

【解】 将基础与折杆 AB、T形杆 BCD 分别视为刚片Ⅰ、刚片Ⅱ、刚片Ⅲ。由图 2-21 可知,刚片Ⅰ与刚片Ⅱ通过铰 A 相连,刚片Ⅱ和刚片Ⅲ通过铰 B 相连,刚片Ⅰ与刚片Ⅲ通过链杆 D、C 相

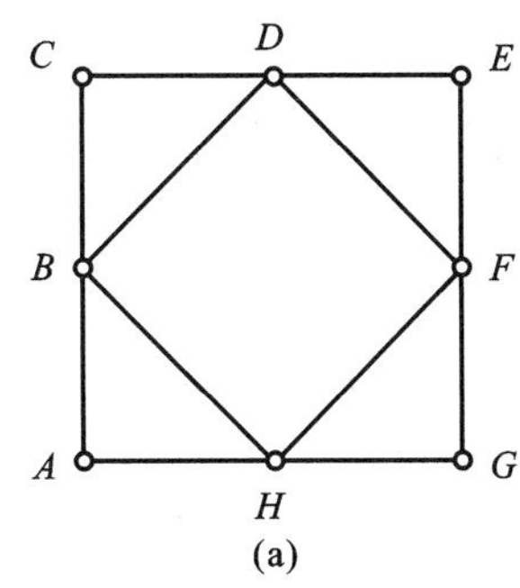

(a)

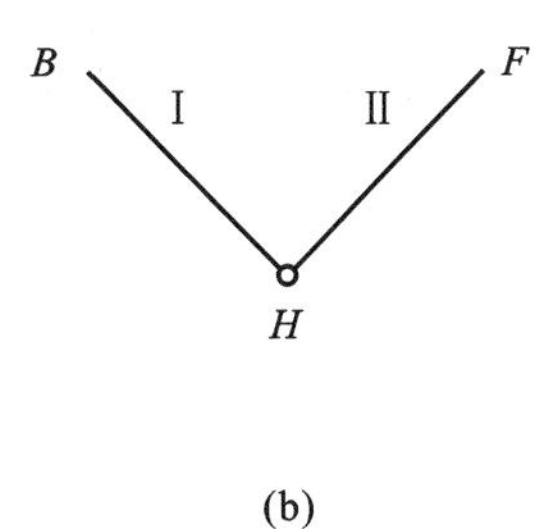

(b)

图 2-20

连，两链杆相交于虚铰 E。由于 A、B、E 三铰位于同一直线上，故该体系为瞬变体系。

【例 2-8】 试对图 2-22 所示体系进行几何组成分析。

【解】 体系中将 AB 杆和基础分别看作刚片Ⅰ、刚片Ⅱ，两刚片通过三根既不全交于一点也不完全平行的三根链杆相连，成为一几何不变部分。再增加二元体 A—C—B 依然几何不变，此外，又增添了一根链杆 CD，故该体系为具有一个多余约束的几何不变体系。

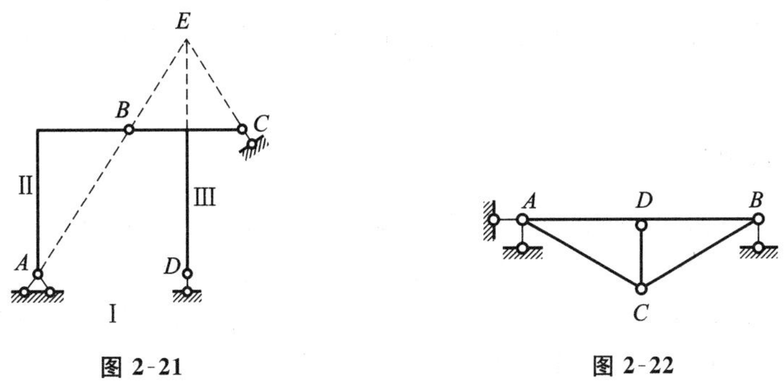

图 2-21　　图 2-22

2.5　体系的几何组成与静力特性的关系

几何组成分析一方面可以判定体系是否几何不变，另一方面也可以说明体系是否静定。从几何性质方面考虑，体系可以分为几何不变体系和几何可变体系。其中，几何不变体系包括有多余约束和没有多余约束两种情况，而几何可变体系中又包含有瞬变体系的情况。本节主要讨论体系在静力学方面的特性，以便在结构计算时选择对应的计算方法。

2.5.1　无多余约束的几何不变体系

几何不变体系在任意荷载作用下均能维持平衡，因而其平衡方程必定有解。如图 2-23(a)所示，AB 杆上作用一个集中力 F_P。由几何组成分析知，该体系为无多余约束的几何不变体系。对体系进行受力分析[图 2-23(b)]，则 AB 杆上共有三个未知的支座反力，可由平面一般力系的三个静力平衡方程直接计算出来。反力确定后，可进一步利用截面法求解杆件上任一截面的内力。可见，无多余约束的几何不变体系，其全部反力和内力都可以由静力平衡条件唯一确定，这样的结构称为静定结构。

2.5.2　有多余约束的几何不变体系

如图 2-24(a)所示，AB 杆通过四根链杆与基础相连，组成具有一个多余约束的几何不变体系。

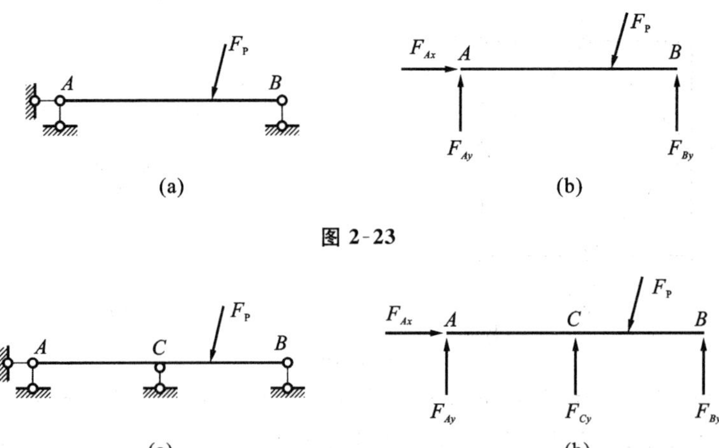

图 2-23

图 2-24

由受力分析[图 2-24(b)]知，体系中共有四个未知的支座反力，而平面一般力系所能建立的独立的静力平衡方程只有三个，故除了水平支反力 F_{Ax} 可以确定外，其余反力无法利用平衡方程唯一确定，因而也无法确定其内力。这种体系的反力和内力不能单由静力平衡方程完全确定出来的结构，称为超静定结构。

2.5.3 瞬变体系及其静力特征

前面提到在微小移动后由几何可变转化为几何不变的体系就是瞬变体系。瞬变体系虽然只是瞬时可变，随后会转化为几何不变体系，但也不能应用在实际工程中。如图 2-25(a)所示体系，杆件 AB、BC 与基础由铰 A、B、C 相连，三铰位于同一直线上，故为瞬变体系。在外力 F_P 作用下，铰 B 向下产生一微小位移到 B' 点的位置。取铰 B 为隔离体进行受力分析，如图 2-25(b)所示，由静力平衡条件

$$\sum F_x = 0,\quad F_{NBC}\cos\theta - F_{NBA}\cos\theta = 0$$

$$\sum F_y = 0,\quad F_{NBC}\sin\theta + F_{NBA}\sin\theta - F_P = 0$$

得

$$F_{NBC} = F_{NBA} = \frac{F_P}{2\sin\theta}$$

由于 θ 为一无穷小量，故

$$F_{NBC} = F_{NBA} \rightarrow \infty$$

由此可见，瞬变体系即使在很小的荷载作用下也能产生很大的内力，若其应力超过了材料的强度极限，则会导致体系的破坏。因此，在工程中不能采用瞬变体系。

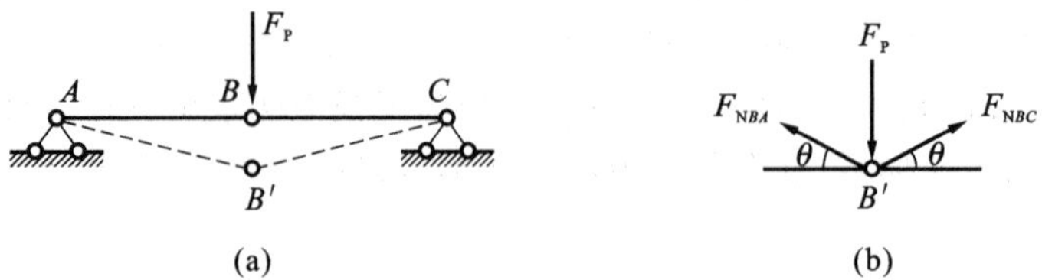

图 2-25

本章小结

(1)基本概念。

①几何不变体系、几何可变体系、瞬变体系。

当不考虑材料的应变时,在任意荷载作用下,几何形状和位置均能保持不变的体系称为几何不变体系;相反地,即使在很小的荷载作用下,几何形状和位置也会发生变化的体系称为几何可变体系;而体系在微小移动后由几何可变转化为几何不变的体系称为瞬变体系。

②自由度、计算自由度。

自由度是指体系运动时,确定其位置所需要的彼此独立的参数的数目。计算自由度则指体系中各刚片的自由度总和与加入的约束数目总和之差。借助于计算自由度可以判断体系是否具有足够的约束数目。

③约束。

凡是能减少自由度的装置都称为约束。常见的约束有链杆、铰结点和刚结点等。

(2)几何不变体系的组成规则。

二元体规则:在一个体系上增加或者拆除二元体,不改变体系的几何性质。

两刚片规则:平面内两个独立的刚片用三根既不完全相交于一点,也不完全平行的链杆相连,则所组成的体系为无多余约束的几何不变体系。或者,平面内两个独立的刚片用一个铰和一根不通过该铰的链杆相连,则所形成的体系为无多余约束的几何不变体系。

三刚片规则:平面内三个独立的刚片用不在同一直线上的三个铰两两相连,所形成的体系为无多余约束的几何不变体系。

以上三个规则体现了组成一个无多余约束的几何不变体系所需满足的必要和充分条件。说明,若要体系具有几何不变性,除了刚片间要有足够数量的约束,约束的布置方式还要合理。

(3)静定结构和超静定结构。

从几何特征来说,静定结构是没有多余约束的几何不变体系;而超静定结构则是具有多余约束的几何不变体系。从静力特性来看,静定结构中的内力和反力,可以全部借助于体系的静力平衡方程唯一确定;而超静定结构的内力和反力仅借助于静力平衡条件不能唯一确定,还要再补充变形条件。

本章的重点是灵活运用几何不变体系的组成规则,判断平面杆件体系的几何性质,从而决定其能否作为结构应用于实际工程中。在此基础上,进一步研究静定结构和超静定结构的静力学特性,以便在结构计算时选择相应的计算方法。

思考题

2-1 什么是刚片?刚片能否当作链杆?

2-2 为什么土木工程中要尽量避免采用瞬变体系?

2-3 自由度 $W \leqslant 0$ 的体系一定是几何不变体系,这种说法对吗?为什么?举例说明。

2-4 在对体系进行几何组成分析时,应注意体系的哪些特点才能使分析得到简化?

2-5 图 2-26(a)中 $A—B—C$ 及图 2-26(b)中 $A—C—B$,是否为二元体?为什么?

2-6 什么是多余约束?如何判断结构中哪些约束是多余的?

2-7 什么是虚铰?两根相互平行的链杆是否存在虚铰?

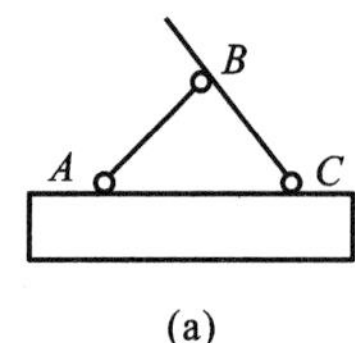

(a)

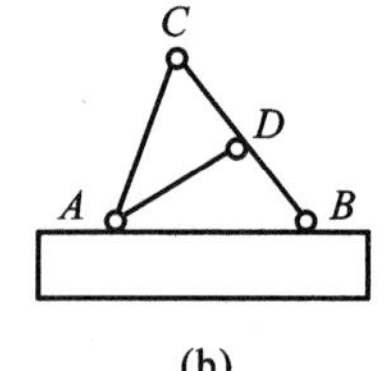

(b)

图 2-26

2-1～2-6　试确定如图 2-27～图 2-32 所示体系的计算自由度。

2-7～2-21　试对如图 2-33～图 2-47 所示体系进行几何组成分析。若是具有多余约束的几何不变体系,则需指明多余约束的数目。

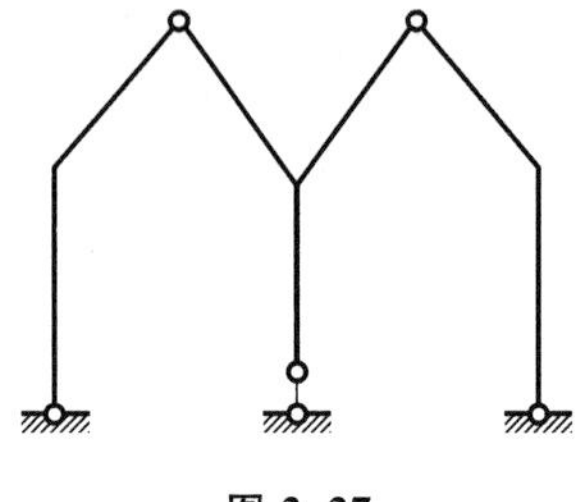

图 2-27

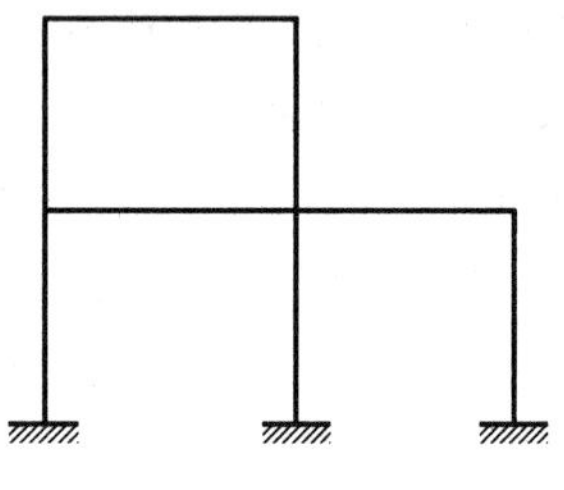

图 2-28

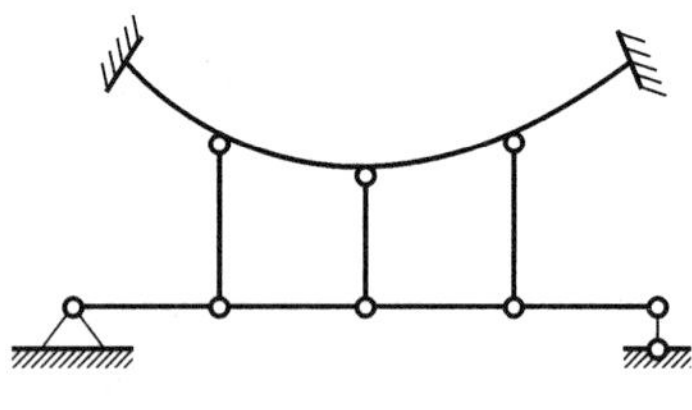

图 2-29

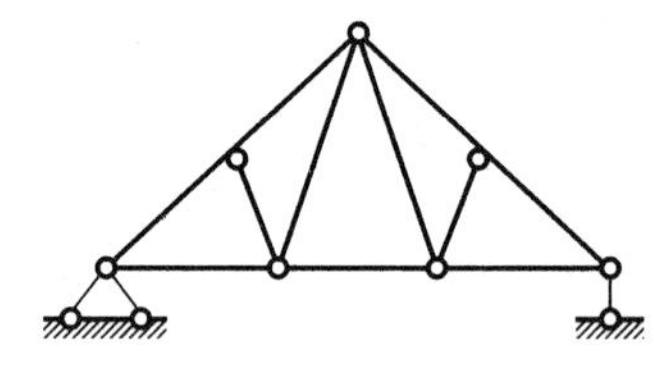

图 2-30

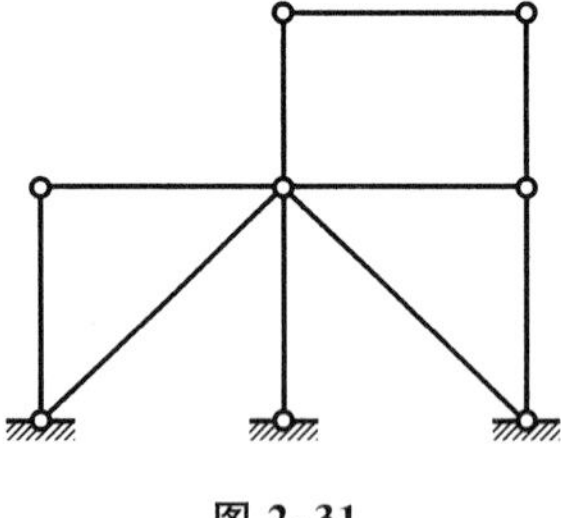

图 2-31

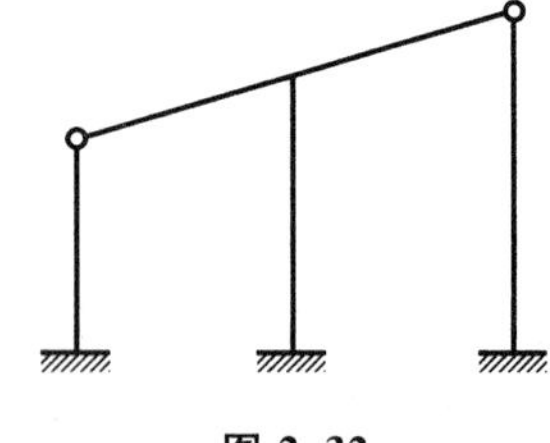

图 2-32

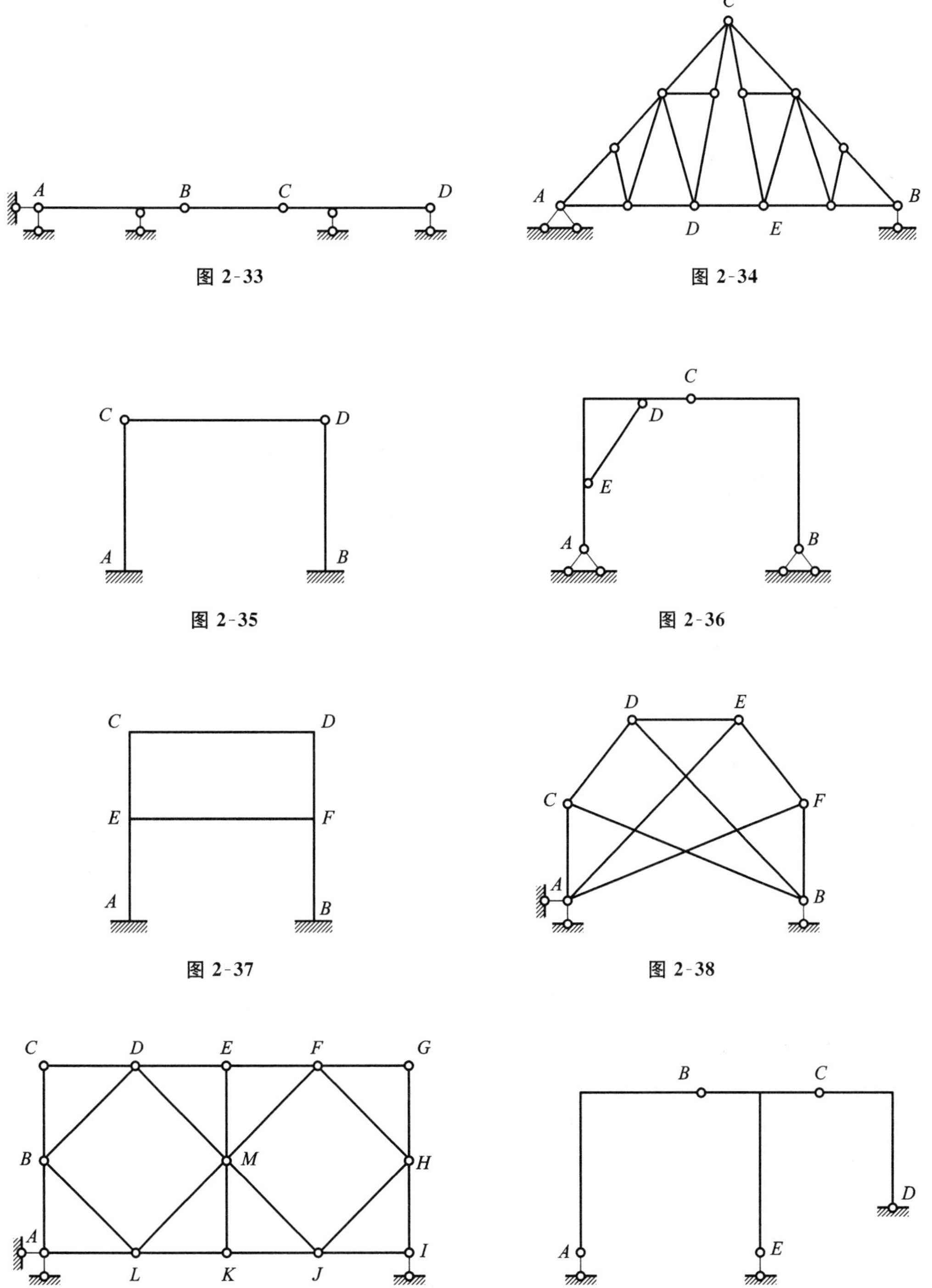

图 2-33

图 2-34

图 2-35

图 2-36

图 2-37

图 2-38

图 2-39

图 2-40

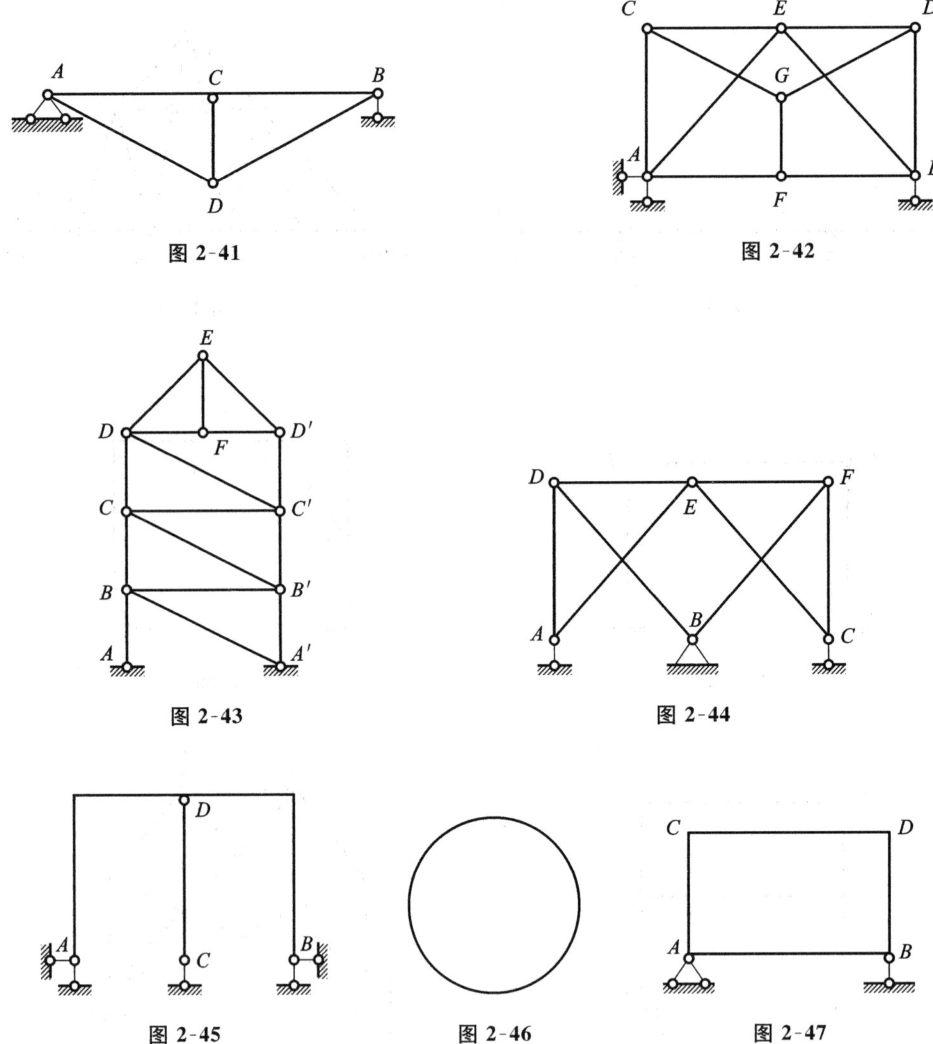

图 2-41　图 2-42

图 2-43　图 2-44

图 2-45　图 2-46　图 2-47

参考文献

[1] 杨茀康,李家宝,洪范文,等.结构力学:上册.6版.北京:高等教育出版社,2016.

[2] 边亚东.结构力学.北京:北京大学出版社,2012.

[3] 邹建奇.建筑力学.北京:北京大学出版社,2010.

[4] 李廉锟,侯文崎.结构力学:上册.7版.北京:高等教育出版社,2022.

[5] 刘蓉华.结构力学.成都:西南交通大学出版社,2014.

[6] 王焕定,章梓茂,景瑞.结构力学.3版.北京:高等教育出版社,2010.

3 静定梁和静定平面刚架的内力分析

【内容提要】

本章主要内容包括：单跨静定梁的内力计算及内力图的绘制；多跨静定梁的组成特点、层次图、内力分析和内力图；静定平面刚架的内力计算、内力图的绘制及校核。本章教学内容的重点是：静定梁和静定平面刚架的内力图的绘制。本章教学内容的难点是：内力与荷载间微分关系同内力图特征间的联系；区段叠加法绘制弯矩图；根据弯矩图及结构受荷载情况绘出剪力图和轴力图。

【能力要求】

通过本章的学习，学生应熟练掌握截面法计算任一指定截面的内力和区段叠加法绘制弯矩图；理解内力图与荷载的关系；理解多跨静定梁的传力顺序和计算顺序，掌握多跨静定梁内力图的作法；熟练掌握各类刚架支座反力的计算以及刚架内力图的绘制。

【价值塑造】

结构和构件的稳定与力和力矩的平衡密切相关，这种平衡在自然界中同样有所体现，特别是在人与自然之间的关系中。以下将从几个方面探讨这种平衡：

首先，从力的平衡角度来看，自然界中的万物都受到力的作用，包括重力、风力、水力等。这些力在自然界中相互作用，达到一种动态的平衡状态。同样地，人与自然之间也存在一种力的平衡。人类活动产生的“力”，如建筑、开发等，需要与自然界中的力相平衡，以避免对自然环境造成破坏。

其次，力矩平衡在自然界中也有其体现。力矩是力与力臂的乘积，描述了力对物体产生的转动效果。在自然界中，许多现象都涉及力矩的平衡，如树木的生长、山脉的形成等。这些自然现象都是自然界中各种力相互作用，达到的力矩的平衡状态。

进一步地，人与自然之间的平衡也可以从生态平衡的角度理解。生态平衡是指在一定时间和空间内，生物与环境之间、生物与生物之间相互作用而建立起来的动态平衡关系。人类作为自然界的一部分，其活动必须遵循生态平衡的原则，与自然环境保持和谐共生。过度开发、污染环境等行为会破坏生态平衡，导致自然环境的恶化，最终影响人类的生存和发展。

此外，从哲学角度看，人与自然之间的平衡也体现了中庸之道的智慧。中庸之道强调和谐、平衡和适中的原则，在人与自然的关系中同样适用。人类应该尊重自然、顺应自然，避免过度干预自然和破坏自然环境，实现人与自然的和谐共生。

综上所述，结构和构件的平衡与力和力矩的平衡密切相关，这种平衡在人与自然之间的关系中也有所体现。人类应该尊重自然规律，保持与自然的平衡和谐关系，以实现可持续发展和长久生存。

3.1 单跨静定梁的内力分析

静定梁由于其设计简单、施工方便,在实际工程中被广泛采用,多用于门窗过梁、吊车梁、预制楼板等短跨结构。静定梁是组成各种结构的基本构件之一,其内力分析是多跨梁和刚架受力分析的基础,是本课程学习中必须掌握的基本功之一。

静定梁按照其跨度数目又可分为单跨梁和多跨梁。其中,常见的单跨梁有简支梁[图3-1(a)]、悬臂梁[图3-1(b)]、伸臂梁[图3-1(c)]和曲梁[图3-1(d)]四种。

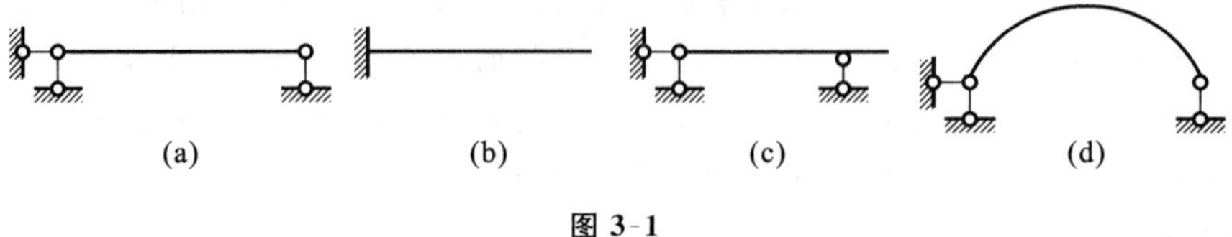

图 3-1

3.1.1 用截面法求指定截面的内力

单跨梁的内力计算在《材料力学》中已经有过详细的讨论。如图3-2(a)所示梁结构,其任一截面 K 上的内力有三个分量:轴力 F_{NK}、剪力 F_{QK} 和弯矩 M_K。一般规定轴力以拉力为正,剪力以绕隔离体顺时针方向转动为正,弯矩以使杆件下侧受拉为正,见图3-2(b)。

截面法是结构内力分析的一般方法。截面法(又称隔离体平衡法),就是假想用一个截面将所要求解内力处的截面截开,取截面的任一侧为隔离体,然后,由静力平衡条件确定截面内力的一种方法。如图3-2(b)中,由静力平衡方程

$$\sum F_x = 0$$

$$\sum F_y = 0$$

$$\sum M_K = 0$$

便可确定 K 截面的三个内力。进一步分析可知,若是水平放置的静定梁结构,只承受竖向荷载作用时,其轴力 $F_N = 0$。

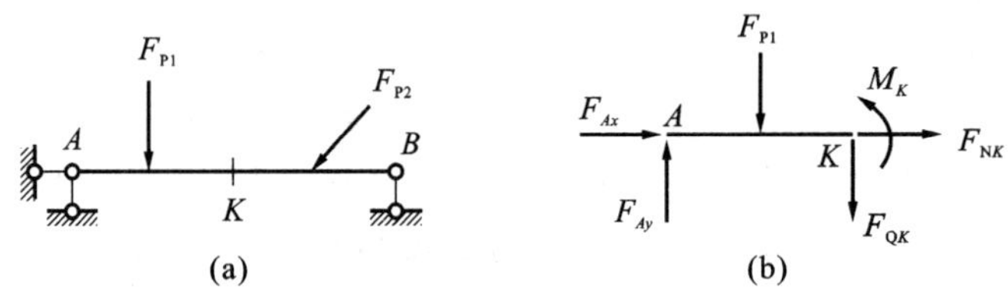

图 3-2

利用截面法进行结构内力计算时需要注意,在选择隔离体时,一定要将隔离体周围的约束全部切断,而以相应的约束力和切割面内的内力代替。内力一般沿其正方向标出,这样可根据最终计算结果的正负判断未知力的实际方向。正确地选择隔离体并对其进行受力分析,是结构内力计算的重要环节。

特别需要注意的是,有集中力作用的截面,其左、右两侧剪力值有突变;有集中力偶作用的截面,其左、右两侧弯矩值有突变。这种情况下,一般为了计算方便,可分别计算截面左、右两侧的内力。

上述内力计算的方法,不仅适用于梁结构,在其他结构中也同样适用。

3.1.2　内力图与荷载的关系

表示各截面内力沿轴线变化规律的几何图形就是内力图。内力图通常是以杆轴线为基线，在相应位置处沿与杆轴线垂直的方向量取纵距绘制而成的。结构力学中，一般习惯将弯矩图绘制在杆件的受拉侧，图上不标正负号。梁结构轴力和剪力的正值和负值分别绘制在基线的上方和下方，需要标明正负号。

绘制内力图的基本方法是：以 x 表示梁中某一截面的位置，则由静力平衡条件可知，此截面上的内力可用 x 的函数表示，此即内力函数，根据内力函数便可作出内力图。掌握内力函数之间和内力与荷载之间的关系，将在很大程度上使内力图的绘制得到简化。

如图 3-3(a)所示简支梁，取 x 轴与梁轴线重合，向右为正。取梁中的一个微段 $\mathrm{d}x$，对其进行受力分析，如图 3-3(b)所示。考虑该微段的平衡，则由平衡方程 $\sum F_y = 0$，可得

$$F_Q - (F_Q + \mathrm{d}F_Q) - q(x)\mathrm{d}x = 0$$

由此

$$\frac{\mathrm{d}F_Q}{\mathrm{d}x} = -q(x) \tag{3-1}$$

将隔离体上的力对微段右侧截面形心取矩，则由 $\sum M = 0$，可得

$$(M + \mathrm{d}M) - M - F_Q\mathrm{d}x + q(x)\mathrm{d}x \cdot \frac{\mathrm{d}x}{2} = 0$$

忽略高阶微量，则得到

$$\frac{\mathrm{d}M}{\mathrm{d}x} = F_Q \tag{3-2}$$

由式(3-1)和式(3-2)，又可得

$$\frac{\mathrm{d}^2M}{\mathrm{d}x^2} = -q(x) \tag{3-3}$$

式(3-1)～式(3-3)表示的是荷载集度与弯矩和剪力之间的微分关系。

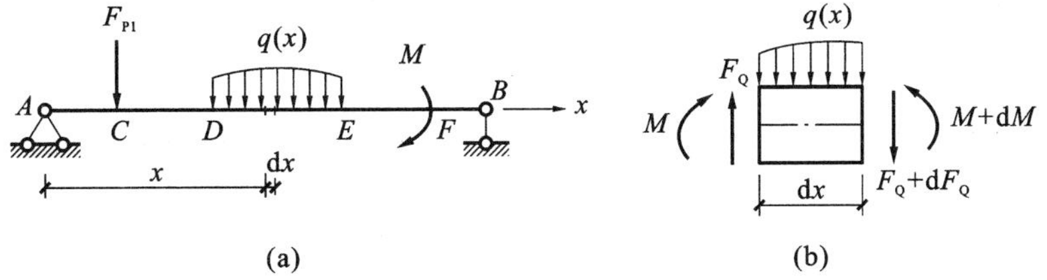

图 3-3

一般来说，分布于梁上的荷载可以把梁分割成有分布荷载区［图 3-3(a)中 DE 段］和无分布荷载区［图 3-3(a)中 AC、CD、EF、FB 段］两种区段。由上面的微分关系，可以得出荷载与内力图形状之间的一些对应关系：

①无分布荷载作用的区段，$q(x) = 0$，由式(3-1)和式(3-3)可知，剪力方程 $F_Q(x)$ 为常数，弯矩方程 $M(x)$ 为一次函数。故区段内剪力图为一平行于基线的直线，弯矩图为斜直线。

②有分布荷载作用的区段，若为均布荷载，则 $q(x)$ 为常数，此时剪力方程 $F_Q(x)$ 为一次函数，弯矩方程 $M(x)$ 为二次函数，故区段内剪力图为斜直线，弯矩图为二次曲线；同理，若 $q(x)$ 为一次函数，则该区段内剪力图为二次曲线，弯矩图为三次曲线。分布荷载的两端处，弯矩图的直线段和曲线段相切。

③集中力作用点处[图 3-3(a)中梁 AB 的 C 点],剪力图发生突变,突变值和集中力的大小相等,此处弯矩图发生转折;集中力偶的作用点处[图 3-3(a)中梁 AB 的 F 点],剪力图不变,弯矩图发生突变,突变值为该集中力偶的值。

掌握内力图的这些特征,有助于迅速而正确地绘制内力图。

3.1.3 区段叠加法作弯矩图

由上述内力图的特征可知,绘制弯矩图时,可根据分布荷载的起点和终点、集中力和集中力偶的作用点等特征点对杆件进行分段,分别确定出各杆段两端控制截面上的弯矩。若杆段中间无荷载作用,则用相应的实线段将两端截面弯矩的纵距相连即得;若杆段中间还有横向荷载(如均布荷载等)作用时,则可应用以下叠加法绘制弯矩图,使作图过程得到简化。

叠加法所依据的基本原理是:在小变形情况下,结构上所有荷载的作用效果,等于各个荷载单独作用时所产生的效果的代数和。在绘制弯矩图时,可以先分别绘出各个荷载单独作用时的弯矩图,然后将它们对应的纵距叠加,最后得到的几何图形即为原荷载共同作用下结构的弯矩图。如图 3-4(a)所示,简支梁受到两端力偶 M_A 、M_B 以及均布荷载 q 的共同作用。根据叠加原理,可先分别考虑简支梁在两端力偶 M_A 、M_B 和均布荷载 q 单独作用时的情况[图 3-4(b)、(c)],绘制出弯矩图[图 3-4(d)、(e)],然后将图 3-4(d)、(e)对应位置上的弯矩值叠加,则可得到原荷载共同作用下简支梁的弯矩图[图 3-4(f)]。需要注意的是,叠加时并不是弯矩图的简单拼合,而是将对应位置上弯矩图的纵标(注意:均垂直于原杆轴线)相叠加。

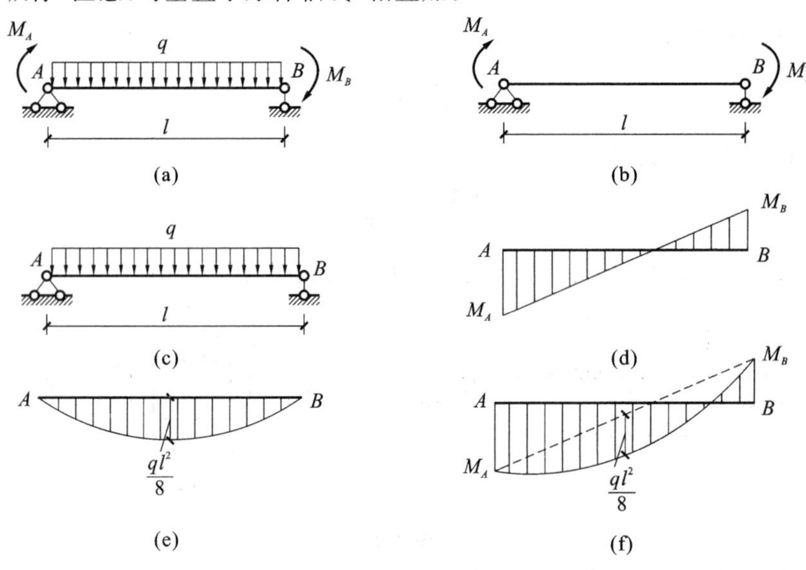

图 3-4

上述叠加法在直杆的任何区段内都是适用的。如图 3-5(a)所示梁结构中,选取区段 CD 为隔离体,则除均布荷载 q 外,还有两端截面弯矩 M_C 、M_D 和剪力 F_{QC} 、F_{QD} 的作用,如图 3-5(b)所示。图 3-5(c)为具有相同跨度的受同一均布荷载作用的简支梁,由静力平衡条件可知,$F_{QC} = F_{Cy}$,$F_{QD} = F_{Dy}$,说明杆段 CD 与简支梁的受力情况相同,故其弯矩图也相同。对于简支梁而言,根据叠加原理,其弯矩图 3-5(f)等于图 3-5(d)、(e)的叠加。因此,CD 直杆的弯矩图和简支梁一样,也可以采用叠加法来绘制。叠加方法可按下述步骤进行:首先,画出 C、D 两端截面的弯矩值纵标,用虚线相连(作为新的基线),此时的几何图形即为 M_C 、M_D 单独作用时杆段的弯矩图[图 3-5(d)];

接着，再过杆段的中点作杆轴线的垂线交虚线于 a 点；然后过 a 点在垂线上沿均布荷载 q 的指向量取长度为 $ql^2/8$ 的线段 ab；最后，用光滑的曲线将 c、b、d 三点相连，则此曲线与基线围成的几何图形[图 3-5(f)]即为 CD 直杆的弯矩图。

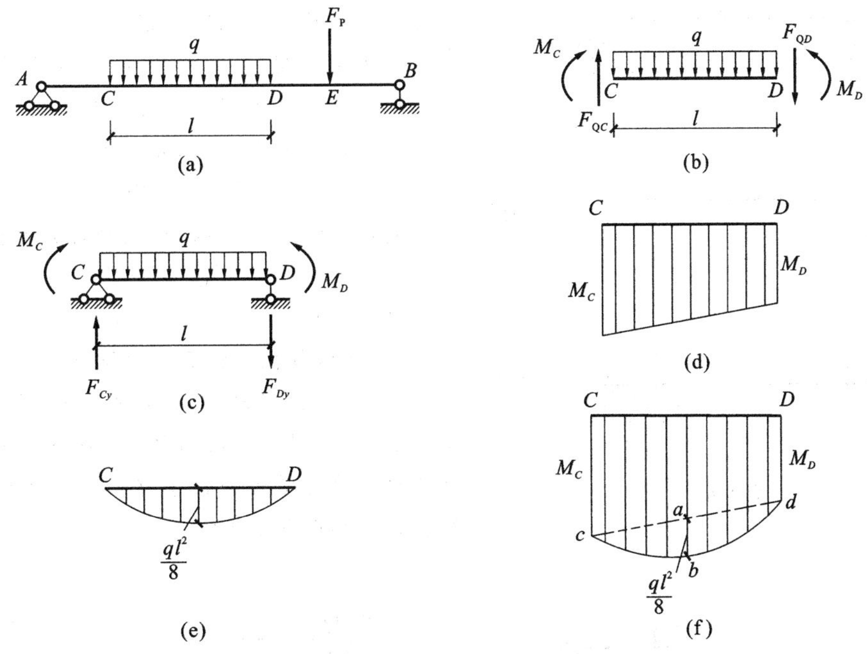

图 3-5

这种绘制弯矩图的叠加方法不仅作图方便，还为以后利用图乘法进行结构的位移计算打下了基础。

3.1.4 单跨静定梁内力图的绘制

单跨静定梁的内力图一般可按如下步骤绘制：

①利用静力平衡条件计算支座反力。

②分段。选用分布荷载的起点和终点、集中力的作用点、集中力偶的作用点以及支座反力的作用点等特征点将杆件分段，借助于截面法计算各控制截面的内力值，并在内力图中用纵坐标标出。

③绘图。根据荷载与内力图之间的关系判断各杆段内力图的形状，然后将各控制截面的纵坐标用相应的直线或曲线相连，逐段绘制内力图。

【例 3-1】 试绘制如图 3-6(a)所示简支梁的内力图。

【解】 (1)计算支座反力。

考虑梁结构整体的受力平衡，则有

$$\sum F_x = 0\,,\quad F_{Ax} = 0$$

$$\sum M_A = 0\,,\quad -\frac{1}{2} \times q \times 4a^2 - 2qa \times 3a + F_{By} \times 4a = 0\,,\quad F_{By} = 2qa$$

$$\sum F_y = 0\,,\quad F_{Ay} - q \times 2a - 2qa + F_{By} = 0\,,\quad F_{Ay} = 2qa$$

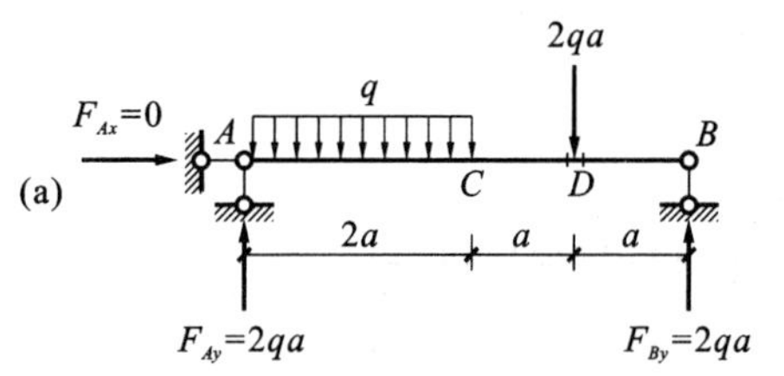

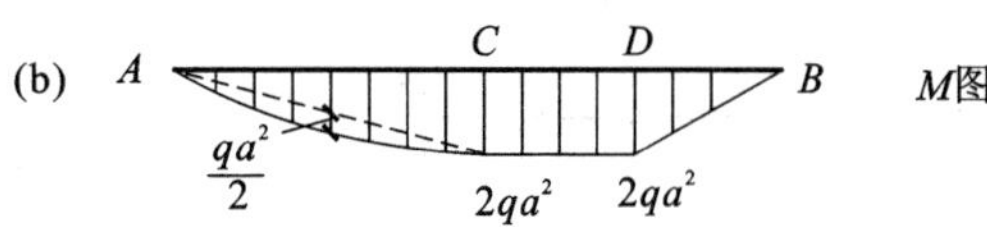

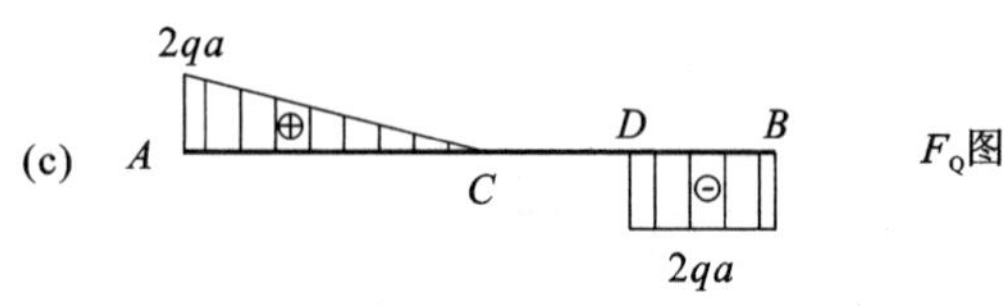

图 3-6

(2)内力计算。

根据梁的受力情况将梁分为 AC、CD、DB 三段。利用截面法计算各控制截面的内力。现以 D 截面的内力计算为例进行说明。

D 点上作用一集中力,故其剪力值发生突变,分别选取隔离体如图 3-7(a)、(b)所示。

由相应的平衡方程,分别可得

$F_{QD}^{L}=0$, $F_{QD}^{R}=-2qa$, $M_D=2qa^2$

同理,可得其余各控制截面的剪力和弯矩为

$F_{QA}=2qa$, $F_{QC}=0$, $F_{QB}=-2qa$

$M_A=0$, $M_C=2qa^2$, $M_B=0$

(3)根据各控制截面内力绘制内力图。

AC 杆段上有均布荷载的作用,故其剪力图为斜直线,弯矩图为二次曲线,可由叠加法绘制完成;其余杆段剪力图为平行于杆轴线的直线,弯矩图为斜直线。如图 3-6(b)、(c)所示。

(a)

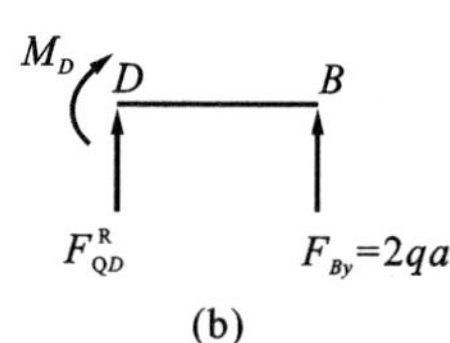

(b)

图 3-7

【例 3-2】 试绘制如图 3-8(a)所示伸臂梁的内力图。

【解】 (1)计算支座反力。

以梁结构整体为研究对象,建立平衡方程,计算支座反力 F_{Ay} 、F_{By} 。

由 $\sum M_A=0$,得

$$-10-15\times2-2\times3\times5.5-5+F_{By}\times9-10\times10=0$$

解得

$$F_{By}=19.78\text{kN}$$

再由 $\sum F_y=0$,得

$$F_{Ay}-15-2\times3+F_{By}-10=0$$

解得

$$F_{Ay}=11.22\text{kN}$$

(2)绘制内力图。

利用控制截面将杆件分为 AC、CD、DE、EF、FB、BG 六段。为了计算方便,结合荷载与内力图之间的关系,依次计算各控制截面内力值。

绘制弯矩图时,DE 杆段有均布荷载作用,弯矩图为二次曲线,可利用叠加法绘制完成;其余杆段弯矩图为斜直线。由截面法算得各控制截面弯矩值为

$$M_A=10\text{kN}\cdot\text{m}$$

$$M_C=32.44\text{kN}\cdot\text{m}$$

$$M_D=24.88\text{kN}\cdot\text{m}$$

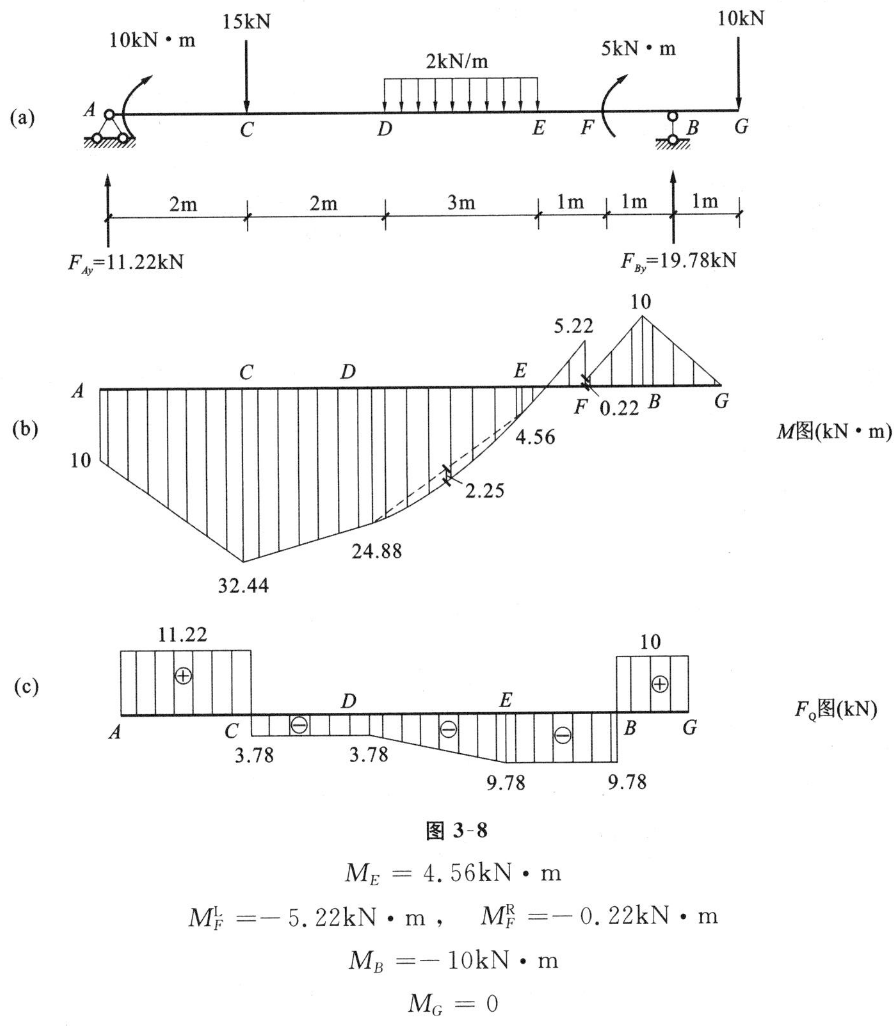

图 3-8

$$M_E = 4.56\text{kN} \cdot \text{m}$$

$$M_F^{\text{L}} = -5.22\text{kN} \cdot \text{m}, \quad M_F^{\text{R}} = -0.22\text{kN} \cdot \text{m}$$

$$M_B = -10\text{kN} \cdot \text{m}$$

$$M_G = 0$$

梁结构中，假设弯矩以使杆件下侧受拉为正，故 F、B 截面上侧受拉，弯矩图如图 3-8(b)所示。

由于 AC、CD、EF、FB、BG 各段无分布荷载作用，故剪力图为平行于杆轴线的直线，杆段内各截面剪力值相等。由截面法算得各控制截面剪力为

$$F_{QA} = F_{QC}^{\text{L}} = 11.22\text{kN}$$

$$F_{QC}^{\text{R}} = F_{QD} = -3.78\text{kN}$$

$$F_{QE} = F_{QF} = F_{QB}^{\text{L}} = -9.78\text{kN}$$

$$F_{QB}^{\text{R}} = F_{QG} = 10\text{kN}$$

绘出剪力图如图 3-8(c)所示。

在建筑工程中，并不是所有的梁都是水平放置的，常会遇到轴线倾斜的斜梁，例如楼梯梁、屋面斜梁等。斜梁内力计算的方法仍然是截面法，内力图的绘制过程与水平梁相同。由于斜梁的横截面是倾斜的，故在竖向荷载作用下其内力一般包括轴力、剪力和弯矩，而水平梁在竖向荷载作用下，其轴力一般为零。

作用在斜梁上的竖向分布荷载按其分布情况不同，一般有两种表示方式：一种是沿水平方向作用的均布荷载 $q_{活}$，如楼梯上的人群荷载，如图 3-9 所示；一种是沿斜梁长度方向作用的均布荷载

$q_{恒}$，如楼梯的自重，如图3-10所示。现举例说明斜梁的内力计算问题。

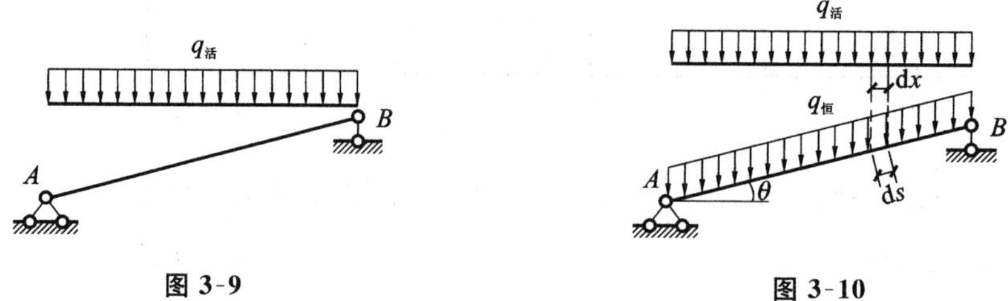

图3-9

图3-10

【例3-3】 图3-11(a)所示简支斜梁，水平方向跨度为l，倾角为θ，沿水平方向分布均布荷载q。试求简支斜梁的内力图。

【解】 (1)计算支座反力。

以整体为研究对象，根据静力平衡条件，则有

$$\sum F_x = 0, \quad F_{Ax} = 0$$

$$\sum M_A = 0, \quad -\frac{ql^2}{2} + F_{By} \times l = 0, \quad F_{By} = \frac{ql}{2}$$

$$\sum F_y = 0, \quad F_{Ay} - ql + F_{By} = 0, \quad F_{Ay} = \frac{ql}{2}$$

(2)计算斜梁任一截面K上的内力。

在K处将斜梁截开，取AK段为隔离体，如图3-11(c)所示，利用静力平衡方程确定其内力。

$$\sum M_K = 0, \quad M_K = \frac{ql}{2}x - \frac{1}{2}qx^2$$

$$\sum F_{x'} = 0, \quad F_{NK} = (qx - \frac{ql}{2})\sin\theta$$

$$\sum F_{y'} = 0, \quad F_{QK} = (\frac{ql}{2} - qx)\cos\theta$$

(3)绘制内力图。

斜梁的内力图一般是以梁轴线为基线，且内力值的纵标与梁轴线垂直。可以看出，该简支斜梁的弯矩图为二次曲线，剪力图和轴力图为斜直线。根据内力方程，可绘出其内力图，分别如图3-11(d)、(e)、(f)所示。

将简支斜梁与其荷载和跨度相同的水平梁[图3-11(b)]进行对比分析，则其内力之间存在如下等式关系：

$$M_K = M_K^0, \quad F_{QK} = F_{QK}^0\cos\theta, \quad F_{NK} = -F_{QK}^0\sin\theta$$

式中，M_K^0、F_{QK}^0分别为水平简支梁的弯矩和剪力。因此，简支斜梁的内力计算也可以借助于对应水平梁的内力计算来完成，其内力图的规律相同，内力图沿杆轴线长度方向的绘制也可以应用叠加原理完成。

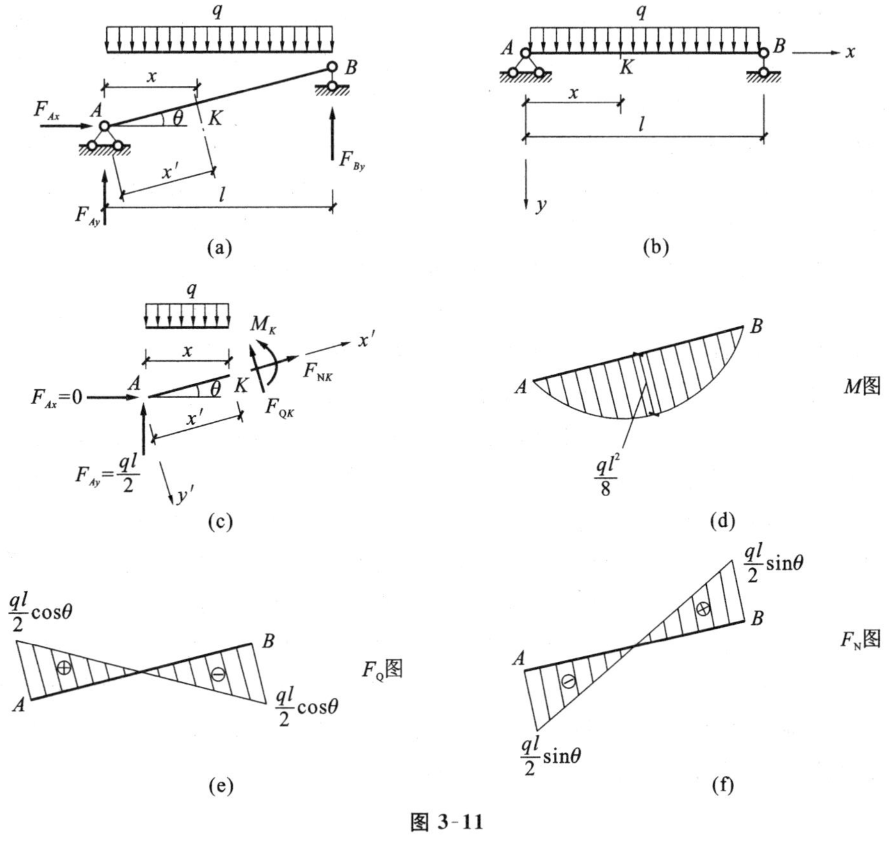

图 3-11

3.2　多跨静定梁的内力分析

多跨静定梁是实际工程中常见的结构形式，在桥梁工程、渡槽工程以及房屋建筑中的檩条系统中被广泛使用。它是由若干根梁通过中间铰相连，并用若干支座与基础联结而构成的。

3.2.1　多跨静定梁的组成特点与层次图

新开黄河大桥

常见的多跨静定梁的基本形式有连续简支型的多跨梁[图 3-12(a)]和间隔搭接型的多跨梁[图 3-12(b)]两种。此外，还有一种是由以上两种基本形式混合组成的，如图 3-12(c)所示。

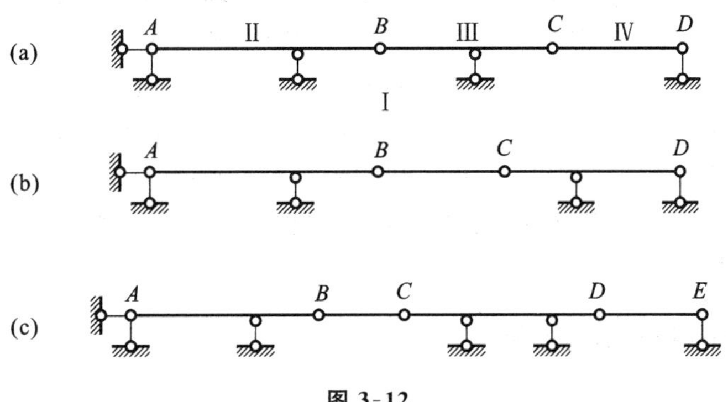

图 3-12

从几何组成规律上看,可以将多跨梁的各部分分区,分为基本部分和附属部分。如图 3-12(a)所示梁结构中,设基础为刚片Ⅰ,杆件 AB、BC、CD 分别为刚片Ⅱ、刚片Ⅲ和刚片Ⅳ,可以看出,AB 杆件与基础是通过三根既不全交于一点也不完全平行的链杆相连,所以是结构中的一个几何不变部分;BC 杆件与基础 AB 杆之间通过铰 B 和一个链杆相连,且链杆不通过 B 点,故 BC 与 AB 和基础也构成一几何不变部分;最后杆件 CD 又通过一个铰和一根链杆联结在 BC 和基础上,故结构为无多余约束的几何不变体系。由此可知,AB 梁段能够不依赖于其他部分而独立地与基础构成几何不变部分,这样的梁段称为多跨梁的基本部分;而 BC 梁要依赖于 AB 梁才能具有几何不变性,所以称 BC 梁是 AB 梁的附属部分。同理,梁 CD 相对于 AB 和 BC 组成的部分来说也是附属部分,或者说梁 AB 和 BC 是梁 CD 的基本部分。可见,附属部分要依赖于其基本部分才能具有几何不变性。

从组成顺序来看,若附属部分被拆除或者破坏,则基本部分不会受到影响,依然具有几何不变性;反之,若基本部分被拆除或破坏,则附属部分也随之破坏。该多跨静定梁的组成顺序可用如图 3-13(a)所示的层次图来表示,通过层次图可以看出力的传递过程。如在最上面的附属部分 CD 梁上作用外荷载 F_{P1},则不仅梁 CD 受力,还会通过 C 支座将力传递到 BC 梁上,再通过 B 支座将力传递到 AB 梁上;若荷载 F_{P2} 作用在 BC 梁上,同样除了 BC 梁受力外还会使 AB 梁受力,但力不会传递到 CD 梁上,因此 F_{P2} 不会影响 CD 梁的内力;若 AB 梁承受外荷载 F_{P3} 的作用,则只有 AB 梁上会产生内力和反力,而附属部分 BC 和 CD 不受影响。由此可见,附属部分的受力会通过铰接处传递给基本部分,而作用在基本部分的荷载却不会对附属部分产生影响。即多跨梁中的基本部分能够独立地承受荷载而维持平衡,附属部分则不能。从多跨梁的传力顺序可知,计算其反力和内力时,应先从附属部分开始,按组成顺序的逆过程进行。

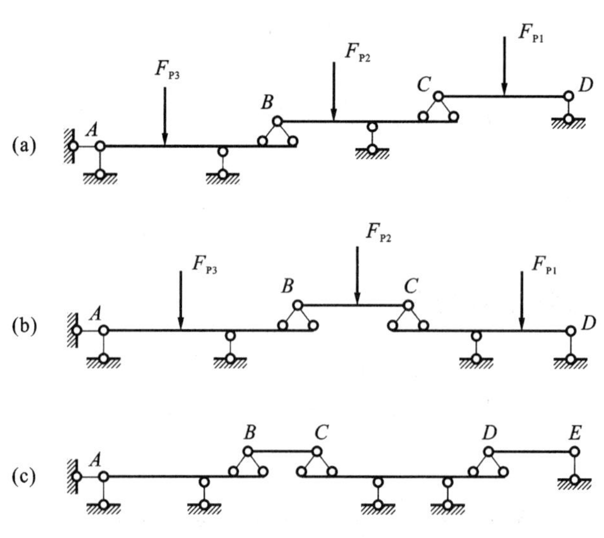

图 3-13

如图 3-12(b)所示梁结构,由几何组成分析可知,AB 梁为基本部分,CD 梁通过链杆 BC 与 AB 相连。若只承受竖向荷载的作用,由于 CD 梁通过两根竖向链杆与基础相连,则在竖向荷载作用下也能独立地维持平衡,故 CD 梁段也可视为基本部分,层次图如图 3-13(b)所示。同理可知,图 3-12(c)的层次图如图 3-13(c)所示。

3.2.2 多跨静定梁的计算步骤与举例

多跨静定梁的计算与单跨静定梁一样,都是利用截面法,借助于静力平衡方程来完成的,具体计算步骤可以归纳为：

①由几何组成分析确定多跨静定梁的基本部分和附属部分，绘制层次图；

②从层次图的上层开始，依次计算各梁段的支座反力和约束力；

③分别绘制出各梁段的内力图，再将其连接在一起，就是所求多跨静定梁的内力图。

【例 3-4】 试作图 3-14(a)所示多跨静定梁的弯矩图和剪力图。

【解】 (1)作层次图。

由几何组成分析知，AB 梁为基本部分，CE 梁由两根竖向链杆与基础相连，故在竖向荷载作用下也为基本部分；BC 为附属部分，层次图如图 3-14(b)所示。

(2)计算支座反力和约束力。

从附属部分 BC 开始，依次确定各部分两端的约束力和支反力，杆段受力分析如图 3-14(c)所示。

BC 段，由静力平衡条件，得

$$\sum M_B = 0, \quad F_{Cy} \times 2 - 20 = 0, \quad F_{Cy} = 10\text{kN}(\uparrow)$$

$$\sum F_y = 0, \quad F_{Cy} - F_{By} = 0, \quad F_{By} = 10\text{kN}(\downarrow)$$

$$\sum F_x = 0, \quad F_{Bx} - F_{Cx} = 0, \quad F_{Bx} = F_{Cx}$$

CE 段，由静力平衡条件，得

$$\sum M_D = 0, \quad F_{Cy} \times 1 - \frac{1}{2} \times 20 \times 2^2 + F_{Ey} \times 3 = 0, \quad F_{Ey} = 10\text{kN}(\uparrow)$$

$$\sum F_y = 0, \quad F_{Dy} + F_{Ey} - F_{Cy} - 20 \times 2 = 0, \quad F_{Dy} = 40\text{kN}(\uparrow)$$

$$\sum F_x = 0, \quad F_{Cx} = F_{Bx} = 0$$

AB 段，由静力平衡条件，得

$$\sum F_x = 0, \quad F_{Ax} = 0$$

$$\sum F_y = 0, \quad F_{Ay} - 30 + F_{By} = 0, \quad F_{Ay} = 20\text{kN}(\uparrow)$$

$$\sum M_A = 0, \quad -M_A - 30 \times 1 + F_{By} \times 2 = 0, \quad M_A = -10\text{kN} \cdot \text{m}(\text{上侧受拉})$$

(3)绘制内力图。

分别确定各杆段控制截面的内力值，按照单跨静定梁内力图的绘制方法逐段绘制内力图。

DH 段上作用有均布荷载，故弯矩图为二次曲线，可由叠加法绘制完成，其余杆段弯矩图为斜直线。由截面法计算出各控制截面弯矩值为

$$M_A = -10\text{kN} \cdot \text{m}(\text{上侧受拉})$$

$$M_F = 10\text{kN} \cdot \text{m}(\text{下侧受拉})$$

$$M_D = -10\text{kN} \cdot \text{m}(\text{上侧受拉})$$

$$M_H = 10\text{kN} \cdot \text{m}(\text{下侧受拉})$$

B、C、E 为铰结点，且无集中力偶作用，故 $M_B = M_C = M_E = 0$。绘出弯矩图如图 3-14(d)所示。

由截面法算出各控制截面的剪力值为

$$F_{QA} = F_{QF}^{L} = 20\text{kN}$$

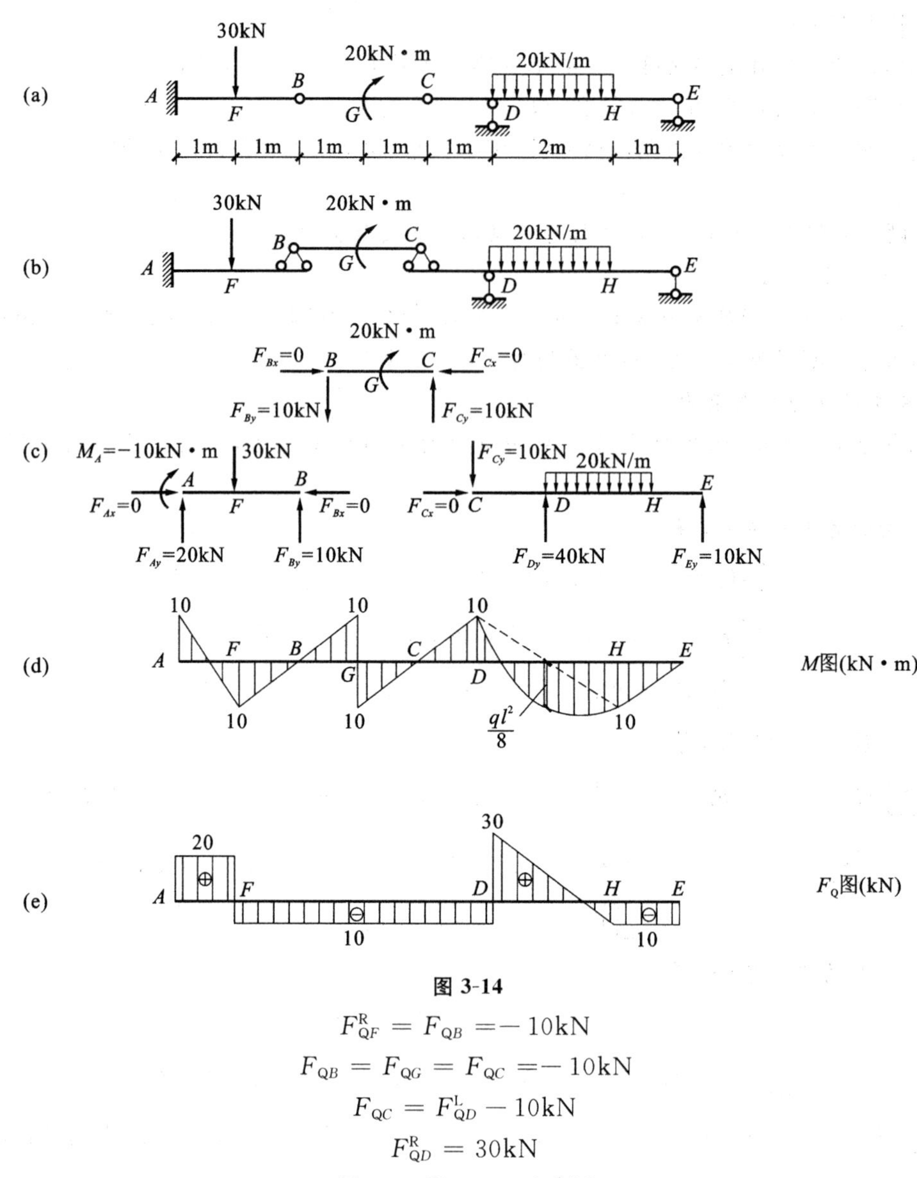

图 3-14

$$F_{QF}^{R} = F_{QB} = -10\text{kN}$$
$$F_{QB} = F_{QG} = F_{QC} = -10\text{kN}$$
$$F_{QC} = F_{QD}^{L} - 10\text{kN}$$
$$F_{QD}^{R} = 30\text{kN}$$
$$F_{QH} = F_{QE} = -10\text{kN}$$

绘出剪力图如图 3-14(e)所示。

由弯矩图和剪力图可以看出,多跨静定梁结构中间铰处若无集中力偶作用,则弯矩为零,剪力图在此处不间断。

【例 3-5】 试作图 3-15(a)所示多跨静定梁的弯矩图和剪力图。

【解】 (1)作层次图。

由几何组成分析可知,AE 梁为基本部分,EC 梁为附属部分,层次图如图 3-15(b)所示。

(2)计算各梁段支座反力和约束力。

从附属部分 EC 开始,利用静力平衡条件依次计算出各梁的支座反力和约束力。各梁段受力分析如图 3-15(c)所示。

以 EC 为隔离体,由静力平衡条件,得

$$\sum F_x = 0\,,\quad F_{Ex} = 0$$

$$\sum M_E = 0,\quad -20 \times 1 + F_{Cy} \times 3 = 0,\quad F_{Cy} = \frac{20}{3}\text{kN}(\uparrow)$$

$$\sum F_y = 0,\quad F_{Ey} - 20 + F_{Cy} = 0,\quad F_{Ey} = \frac{40}{3}\text{kN}(\uparrow)$$

以 AE 为隔离体,由静力平衡条件,得

$$\sum F_x = 0,\quad F_{Ax} = F_{Ex} = 0$$

$$\sum M_B = 0,\quad 15 - F_{Ay} \times 6 + \frac{1}{2} \times 10 \times 3^2 - \frac{40}{3} \times 1.5 = 0,\quad F_{Ay} = \frac{20}{3}\text{kN}(\uparrow)$$

$$\sum F_y = 0,\quad F_{Ay} - 10 \times 3 + F_{By} - F_{Ey} = 0,\quad F_{By} = \frac{110}{3}\text{kN}(\uparrow)$$

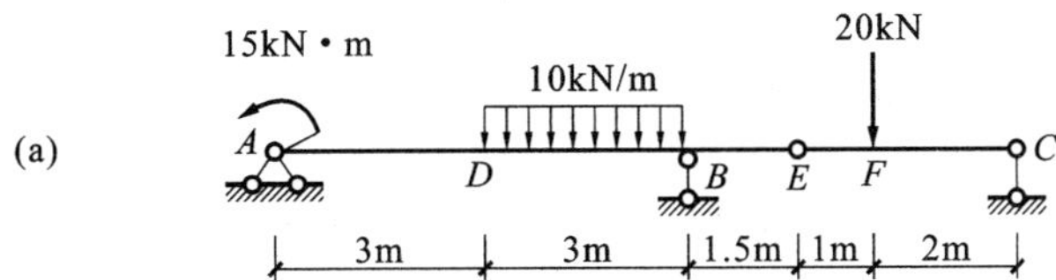

(b)
15kN·m
10kN/m
20kN
A
D
B
E
F
C

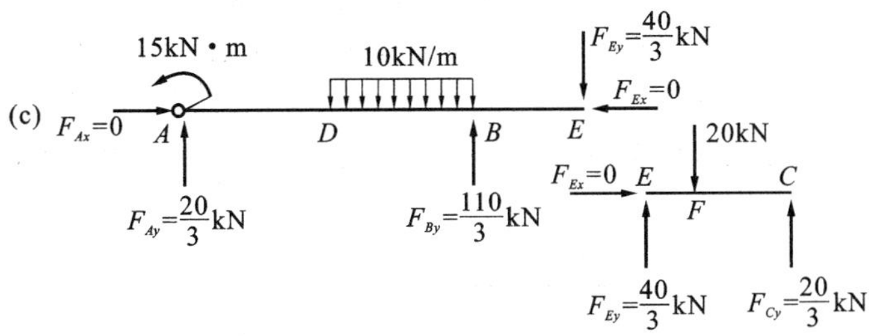

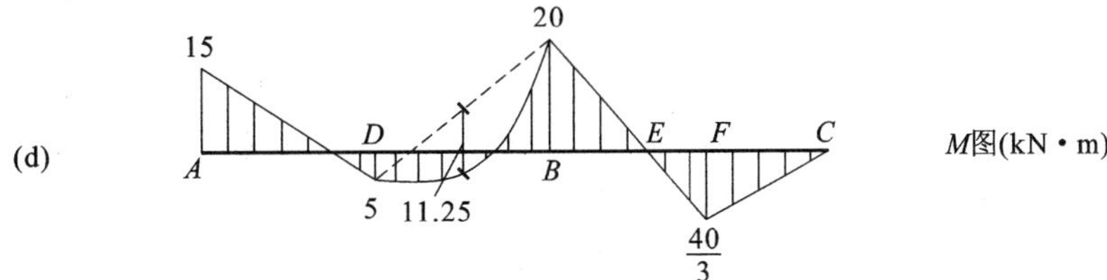

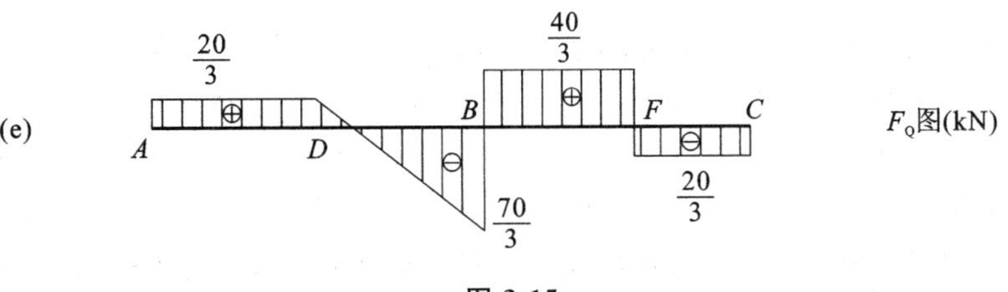

图 3-15

(3)绘制内力图。

由截面法确定出各控制截面弯矩为

$$M_A = 15\text{kN}\cdot\text{m}(\text{上侧受拉})$$

$$M_D = -5\text{kN}\cdot\text{m}(\text{下侧受拉})$$

$$M_B = 20\text{kN}\cdot\text{m}\ (\text{上侧受拉})$$

$$M_F = -\frac{40}{3}\text{kN}\cdot\text{m}\ (\text{下侧受拉})$$

绘出弯矩图如图 3-15(d)所示。

由截面法确定出各控制截面剪力为

$$F_{QA} = F_{QD} = \frac{20}{3}\text{kN}$$

$$F_{QB}^{L} = -\frac{70}{3}\text{kN}$$

$$F_{QB}^{R} = F_{QE} = F_{QF}^{L} = \frac{40}{3}\text{kN}$$

$$F_{QF}^{R} = F_{QC} = -\frac{20}{3}\text{kN}$$

绘出剪力图如图 3-15(e)所示。

3.3 静定平面刚架的内力分析

3.3.1 静定平面刚架的特点

刚架是由梁和柱等直杆组成的具有刚性结点的结构。若各杆轴线和荷载均在同一平面内，称为平面刚架；不在同一平面内，则称为空间刚架。实际工程中，平面刚架的基本几何组成形式有悬臂刚架、简支刚架和三铰刚架三种类型，如图 3-16(a)、(b)、(c)所示。其中，悬臂刚架常用于雨棚、挑檐、火车站站台以及阳台等结构中，简支刚架常见于起重机的支架，三铰刚架多用于仓库和小型厂房等结构。

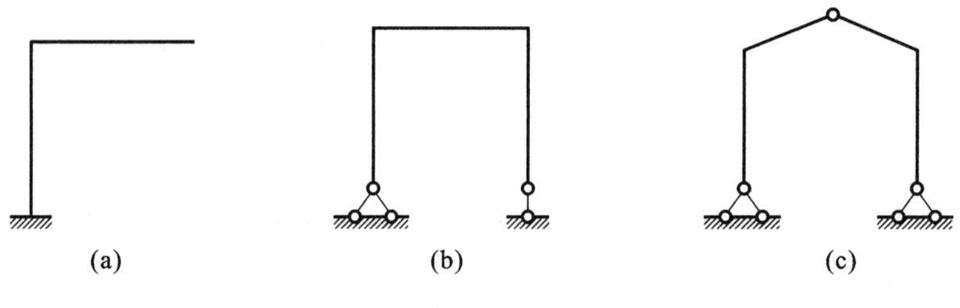

图 3-16

(a)悬臂刚架；(b)简支刚架；(c)三铰刚架

刚架结构中的结点，部分或者全部为刚结点，这是刚架与桁架的重要区别。与铰结点相比，刚结点的刚性联结更容易维持结构的几何不变性。如图 3-17(a)所示铰接体系，由几何组成分析可知其几何可变。要使它几何不变，一般方法是增设一根斜杆 BD，如图 3-17(b)所示，使其成为桁架结构，但是此时结构的内部空间无法充分利用；另一种方法是将其中的一个铰结点变为刚结点，如图 3-17(c)所示，使其成为刚架结构，此时结构内部具有较大的空间，便于建筑物使用。可见，刚架结构中由于具有刚结点，能够形成结构所需的内部空间。

从变形角度来说，当刚架受力变形时，刚结点所连接的各杆件不能发生相对转动，故汇交于联结处的各杆端之间的夹角始终保持不变。如图 3-18所示 T 形刚架，受荷载作用后的变形如图中虚线所示，汇交于刚结点 A 处的各杆端同时转过了一个角度 φ，转动后三根杆件之间依然维持原有

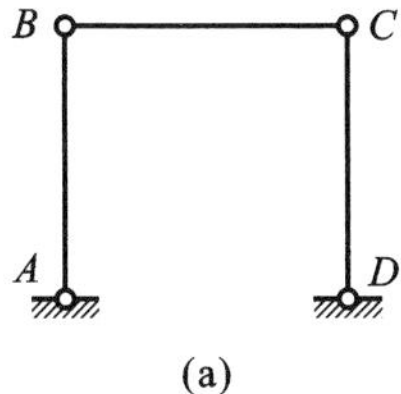

(a)

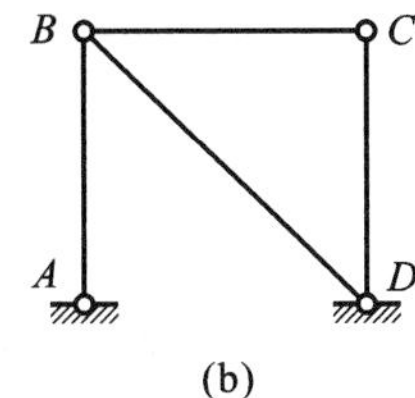

(b)

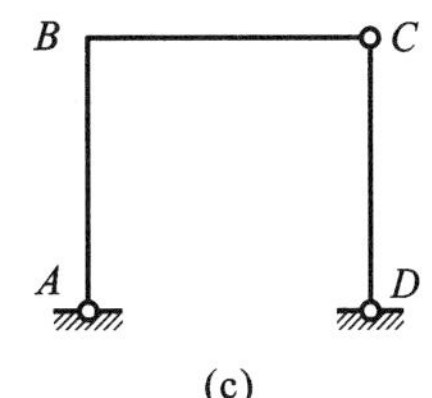

(c)

图 3-17

夹角不变。刚结点可以增加刚架结构的整体刚度，减小结构的变形。

从受力角度来说，由于刚结点对杆件的相对转动有约束，使其可以承受并传递全部内力(包括弯矩、剪力和轴力)，并使刚架中弯矩的分布更加均匀，有利于材料性质的发挥。

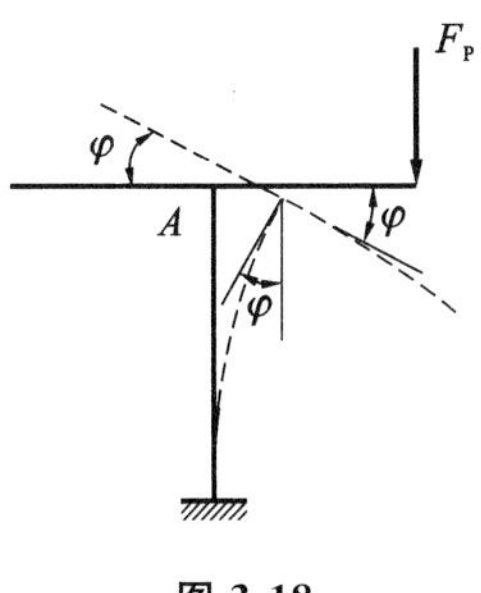

图 3-18

刚架结构的内力是指各杆件横截面上的轴力 F_N、剪力 F_Q 和弯矩 M。一般规定轴力以拉力为正，剪力以绕隔离体顺时针方向转动为正。绘制剪力图和轴力图时，只需按正负值分别绘制在杆件的两侧即可；而弯矩不必规定正负号，在具体计算时，其方向可以任意假定，只需在计算后判断其实际方向，并在绘制弯矩图时将弯矩值绘制在杆件的受拉侧。另外，为了区分汇交于同一结点的各杆段截面的内力，内力符号一般用双下标的字母表示。其中，第一个字母表示内力所在的截面，第二个字母表示杆件的另外一端，如 F_{QAB} 表示 AB 杆件 A 端截面的剪力。

3.3.2　静定平面刚架内力图的绘制及校核

静定刚架结构内力图的绘制，一般是先用截面法计算出各杆端截面或控制截面的内力值，然后利用荷载和内力图的微分关系以及叠加法，按照单跨静定梁的绘制方法逐段绘制内力图，最后将各杆内力图组合在一起。

【例 3-6】　试作图 3-19 所示刚架的内力图。

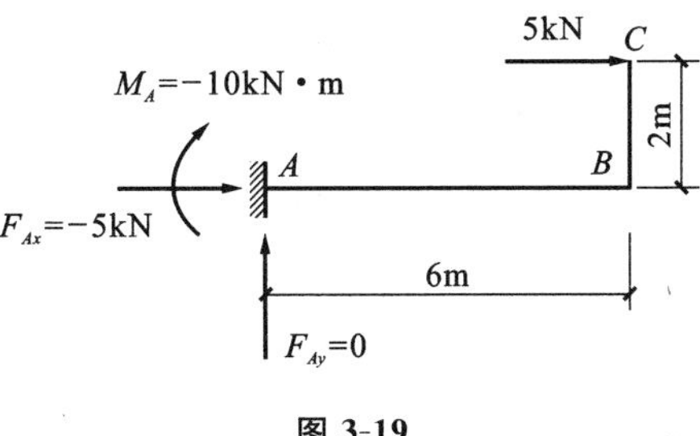

图 3-19

【解】　(1)计算支座反力。

考虑刚架整体的平衡，根据静力平衡条件，则有

$$\sum F_x = 0, \quad F_{Ax} + 5 = 0, \quad F_{Ax} = -5\text{kN}\ (\leftarrow)$$

$$\sum F_y = 0, \quad F_{Ay} = 0$$

$$\sum M_A = 0, \quad M_A + 5 \times 2 = 0, \quad M_A = -10\text{kN} \cdot \text{m}\ (\curvearrowleft)$$

(2)绘制内力图。

根据荷载情况可知，内力图可分为 AB、BC 两段来绘制。各杆端截面的内力可利用截面法由

静力平衡条件求出,分别选择隔离体如图3-20(a)、(b)所示。

AB段,由图3-20(a)可知

$$F_{NBA}=5\text{kN}$$
$$F_{QBA}=F_{QAB}=0$$
$$M_{BA}=10\text{kN}\cdot\text{m}\,(\text{内侧受拉})$$

BC段,由图3-20(b)可知

$$F_{NBC}=0$$
$$F_{QBC}=F_{QCB}=5\text{kN}$$
$$M_{BC}=10\text{kN}\cdot\text{m}\,(\text{内侧受拉})$$
$$M_{CB}=0$$

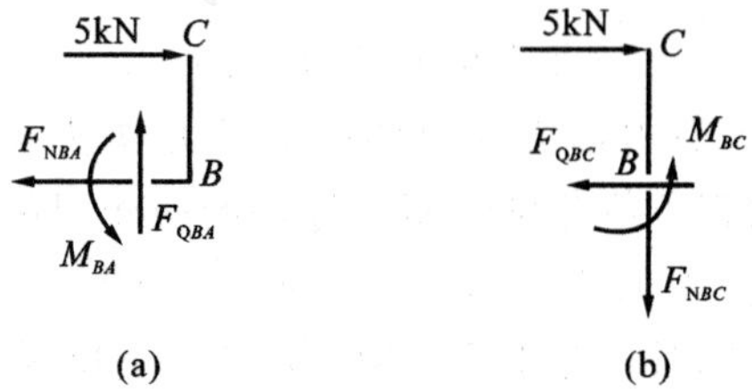

(a)　　(b)

图3-20

确定出各杆段的内力值后,便可绘制内力图,整个刚架的内力图如图3-21(a)、(b)、(c)所示。

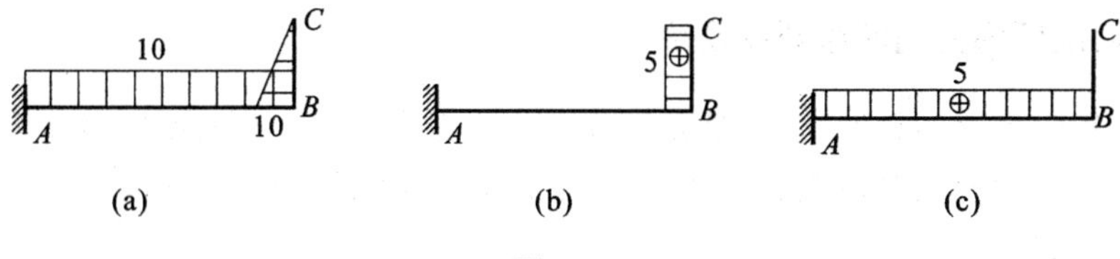

图3-21

(a) M图(kN·m);(b) F_Q图(kN);(c) F_N图(kN)

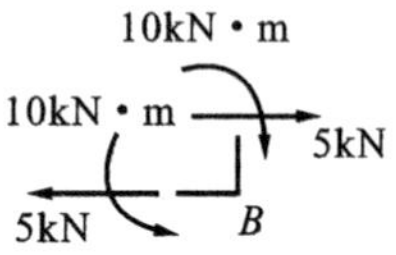

图3-22

(3)校核。

为了检验内力图的正确性,可取刚结点B来检验其是否满足静力平衡条件。取结点B为隔离体,如图3-22所示,其静力平衡方程为

$$\sum F_x=5-5=0$$
$$\sum M_B=10-10=0$$
$$\sum F_y=0$$

可见,内力计算无误,内力图绘制正确。

如图3-21(a)所示的B结点的弯矩图特点可知:未受集中力偶作用的两杆刚结点,由该结点隔离体的力矩平衡条件可知,与其相连两杆的杆端弯矩必大小相等、方向相反,弯矩的纵标必定在该结点的同一侧。利用两杆刚结点的这一性质,可用来校核弯矩图的正误。

【例3-7】 试作图3-23所示刚架的内力图。

【解】 (1)计算支座反力。

考虑刚架整体的平衡,则根据静力平衡条件,有

$$\sum F_x=0,\quad 20-F_{Ax}=0,\quad F_{Ax}=20\text{kN}\,(\leftarrow)$$

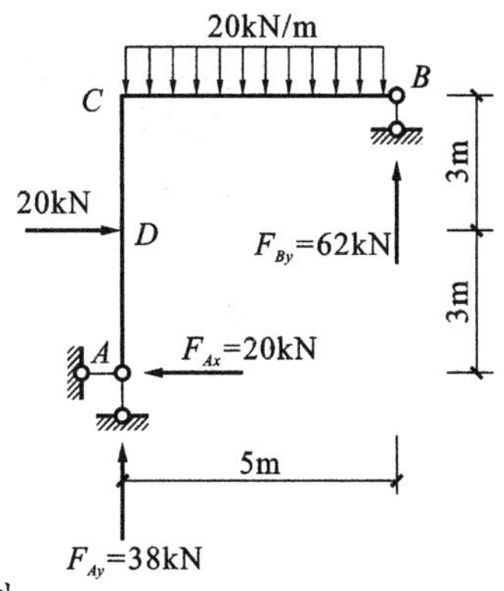

$\sum M_A = 0$，　$-20 \times 3 - \frac{1}{2} \times 20 \times 5^2 + F_{By} \times 5 = 0$，

$F_{By} = 62\text{kN}$（↑）

$\sum F_y = 0$，　$F_{Ay} - 20 \times 5 + F_{By} = 0$，　$F_{Ay} = 38\text{kN}$（↑）

由 $\sum M_B = 0$ 进行校核，有

$-20 \times 6 - 38 \times 5 + 20 \times 3 + \frac{1}{2} \times 20 \times 5^2 = 0$

可知支座反力计算正确。

图 3-23

(2)绘制内力图。

根据荷载情况可知，内力图可分为 AD、DC、CB 三段来绘制，分别选择隔离体如图 3-24(a)、(b)、(c)所示。

AD 杆段，由图 3-24(a)可知

$$F_{NDA} = -F_{Ay} = -38\text{kN}$$
$$F_{QDA} = F_{QAD} = F_{Ax} = 20\text{kN}$$
$$M_{DA} = 20 \times 3 = 60\text{kN} \cdot \text{m}（内侧受拉）$$
$$M_A = 0$$

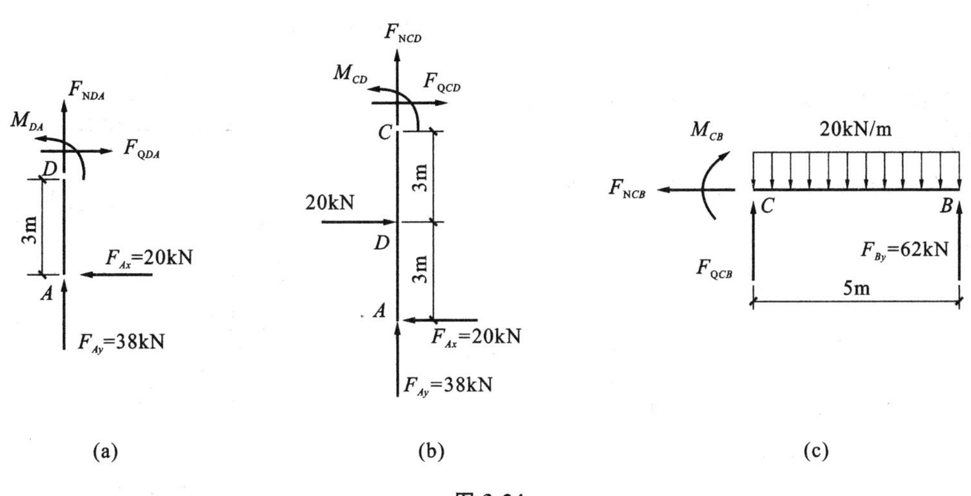

图 3-24

DC 杆段，由图 3-24(b)可知

$$F_{NCD} = -F_{Ay} = -38\text{kN}$$
$$F_{QCD} = F_{QDC} = 20 - 20 = 0$$
$$M_{CD} = 20 \times 6 - 20 \times 3 = 60\text{kN} \cdot \text{m}（内侧受拉）$$

CB 杆段，由图 3-24(c)可知

$$F_{NCB} = 0$$
$$F_{QCB} = 20 \times 5 - 62 = 38\text{kN}$$
$$F_{QBC} = -F_{By} = -62\text{kN}$$
$$M_{CB} = 62 \times 5 - \frac{1}{2} \times 20 \times 5^2 = 60\text{kN} \cdot \text{m}（内侧受拉）$$

CB 段的弯矩图可由叠加法绘制，整个刚架的内力图如图 3-25(a)、(b)、(c)所示。

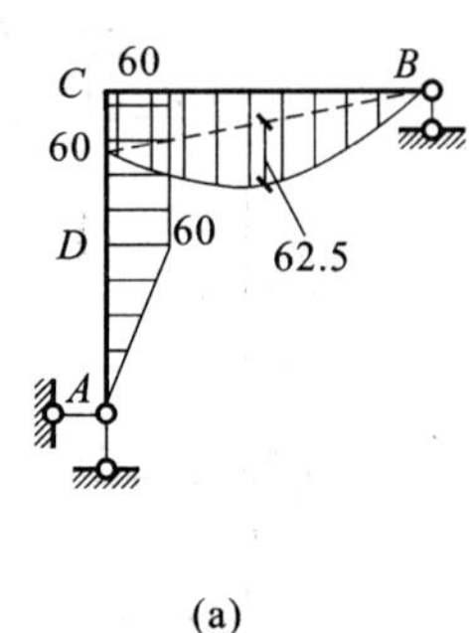

(a)

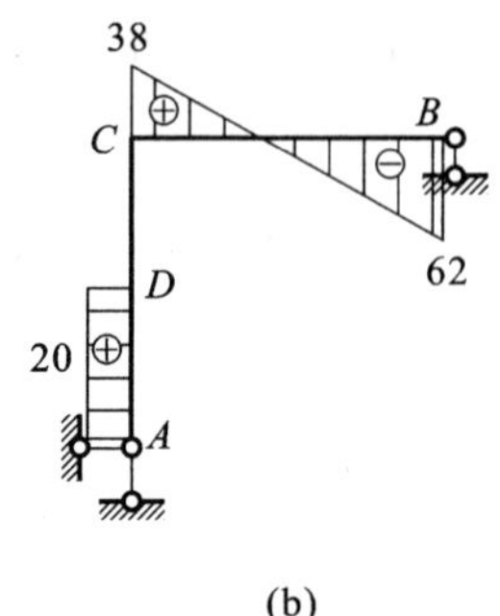

(b)

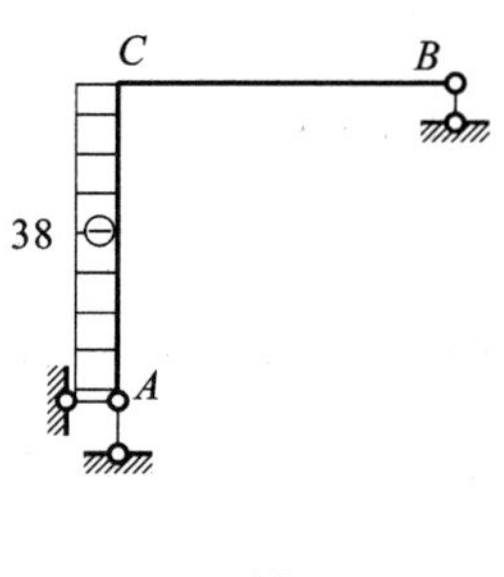

(c)

图 3-25

(a) M 图(kN·m);(b) F_Q 图(kN);(c) F_N 图(kN)

(3)校核。

取刚结点 C 为隔离体,如图 3-26 所示,其静力平衡方程为

$$\sum F_y = 38 - 38 = 0$$

$$\sum M_C = 60 - 60 = 0$$

$$\sum F_x = 0$$

图 3-26

可见,内力计算无误,内力图绘制正确。

(2)绘制内力图。

【例 3-8】 试作图 3-27 所示刚架的内力图。

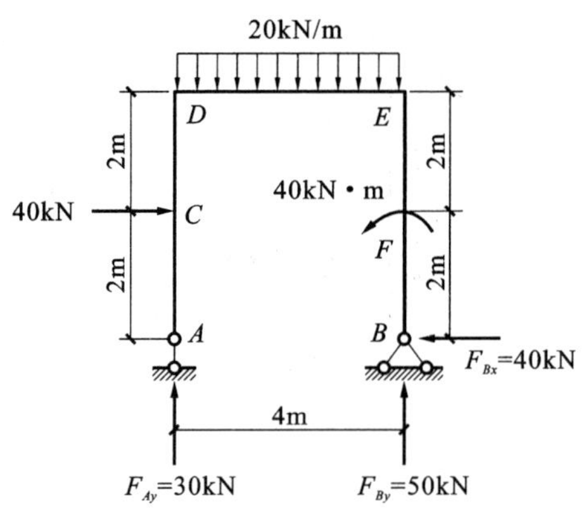

图 3-27

【解】 (1)计算支座反力。

以刚架结构整体为隔离体,由静力平衡条件,有

$$\sum F_x = 0\,,\quad 40 - F_{Bx} = 0\,,\quad F_{Bx} = 40\text{kN}\,(\leftarrow)$$

$$\sum M_A = 0\,,$$

$$-40 \times 2 - \frac{1}{2} \times 20 \times 4^2 + 40 + F_{By} \times 4 = 0\,,$$

$$F_{By} = 50\text{kN}\,(\uparrow)$$

$$\sum F_y = 0\,,$$

$$-F_{Ay} - 50 + 20 \times 4 = 0\,,\quad F_{Ay} = 30\text{kN}\,(\uparrow)$$

再由 $\sum M_B = 0$ 进行校核,有

$$-30 \times 4 - 40 \times 2 + \frac{1}{2} \times 20 \times 4^2 + 40 = 0$$

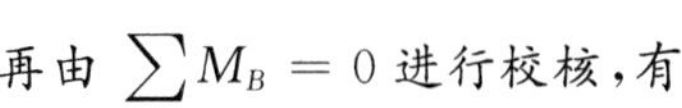

可知支座反力计算正确。

根据荷载情况可知,内力图可分为 AC、CD、DE、EF、FB 五段来绘制,分别选择隔离体如图 3-28(a)~(g)所示。

AC 段,由图 3-28(a)可知

$$F_{NCA} = -30\text{kN}$$

$$F_{QCA} = F_{QAC} = 0$$

$$M_{CA} = 0\,,\quad M_A = 0$$

CD 段,由图 3-28(b)可知

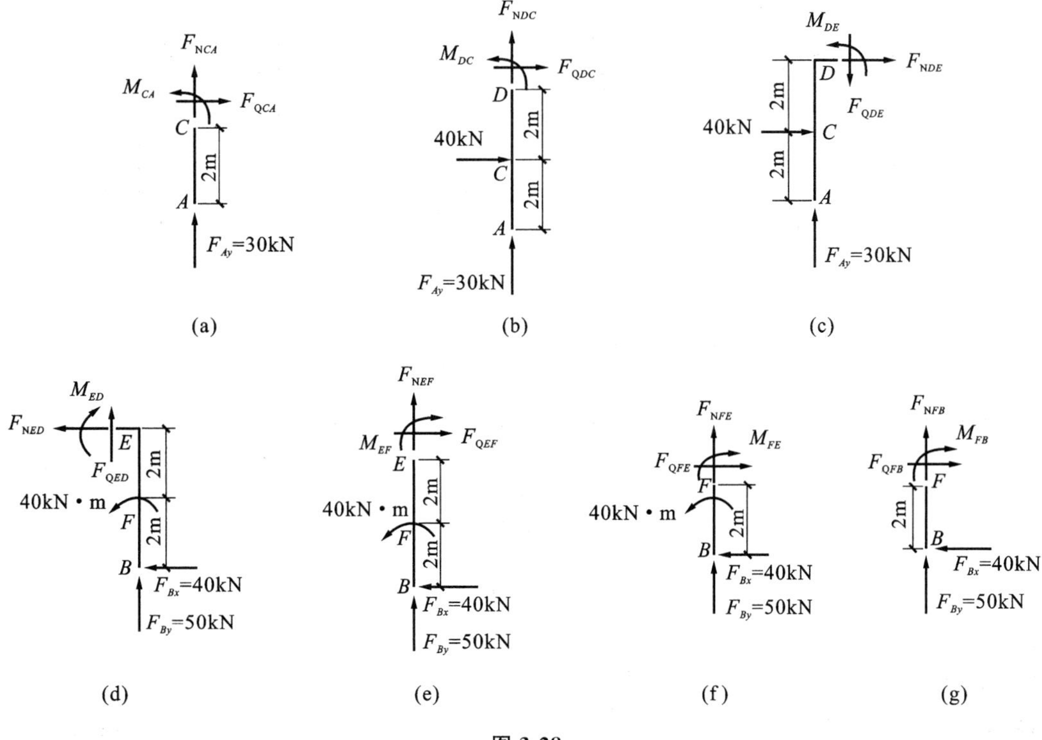

图 3-28

$$F_{NDC} = -30\text{kN}$$

$$F_{QDC} = F_{QCD} = -40\text{kN}$$

$$M_{DC} = -80\text{kN} \cdot \text{m}（外侧受拉）$$

DE 段，D 截面内力由图 3-28(c)可知

$$F_{NDE} = -40\text{kN}$$

$$F_{QDE} = 30\text{kN}$$

$$M_{DE} = -40 \times 2 = -80\text{kN} \cdot \text{m}（外侧受拉）$$

E 端截面内力由图 3-28(d)可知

$$F_{QED} = -50\text{kN}$$

$$M_{ED} = -40 \times 4 + 40 = -120\text{kN} \cdot \text{m}（外侧受拉）$$

FB 段，由图 3-28(e)、(f)可知

$$F_{NEF} = -50\text{kN}$$

$$F_{QEF} = F_{QFE} = 40\text{kN}$$

$$M_{EF} = -40 \times 4 + 40 = -120\text{kN} \cdot \text{m}（外侧受拉）$$

$$M_{FE} = -40 \times 2 + 40 = -40\text{kN} \cdot \text{m}（外侧受拉）$$

FB 段，由图 3-28(g)可知

$$F_{NFB} = -50\text{kN}$$

$$F_{QFB} = F_{QBF} = 40\text{kN}$$

$$M_{FB} = -40 \times 2 = -80\text{kN} \cdot \text{m}（外侧受拉）$$

$$M_B = 0$$

刚架结构内力图如图 3-29(a)、(b)、(c)所示。

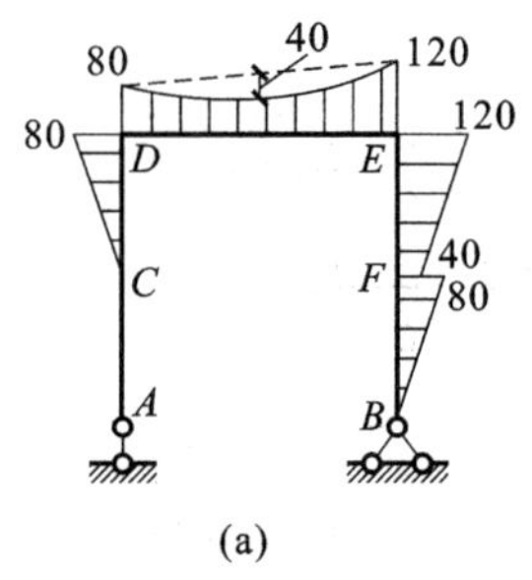

(a)

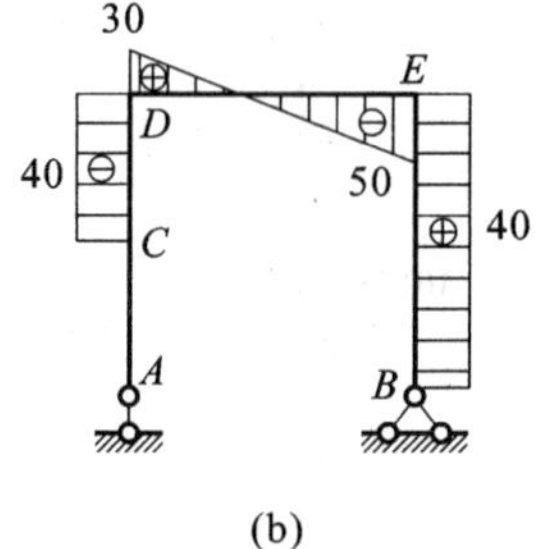

(b)

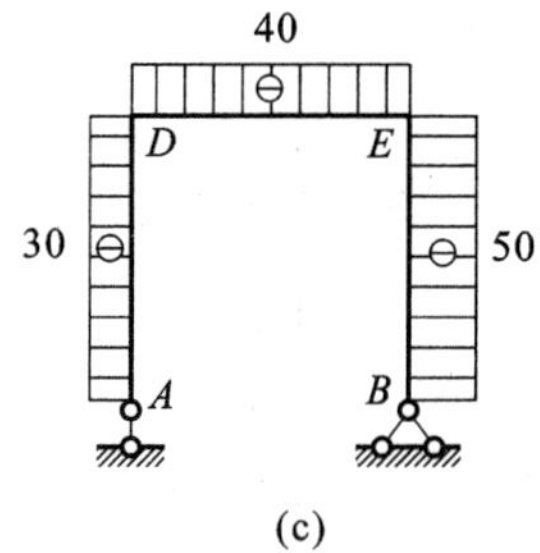

(c)

图 3-29

(a) M 图(kN·m);(b) F_Q 图(kN);(c) F_N 图(kN)

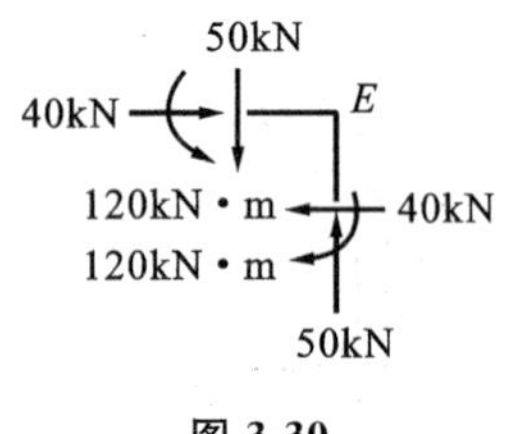

图 3-30

(3)校核。

取刚结点 E 为隔离体,如图 3-30 所示,静力平衡方程为

$$\sum F_x = -40 + 40 = 0$$

$$\sum F_y = -50 + 50 = 0$$

$$\sum M_E = 120 - 120 = 0$$

内力图绘制正确。

【例 3-9】 试作图 3-31 所示三铰刚架的内力图。

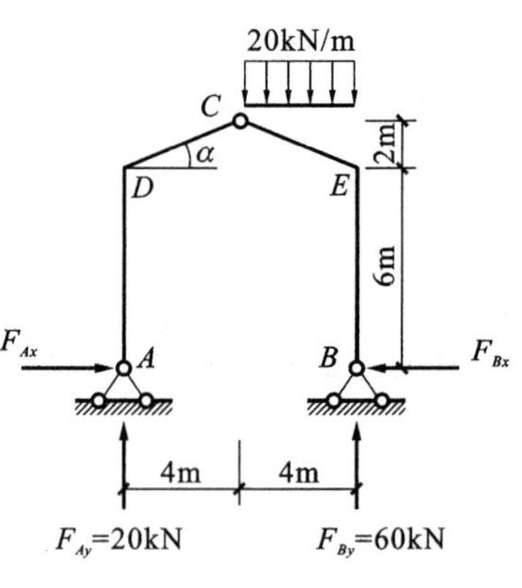

图 3-31

【解】 (1)计算支座反力。

三铰刚架是由不在同一直线上的三个铰将杆件与基础相连的结构体系。本例中为了确定四个支座反力 F_{Ax}、F_{Ay}、F_{Bx}、F_{By},需要建立四个平衡方程。因此,除整体的三个平衡方程外,还需利用铰 C 截面弯矩为零的特性建立一个补充方程。

以整体为研究对象,则有

$$\sum M_B = 0,\quad -F_{Ay} \times 8 + \frac{1}{2} \times 20 \times 4^2 = 0,\quad F_{Ay} = 20\text{kN}(\uparrow)$$

$$\sum F_y = 0,\quad F_{Ay} + F_{By} - 20 \times 4 = 0,\quad F_{By} = 60\text{kN}(\uparrow)$$

$$\sum F_x = 0,\quad F_{Ax} - F_{Bx} = 0,\quad F_{Ax} = F_{Bx}$$

取 AC 部分为隔离体,如图 3-32(a)所示,由 $\sum M_C = 0$

$$F_{Ax} \times 8 - 20 \times 4 = 0$$

得

$$F_{Ax} = 10\text{kN}\ (\rightarrow)$$

为了校核支座反力,取 BC 部分为隔离体,如图 3-32(b)所示,则由 $\sum M_C = 0$,得平衡方程

$$-\frac{1}{2} \times 20 \times 4^2 - 10 \times 8 + 60 \times 4 = 0$$

可知,支座反力计算正确。

(2)绘制内力图。

根据荷载情况,可分为 AD、DC、CE、EB 四段,分别利用截面法计算各控制截面的内力值,选取隔离体如图 3-33(a)~(e)所示。

计算 AD 段控制截面内力,取图 3-33(a)所示隔离体,则有

$$F_{NDA} = -20\text{kN}$$

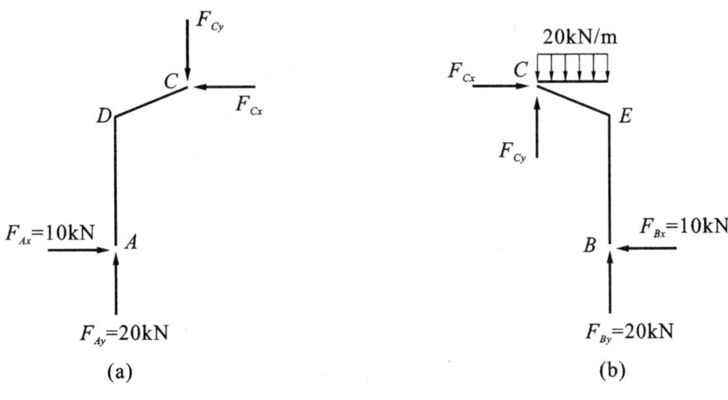

图 3-32

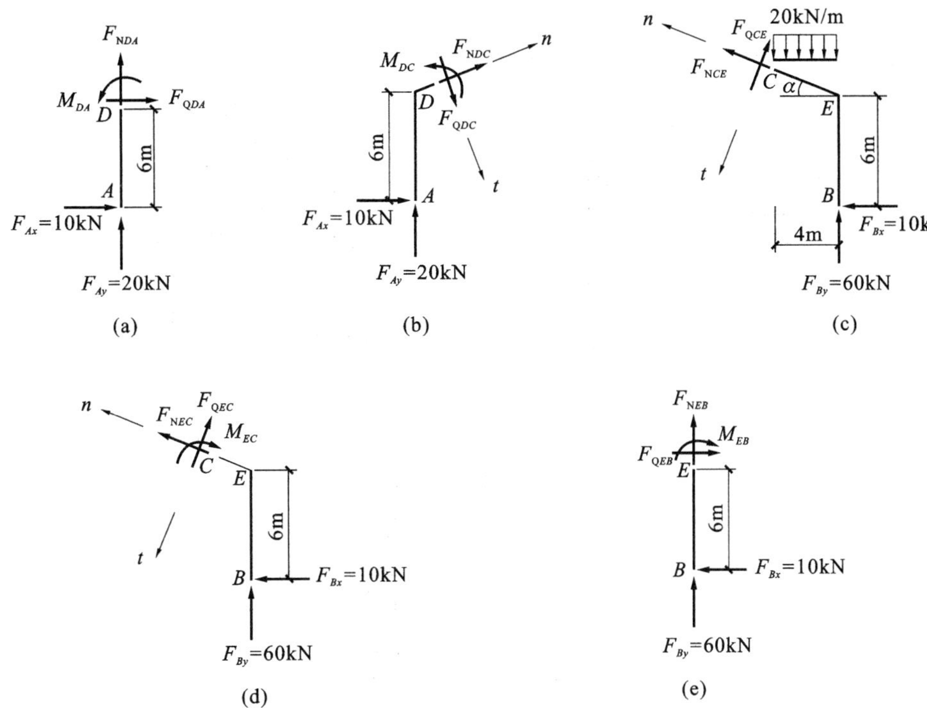

图 3-33

$$F_{QDA}=F_{QAD}=-10\text{kN}$$

$$M_{DA}=-10\times 6=-60\text{kN}\cdot\text{m}\text{（外侧受拉）}$$

$$M_A=0$$

计算 DC 段控制截面内力，取图 3-33(b)所示隔离体，为了便于计算，选 nDt 坐标系，则有

$$\sum F_n=0,\quad F_{NDC}+10\cos\alpha+20\sin\alpha=0$$

$$\sum F_t=0,\quad F_{QDC}+10\sin\alpha-20\cos\alpha=0$$

$$\sum M_D=0,\quad M_{DC}+10\times 6=0$$

由于 $\sin\alpha=\dfrac{1}{\sqrt{5}}$，$\cos\alpha=\dfrac{2}{\sqrt{5}}$，可知

$$F_{NDC}=-17.89\text{kN}$$

$$F_{QDC}=F_{QCD}=13.42\text{kN}$$

$$M_{DC}=-60\text{kN}\cdot\text{m}\ (\text{外侧受拉})$$

计算 CE 段控制截面内力,取图 3-33(c)、(d)为隔离体,选 nCt 及 nEt 坐标系,则有

$$F_{NCE}=-10\cos\alpha-60\sin\alpha+20\times4\sin\alpha=0$$

$$F_{NEC}=-10\cos\alpha-60\sin\alpha=-35.78\text{kN}$$

$$F_{QCE}=10\sin\alpha-60\cos\alpha+20\times4\cos\alpha=22.36\text{kN}$$

$$F_{QEC}=10\sin\alpha-60\cos\alpha=-49.19\text{kN}$$

$$M_{EC}=-10\times6=-60\text{kN}\cdot\text{m}\ (\text{外侧受拉})$$

计算 EB 段控制截面内力,取图 3-33(e)为隔离体,有

$$F_{NEB}=-60\text{kN}$$

$$F_{QEB}=F_{QBE}=10\text{kN}$$

$$M_{EB}=-60\text{kN}\cdot\text{m}\ (\text{外侧受拉})$$

刚架结构内力图如图 3-34(a)、(b)、(c)所示。

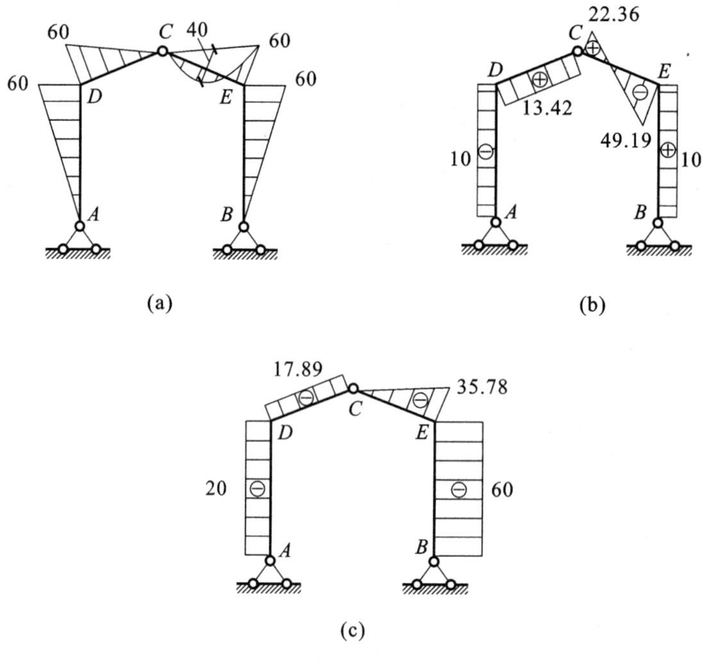

图 3-34

(a) M 图(kN·m);(b) F_Q 图(kN);(c) F_N 图(kN)

由以上的分析计算可知,静定平面刚架的内力计算及内力图的绘制与静定梁结构类似,具体步骤可以归纳为:

①利用静力平衡条件确定刚架的支座反力。

②选择合适的隔离体,利用截面法求各控制截面的弯矩、剪力和轴力值。

③由计算出的各控制截面的内力值,根据内力图的特征,绘制内力图。

④校核。选取刚架中的任一刚结点或杆件为研究对象,根据静力平衡方程判断内力计算及内力图的绘制是否正确。

本章小结

(1)内力计算方法。

①隔离体法。

隔离体法是假想用一个截面截开结构中的部分杆件,将结构中的某一部分与其他部分区分开来,合理地选取一部分作为隔离体,灵活应用隔离体平衡条件,正确计算内力的一种方法。

②叠加法。

叠加法是以叠加原理为基础,将结构上复杂的受力条件分解为几个简单的受力条件,先分别计算出各简单条件下结构的内力值,再将对应截面的内力值进行叠加的一种方法。

(2)内力图的绘制方法。

静定梁和刚架结构中的受弯构件主要内力是弯矩。内力图可按分段、定点、连线的方法作出。具体做法为:首先,根据控制截面将杆件分段;然后,利用截面法(亦称隔离体平衡法)分别计算出各控制截面的内力值;最后,根据各杆段的荷载情况分段画出内力图,在绘制弯矩图时还要注意区段叠加法的应用。

思考题

3-1　如何划分多跨静定梁的基本部分和附属部分?

3-2　当荷载作用在多跨静定梁的基本部分上时,在附属部分上是否会引起内力?

3-3　多跨静定梁与相同跨度的简支梁相比具有什么优越性?

3-4　利用区段叠加法绘制弯矩图时,为什么必须是竖标的叠加而不是图形的拼合?

3-5　试述绘制平面刚架内力图的一般步骤。

习题

3-1　试作图 3-35 所示静定梁的内力图。

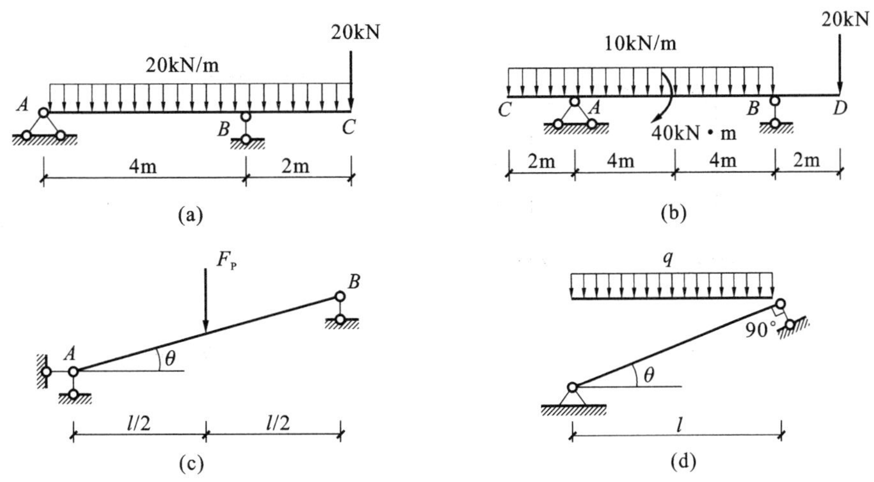

图 3-35

3-2　试作如图 3-36 所示多跨静定梁的内力图。

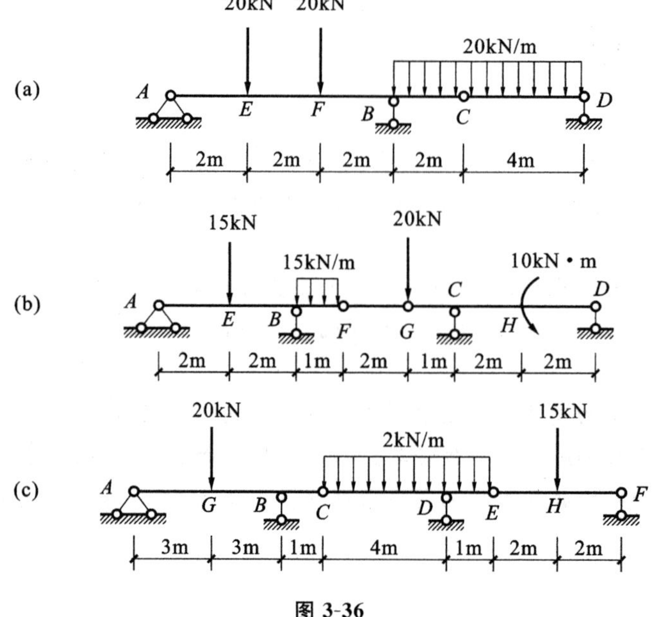

图 3-36

3-3～3-9　试作如图 3-37～图 3-43 所示静定刚架的内力图。

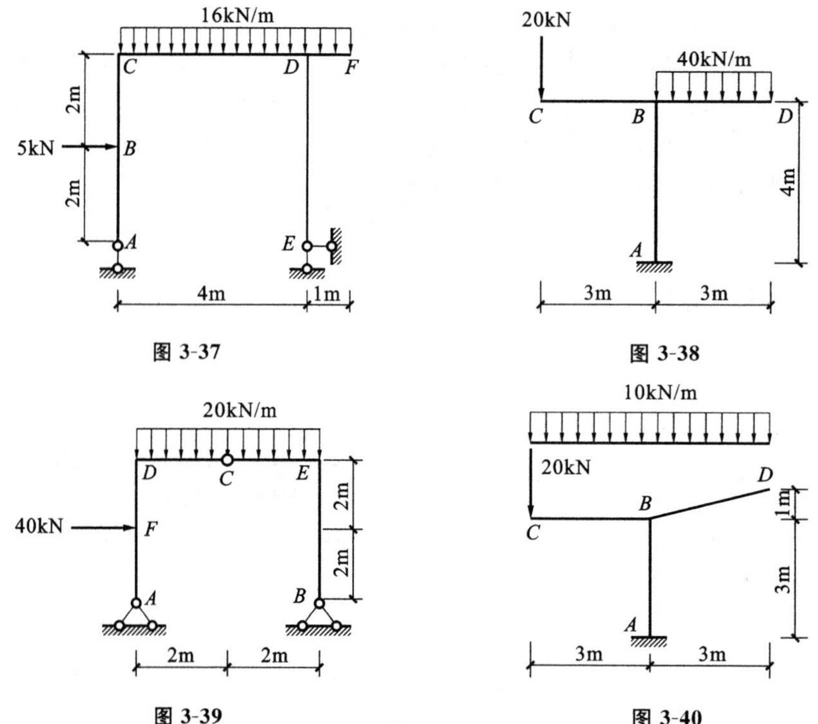

图 3-37

图 3-38

图 3-39

图 3-40

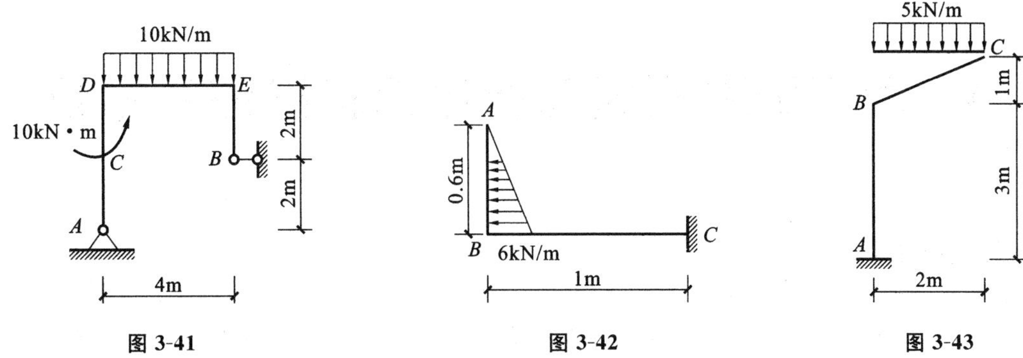

图 3-41　　图 3-42　　图 3-43

3-10　试判断如图 3-44 所示静定结构的弯矩图是否正确。

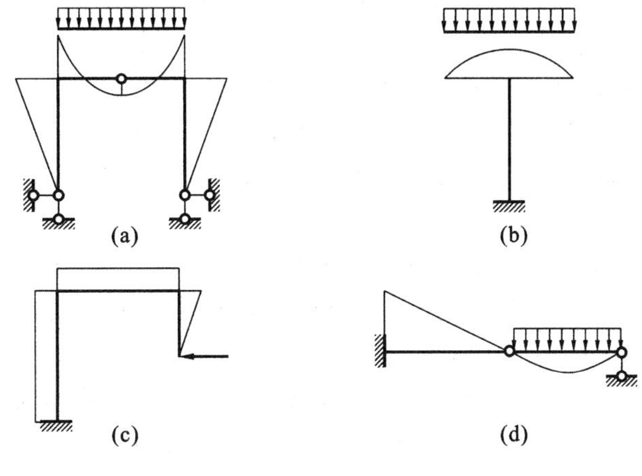

图 3-44

参考文献

[1] 杨茀康，李家宝，洪范文，等．结构力学：上册．6 版．北京：高等教育出版社，2016．
[2] 边亚东．结构力学．北京：北京大学出版社，2012．
[3] 邹建奇．建筑力学．北京：北京大学出版社，2010．
[4] 李廉锟，侯文崎．结构力学：上册．7 版．北京：高等教育出版社，2022．
[5] 刘蓉华．结构力学．成都：西南交通大学出版社，2014．
[6] 王焕定，章梓茂，景瑞．结构力学．3 版．北京：高等教育出版社，2010．

4 静定平面桁架和组合结构的内力分析

【内容提要】

本章主要内容包括：静定平面桁架的受力特点、分类，用结点法、截面法计算桁架的各杆内力，三种常见的简支梁式桁架的受力特点，静定组合结构内力的计算方法。本章教学内容的重点是：用结点法和截面法计算桁架的各杆内力。本章教学内容的难点是：静定组合结构中梁式杆的内力计算及其内力图的绘制。

【能力要求】

通过本章的学习，学生应了解静定平面桁架的基本假定和组成特点，了解平面桁架的分类和几种常用桁架受力性能的比较，熟练掌握应用结点法和截面法进行静定平面桁架的内力计算，掌握静定组合结构的内力计算，了解静定结构的一般特性。

【价值塑造】

桁架零杆虽然内力为零，但这并不意味着它们是无用或多余的。在桁架结构中，零杆的存在和布局是结构设计中经过精心考虑和计算的结果，它们对结构的整体稳定性及其他性能有着重要的影响。

首先，零杆在桁架结构中起到连接和支撑的作用。它们将不同的杆件连接在一起，形成一个整体结构，确保结构在承受外部载荷时能够保持稳定。即使零杆本身不承受内力，但它们的存在对于其他杆件之间的相互作用和力的传递是至关重要的。

其次，零杆的存在会影响桁架结构的刚度和变形特性。虽然零杆本身不承受内力，但它们可以增加结构的刚度，减少结构的变形。在某些情况下，设计师可能会故意设置一些零杆来增强结构的刚度，以满足特定的工程要求。

最后，零杆在桁架结构中还起到了重要的安全储备作用。在结构受到意外载荷或冲击时，零杆会承受内力，从而保护其他杆件免受破坏。这种安全储备能力可以提高结构的可靠性和耐久性。

正如李白所说："天生我材必有用"，每个人都有自己的才能和价值，只要我们用心去发掘和培养，他们就能在适当的时候发挥出重要的作用。在社会中，我们也应该像珍视桁架零杆一样，珍惜每个人和事物。每个人都拥有自己独特的才能和潜力，他们可能在不同的领域和方面发挥着重要的作用。我们应该尊重每个人的选择和努力，并给予他们适当的支持和鼓励，以帮助他们实现自己的价值。

同时，我们也应该意识到，在团队和集体中，每个成员都扮演着重要的角色。就像桁架零杆一样，即使某些成员在某些时候可能不显得那么突出，但他们的存在和贡献却是不可或缺的。我们应该相互协作、互相支持，共同为实现更大的目标而努力。

4.1 概　　述

桁架是指由若干直杆在其两端用铰连接而组成的平面或空间结构。桁架结构受力合理、计算简单、施工方便、适应性强，在土木工程和机械工程中得到广泛的应用。桁架常用于较大跨度的承重结构和高耸结构，如屋架、桥梁、输电线路塔、卫星发射塔、水工闸门、起重机塔架等。如图 4-1所示为常见的钢筋混凝土组合屋架。

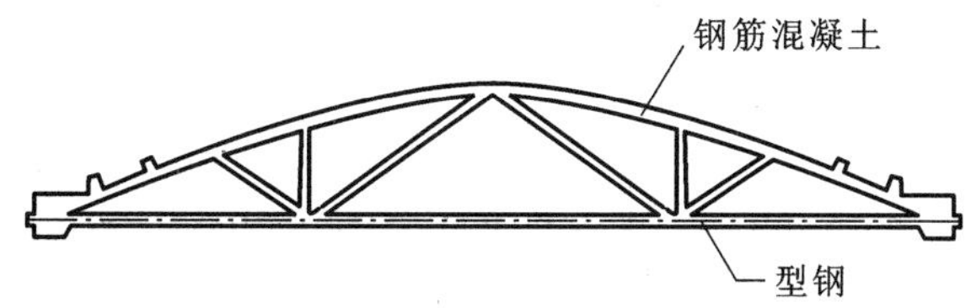

图 4-1

桁架可分为无多余约束的静定桁架和有多余约束的超静定桁架。当桁架所有杆的轴线和外力的作用线都在同一平面内时，称为平面桁架；反之，不在同一平面内时，称为空间桁架。我们把所有杆件的轴线以及外力的作用线都位于同一平面内的无多余约束的桁架结构称为静定平面桁架。本章只介绍静定平面桁架的特点和内力计算。

4.1.1　桁架的特点

如图 4-2(a)所示简支梁，在竖向均布荷载作用下，沿梁轴线的弯矩和剪力的分布和截面内的正应力和剪应力的分布都极不均匀。如图 4-2(b)所示，在弯矩作用下，截面正应力分布为受压区和受拉区两个三角形，而在中和轴处应力为零，上下边缘处正应力为最大。因此，若以上下边缘处材料的强度作为控制值，则中间部分的材料不能充分发挥作用。

如图 4-2(c)所示，如果把纵截面上的中间部分挖空形成空腹，同样可以起到节省材料和减轻结构自重的效果，挖空程度越大，材料越省，自重越轻。倘若大幅度挖空，中间剩下几根截面很小的连杆时，就发展成为如图 4-2(d)所示的桁架。

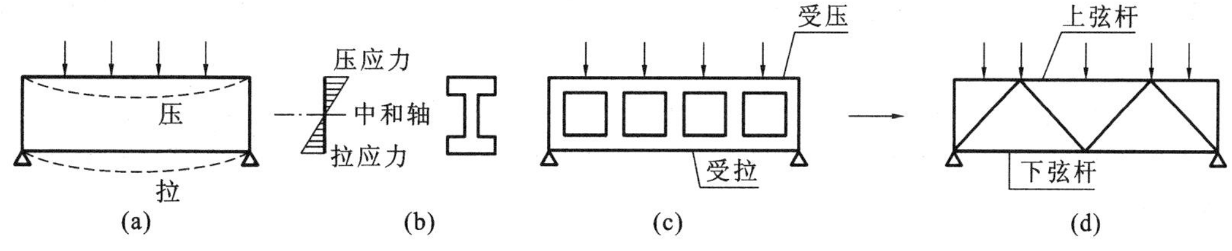

图 4-2

在荷载作用下，桁架杆件主要承受轴向力(拉力或压力)，从而能充分利用材料的强度，在跨度较大时相比实腹梁能够节省材料、减轻自重和增大刚度。因此，桁架结构相比梁结构具有如下优点：

①扩大了梁式结构的适用跨度，如桁架结构常用于大跨度的厂房、展览馆、体育馆和桥梁等公共建筑中。

②桁架可用各种材料制造，如钢筋混凝土、钢、木等。

③桁架是由杆件组成的，桁架体型多样化。

④施工方便,桁架可以整体制造后吊装,也可以在施工现场进行杆件拼装。

4.1.2 桁架的计算简图

对桁架进行计算时,实际桁架结构的构造和受力情况一般是比较复杂的,但各杆件一般比较细长,仍以承受轴力为主。在计算时为了简化计算,通常采取以下几个基本假定:

①组成桁架的所有各杆都是直杆,所有各杆的轴线都在同一平面内,并通过铰的几何中心。

②桁架的杆件与杆件相连接的各结点均为无摩擦的理想铰。

③所有外力(包括荷载及支座反力)都作用在桁架的结点上。

满足以上假定的桁架称之为理想桁架。

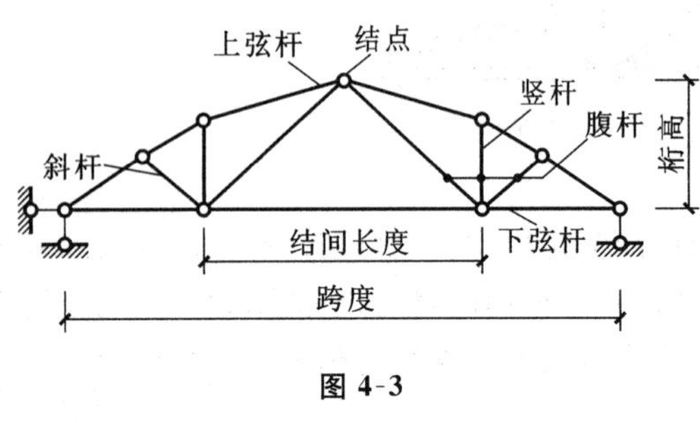

图 4-3

如图 4-1 所示的钢筋混凝土组合屋架为了简化计算,依据以上的假定,可简化成如图 4-3 所示理想的静定平面桁架。

在桁架结构中,我们通常把杆件按其所在位置不同,分为弦杆和腹杆两大类。弦杆是指桁架上、下外边缘的杆件,上边的杆件称为上弦杆,下边的杆件称为下弦杆。桁架中联系上弦杆和下弦杆之间的杆件称为腹杆。腹杆中斜向杆又称为斜杆,竖向杆件则称为竖杆。弦杆上相邻两结点之间的区间称为结间,它们之间的距离称为结间长度,各杆端的铰结点叫结点,两支座之间的水平距离称为桁架的跨度,上、下弦杆上结点之间的最大竖直距离称为桁高。

4.1.3 桁架的主内力和次内力

理想桁架的受力特点是结构的内力只有轴力,而没有弯矩和剪力。这种按理想桁架算出的内力(或应力)称为桁架的主内力(或主应力)。而实际结构中[如钢筋混凝土组合屋架,铆(栓)接或焊接的钢桁架桥]的结点处刚性比较大,几乎不能转动,并非理想铰结点;实际荷载也不完全作用在结点上;各杆的轴线也不一定是理想直线;结点上各杆的轴线不一定完全交于一点。因此,桁架杆件内力,除轴力外,还有弯矩和剪力。这种由于不符合理想情况而产生的附加内力,称为次内力(或次应力)。

大量的工程实践表明:一般情况下,桁架中的主应力占总应力的80%以上。因此,主应力是桁架中应力的主要部分。也就是说,桁架中的内力主要是轴力,而由于不符合理想情况的附加内力的影响是次要的。

4.1.4 桁架的分类

桁架可按不同的特征进行分类:

(1)根据桁架结构的材料,可分为:钢桁架、钢筋混凝土桁架、预应力混凝土桁架、木桁架、钢与木组合桁架、钢与混凝土组合桁架。

(2)根据桁架的几何组成方式,可分为:简单桁架、联合桁架、复杂桁架。

①简单桁架:由一个基本铰接三角形或基础开始,每次用两根不在同一条直线上的链杆联结一个新结点,即依次增加二元体组成的桁架。

如图 4-4(a)所示,从三角形 ABC 开始,依次增加二元体 DBC、FDC、EFC,组成一个简单桁架。如图 4-4(b)所示，从基础开始，依次增加两根不在同一条直线上的链杆(1、2)，(3、4)，(5、6)，(7、8)，分别联结成新结点 A、B、C、D，组成一个简单桁架。这两个桁架都是静定平面桁架。

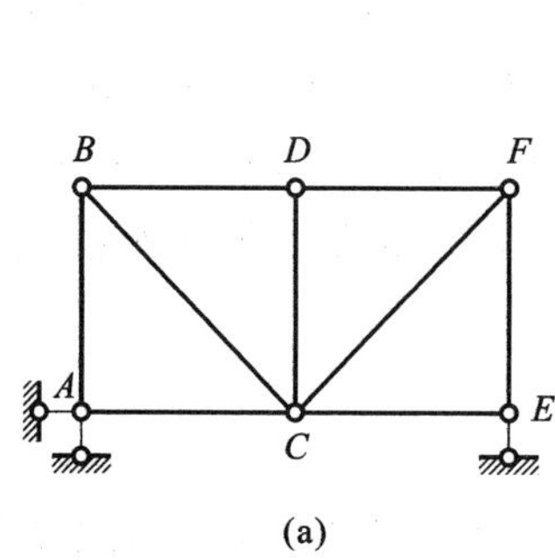

(a)

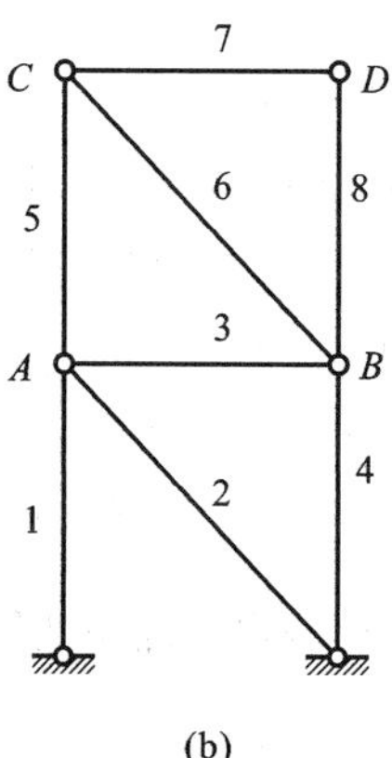

(b)

图 4-4

②联合桁架：由几个简单桁架按照几何不变体系的组成规则联合而成的桁架，如图 4-5 所示。

③复杂桁架：不同于上述两种组成方式的其他桁架，如图 4-6 所示。

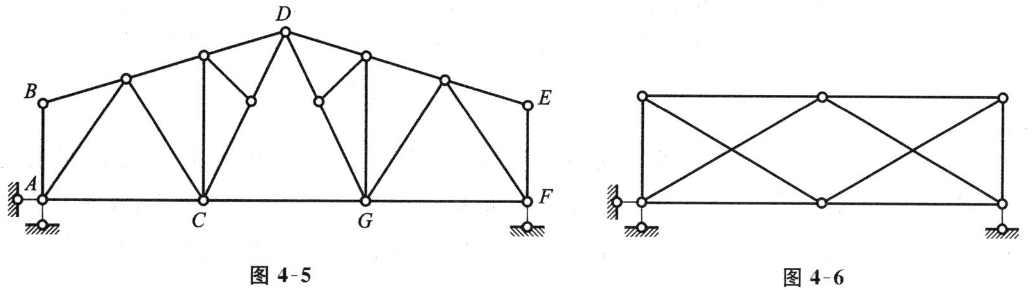

图 4-5　　图 4-6

(3)根据桁架的外形，可分为：平行弦桁架[图 4-7(a)]、抛物线形桁架[图 4-7(b)]、三角形桁架[图 4-7(c)]、梯形桁架[图 4-7(d)]。

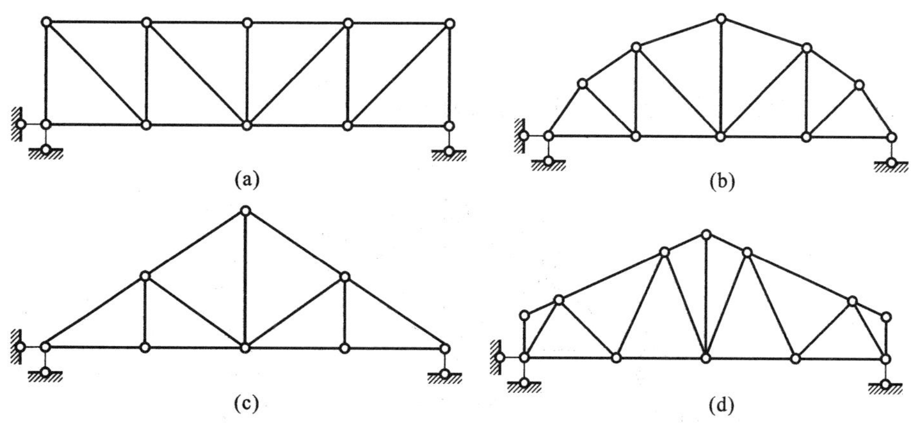

图 4-7

(a)平行弦桁架；(b)抛物线形桁架；(c)三角形桁架；(d)梯形桁架

4.2 结 点 法

截取桁架的结点为隔离体,利用各结点的静力平衡条件来计算各杆件内力的方法,称为结点法。考虑桁架各结点的平衡,结点承受汇交力系作用,对每一结点均可列出两个独立的投影平衡方程 $\sum F_x = 0$ 和 $\sum F_y = 0$ 进行计算,逐次建立各结点的投影平衡方程,可求出所有的未知杆内力。

结点法的特点:只要是能按二元体的方式扩大的结构,就可用结点法求出全部杆内力。一般来说,结点法最适合计算简单桁架。计算时,宜根据给定荷载和组成特点先判定内力为零的杆件(参见4.2.2节),并尽可能避免解联立方程。

4.2.1 结点法计算静定平面桁架的内力

在进行桁架内力分析时,需要建立平衡方程式。斜杆和大多数情况下的上弦杆都与水平方向有夹角,这样会产生复杂的三角函数的运算。为了便于计算,通常可以把斜杆和上弦杆的轴力分解为水平分力和竖向分力。

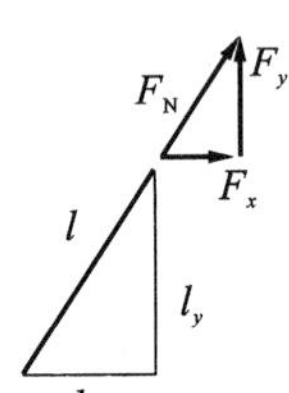

图 4-8

如图4-8所示,杆件 l 及其水平投影 l_x、竖向投影 l_y 组成一个三角形,该杆所产生的轴力 F_N 和由它分解成的水平分力 F_x、竖向分力 F_y 组成一个力三角形。由两三角形相似关系,可得出以下比例关系,简称力与杆长比例式,即

$$\frac{F_N}{l} = \frac{F_x}{l_x} = \frac{F_y}{l_y}$$

计算平面静定桁架时,我们首先利用整体平衡求出支座反力。由以上关系可知,桁架计算时,既可以由轴力 F_N 推算出它的水平分力 F_x、竖向分力 F_y,也可以由水平分力 F_x 或竖向分力 F_y 推算出它的轴力 F_N。逐个结点运用平衡条件 $\sum F_x = 0$ 和 $\sum F_y = 0$,求出每个杆的轴力。这样,避免了三角函数的运算,使计算更为方便。

规定桁架杆轴力以受拉为正,即以离开结点为正值。计算时为避免解联立方程,应从未知力不超过两个的结点开始计算。先假定轴力为拉力,若计算结果为正值,表明轴力为拉力;反之,则为压力。

【例4-1】 试用结点法求如图4-9所示桁架的内力。

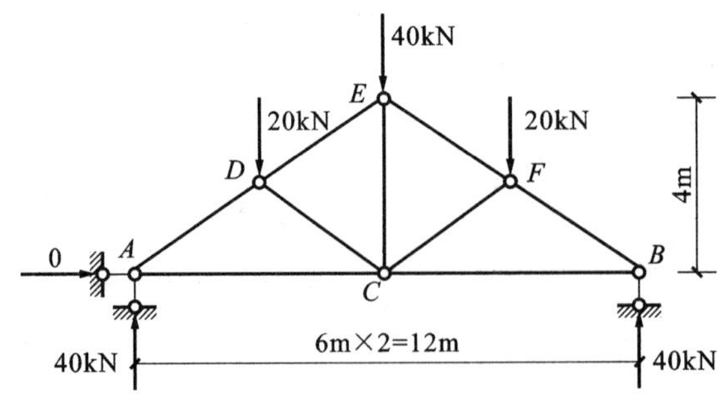

图 4-9

【解】 先求出支座反力,如图4-9所示。这是一个简单桁架,可以认为是从三角形 ACD 开始,逐渐加二元体 DEC、EFC、FBC 而形成。故先从 A 点开始截取结点做隔离体,然后,按 $D \to E \to F$

次序分别取结点为隔离体进行分析。

(1)取 A 结点为隔离体，在其上标出所有的力，轴力均假定为正，即拉力，如图 4-10(a)所示。当求得的结果为正值时，即为拉力；反之，则为压力。

由 $\sum F_y = 0$，得

$$F_{yAD} + 40 = 0$$

则

$$F_{yAD} = -40\text{kN}$$

由三角形的比例关系，可知

$$\frac{F_{NAD}}{\sqrt{13}} = \frac{F_{yAD}}{2} = \frac{F_{xAD}}{3}$$

则可得

$$F_{NAD} = \frac{\sqrt{13}F_{yAD}}{2} = -72.1\text{kN(压力)}$$

$$F_{xAD} = \frac{3F_{yAD}}{2} = -60\text{kN}$$

由 $\sum F_x = 0$，得

$$F_{NAC} + F_{xAD} = 0$$

则可得

$$F_{NAC} = 60\text{kN(拉力)}$$

(2)取 D 结点为隔离体，如图 4-10(b)所示。

由 $\sum F_y = 0$，得

$$F_{yDE} - 20 - F_{yDC} - F_{yDA} = 0$$

将 $F_{yAD} = -40\text{kN}$ 代入上式，得

$$F_{yDE} - F_{yDC} = -20\text{kN} \tag{a}$$

由 $\sum F_x = 0$，得

$$F_{xDE} + F_{xDC} - F_{xDA} = 0$$

将 $F_{xAD} = -60\text{kN}$ 代入上式，得

$$F_{xDE} + F_{xDC} = -60\text{kN} \tag{b}$$

由三角形的比例关系，可知

$$\frac{F_{NDE}}{\sqrt{13}} = \frac{F_{yDE}}{2} = \frac{F_{xDE}}{3}, \quad \frac{F_{NDC}}{\sqrt{13}} = \frac{F_{yDC}}{2} = \frac{F_{xDC}}{3}$$

联立求解式(a)和式(b)，可先求得

$$F_{yDE} = -30\text{kN}, \quad F_{yDC} = -10\text{kN}$$

则

$$F_{xDE} = -45\text{kN}, \quad F_{xDC} = -15\text{kN}$$

$$F_{NDE} = \frac{\sqrt{13}F_{yDE}}{2} = -54.1\text{kN(压力)}$$

$$F_{NDC} = \frac{\sqrt{13}F_{yDC}}{2} = -18\text{kN(压力)}$$

(3)取 E 结点为隔离体,如图 4-10(c)所示。

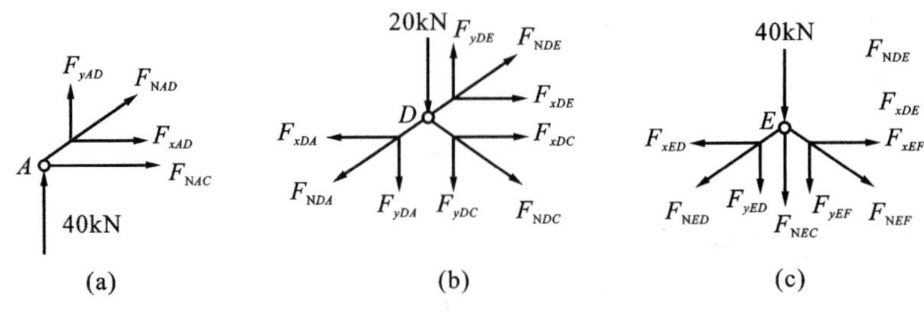

图 4-10

由 $\sum F_x = 0$,得

$$F_{xEF} - F_{xED} = 0$$

将 $F_{xED} = -45\text{kN}$ 代入上式,得

$$F_{xEF} = -45\text{kN}$$

由三角形的比例关系,可得

$$F_{\text{NEF}} = \frac{\sqrt{13}}{3} \times (-45) = -54.1\text{kN}$$

$$F_{yEF} = \frac{2}{3} \times (-45) = -30\text{kN}$$

由 $\sum F_y = 0$,得

$$F_{yDE} + F_{yEF} + F_{NEC} + 40 = 0$$

将 $F_{yDE} = -30\text{kN}$,$F_{yEF} = -30\text{kN}$ 代入上式,得

$$F_{\text{NEC}} = 20\text{kN}$$

同理可分别取 B 结点和 F 结点为隔离体,计算出汇交于这两结点的各个杆件的轴力。

将所求出的桁架杆件轴力标注在桁架计算简图上的相应杆件旁,如图 4-11 所示。因为结构是对称的,荷载也是对称的,故内力也应对称。从结果可以看出,左面杆件的内力与右面杆件的内力是对应相等的,遇到类似题目时,我们只需要计算一半即可。

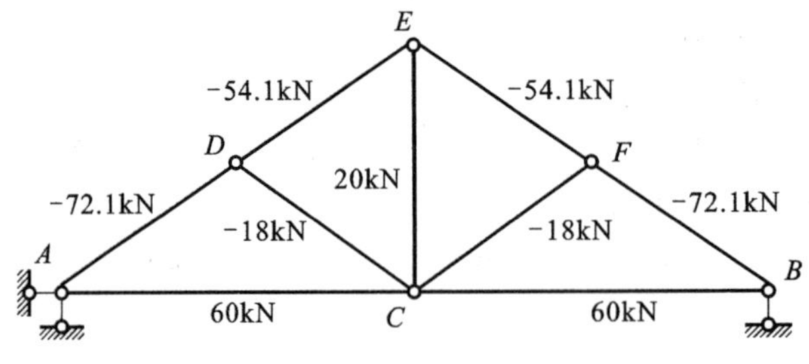

图 4-11

4.2.2 零杆的判断

在给定荷载作用下,桁架中轴力为零的杆件,称为零杆。通常,会遇到以下几种特殊情况,如图 4-12 所示。

(1)L 形结点：不在同一直线上的两杆相交于一个结点，且此结点上无外力作用时，此两杆的内力为零，如图 4-12(a)所示。

(2)T 形结点：三杆相交于一结点，其中两杆在同一直线上，且结点上无外力作用，则第三杆为零杆，而共线的两杆内力相等且符号相同，如图 4-12(b)所示。

(3)X 形结点：四杆相交的结点，其中两杆在同一直线上，其他两杆在另一直线上，且结点上无外力作用，则在同一直线上的两杆内力相等且符号相同，如图 4-12(c)所示。

(4)K 形结点：四杆相交的结点，其中两杆共线，而另两杆在此直线的同一侧，且与共线两杆的交角相等，若该结点上无外力作用，则不共线的两杆内力大小相等而符号相反，如图 4-12(d)所示。

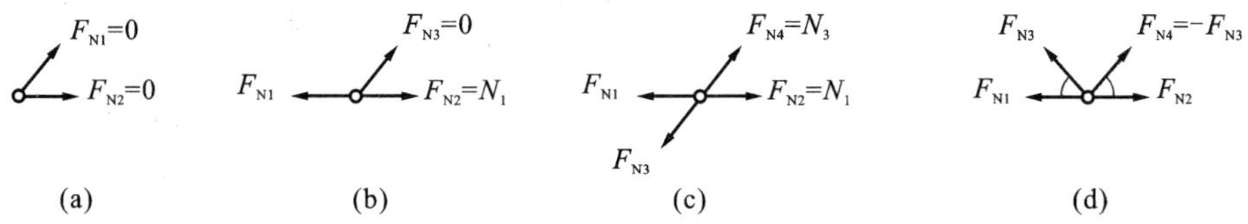

图 4-12

(a)L 形结点；(b)T 形结点；(c)X 形结点；(d)K 形结点

以上结论均都可由结点的平衡条件验证。除了以上几种判断方法之外，还可以利用对称性来判断零杆。

将几何形式和支承情况对某轴对称的结构称为对称结构，该轴称为对称轴。如图 4-13(a)、(b)所示的结构都是对称结构。作用在对称轴两侧，大小相等，方向和作用点对称的荷载为对称荷载，如图 4-13(a)所示；作用在对称轴两侧，大小相等，作用点对称，方向反对称的荷载称为反对称荷载，如图 4-13(b)所示。

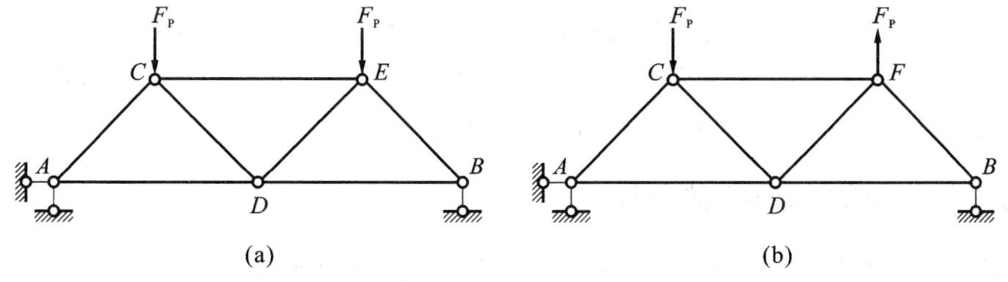

图 4-13

对称结构的特点：在对称荷载作用下，内力是对称的；在反对称荷载作用下，内力是反对称的。利用对称结构的该特性来判断零杆，有两种情况：

(1)如图 4-14(a)所示，当荷载对称时，它的内力也是对称的，假设沿对称轴切开，令虚线所示的左边的斜杆为 1 杆，右边的斜杆为 2 杆，令下弦杆中的结点为 A 结点。

因为内力对称，则 $F_{N1}=F_{N2}$，但为要满足平衡条件，对 A 点 $\sum F_y=0$，又有 $F_{N1}=-F_{N2}$。怎样才能既满足对称条件又满足平衡条件呢？最后得出的结论只能是两个斜杆的内力均等于零，即 $F_{N1}=F_{N2}=0$。

(2)如图 4-14(b)所示，当荷载反对称时，通过并垂直对称轴的杆、与对称轴重合的杆，其轴力为零。

因为内力反对称，则 $F_{N1}=-F_{N1}$，得 $F_{N1}=0$，即 1 杆为零杆。

在结构中去掉零杆并不影响对其他杆件内力的计算，所以，在求解时，宜根据给定荷载及组成特点,先判定零杆并去掉它,尽可能避免解联立方程以简化计算。如图4-15所示桁架中虚线所示的各杆均为零杆。

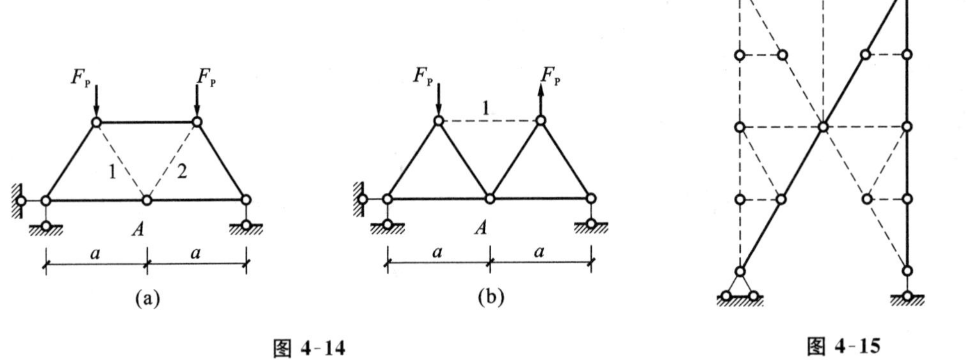

图4-14　　图4-15

4.3 截面法

在对桁架进行内力分析时,结点法有以下缺点:容易产生错误传递,发现计算有误时返工量大;有时不需要把所有杆的内力都计算出来,只需求出某一或某些指定杆件的内力,这时结点法显得过于烦琐;结点法具有局限性,尤其对联合桁架和复杂桁架必须通过解联立方程才能计算内力。当使用结点法不能够有效、方便地分析桁架内力时,一般采用截面法会比较方便。

用一个假想的截面将桁架截成两部分,取其中包含几个结点的部分作为隔离体求内力的方法,称为截面法。

隔离体包含不少于两个结点的桁架部分时,隔离体上所有力构成平面一般力系,应用三个独立的平衡方程求解。故截面法所截开的杆件中,轴力未知的杆件一般不应多于三根,且不交于一点。计算时,对其中两杆的交点取矩,建立力矩平衡方程并沿与两平行未知力垂直的方向投影列平衡方程,可使一个方程中只含一个未知力,这样可不解联立方程。

4.3.1 截面法计算静定平面桁架的内力

【例4-2】 试用截面法求如图4-16所示桁架中1、2、3杆的内力。

【解】 先求出支座反力,如图4-16所示。这是一个简单桁架,虽然可以采用结点法求解,但必须从端部开始,逐个截取结点才能求得1、2、3杆的内力,这时采用截面法求解会比较方便。

用如图4-16所示Ⅰ—Ⅰ截面将桁架的1、2、3三杆截断,取截面左侧为隔离体(取右侧也可以,分析哪边受力简单,则取哪边为隔离体),如图4-17所示。其中只有三个未知力 F_{N1}、F_{N2}、F_{N3},从而可利用隔离体的三个平衡方程求解如下:

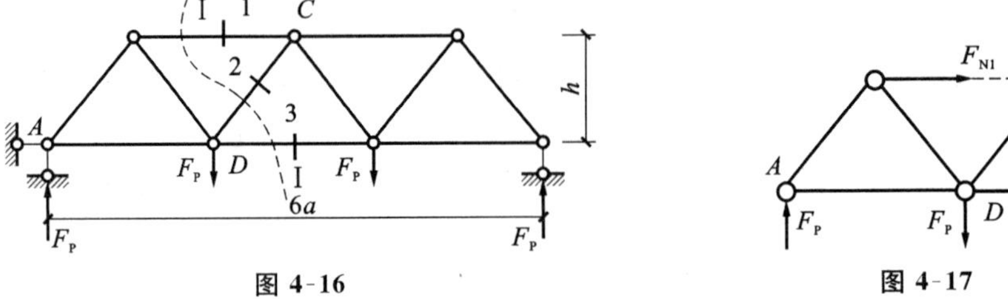

图4-16　　图4-17

(1)求未知力 F_{N3},可取其他两个未知力 F_{N1} 和 F_{N2} 的交点 C 为矩心,列出力矩平衡方程,这时方程中只包含F_{N3}一个未知内力。

由$\sum M_C=0$，得

$$3F_Pa-F_Pa-F_{N3}h=0$$

则

$$F_{N3}=\frac{2F_Pa}{h}$$

(2)同理，求未知力F_{N1}时，可取F_{N2}和F_{N3}的交点D为矩心，列出力矩平衡方程，这时方程中也只包含F_{N1}一个未知内力。

由$\sum M_D=0$，得

$$2F_Pa+F_{N1}h=0$$

则

$$F_{N1}=-\frac{2F_Pa}{h}$$

(3)为了便于计算斜杆的未知内力F_{N2}，常可采用先求分力的方法，即先将F_{N2}在其作用线上的结点D处分解为水平方向分力F_{x2}和竖向方向分力F_{y2}，由投影平衡方程求出F_{x2}或F_{y2}，再由比例关系求出合力F_{N2}，这样就避免了计算F_{N2}对矩心的力臂。但本题因为F_{N1}和F_{N3}都只有水平方向力，这时，采用沿y方向的投影平衡方程计算更为简单。

由$\sum F_y=0$，得

$$F_{y2}+F_P-F_P=0$$

则

$$F_{y2}=0$$

于是，可得

$$F_{N2}=0$$

【例4-3】 试用截面法求如图4-18所示桁架中1、2杆的内力。

【解】 先求出支座反力，如图4-18所示。该桁架既不属于简单桁架，又不属于联合桁架，是复杂桁架。

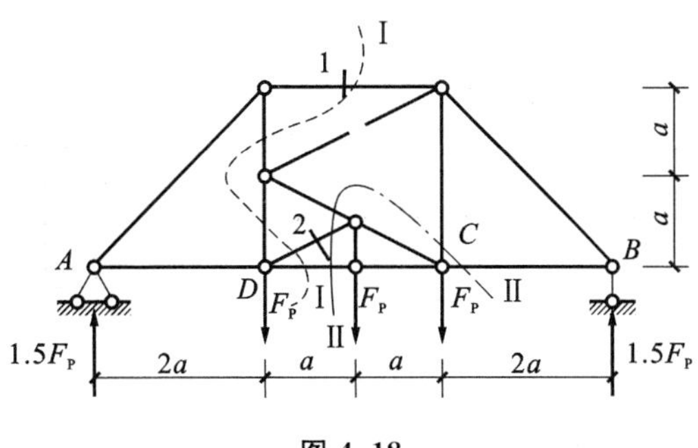

图4-18

(1)从Ⅰ—Ⅰ截面处断开，取截面左侧为隔离体，如图4-19(a)所示，以点D为矩心，列出力矩平衡方程。

由$\sum M_D=0$，得

$$2aF_{N1}+1.5F_P\times 2a=0$$

则

$$F_{N1} = -1.5F_P$$

(2)再从Ⅱ—Ⅱ截面处断开,取截面右侧为隔离体,如图 4-19(b)所示。先将 F_{N2} 在结点 D 处分解为水平方向分力 F_{x2} 和竖向方向分力 F_{y2},以点 C 为矩心,列出力矩平衡方程。

由 $\sum M_C = 0$,得

$$2aF_{y2} + F_P a = 0$$

则

$$F_{y2} = -0.5F_P$$

利用比例关系,可知

$$\frac{F_{N2}}{\frac{\sqrt{5}}{2}a} = \frac{F_{x2}}{a} = \frac{F_{y2}}{\frac{1}{2}a}$$

则

$$F_{N2} = \sqrt{5}F_{y2} = -\frac{\sqrt{5}}{2}F_P$$

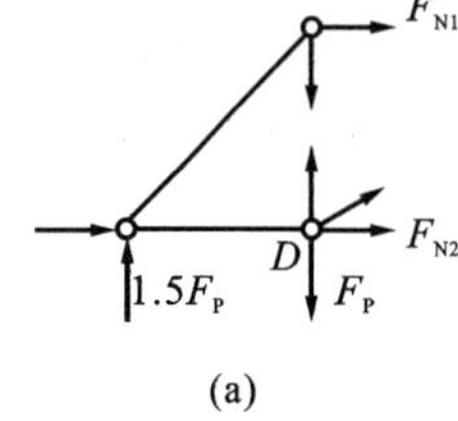

(a)

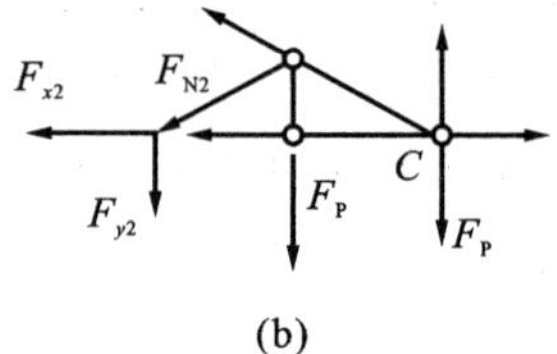

(b)

图 4-19

4.3.2 截面法中的特殊情况

(1)当所作截面截断三根以上的杆件,如图 4-20 所示,除了杆 1 外,其余各杆均交于一点 O,则以 O 点为矩心,列出力矩平衡方程,便可求出杆 1 轴力。

(2)当所作截面截断三根以上的杆件,如图 4-21 所示,除了杆 1 外,其余各杆均相互平行,则直接可以由投影方程 $\sum F_x=0$,便可求出杆 1 轴力。

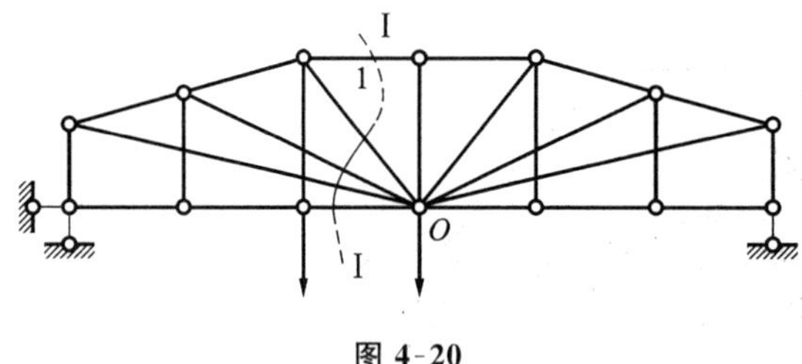

图 4-20

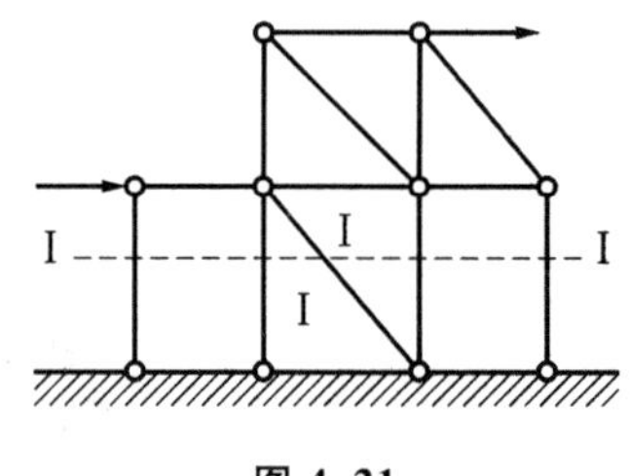

图 4-21

4.3.3 截面法和结点法的联合应用

单独使用结点法或截面法计算桁架内力,有时并不简便。通常灵活地联合应用结点法和截面法,可获得较好的效果。在解题的技巧方面,要注意:

①选择合适的出发点,以便更顺利地达到计算目标;

②选择合适的截面,以便于计算要求的内力;

③选用合适的平衡方程,使每个方程中只含一个未知力。

【例 4-4】 试求如图 4-22 所示桁架中 1、2 杆的内力。

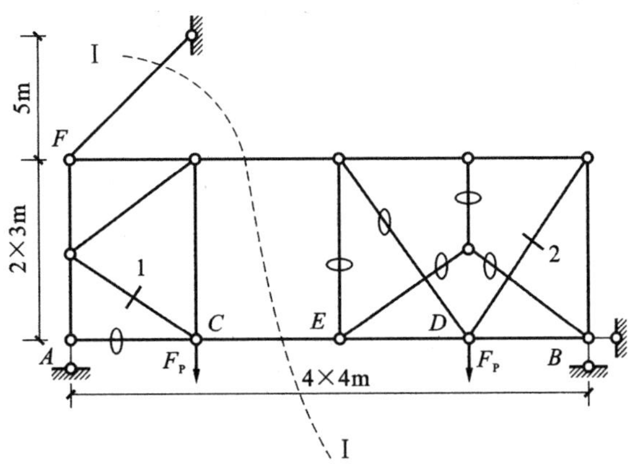

图 4-22

【解】 (1)利用零杆判断法先找出零杆，如图 4-22 所示，简化成如图 4-23 所示。

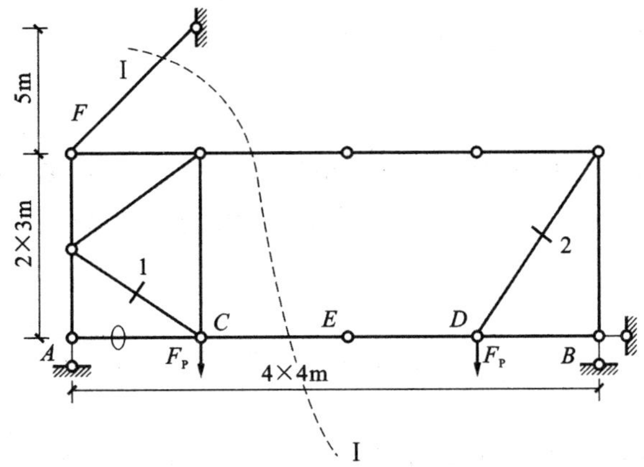

图 4-23

(2)经分析先求 2 杆的内力 F_{N2} 较为方便，利用比例关系可知

$$\frac{F_{N2}}{2\sqrt{13}} = \frac{F_{x2}}{4} = \frac{F_{y2}}{6}$$

由 D 结点利用 $\sum F_y=0$，得　　$F_{y2} - F_P = 0$

则

$$F_{y2} = F_P$$

于是，可得

$$F_{N2} = \frac{\sqrt{13}}{3}F_P$$

(3)从Ⅰ—Ⅰ截面处断开，取截面左侧为隔离体，如图 4-24 所示，以点 F 为矩心，列出力矩平衡方程。

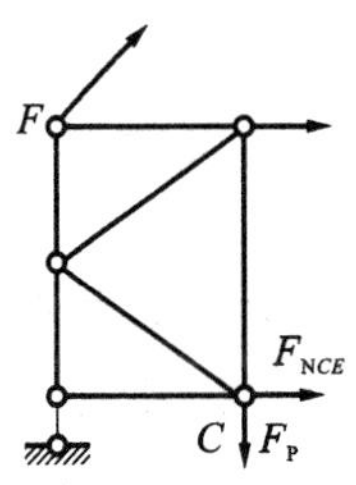

图 4-24

由 $\sum M_F=0$，得

$$F_{NCE} \times 6 - 4F_P = 0$$

则

$$F_{NCE}=\frac{2}{3}F_P$$

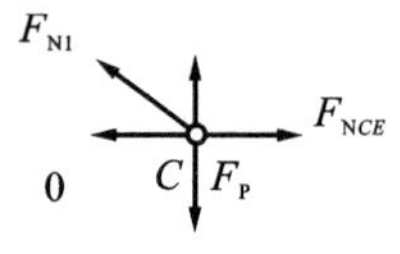

(4)取结点 C 为隔离体,如图 4-25 所示。

图 4-25

由 $\sum F_x=0$,得

$$F_{NCE}-F_{x1}=0$$

则

$$F_{x1}=\frac{2}{3}F_P$$

利用比例关系

$$\frac{F_{N1}}{5}=\frac{F_{x1}}{4}=\frac{F_{y1}}{3}$$

得

$$F_{N1}=\frac{5}{4}F_{x1}=\frac{5}{6}F_P$$

最后将以上桁架计算步骤归纳如下:

①计算支座反力。

②找出零杆,尽可能避免解联立方程以简化计算。

③简单桁架可用结点法求出全部轴力;联合桁架用截面法求出联系杆的轴力之后,也可以用结点法求出全部轴力;只求少数杆的轴力时,可以灵活运用结点法和截面法。

④校核。

4.4 三种简支梁式桁架受力性能比较

根据外形桁架可分为:平行弦桁架、抛物线形桁架、三角形桁架等。它们的内力分布随形状的不同而变化。梁式桁架[图 4-26(a)]可以看作是由相应简支梁[图 4-26(b)]演化而来。下面首先讨论梁式桁架的弦杆和腹杆的内力与相应简支梁内力的关系,然后就三种最常见的简支梁式桁架在相同均布荷载作用下的受力性能进行分析。

曾家岩大桥和丰台特大桥六线简支钢箱拱桥

关于梁式桁架弦杆的内力:

上弦杆受压,下弦杆受拉,其轴力由力矩平衡方程式得出(矩心取在桁架的结点上)为

$$F_N=\pm\frac{M^0}{h} \tag{4-1}$$

式中 M^0——相应简支梁上对应于矩心的弯矩,如图 4-26(c)所示;

h——弦杆轴力对矩心的力臂。

式(4-1)中,负值表示上弦杆受压,正值表示下弦杆受拉。

关于梁式桁架腹杆的内力:

腹杆又包括斜杆和竖杆。腹杆的内力可以根据脱离体的平衡法则,由力的竖向投影方程求得,为

$$F_{Ny}=\pm F_Q^0 \tag{4-2}$$

式中 F_{Ny}——竖杆的轴力或斜杆轴力的竖向分力;

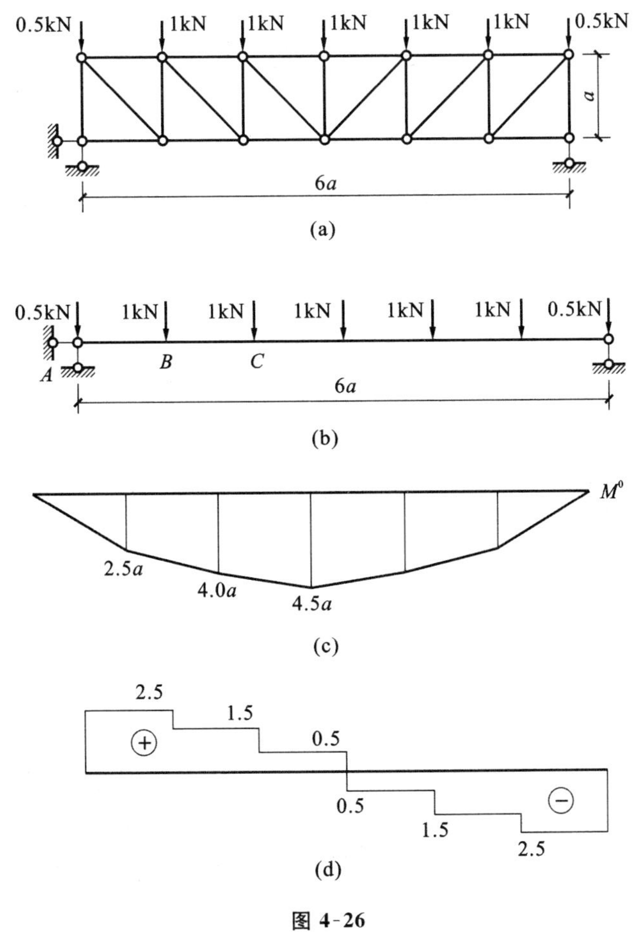

图 4-26

(a)平面梁式桁架；(b)相应简支梁；(c)简支梁弯矩图；(d)简支梁剪力图(kN)

F_{Q}^{0}——相应简支梁与竖杆或斜杆所在荷载弦结间对应的剪力，如图 4-26(d)所示。

(1)平行弦桁架。

平行弦桁架[图 4-27(a)]可以看成高度较大的简支梁，则上、下弦杆以轴力形式承担着梁的弯矩，腹杆以轴力形式承担着梁的剪力。相应简支梁如图 4-26(a)所示，其弯矩、剪力的分布规律如图 4-26(b)、(c)所示。

在计算弦杆的内力时，桁架的桁高为常数，简支梁的弯矩 M^0 又是按抛物线规律变化的，故弦杆的内力数值与 M^0 成正比，即端部弦杆的轴力小，而中间弦杆轴力大，且上弦杆受压，下弦杆受拉。

在计算腹杆(包括斜杆、竖杆)的内力时，式(4-2)表明平行弦桁架的竖杆内力或斜杆内力的竖向分量等于简支梁相应位置上的剪力，故由两端向跨中递减。如图 4-27(a)所示的竖杆受压，斜杆受拉；若斜杆设置的方向均与图 4-27(a)所示的相反，则竖杆受拉，斜杆受压。

(2)抛物线形桁架。

抛物线形桁架[图 4-27(b)]中上弦杆各结点位于一条抛物线上。竖杆的长度与相应简支梁的 M^0 图都是按抛物线规律变化的。按式(4-1)计算下弦杆内力和上弦杆内力的水平分力，h 是竖杆长度。因为各下弦杆内力以及上弦杆内力的水平分力的大小均相等；又因上弦杆倾斜坡度变化不大，故上弦杆的内力也近乎相等。抛物线桁架的上弦符合于合理拱轴线，此时作用于上弦结点的竖向力完全由上弦杆的轴力平衡，故腹杆的内力为零。

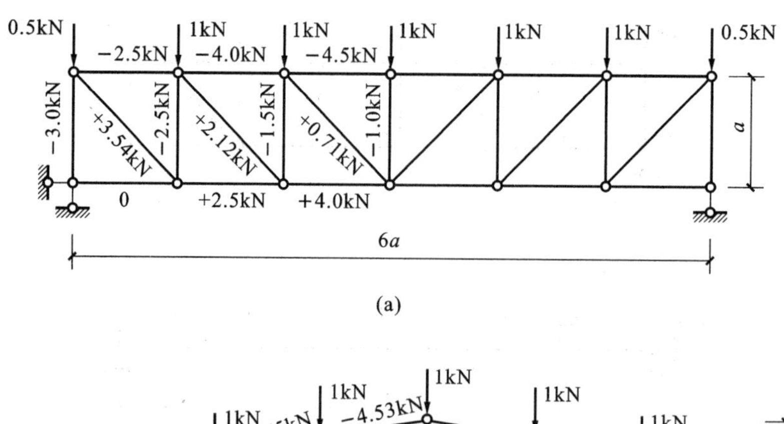

(a)

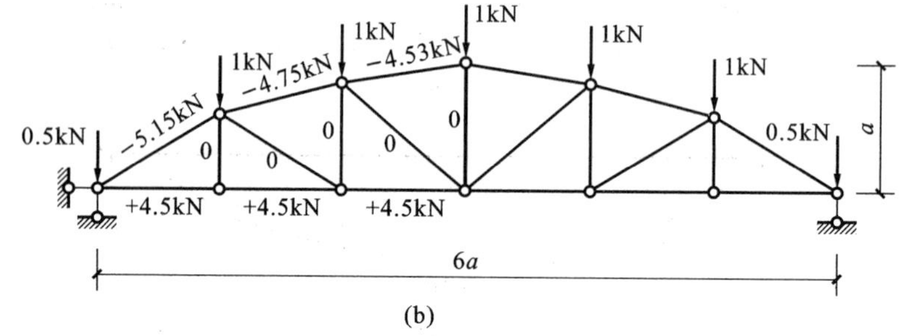

(b)

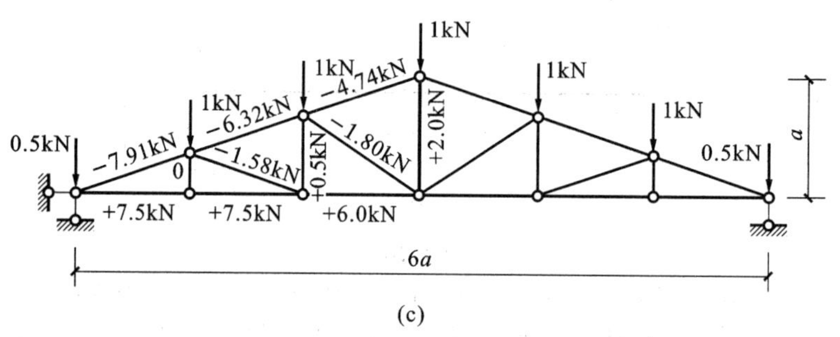

(c)

图 4-27

(a)平行弦桁架;(b)抛物线形桁架;(c)三角形桁架

(3)三角形桁架。

三角形桁架[图 4-27(c)]弦杆的内力也可由式(4-1)表示,式中 h 为弦杆至其力矩点的力臂,自中间向两端按直线递减。由于力臂 h 要比弯矩 M^0 减小得快,因而弦杆的内力由中间向两端递增,即端部弦杆内力大而中间弦杆内力小,恰与平行弦桁架相反。三角形桁架的腹杆内力则由中间向两端递减,这也恰与平行弦桁架相反。

由以上分析,可总结出桁架杆件内力与桁架形式的关系如下:

①平行弦桁架:杆件内力是不均匀的,弦杆内力是两端小而中间逐渐增大,腹杆内力由中间向两端增大。平行弦桁架便于布置双层结构,利于标准化生产。

②抛物线形桁架:上弦节点位于二次抛物线上,如上弦呈拱形可减少节间荷载产生的弯矩,但制造较为复杂。在均布荷载作用下,桁架外形和简支梁的弯矩图相似,因而上下弦轴力分布均匀,腹杆轴力较小,用料最省,但构造较复杂,是工程中常用的一种桁架形式。

③三角形桁架:在沿跨度均匀分布的结点荷载作用下,上、下弦杆的轴力在端点处最大,向跨中逐渐减少,腹杆的轴力则相反,因而桁架轴力分布不均匀。三角形桁架弦杆内力差别较大,材料用料不够合理,构造布置困难,但斜面符合屋顶排水需要,多用于瓦屋面的屋架中。

另外，常见的桁架形式还有梯形桁架。它是介于平行弦桁架和三角形桁架之间的一种桁架形式，上、下弦杆的内力变化不大，腹杆内力由两端向中间递减。

桁架的外形直接影响桁架的受力性能，在桁架设计时应予以充分考虑。同时，还应考虑工程的具体要求等因素，合理地选择桁架形式。

4.5　静定组合结构的内力

4.5.1　组合结构的受力特点

在一些结构中，既有只受轴力作用的桁架杆件(二力杆)，又有梁式杆件，其中梁式杆件，除了承受轴力外，还承受弯矩和剪力。这种由两类杆件组成的结构，称为组合结构。组合结构常用于房屋建筑中的屋架、吊车梁以及桥梁的承重结构。如图 4-28(a)所示为三铰拱式的三角形屋架、如图 4-28(b)所示为下撑平行弦式的四角形加固体系，如图 4-28(c)所示为下撑式五角形屋架，如图 4-28(d)所示为简易斜拉桥结构。

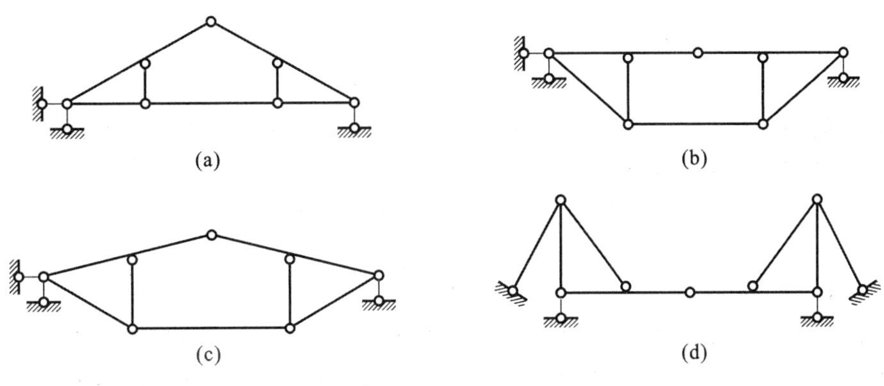

图 4-28

计算组合结构的关键，是正确区分桁架杆和梁式杆这两类杆件，只有无荷载作用的两端铰结的直杆才是桁架杆。桁架杆被截断后，截面上只有轴力；梁式杆被截断后，截面上有三个内力，即弯矩、剪力、轴力。

计算时，一般是先求出支座反力和桁架杆的内力，计算方法与计算桁架相同；然后再计算梁式杆件的内力，计算方法与刚架相同。如果二力杆的一端与梁式杆相联结，在计算时不能使用桁架结点法来求解，如图 4-29所示，桁架杆 DF 的一端与梁式杆 AC 联结于 F 点，由于 AF、CF 不是二力杆，因此不能认为 FD 是零杆，也不能像在桁架中那样取结点 A 为隔离体，利用结点法来计算 AD、AF 两杆的内力。

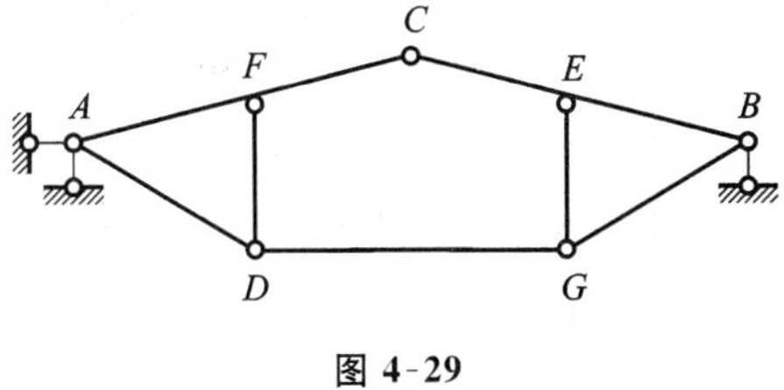

图 4-29

4.5.2　组合结构的计算方法与举例

【例 4-5】　试计算如图 4-30 所示组合结构的内力，并作出内力图。

【解】　(1)求支座反力。

由结构的整体平衡求得支座反力，如图 4-30 所示。

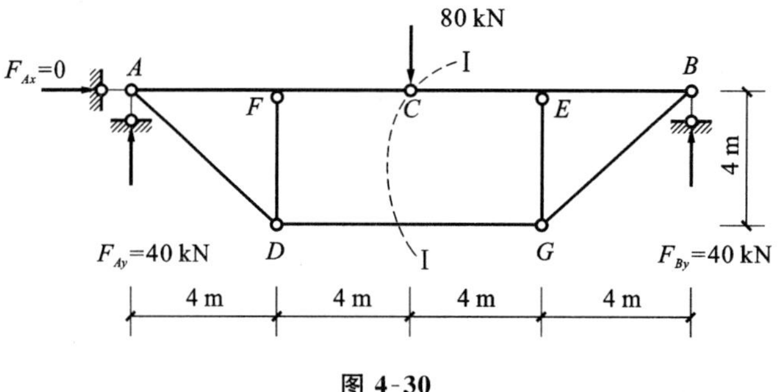

图 4-30

(2)求桁架杆的内力。

如图 4-30 所示,杆 AD、DG、GB、GE、DF 为桁架杆,只受轴力。

从Ⅰ—Ⅰ截面处断开,取截面左侧为隔离体,断开后以点 C 为矩心,设 DG 杆的轴力 F_{NDG} 为拉力,列出力矩平衡方程。

由 $\sum M_C = 0$

$$F_{NDG} \times 4 - 40 \times 8 = 0$$

可得

$$F_{NDG} = 80\text{kN}(\text{拉力})$$

结点 D 和结点 G 都是铰接,利用计算桁架的结点法,通过结点 D 和结点 G 的平衡条件,便可求得其余桁架杆的内力(步骤同例 4-1)。

$$F_{NDF} = F_{EG} = -80\text{kN}(\text{压力})$$

$$F_{NAD} = F_{BG} = 113.1\text{kN}(\text{拉力})$$

(3)求梁式杆 AC 和 BC 的内力。

如图 4-31 所示,将前面求得的桁架杆的轴力作用于受弯杆件 AC 和 BC 上,取受弯杆件 AC 和 BC 为隔离体。在结点 A 和结点 B 处,除有支座反力外,还有桁架杆 AD 和 BG 的轴力(将轴力分别分解为水平分力和竖向分力)。

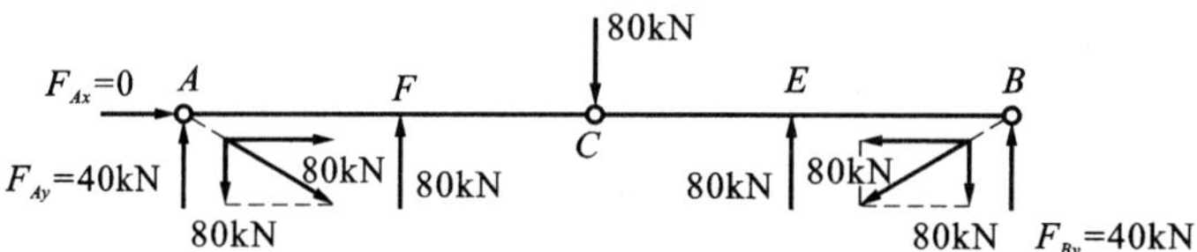

图 4-31

从左向右依次截取截面 A、F 和 C,根据截面法,可求得各截面的内力如下。

截面 A:

$$M_A = 0$$

$$F_{QA} = 40 - 80 = -40\text{kN}$$

$$F_{NA} = -80\text{kN}(\text{压力})$$

截面 F:

$$M_F = 80 \times 4 - 40 \times 4 = 160\text{kN} \cdot \text{m}(\text{上侧受拉})$$

$$F_{QF}^{L} = 40 - 80 = -40\text{kN}$$

$$F_{QF}^{R}=40-80+80=40\text{kN}$$

$$F_{NF}=F_{NA}=-80\text{kN}(压力)$$

截面 C：

$$M_C=0$$

$$F_{QC}^{L}=40-80+80=40\text{kN}$$

$$F_{QC}^{R}=40-80+80-80=-40\text{kN}$$

$$F_{NC}=F_{NA}=-80\text{kN}(压力)$$

同理，可求出受弯杆件 BC 上各控制截面 B、E、C 的内力（过程从略）。

最后，绘出受弯杆件 AC 和 BC 的弯矩图、剪力图和轴力图，如图 4-32(a)、(b)、(c)所示。由于该结构是对称结构，并且荷载也是对称的，故 M 图、F_N 图为正对称，F_Q 图为反对称。

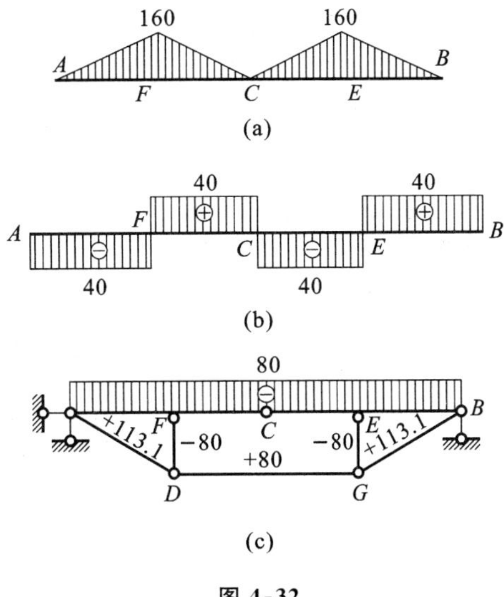

图 4-32

(a)M 图(kN·m)；(b)F_Q 图(kN)；(c)F_N 图(kN)

本章小结

(1)所有杆件的轴线以及外力的作用线都位于同一平面内的无多余约束的桁架结构称为静定平面桁架。桁架比梁具有更多的优点。在结点荷载作用下，桁架杆件主要承受轴向拉力或压力，从而能充分利用材料的强度，在跨度较大时相比实腹梁具有节省材料、减轻自重和增大刚度等优点。

(2)桁架按结构材料可分为：钢桁架、钢筋混凝土桁架、预应力混凝土桁架、木桁架、钢与木组合桁架、钢与混凝土组合桁架；按几何组成方式可分为简单桁架、联合桁架和复杂桁架；按外形可分为：平行弦桁架、抛物线形桁架、三角形桁架、梯形桁架。

(3)对桁架的内力进行计算时，实际桁架结构的构造和受力情况一般是比较复杂的，为了简化计算可以把桁架看成是理想桁架。理想桁架在结点荷载作用下只承受轴向力，桁架各杆均为二力杆。

(4)静定平面桁架在进行内力分析时，主要用结点法和截面法，以及结点法和截面法的联合应用。

结点法是截取桁架的结点为隔离体，利用各结点的静力平衡条件来计算各杆件内力。计算时为避免解联立方程，应从未知力不超过两个的结点开始计算。

截面法是用一个假想的截面将桁架截成两部分，取其任一包含几个结点的部分作为隔离体求内力。应用三个独立的平衡方程求解，故所选取的截面所截开的杆件中，轴力未知的杆件一般不多于三根，且不交于一点。

在计算桁架内力时，求解时宜根据组成特点先判定零杆和等力杆，并尽可能避免解联立方程；还需要注意解题的技巧，必须考虑方法的选择，通常联合应用结点法和截面法。

(5)静定组合结构由两类杆件组成，既有只受轴力作用的桁架杆件，又有梁式杆件，其中梁式杆件，除了承受轴力外，还承受弯矩和剪力。对静定组合结构进行内力分析时，必须正确区分桁架杆和梁式杆件。计算时，一般是先求出支座反力和桁架杆的内力，然后再计算梁式杆件的内力。

思考题

4-1　桁架结构的组成特点和力学特性是什么？

4-2　实际桁架的计算简图为什么能采用理想桁架？

4-3　结点法为什么不适合于直接解算联合桁架和复杂桁架？

4-4 如何判别给定荷载作用下的零杆?

4-5 在桁架的计算中,为了避免解联立方程,可采用哪些方法?

4-6 组合结构的内力计算与桁架计算有什么不同?计算时应注意什么?

习题

4-1 试判别如图 4-33 所示桁架中的零杆。

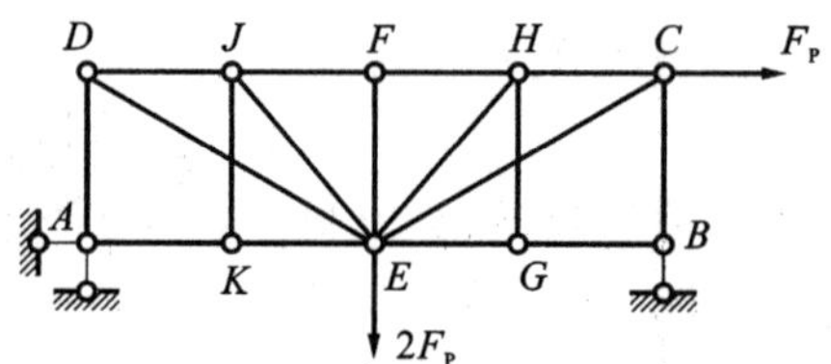

图 4-33

4-2 试用结点法求如图 4-34 所示桁架各杆的内力。

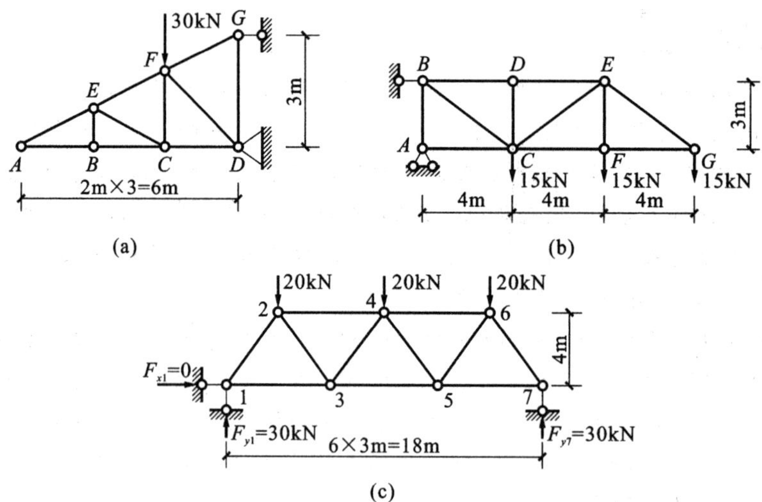

图 4-34

4-3 试用截面法计算如图 4-35 所示桁架中 GJ、GH 和 EH 杆件的内力。

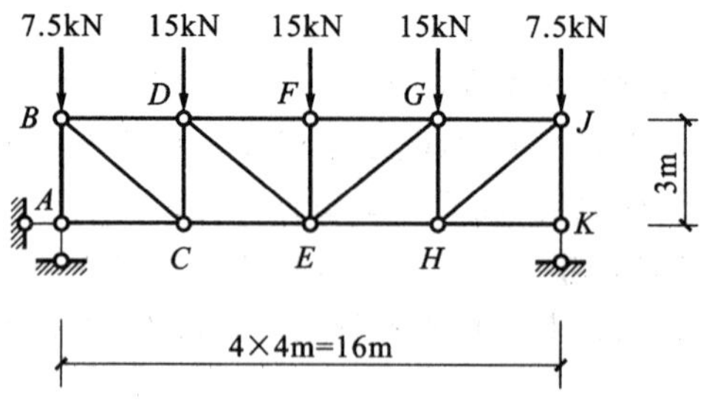

图 4-35

4-4 试用比较简便的方法计算如图 4-36 所示桁架中指定杆件的内力。

4-5 试作如图 4-37 所示组合结构中梁式杆件的弯矩图,并求桁架杆的轴力。

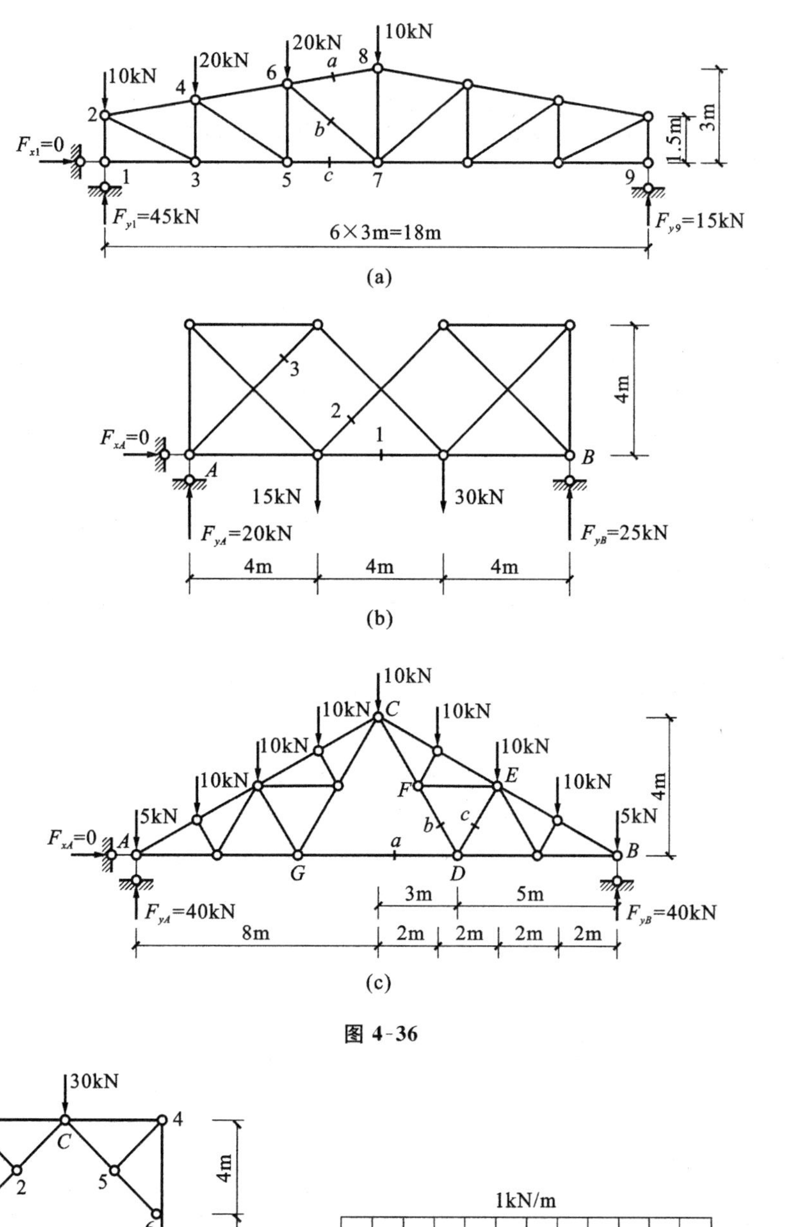

图 4-36

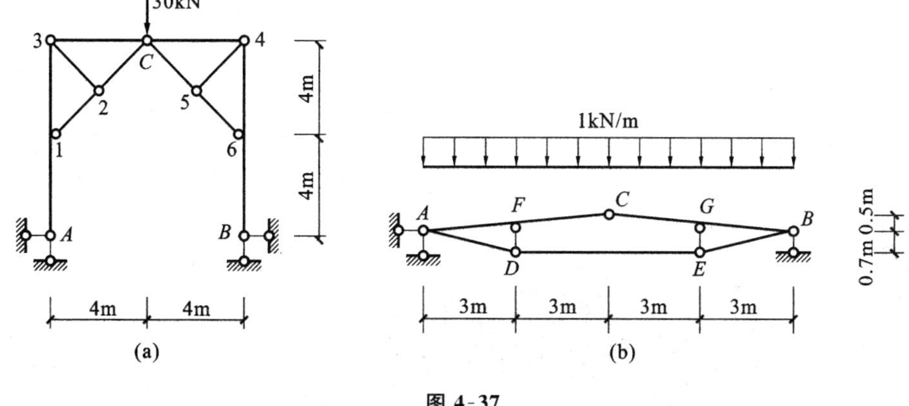

图 4-37

参考文献

[1] 文国治. 结构力学. 2 版. 重庆:重庆大学出版社,2022.

[2] 龙驭球,包世华,袁驷. 结构力学Ⅰ:基础教程. 4 版. 北京:高等教育出版社,2019.

[3] 张金生. 结构力学. 武汉:武汉大学出版社,2007.

5 三铰拱的内力分析

【内容提要】

本章主要内容包括：拱的受力特点；三铰拱的支座反力和内力的计算方法；三铰拱合理拱轴线的概念，几种常见荷载作用下三铰拱的合理拱轴线；静定结构的一般特性。本章教学内容的重点是：用数解法求解三铰拱的反力和内力。本章教学内容的难点是：合理拱轴线的确定。

【能力要求】

通过本章的学习，学生应理解拱的受力特点及拱结构的优点和缺点；掌握三铰拱的反力和内力计算，了解三铰拱内力图的绘制方法；掌握三铰拱合理拱轴线的概念以及几种常见荷载作用下三铰拱的合理拱轴线；了解静定结构的一般特性。

【价值塑造】

在讲解三铰拱的工程背景时，引入赵州桥案例，它是由隋朝李春负责建造，迄今已有1400多年的历史，1991年被评为国际土木工程历史古迹。赵州桥的功能性、稳定性、耐久性、结构合理性、过水能力、建筑美学和文化特性足以说明其建造的成功，是活生生的千年大计典范。赵州桥是先人认识自然、改造自然、尊重自然的一个经典代表作，代表了中华优秀传统文化，体现我国古代匠人的建造智慧，突出刚柔、虚实、人与自然的结合，增强学生的文化自信和民族自豪感，提高学生的专业认同感，引导学生树立积极的学习态度和目标。

5.1 拱结构及其受力特点

5.1.1 拱的定义及其分类

在竖向荷载作用下会产生水平反力（推力）的曲线形结构称为拱，常用在房屋建筑、地下建筑、桥梁及水工建筑中。如拱形屋架[图 5-1(a)]、圆形隧道、拱形桥[图 5-1(b)]、圆形沉箱等。

五家寨铁路桥-肋式三铰拱钢梁桥

(a)

(b)

图 5-1

(a)拱形钢管屋架；(b)重庆万县的拱桥

拱按结构的材料分为：石拱桥、钢拱桥、混凝土拱桥和钢筋混凝土拱桥。

拱按静力特性分为：无铰拱、两铰拱、三铰拱。前两个都是超静定结构，如图 5-2(a)、(b)所示，而三铰拱则是一种静定的拱式结构，如图 5-2(c)所示。本章主要介绍三铰拱的支座反力和内力的计算。

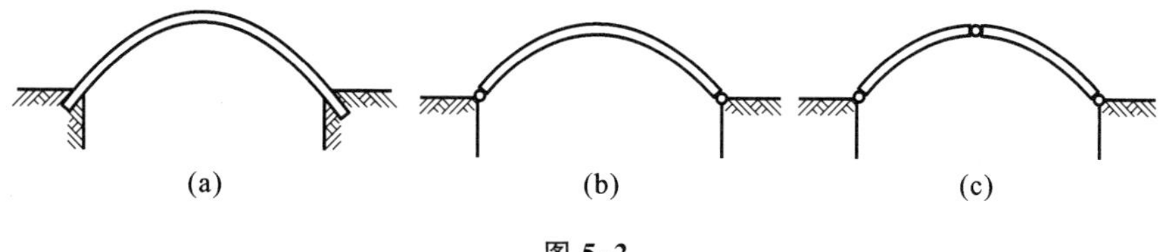

图 5-2

(a)无铰拱；(b)两铰拱；(c)三铰拱

如图 5-2(a)所示，无铰拱的拱两端固结于桥台(墩)，结构的刚度大，变形小，比有铰拱经济；但桥台位移、温度变化或混凝土收缩等因素对拱的受力会产生不利影响，因而修建无铰拱桥要求有坚实的地基基础。如图 5-2(b)所示，两铰拱是在拱两端设置可转动的铰支承，允许拱圈在两端有少量的转动；结构的刚度不如无铰拱，但可减弱桥台位移等不利因素的影响。如图 5-2(c)所示三铰拱是在两铰拱拱顶再增设一铰，结构的刚度更差些，但可避免各种因素对拱圈受力的不利影响。

如图 5-3(a)所示为三铰拱桥结构，拱架的计算简图如图 5-3(b)所示，由两根曲杆在顶点处用铰连接，拱的两端在铰支座处称为拱趾；两拱趾间的水平距离称为拱的跨度 l；拱轴上距起拱线最远处称拱顶，如图 5-3(b)所示中的 C 点；拱顶距起拱线之间的竖直距离称为拱高 f；拱高 f 与跨度 l 之比称为高跨比，是拱的重要参数，实际工程应用中该数值的变化范围很大。

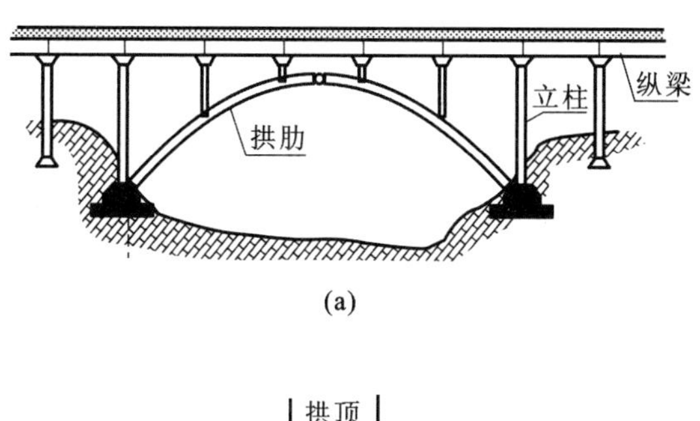

(a)

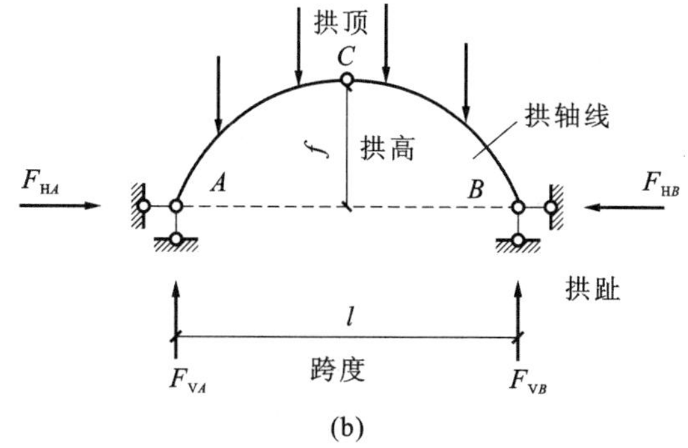

(b)

图 5-3

(a)三铰拱；(b)三铰拱计算简图及各部分名称

有时，为了使基础或支承结构(如墙、柱、墩台等)尽量不受水平推力的作用，用拉杆的内力代替支座水平推力的拱称为拉杆拱，如图 5-4 所示，其拱轴受力特点和内力计算方法与三铰拱相同。在实际工程中，把拉杆提高或进行其他方式的调整，有利于建筑空间的使用，如图 5-5(a)、(b)所示。

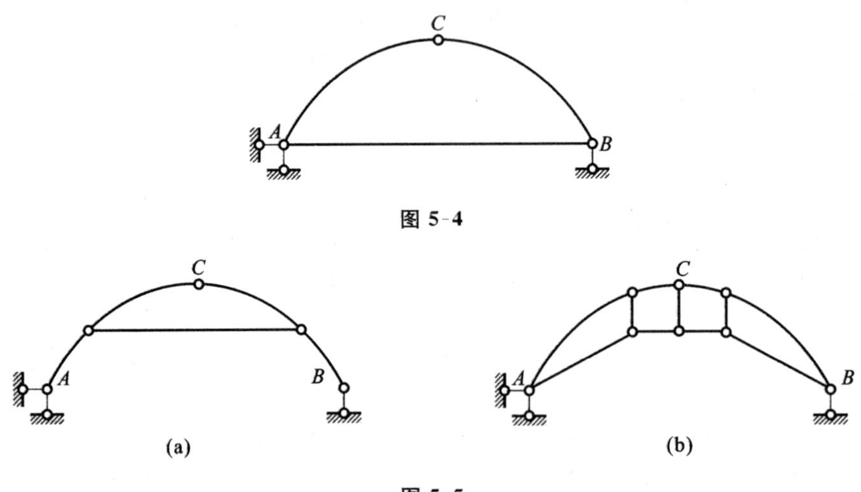

图 5-4

图 5-5

拱的两端铰支座等高的三铰拱称为平拱,如图 5-6 所示;两端铰支座不等高的三铰拱称为斜拱,如图 5-7 所示。

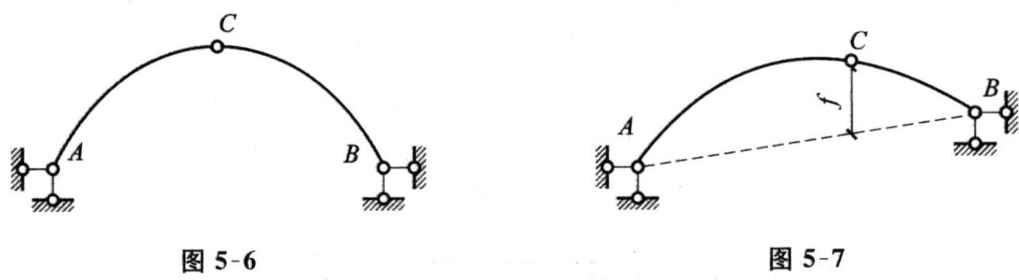

图 5-6 图 5-7

5.1.2 拱结构的受力特点

(1)在竖向荷载作用下,拱的支座处会产生水平反力(推力)。如图 5-8(a)所示结构,虽然在外形上与拱[图 5-8(b)]的形状相似,但在竖向荷载作用下水平反力为零,其弯矩图与其同跨同荷载的简支梁完全相同,所以这种结构不是拱结构而是曲梁。

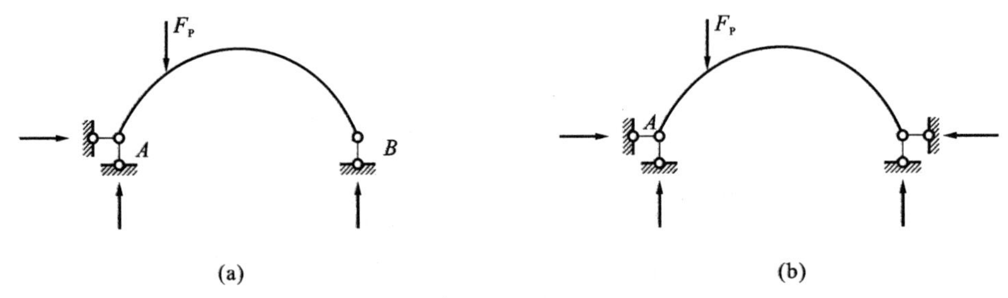

图 5-8

(a)曲梁;(b)三铰拱

(2)在竖向荷载作用下,拱的下侧受拉,但由于水平推力的存在,又使拱的上侧受拉,因而拱中各截面的弯矩和剪力比相应简支梁的弯矩和剪力要小得多,拱主要是承受压力。因此,拱结构比梁节省材料而自重较轻,能跨越较大的空间,并且还可以用抗压强度较高而抗拉强度较低的砖、石、混凝土等材料来建造。

(3)拱的构造比较复杂、施工费用较大,水平推力大的拱还需要坚固的基础或支承结构。

5.2 三铰拱的支座反力及内力计算

如图 5-9(a)所示三铰拱是刚片 AC、BC 和地基三者之间用三个不共线的铰 A、B、C 两两相连而构成的一个静定结构，因此，其支座反力与内力由静力平衡方程就可以全部算出。下面，来讨论如图 5-9(a)所示三铰拱在竖向荷载作用下的支座反力与内力的计算。为了便于比较，取与该三铰拱的跨度与荷载均相同的简支梁，称为相应简支梁，如图 5-9(b)所示。

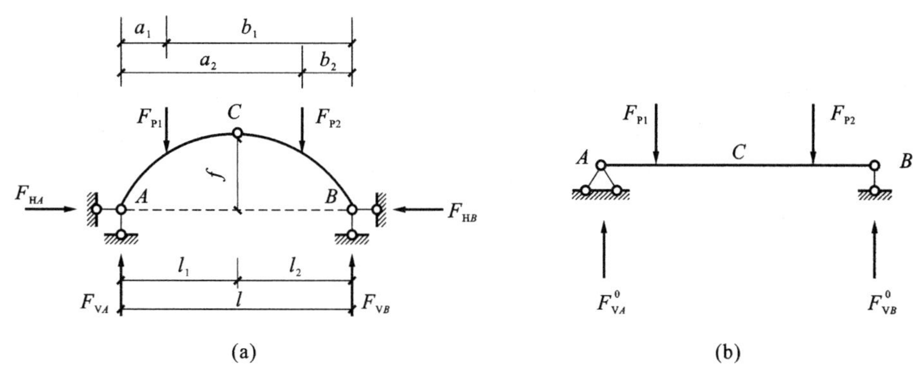

图 5-9

(a)三铰拱；(b)相应简支梁

5.2.1 支座反力的计算公式

如图 5-9(a)所示三铰拱一共有四个未知支座反力 F_{VA}、F_{VB}、F_{HA}、F_{HB}，故需列出四个平衡方程进行计算。除了可由三铰拱整体平衡列出三个方程之外，还可取刚片 AC 作为隔离体，利用顶铰 C 处弯矩为零的已知条件，来补充建立第四个方程，这样就可以把三铰拱的四个未知支座反力全部求解出来。

首先，考虑三铰拱的整体平衡。

由 $\sum M_B = 0$，得

$$F_{P1}b_1 + F_{P2}b_2 - F_{VA}l = 0$$

可得支座 A 竖向反力

$$F_{VA} = \frac{F_{P1}b_1 + F_{P2}b_2}{l}$$

对相应简支梁用同样的方法列方程进行求解，可得

$$F^0_{VA} = \frac{F_{P1}b_1 + F_{P2}b_2}{l} = F_{VA}$$

同理，由 $\sum M_A = 0$，可得支座 B 竖向反力

$$F_{VB} = \frac{F_{P1}a_1 + F_{P2}a_2}{l} = F^0_{VB}$$

由此可见，三铰拱的竖向反力与相应简支梁的竖向反力相同。

再取刚片 AC 作为隔离体，由 $\sum M_C = 0$，得

$$F_{HA}f + F_{P1}(l_1 - a_1) - F_{VA} \cdot l_1 = 0$$

可得支座 A 水平反力

$$F_{HA}=\frac{1}{f}[F_{VA}\cdot l_1-F_{P1}(l_1-a_1)]$$

对相应简支梁截面也在 C 点处截开,并取左半部分作为隔离体,列同样的方程,得

$$M_C^0=F_{VA}\cdot l_1-F_{P1}(l_1-a_1)=F_{HA}f$$

由水平反力的整体平衡 $\sum F_x=0$,可得支座 A、B 水平反力为

$$F_{HB}=F_{HA}=F_H=\frac{1}{f}M_C^0$$

式中 M_C^0——相应简支梁截面 C 处的弯矩。

由此可见,三铰拱的水平推力 F_H 与拱轴的形状无关,而与拱高 f 成反比。在荷载及拱的跨度确定后,拱高 f 越大,则水平推力越小;反之则越大。当拱高 f 趋近于 0 时,水平推力趋近于无穷大,三铰拱的三个铰将会在一条直线上,成为几何可变体系中的瞬变体系。

归纳得到的三铰拱支座反力的计算公式如下:

$$\left.\begin{aligned}F_{VA}&=F_{VA}^0\\F_{VB}&=F_{VB}^0\\F_{HA}&=F_{HB}=\frac{M_C^0}{f}\end{aligned}\right\}\tag{5-1}$$

由式(5-1)可知,三铰拱的竖向反力与相应简支梁的竖向反力相同,求出相应简支梁的支座反力 F_{VA}^0、F_{VB}^0,便可以得到三铰拱竖向反力 F_{VA}、F_{VB}。而水平推力 F_{HA}、F_{HB} 等于相应简支梁跨中 C 截面的弯矩 M_C^0 除以拱高 f。

5.2.2 内力的计算公式

当计算三铰拱[图 5-10(a)]上任一截面 K 的内力时,可用截面法求解。首先,从截面 K 截开并取左半部分作为隔离体,如图 5-10(b)所示。三铰拱中的任一截面 K 的内力也可以利用相应简支梁来计算。设三铰拱截面 K 处的弯矩为 M_K,剪力为 F_{QK},轴力为 F_{NK},相应简支梁截面 K 处的弯矩为 M_K^0,剪力为 F_{QK}^0,K 点与拱轴线的相切线与 x 轴的夹角为 φ_K。

取出隔离体 AK 段,如图 5-10(b)所示,截面 K 的内力有弯矩 M_K,剪力 F_{QK} 和轴力 F_{NK}。正负号规定如下:弯矩以拱内侧纤维受拉为正,反之为负;剪力以使隔离体顺时针转向为正,反之为负;轴力以压为正,拉为负。如图 5-10(c)、(d)所示分别为相应简支梁及相应 K 截面的内力。

(1)弯矩的计算公式。

由 $\sum M_K=0$,得

$$F_{VA}x_K-F_{P1}(x_K-a_1)-F_{HA}y_K-M_K=0\tag{5-2}$$

得截面 K 的弯矩为

$$M_K=[F_{VA}x_K-F_{P1}(x_K-a_1)]-F_{HA}y_K$$

对相应简支梁上截面 K 用同样的方法取隔离体,如图 5-10(d)所示,列方程,得

$$M_K^0=F_{VA}x_K-F_{P1}(x_K-a_1)$$

代入式(5-2),得

$$M_K=M_K^0-F_{HA}y_K\tag{5-3}$$

式(5-3)即为三铰拱内任一截面的弯矩计算公式,M_K 等于相应简支梁对应截面的弯矩减去由于水平推力 F_{HA} 所引起的弯矩。符合前面所得出的由于水平推力的存在,拱中各截面的弯矩比相

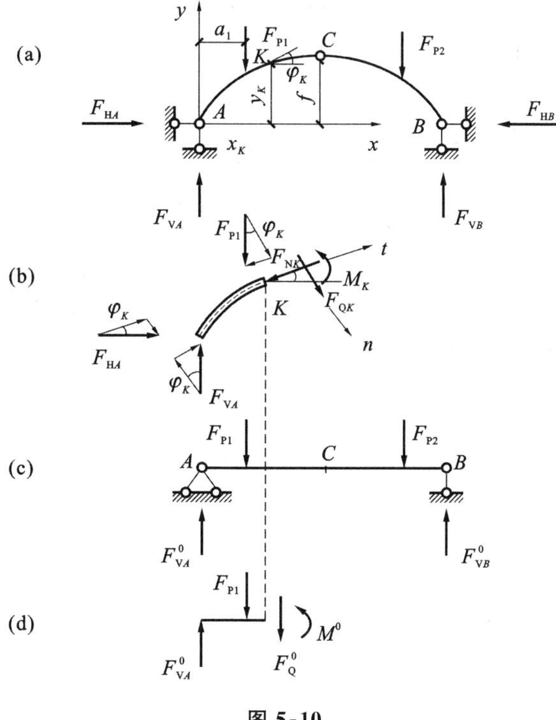

图 5-10

应简支梁的弯矩要小得多的结论。

(2)剪力和轴力的计算公式。

由 $\sum F_n = 0$,得

$$F_{QK} = (F_{VA} - F_{P1})\cos\varphi_K - F_{HA}\sin\varphi_K \tag{5-4}$$

由 $\sum F_t = 0$,得

$$F_{NK} = (F_{VA} - F_{P1})\sin\varphi_K + F_{HA}\cos\varphi_K \tag{5-5}$$

对相应简支梁上截面 K 的剪力列竖向投影方程,得

$$F_{QK}^0 = F_{VA} - F_{P1}$$

将式(5-4)和式(5-5)代入上式中,得

$$F_{QK} = F_{QK}^0\cos\varphi_K - F_{HA}\sin\varphi_K \tag{5-6}$$

$$F_{NK} = F_{QK}^0\sin\varphi_K + F_{HA}\cos\varphi_K \tag{5-7}$$

式(5-6)和式(5-7)即为三铰拱内任一截面剪力和轴力的计算公式,根据拱轴线方程可以求出 φ_K。规定截面剪力使拱截面顺时针方向转动时为正,逆时针转动为负;轴力以压为正,拉为负;当截面在左半边时,φ_K 为正,在右半边时,φ_K 为负。

5.2.3　三铰拱内力图的绘制

三铰拱的拱轴线为曲线,为了绘制它的内力图,先将拱沿跨度方向分成若干等份(如 8,12,20,…等份),然后算出每个等份点截面的弯矩、剪力和轴力值,最后用描点绘图的方法来绘制三铰拱的内力图。由此可见,拱轴上一系列的等份点越多绘制的内力图越准确。内力图也可直接绘制在原拱轴曲线上。

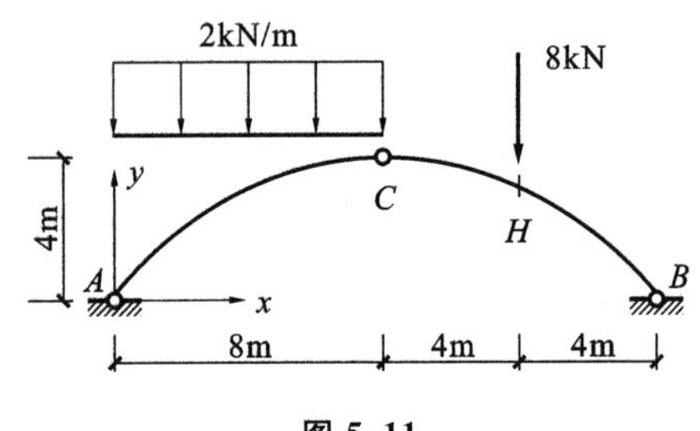

图 5-11

【例 5-1】 试作如图 5-11 所示三铰拱的内力图,拱轴线方程为 $y=\frac{4f}{l^2}x(l-x)$。

【解】 将拱沿跨度方向分为 8 等分,计算各截面的 M、F_Q、F_N 值。现以 $x=4$m 处截面为例,写出各等分点截面内力的计算步骤。

(1)根据拱轴方程求出该分点到基线的高度。

$$y=\frac{4f}{l^2}x(l-x)=\frac{4\times4}{16^2}\times4\times(16-4)=3\text{m}$$

(2)根据拱轴方程计算该等分点处切线与 x 轴的夹角 φ。

$$\tan\varphi=\frac{dy}{dx}=\frac{4f}{l^2}(l-2x)=\frac{4\times4}{16^2}\times(16-2\times4)=0.5$$

由此可得

$$\varphi=26.34°$$
$$\sin\varphi=0.447$$
$$\cos\varphi=0.894$$

(3)支座反力计算。

由式(5-1)得

$$F_{VA}=F_{VA}^0=\frac{8\times4+2\times8\times12}{16}=14\text{kN}(\uparrow)$$

$$F_{VB}=F_{VB}^0=\frac{16\times4+8\times12}{16}=10\text{kN}(\uparrow)$$

$$F_H=\frac{M_C^0}{f}=\frac{8\times10-8\times4}{4}=12\text{kN}$$

(4)内力计算。

相应简支梁该截面的弯矩 $M^0=14\times4-2\times4\times2=40\text{kN}\cdot\text{m}$

$$F_Q^0=14-2\times4=6\text{kN}$$

则由式(5-3)和式(5-6)得

$$M=M^0-F_Hy=40-12\times3=4\text{kN}\cdot\text{m}$$

$$F_Q=F_Q^0\cos\varphi-F_H\sin\varphi=6\times0.894-12\times0.447=0\text{kN}$$

$$F_N=F_Q^0\sin\varphi+F_H\cos\varphi=6\times0.447+12\times0.894=13.41\text{kN}$$

其余各截面内力计算与上述步骤相同。列表计算,见表 5-1。根据表中各截面内力值可绘出三铰拱的 M、F_Q、F_N 图,如图 5-12(a)、(b)、(c)所示。

表 5-1 **三铰拱内力计算**

x/m	y/m	$\tan\varphi$	$\sin\varphi$	$\cos\varphi$	F_Q^0/kN	M^0/(kN·m)	$-F_Hy$/(kN·m)	M/(kN·m)	$F_Q^0\cos\varphi$/kN	$-F_H\sin\varphi$/kN	F_Q/kN	$F_Q^0\sin\varphi$/kN	$F_H\cos\varphi$/kN	F_N/kN
0	0	1	0.71	0.71	14.0	0	0	0	9.90	−8.48	1.42	9.90	8.48	18.38
2	1.75	0.75	0.60	0.80	10.0	24	−21	3	8.00	−7.20	0.80	6.00	9.60	15.60
4	3.00	0.50	0.45	0.89	6.0	40	−36	4	5.36	−5.36	0	2.68	10.73	13.41
6	3.75	0.25	0.24	0.97	2.0	48	−45	3	1.94	−2.92	−0.98	0.49	11.64	12.13

续表

x/m	y/m	$\tan\varphi$	$\sin\varphi$	$\cos\varphi$	F_Q^0/kN	M^0/(kN·m)	$-F_H y$/(kN·m)	M/(kN·m)	$F_Q^0\cos\varphi$/kN	$-F_H\sin\varphi$/kN	F_Q/kN	$F_Q^0\sin\varphi$/kN	$F_H\cos\varphi$/kN	F_N/kN
8	4.00	0	0	1	−2.0	48	−48	0	−2.00	0	−2.00	0	12.00	12.00
10	3.75	−0.25	−0.24	0.97	−2.0	44	−45	−1	−1.94	2.92	0.98	0.49	11.64	12.13
12	3.00	−0.50	−0.45	0.89	−2.0 −10.0	40	−36	4	−1.79 −8.94	5.36	3.57 −3.58	0.89 4.47	10.73	11.62 15.20
14	1.75	−0.75	−0.60	0.80	−10.0	20	−21	−1	−8.00	7.20	−0.80	6.00	9.60	15.60
16	0	−1	−0.71	0.71	−10.0	0	0	0	−7.07	8.48	1.41	7.07	8.48	15.55

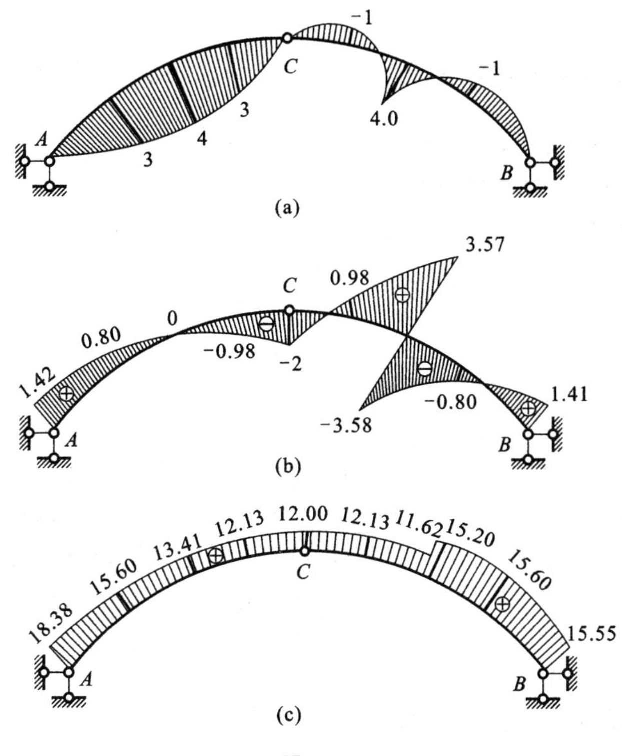

图 5-12

(a)M 图(kN·m);(b)F_Q 图(kN);(c)F_N 图(kN)

最后将各等分点截面的内力计算步骤归纳如下:

①根据拱轴方程确定各等分点到基线的高度 y;

②根据拱轴方程计算该分点处切线与 x 轴的夹角 φ;

③计算 $\sin\varphi$、$\cos\varphi$;

④计算相应简支梁各相应截面的弯矩和剪力 M^0、F_Q^0;

⑤计算拱的推力 F_H;

⑥按式(5-3)、式(5-6)、式(5-7)计算各分点截面的内力,最后将算得的各截面内力用光滑的曲线相连,并标出正负号和竖标值,即得内力图。

5.3 三铰拱的合理拱轴

5.3.1 合理拱轴的概念

由拱中弯矩计算式 $M=M^0-F_H y$ 可知，由于水平推力的存在，则拱中各截面的弯矩比相应简支梁的弯矩要小得多，比梁节省材料。因三铰拱的水平推力 F_H 以及相应简支梁的弯矩 M^0 都与拱轴的形状无关，若想使三铰拱的材料能够得到更充分的利用，可以调整拱轴方程 y 使得上式 M 为零。这时三铰拱为最经济、最理想的状态，各截面弯矩剪力都等于零，只有轴力、正应力分布均匀。

在给定荷载作用下，使拱内各截面的弯矩和剪力等于零而只有轴力的拱轴线，称为合理拱轴线。

5.3.2 常见荷载下三铰拱的合理拱轴线

根据合理拱轴的概念，用数解法分析常见荷载作用下三铰拱的合理拱轴线。

(1)竖向荷载作用下的合理拱轴线的一般表达式。

由式(5-3)可知，在竖向荷载作用下，三铰拱任意截面的弯矩计算公式为

$$M=M^0-F_H y$$

因而确定合理拱轴线的条件为

$$M(x)=M^0(x)-F_H y(x)=0$$

于是，可得合理拱轴方程为

$$y(x)=\frac{M^0(x)}{F_H}=\frac{M^0(x)}{M_C^0(x)}f \tag{5-8}$$

由式(5-8)可知，在已知的竖向荷载作用下，将相应简支梁的弯矩除以常数 F_H，便可得到合理拱轴方程。但合理拱轴线却不是唯一的，当荷载或拱高 f 改变时，合理拱轴都会发生相应的变化。

当荷载、跨度、拱高给定时，F_H 是一个常数，这时有唯一的合理拱轴线，该合理拱轴线与相应简支梁的弯矩图形状相似，对应竖标成比例；当荷载、跨度给定时，合理拱轴线随拱高 f 的不同而变化，并不唯一。

(2)满跨竖向均布荷载作用下的合理拱轴线。

【例 5-2】 如图 5-13(a)所示，已知三铰拱的高度为 f，跨度为 l，试求在满跨竖向均布荷载作用下的合理拱轴线，其荷载分布值为 q。

【解】 相应简支梁的弯矩方程为

$$M^0(x)=\frac{q}{2}(lx-x^2)$$

跨中点截面弯矩为

$$M_C^0(x)=\frac{ql^2}{8}$$

由式(5-8)，得

$$y(x)=\frac{M^0(x)}{F_H}=\frac{M^0(x)}{M_C^0(x)}f=\frac{4f}{l^2}(lx-x^2)$$

由上式可知，三铰拱在沿水平均匀分布的竖向荷载作用下，其合理拱轴线是一条二次抛物线。

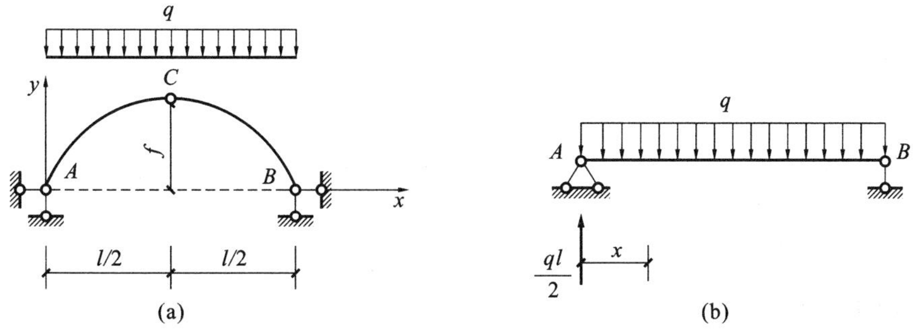

图 5-13

在合理拱轴线方程中，拱高 f 和跨度 l 都是可以改变的，可见，具有不同高跨比的一组抛物线都是合理拱轴线。

(3)垂直于拱轴线的均布荷载作用下的合理拱轴线。

【例 5-3】 如图 5-14(a)所示，试求三铰拱在均匀静水压力作用下的合理拱轴线，其荷载分布值为 q。

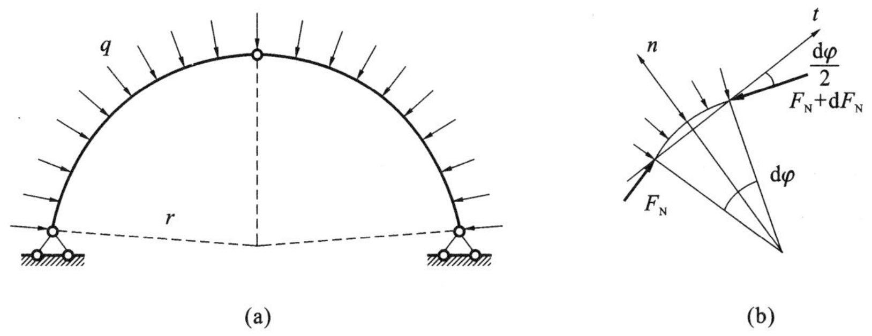

图 5-14

【解】 从拱中取出微段 ds 为隔离体，其受力如图 5-14(b)所示。拱处于无弯矩状态时，各截面上只有轴力。

由 $\sum F_t = 0$，有

$$F_N \cos\frac{d\varphi}{2} - (F_N + dF_N)\cos\frac{d\varphi}{2} = 0$$

得

$$dF_N = 0$$

因此，拱截面上的轴力 F_N 为常数。

由 $\sum F_n = 0$，有

$$F_N \sin\frac{d\varphi}{2} + (F_N + dF_N)\sin\frac{d\varphi}{2} - q ds = 0$$

因 dφ 很小，取 $\sin\frac{d\varphi}{2} \approx \frac{d\varphi}{2}$，并忽略高阶微量，上式可简化成为

$$F_N d\varphi - q ds = 0$$

又因为

$$ds = rd\varphi$$

所以,必有

$$r = \frac{F_N}{q}$$

由于拱截面上的轴力 F_N 为常数,则拱各截面的曲率半径 r 也为常数。由此可见,三铰拱在垂直于拱轴线的均布荷载作用下的合理拱轴线是圆弧曲线。

(4)三铰拱在满跨填料自重作用下的合理拱轴线。

【例 5-4】 设在三铰拱的上面填土,填土表面为一水平面,如图 5-15 所示。填土的容重为 γ,拱所受的竖向分布荷载为 $q(x)=q_C+\gamma y$。试求三铰拱在填土自重作用下的合理拱轴线。

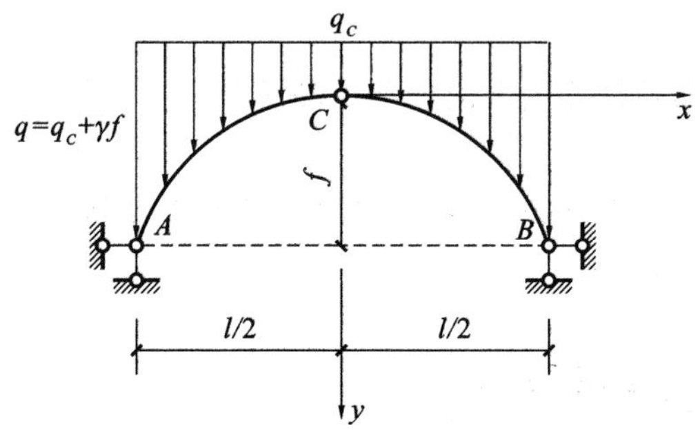

图 5-15

【解】 由于 $q(x)$ 随拱纵坐标 y 而变化,y 未知,故不能按式(5-8)直接求出合理轴线方程。将式(5-8)对 x 微分两次,得

$$y'' = \frac{1}{F_H}\frac{d^2M^0}{dx^2}$$

因为

$$\frac{d^2M^0}{dx^2} = -q(x)$$

则

$$y'' = \frac{d^2y}{dx^2} = -\frac{q(x)}{F_H}$$

这就是竖向荷载 $q(x)$ 作用下拱的合理拱轴线微分方程。式(5-8)是按 y 轴向上为正求得的,故上式中 y 向上为正,而图 5-15 中 y 轴向下,因此上式合理拱轴线微分方程应改变符号为

$$\frac{d^2y}{dx^2} = \frac{q(x)}{F_H}$$

将 $q(x)=q_C+\gamma y$ 代入上式,得

$$\frac{d^2y}{dx^2} - \frac{\gamma}{F_H}y = \frac{q_C}{F_H}$$

该微分方程的一般解可用双曲线函数表示为

$$y = A\text{ch}\sqrt{\frac{\gamma}{F_H}}x + B\text{sh}\sqrt{\frac{\gamma}{F_H}}x - \frac{q_C}{\gamma}$$

待定常数 A、B 可由边界条件求出:

当 $x=0$ 时,$y'=0$,得

$$A=\frac{q_C}{\gamma}$$

当 $x=0$ 时，$y'=0$ 得

$$B=0$$

于是，可得合理拱轴线方程为

$$y=\frac{q_C}{\gamma}\left(\operatorname{ch}\sqrt{\frac{\gamma}{F_H}}x-1\right)$$

由此可见，三铰拱在满跨填料自重作用下的合理拱轴线是一悬链线。

以上例子表明在承受不同荷载作用时，三铰拱就有不同的合理拱轴线。在实际工程中，结构上的荷载都不是确定值，而是随机变量，很难保证拱在某一种荷载情况下处于无弯矩的状态。设计中通常以主要的、经常出现的荷载作用下的合理拱轴线作为拱的轴线，尽可能地使拱的弯矩减小。

5.4 静定结构的特性

5.4.1 基本特性

静定结构是无多余约束的几何不变体系，其全部内力和反力仅由平衡条件就可以完全确定，不需要考虑变形条件。而超静定结构是有多余约束的几何不变体系，其全部内力和反力不能由平衡条件完全确定，还需要考虑变形条件才能得到唯一的解答。

静定结构满足平衡条件的反力和内力解答是唯一的，这是其基本特性。以下是由这一静定结构的基本特性派生出来的一般特性。

5.4.2 一般特性

(1)静定结构的内力和反力不需要考虑变形，因而与截面尺寸、截面形状及材料的物理性质无关。

(2)静定结构在支座移动、温度变化和制造误差等非荷载因素作用下不产生反力和内力。

如图 5-16 所示的三铰拱，当温度改变时，将会变形到如虚线所示位置，但因无荷载作用，故其支座反力和内力为零。

(3)静定结构中如有一个几何不变部分可独立承受荷载时，则只有该部分受力，而其他部分反力和内力均为零。

例如，如图 5-17 所示的静定桁架，几何不变部分 BCD 上有一平衡力系，根据静定结构的基本特性，BCD 部分的内力可以与该平衡体系达到平衡，故结构中只有 BCD 部分上有内力存在，其他杆件的反力和内力均为零。

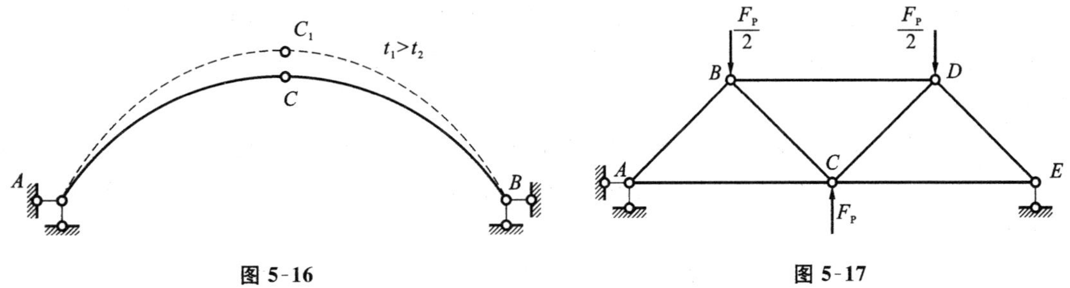

图 5-16　　图 5-17

(4)当把静定结构中的某一个几何不变部分上的荷载用一个与其合力相同的荷载来做等效变换时,只有该部分的内力发生变化,其余部分的内力都保持不变。

例如,如图 5-18(a)所示的静定桁架中的荷载 F_P 与如图 5-18(b)所示中的荷载是等效荷载,则只有 CE 杆的内力发生了变化,其余部分的内力都保持不变。

(5)当把静定结构中的某一个几何不变部分做构造改变,换成另一个几何不变部分时,只有该部分的反力和内力发生变化,其余部分的内力都保持不变。

例如,如图 5-19(a)所示的静定桁架,若把几何不变部分 CDF 换成如图 5-19(b)所示的另一个几何不变部分,此时只有 CDF 部分的内力发生变化,其余部分的内力都保持不变。

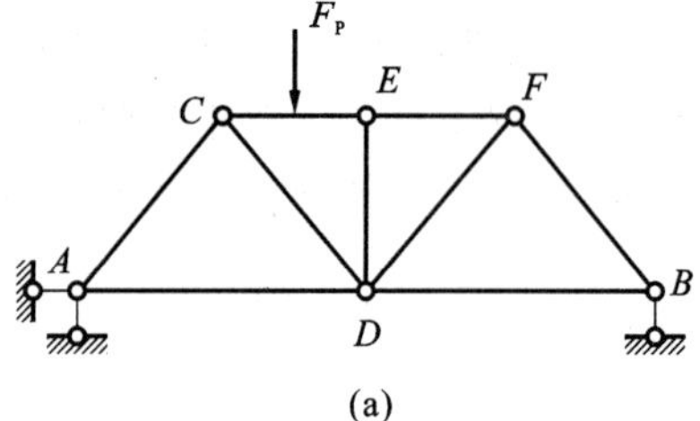

(a)

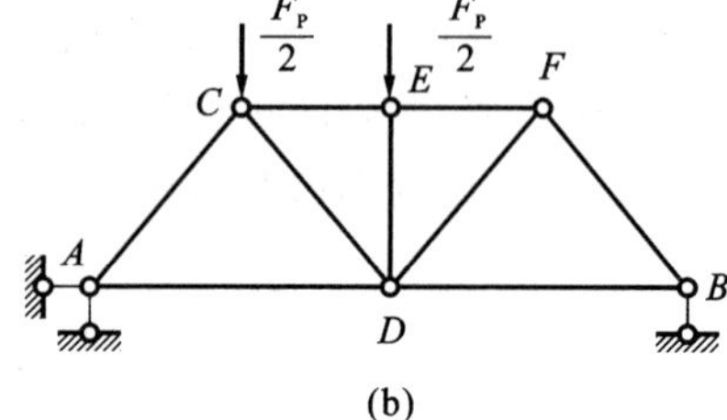

(b)

图 5-18

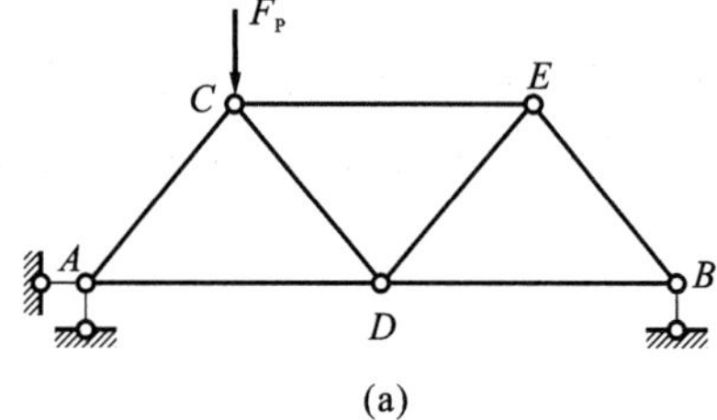

(a)

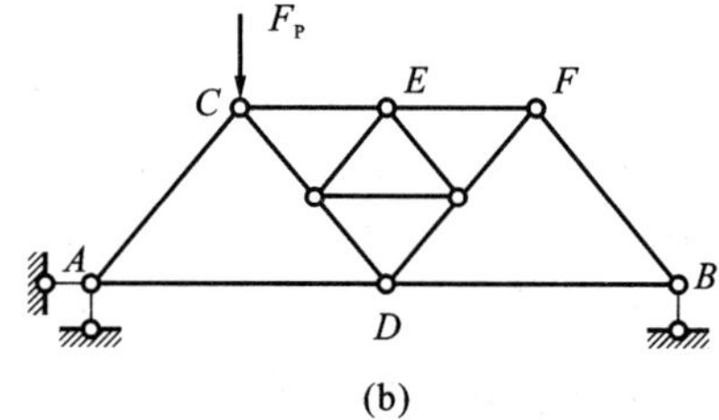

(b)

图 5-19

本章小结

(1)三铰拱是一种静定的拱式结构,按照有无拉杆可以分为有拉杆拱和无拉杆拱,按照拱趾是否等高可以分为平拱和斜拱。

(2)三铰拱最基本的受力特征是:在竖向荷载作用下,拱的支座处会产生水平反力,即水平推力。由于水平推力的存在,拱中各截面的弯矩比相应简支梁的弯矩要小得多,拱主要是承受压力。因此,拱结构比梁节省材料因而自重较轻,能跨越较大的跨度。

(3)三铰拱虽然具有很大的力学优点,但也有构造复杂、施工费用较贵,需要更为坚固的基础或支承结构等缺点。

(4)三铰拱的内力和所有的反力都可由静力平衡方程求出。利用它和相应简支梁的受力关系,取隔离体列静力平衡方程可求出拱上任一截面的内力和反力,可知三铰拱的水平推力 F_H 与拱轴的形状无关。

(5)三铰拱中应尽可能地使拱弯矩减小,从而可以更充分地利用拱的材料。根据合理拱轴的概念,分析四种常见荷载作用下三铰拱的合理拱轴线,可知在承受不同荷载作用时,三铰拱就有不同的合理拱轴线。

(6)静定结构必须满足平衡条件的反力和内力解答的唯一性及由此推论出的一般特性,这些特性可以在静力分析中加以利用。

思考题

5-1　拱的基本受力特点是什么？它的优缺点分别是什么？

5-2　带拉杆和不带拉杆的三铰拱对拱支座有什么要求？为什么三铰屋架要带拉杆？

5-3　三铰拱的主要内力是什么？

5-4　可不可以利用三铰拱的反力和内力的计算公式求三铰刚架的反力和内力？

5-5　何谓合理拱轴线？三铰拱在不同荷载作用下的合理拱轴线形状是否相同？

5-6　如何利用静定结构的特性来简化静定结构的受力分析？

习题

5-1　如图 5-20 所示三铰拱的拱轴线方程为 $y=\frac{4f}{l^2}x(l-x)$，试求：(1)支座反力；(2)集中荷载作用处截面 D 的内力。

5-2　利用三铰拱的内力和反力计算公式，试计算如图 5-21 所示三铰刚架的支座反力及截面 E 的内力。

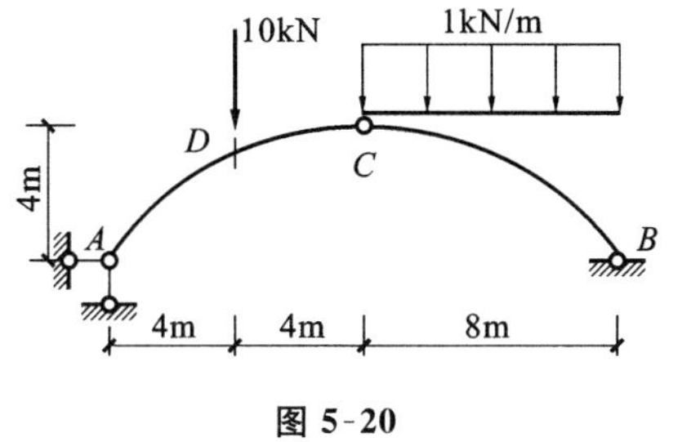

图 5-20

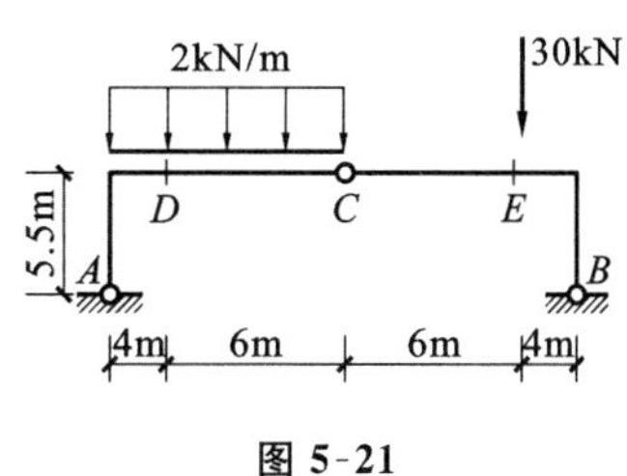

图 5-21

5-3　如图 5-22 所示圆弧三铰拱，求支座反力及截面 D 的内力。

5-4　已知如图 5-23 所示三铰拱的拱轴线方程为 $y=\frac{4f}{l^2}x(l-x)$，试求：(1)水平推力；(2)C 铰处的剪力和轴力；(3)集中力作用处轴线切线与水平轴的夹角。

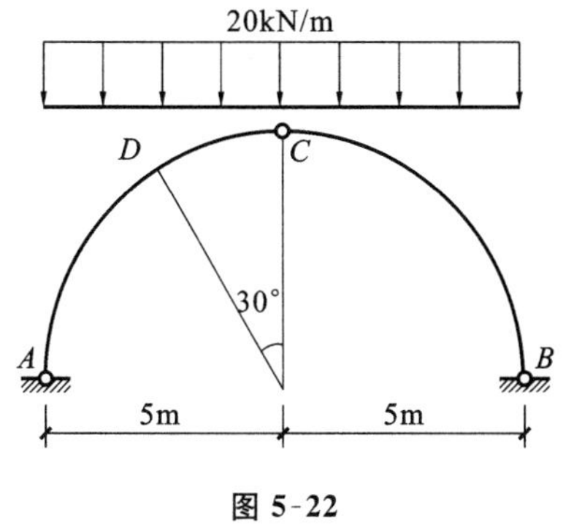

图 5-22

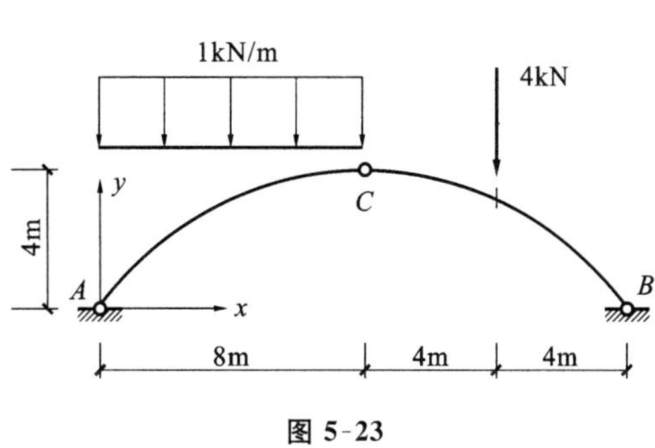

图 5-23

5-5　试求如图 5-24 所示三铰拱的合理拱轴线方程，并绘出合理拱轴线图形。

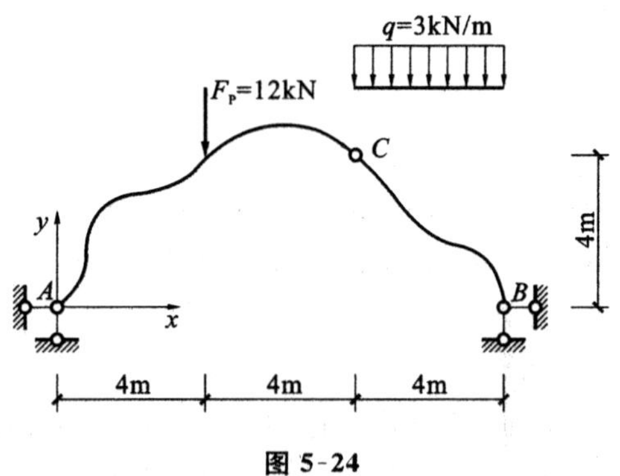

图 5-24

参考文献

[1] 文国治.结构力学.2 版.重庆:重庆大学出版社,2022.
[2] 龙驭球,包世华,袁驷.结构力学Ⅰ:基础教程.4 版.北京:高等教育出版社,2019.
[3] 张金生.结构力学.武汉:武汉大学出版社,2007.

6 静定结构的位移计算

【内容提要】

本章主要内容包括:变形体系的虚功原理;结构位移计算的一般公式(单位荷载法);静定结构由于荷载、温度变化、支座移动等原因引起的位移计算;图乘法;线性弹性体系的互等定理。本章教学内容的重点是:静定结构由于荷载、温度变化、支座位移等原因引起的位移计算,特别是用图乘法计算静定梁和刚架在荷载作用下的位移。本章教学内容的难点是:变形体系的虚功原理及其证明;广义力及广义位移的概念。

【能力要求】

通过本章的学习,学生应了解变形体系虚功原理的内容及其在结构位移计算中的应用;理解广义力及广义位移的概念;熟练掌握计算结构位移的单位荷载法;熟练掌握图乘法在位移计算中的应用;了解线性弹性体系的互等定理。

【价值塑造】

静定结构的位移计算是保障工程结构安全和稳定的基础。无论是桥梁、建筑,还是其他各类工程结构,准确的位移计算是确保结构安全和耐久性的关键。通过虚功原理对结构位移进行计算,不仅是一种技术活动,更是一种社会责任的体现。假设有一高山大桥项目。项目地处高海拔地区,昼夜温差极大,温度变化会导致材料的膨胀或收缩,从而引起结构的位移。为了在极端温度下保持结构的稳定性和安全性,通过本章的学习,你将学会利用虚功原理和图乘法,精确计算桥梁在不同温度下的位移。通过这些计算,你可以对桥梁的支座和连接部位进行优化设计,使其能够适应大幅度的温度变化,确保桥梁的长期稳定性和安全性。

静定结构的位移计算不仅应用于传统建筑结构,还拓展到新材料和新技术的应用。例如,智能材料如形状记忆合金和压电材料的引入,这些材料在结构位移计算中的应用,为动态调整和优化结构提供了可能。

结构位移计算是国家基础设施建设的重要组成部分。在“一带一路”倡议中,大量的桥梁、隧道、能源及交通设施的建设需要精确的位移计算。随着科技的进步和新材料的应用,结构位移计算的方法和技术也在不断更新。我们应与时俱进,利用新型技术来优化结构设计和位移分析,以期在“新工科”背景下,结合国家的发展需求,为国家的现代化建设做出贡献。

6.1 概　　述

6.1.1 结构的位移

任何结构在外部因素(如荷载、温度变化及支座沉降等)作用下,都将产生形状的改变,称为结构变形。由于变形,结构上截面的几何位置发生变化,称为位移。结构上某点位置移动的距离为该点的线位移;结构上某点所在的截面的法线转动角度为该截面的角位移。如图6-1所示,静定刚架在荷载作用下截面K移动到K',则$\Delta_{KK'}$称为截面K的线位移,它也可以用水平线位移Δ_{KH}和竖向线位移Δ_{KV}两个位移分量来表示。同时截面K还旋转了一个角度θ_K。又如图6-2所示简支刚架,在荷载作用下发生变形,截面C的角位移为θ_C,截面D的角位移为θ_D,这两个截面转角之和就构成C、D两截面的相对角位移,这时有$\theta_{CD}=\theta_C+\theta_D$。同样,$A$、$B$两点沿水平方向产生的线位移各为$\Delta_A$和$\Delta_B$,这两者之和就称为$A$、$B$两点的水平相对线位移,即$\Delta_{AB}=\Delta_A+\Delta_B$。因此,结构的"位移"是一种广义的概念。

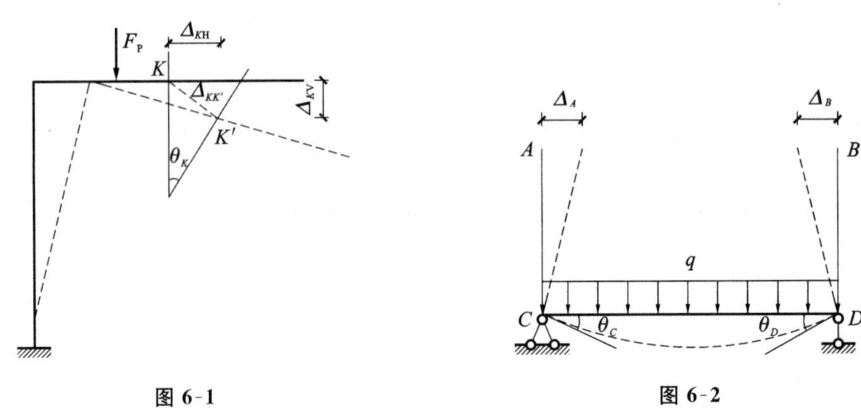

图6-1　　图6-2

6.1.2　计算位移的目的

虽然这种位移与结构的几何尺寸相比是微小的,但是对于工程设计人员来说,熟悉结构位移的计算方法是十分重要的。因为结构设计必须经过刚度校核,而这种校核必须进行位移计算;在结构的制作、施工、架设、养护阶段,常常需要预先估算出结构的可能变形位置,以便采取相应的施工措施;结构的位移计算方法是分析超静定结构的基础;在结构的动力计算和稳定计算中也需要用到结构的位移。因此,结构的位移计算在工程上具有重要意义。

6.1.3　计算位移的方法

应当指出,这里所研究的结构,在符合弹性小变形的条件下,其位移是和荷载成正比关系的。因此,计算位移时荷载的影响可以叠加,而且当荷载全部撤除时,结构的位移也完全消失。

结构力学中计算结构位移的一般方法是以功能原理为基础的,而使用较多的方法是虚功法。下面,我们先介绍有关功能原理,再讨论静定结构位移的计算。

6.2　变形体系的虚功原理

一个物体其上作用着不变力F_P,如该物体发生位移Δ[图6-3(a)],则不变力所做的功W将用力F_P与沿力作用方向上的位移$\Delta\cos\theta$的乘积来衡量,即

$$W = F_P \cdot \Delta\cos\theta$$

当力与位移方向一致时,功取正,反之取负。功本身是没有方向的物理量,即标量,它的量纲是力乘长度,其单位为牛顿米(N·m)或千牛米(kN·m)。

一个不变力偶M所做的功,等于该力偶$M(M=F_Pd)$和发生在力偶平面内的旋转角θ的乘积

[图 6-3(b)]。很明显,它们乘积的单位也是功的单位。

$$W = F_P d \cdot \theta = M \cdot \theta$$

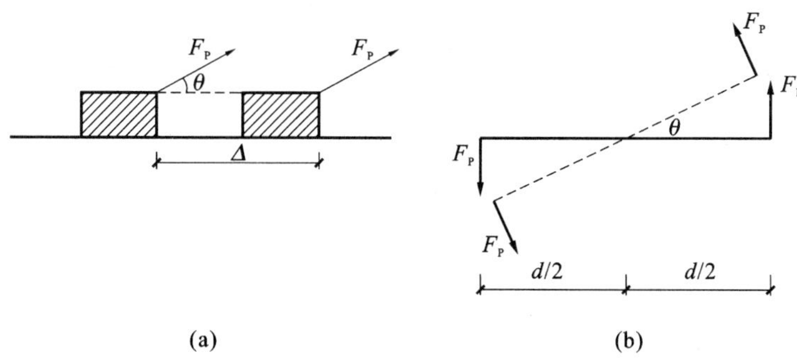

图 6-3

与功的概念密切相关的另一个物理量是能,它是描述物体做功本领大小的一个量。自然界里的能量具有各种不同的形式,各种形式的能量间具有一定的内在联系,即能量既不能创造,也不会消灭,只能从一个物体传递给另一个物体,或从一种形式转化为另一种形式,总量则保持不变,这就是能量守恒与转化定律。在能量转化过程中,能量是通过物体做功而显示出来的。因此,功就是能量变化的度量。

弹性结构受到外力作用而发生变形时,其内部也将积蓄能量而具有做功的本领。这种能量称为弹性变形位能,简称变形位能。

下面,研究弹性结构在外力作用下发生变形时,外力与内力所做的功和变形位能以及它们之间的关系。

6.2.1　实功与虚功

6.2.1.1　外力实功

如图 6-4(a)所示结构,在静力荷载 F_P 作用下,发生了虚线所示变形。这里所谓静力荷载,是指荷载 F_P 是由零缓慢地逐渐增大。对于线性变形结构,当荷载 F_P 由零逐渐增大,其作用点在荷载方向上的位移 Δ 也从零逐渐增大,Δ 和 F_P 之间呈线性关系[如图 6-4(b)所示]:

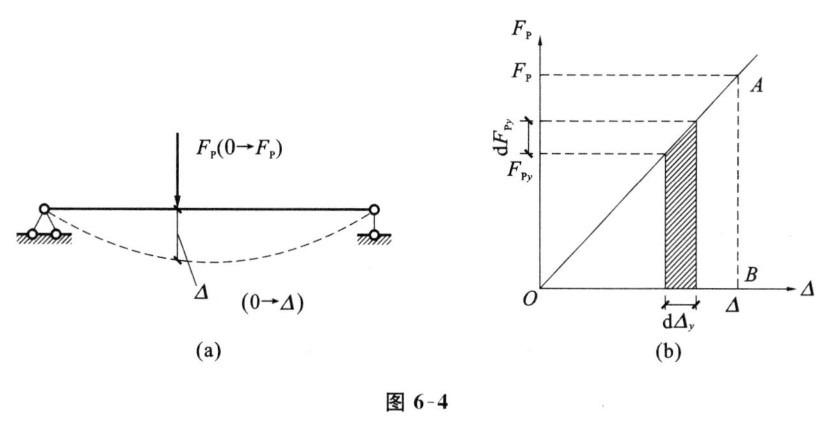

图 6-4

$$\Delta = \delta \cdot F_P$$

式中,δ 为比例常数。当荷载由 F_{Py} 增加 dF_{Py} 时,相应的位移也增加 $d\Delta_y$。在产生 $d\Delta_y$ 的过程中,荷

载 F_{P_y} 所做的功为图 6-4(b)中的阴影部分,即

$$dW = F_{P_y} \cdot d\Delta_y$$

因此,在荷载由零增加到 F_P 的全部加载过程中,荷载所做的总功为

$$W = \int_0^{\Delta} F_{P_y} \cdot d\Delta_y = \int_0^{F_P} F_{P_y} \cdot \delta \cdot dF_{P_y} = \frac{1}{2}\delta F_P^2 = \frac{1}{2}F_P\Delta \tag{6-1}$$

这里,位移 Δ 是由荷载 F_P 的作用所引起的,因而 W 是荷载 F_P 在自己所引起的位移 Δ 上所做的功,我们称它为外力实功。由于 F_P 是由零逐渐增大到最后值,所以和常力所做的功不同,其计算式前含系数 1/2。又由于 Δ 的方向与 F_P 一致,所以外力实功恒为正值。

式(6-1)中的 F_P 应看作是一种广义力,相应的 Δ 即为广义位移。

6.2.1.2 内力实功和变形位能

弹性结构受荷载作用而发生变形时,其内部将积蓄变形位能。由于我们研究的是静力平衡过程,没有动能的变化,再忽略其他微小的能量损失,则根据能量守恒定律,可以认为在加载过程中外力所做的实功 W 全部转化为结构的弹性变形位能 U,即

$$W = U \tag{6-2}$$

另外,结构在荷载作用下,同时产生内力和变形,因而内力也将在其相应的变形上做功。结构的变形位能 U 又可以用内力所做的实功 V 来度量。

为了计算内力所做的功,我们从结构中截取一个长为 ds 的微段来进行研究,如图 6-5 所示,该微段两端截面上作用有内力 F_N、F_Q、M。由于考虑到内力增量所做的功属于高阶微量,可被略去,故在图 6-5 中没有标出来。微段在这些力的作用下,将产生相应的变形。现在,来计算内力所做的实功。

①轴力做的功。微段在轴力 F_N 作用下[图 6-5(c)],由材料力学可知,产生的轴向变形为

$$d\varepsilon = \frac{F_N}{EA}ds$$

式中 E——弹性模量;

A——截面面积。

因此,轴力所做的功为

$$dV_{F_N} = \frac{1}{2}F_N d\varepsilon = \frac{1}{2}F_N \cdot \frac{F_N}{EA}ds = \frac{1}{2} \cdot \frac{F_N^2}{EA}ds \tag{6-3}$$

②弯矩做的功。微段在弯矩 M 作用下[图 6-5(d)],由材料力学可知,产生的弯曲变形为

$$d\kappa = \frac{M}{EI}ds$$

式中 I——截面惯性矩。

因此,弯矩所做的功为

$$dV_M = \frac{1}{2}M d\kappa = \frac{1}{2}M \cdot \frac{M}{EI}ds = \frac{1}{2} \cdot \frac{M^2}{EI}ds \tag{6-4}$$

③剪力做的功。微段在剪力 F_Q 作用下[图 6-5(e)],由材料力学可知,产生的剪切变形为

$$d\gamma = \frac{F_Q}{GA}ds$$

式中 G——截面抗剪模量。

因此,剪力所做的功为

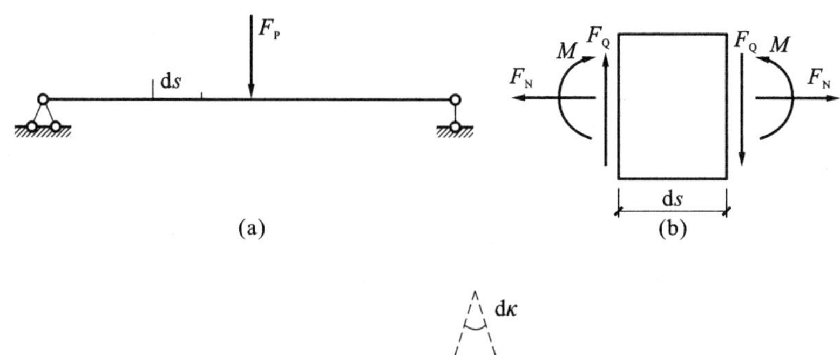

(a)　　(b)

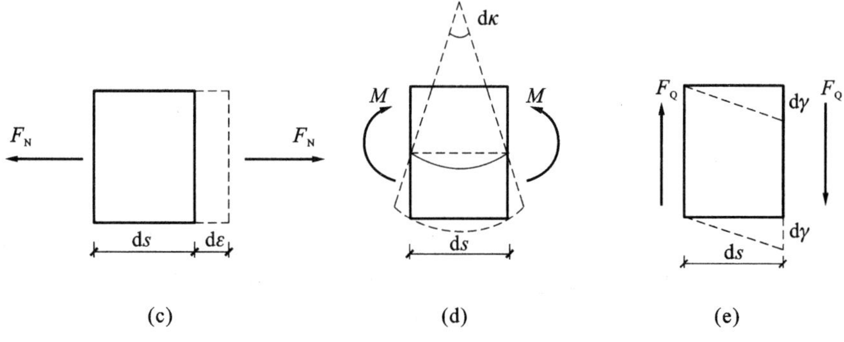

(c)　　(d)　　(e)

图 6-5

$$dV_{F_Q}=\frac{1}{2}F_Q d\gamma=\frac{1}{2}F_Q\cdot\frac{F_Q}{GA}ds=\frac{1}{2}\cdot\frac{F_Q^2}{GA}ds$$

当截面上的剪应力为非均匀分布时，上式应乘以考虑剪应力不均匀分布系数 k

$$dV_{F_Q}=k\cdot\frac{1}{2}\cdot\frac{F_Q^2}{GA}ds \tag{6-5}$$

k 仅与截面形状有关，对于矩形截面，$k=1.2$；圆形截面，$k=10/9$；工字形截面，$k=A/A_f$，A_f 为腹板截面积，A 为总面积。

因此，内力在微段相应的变形上所做的总功可由式(6-3)、式(6-4)、式(6-5)三式叠加得

$$dV=dV_{F_N}+dV_M+dV_{F_Q}=\frac{1}{2}\cdot\frac{F_N^2}{EA}ds+\frac{1}{2}\cdot\frac{M^2}{EI}ds+\frac{1}{2}\cdot k\frac{F_Q^2}{GA}ds \tag{6-6}$$

对于整个结构来说，我们把 F_N、F_Q、M 称为内力，但对于所取微段而言，它们则是外力。因此，根据式(6-2)可知，它们所做的功 dV 就等于此微段内部所积蓄的变形位能 dU，即

$$dV=dU$$

一个杆件的内力在其相应的变形上所做的总的内力实功 V 为

$$V=\sum\int\frac{F_N^2}{2EA}ds+\sum\int\frac{M^2}{2EI}ds+\sum\int k\frac{F_Q^2}{2GA}ds \tag{6-7}$$

V 在数量上等于整个结构的变形位能 U，即

$$V=U \tag{6-8}$$

由式(6-2)、式(6-8)得

$$W=V \tag{6-9}$$

或

$$\frac{1}{2}F_P\Delta=\sum\int\frac{F_N^2}{2EA}ds+\sum\int\frac{M^2}{2EI}ds+\sum\int k\frac{F_Q^2}{2GA}ds \tag{6-10}$$

即外力实功等于内力实功。式(6-10)为线性弹性结构的实功原理表达式，它叙述为：外力在线性弹性结构上所做的实功等于内力在相应的变形上所做的实功的总和。

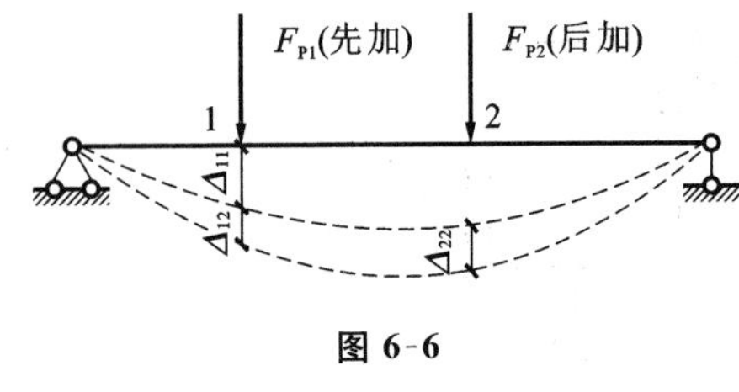

图 6-6

6.2.1.3 外力虚功和内力虚功

如图 6-6 所示,设结构在 1 点受 F_{P1} 作用达到平衡时,1 点沿 F_{P1} 方向上产生的位移为 Δ_{11}。这里 Δ_{11} 用了双角标,第一个角标表示产生位移的地点,第二个角标表示产生位移的原因。所以,Δ_{11} 表示 1 点在 F_{P1} 作用下沿其方向产生的位移。荷载 F_{P1} 在位移 Δ_{11} 上所做的外力实功用 W_{11} 表示,得

$$W_{11} = \frac{1}{2}F_{P1}\Delta_{11}$$

同时,由于荷载 F_{P1} 所引起的内力也将在相应的变形上做内力实功,用 V_{11} 表示。根据实功原理,有

$$W_{11} = V_{11} \tag{a}$$

当结构在 F_{P1} 作用下达到平衡状态后,再在结构的 2 点处加一个荷载 F_{P2},使结构再发生新的变形,达到新的平衡。这时 F_{P2} 在位移 Δ_{22} 上(图 6-6)所做的外力实功为

$$W_{22} = \frac{1}{2}F_{P2}\Delta_{22}$$

同样,荷载 F_{P2} 所引起的内力也将在相应的变形上做内力实功,用 V_{22} 表示。根据实功原理,有

$$W_{22} = V_{22} \tag{b}$$

在施加 F_{P2} 的过程中,F_{P1} 已是作用在结构上的常力了,由于 F_{P2} 作用,在 1 点处沿 F_{P1} 方向上又增加了新的位移 Δ_{12},因此,F_{P1} 在位移 Δ_{12} 上又做功,其值为

$$W_{12} = F_{P1}\Delta_{12} \tag{c}$$

显然,Δ_{12} 虽然是 1 点沿 F_{P1} 方向上的位移,但引起这个位移的原因不是 F_{P1} 而是 F_{P2},因此,W_{12} 不是 F_{P1} 在本身所引起的位移上做的功,而是在其他原因所引起的位移上做的功,我们把 W_{12} 叫做外力虚功。

同样,在 F_{P2} 的加载过程中,由 F_{P1} 所引起的内力将在 F_{P2} 作用下所产生的相应的变形上做功,称为内力虚功,用 V_{12} 表示。

这样,结构在 F_{P1}、F_{P2} 先后作用下,外力所做的总功为 $W_{11}+W_{12}+W_{22}$,而结构在 F_{P1}、F_{P2} 先后作用下所产生的内力所做的总功为 $V_{11}+V_{12}+V_{22}$。根据能量守恒定律,有

$$W_{11} + W_{12} + W_{22} = V_{11} + V_{12} + V_{22} \tag{d}$$

将式(a)和式(b)代入式(d)可得

$$W_{12} = V_{12}$$

上式可写为更一般的形式,即

$$W_{外} = W_{内} \tag{6-11}$$

式中 $W_{外}$——外力虚功;

$W_{内}$——内力虚功(有的教材也称为变形虚功 $W_{变}$)。

这就是变形体系的虚功方程。

6.2.2 变形体系的虚功原理

根据式(6-11)可将变形体系的虚功原理表述为:外力在任意给定的位移上做的外力虚功,等于各微段上的内力在相应的变形上所做的内力虚功的总和。此时,做功的力和产生位移的原因无关。

做功的外力和内力称为力状态，而相应的位移和变形称为位移状态。由于两个状态是彼此独立无关的，所以，对于变形体系而言，只要力状态是平衡的，位移状态的位移是微小的，并且为约束条件和变形连续条件所容许，则虚功原理都是适用的。而且，引起位移的原因不仅可以是荷载，也可以是其他非荷载因素，如温度变化、支座移动等。

6.2.3 虚功原理的两种应用形式

既然虚功原理中的平衡力系与可能位移无关，因此既可以把位移看作是虚设的，也可以将力系看作是虚设的。根据虚设对象的不同选择，虚功原理主要有两种应用形式。

其一，应用虚功原理求某一结构的未知力时，以结构的实际内力和外力状态作为力状态，再根据所求的未知力适当选择虚位移。这种用于虚设的位移状态与实际力状态之间的虚功原理，称为虚位移原理。

其二，应用虚功原理求某一结构的未知位移时，以结构的实际变形状态作为实际位移状态，再根据所求的未知位移适当选择虚力。这种用于虚设的力状态与实际位移状态之间的虚功原理，称为虚力原理。

本章主要讨论应用虚功原理来计算结构的位移。

6.3 平面杆件结构位移计算的一般公式

6.3.1 位移计算的一般公式与单位荷载法

设如图 6-7(a)所示刚架由于荷载、支座移动和温度变化等作用而发生变形[图 6-7(a)中虚线所示]。

现在利用虚功原理求刚架上某点 K 的竖向位移 Δ_{KV}。首先取如图 6-7(a)所示刚架的实际变形情况为实际位移状态，如图 6-7(b)所示为结构中任一微段的内力，如图 6-7(c)所示为结构中任一微段在荷载、支座移动和温度变化等作用引起的变形。然后，虚设力状态。为了便于求出位移 Δ_{KV}，希望在虚功方程中除了拟求的 Δ_{KV} 外，不再包含别的未知位移。因此，在选择虚力系时，应当只在 K 点沿拟求位移 Δ_{KV} 的竖直方向虚设单位荷载(单位力，记作 $F_P=1$)，而在其他处不再设置荷载。这个单位荷载与相应的支座反力组成一个虚设的平衡力系，称为虚力状态，如图 6-8(a)所示。图 6-8(b)为结构在虚力状态下任一微段的内力。

令虚力状态下的各力在实际位移状态下的相应位移上做功，则根据虚功原理，可得

$$1 \cdot \Delta_{KV} - \overline{F}_{R1} \cdot c_1 + \overline{F}_{R2} \cdot c_2 = \sum\int \overline{M}\,d\kappa + \sum\int \overline{F}_N d\varepsilon + \sum\int \overline{F}_Q d\gamma$$

省略等号左侧的“1”，即得平面杆系结构位移计算的一般公式为

$$\Delta = \sum\int \overline{M} d\kappa + \sum\int \overline{F}_N d\varepsilon + \sum\int \overline{F}_Q d\gamma - \sum(\pm)\,\overline{F}_{RK} \cdot c_K \tag{6-12}$$

式中 $d\varepsilon, d\kappa, d\gamma$——实际位移状态下结构中任一微段在荷载、支座移动和温度变化等因素引起的内力 M、F_N、F_Q 作用下所产生的相应变形；

c_K——支座位移；

$\overline{M}, \overline{F}_N, \overline{F}_Q, \overline{F}_{RK}$——虚力状态下由于单位荷载 $F_P=1$ 引起结构相应的弯矩、轴力、剪力和支座反力。

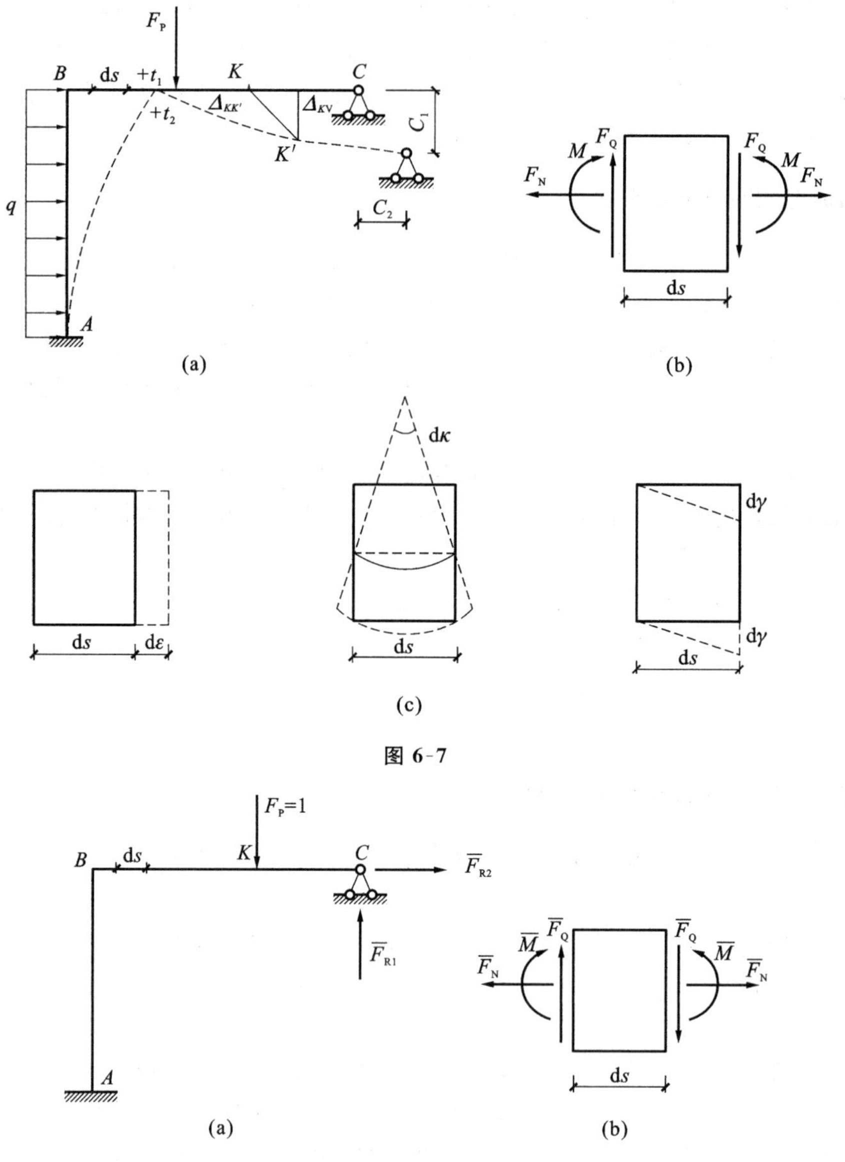

图 6-7

图 6-8

计算结构位移的一般公式(6-12)可以用于计算静定或超静定平面杆件结构由于荷载、温度变化和支座移动等所产生的位移。

这种通过虚设单位荷载作用下的平衡状态,利用虚功原理求结构位移的方法,称为单位荷载法。该方法适用于结构小变形的情况。

6.3.2 虚拟单位荷载的施加方法

式(6-12)可以计算任一广义位移,包括结构某点沿某一方向的线位移、某截面的角位移、某两个截面的相对线位移和相对角位移,只要虚力状态中的虚设单位荷载是与所计算的广义位移相对应的广义力即可。下面,就几种具体情况说明如下:

(1)设要求如图 6-9(a)所示结构上 A 点的角位移,可在该点沿所求位移方向加一单位集中力偶。若要求如图 6-9(e)所示桁架 AB 杆的角位移,则应加一单位力偶,构成这一力偶的两个集中力，其值为 $1/d$，作用于该杆的两端并与杆轴垂直，这里的 d 为该杆的长度。

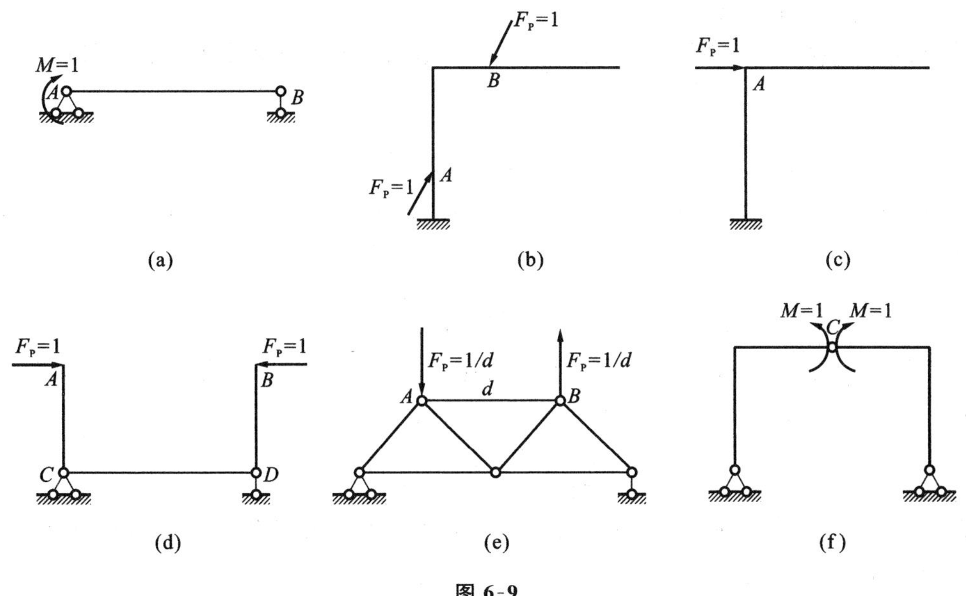

图 6-9

(2)设要求如图 6-9(c)所示结构上 A 点的水平位移，可在该点沿所求位移方向加一水平方向的单位力。

(3)设要求如图 6-9(b)所示结构上 AB 两点沿其连线方向的相对线位移，可在该两点沿其连线上加上两个方向相反的单位力；要求如图 6-9(d)所示结构上 AB 两点水平方向的相对线位移，可在该两点水平方向加上两个方向相反的单位力；要求如图 6-9(f)所示结构 C 两侧的相对角位移，可在该点两侧加上两个方向相反的单位集中力偶。

在位移计算中，要特别强调虚设力和所求位移之间应符合相应的关系，即力 F_P 在位移 Δ 上所做的虚功正好满足 $W=F_P\Delta$。

6.4 静定结构在荷载作用下的位移计算

当仅考虑荷载作用时，由于无支座移动项，式(6-12)可简化为

$$\Delta = \sum\int \overline{M}\mathrm{d}\kappa + \sum\int \overline{F}_N \mathrm{d}\varepsilon + \sum\int \overline{F}_Q \mathrm{d}\gamma \tag{6-13}$$

现以 M_P、F_{NP}、F_{QP} 分别表示实际荷载作用下所产生的弯矩、轴力和剪力，按材料力学中的公式，有

$$\mathrm{d}\kappa = \frac{M_P}{EI}\mathrm{d}s,\quad \mathrm{d}\varepsilon = \frac{F_{NP}}{EA}\mathrm{d}s,\quad \mathrm{d}\gamma = k\,\frac{F_{QP}}{GA}\mathrm{d}s \tag{6-14}$$

式中　EI,EA,GA——杆件的抗弯刚度、抗拉压刚度和抗剪刚度；

　　k——剪应力不均匀分布系数，其值与截面形状有关。

将式(6-14)带入式(6-13)，得

$$\Delta = \sum\int \frac{\overline{M}M_P}{EI}\mathrm{d}s + \sum\int \frac{\overline{F}_N F_{NP}}{EA}\mathrm{d}s + \sum\int k\,\frac{\overline{F}_Q F_{QP}}{GA}\mathrm{d}s \tag{6-15}$$

这就是平面杆件结构在荷载作用下的位移计算公式。当计算结果为正时，表示外力虚功为正，因此所求位移的实际指向与所设的单位虚力的方向一致；计算结果为负，则相反。对于静定结构，用静

力平衡条件求得实际位移状态和虚力状态下的内力，即可用式(6-15)计算位移。对于超静定结构，将在第 7 章的 7.6 节再做讨论。

①梁和刚架。对于梁和刚架，轴向变形和剪切变形的影响与弯曲变形比较，可以略去不计，故式(6-15)可简化为

$$\Delta = \sum\int \frac{\overline{M}M_{P}}{EI}ds \tag{6-16}$$

②桁架。由于桁架的内力只有轴力，而一般说来，轴力和截面又都沿杆长 l 不变，故式(6-15)可简化为

$$\Delta = \sum \frac{\overline{F}_{N}F_{NP}}{EA}l \tag{6-17}$$

③组合结构。对于组合结构中受弯并有轴力作用的杆件，可以只考虑弯曲变形的影响，而对只受轴力的杆件则应考虑其轴向变形，故式(6-15)可简化为

$$\Delta = \sum\int \frac{\overline{M}M_{P}}{EI}ds + \sum \frac{\overline{F}_{N}F_{NP}}{EA}l \tag{6-18}$$

④拱。在拱中，当压力线与拱的轴线相近时，应考虑弯曲变形和轴向变形对位移的影响，故式(6-15)可简化为

$$\Delta = \sum\int \frac{\overline{M}M_{P}}{EI}ds + \sum\int \frac{\overline{F}_{N}F_{NP}}{EA}ds \tag{6-19}$$

当压力线与拱的轴线不相近时，则只需考虑弯曲变形对位移的影响，可按式(6-16)计算位移。

【例 6-1】 试计算如图 6-10(a)所示简支梁中点 C 的竖向位移 Δ_{CV}，并将剪力和弯矩对位移的影响加以比较。设梁的截面为矩形。

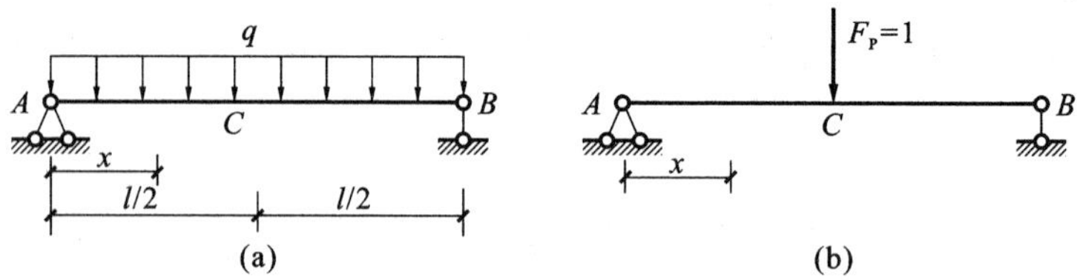

图 6-10

(a)实际位移状态；(b)虚力状态

【解】 首先在 C 点沿着位移方向虚设一个单位集中力，构成虚力状态如图 6-10(b)所示。取 A 点为坐标原点。

实际位移状态下梁的内力

$$M_{P} = \frac{1}{2}qlx - \frac{1}{2}qx^{2}, \quad F_{QP} = \frac{1}{2}ql - qx \quad \left(0 \leqslant x \leqslant \frac{l}{2}\right)$$

虚力状态下梁的内力

$$\overline{M}_{P} = \frac{1}{2}x, \quad \overline{F}_{QP} = \frac{1}{2} \quad \left(0 \leqslant x \leqslant \frac{l}{2}\right)$$

将以上各式代入式(6-12)得

$$\begin{aligned}\Delta_{CV} &= \sum\int\frac{\overline{M}M_P}{EI}ds+\sum\int k\frac{\overline{F}_Q F_{QP}}{GA}ds\\ &=2\left[\int_0^{\frac{l}{2}}\frac{\overline{M}M_P}{EI}dx+\int_0^{\frac{l}{2}}k\frac{\overline{F}_Q F_{QP}}{GA}dx\right]\\ &=2\left[\frac{1}{EI}\int_0^{\frac{l}{2}}\frac{x}{2}\left(\frac{1}{2}qlx-\frac{1}{2}qx^2\right)dx+\frac{k}{GA}\int_0^{\frac{l}{2}}\frac{1}{2}\left(\frac{1}{2}ql-qx\right)dx\right]\\ &=\frac{5ql^4}{384EI}+\frac{kql^2}{8GA}(\downarrow)\end{aligned}$$

其中，第一项为弯曲变形所引起的位移，第二项为剪切变形所引起的位移（矩形截面 $k=1.2$），两者的比值为

$$\frac{\Delta_{CVQ}}{\Delta_{CVM}}=\frac{\dfrac{0.15ql^2}{GA}}{\dfrac{5ql^4}{384EI}}=11.52\frac{EI}{GAl^2}$$

设梁的材料泊松比 $\mu=\dfrac{1}{3}$，则 $\dfrac{E}{G}=2(1+\mu)=\dfrac{8}{3}$；设梁高为 h，$\dfrac{I}{A}=\dfrac{h^2}{12}$。代入上式得

$$\frac{\Delta_{CVQ}}{\Delta_{CVM}}=11.52\frac{E}{G}\cdot\frac{I}{A}\cdot\frac{1}{l^2}=11.52\cdot\frac{8}{3}\cdot\frac{1}{12}\left(\frac{h}{l}\right)^2=2.56\left(\frac{h}{l}\right)^2$$

当梁的高跨比 $\dfrac{h}{l}=0.1$ 时，$\dfrac{\Delta_{CVQ}}{\Delta_{CVM}}=2.56\%$。可见，在计算梁的位移时，对于截面高度远小于跨度的梁来说，一般可不考虑剪切变形的影响。

【例 6-2】 试计算图 6-11(a)所示桁架结点 C 的水平位移 Δ_{CH}。设各杆的 EA 相同。

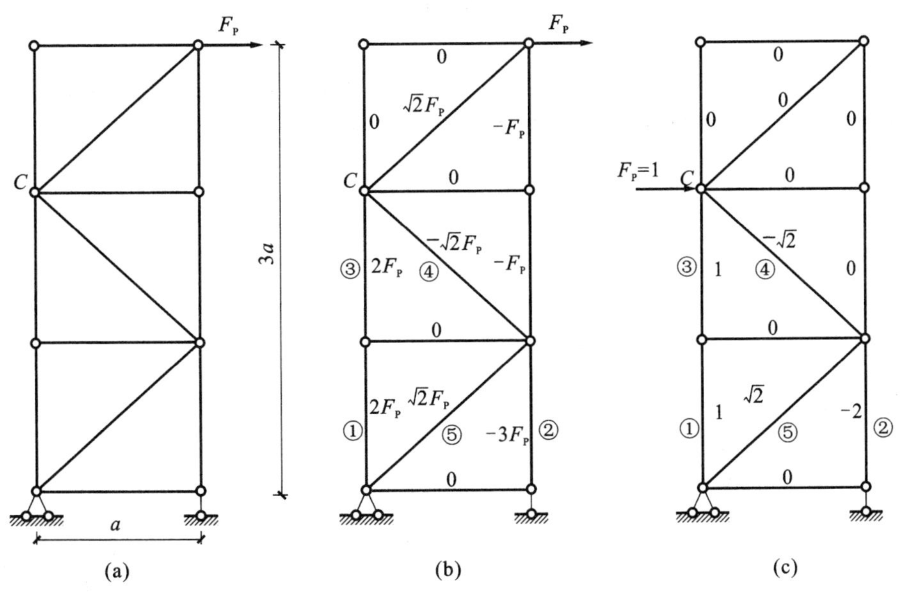

图 6-11

【解】 首先，在 C 点沿着位移方向虚设一个单位集中力构成虚力状态，如图 6-11(c)所示。实际位移状态和虚力状态下桁架的内力即轴力，分别标于图 6-11(b)和图 6-11(c)。把计算列成表（见表 6-1）进行，由式(6-17)可得

$$\Delta_{CH}=\sum\frac{\overline{F}_N F_{NP}}{EA}l=\frac{10+4\sqrt{2}}{EA}F_P a(\rightarrow)$$

表 6-1　**轴力**

杆件	杆长	$\overline{F}_N$	F_{NP}	$\overline{F}_N F_{NP} l$
①	a	1	$2F_P$	$2F_P a$
②	a	-2	$-3F_P$	$6F_P a$
③	a	1	$2F_P$	$2F_P a$
④	$\sqrt{2}a$	$-\sqrt{2}$	$-\sqrt{2}F_P$	$2\sqrt{2}F_P a$
⑤	$\sqrt{2}a$	$\sqrt{2}$	$\sqrt{2}F_P$	$2\sqrt{2}F_P a$
				$\sum \overline{F}_N F_{NP} l=(10+4\sqrt{2})F_P a$

【例 6-3】 试求图 6-12(a)所示悬臂刚架 C 截面的转角 θ_C。

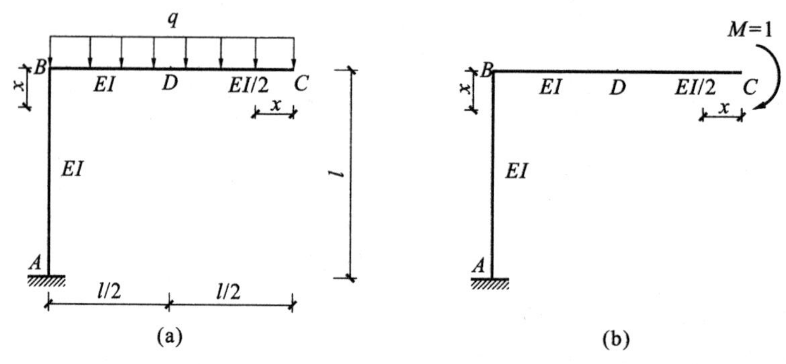

图 6-12

(a)实际位移状态;(b)虚力状态

【解】 首先在 C 截面沿着位移方向虚设一个单位集中力偶,构成虚力状态如图 6-12(b)所示。实际位移状态和虚力状态下的弯矩(以内侧受拉为正)分别为

BC 杆

$$M_P=-\frac{1}{2}qx^2,\quad \overline{M}=-1$$

AB 杆

$$M_P=-\frac{1}{2}ql^2,\quad \overline{M}=-1$$

代入式(6-16),得 C 截面的角位移

$$\theta_C=\sum\int\frac{\overline{M}M_P}{EI}\mathrm{d}s$$

$$=\int_0^{\frac{l}{2}}\frac{(-1)\left(-\frac{1}{2}qx^2\right)}{\frac{1}{2}EI}\mathrm{d}x+\int_{\frac{l}{2}}^{l}\frac{(-1)\left(-\frac{1}{2}qx^2\right)}{EI}\mathrm{d}x+\int_0^{l}\frac{(-1)\left(-\frac{1}{2}ql^2\right)}{EI}\mathrm{d}x$$

$$=\frac{33ql^3}{48EI}(\circlearrowright)$$

【例 6-4】 试求如图 6-13(a)所示半径为 R 的圆弧形曲梁 B 点的竖向位移 Δ_{BV}。

【解】 首先,在 B 截面沿着位移方向虚设一个单位集中力,构成虚力状态如图 6-13(b)所示。取实际位移状态和虚力状态下与 OK 线成 θ 角的截面 K,内力分别为

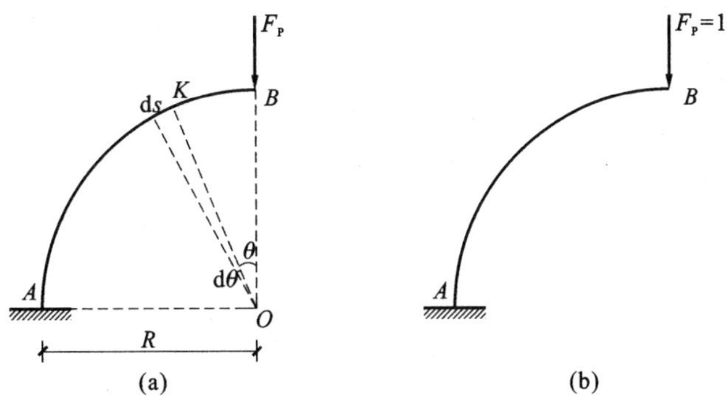

图 6-13

(a)实际位移状态；(b)虚力状态

实际状态　　$M_P=-F_PR\sin\theta$，　$F_{NP}=-F_P\sin\theta$，　$F_{QP}=F_P\cos\theta$

虚状态　　$\overline{M}=-R\sin\theta$，　$\overline{F}_{NP}=-\sin\theta$，　$\overline{F}_{QP}=\cos\theta$

将以上各项及 $ds=Rd\theta$ 代入式(6-15)得

$$\begin{aligned}\Delta_{BV} &= \sum\int\frac{\overline{M}M_P}{EI}ds+\sum\int\frac{\overline{F}_NF_{NP}}{EA}ds+\sum\int k\frac{\overline{F}_QF_{QP}}{GA}ds \\ &= \frac{F_PR^3}{EI}\int_0^{\frac{\pi}{2}}\sin^2\theta d\theta+\frac{F_PR}{EA}\int_0^{\frac{\pi}{2}}\sin^2\theta d\theta+\frac{kF_PR}{GA}\int_0^{\frac{\pi}{2}}\cos^2\theta d\theta \\ &= \frac{\pi F_PR^3}{4EI}+\frac{\pi F_PR}{4EA}+\frac{k\pi F_PR}{4GA}(\downarrow)\end{aligned}$$

其中，第一项为弯曲变形所引起的位移，第二项为轴向变形所引起的位移，第三项为剪切变形所引起的位移。设梁的截面为矩形，则 $k=1.2$，梁高为 h，$\frac{I}{A}=\frac{h^2}{12}$，取 $G=0.4E$，则有

$$\frac{\Delta_{CVQ}}{\Delta_{CVM}}=\frac{\dfrac{k\pi F_PR}{4GA}}{\dfrac{\pi F_PR^3}{4EI}}=\frac{1}{4}\left(\frac{h}{R}\right)^2$$

$$\frac{\Delta_{CVN}}{\Delta_{CVM}}=\frac{\dfrac{\pi F_PR}{4EA}}{\dfrac{\pi F_PR^3}{4EI}}=\frac{1}{12}\left(\frac{h}{R}\right)^2$$

截面高度一般情况下比半径小得多，可见，轴力和剪力对变形的影响甚小，故可忽略不计，只需直接用式(6-16)计算位移。

6.5　图形相乘法

6.5.1　图乘法及其适用条件

对于梁和刚架，通常用下列积分公式计算位移

$$\Delta=\sum\int\frac{\overline{M}M_P}{EI}ds \tag{6-20}$$

在杆件数目较多，荷载较复杂的情况下，上述弯矩列式和积分计算将十分烦琐。但如果结构的各段能满足下列条件：①在积分段内杆轴线是直线；②在积分段内 EI 为常数；③在积分段内，实际

状态和虚力状态下的弯矩图 M_P、$\overline{M}$中至少有一个是直线图形，则可用下述图形相乘法(简称图乘法)来代替积分运算，从而简化计算工作。

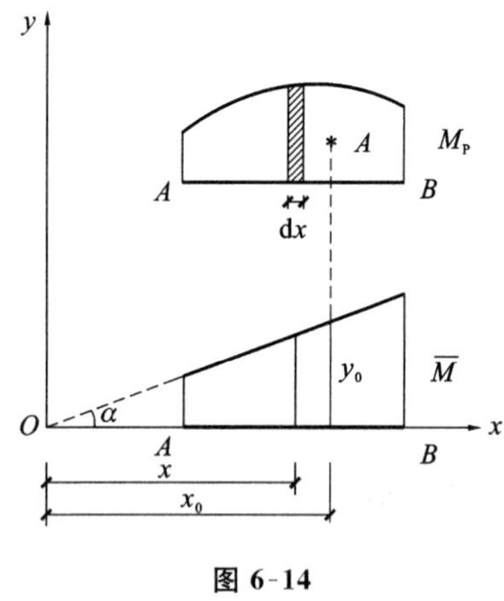

图 6-14

如图 6-14 所示的等截面直杆 AB 段的两个弯矩图，其中，实际位移状态下 M_P 的弯矩图为一曲线，虚力状态下$\overline{M}$的弯矩图为一直线。对于图示坐标有$\overline{M}=x\tan\alpha$，代入积分式(6-20)，得

$$\begin{aligned}\int_A^B \frac{\overline{M}M_P}{EI}\mathrm{d}x &= \frac{1}{EI}\int_A^B \overline{M}M_P\mathrm{d}x \\ &= \frac{1}{EI}\int_A^B x\tan\alpha M_P\mathrm{d}x = \frac{\tan\alpha}{EI}\int_A^B x\,\mathrm{d}A\end{aligned} \tag{6-21}$$

式中，$\mathrm{d}A=M_P\mathrm{d}x$，表示 M_P 图中的微面积，因而，积分$\int_A^B x\,\mathrm{d}A$就是 M_P 图的面积 A 对 y 轴的面积矩，它等于 M_P 图的面积 A 乘以该图的形心到 y 轴的距离 x_0，即

$$\int_A^B xM_P\mathrm{d}x = \int_A^B x\,\mathrm{d}A = Ax_0 \tag{6-22}$$

将式(6-22)代入式(6-21)，得

$$\int_A^B \frac{\overline{M}M_P}{EI}\mathrm{d}x = \frac{Ax_0}{EI}\tan\alpha \tag{6-23}$$

而 $x_0\tan\alpha=y_0$，为$\overline{M}$图中与 M_P 图的形心相对应的纵坐标，于是式(6-23)可写成

$$\int_A^B \frac{\overline{M}M_P}{EI}\mathrm{d}x = \frac{Ay_0}{EI} \tag{6-24}$$

由此可见，上述积分式就等于一个弯矩图的面积 A 乘以其形心处所对应的另一个直线弯矩图上的纵坐标 y_0，再除以 EI。这就是图形相乘法或简称为图乘法。

如果结构上所有各杆段均可图乘，则位移计算公式(6-20)可写成

$$\Delta = \sum\int \frac{\overline{M}M_P}{EI}\mathrm{d}s = \sum \frac{Ay_0}{EI} \tag{6-25}$$

6.5.2 应用图乘法时的几个具体问题

在应用图乘法时应注意下列几点：

(1)纵坐标 y_0 只能取自直线图形。

(2)面积 A 和纵坐标 y_0 在基线的同侧，其乘积取正号，否则取负号。

(3)如果两个图形都是直线图形(图 6-15)，则纵坐标可取自其中任一个图形；如果纵标取自折线图形，则将作为面积的图形在折点处分段。

$$\Delta = \sum\int \frac{\overline{M}M_P}{EI}\mathrm{d}s = \frac{A_1y_1 + A_2y_2}{EI}$$

(4)如果两个图形都是梯形(图 6-16)，可把其中一个图形分为面积和形心位置都已知的简单图形，再与另外一个图形相乘，并取其代数和。

$$\begin{aligned}\Delta &= \sum\int \frac{\overline{M}M_P}{EI}\mathrm{d}s = \sum\int \frac{\overline{M}(M'_P + M''_P)}{EI}\mathrm{d}s \\ &= \sum\int \frac{\overline{M}M'_P}{EI}\mathrm{d}s + \sum\int \frac{\overline{M}M''_P}{EI}\mathrm{d}s = \frac{A_1y_1 + A_2y_2}{EI}\end{aligned}$$

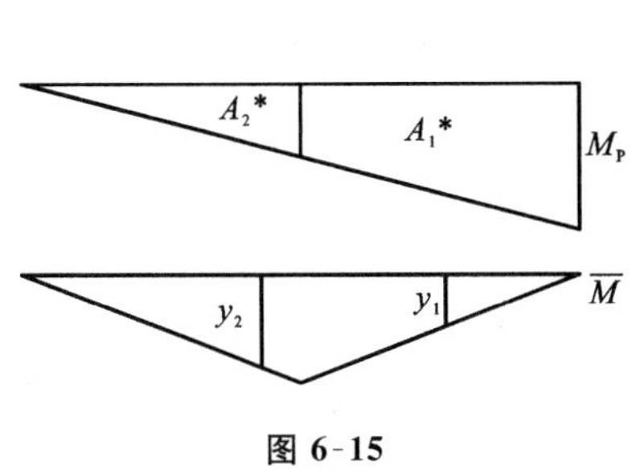

图 6-15

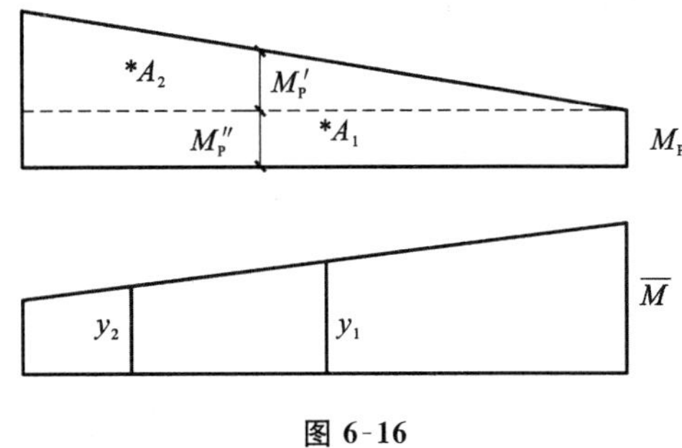

图 6-16

(5)如果两个图形都是直线图形，且面积均有正、负(图 6-17)，可把其中一个图形分为两个三角形，一个三角形在基线的上方，另一个三角形在基线的下方，再与另外一个图形相乘，并取其代数和。但应注意图乘时的正、负号。

$$\begin{aligned}\Delta &= \sum\int\frac{\overline{M}M_{\rm P}}{EI}{\rm d}s = \sum\int\frac{\overline{M}(M'_{\rm P}-M''_{\rm P})}{EI}{\rm d}s\\ &= \sum\int\frac{\overline{M}M'_{\rm P}}{EI}{\rm d}s - \sum\int\frac{\overline{M}M''_{\rm P}}{EI}{\rm d}s\\ &= \frac{A_1y_1+A_2y_2}{EI}\end{aligned}$$

(6)如果两个图形都是直线图形，且分段等截面(图 6-18)，则在变截面处分段积分。

$$\Delta = \sum\int\frac{\overline{M}M_{\rm P}}{EI}{\rm d}s = \frac{A_1y_1+A_2y_2}{EI_1}+\frac{A_3y_3}{EI_2}$$

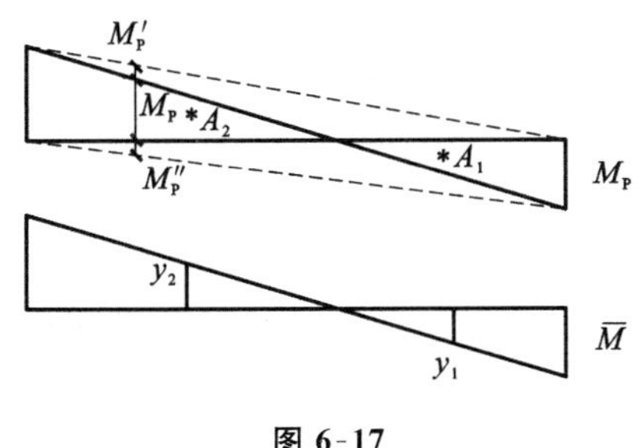

图 6-17

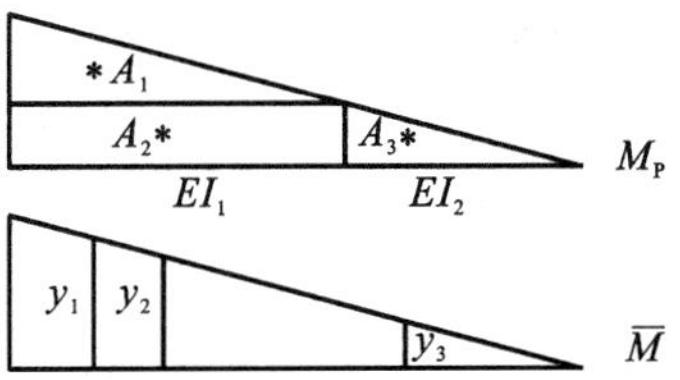

图 6-18

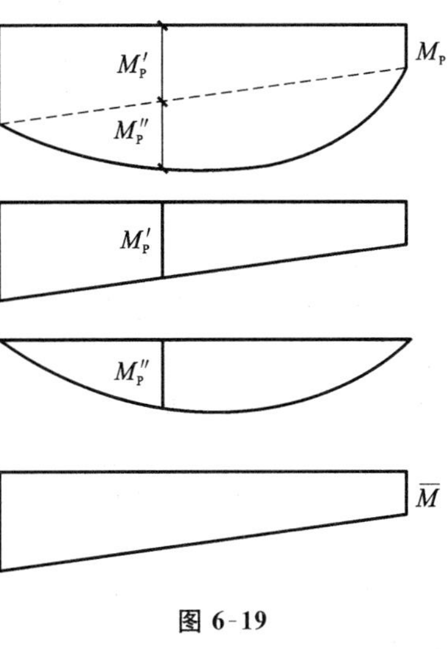

图 6-19

(7)如果两个图形之一是曲线图形，且为非标准抛物线图形(图 6-19)，则将该曲线图形分解为一个直线图形和一个标准的抛物线图形，再与另外一个图形相乘。

$$\begin{aligned}\Delta &= \sum\int\frac{\overline{M}M_{\rm P}}{EI}{\rm d}s = \sum\int\frac{\overline{M}(M'_{\rm P}+M''_{\rm P})}{EI}{\rm d}s\\ &= \sum\int\frac{\overline{M}M'_{\rm P}}{EI}{\rm d}s + \sum\int\frac{\overline{M}M''_{\rm P}}{EI}{\rm d}s\end{aligned}$$

所谓的标准抛物线是指抛物线顶点($F_{\rm Q}=0$)处的切线与基线平行的抛物线。如图 6-20 所示给出了位移计算中常见的标准抛物线的面积公式和形心位置。还需指出，弯矩图中的叠加是指弯矩图纵标值的叠加。所以，虽然图 6-19 中的两个图形$M'_{\rm P}$和 $M''_{\rm P}$ 并不相同，但在同一横坐标处，两者的纵标值是相同的。因此，两个图形的面积和形心的横坐标也是相同的。标准抛物线的面积公式和形心位置如图 6-20 所示。

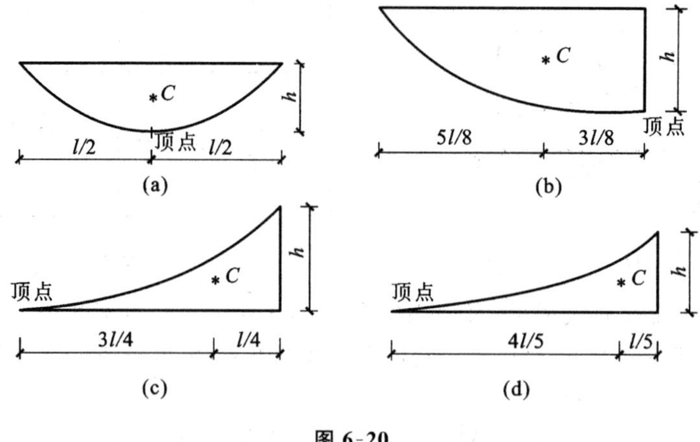

图 6-20

(a)二次抛物线 $A=\dfrac{2}{3}lh$;(b)二次抛物线 $A=\dfrac{2}{3}lh$;

(c)二次抛物线 $A=\dfrac{1}{3}lh$;(d)三次抛物线 $A=\dfrac{1}{4}lh$

6.5.3 图乘法的计算示例

【例 6-5】 试用图乘法计算如图 6-21(a)所示简支梁跨中截面 C 的竖向位移 Δ_{CV} 和 B 截面的角位移 θ_B。

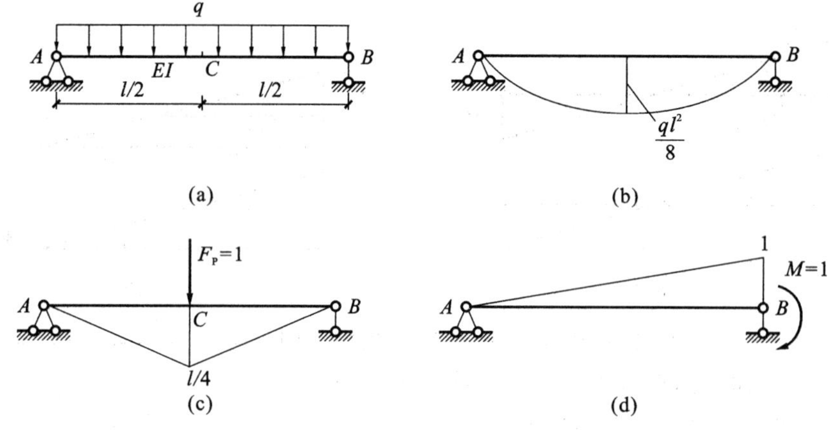

图 6-21

(a)简支梁;(b)M_P 图;(c)$\overline{M}_1$ 图;(d)$\overline{M}_2$ 图

【解】 (1)计算截面 C 的竖向位移 Δ_{CV}。

首先,设单位力构成虚力状态,画出实际位移状态和虚力状态下的弯矩图[图 6-21(b)、(c)]。由于$\overline{M}_1$ 图是折线,而 M_P 图是曲线图形,所以纵坐标只能取自$\overline{M}_1$ 图形,并在折点处将 M_P 分段。因两个弯矩图均为对称,故只需取一半进行计算再乘以 2,即

$$\Delta_{CV}=\sum\int\frac{\overline{M}_1 M_P}{EI}ds=\frac{1}{EI}\times 2\left[\left(\frac{2}{3}\times\frac{l}{2}\times\frac{1}{8}ql^2\right)\times\left(\frac{5}{8}\times\frac{1}{4}\right)\right]=\frac{5ql^2}{384EI}(\downarrow)$$

(2)计算 B 截面的角位移 θ_B。

首先,设单位力构成虚力状态,画出实际位移状态和虚力状态下的弯矩图[图 6-21(b)、(d)]。图乘得

$$\theta_B=\sum\int\frac{\overline{M}_2M_P}{EI}ds=-\frac{1}{EI}\times\left(\frac{2}{3}\times l\times\frac{1}{8}ql^2\right)\times\frac{1}{2}=-\frac{ql^3}{24EI}(\curvearrowleft)$$

【例 6-6】 试用图乘法计算如图 6-22(a)所示静定梁 B 截面的竖向位移 Δ_{BV}。已知 $EI=1.5\times10^5\text{kN}\cdot\text{m}^2$。

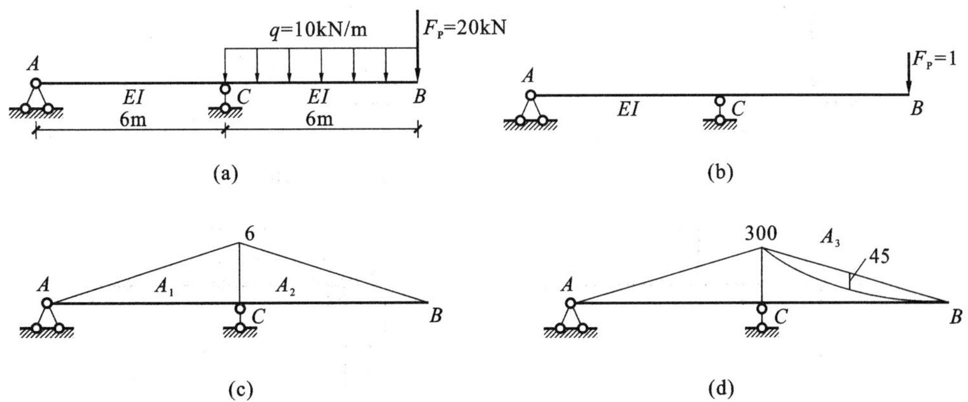

图 6-22

(a)实际位移状态;(b)虚力状态;(c)$\overline{M}$图(m);(d)M_P 图(kN·m)

【解】 首先,设单位力构成虚力状态[图 6-22(b)],画出虚力状态和实际位移状态下的弯矩图[图 6-22(c)、(d)]。图乘得

$$\begin{aligned}\Delta_{BV}&=\sum\frac{A_iy_i}{EI}\\&=\frac{1}{EI}(A_1y_1+A_2y_2+A_3y_3)\\&=\frac{1}{EI}(\frac{1}{2}\times6\times6\times\frac{2}{3}\times300+\frac{1}{2}\times6\times6\times\frac{2}{3}\times300-\frac{2}{3}\times45\times6\times\frac{1}{2}\times6)\\&=\frac{1}{1.5\times10^5}(7200-540)\\&=0.0444\text{m}(\downarrow)\end{aligned}$$

【例 6-7】 试用图乘法计算如图 6-23(a)所示静定梁 D 截面的竖向位移 Δ_{DV}。

【解】 首先,设单位力构成虚力状态[图 6-23(b)],画出虚力状态和实际位移状态下的弯矩图[图 6-23(c)、(d)]。图乘得

$$\begin{aligned}\Delta_{DV}&=\sum\frac{A_iy_i}{2EI}+\frac{A_4y_4}{EI}\\&=\frac{1}{2EI}(A_1y_1+A_2y_2+A_3y_3)+\frac{A_4y_4}{EI}\\&=\frac{1}{2EI}\left(2q\times2\times\frac{1}{2}\times2+\frac{1}{2}\times6q\times2\times\frac{2}{3}\times2-\frac{2}{3}\times0.5q\times2\times\frac{1}{2}\times2\right)+\frac{1}{EI}\times8q\times3\times2\\&=\frac{161q}{3EI}(\downarrow)\end{aligned}$$

【例 6-8】 试用图乘法计算图 6-24(a)所示组合结构 D 截面的竖向位移 Δ_{DV} 和铰 C 处两侧截面的相对转角 $\theta_{CC'}$。已知 $E=2.1\times10^4\text{kN/cm}^2$,$I=3200\text{cm}^4$,$A(BE\text{杆})=16\text{cm}^2$。

【解】 作出实际位移状态下的弯矩图,并求出 BE 杆的轴力[图 6-24(d)]。

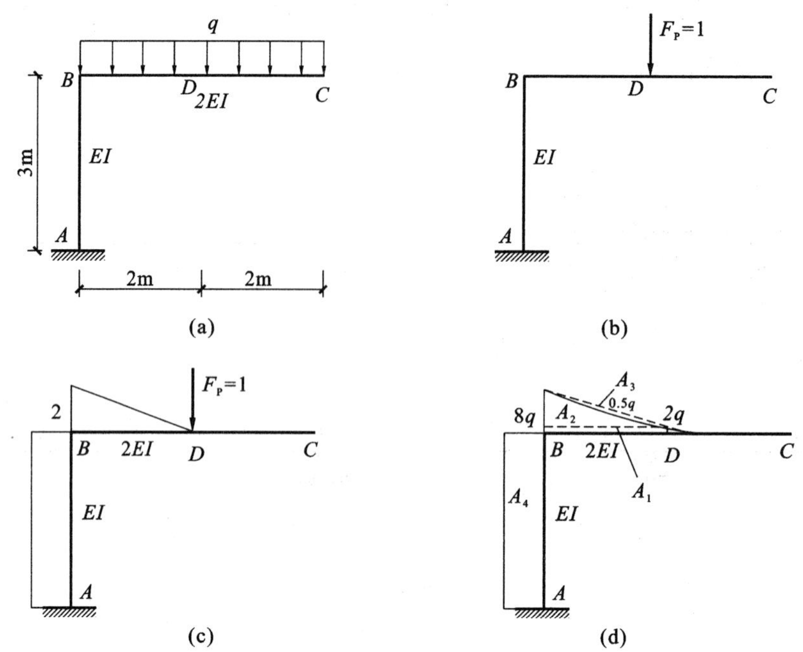

图 6-23

(a)实际位移状态;(b)虚力状态;(c)$\overline{M}$图(m);(d)M_P 图

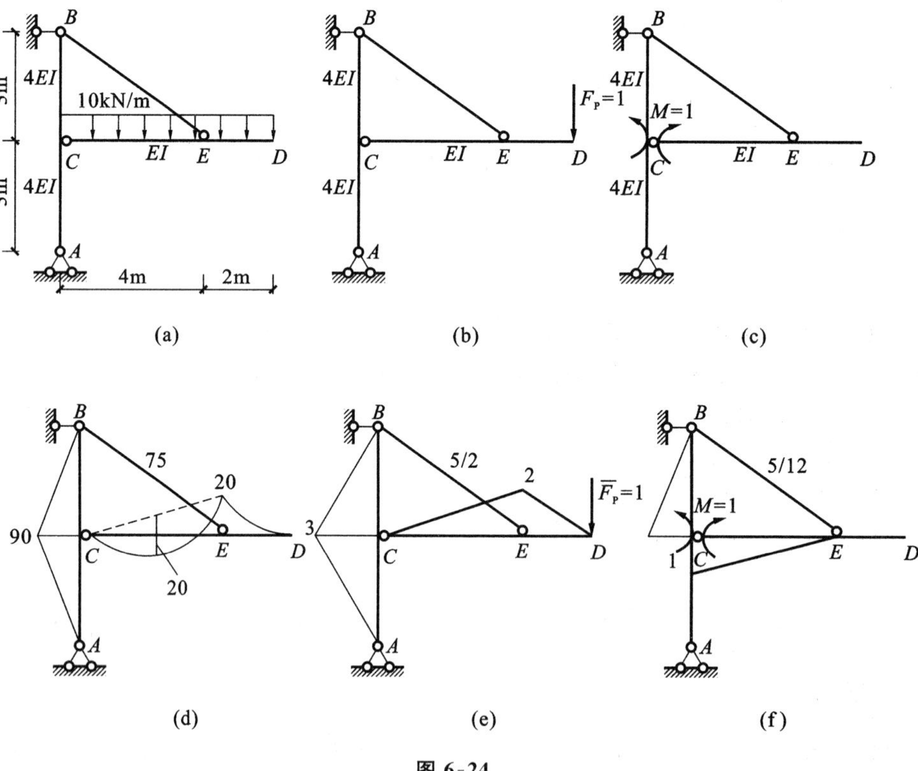

图 6-24

(a)实际位移状态;(b)虚力状态;(c)虚力状态;(d)M_P 图(kN・m),F_{NP}图(kN);

(e)$\overline{M}$图(m),$\overline{F}_N$ 图;(f)$\overline{M}$图,$\overline{F}_N$ 图(1/m)

(1)计算截面 D 的竖向位移 Δ_{DV}。

设单位力构成虚力状态[图 6-24(b)],画出虚力状态下的弯矩图,并求出 BE 杆的轴力[图 6-24(e)]。图乘得

$$\Delta_{DV}=\frac{1}{EI}\left(\frac{1}{3}\times 20\times 2\times\frac{3}{4}\times 2+\frac{1}{2}\times 20\times 4\times\frac{2}{3}\times 2-\frac{2}{3}\times 20\times 4\times\frac{1}{2}\times 2\right)$$

$$+\frac{1}{4EI}\times 2\times\frac{1}{2}\times 90\times 3\times\frac{2}{3}\times 3+\frac{1}{EA}\times 75\times\frac{5}{2}\times 5$$

$$=\frac{155}{EI}+\frac{973.5}{EA}$$

$$=0.0259\text{m}(\downarrow)$$

(2)计算铰 C 处两侧截面的相对转角 $\theta_{CC'}$。

设单位力构成虚力状态[图 6-24(c)],画出虚状态下的弯矩图,并求出 BE 杆的轴力[图 6-24(f)]。图乘得

$$\theta_{CC'}=\frac{1}{EI}\left(-\frac{1}{2}\times 20\times 4\times\frac{1}{3}+\frac{2}{3}\times 20\times 4\times\frac{1}{2}\right)$$

$$+\frac{1}{4EI}\times\frac{1}{2}\times 90\times 3\times\frac{2}{3}+\frac{1}{EA}\times 75\times\frac{5}{12}\times 5$$

$$=\frac{35.83}{EI}+\frac{156.25}{EA}$$

$$=0.0058\ \text{rad}(\circlearrowright\circlearrowleft)$$

6.6　静定结构由于温度变化和支座移动所引起的位移计算

静定结构由于温度变化和支座移动等因素的作用,虽然不产生内力,但将产生位移。下面,利用单位荷载法来计算这种位移。

6.6.1　由于温度变化引起的位移

静定结构受温度变化的影响时,虽然不产生内力,但由于材料发生热胀冷缩,会使结构产生变形和位移。只要先求出各微段变形 $\mathrm{d}\kappa$、$\mathrm{d}\varepsilon$ 的表达式,而后代入式(6-12)即可求得由于温度变化引起的位移计算公式。

我们从结构的某一杆件上截取任一微段 $\mathrm{d}s$,结构外缘温度升高 t_1,内缘温度升高 t_2,如图 6-25 所示。材料的线膨胀系数为 α(即温度升高 1℃时的线应变)。其上下缘纤维分别伸长 $\alpha t_1\mathrm{d}s$、$\alpha t_2\mathrm{d}s$。为简化计算,假设温度沿截面高度 h 按直线规律变化,截面在温度改变过程中将保持为平面。设 h_1 和 h_2 分别为截面形心轴线至上下边缘的距离,t_0 为轴线处温度的升高值。则

$$t_0=\frac{h_1t_2+h_2t_1}{h}$$

如果杆件截面对称于轴线,即 $h_1=h_2=\dfrac{h}{2}$,则

$$t_0=\frac{t_1+t_2}{2}$$

微段 $\mathrm{d}s$ 由于温度改变所产生的轴向变形为

$$\mathrm{d}\varepsilon=\alpha t_0\mathrm{d}s \tag{6-26}$$

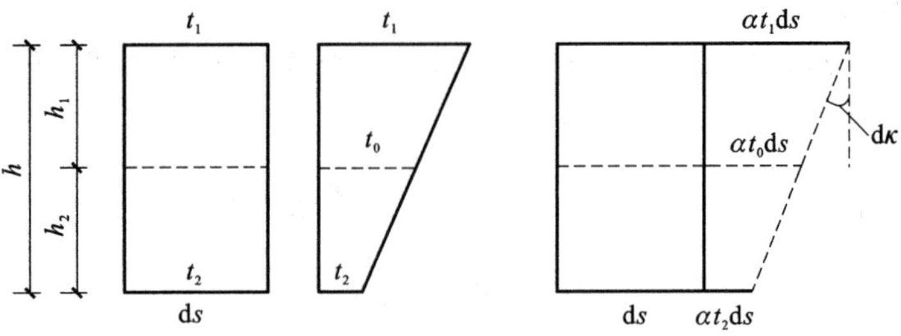

图 6-25

微段两个截面的相对转角为

$$\mathrm{d}\kappa=\frac{\alpha t_1 \mathrm{d}s-\alpha t_2 \mathrm{d}s}{h}=\frac{\alpha(t_1-t_2)}{h}\mathrm{d}s=\alpha\frac{\Delta t}{h}\mathrm{d}s \tag{6-27}$$

式中,$\Delta t=t_1-t_2$ 为杆件上下缘纤维的温度差。此外,温度变化并不引起微段的剪切变形,故

$$\mathrm{d}\gamma=0 \tag{6-28}$$

将式(6-26)、式(6-27)、式(6-28)带入式(6-12),并以 Δ_t 代替 Δ_{KV},得

$$\Delta_t=\sum(\pm)\int\overline{F}_{\mathrm{N}}\cdot\alpha t_0\mathrm{d}s+\sum(\pm)\int\overline{M}\cdot\alpha\frac{\Delta t}{h}\mathrm{d}s \tag{6-29}$$

这就是结构由于温度变化所引起的位移计算公式。如果每一杆件沿其全长温度变化相同且截面高度不变,则式(6-29)可改为

$$\begin{aligned}\Delta_t&=\sum(\pm)\alpha t_0\int\overline{F}_{\mathrm{N}}\mathrm{d}s+\sum(\pm)\alpha\frac{\Delta t}{h}\int\overline{M}\mathrm{d}s\\&=\sum(\pm)\alpha t_0A_{\overline{F}_{\mathrm{N}}}+\sum(\pm)\alpha\frac{\Delta t}{h}A_{\overline{M}}\end{aligned} \tag{6-30}$$

式中　$A_{\overline{F}_{\mathrm{N}}}$,$A_{\overline{M}}$——$\overline{F}_{\mathrm{N}}$、$\overline{M}$图的面积。

在应用公式时,右边两项的正负号按下列规定来选取:若实际位移状态下因温度变化引起的变形与虚力状态下由虚内力引起的变形一致时,取正号;反之,取负号。

【例 6-9】 如图 6-26(a)所示三铰刚架外侧温度降低 10℃,内侧温度升高 30℃,试求铰 C 处两侧截面的相对转角 $\theta_{CC'}$。线膨胀系数 $\alpha=10^{-5}$,刚架各杆的截面相同且形心轴在杆件高度的 1/2 处,$h=0.5\mathrm{m}$。

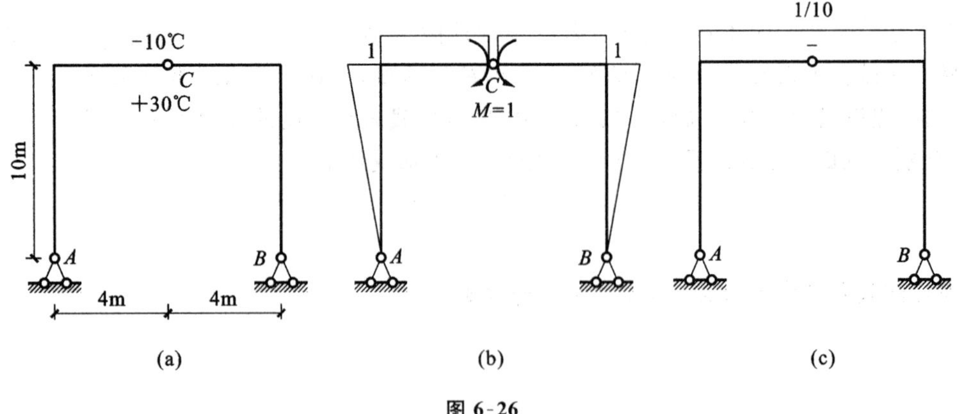

图 6-26

(a)三铰刚架;(b)$\overline{M}$图;(c)$\overline{F}_{\mathrm{N}}$ 图(1/m)

【解】 首先，设单位力构成虚力状态，并作出内力图[图 6-26(b)、(c)]。

$$t_0=\frac{-10+30}{2}=10℃,\quad \Delta t=30+10=40℃$$

$$\theta_{CC}{}'=\sum(\pm)\alpha t_0 A_{\overline{F}_N}+\sum(\pm)\alpha\frac{\Delta t}{h}A_{\overline{M}}$$

$$=-10^{-5}\times10\times\frac{1}{10}\times8-\frac{10^{-5}\times40}{0.5}\times\left(2\times\frac{1}{2}\times1\times10+1\times8\right)$$

$$=-0.01448\text{rad}(\circlearrowright\ \circlearrowleft)$$

6.6.2 由于支座移动引起的位移

静定结构在支座移动时，不产生任何内力和变形，因而，此时结构的位移是刚体位移。令式(6-12)中的 $d\kappa=d\varepsilon=d\gamma=0$，并以 Δ_c 代替 Δ_{KV}，得

$$\Delta_c=-\sum(\pm)\ \overline{F}_{RK}\cdot c_K \tag{6-31}$$

这就是结构由于支座移动所引起的位移计算公式。式中$\overline{F}_{RK}$为虚拟单位力作用下的支座反力，c_K为与$\overline{F}_{RK}$相对应的实际的支座位移，当它们两者的方向一致时其乘积取正号；反之，取负号。

【例 6-10】 如图 6-27(a)所示三铰刚架，设支座 B 发生了支座移动，$a=2$cm，$b=1$cm，求结构上 C 点的竖向位移 Δ_{CV} 和铰 C 处两侧截面的相对转角 $\theta_{CC}{}'$。

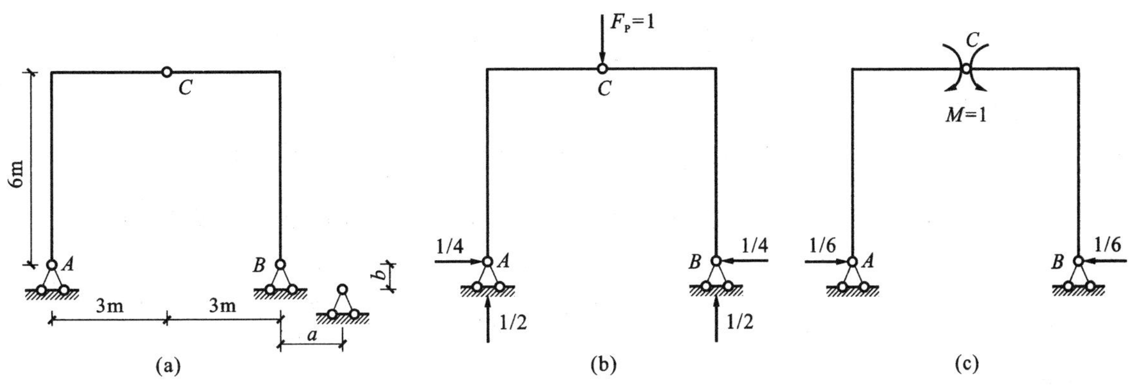

图 6-27

(a)三铰刚架；(b)$\overline{F}_R$ 图(1/m)；(c)$\overline{F}_R$ 图(1/m)

【解】 首先设单位力构成虚力状态，并求出各支座反力[图 6-27(b)、(c)]。

$$\Delta_{CV}=-\left(-\frac{1}{2}\times1-\frac{1}{4}\times2\right)=1\text{cm}(\downarrow)$$

$$\theta_{CC'}=-\left(-\frac{1}{6}\times0.02\right)=\frac{1}{300}\text{rad}(\circlearrowright\ \circlearrowleft)$$

若结构同时承受荷载、温度变化和支座移动的作用，则位移计算的公式为

$$\Delta=\sum\int\frac{\overline{M}M_P}{EI}ds+\sum\int\frac{\overline{F}_N F_{NP}}{EA}ds+\sum\int k\frac{\overline{F}_Q F_{QP}}{GA}ds$$
$$+\sum(\pm)\alpha t_0 A_{\overline{F}_N}+\sum(\pm)\alpha\frac{\Delta t}{h}A_{\overline{M}}-\sum(\pm)\ \overline{F}_{RK}\cdot c_K \tag{6-32}$$

6.7 线弹性体系的互等定理

本节介绍弹性结构的三个互等定理,其中,最基本的是功的互等定理,其他两个定理都可由其推导出来。这些定理在计算位移及解算超静定结构时很有用,也是今后进一步学习、研究其他有关内容的基础。

6.7.1 功的互等定理

设有两组外力 F_{P1} 和 F_{P2} 分别作用在结构上,如图6-28(a)、(b)所示。

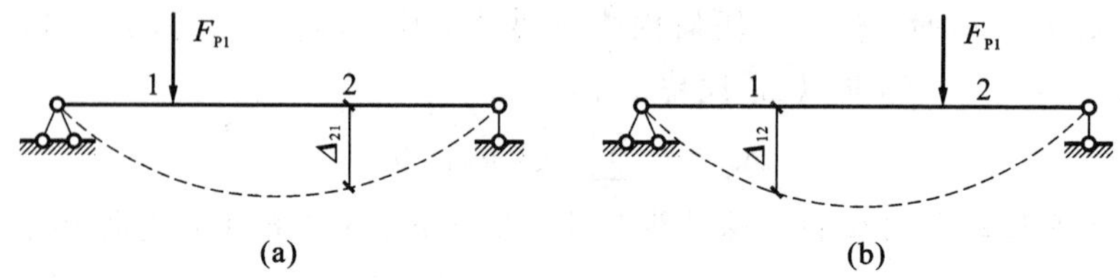

图 6-28

(a)第一状态(力状态);(b)第二状态(位移状态)

首先,令第一状态的外力和内力在第二状态相应的位移和变形上做虚功,则有

$$W_{12} = F_{P1}\Delta_{12}$$

$$V_{12} = \sum\int M_1 \frac{M_2}{EI}\mathrm{d}s + \sum\int F_{N1}\frac{F_{N2}}{EA}\mathrm{d}s + \sum\int F_{Q1}\frac{kF_{Q2}}{GA}\mathrm{d}s$$

根据虚功原理,有

$$F_{P1}\Delta_{12} = \sum\int M_1 \frac{M_2}{EI}\mathrm{d}s + \sum\int F_{N1}\frac{F_{N2}}{EA}\mathrm{d}s + \sum\int F_{Q1}\frac{kF_{Q2}}{GA}\mathrm{d}s \tag{6-33}$$

其次,反过来,令第二状态的外力和内力在第一状态相应的位移和变形上做虚功,则有

$$W_{21} = F_{P2}\Delta_{21}$$

$$V_{21} = \sum\int M_2 \frac{M_1}{EI}\mathrm{d}s + \sum\int F_{N2}\frac{F_{N1}}{EA}\mathrm{d}s + \sum\int F_{Q2}\frac{kF_{Q1}}{GA}\mathrm{d}s$$

根据虚功原理,有

$$F_{P2}\Delta_{21} = \sum\int M_2 \frac{M_1}{EI}\mathrm{d}s + \sum\int F_{N2}\frac{F_{N1}}{EA}\mathrm{d}s + \sum\int F_{Q2}\frac{kF_{Q1}}{GA}\mathrm{d}s \tag{6-34}$$

比较式(6-33)、式(6-34)可知,两式右边是相等的,因此两式左边也应相等,即

$$F_{P1}\Delta_{12} = F_{P2}\Delta_{21} \tag{6-35}$$

这表明:第一状态的外力在第二状态的位移上所做的虚功,等于第二状态的外力在第一状态的位移上所做的虚功。这就是功的互等定理。它对于任何类型的线弹性结构都是适用的。

6.7.2 位移互等定理

现考察虚功的互等定理的一个特殊情况。如果作用在结构上的力是单位力,即 $F_{P1}=F_{P2}=1$,并用 δ 表示由单位力所引起的位移[图6-29(a)、(b)],则由式(6-35)得

$$1\cdot\delta_{12} = 1\cdot\delta_{21}$$

即

$$\delta_{12} = \delta_{21} \tag{6-36}$$

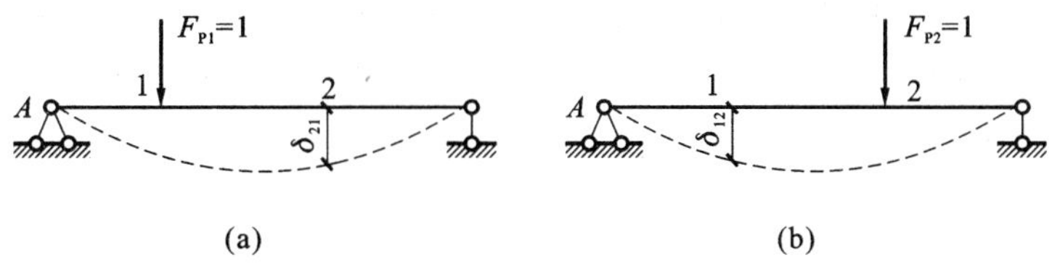

图 6-29

这就是位移互等定理。它表明：由单位力 $F_{P2}=1$ 所引起与 F_{P1} 相对应的位移 δ_{12}，等于由单位力 $F_{P1}=1$所引起与 F_{P2} 相对应的位移 δ_{21}。这里的单位力是广义力，这时的位移就是相应的广义位移。无论是哪种广义力和广义位移，式(6-36)的互等关系不仅在数值上相等，而且在量纲上也相同。例如，如图 6-30 所示简支梁的两个状态中，根据位移互等定理，有

$$\theta_A = \Delta_c$$

虽然 θ_A 代表角位移，Δ_c代表线位移，含义不同，但两者在数值上是相等的。由材料力学可知

$$\theta_A = \frac{F_P l^2}{16EI},\quad \Delta_c = \frac{Ml^2}{16EI}$$

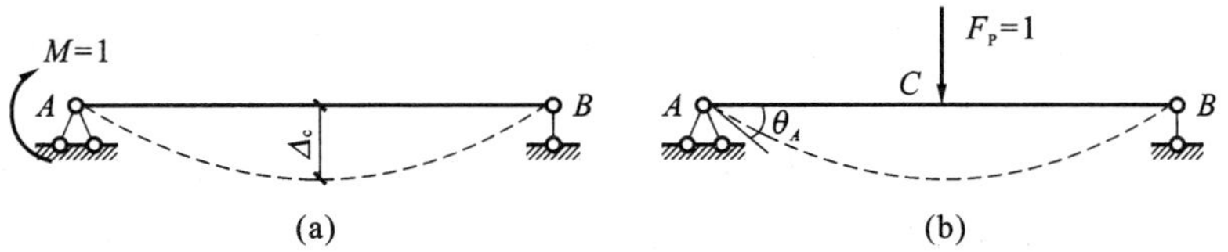

图 6-30

现在 $F_P = M = 1$，故有 $\theta_A = \Delta_c = \dfrac{l^2}{16EI}$。

6.7.3　反力互等定理

反力互等定理是功的互等定理的又一特殊情况。如图 6-31 所示结构，在图 6-31(a)中由于支座 1 处发生单位位移 Δ_1，此时各支座将产生反力，设在支座 1 处产生的反力为 r_{11}，在支座 2 处产生的反力为 r_{21}。在图 6-31(b)中由于支座 2 处发生单位位移 Δ_2，此时各支座将产生反力，设在支座 1 处产生的反力为 r_{12}，在支座 2 处产生的反力为 r_{22}。根据功的互等定理，有

$$r_{11}\times 0 + r_{21}\times 1 = r_{12}\times 1 + r_{22}\times 0$$

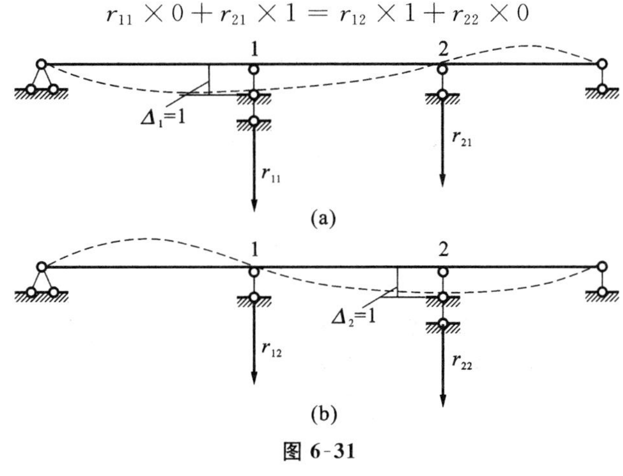

图 6-31

即

$$r_{21} = r_{12} \tag{6-37}$$

这就是反力互等定理，它表明：支座 1 由于支座 2 的单位位移所引起的反力 r_{12}，等于支座 2 由于支座 1 的单位位移所引起的反力 r_{21}。这一关系适用于结构中任何两个支座上的反力。但应注意反力与位移在做功关系上应是对应的。

本章小结

(1)结构在荷载、温度变化、支座位移等外因作用下都会产生位移。位移计算在工程实践和结构分析中有重要地位。本章内容既是静定部分的结尾，又是超静定部分的先导。

(2)静定结构位移计算以虚功原理为理论基础。虚功原理包括刚体虚功原理和变形体虚功原理，前者是后者的特殊情况。应用虚功原理必须有两个互不相关的独立状态，即力状态和位移状态，其中一个是实际的，而另一个则是根据计算的需要虚设的，两个状态应发生在相同的结构上。根据虚设的是力状态或是位移状态，变形体虚功原理相应地称为虚力原理或虚位移原理。

(3)位移计算的一般公式为

$$\Delta=\sum\int\overline{M}\mathrm{d}\kappa+\sum\int\overline{F}_{\mathrm{N}}\mathrm{d}\varepsilon+\sum\int\overline{F}_{\mathrm{Q}}\mathrm{d}\gamma-\sum(\pm)\,\overline{F}_{\mathrm{R}K}\cdot c_K$$

该公式是根据虚力原理推导的。由于在虚设的力状态中，与拟求位移(或广义位移)相应的外力为单位荷载(或广义单位荷载)，因此，这一方法也称为单位荷载法。

位移计算的一般公式中包含两套物理量：一套是给定的位移和变形(Δ、c、$\mathrm{d}\kappa$、$\mathrm{d}\gamma$、$\mathrm{d}\varepsilon$)；另一套是虚设的外力($F_{\mathrm{P}}=1$)及与之保持平衡的反力($\overline{F}_{\mathrm{R}}$)和内力($\overline{M}$、$\overline{F}_{\mathrm{Q}}$、$\overline{F}_{\mathrm{N}}$)。公式具有普遍适用性：弹性与非弹性均适用，支座移动、温度变化与荷载均适用，静定与超静定结构均适用。

(4)荷载作用下的位移计算公式为

$$\Delta=\sum\int\frac{\overline{M}M_{\mathrm{P}}}{EI}\mathrm{d}s+\sum\int\frac{\overline{F}_{\mathrm{N}}F_{\mathrm{NP}}}{EA}\mathrm{d}s+\sum\int k\frac{\overline{F}_{\mathrm{Q}}F_{\mathrm{QP}}}{GA}\mathrm{d}s$$

该公式只适用于线弹性的静定(或超静定)结构的位移计算。要注意掌握其在各种具体条件下的简化形式。例如

梁和刚架

$$\Delta=\sum\int\frac{\overline{M}M_{\mathrm{P}}}{EI}\mathrm{d}s$$

桁架

$$\Delta=\sum\frac{\overline{F}_{\mathrm{N}}F_{\mathrm{NP}}}{EA}l$$

组合结构

$$\Delta=\sum_{梁}\int\frac{\overline{M}M_{\mathrm{P}}}{EI}\mathrm{d}s+\sum_{桁}\frac{\overline{F}_{\mathrm{N}}F_{\mathrm{NP}}}{EA}l$$

(5)式(6-20)中的积分运算可改用图乘法公式，即

$$\Delta=\sum\frac{Ay_0}{EI}$$

要注意了解图乘法的适用条件及复杂图形的分解等问题，并熟练掌握这一方法。

(6)支座位移与温度变化作用下的位移计算公式为

$$\Delta=-\sum\overline{F}_{\mathrm{R}}\cdot c$$

$$\Delta=\sum\frac{\alpha\Delta t}{h}\int_l\overline{M}\mathrm{d}x+\sum\overline{F}_{\mathrm{N}}\alpha tl$$

可以看出，用虚功原理计算结构的位移问题主要归结为计算结构的内力问题。因此，在学习位

移计算的同时，应当提高内力计算的能力，需通过一定量的习题，以求切实掌握。

(7)线弹性结构的三个互等定理。其中功的互等定理是基础，其余两个即位移互等定理、反力互等定理是特例。要了解三个互等定理的适用条件。

思考题

6-1　试说明式(6-12)和式(6-15)中各物理量的意义和正负号的规定，分别说明它们的适用条件。

6-2　图乘法的适用条件是什么？求变截面梁和拱的位移时是否可用图乘法？

6-3　应用图乘法计算位移时，正负号怎样确定？

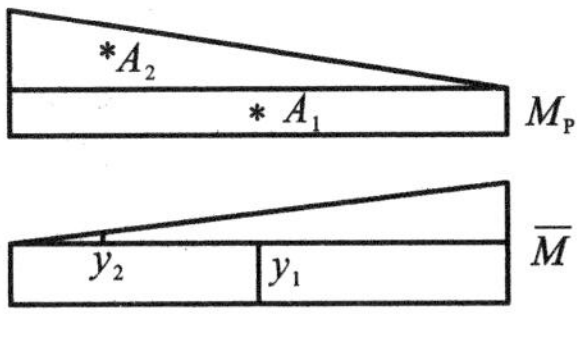

图 6-32

6-4　设如图 6-32 所示$\overline{M}$图和 M_P 图都是梯形，试问下列计算方法是否正确？

$$\int \frac{\overline{M}M_P ds}{EI} = \frac{A_1 y_1 + A_2 y_2}{EI}$$

6-5　计算温度变化引起的位移时，式(6-30)中如何确定正负号？

6-6　试说明变形体虚功原理的应用条件和应用范围。

习　题

6-1～6-6　试用位移计算公式计算如图 6-33～图 6-38 所示结构中指定截面的位移。设 EI、EA 为常数。

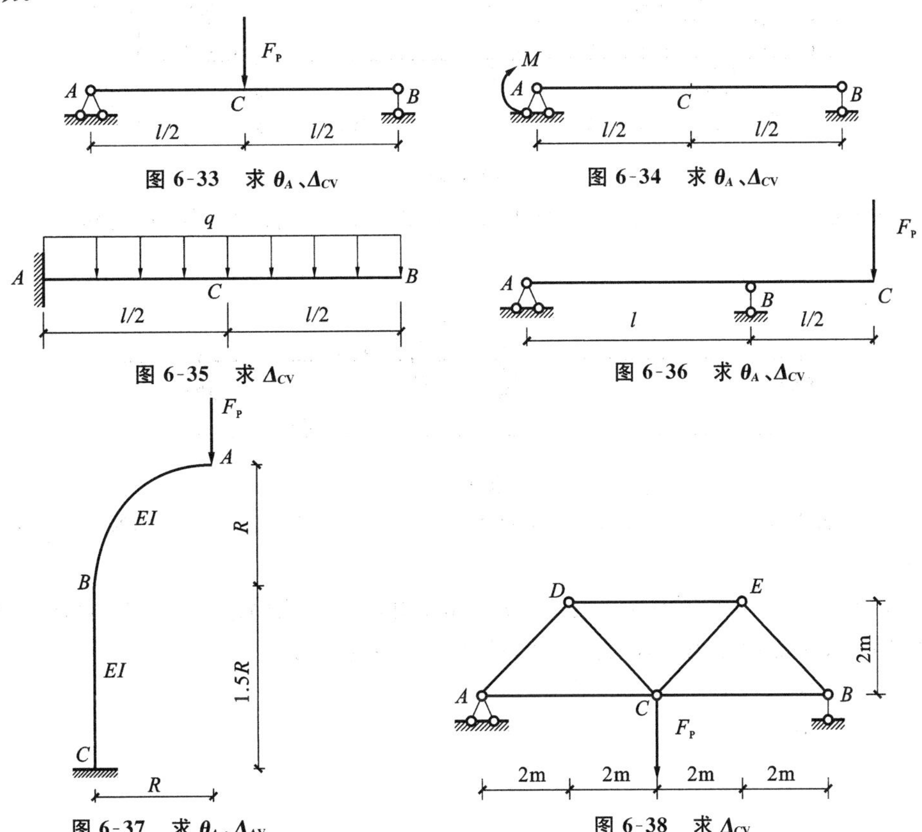

图 6-33　求 θ_A、Δ_{CV}

图 6-34　求 θ_A、Δ_{CV}

图 6-35　求 Δ_{CV}

图 6-36　求 θ_A、Δ_{CV}

图 6-37　求 θ_A、Δ_{AV}

图 6-38　求 Δ_{CV}

6-7～6-10　试用图乘法计算如图 6-39～图 6-42 所示结构中指定截面的位移。

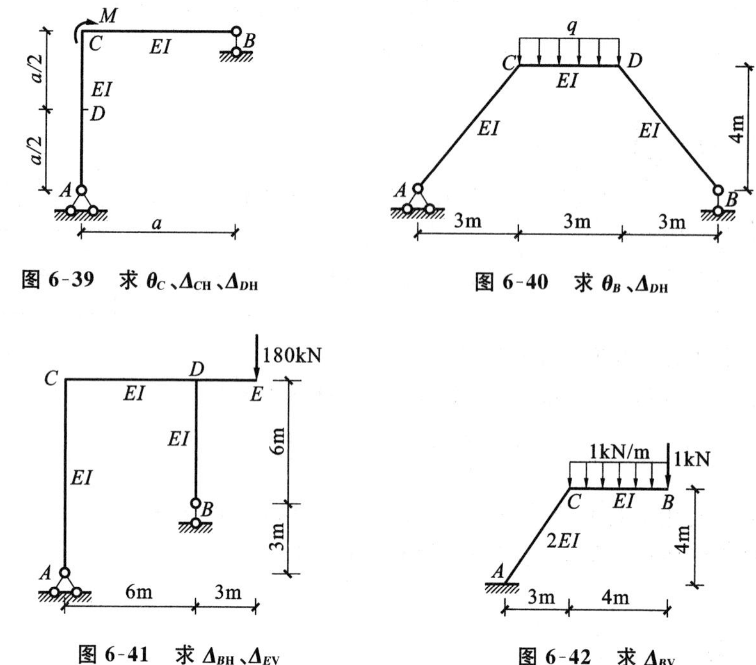

图 6-39　求 θ_C、Δ_{CH}、Δ_{DH}

图 6-40　求 θ_B、Δ_{DH}

图 6-41　求 Δ_{BH}、Δ_{EV}

图 6-42　求 Δ_{BV}

6-11　试用图乘法计算如图 6-43 所示梁 C 截面的竖向位移 Δ_{CV}。已知 $EI=1.5\times10^5\text{kN}\cdot\text{m}^2$。

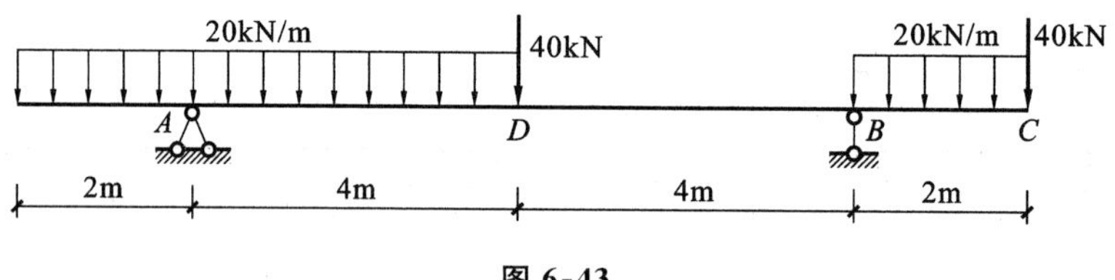

图 6-43

6-12　试求如图 6-44 所示结构 C 截面的竖向位移和铰 D 两侧截面的相对角位移。设 EI 为常数。

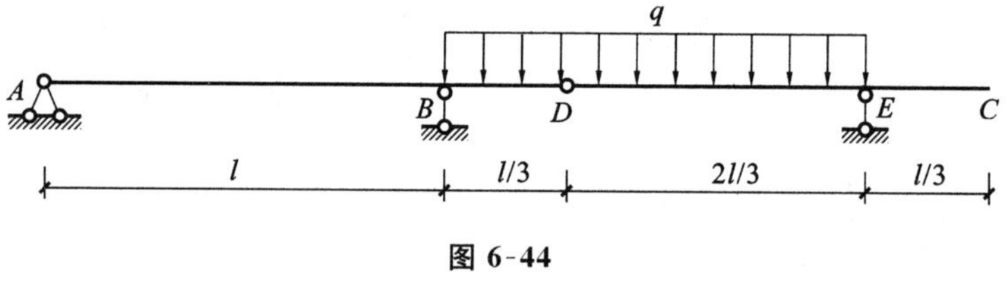

图 6-44

6-13　试求如图 6-45 所示结构 C 截面的竖向位移。$E=2.1\times10^4\text{kN/cm}^2$，$A=12\text{cm}^2$，$I=3600\text{cm}^4$。

6-14　如图 6-46 所示梁 AB 下面加热，使其温度升高 t，其他部分温度不变，试求 C、D 两点的水平相对位移。设梁截面为矩形，高为 h，材料的线膨胀系数为 α。

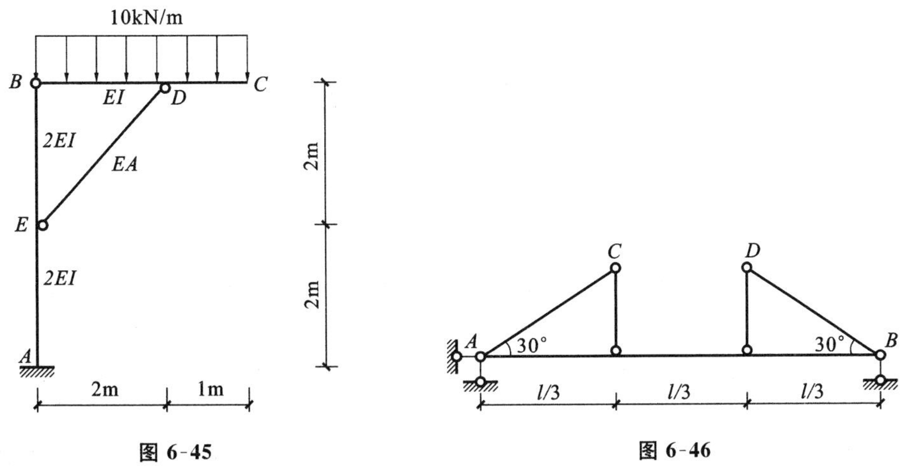

图 6-45　　图 6-46

6-15　如图 6-47 所示刚架各杆截面为矩形，截面高度为 h。设其内部温度增加 20℃，外部温度增加 10℃，材料的线膨胀系数为 α。试求 B 点的水平位移。

6-16　如图 6-48 所示桁架，其支座 B 有竖向沉降 c，试求杆 BC 的转角。

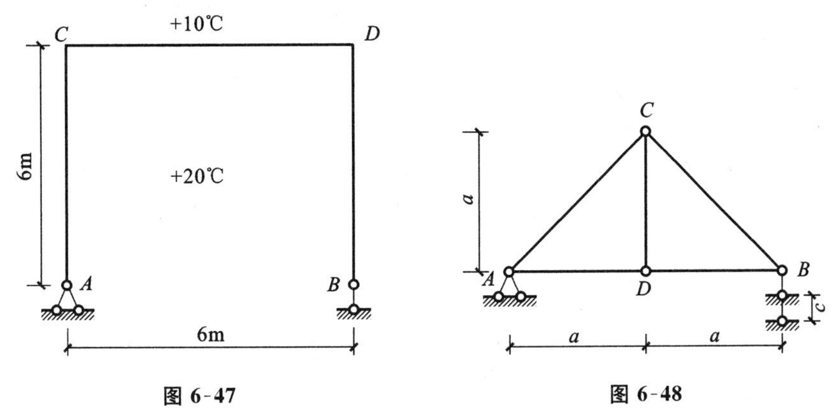

图 6-47　　图 6-48

6-17　如图 6-49 所示梁，支座 B 下沉 c，试求 E 端的竖向线位移 Δ_{EV} 和角位移 θ_E。

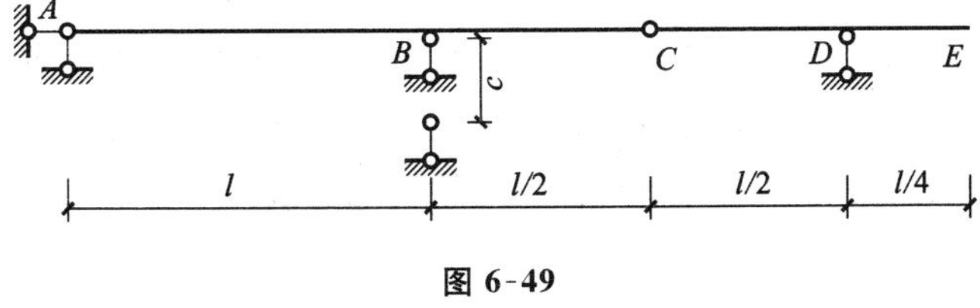

图 6-49

参考文献

[1] 蒋玉川，徐双武，胡耀华. 结构力学. 北京：科学出版社，2008.

[2] 萧允徽，张来仪. 结构力学Ⅰ. 3 版. 北京：机械工业出版社，2018.

[3] 杜正国. 结构力学. 成都：西南交通大学出版社，2004.

[4] 文国治. 结构力学. 2 版. 重庆：重庆大学出版社，2022.

[5] 龙驭球，包世华，袁驷. 结构力学Ⅰ：基础教程. 4 版. 北京：高等教育出版社，2019.

[6] 杨天祥. 结构力学. 2 版. 北京：高等教育出版社，1987.

7 力　　法

【内容提要】

本章主要内容包括:力法的基本原理;用力法计算超静定梁、刚架、排架、桁架、组合结构、超静定拱等结构在荷载作用下的内力计算;超静定结构的位移计算;温度变化和支座移动时超静定结构的计算;超静定结构计算的校核及超静定结构的特性等。本章教学内容的重点是:判断超静定次数;建立力法典型方程;用力法计算荷载作用下超静定结构的内力;对称性的利用。本章教学内容的难点是:支座位移时力法典型方程的建立;对称结构等效半结构的选取;计算超静定结构位移时虚拟状态的设置。

【能力要求】

通过本章的学习,学生应掌握力法的基本原理;掌握用力法计算简单超静定结构(梁、刚架、桁架、组合结构)在荷载作用下的内力;掌握利用对称条件简化计算;理解超静定结构在温度改变和支座位移作用下的内力计算;理解超静定结构的位移计算方法;了解超静定结构的力学特性。

【价值塑造】

从我国高铁建设的巨大成就中厚植学生的家国情怀和职业使命;通过启发和引导,培养学生的工程思维和解决实际问题的科学方法;从不断的拓展思考中培养学生的深度学习能力和钻研精神。

7.1　超静定结构概述

前面各章讨论了静定结构的计算,从本章起我们将讨论超静定结构的计算。力法和位移法是计算超静定结构的两个基本方法。力法是提出较早、发展完备的计算方法。力法的基本思路是把超静定结构拆成静定结构,再由静定结构过渡到超静定结构。静定结构的内力和位移计算是力法计算的基础。本章主要介绍求解超静定结构的第一个基本方法——力法。

京张高铁

7.1.1　超静定结构

超静定结构与静定结构在几何组成方面的区别在于:静定结构是没有多余约束的几何不变体系,而超静定结构则是有多余约束的几何不变体系。超静定结构与静定结构在计算方面的区别在于:静定结构的内力和反力都可用静力平衡条件唯一地确定,而不必考虑变形协调条件;而超静定结构的内力和反力不能由平衡条件求出,而必须同时考虑变形协调条件。

如图 7-1(a)所示梁,其竖向反力仅由平衡条件无法求出,因而,其内力也就无法确定。又例如,如图 7-2(a)所示桁架,虽然由平衡条件可以确定其全部反力和部分杆件的内力,但不能确定全部杆件的内力。因此,这两个结构都是超静定结构。

分析以上两个结构的几何组成就不难发现,它们是几何不变的且具有多余约束。所谓“多余”

是指这些约束就保持结构的几何不变性来说不是必要的。多余约束中产生的力称为多余未知力，如图 7-1(a)所示梁，可以把中间支座链杆作为多余约束，相应的多余未知力为该支座反力 X_1［图 7-1(b)］。又如，如图 7-2(a)所示桁架，可把上面两根水平桁杆作为多余约束，相应的多余未知力为该两杆对应的轴力 X_1 和 X_2［图 7-2(b)］。

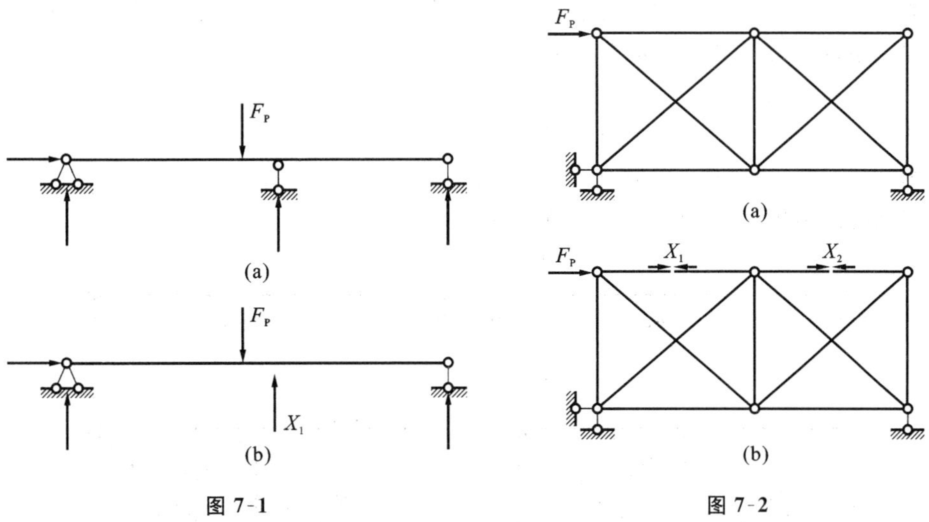

图 7-1　　图 7-2

总的来说，超静定结构有多余的约束，内力(或支座反力)是超静定的，这是超静定结构有别于静定结构的两个基本特征。

工程中常见的超静定结构有：超静定梁［图 7-1(a)］、超静定桁架［图 7-2(a)］、超静定刚架［图 7-3(a)］、超静定组合结构［图 7-3(b)］、铰接排架［图 7-3(c)］和超静定拱［图 7-3(d)］等。

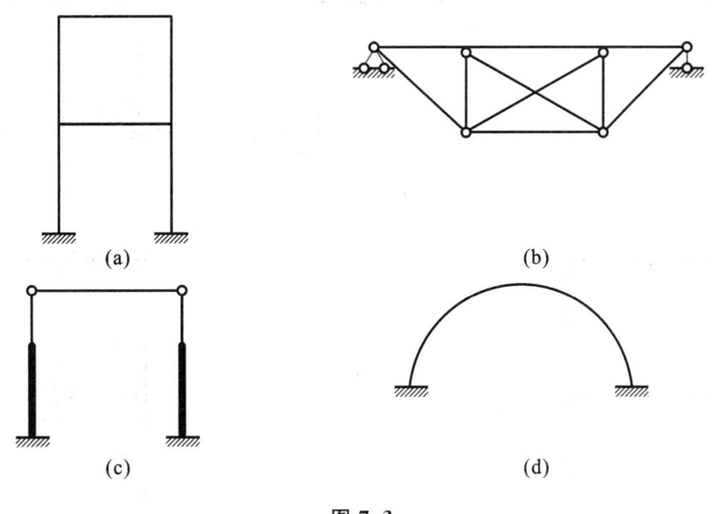

图 7-3

7.1.2　超静定次数的确定

从几何组成看，超静定次数是指超静定结构中多余约束的个数。如果从原结构中去掉 n 个约束，结构就成为静定的，则原结构为 n 次超静定。

若原结构是几何不变的，则超静定次数 n 为

$$n=-W \tag{7-1}$$

式中 W——体系计算自由度。

从静力分析看,超静定次数等于根据平衡方程计算未知力时所缺少的方程个数,即多余未知力的个数。

例如,如图7-4(a)、(c)、(e)、(h)所示超静定结构,在去掉多余约束并代之以相应的多余未知力 X_i 后,即变为图7-4(b)、(d)、(f)[或(g)]、(i)中的静定结构。因此,其超静定次数分别为1、2、3、5。

从超静定结构上解除多余约束的方式有如下几种:

①去掉或切断一根链杆,相当于去掉一个约束[图7-4(b)、(d)];

②拆开一个单铰,相当于去掉两个约束[图7-4(i)];

③在刚结处切开,或去掉一个固定端,相当于去掉三个约束[图7-4(f)、(i)];

④将刚结处改为单铰,相当于去掉一个约束[图7-4(g)]。

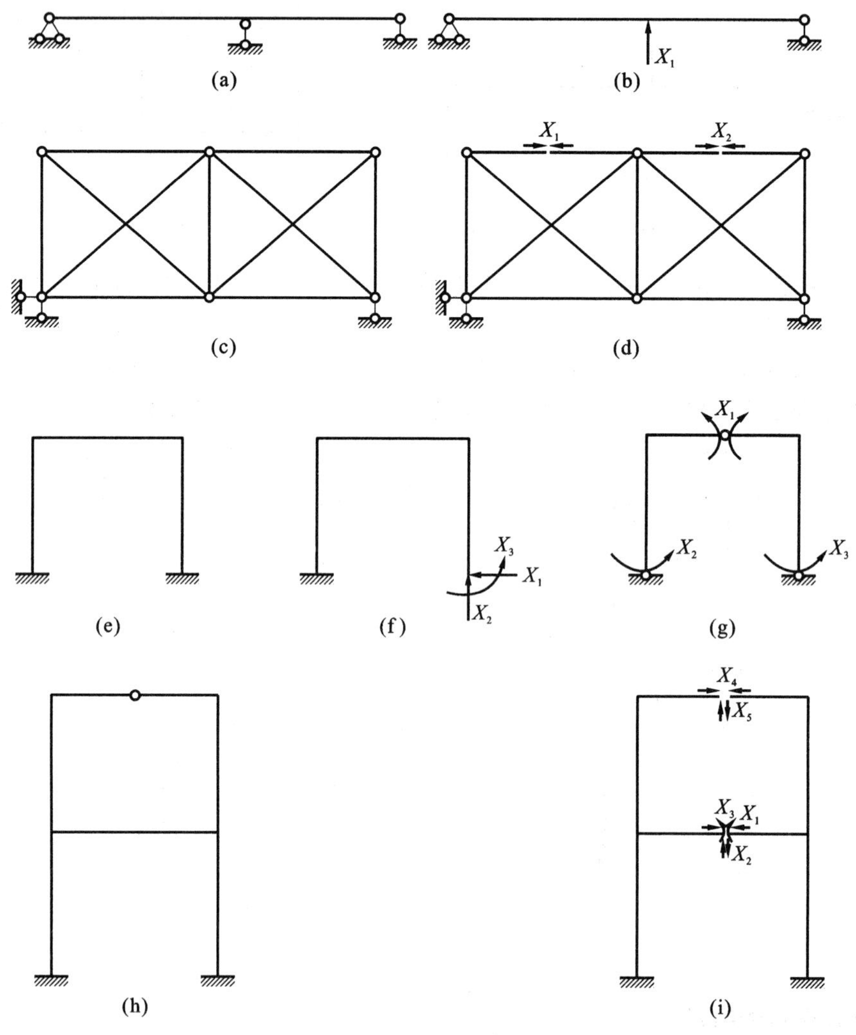

图7-4

另外,在将超静定结构去掉多余约束转化成静定结构时应注意:

①不能把原结构拆成一个几何可变体系,即不能去掉必要的约束。例如,图7-4(a)中的水平链杆不能拆掉,否则就变成了几何可变体系。

②去掉多余约束所得到的静定结构不是唯一的，可能有多种方法，原则是只要保证所得静定结构是几何不变体系即可。如图7-4(e)所示超静定刚架，用了两种去掉多余约束的方法，得到两种静定结构，如图7-4(f)、(g)所示。

7.2 力法基本原理

7.2.1 力法的基本思路

力法是计算超静定结构最基本的方法之一。力法的基本思路是把超静定结构问题转化为静定结构来处理，然后再由静定问题过渡到超静定问题。

下面，结合如图7-5(a)所示的一次超静定梁来说明力法的基本原理。

港珠澳大桥

如图7-5(a)所示梁是一次超静定结构。如果把支座 B 作为多余约束去掉，以相应的多余未知力 X_1 代替，则得到如图7-5(b)所示含有多余未知力的静定结构，称为力法的基本体系。与之相应的，把原超静定结构中多余约束(支座 B)和荷载都去掉后得到的静定结构称为力法的基本结构[图7-5(c)]。

在基本体系中仍然保留原结构的多余未知力 X_1，只是把它由被动力改为主动力。基本结构在荷载 q 和多余未知力 X_1 共同作用下的计算问题就转化为静定结构的计算问题。只要设法求出多余未知力 X_1，则其余一切计算问题就与静定结构完全相同。因此，多余未知力 X_1 称为力法的基本未知量。力法的名称即由此而来。

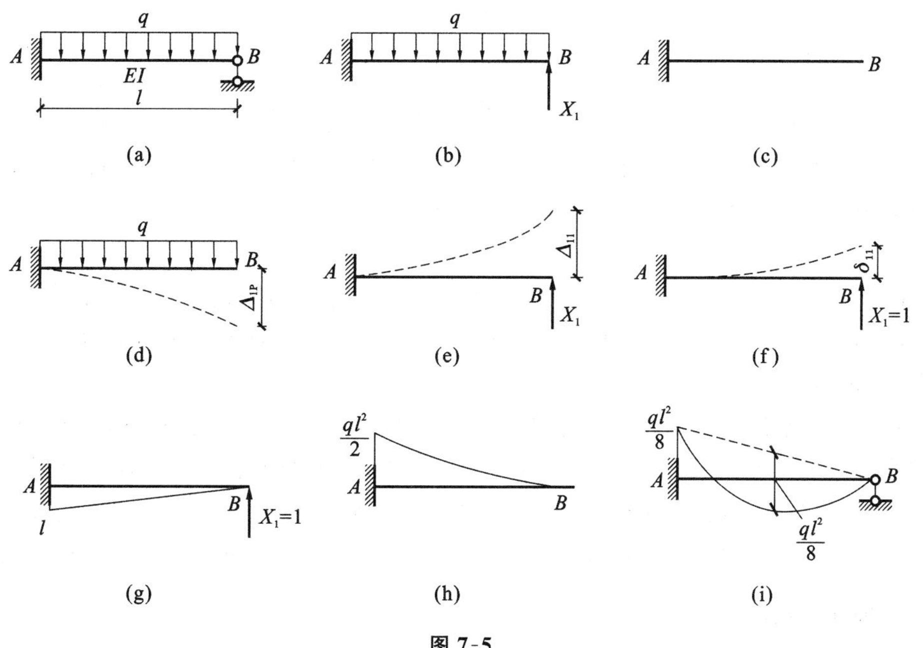

图 7-5

(a)原结构；(b)基本体系；(c)基本结构；(d)基本结构受 q 作用；(e)基本结构受 X_1 作用；(f)基本结构受 $X_1=1$ 作用；(g)$\overline{M}_1$ 图；(h)M_P 图；(i)M 图

超静定结构的内力仅由静力平衡条件无法解出。为了解出其内力，则必须利用多余约束处原结构的变形条件作为补充方程。为此，我们考察原结构在支座 B 处竖直方向的实际位移情况是等于零的。为了使基本体系与原结构有相同的受力和变形，则基本结构在荷载 q 和多余未知力 X_1

共同作用下,其 B 点沿 X_1 方向的竖向位移 Δ_1 也应等于零,即

$$\Delta_1 = 0 \tag{7-2}$$

这就是用以确定 X_1 的变形条件,或称位移条件。

设以 Δ_{11} 和 Δ_{1P} 分别表示多余未知力 X_1 和荷载 q 单独作用在基本结构上时,B 点沿 X_1 方向的位移[图 7-5(d)、(e)],且都以沿假定的 X_1 方向为正。第一个下标表示发生位移的方向,第二个下标表示产生位移的原因。根据叠加原理,式(7-2)可写为

$$\Delta_1 = \Delta_{11} + \Delta_{1P} = 0 \tag{7-3}$$

若以 δ_{11} 表示 X_1 为单位力,即 $X_1=1$ 时 B 点沿 X_1 方向的位移[图 7-5(f)],则有 $\Delta_{11}=\delta_{11}X_1$。于是式(7-3)可写成

$$\delta_{11}X_1 + \Delta_{1P} = 0 \tag{7-4}$$

式(7-4)称为力法典型方程。δ_{11} 称为系数,Δ_{1P} 称为自由项,都是静定结构在已知力作用下的位移,完全可由第 6 章所述方法求得。因而,多余未知力 X_1 即可由上述方程解出。

为了计算 δ_{11} 和 Δ_{1P},可首先分别绘出基本结构在 $X_1=1$ 和荷载 q 作用下的弯矩图 $\overline{M}_1$ 和 M_P 图[图 7-5(g)、(h)],然后,用图乘法计算这些位移。求 δ_{11} 时应将 $\overline{M}_1$ 图乘以 $\overline{M}_1$ 图,习惯上叫做 $\overline{M}_1$ 图"自乘",即

$$\delta_{11} = \sum\int \frac{\overline{M}_1^2\,\mathrm{d}s}{EI} = \frac{1}{EI}\times\frac{1}{2}\times l\times l\times\frac{2}{3}\times l = \frac{l^3}{3EI}$$

求 Δ_{1P} 则为 $\overline{M}_1$ 图与 M_P 图相乘,即

$$\Delta_{1P} = \sum\int \frac{\overline{M}_1\cdot M_P}{EI}\mathrm{d}s = \frac{1}{EI}\times\frac{1}{3}\times l\times\frac{ql^2}{2}\times\frac{3}{4}\times l = \frac{ql^4}{8EI}$$

代入式(7-4),可求得

$$X_1 = -\frac{\Delta_{1P}}{\delta_{11}} = -\left(\frac{ql^4}{8EI}\right)\Big/\left(\frac{l^3}{3EI}\right) = \frac{3}{8}ql(\uparrow)$$

多余未知力 X_1 求出后,其余内力、反力的计算都是静定问题。而一般在绘制最后的弯矩图 M 图时,可以利用已绘出的 $\overline{M}_1$ 图和 M_P 图按叠加法绘制,即

$$M = \overline{M}_1\cdot X_1 + M_P \tag{7-5}$$

也就是将 $\overline{M}_1$ 图的竖标乘以 X_1 倍,再与 M_P 图的对应竖标相加,即可绘出 M 图,如图 7-5(i)所示。此弯矩图既是基本体系的弯矩图,同时也是原结构的弯矩图,因为此时基本体系与原结构的受力和变形情况完全相同。

综上所述,力法是以多余未知力作为基本未知量,根据基本体系应与原结构变形相同的位移条件,首先求出多余未知力,然后由平衡条件计算其余内力、反力的方法。整个计算过程自始至终都是在基本结构上进行的,也就是说把超静定结构的计算问题,转化为静定结构的内力和位移的计算问题。力法是解算超静定结构最基本的方法之一,应用很广,可以分析任何类型的超静定结构。

7.2.2 力法的典型方程

对于多次超静定结构,同样可以应用力法的基本原理来建立力法典型方程。下面,结合如图 7-6(a)所示的二次超静定刚架,来说明力法典型方程建立的过程。

取 B 点两根支杆的反力 X_1 和 X_2 为基本未知量,则基本体系如图 7-6(b)所示,相应的基本结构如图 7-6(c)所示。为了确定多余未知力 X_1 和 X_2,可利用多余约束处的变形条件。即基本体系在 B 点沿 X_1 和 X_2 方向的位移与原结构相同,即等于零。因此,可写成

$$\left.\begin{aligned}\Delta_1 &= 0\\ \Delta_2 &= 0\end{aligned}\right\} \tag{7-6}$$

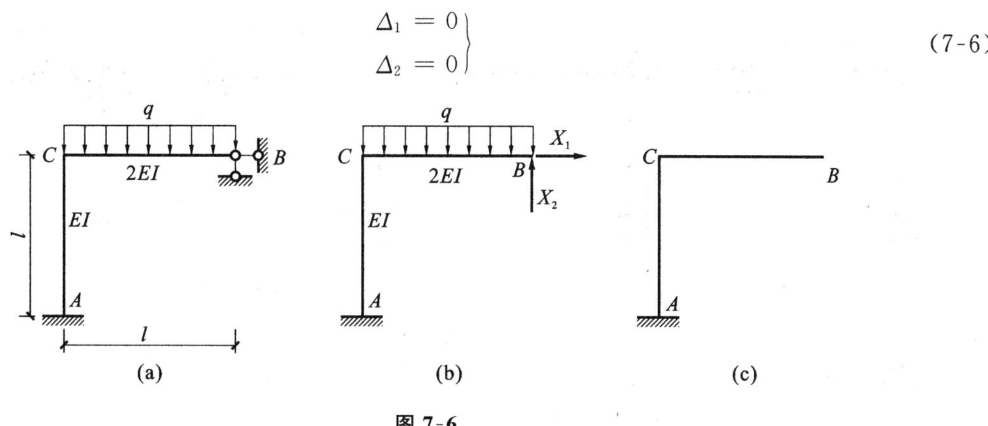

图 7-6

(a)原结构；(b)基本体系；(c)基本结构

式中　Δ_1,Δ_2——基本结构在 B 点沿 X_1 和 X_2 方向的位移。

设各单位多余未知力 $X_1=1$、$X_2=1$ 和荷载 q 分别作用于基本结构上时，B 点沿 X_1 方向的位移分别为 δ_{11}、δ_{12} 和 Δ_{1P}，沿 X_2 方向的位移分别为 δ_{21}、δ_{22} 和 Δ_{2P}，如图 7-7(a)、(b)、(c)所示。则根据叠加原理，变形条件式(7-6)即为

$$\left.\begin{aligned}\delta_{11}X_1+\delta_{12}X_2+\Delta_{1P}&=0\\ \delta_{21}X_1+\delta_{22}X_2+\Delta_{2P}&=0\end{aligned}\right\} \tag{7-7}$$

这就是二次超静定结构的力法典型方程。

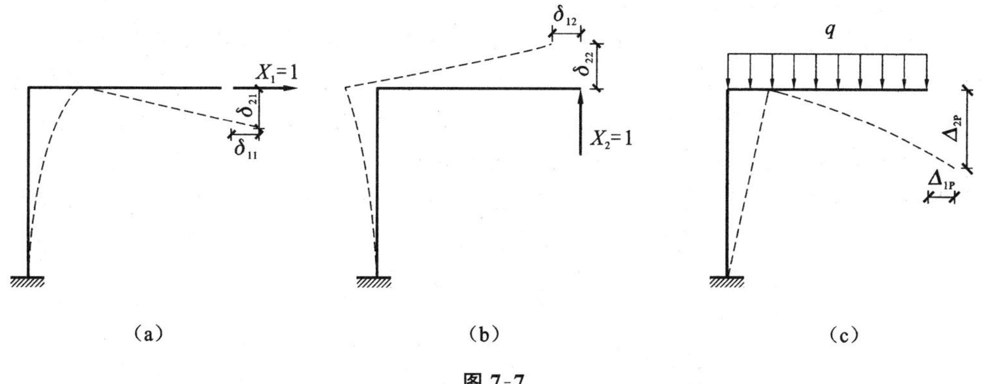

图 7-7

力法基本方程中的系数 δ_{ij} 和自由项 Δ_{iP} 都是基本结构的位移。由于基本结构是静定结构，所以计算这些系数和自由项就都是静定结构的位移计算问题。由力法典型方程解出未知力 X_1 和 X_2 以后，可以利用平衡条件求出原结构的支座反力和内力；也可以利用叠加原理求出内力。例如，任一截面的弯矩 M，可用下面的叠加公式计算

$$M=\overline{M}_1X_1+\overline{M}_2+M_P \tag{7-8}$$

式中　$\overline{M}_1,\overline{M}_2,M_P$——单位力 $X_1=1$、$X_2=1$ 和荷载在基本结构任一截面产生的弯矩。

同一结构可以按不同方式选取力法的基本结构和基本未知量，但所选取的基本结构必须是几何不变的。因此，如图 7-6(a)所示结构还可以取如图 7-8(a)、(b)、(c)所示体系为基本体系，而如图 7-8(d)所示为瞬变体系不能选作基本体系。基本体系选取的不同直接影响到解题的难易程度。

对于 n 次超静定结构，则有 n 个多余未知力，而每个多余未知力都对应着一个多余约束，相应就有一个已知的变形条件，据此可建立 n 个方程。当原结构上各多余未知力作用处的位移等于零

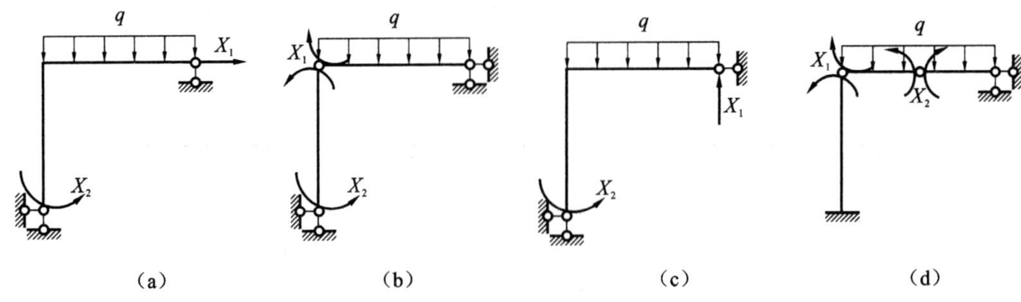

图 7-8

时，根据叠加原理，这 n 个变形条件通常可写为

$$\left.\begin{array}{l}\delta_{11}X_1+\delta_{12}X_2+\cdots+\delta_{1n}X_n+\Delta_{1\mathrm{P}}=0\\\delta_{21}X_1+\delta_{22}X_2+\cdots+\delta_{2n}X_n+\Delta_{2\mathrm{P}}=0\\\cdots\cdots\cdots\cdots\\\delta_{n1}X_1+\delta_{n2}X_2+\cdots+\delta_{nn}X_n+\Delta_{n\mathrm{P}}=0\end{array}\right\}\tag{7-9}$$

式(7-9)为 n 次超静定结构在荷载作用下力法的典型方程式。其物理意义为：基本结构在全部多余未知力和荷载共同作用下，在去掉多余约束处沿各多余未知力方向的位移，应与原结构相应的位移相等。

在式(7-9)中，系数 δ_{ij} 和自由项 Δ_{ip} 都代表基本结构的位移。位移符号中的第一个下标表示发生位移的方向，第二个下标表示产生位移的原因。

自由项 Δ_{ip} 表示由荷载产生的沿 X_i 方向的位移。

系数 δ_{ij} 表示由单位力 $X_j=1$ 产生的沿 X_i 方向的位移。在式(7-9)中，主对角线上的系数 δ_{ii} 称为主系数。由于它是单位力在自身方向上引起的位移，故恒为正，且不为零。位于主对角线两侧对称位置上的系数 δ_{ij} $(i\neq j)$，称为副系数。副系数可正、可负或等于零。根据位移互等定理，可知 $\delta_{ij}=\delta_{ji}$，即位于对角线两侧对称位置上的副系数是相等的。

力法典型方程中的主、副系数和自由项，都是基本结构在已知力作用下的位移，完全可按第 6 章的方法求得。对于平面结构，这些系数的计算式为

$$\left.\begin{array}{l}\delta_{ii}=\sum\int\dfrac{\overline{M}_i^2}{EI}\mathrm{d}s+\sum\int\dfrac{\overline{F}_{\mathrm{N}i}^2}{EA}\mathrm{d}s+\sum\int\dfrac{k\overline{F}_{\mathrm{Q}i}^2}{GA}\mathrm{d}s\\\delta_{ij}=\delta_{ji}=\sum\int\dfrac{\overline{M}_i\overline{M}_j}{EI}\mathrm{d}s+\sum\int\dfrac{\overline{F}_{\mathrm{N}i}\overline{F}_{\mathrm{N}j}}{EA}\mathrm{d}s+\sum\int\dfrac{k\overline{F}_{\mathrm{Q}i}\overline{F}_{\mathrm{Q}j}}{GA}\mathrm{d}s\\\Delta_{i\mathrm{P}}=\sum\int\dfrac{\overline{M}_i\overline{M}_j}{EI}\mathrm{d}s+\sum\int\dfrac{\overline{F}_{\mathrm{N}i}F_{\mathrm{NP}}}{EA}\mathrm{d}s+\sum\int\dfrac{k\overline{F}_{\mathrm{Q}i}F_{\mathrm{QP}}}{GA}\mathrm{d}s\end{array}\right\}\tag{7-10}$$

对于各种具体结构，常只需计算其中一至两项。求得系数和自由项后，将其代入力法典型方程即可求解各多余未知力。然后由平衡条件或根据叠加原理可求出结构内力为

$$\left.\begin{array}{l}M=\overline{M}_1X_1+\overline{M}_2X_2+\cdots+\overline{M}_nX_n+M_{\mathrm{P}}\\F_{\mathrm{Q}}=\overline{F}_{\mathrm{Q1}}X_1+\overline{F}_{\mathrm{Q2}}X_2+\cdots+\overline{F}_{\mathrm{Q}n}X_n+F_{\mathrm{QP}}\\F_{\mathrm{N}}=\overline{F}_{\mathrm{N1}}X_1+\overline{F}_{\mathrm{N2}}X_2+\cdots+\overline{F}_{\mathrm{N}n}X_n+F_{\mathrm{NP}}\end{array}\right\}\tag{7-11}$$

式中 $\overline{M}_i,\overline{F}_{\mathrm{Q}i},\overline{F}_{\mathrm{N}i}$——基本结构由于 $X_i=1$ 作用而产生的内力；

$M_{\mathrm{P}},F_{\mathrm{QP}},F_{\mathrm{NP}}$——基本结构由于荷载作用而产生的内力。

7.2.3 力法的计算步骤

根据以上所述，现将力法计算步骤归纳如下：

①确定结构的超静定次数 n，去掉多余约束，并以多余未知力 $X_i(i=1,\cdots,n)$ 代替相应多余约束的作用，得到原结构的力法基本体系。同一个超静定结构的力法基本体系不是唯一的。

②根据基本结构在 X_i 和荷载共同作用下，沿 X_i 方向的位移与原结构相应位移相等的条件，建立力法的典型方程。

③分别作出基本结构在 $X_i=1$ 和荷载作用下的内力图(或写出内力表达式)，计算典型方程中的系数和自由项。

④求解典型方程，得出各多余未知力。

⑤按分析静定结构的方法，由平衡条件和叠加法绘制结构的内力图。

⑥校核。对于超静定结构，不仅要校核平衡条件，还要校核变形条件。详见本章7.7节。

7.3 用力法计算超静定结构在荷载作用下的内力

作为力法典型方程的具体应用，下面用力法分别计算超静定梁、刚架、超静定桁架、组合结构、排架和超静定拱。

兰州中山桥

7.3.1 超静定梁和刚架

用力法解超静定梁和刚架，在计算系数和自由项时，通常忽略轴力和剪力对位移的影响，只考虑弯矩对位移的影响，因此，式(7-10)简化为

$$\left.\begin{aligned}\delta_{ii}&=\sum\int\frac{\overline{M}_i^2}{EI}\mathrm{d}s\\ \delta_{ij}&=\sum\int\frac{\overline{M}_i\overline{M}_j}{EI}\mathrm{d}s\\ \Delta_{iP}&=\sum\int\frac{\overline{M}_iM_P}{EI}\mathrm{d}s\end{aligned}\right\}\tag{7-12}$$

式中 $\overline{M}_i$，$\overline{M}_j$——单位力 $X_i=1$、$X_j=1$ 作用下的弯矩图；

M_P——荷载作用下的弯矩图。

一般可以用图乘法确定式(7-12)中的系数和自由项，但曲梁和拱不能用图乘法。

【例7-1】 试分析如图7-9(a)所示单跨超静定梁，并作弯矩图。设 EI 为常数。

【解】 (1)选取基本体系。

此梁具有三个多余约束，为3次超静定梁，取基本体系及三个多余未知力，如图7-9(b)所示。

(2)列出力法典型方程。

根据多余约束处的位移等于零的条件，可建立力法典型方程为

$$\left.\begin{aligned}\delta_{11}X_1+\delta_{12}X_2+\delta_{13}X_3+\Delta_{1P}&=0\\ \delta_{21}X_1+\delta_{22}X_2+\delta_{23}X_3+\Delta_{2P}&=0\\ \delta_{31}X_1+\delta_{32}X_2+\delta_{33}X_3+\Delta_{3P}&=0\end{aligned}\right\}$$

式中，X_1、X_2 代表支座 A、B 的反力偶，X_3 代表支座 B 的水平反力。

(3)计算系数和自由项。

为了计算系数和自由项，分别绘出 $\overline{M}_1$、$\overline{M}_2$、$\overline{M}_3$ 和 M_P 图，如图7-9(c)、(d)、(e)、(f)所示，其中 $\overline{M}_3$ 图等于零，即

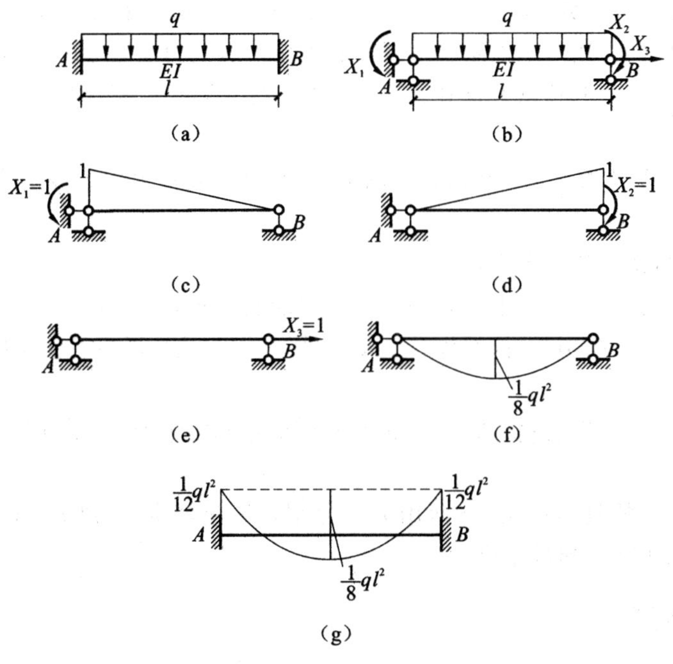

图 7-9

(a)原结构;(b)基本体系;(c)$\overline{M}_1$ 图;(d)$\overline{M}_2$ 图;

(e)$\overline{M}_3$ 图;(f)M_P 图;(g)M 图

$$\delta_{12}=\delta_{21}=\frac{1}{EI}\left(\frac{1}{2}\cdot 1\cdot l\cdot\frac{1}{3}\right)=\frac{1}{6}\frac{l}{EI}$$

$$\delta_{11}=\delta_{22}=\frac{1}{EI}\left(\frac{1}{2}\cdot 1\cdot l\cdot\frac{2}{3}\right)=\frac{1}{3}\frac{l}{EI}$$

$$\delta_{13}=\delta_{31}=0,\quad \delta_{23}=\delta_{32}=0$$

$$\Delta_{1P}=\Delta_{2P}=-\frac{1}{EI}\left(\frac{2}{3}\cdot\frac{1}{8}ql^2\cdot l\cdot\frac{1}{2}\right)=-\frac{1}{24}\frac{ql^3}{EI}$$

$$\Delta_{3P}=0$$

(4)解方程,求多余约束力。

关于 δ_{33} 的计算,分两种情况讨论:

a. 不计轴向变形时,$\delta_{33}=0$,将以上各值代入力法方程的前两式中,得

$$\frac{1}{3}\frac{l}{EI}X_1+\frac{1}{6}\cdot\frac{l}{EI}X_2-\frac{1}{24}\frac{ql^3}{EI}=0$$

$$\frac{1}{6}\frac{l}{EI}X_1+\frac{1}{3}\frac{l}{EI}X_2-\frac{1}{24}\frac{ql^3}{EI}=0$$

解得:$X_1=\frac{1}{12}ql^2$,$X_2=\frac{1}{12}ql^2$,而力法方程的第三式成为

$$0\cdot X_1+0\cdot X_2+0\cdot X_3+0=0$$

即

$$X_3=-\frac{\Delta_{3P}}{\delta_{33}}=\frac{0}{0}$$

因此,X_3 为不定值,即不考虑轴向变形,多余未知力 X_3 不能确定。

b. 若考虑轴向变形时,$\delta_{33}\neq 0$,则力法方程的第三式成为

$$\delta_{33} \cdot X_3 + \Delta_{3P} = 0$$

由于Δ_{3P}仍为零，所以$X_3=0$，因此，要确定X_3的值，必须考虑轴向变形。同时，可指出：这里$X_3=0$表明，小挠度情况下的超静定梁，在垂直于梁轴的横向荷载作用下，其轴力等于零。因此，原结构实际上只是一个二次超静定问题，故力法典型方程可进一步简化为以X_1、X_2为未知量的二元联立方程。

(5)按叠加原理计算出最后弯矩图，如图7-9(g)所示。

【例7-2】 如图7-10(a)所示刚架，梁和柱的截面惯性矩分别为I_1和I_2，$I_1:I_2=2:1$。试用力法计算，并绘制刚架的内力图。

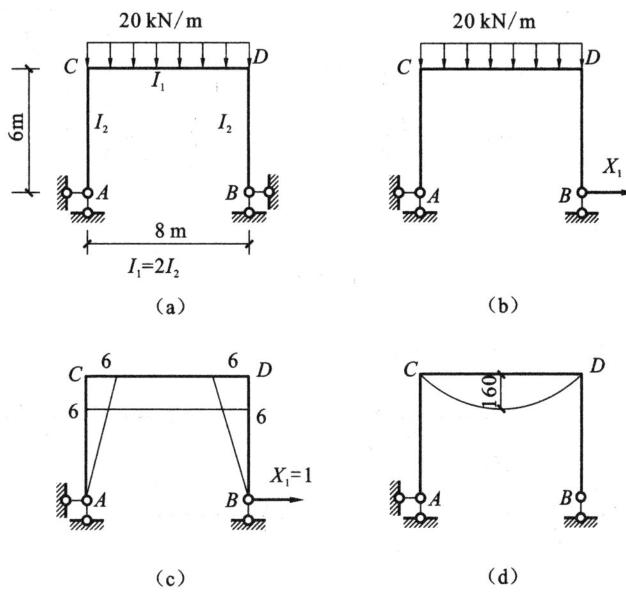

图7-10

(a)原结构；(b)基本体系；(c)$\overline{M}_1$图(m)；(d)M_P图(kN·m)

【解】 (1)选取基本体系。

此刚架是一次超静定结构。取B点的水平反力为多余未知力，去掉B点的水平支杆而代以未知力X_1，得到如图7-10(b)所示的基本体系。

(2)列出力法典型方程。

根据多余约束处的位移条件，即B点的水平位移等于零，力法典型方程为

$$\delta_{11}X_1 + \Delta_{1P} = 0$$

(3)计算系数和自由项。

绘制基本结构在单位力$X_1=1$作用下的弯矩图即$\overline{M}_1$图和在荷载作用下的弯矩图即M_P图，如图7-10(c)、(d)所示。计算系数时用图乘法，即

$$\delta_{11} = \frac{2}{EI_2} \times \frac{1}{2} \times 6 \times 6 \times \frac{2}{3} \times 6 + \frac{1}{EI_1} \times 6 \times 8 \times 6 = \frac{288}{EI_2}$$

$$\Delta_{1P} = \frac{1}{EI_1} \times \frac{2}{3} \times 160 \times 8 \times 6 = \frac{2560}{EI_2}$$

(4)解方程，求多余未知力。

将δ_{11}和Δ_{1P}代入力法方程，解得

$$X_1=-\frac{\Delta_{1P}}{\delta_{11}}=-8.89\text{kN}$$

(5)作弯矩图。

多余未知力求出后,作内力图的问题即属于静定问题。通常作内力图的顺序为:首先,利用已作出的$\overline{M}_1$ 图和 M_P 图,根据叠加原理作最后的弯矩图;然后,根据已作出的弯矩图,利用微分关系或杆段的平衡条件,可作出刚架的剪力图,如图 7-11(b)所示;最后,根据剪力图,考虑各结点的投影平衡条件,即可求出各杆端的轴力,作出轴力图,如图 7-11(c)所示。

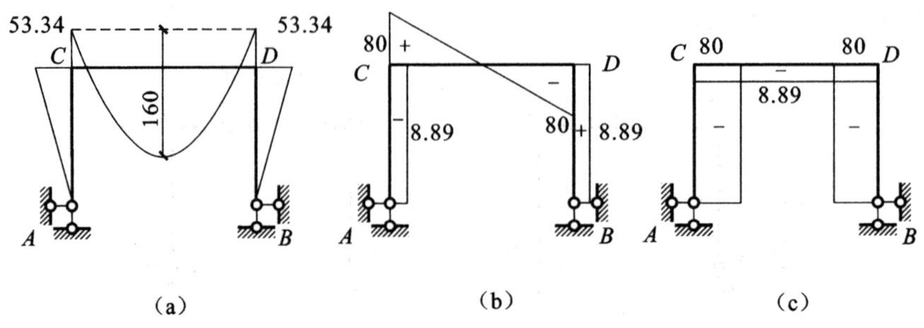

(a) (b) (c)

图 7-11

(a)M 图(kN·m);(b)F_Q 图(kN);(c)F_N 图(kN)

【例 7-3】 试用力法分析如图 7-12(a)所示超静定刚架,并绘弯矩图。

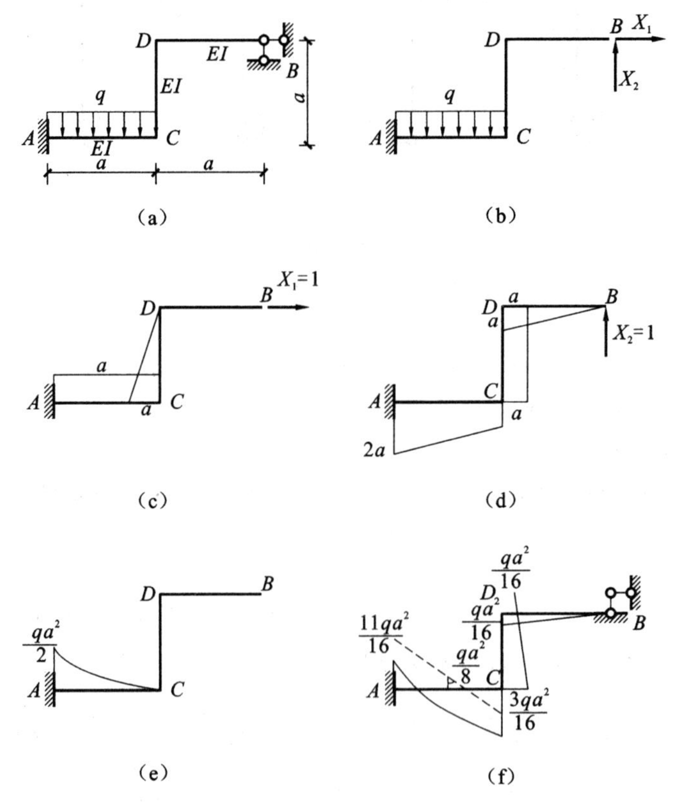

(a) (b)

(c) (d)

(e) (f)

图 7-12

(a)原结构;(b)基本体系;(c)$\overline{M}_1$ 图;(d)$\overline{M}_2$ 图;(e)M_P 图;(f)M 图

【解】 (1)选取基本体系。

此刚架是二次超静定结构。取 B 点的水平反力和竖向反力为多余未知力，去掉 B 点的水平支杆和竖向支杆而代以未知力 X_1 和 X_2，得到如图 7-12(b)所示的基本体系。

(2)列出力法典型方程。

根据多余约束处的位移条件，即 B 点的水平位移和竖向位移等于零，力法典型方程为

$$\left.\begin{aligned}\delta_{11}X_1+\delta_{12}X_2+\Delta_{1P}=0\\ \delta_{21}X_1+\delta_{22}X_2+\Delta_{2P}=0\end{aligned}\right\}$$

(3)计算系数和自由项。

绘制基本结构在单位力 $X_1=1$ 作用下的弯矩图即 $\overline{M}_1$ 图，单位力 $X_2=1$ 作用下的弯矩图即 $\overline{M}_2$ 图，在荷载作用下的弯矩图即 M_P 图，分别如图 7-12(c)、(d)、(e)所示。

$$\delta_{11}=\frac{1}{EI}\left(\frac{1}{2}\cdot a\cdot a\cdot\frac{2}{3}a+a\cdot a\cdot a\right)=\frac{4a^3}{3EI}$$

$$\delta_{22}=\frac{1}{EI}\left[\left(\frac{1}{2}a\cdot a\cdot\frac{2}{3}a\right)+(a\cdot a\cdot a)+\left(a\cdot a\cdot\frac{3}{2}a+\frac{1}{2}a\cdot a\cdot\frac{5}{3}a\right)\right]=\frac{11a^3}{3EI}$$

$$\delta_{12}=\delta_{21}=-\frac{1}{EI}\left[\left(a\cdot a\cdot\frac{a}{2}\right)+\left(a\cdot a\cdot\frac{3}{2}a\right)\right]=-\frac{2a^3}{EI}$$

$$\Delta_{1P}=\frac{1}{EI}\left(\frac{1}{3}\cdot\frac{qa^2}{2}\cdot a\cdot a\right)=\frac{qa^4}{6EI}$$

$$\Delta_{2P}=-\frac{1}{EI}\left(\frac{1}{3}\cdot\frac{qa^2}{2}\cdot a\cdot\frac{7}{4}\cdot a\right)=-\frac{7qa^4}{24EI}$$

(4)将系数和自由项代入力法典型方程，求多余未知力。

$$\frac{4a^3}{3EI}\cdot X_1-\frac{2a^3}{EI}\cdot X_2+\frac{qa^4}{6EI}=0$$

$$-\frac{2a^3}{EI}\cdot X_1+\frac{11a^3}{3EI}\cdot X_2-\frac{7qa^4}{24EI}=0$$

解得

$$X_1=-\frac{1}{32}qa,\quad X_2=\frac{1}{16}qa$$

(5)按叠加原理绘 M 图，如图 7-12(f)所示。

$$M=\overline{M}_1X_1+\overline{M}_2X_2+M_P$$

7.3.2 超静定桁架

超静定桁架在桥梁和建筑中使用广泛，如图 7-13 所示为一建筑工程中常用的平行弦超静定桁架。

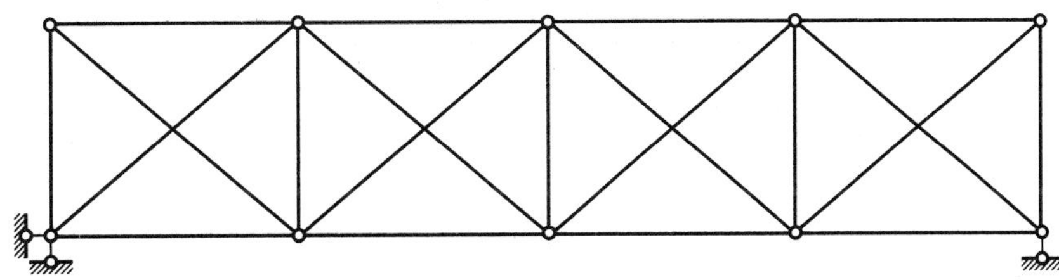

图 7-13

用力法计算超静定桁架，在承受结点荷载时，由于桁架的杆件中只产生轴力，故力法方程中的

系数和自由项的计算公式为

$$\left.\begin{aligned}\delta_{ii} &= \sum \frac{\overline{F}_{Ni}^2 l}{EA} \\ \delta_{ij} &= \sum \frac{\overline{F}_{Ni} \cdot \overline{F}_{Nj}}{EA} \cdot l \\ \Delta_{iP} &= \sum \frac{\overline{F}_{Ni} \cdot \overline{F}_{NP}}{EA} \cdot l\end{aligned}\right\} \tag{7-13}$$

桁架各杆的最后内力可按下式计算

$$F_N = X_1 \cdot \overline{F}_{N1} + X_2 \cdot \overline{F}_{N2} + \cdots + X_n \cdot \overline{F}_{Nn} + F_{NP}$$

【例 7-4】 试用力法计算如图 7-14(a)所示超静定桁架的内力,设各杆 EA 相同。

【解】 (1)选取基本体系。

此桁架是一次超静定结构。切断上弦杆并代之相应的多余未知力 X_1,得如图 7-14(b)所示的基本体系。

(2)列出力法典型方程。

根据切口两侧截面沿 X_1 方向的相对位移等于零的条件,建立力法典型方程

$$\delta_{11} X_1 + \Delta_{1P} = 0$$

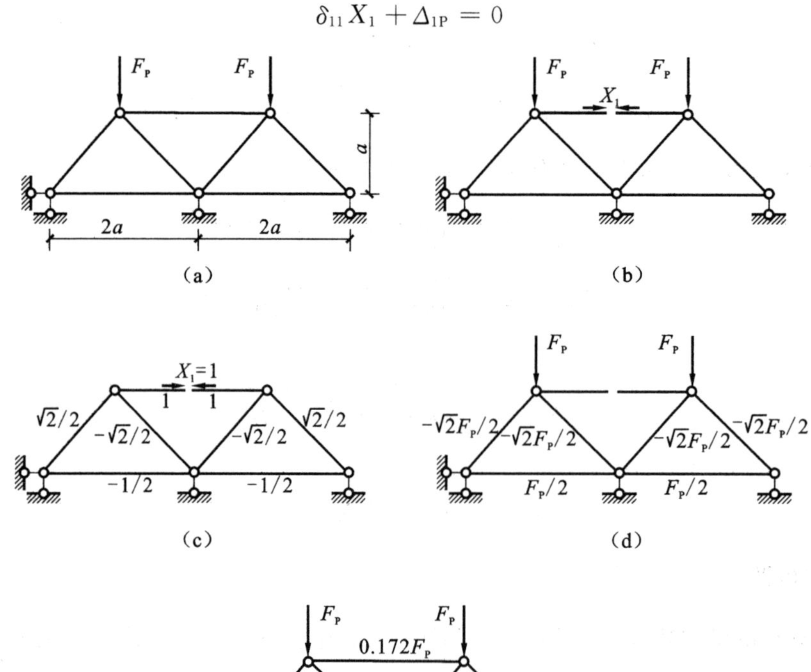

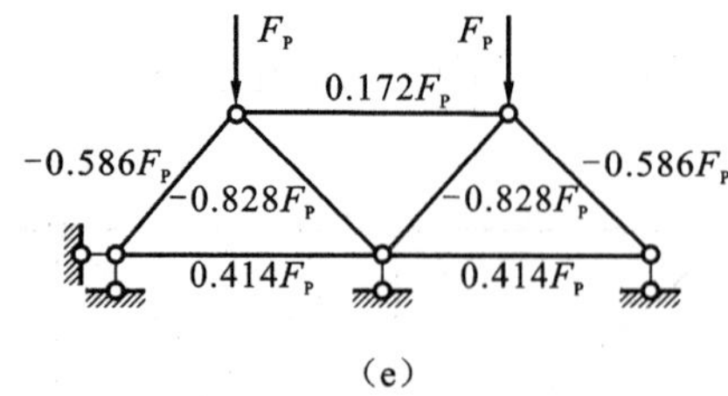

图 7-14

(a)原结构;(b)基本体系;(c)$\overline{F}_{N1}$图;(d)$\overline{F}_{NP}$图;(e)F_N 图

(3)计算系数和自由项。

分别求出基本结构在单位力 $X_1=1$ 和荷载单独作用下各杆的内力$\overline{F}_{N1}$和 F_{NP}[图 7-14(c)、 (d)],即可按式(7-13)求得系数和自由项。

$$\delta_{11}=\sum\frac{\overline{F}_{Ni}^{2}l}{EA}=\frac{2}{EA}\left[(1)^{2}\cdot a+\left(\frac{\sqrt{2}}{2}\right)^{2}\cdot\sqrt{2}a+\left(-\frac{\sqrt{2}}{2}\right)^{2}\cdot\sqrt{2}a+\left(-\frac{1}{2}\right)^{2}\cdot 2a\right]$$

$$=\frac{a}{EA}(3+2\sqrt{2})$$

$$\Delta_{1P}=\sum\frac{\overline{F}_{N1}F_{NP}l}{EA}$$

$$=\frac{2}{EA}\left[\frac{\sqrt{2}}{2}\cdot\left(-\frac{\sqrt{2}}{2}F_{P}\right)\cdot\sqrt{2}a+\left(-\frac{\sqrt{2}}{2}\right)\cdot\left(-\frac{\sqrt{2}}{2}F_{P}\right)\cdot\sqrt{2}a+\left(-\frac{1}{2}\right)\cdot\left(\frac{F_{P}}{2}\right)\cdot 2a\right]$$

$$=-\frac{1}{EA}F_{P}a$$

(4)解方程,求多余未知力。

$$X_{1}=-\frac{\Delta_{1P}}{\delta_{11}}=\frac{F_{P}}{3+2\sqrt{2}}=0.1718F_{P}$$

(5)按叠加原理绘 F_N 图,如图 7-14(e)所示。

$$F_{N}=\overline{F}_{N1}\cdot X_{1}+F_{NP}$$

其计算结果标明在图 7-14(e)中相应各杆上。

另外,超静定桁架常见的形式有多跨连续梁式桁架[图 7-15(a)]、双重腹杆桁架[图 7-16(a)]等。超静定桁架由于具有多余联系,一般比相应静定桁架的刚度大,受力也较均匀,因而更为经济。解算这类超静定桁架的计算问题,关键在于基本结构的选择。选择的原则是尽量使在单位力或荷载作用下,基本结构中有较多的零杆。这样使系数和自由项计算变得更为方便,并尽可能地使一些副系数等于零,因而可使力法典型方程的计算变得容易。

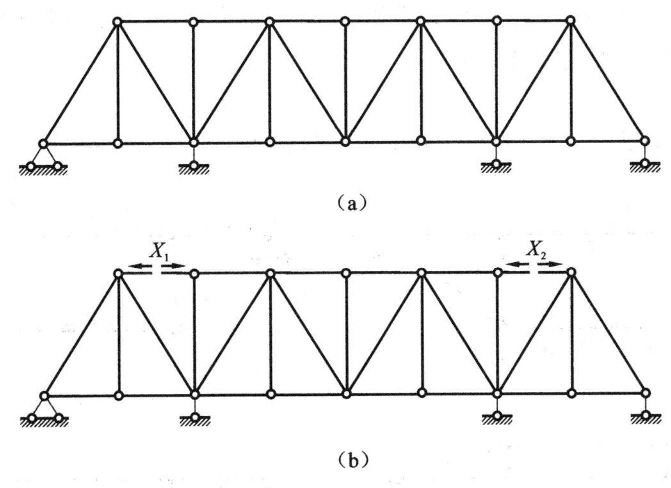

图 7-15

例如,对于多跨连续梁式桁架[图 7-15(a)],最好截断各中间支座两侧节间的弦杆而得到多跨简支桁架的基本结构[图 7-15(b)]。这样,任一多余未知力只在其所属跨及相邻两跨内引起内力,可使计算工作量大为减少。

又例如,对于如图 7-16(a)所示的双重腹杆桁架,其基本结构不宜从每个节间截断一根竖杆来取得[图 7-16(b)],因为这样每一个系数及自由项的计算都很麻烦,且副系数全都不等于零;宜从每一节间截断一根斜杆或弦杆[图 7-16(c)]来取得。在后者中,每一多余未知力都只使其所在节间内的杆件产生内力。这不仅减少了每个系数的计算工作量,而且使大量的副系数等于零,从而可使计算更为简化。

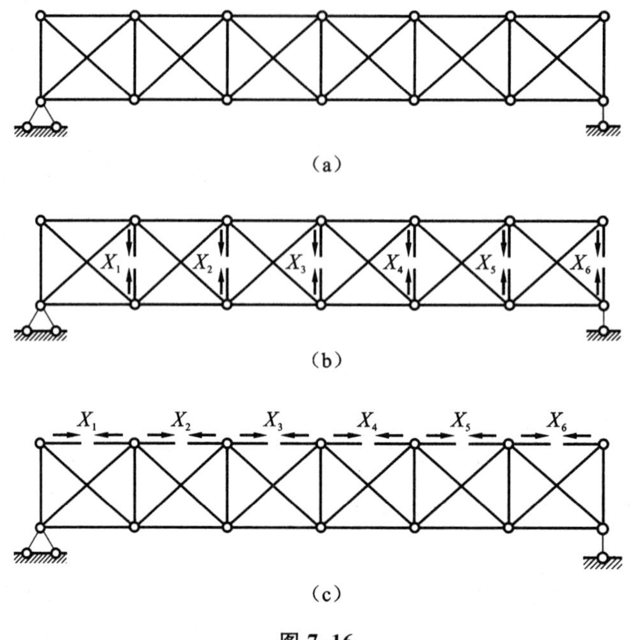

图 7-16

7.3.3 超静定组合结构和排架

在工程实际中,为了节约材料和制造方便,有时采用超静定组合结构。这类结构一部分杆件为梁式杆,主要承受弯矩;而另一部分杆件为桁架链杆,只承受轴力。此时,力法典型方程中的系数和自由项按求组合结构位移的方法来计算。

【例 7-5】 试求如图 7-17(a)所示超静定组合结构各桁架杆的内力。

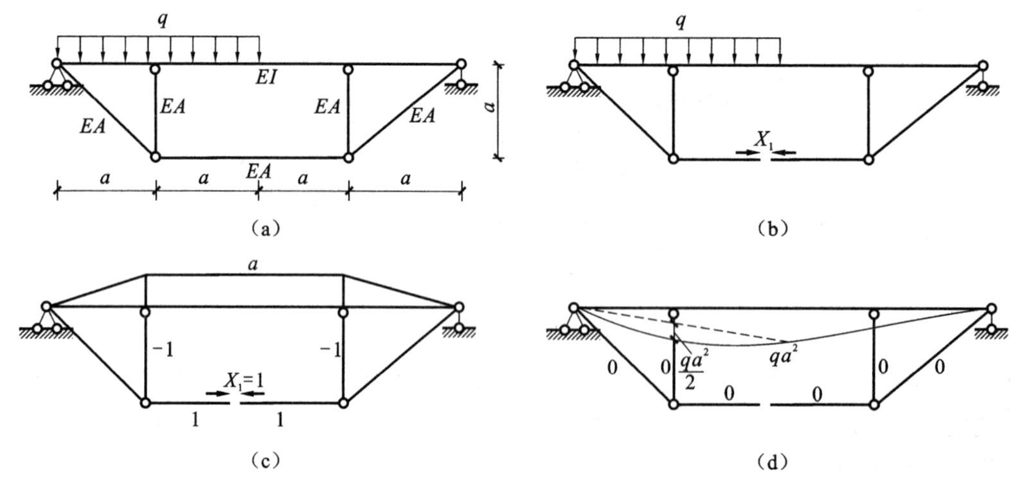

图 7-17

(a)原结构;(b)基本体系;(c)$\overline{F}_{N1}$,$\overline{M}_1$ 图;(d)$\overline{F}_{NP}$,M_P 图

【解】 (1)选取基本体系。

这是一次超静定组合结构,切断水平链杆代之以多余未知力 X_1,可得如图 7-17(b)所示基本体系。

(2)列出力法典型方程。

根据切口处相对轴向位移为零的条件,列出力法典型方程

$$\delta_{11}X_1+\Delta_{1P}=0$$

(3)计算系数和自由项。

基本结构在单位力 $X_1=1$ 作用下的内力图如图 7-17(c)所示,在荷载作用下的内力图如图 7-17(d)所示。由系数和自由项的位移计算公式,可得

$$\begin{aligned}\delta_{11}&=\sum\int\frac{\overline{M}_i^2\,\mathrm{d}s}{EI}+\sum\frac{\overline{F}_{Ni}^2\cdot l}{EA}\\&=\frac{1}{EI}\cdot\left(2\cdot\frac{1}{2}\cdot a\cdot a\cdot\frac{2}{3}\cdot a+a\cdot 2a\cdot a\right)\\&\quad+\frac{1}{EA}\left[2\cdot(-1)^2\cdot a+1^2\cdot(2a)+2\cdot(\sqrt{2})^2\cdot\sqrt{2}a\right]\\&=\frac{8a^3}{3EI}+\frac{4(1+\sqrt{2})a}{EA}\end{aligned}$$

$$\begin{aligned}\Delta_{1P}&=-\frac{1}{EI}\left\{\frac{qa^2}{2}\cdot a\times\frac{2a}{3}+\frac{2}{3}\times\frac{qa^2}{8}\cdot a\times\frac{a}{2}\right.\\&\quad\left.+\left[\frac{2}{3}\times\frac{qa^2}{8}\cdot a+qa^2\cdot a+\frac{1}{2}\left(qa^2+\frac{qa^2}{2}\right)a\right]\cdot a+\frac{1}{2}\times\frac{qa^2}{2}\cdot a\times\frac{2a}{3}\right\}\\&=-\frac{57qa^4}{24EI}\end{aligned}$$

(4)解方程,求多余未知力。

将系数和自由项代入力法典型方程,可求得

$$X_1=\frac{57qa}{64}\cdot\frac{1}{1+\dfrac{3(1+\sqrt{2})}{2EAa^2}}=\frac{57qa}{64}\cdot\frac{1}{1+k}$$

其中,$k=\dfrac{3(1+\sqrt{2})EI}{2EAa^2}$。

(5)求最后内力并作内力图。

将图 7-17(c)中的数值乘以 X_1 得各杆的轴力,如果要作弯矩图,由 $M=\overline{M}_1X_1+M_P$ 即可得到。

说明:由上式可知,当桁架链杆刚度较大,梁式杆刚度较小时,$k\to 0$,梁的弯矩接近三跨连续梁的情况;反之,当桁架链杆刚度较小,梁式杆刚度较大时,k 很大,$X_1\to 0$,梁的弯矩接近于简支梁的情况。

单层厂房往往采用排架结构,它是由屋架(或屋面大梁)、柱和基础所组成。柱与基础为刚结,屋架与柱顶则为铰接。在屋面荷载作用下,屋架按桁架计算。当柱承受荷载作用时,屋架对柱顶只起联系作用,故用力法分析排架时,屋架常视为刚度无穷大的刚性链杆因而不产生变形。如图 7-18(a)所示一厂房排架,其计算结构简图如图 7-18(b)所示。由于柱上常放置吊车梁,因此,柱往往做成阶梯式。

计算排架时,一般将横梁作为多余联系而切断,代之以多余未知力,利用切口两侧相对位移为零的条件,建立力法典型方程。

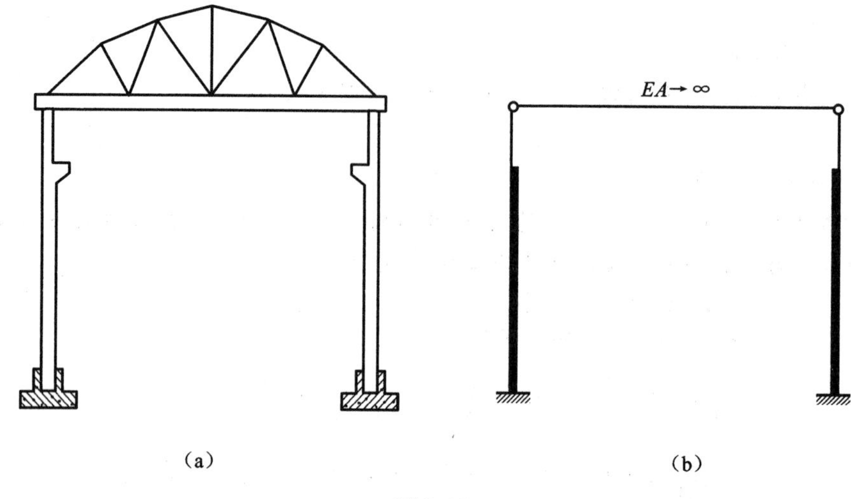

(a) (b)

图 7-18

【例 7-6】 某车间横向排架的计算简图如图 7-19(a)所示。各柱的惯性矩分别为:$I_1=12.3\times 10^5\text{cm}^4$,$I_2=8.008I_1$,$I_3=10.81I_1$,$I_4=2.772I_1$。荷载为吊车轮压,分别为 $F_{P1}=169\text{kN}$,$e_1=0.44\text{m}$,$F_{P2}=40.7\text{kN}$,$e_2=0.375\text{m}$,试作排架的弯矩图。

【解】 (1)为了便于计算,将吊车轮压分别向柱 AD、BE 的中心简化而分别得中心压力为

$$F_{P1}=169\text{kN},\quad M_1=169\times 0.44=74.4\text{kN}\cdot\text{m}$$

$$F_{P2}=40.70\text{kN},\quad M_2=40.7\times 0.375=15.5\text{kN}\cdot\text{m}$$

(2)选择基本体系。

此排架为二次超静定结构,切断横杆 DE、EF 代之以多余未知力 X_1、X_2,其基本体系如图 7-19(b)所示。

(3)列出力法典型方程。

$$\delta_{11}X_1+\delta_{12}X_2+\Delta_{1P}=0$$

$$\delta_{21}X_1+\delta_{22}X_2+\Delta_{2P}=0$$

(4)计算系数和自由项。

绘出基本结构在 $X_1=1$,$X_2=1$ 作用下的弯矩图 $\overline{M}_1$、$\overline{M}_2$ 和荷载作用下的弯矩图 M_P,如图 7-19(c)、(d)、(e)所示,由图乘法可得

$$\delta_{11}=\frac{2}{EI_1}\left(\frac{1}{2}\times 2.15^2\times\frac{2}{3}\times 2.15\right)+\frac{1}{EI_2}\left[\frac{1}{2}\times 2.15\times 5.15\times\left(\frac{2}{3}\times 2.15+\frac{1}{3}\times 7.3\right)+\frac{1}{2}\times 7.3\times 5.15\times\left(\frac{2}{3}\times 7.3+\frac{1}{3}\times 2.15\right)\right]+\frac{1}{EI_3}\left[\frac{1}{2}\times 2.15\times 5.15\times\left(\frac{2}{3}\times 2.15+\frac{1}{3}\times 7.3\right)+\frac{1}{2}\times 7.3\times 5.15\times\left(\frac{2}{3}\times 7.3+\frac{1}{3}\times 2.15\right)\right]=\frac{34.09}{EI_1}$$

$$\delta_{22}=\frac{1}{EI_1}\left(\frac{1}{2}\times 2.15^2\times\frac{2}{3}\times 2.15\right)+\frac{1}{EI_3}\left[\frac{1}{2}\times 2.15\times 5.15\times\left(\frac{2}{3}\times 2.15+\frac{1}{3}\times 7.3\right)+\frac{1}{2}\times 7.3\times 5.15\times\left(\frac{2}{3}\times 7.3+\frac{1}{3}\times 2.15\right)\right]+\frac{1}{EI_4}\times\frac{1}{2}\times 7.3^2\times\frac{2}{3}\times 7.3=\frac{61.78}{EI_1}$$

$$\delta_{12}=\delta_{21}=-\frac{1}{EI_1}\left(\frac{1}{2}\times 2.15^2\times\frac{2}{3}\times 2.15\right)-\frac{1}{EI_3}\left[\frac{1}{2}\times 2.15\times 5.15\times\left(\frac{2}{3}\times 2.15+\frac{1}{3}\times 7.3\right)+\right.$$

$$\left.\frac{1}{2}\times 7.3\times 5.15\times\left(\frac{2}{3}\times 7.3+\frac{1}{3}\times 2.15\right)\right]=\frac{15.002}{EI_1}$$

$$\Delta_{1P}=-\frac{1}{EI_2}\left[\frac{1}{2}\times(2.15+7.3)\times 5.15\times 74.4\right]-\frac{1}{EI_3}\left[\frac{1}{2}\times(2.15+7.3)\times 5.15\times 15.3\right]$$

$$=-\frac{260.52}{EI_1}$$

$$\Delta_{2P}=\frac{1}{EI_3}\times\frac{1}{2}\times(2.15+7.3)\times 5.15\times 15.3=\frac{34.44}{EI_1}$$

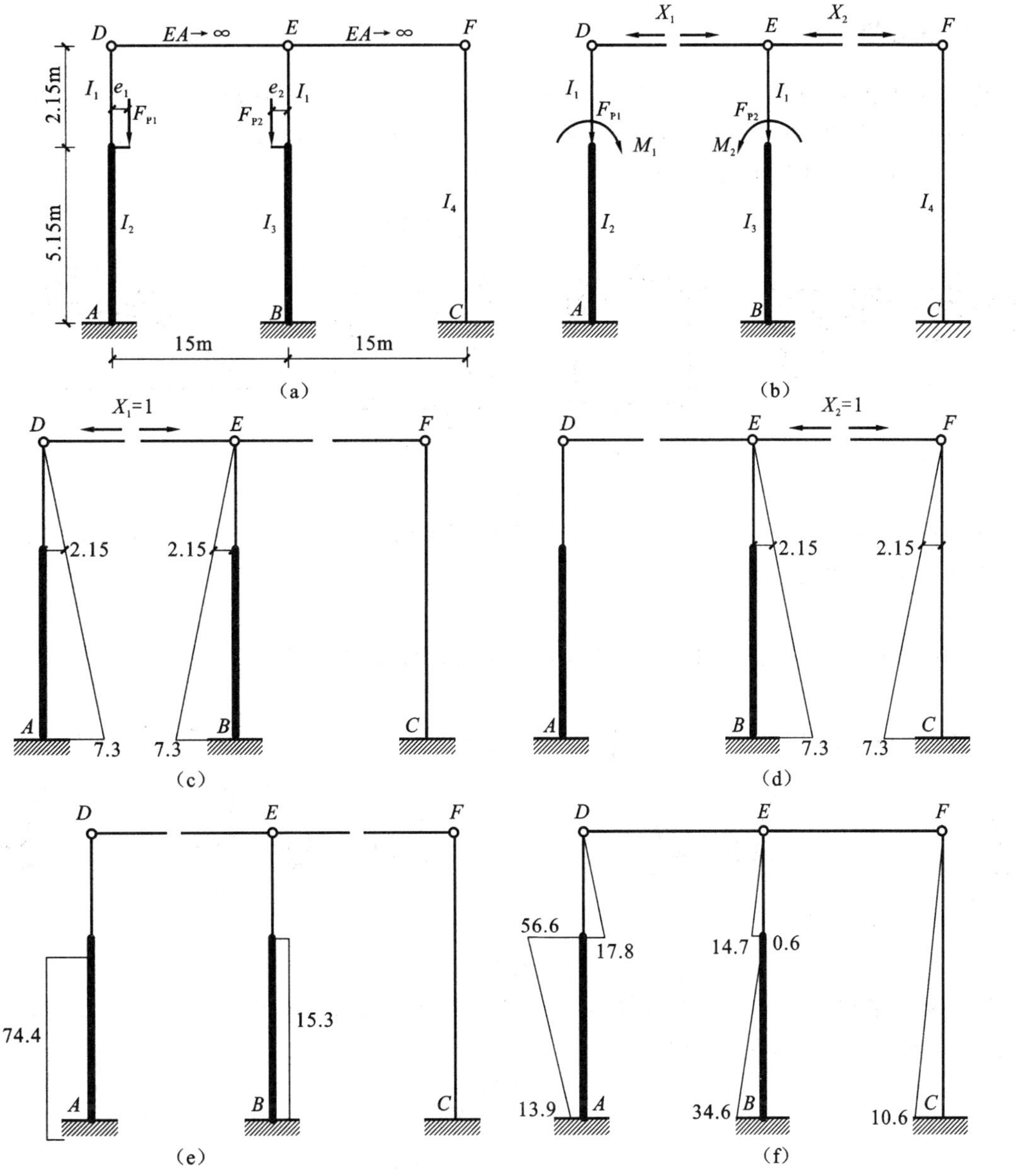

图 7-19

(a)原结构；(b)基本体系；(c)$\overline{M}_1$ 图(m)；(d)$\overline{M}_2$ 图(m)；(e)M_P 图(kN·m)；(f)M 图(kN·m)

(5)解方程,求出多余未知力。

将以上系数、自由项代入力法典型方程,并消除去 EI_1,得

$$34.07X_1 - 15.002X_2 - 260.52 = 0$$
$$-15.002X_1 + 61.78X_2 + 34.44 = 0$$

解方程得

$$X_1 = 8.29\text{kN}, \quad X_2 = 1.455\text{kN}$$

(6)按叠加原理,用下式求最后弯矩

$$M = \overline{M}_1 X_1 + \overline{M}_2 X_2 + M_P$$

作出排架的 M 图,如图 7-19(f)所示。

*7.3.4 两铰拱

超静定拱中较常见的是两铰拱和无铰拱,其弯矩分布比较均匀,且构造简单,工程中应用较多。例如,桥梁中的拱桥[图 7-20(a)],地下建筑和水利工程中的隧洞衬砌拱圈[图 7-20(b)、(c)],道路工程中的涵洞,房屋建筑中的拱形屋架[图 7-20(d)]等。

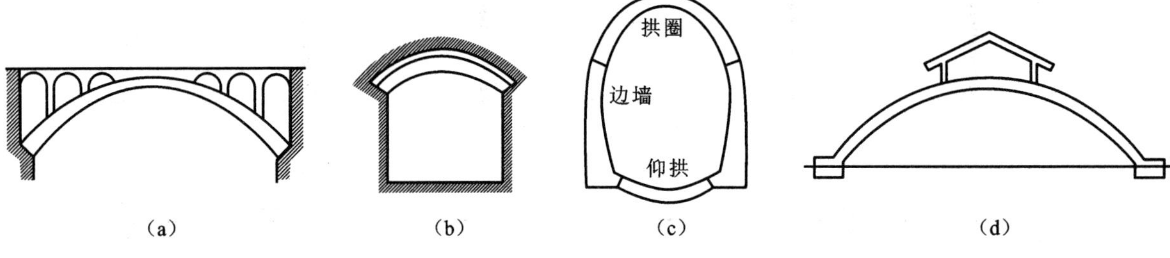

图 7-20

两铰拱是一次超静定结构[图 7-21(a)],选用简支曲梁[图 7-21(b)]作基本体系,以推力 X_1 作基本未知量,则力法方程为

$$\delta_{11} X_1 + \Delta_{1P} = 0$$

由于拱是曲杆,求位移 δ_{11} 和 Δ_{1P} 时不能用图乘法,只能用莫尔积分。

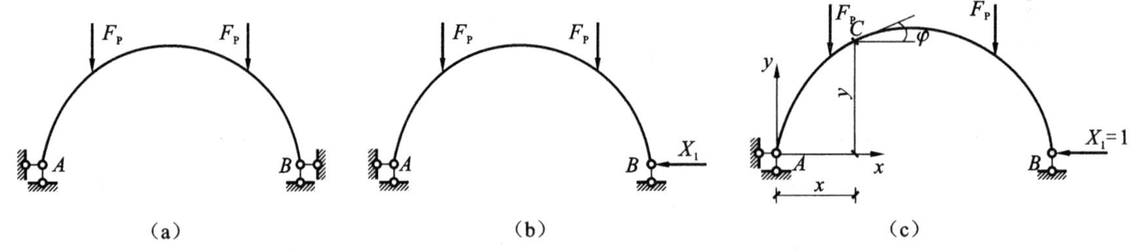

图 7-21

因为基本结构是一简支曲梁,计算 Δ_{1P} 时一般只考虑弯曲变形;计算 δ_{11} 时(对较平的扁拱且截面较厚时)则要考虑轴向变形。因此

$$\left.\begin{aligned} \Delta_{1P} &= \int \frac{\overline{M}_1 M_P}{EI} ds \\ \delta_{11} &= \int \frac{\overline{M}_1^2}{EI} ds + \int \frac{\overline{F}_{N1}^2}{EA} ds \end{aligned}\right\} \tag{7-14}$$

基本结构在 $X_1=1$ 作用下[图 7-21(c)]，任意截面 C 的弯矩和轴力为

$$\left.\begin{aligned}\overline{M}_1&=-y\\ \overline{F}_{N1}&=-\cos\varphi\end{aligned}\right\}\tag{7-15}$$

式中 y——任意截面 C 的纵坐标，向上为正；

φ——截面 C 处拱轴切线与 x 轴所成的锐角，左半拱的 φ 为正，右半拱的 φ 为负；

$\overline{M}_1$——截面 C 处弯矩，以使拱的内缘受拉为正；

F_{N1}——截面 C 处轴力，以拉为正。

如果只承受竖向荷载，则简支曲梁任意截面的弯矩 M_P 与同跨度同荷载的简支水平梁相应截面的弯矩 M^0 彼此相等，即

$$M_P=M^0\tag{7-16}$$

将式(7-15)和式(7-16)代入式(7-14)，得

$$\left.\begin{aligned}\Delta_{1P}&=-\int\frac{M^0y}{EI}ds\\ \delta_{11}&=\int\frac{y^2}{EI}ds+\int\frac{\cos^2\varphi}{EA}ds\end{aligned}\right\}\tag{7-17}$$

由力法典型方程，可求出 X_1(即推力 F_H)为

$$X_1=F_H=-\frac{\Delta_{1P}}{\delta_{11}}$$

求出 F_H 后，与三铰拱内力计算相同，在竖向荷载作用下，两铰拱的内力计算公式为

$$\left.\begin{aligned}M&=M^0-F_Hy\\ F_Q&=F_Q^0\cos\varphi-F_H\sin\varphi\\ F_N&=-F_Q^0\sin\varphi-F_H\cos\varphi\end{aligned}\right\}\tag{7-18}$$

从受力性质来看，两铰拱与三铰拱基本相同，其内力的计算方法和计算公式在形式上也与三铰拱相同。所不同的是：在三铰拱中，推力 F_H 是由平衡条件求得的；在两铰拱中，推力 F_H 是由变形条件求得的。

在屋盖结构中采用的两铰拱，通常带拉杆[图 7-22(a)]。设置拉杆的目的，一方面，是使砖墙或立柱不受推力，从而在砖墙或立柱中不产生弯矩；另一方面，又使拱肋承受推力，从而减小了拱肋的弯矩。

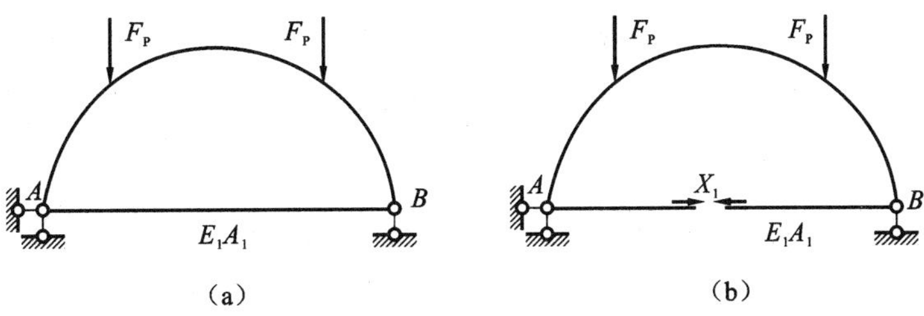

图 7-22

计算带拉杆的两铰拱时，可将拉杆切断，其基本体系如图 7-22(b)所示。基本未知力 X_1 是拉杆内的拉力，也就是拱肋所受的推力 F_H。力法典型方程(表示切口两边无相对位移)为

$$\delta_{11}X_1+\Delta_{1P}=0$$

与无拉杆的两铰拱相比，力法典型方程在形式上是一样的。但是在计算 δ_{11} 时，应当考虑拉杆的变形，即

$$\delta_{11}=\int\frac{\overline{M}_1^2}{EI}\mathrm{d}s+\int\frac{\overline{F}_{N1}^2}{EA}\mathrm{d}s+\int_0^l\frac{\overline{F}_{N1}^2}{E_1A_1}\mathrm{d}x \tag{7-19}$$

式中,前两项是对拱肋积分,末项是对拉杆积分。E_1 和 A_1 分别表示拉杆的弹性模量和截面面积。基本结构在 $X_1=1$ 作用下,拉杆的轴力为 $\overline{F}_{N1}=1$。因此,末一项积分为

$$\int_0^l\frac{\overline{F}_{N1}^2}{E_1A_1}\mathrm{d}x=\int_0^l\frac{1^2}{E_1A_1}\mathrm{d}x=\frac{l}{E_1A_1} \tag{7-20}$$

将式(7-20)代入式(7-19),得

$$\delta_{11}=\int\frac{\overline{M}_1^2}{EI}\mathrm{d}s+\int\frac{\overline{F}_{N1}^2}{EA}\mathrm{d}s+\frac{l}{E_1A_1} \tag{7-21}$$

基本结构在荷载作用下,拉杆的拉力为零。因此,计算 Δ_{1P}时只对拱肋积分,即

$$\Delta_{1P}=\int\frac{\overline{M}_1M_P}{EI}\mathrm{d}s \tag{7-22}$$

这个计算式与无拉杆的两铰拱是一样的。

下面,对两铰拱的两种形式(有拉杆和无拉杆)加以比较。由式(7-21)和式(7-22),可得出位移 δ_{11}、Δ_{1P}(无拉杆)与位移 δ_{11}^*、Δ_{1P}^*(有拉杆)之间的关系如下

$$\delta_{11}^*=\delta_{11}+\frac{l}{E_1A_1}$$

$$\Delta_{1P}^*=\Delta_{1P}$$

由此可得出,推力 F_H(无拉杆)和 F_H^*(有拉杆)的计算式如下

$$F_H=-\frac{\Delta_{1P}}{\delta_{11}},\quad F_H^*=-\frac{\Delta_{1P}^*}{\delta_{11}^*}=-\frac{\Delta_{1P}}{\delta_{11}+\dfrac{l}{E_1A_1}}$$

如果拉杆的刚度很大($E_1A_1\to\infty$),则 $F_H^*\to F_H$。这时,两种形式的推力基本相等,因而受力状态也基本相同。

如果拉杆的刚度很小($E_1A_1\to0$),则 $F_H^*\to0$。这时,带拉杆的两铰拱实际上是一简支曲梁,拱肋的受力状态是不利的。

由此可见,在设计带拉杆的两铰拱时,为了减小拱肋的弯矩,改善拱的受力状态,应当适当地加大拉杆的刚度。

【例 7-7】 试求如图 7-23 所示抛物线拱中 AB 拉杆的内力。计算时取 $I=I_C/\cos\varphi$。已知:拱顶 $EI_C=5000\mathrm{kN\cdot m^2}$,拉杆 $E_1A_1=2\times10^5\mathrm{kN}$(对拱肋不考虑轴力对位移的影响)。拱轴线为抛物线,其方程为 $y=\frac{4f}{l^2}x(l-x)$。

【解】 切断拉杆,基本体系如图 7-23(b)所示,力法典型方程为

$$\delta_{11}X_1+\Delta_{1P}=0$$

且注意以下关系

$$\frac{1}{EI}\mathrm{d}s=\frac{1}{E\dfrac{I_C}{\cos\varphi}}\cdot\frac{\mathrm{d}x}{\cos\varphi}=\frac{\mathrm{d}x}{EI_c}$$

先计算 δ_{11}(拱肋不考虑轴力对位移的影响):

$$\delta_{11}=\int_0^l\frac{\overline{M}_1^2}{EI}\mathrm{d}s+\int_0^l\frac{\overline{N}_1^2}{E_1A_1}\mathrm{d}s=\frac{l_1}{E_1A_1}+\frac{1}{EI_C}\int_0^l y^2\,\mathrm{d}s$$

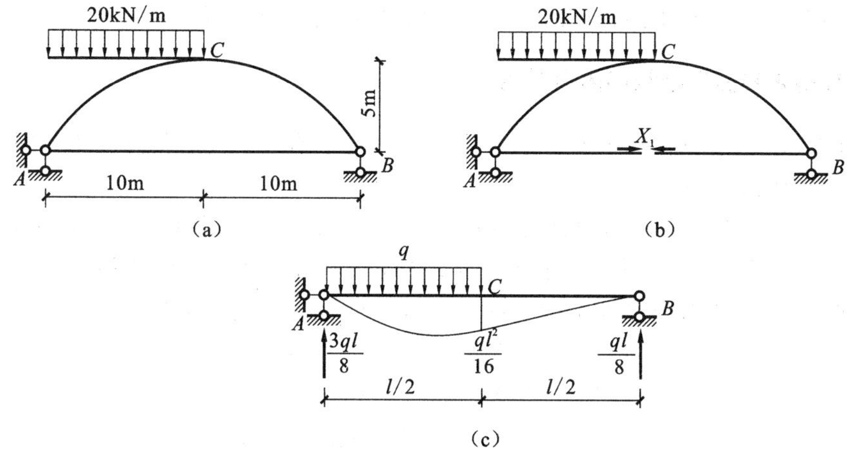

图 7-23

(a)原结构;(b)基本体系;(c)M^0 图

$$= \frac{l_1}{E_1A_1} + \frac{1}{EI_C}\int_0^l \left[\frac{4f}{l^2}x(l-x)\right]^2 \mathrm{d}x = \frac{l_1}{E_1A_1} + \frac{8f^2l}{15EI_c}$$

$$= \frac{20}{2\times10^5} + \frac{8\times5^2\times20}{15\times5000} = 0.0534$$

计算 Δ_{1P}时，先求简支梁的弯矩 M^0 图，如图 7-23(c)所示，弯矩方程分两段表示如下：

左半跨$\left(0<x<\frac{l}{2}\right)$　　　　$M^0 = \frac{3}{8}qlx - \frac{1}{2}qx^2$

右半跨$\left(\frac{l}{2}<x<l\right)$　　　　$M^0 = \frac{ql}{8}(l-x)$

因此

$$\Delta_{1P} = -\frac{1}{EI}\int_0^l yM^0\,\mathrm{d}s = -\frac{1}{EI_C}\int_0^l M^0 y\,\mathrm{d}x$$

$$= -\frac{1}{EI_C}\int_0^{\frac{l}{2}} y\left(\frac{3}{8}ql - \frac{1}{2}qx^2\right)\mathrm{d}x - \frac{1}{EI_C}\int_{\frac{l}{2}}^l y\,\frac{1}{8}ql(l-x)\mathrm{d}x$$

$$= -\frac{qfl^3}{30EI_C} = -\frac{20\times5\times20^3}{30\times5000} = -5.333$$

代入力法典型方程，求得

$$X_1 = -\frac{\Delta_{1P}}{\delta_{11}} = \frac{5.333}{0.0534} = 99.986\text{kN}$$

故拉杆中的内力为 99.986kN。

7.4　用力法计算超静定结构在支座移动和温度变化时的内力

超静定结构有一个重要特点，就是在温度变化、支座移动、材料收缩、制造误差等非荷载因素作用下，一般也会产生内力。其原因是当上述因素发生在超静定结构上时，由于多余约束的存在，结构的变形不可能自由地发生，因此，将产生强制内力或称为自内力。用力法计算自内力时，计算步骤与荷载作用的情形基本相同，仍是根据基本结构在上述因素和多余未知力共同作用下，去掉多余联系处的位移应与原结构的位移相符这个原则进行的。

赤水河红军大桥

下面,分别就支座移动和温度变化时超静定结构的内力计算进行讨论。

7.4.1 支座移动时超静定结构的内力计算

用力法分析超静定结构在支座移动时的内力,其原理与荷载作用时的计算仍相同,唯一的区别仅在于典型方程中的自由项不同。

例如,如图7-24(a)所示刚架,设其支座 B 由于某种原因产生了水平位移 a、竖向位移 b 及转角 φ。现取基本体系如图7-24(b)所示。根据基本结构在多余未知力和支座位移共同影响下,沿各多余未知力方向的位移应与原结构相应的位移相同的条件,可建立力法典型方程

$$\left.\begin{aligned}\delta_{11}X_1+\delta_{12}X_2+\delta_{13}X_3+\Delta_{1c}&=0\\\delta_{21}X_1+\delta_{22}X_2+\delta_{23}X_3+\Delta_{2c}&=-\varphi\\\delta_{31}X_1+\delta_{32}X_2+\delta_{33}X_3+\Delta_{3c}&=-a\end{aligned}\right\}\tag{7-23}$$

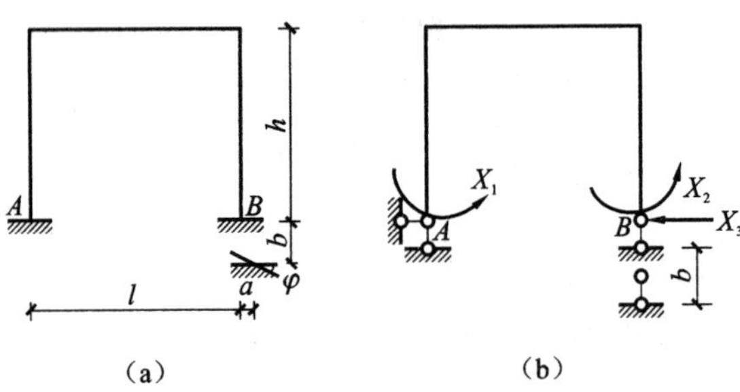

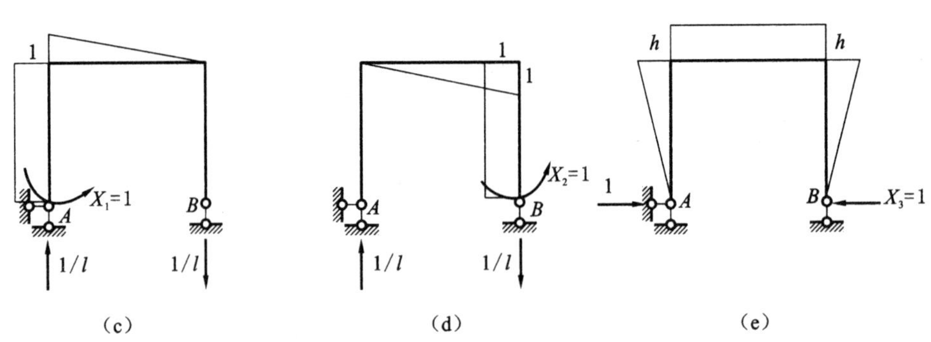

图7-24

(a)原结果;(b)基本体系;(c)$\overline{F}_{R1}$,$\overline{M}_1$ 图;(d)$\overline{F}_{R2}$,$\overline{M}_2$ 图;(e)$\overline{F}_{R3}$,$\overline{M}_3$ 图

式中,系数 δ_{ij} 与外因无关,其计算同前。自由项 Δ_{1c}、Δ_{2c}、Δ_{3c} 则分别代表基本结构上由于支座移动所引起的沿 X_1、X_2、X_3 方向的位移,它们可按式(7-3)类比推导出,即

$$\Delta_{ic}=-\sum(\pm)\overline{F}_{RK}\cdot c_K\tag{7-24}$$

由图7-24(c)、(d)、(e)所示的虚拟反力,按式(7-24)可求得

$$\Delta_{1c}=-\left(\frac{1}{l}b\right)=\frac{-b}{l},\quad \Delta_{2c}=-\left(\frac{1}{l}b\right)=-\frac{b}{l},\quad \Delta_{3c}=0$$

自由项求出后,解力法典型方程,可求得 X_1、X_2、X_3。对静定基本结构,支座移动在基本体系中不引起内力。此时最后弯矩也只是由多余未知力所引起的,即

$$M=\overline{M}_1X_1+\overline{M}_2X_2+\overline{M}_3X_3\tag{7-25}$$

【例7-8】 如图7-25(a)所示单跨超静定梁,在支座 A 发生了转角 θ,在支座 B 产生了沉降 a,

求作其弯矩图。

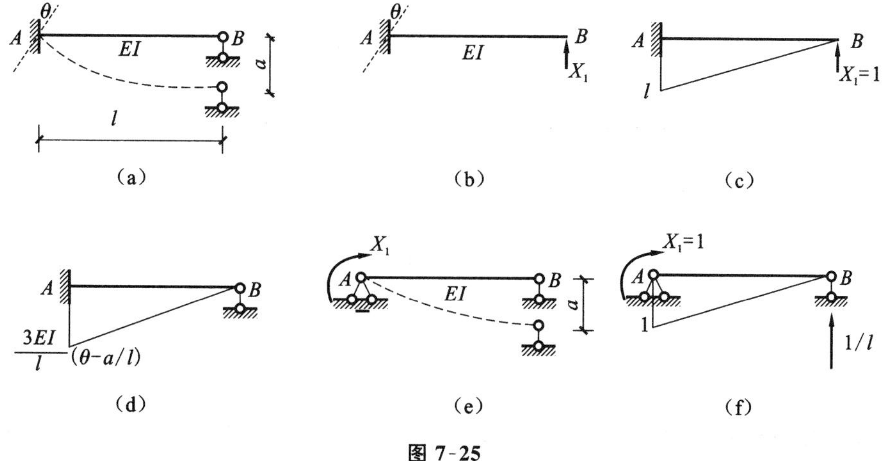

图 7-25

(a)原结构;(b)基本体系 1;(c)$\overline{M}_1$ 图;(d)M 图;(e)基本体系 2;(f)$\overline{F}_{R1}$,$\overline{M}_1$ 图

【解】 取悬臂梁为基本结构[图 7-25(b)],力法典型方程为

$$\delta_{11}X_1+\Delta_{1c}=-a$$

绘出 $\overline{M}_1$ 图[图 7-25(c)]并求出 $\overline{F}_{R1}$,由图乘法求得:$\delta_{11}=\dfrac{l^3}{3EI}$。自由项 Δ_{1c} 代表基本结构由于支座移动在去掉多余约束处沿 X_1 方向所产生的位移,即

$$\Delta_{1c}=-\sum\overline{F}_{R1}\cdot c=-(l\cdot\theta)=-l\theta$$

代入力法典型方程,得

$$X_1=-\frac{\Delta_{1c}}{\delta_{11}}=\frac{3EI}{l^2}\left(\theta-\frac{a}{l}\right)$$

最后弯矩图由 $M=\overline{M}_1X_1$ 求得,如图[7-25(d)]所示。

另外,我们也可以取简支梁为基本结构[图 7-25(e)],写出力法典型方程为

$$\delta_{11}X_1+\Delta_{1c}=\theta$$

绘出 $\overline{M}_1$ 图[图 7-25(f)],并求系数和自由项

$$\delta_{11}=\frac{l}{3EI}$$

$$\Delta_{1c}=-\sum\overline{F}_{R1}\cdot c=-\left(-\frac{1}{l}a\right)=\frac{a}{l}$$

因此解得

$$X_1=\frac{3EI}{l}\left(\theta-\frac{a}{l}\right)$$

相应的弯矩图如图 7-25(d)所示。一般说来,凡是与多余未知力相应的支座位移参数都出现在力法的右边项中;而其他的支座位移参数则都出现在左边的自由项中。支座移动引起的内力与结构的绝对刚度有关。

7.4.2 温度变化时超静定结构的内力计算

如图 7-26(a)所示刚架,其温度变化如图 7-26 所示,取图 7-26(b)所示基本体系,力法典型方程为

$$\left.\begin{aligned}\delta_{11}X_1+\delta_{12}X_2+\delta_{13}X_3+\Delta_{1t}&=0\\\delta_{21}X_1+\delta_{22}X_2+\delta_{23}X_3+\Delta_{2t}&=0\\\delta_{31}X_1+\delta_{32}X_2+\delta_{33}X_3+\Delta_{3t}&=0\end{aligned}\right\}\tag{7-26}$$

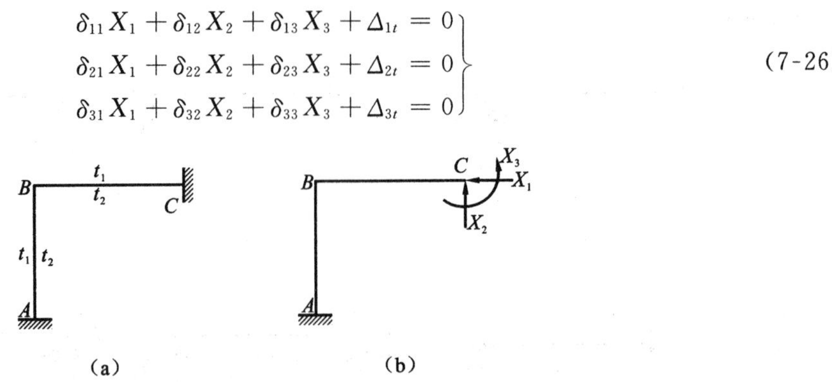

图 7-26

(a)原结构;(b)基本体系

其中各系数计算与前相同,而自由项 Δ_{1t}、Δ_{2t}、Δ_{3t} 则分别为基本结构由于温度变化引起的沿 X_1、X_2、X_3 方向的位移。根据第 6 章可知,它们的计算式可写为

$$\Delta_{it}=\sum(\pm)\alpha t_0\int\overline{F}_{Ni}\,\mathrm{d}s+\sum(\pm)\frac{\alpha\Delta t}{h}\int\overline{M}_i\,\mathrm{d}s\tag{7-27}$$

将系数和自由项求得后代入力法典型方程,可求得多余未知力。

因为基本结构是静定的,温度变化并不使其产生内力,故最后内力是由多余未知力所引起的,即

$$M=\overline{M}_1X_1+\overline{M}_2X_2+\overline{M}_3X_3\tag{7-28}$$

【例 7-9】 结构温度改变如图 7-27 所示,EI 为常数,截面对称于形心轴,其高度 $h=l/10$,材料的线膨胀系数为 α。试作弯矩图 M。

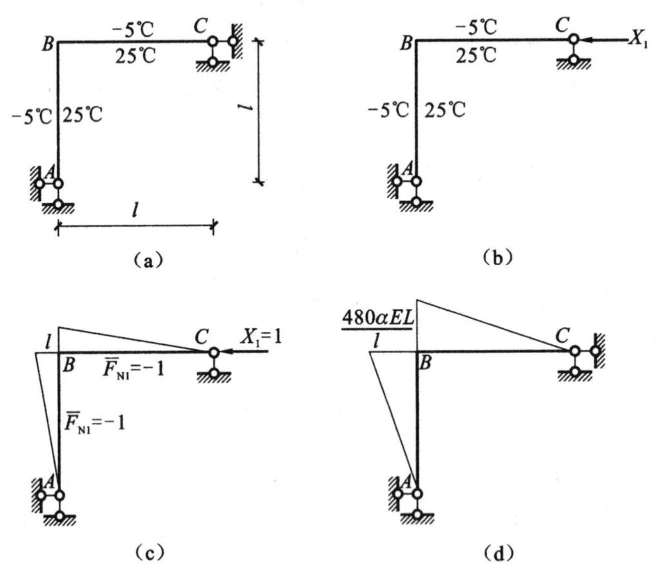

图 7-27

(a)原结构;(b)基本体系;(c)$\overline{F}_{N1}$,$\overline{M}_1$ 图;(d)M 图

【解】 这是一次超静定刚架,取如图 7-27(b)所示基本体系,其力法典型方程为

$$\delta_{11}\cdot X_1+\Delta_{1t}=0$$

计算 $\overline{F}_{N1}$ 并绘出 $\overline{M}_1$ 图[图 7-27(c)]，求得系数及自由项为

$$\delta_{11}=\sum\int\frac{\overline{M}_1^2\mathrm{d}s}{EI}=\frac{1}{EI}\left(2\cdot\frac{l^2}{2}\cdot\frac{2l}{3}\right)=\frac{2l^3}{3EI}$$

$$\begin{aligned}\Delta_{1t}&=\sum(\pm)\alpha t_0\int\overline{F}_{N1}\mathrm{d}s+\sum(\pm)\frac{\alpha\Delta t}{h}\int\overline{M}_1\cdot\mathrm{d}s\\&=2\cdot(-1)\alpha\cdot\frac{25-5}{2}\cdot l-\alpha\frac{25-(-5)}{h}\cdot\left(2\cdot\frac{l^2}{2}\right)\\&=-20\alpha l\left(1+\frac{3l}{2h}\right)=-320\alpha l\end{aligned}$$

故得

$$X_1=-\frac{\Delta_{1t}}{\delta_{11}}=\frac{320\alpha l}{\frac{2l^2}{3EI}}=\frac{480\alpha EI}{l^2}$$

最后弯矩 $M=\overline{M}_1X_1$，如图 7-27(d)所示。由计算结果可知，在温度变化影响下，超静定结构的内力与各杆刚度的绝对值有关，这与荷载作用下结构的内力与杆件之间的相对刚度有关是不同的。

7.5 对称性的利用

土木工程中，很多结构都具有对称性。结构的对称性，是指结构的几何形状、内部连接、支承条件以及杆件刚度均对某一轴线或某一中心点对称。如图 7-28 所示是一些具有对称性的结构的例子，利用结构的对称性可以达到简化力法计算的目的。具体来讲，首先，我们知道在解算力法典型方程时，需要计算大量的系数和自由项，而且，结构的超静定次数越高，计算工作量也就越大。为此，如果利用结

雅鲁藏布江大桥

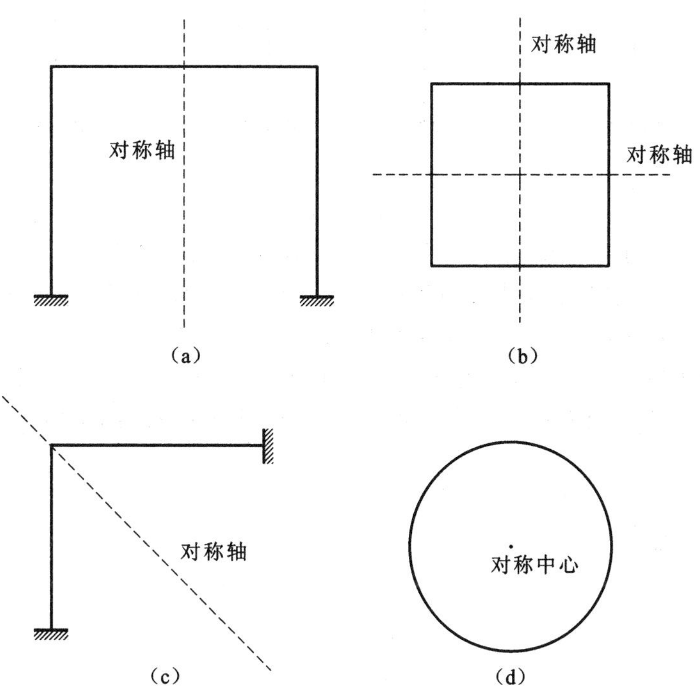

图 7-28

构的对称性并合理选择基本结构和设置适当的基本未知量,使尽可能多的副系数及自由项等于零,可以使计算工作大为简化。其次,如果能根据对称结构的受力和变形特点,选取等效的替代结构代替原结构,以降低原结构的超静定次数,进而达到简化力法计算的目的。因此,利用结构的对称性简化力法计算可从以下两方面进行:①选择对称的基本结构;②利用对称结构的受力和变形特点降低超静定次数,即取等效的半边结构计算。

7.5.1 对称结构

如图 7-29(a)所示对称结构,它有一个对称轴。作用在对称结构上的任何荷载 F_P[图 7-29(b)]都可分解为两组:一组是正对称荷载[图 7-29(c)],另一组是反对称荷载[图 7-29(d)]。正对称荷载绕对称轴对折后,左右两部分荷载彼此完全重合;反对称荷载绕对称轴对折后,左右两部分荷载方向正好相反(大小相同,方向相反)。

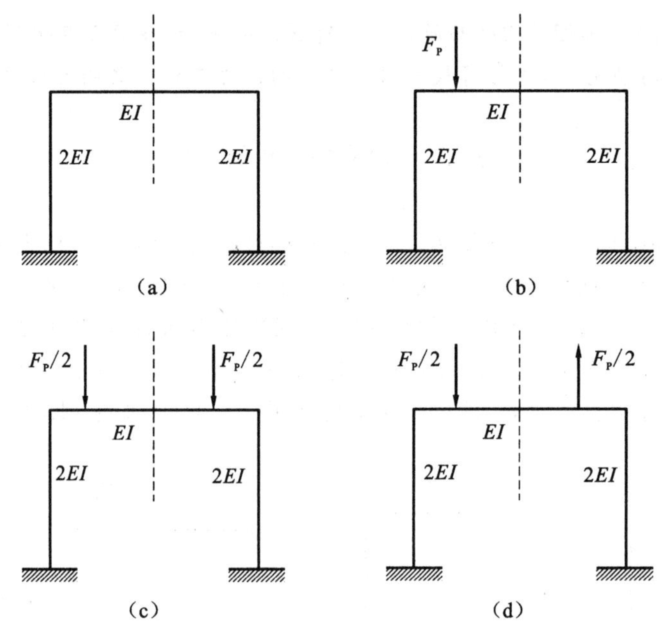

图 7-29

以图 7-29(b)所示刚架为例,若将此刚架沿对称轴上的截面切开,便得到一个对称的基本体系,如图 7-30(a)所示。这时,多余未知力包括三个广义力 X_1、X_2 和 X_3。它们分别是一对轴力、一对弯矩和一对剪力。其中,X_1 和 X_2 是正对称力,X_3 是反对称力。

绘出基本结构在各单位未知力作用下的弯矩图[图 7-30(b)、(c)、(d)],可以看出,$\overline{M}_1$ 图和 $\overline{M}_2$ 图是正对称的,而 $\overline{M}_3$ 图是反对称的。由于正、反对称的两弯矩图相乘时恰好正负抵消使结果为零,因而可知副系数

$$\delta_{13} = \delta_{31} = 0, \quad \delta_{23} = \delta_{32} = 0$$

这样力法典型方程就简化为

$$\left.\begin{aligned} \delta_{11}X_1 + \delta_{12}X_2 + \Delta_{1P} = 0 \\ \delta_{21}X_1 + \delta_{22}X_2 + \Delta_{2P} = 0 \\ \delta_{33}X_3 + \Delta_{3P} = 0 \end{aligned}\right\} \tag{7-29}$$

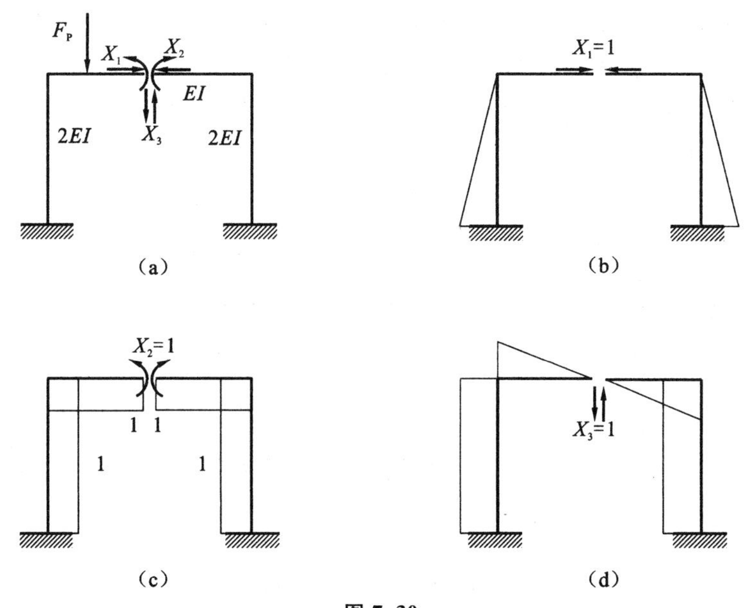

图 7-30

(a)基本体系;(b)$\overline{M}_1$ 图;(c)$\overline{M}_2$ 图;(d)$\overline{M}_3$ 图

可见,力法典型方程已分为两组,一组只包含正对称多余未知力 X_1、X_2,另一组只包含反对称多余未知力 X_3。

一般来说,采用力法计算任何对称结构,只要所取的基本未知量都是正对称力或反对称力,则力法方程必然分解成两组,其中一组只包含正对称未知力,另一组只包含反对称未知力,原来的高阶方程组便降为两个低阶方程组,使计算得以简化。

下面,进一步讨论对称结构在正对称荷载和反对称荷载作用下的简化计算。

7.5.2 对称结构在正对称荷载作用下的简化计算

如果作用在结构上的荷载是正对称的[图 7-29(c)],则 M_P 图也是正对称的[图 7-31(a)],由于 $\overline{M}_3$ 图是反对称的,于是自由项 $\Delta_{3P}=0$,代入力法方程(7-29)第三式可知,反对称多余未知力 $X_3=0$,因此只有正对称的多余未知力 X_1 和 X_2[图 7-31(b)],由式(7-29)前两式求出。最后弯矩图 $M=\overline{M}_1X_1+\overline{M}_2X_2+M_P$,它也将是正对称的。

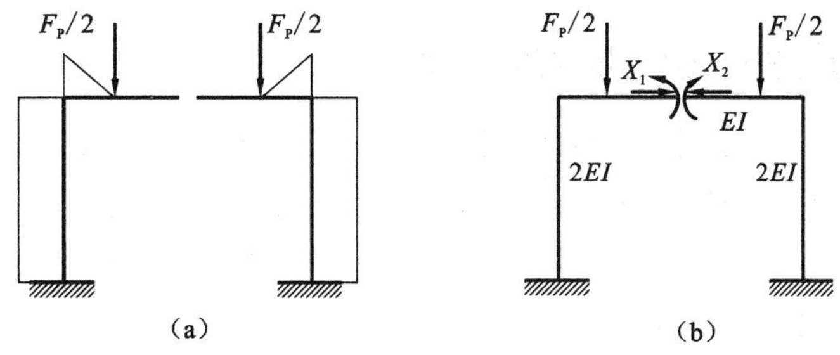

图 7-31

(a)M_P 图;(b)基本体系

结论:对称结构在正对称荷载作用下,在对称轴截面处只有正对称未知力,反对称未知力等于零。结构的内力、变形、支座反力是正对称的。

根据对称结构在正对称荷载作用下的内力和变形特点,可以截取结构的一半进行计算。

如图 7-32(a)所示的奇数跨刚架,在正对称荷载作用下,由于只产生正对称的内力和位移,故可知在对称轴上的截面 C 不可能发生转角和水平位移,但可有竖向位移。同时,该截面上将有弯矩和轴力,而无剪力。因此,在该处应用一个定向支座来代替原有联系,从而得到如图 7-32(b)所示等效半结构的计算简图。

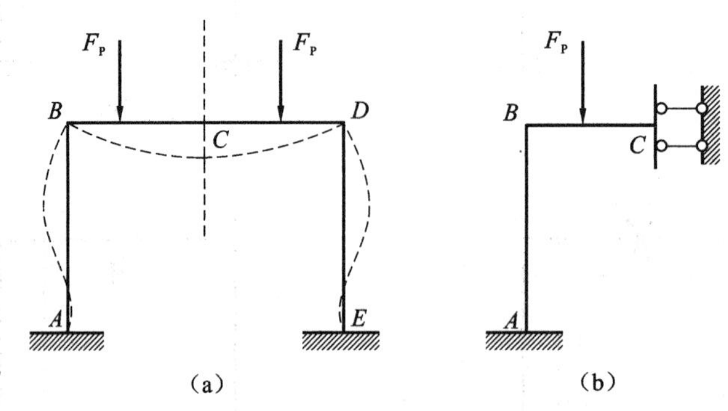

图 7-32

(a)原结构;(b)等效半结构

如图 7-33(a)所示偶数跨刚架在正对称荷载作用下,在对称轴上的截面 C 没有转角和水平位移,由于立柱 CD 的存在,在不计柱 CD 的轴向变形的情况下,截面 C 无任何位移存在。另外,结点 C 的受力如图 7-33(b)所示,由平衡条件知:立柱中只有轴力 $F_N=2F_Q$,同时在该处横梁中存在弯矩、剪力和轴力。故在该处用固定支座代替原结构的刚结点,从而得如图 7-33(c)所示的等效半边刚架计算简图。

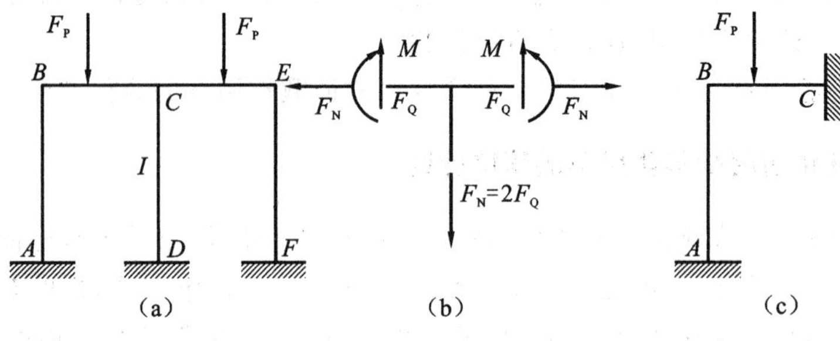

图 7-33

(a)原结构;(b)结点 C 受力图;(c)等效半结构

7.5.3 对称结构在反对称荷载作用下的简化计算

如果作用在结构上的荷载是反对称的[图 7-29(d)],则 M_P 图也是反对称的[图 7-34(a)]。由于 $\overline{M}_1$ 与 $\overline{M}_2$ 图是对称的,于是,自由项 $\Delta_{1P}=0$,$\Delta_{2P}=0$,代入力法典型方程(7-29)的前两式,可知正对称多余未知力 $X_1=X_2=0$,只有反对称多余未知力 X_3,并由式(7-29)第三式求出[图 7-34(b)]。最后求出弯矩图 $M=\overline{M}_3X_3+M_P$,也将是反对称的。

结论:对称结构在反对称荷载作用下,在对称轴截面处只有反对称未知力,正对称未知力等于零。结构的内力、变形、支座反力是反对称的。

根据对称结构在反对称荷载作用下的内力和变形特点,可以截取结构的一半来进行计算。

在反对称荷载作用下[图 7-35(a)],由于只产生反对称的内力和位移,故可知在对称轴上的截面 C 处不可能发生竖向位移,但有水平位移和转角。同时该截面上弯矩、轴力均为零,而只有剪力。因此，截取半边结构时在该处用一个竖向支承链杆代替原联系，从而得到如图 7-35(b)所示半边刚架的计算简图。

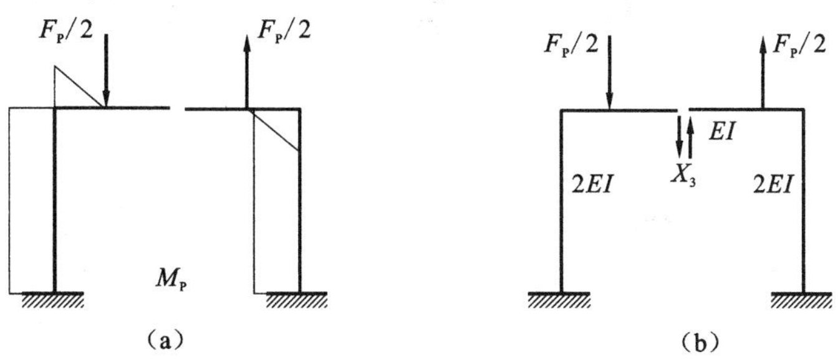

图 7-34

(a)M_P 图;(b)基本体系

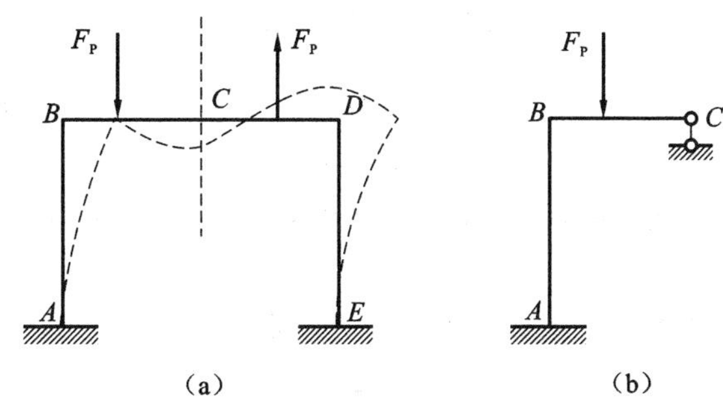

图 7-35

在反对称荷载作用下[图 7-36(a)]，在对称轴上的 CD 柱中，没有轴力和轴向变形，但有弯矩、剪力、弯曲变形和剪切变形。我们设想将中间柱 CD 分成两根抗弯刚度各为 $I/2$ 的竖柱，且它们在顶端分别与横梁刚结[图 7-36(b)]，显然这与原结构是等效的。设想，将此柱中间的横梁切开，由于荷载是反对称的，故切口上只有剪力 F_{QC}[图 7-36(c)]。这对剪力将使两柱分别产生等值反号的轴力，而不使其他杆件产生内力，故剪力 F_{QC}实际上对原结构的内力和变形均无影响。又由于两根分柱承担的弯矩、剪力相同，故原结构中间柱的总弯矩、总剪力等于分柱弯矩、剪力的两倍。因此，我们可将 F_{QC}去掉而取半边刚架，计算简图如图 7-36(d)所示。

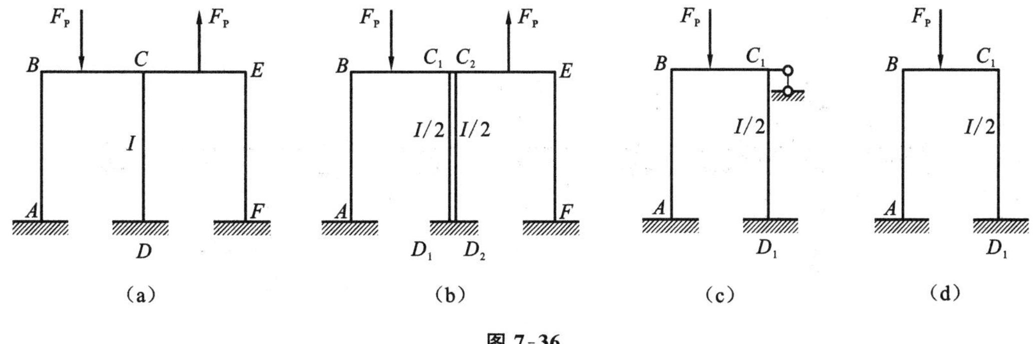

图 7-36

【例 7-10】 试用力法分析如图 7-37(a)所示结构，并绘出内力图。各根杆的 EI 均为常数。

【解】 如图 7-37(a)所示结构为二次超静定结构。该结构是对称结构，在正对称荷载作用下，其结构的内力、变形、支座反力是正对称的。所以，宜选取等效半结构来分析，如图 7-37(b)所示。

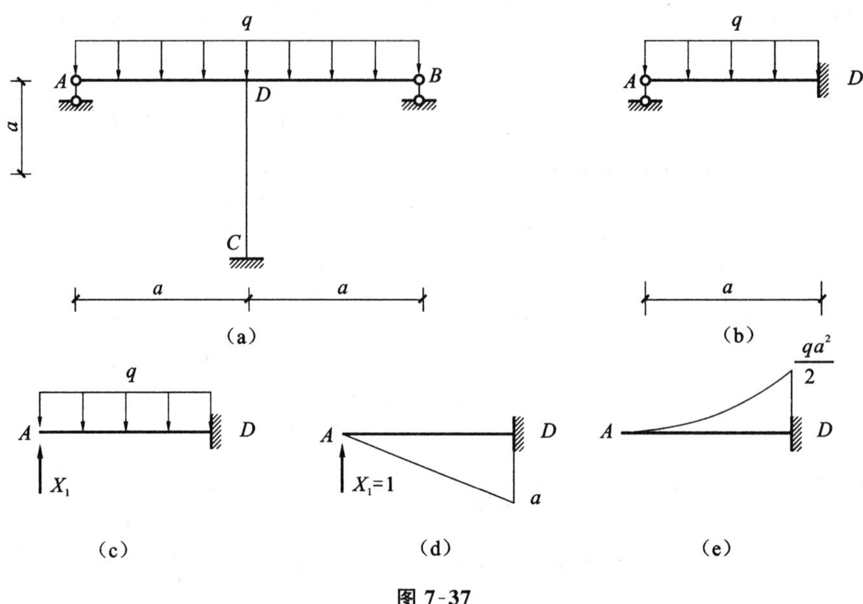

图 7-37

(a)原结构;(b)半结构;(c)基本体系;(d)$\overline{M}_1$ 图;(e)M_P 图

图 7-37(c)为其基本体系。

根据 A 处竖直方向的位移等于零的条件建立力法方程

$$\delta_{11}X_1+\Delta_{1P}=0$$

绘出$\overline{M}_1$ 和 M_P 图[图 7-37(d)、(e)],计算系数和自由项

$$\delta_{11}=\frac{1}{EI}\times\frac{1}{2}\times a\times a\times\frac{2}{3}\times a=\frac{a^3}{3EI}$$

$$\Delta_{1P}=-\frac{1}{EI}\times\frac{1}{3}\times\frac{qa^2}{2}\times a\times\frac{3}{4}\times a=-\frac{qa^4}{8EI}$$

解方程,求出多余约束力

$$X_1=-\frac{\Delta_{1P}}{\delta_{11}}=\frac{3}{8}qa$$

利用叠加法绘出弯矩图,再绘出剪力图和轴力图,并利用对称性得到原结构的内力图[图 7-38(a)、(b)、(c)]。

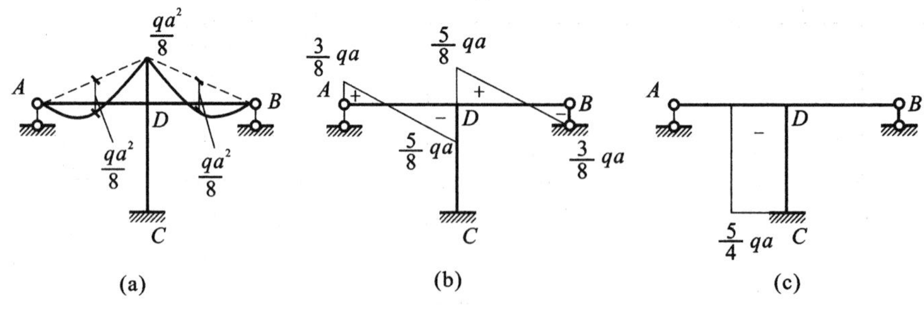

图 7-38

(a)M 图;(b)F_Q 图;(c)F_N 图

【例 7-11】 试作如图 7-39(a)所示刚架在水平力 F_P 作用下的内力图。

【解】 方法 1:取对称的基本体系。

将荷载 F_P 分解为正对称荷载[图 7-39(b)]和反对称荷载[图 7-39(c)]。

在正对称荷载[图 7-39(b)]作用下，可以得出只有横梁承受压力 $F_P/2$，而其他杆无内力的结论。这是因为计算刚架时通常忽略轴力对变形的影响，在此也就是刚架忽略横梁的压缩变形。在这个条件下，上述内力状态不仅满足了平衡条件，也同时满足了变形条件，所以就是实际的内力状态。因此，为了求作如图 7-39(a)所示刚架的弯矩图和剪力图，只需要求作图 7-39(c)中刚架在反对称荷载作用下的弯矩图和剪力图，如图 7-39(a)所示刚架的轴力图则是图 7-39(b)和图 7-39(c)轴力图的相加。

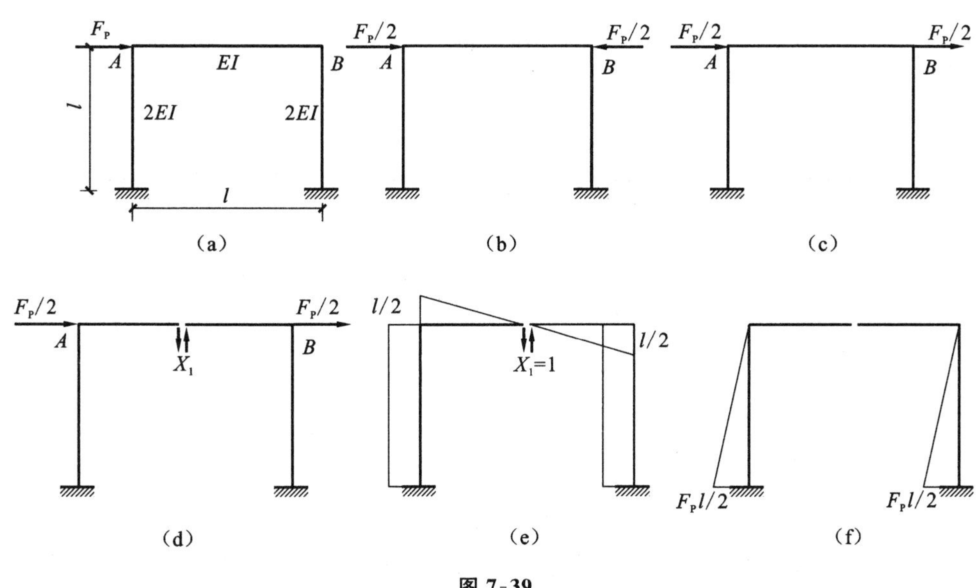

图 7-39

(a)原结构；(b)原结构承受对称荷载；(c)原结构承受反对称荷载；

(d)基本体系；(e)$\overline{M}_1$ 图；(f)M_P 图

在反对称荷载作用下，取基本体系如图 7-39(d)所示。切口截面的弯矩、轴力都是正对称未知力，应为零；只有反对称未知力 X_1 存在。则其力法典型方程为

$$\delta_{11}X_1+\Delta_{1P}=0$$

绘出基本结构在相应的 $X_1=1$ 作用下的单位荷载弯矩图 $\overline{M}_1$ 图[图 7-39(e)]和荷载弯矩图 M_P 图[图 7-39(f)]，计算系数和自由项分别为

$$\delta_{11}=\frac{1}{2EI}\times2\times\frac{l}{2}\times l\times\frac{l}{2}+\frac{1}{EI}\times2\times\frac{1}{2}\times\frac{l}{2}\times\frac{l}{2}\times\frac{2}{3}\times\frac{l}{2}=\frac{l^3}{3EI}$$

$$\Delta_{1P}=\frac{1}{2EI}\times2\times\frac{1}{2}\times\frac{F_Pl}{2}\times l\times\frac{l}{2}=\frac{F_Pl^3}{8EI}$$

代入力法典型方程，解得

$$X_1=-\frac{\Delta_{1P}}{\delta_{11}}=-\frac{3}{8}F_P$$

绘出内力图，如图 7-40 所示。

方法 2：等效半结构法。

将原结构所受荷载 F_P 分解为正对称荷载[图 7-39(b)]和反对称荷载[图 7-39(c)]。

现取图 7-39(c)刚架在反对称荷载作用下的等效半结构来分析[图 7-41(a)]，基本体系如图 7-41(b)所示，则其力法典型方程为

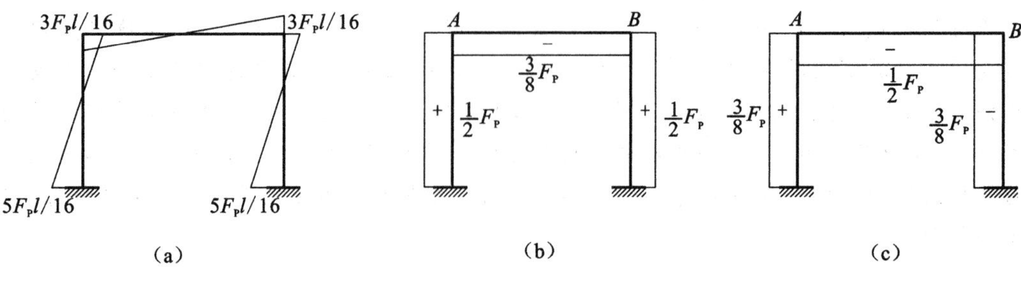

图 7-40

(a)M 图;(b)F_Q 图;(c)F_N 图

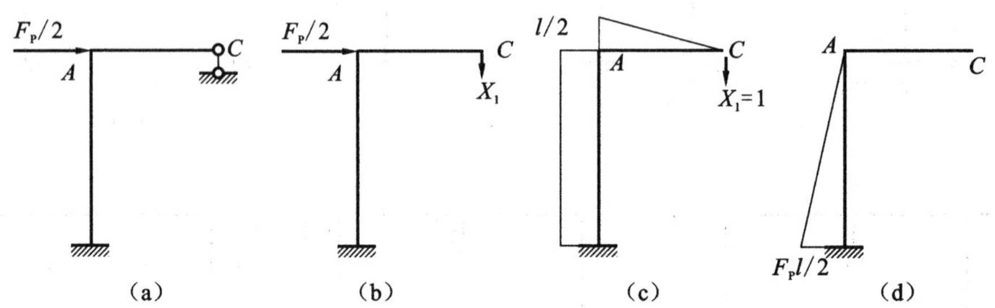

图 7-41

(a)半结构;(b)基本体系;(c)$\overline{M}_1$ 图;(d)M_P 图

$$\delta_{11}X_1+\Delta_{1P}=0$$

绘出基本结构在相应的 $X_1=1$ 作用下的单位荷载弯矩图 $\overline{M}_1$ 图[图 7-41(c)]和荷载弯矩图 M_P 图[图 7-41(d)],计算系数和自由项分别为

$$\delta_{11}=\frac{1}{2EI}\times\frac{l}{2}\times l\times\frac{l}{2}+\frac{1}{EI}\times\frac{1}{2}\times\frac{l}{2}\times\frac{l}{2}\times\frac{2}{3}\times\frac{l}{2}$$

$$=\frac{l^3}{8EI}+\frac{l^3}{24EI}=\frac{l^3}{6EI}$$

$$\Delta_{1P}=\frac{1}{2EI}\times\frac{1}{2}\times\frac{F_P l}{2}\times l\times\frac{l}{2}=\frac{F_P l^3}{16EI}$$

代入力法典型方程,解得

$$X_1=-\frac{\Delta_{1P}}{\delta_{11}}=-\frac{3}{8}F_P$$

绘出内力图,如图 7-40 所示。

【例 7-12】 试作如图 7-42(a)所示结构的弯矩图。

【解】 该结构是对称结构,作用在上面的荷载相对于水平和竖向对称轴是正对称的,所以可以取其 1/4 结构[图 7-42(b)]来分析。

取基本体系如图 7-42(c)所示,其力法典型方程为

$$\delta_{11}X_1+\Delta_{1P}=0$$

写出 $X_1=1$ 作用下的弯矩表达式 $\overline{M}_1$ 和荷载作用下的弯矩表达式 M_P

$$\overline{M}_1=1,\quad M_P=-\frac{F_P}{2}R\sin\theta$$

计算系数和自由项

$$\delta_{11}=\frac{1}{EI}\int_0^{\frac{\pi}{2}}R\mathrm{d}\theta=\frac{\pi R}{2EI}$$

$$\Delta_{1P}=\frac{1}{EI}\int_0^{\frac{\pi}{2}}-\frac{F_P}{2}R\sin\theta R\,\mathrm{d}\theta=-\frac{F_PR^2}{2EI}$$

代入力法典型方程，解得

$$X_1=-\frac{\Delta_{1P}}{\delta_{11}}=\frac{F_PR}{\pi}$$

利用叠加法写出弯矩的表达式

$$M=\overline{M_1}X_1+M_P=1\times\frac{F_PR}{\pi}-\frac{F_PR}{2}\sin\theta=F_PR\left(\frac{1}{\pi}-\frac{\sin\theta}{2}\right)$$

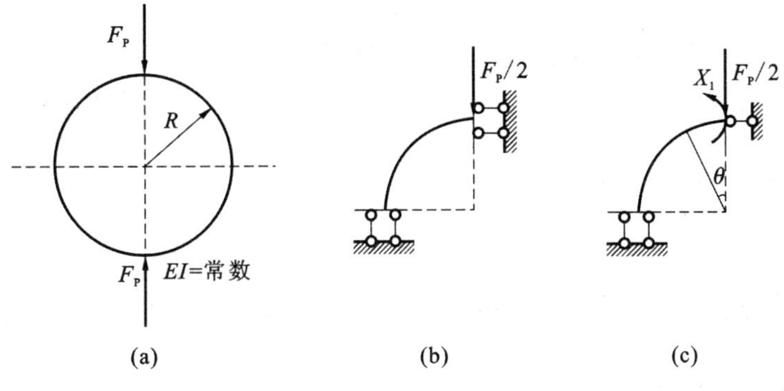

图 7-42

(a)原结构；(b)四分之一结构；(c)基本体系

再描点连线，得到结构的最后弯矩图如图 7-43 所示。

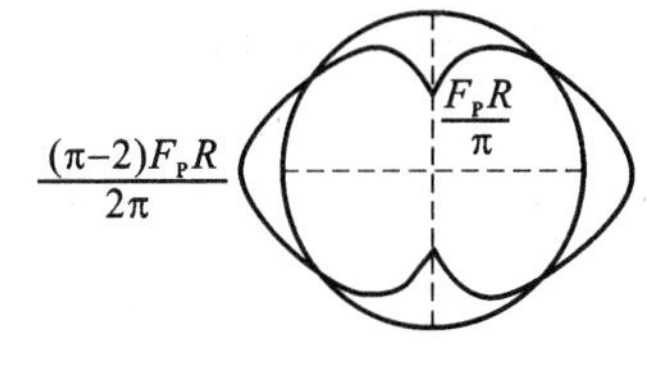

图 7-43

归纳起来，利用对称性简化力法计算的要点如下：

①可将非对称荷载分解为正对称荷载和反对称荷载两组。

②解除结构对称轴截面的多余约束形成对称的基本结构，按该基本结构计算。

③分别就这两组荷载取等效半结构来计算。然后，把两组计算的结果叠加得最后内力图。

最后说明一下，对于取得的等效半结构，可以用任何适宜的方法计算(如位移法、力矩分配法等)。

7.6 超静定结构的位移计算

第 6 章中所介绍的计算位移的单位荷载法，不仅可以用于求解静定结构的位移，也同样适用于求解超静定结构的位移，区别仅在于内力需按计算超静定结构的方法求出。

以如图 7-44(a)所示的超静定梁为例，试求在均布荷载作用下梁中点 C 的挠度 f。

力法的基本思路是取静定结构作为基本结构，利用基本体系来求原结构的内力。取图 7-44(b)的静定梁作基本体系，计算出原结构的 M 弯矩图如图 7-44(c)所示。现在要计算超静定结构的位移，一样可利用基本体系来求原结构的位移。

基本体系与原结构的唯一区别是把多余约束力由原来的被动力换成主动力。因此，只要多余约束力满足力法典型方程，则基本体系的受力与变形状态就与原结构完全相同。因而，求原结构位

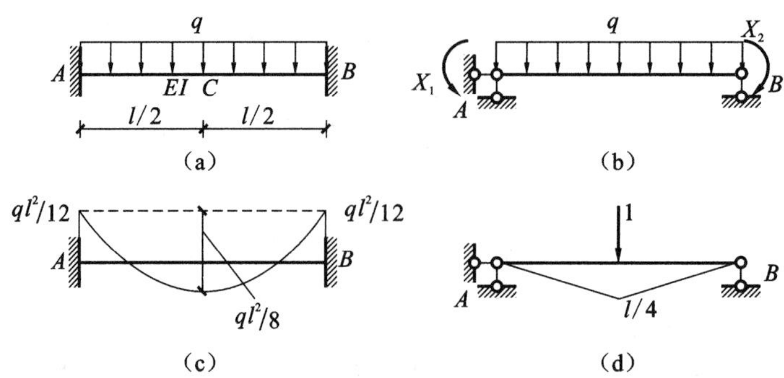

(a)　　　　(b)

(c)　　　　(d)

图 7-44

(a)原结构;(b)基本体系;(c)M 图;(d)$\overline{M}$图

移的问题,就转化为求基本体系这个静定结构的位移问题。

在基本结构的 C 点加单位竖向荷载,作出$\overline{M}$图[图 7-44(d)]。利用$\overline{M}$图和 M 图进行图乘,得

$$f=\Delta_{\mathrm{CV}}=\sum\int\frac{\overline{M}M}{EI}\mathrm{d}s=\frac{2}{EI}\left[-\left(\frac{ql^2}{12}\times\frac{l}{2}\right)\times\left(\frac{1}{2}\times\frac{l}{4}\right)+\left(\frac{2}{3}\times\frac{ql^2}{8}\times\frac{l}{2}\right)\left(\frac{5}{8}\times\frac{l}{4}\right)\right]$$

$$=\frac{ql^4}{384EI}(\downarrow)$$

由此可见,计算超静定结构的位移时,单位荷载可加在基本结构上。这样,$\overline{M}$图的绘制非常简便。

另外,由于超静定结构的最后内力图并不因所取基本结构的不同而有所改变,因此,我们可以将内力看成是按任意基本结构求得的。这样,在计算超静定结构的位移时,可以将虚拟的单位力施加于任意基本结构,或者说,应根据求超静定结构位移的具体情况而定,即还可以选择与内力计算时不相同的基本结构,这完全取决于所求位移的具体情况,即计算位移时选择比较简便的基本结构。例如,在求如图 7-44(a)所示的超静定梁在均布荷载作用下梁的中点 C 的挠度 f 时,也可以采用如图7-45(a)或者图 7-45(b)所示的$\overline{M}$图。所采用的$\overline{M}$图虽然不同,但求得的位移应该是相同的。

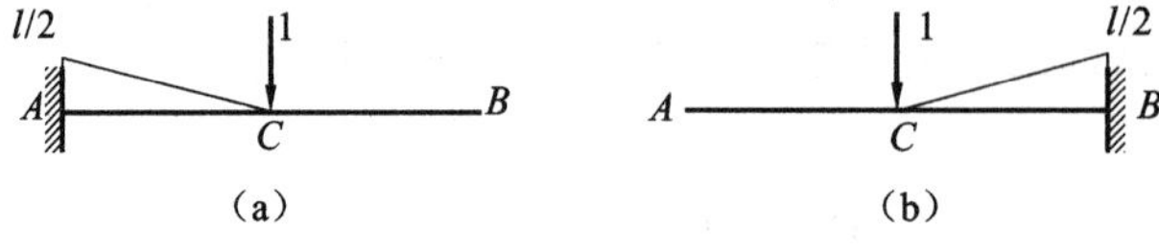

(a)　　　　(b)

图 7-45

(a)$\overline{M}$图;(b)$\overline{M}$图

计算静定结构位移的公式为

$$\Delta=\sum\int(\overline{M}k+\overline{F}_{\mathrm{N}}\varepsilon+\overline{F}_{\mathrm{Q}}\gamma_0)\mathrm{d}s-\sum\overline{F}_{\mathrm{RK}}\cdot c_K$$

上式对于超静定结构也同样适用。下面,分别列出超静定结构在荷载、支座移动、温度变化等因素作用下的位移公式。

(1)荷载作用。

设在荷载作用下超静定结构的内力为 M、F_{N}、F_{Q},其位移公式为

$$\Delta=\sum\int\frac{\overline{M}M}{EI}\mathrm{d}s+\sum\int\frac{\overline{F}_{\mathrm{N}}F_{\mathrm{N}}}{EA}\mathrm{d}s+\sum\int\frac{k\overline{F}_{\mathrm{Q}}F_{\mathrm{Q}}}{GA}\mathrm{d}s \tag{7-30}$$

这个公式与静定结构的公式形式上完全相同。但需注意,这里的$\overline{M}$、$\overline{F}_{\mathrm{N}}$、$\overline{F}_{\mathrm{Q}}$ 可以是任一基本结构在单位力作用下的内力。

(2)支座移动。

设在支座移动作用下超静定结构的内力为 M、F_N、F_Q，其位移公式为

$$\Delta = \sum\int \frac{\overline{M}M}{EI}ds + \sum\int \frac{\overline{F}_N F_N}{EA}ds + \sum\int \frac{k\overline{F}_Q F_Q}{GA}ds - \sum\int \overline{F}_{RK} \cdot c_K \tag{7-31}$$

(3)温度变化。

设在温度变化作用下超静定结构的内力为 M、F_N、F_Q，其位移公式为

$$\Delta = \sum\int \frac{\overline{M}M}{EI}ds + \sum\int \frac{\overline{F}_N F_N}{EA}ds + \sum\int \frac{k\overline{F}_Q F_Q}{GA}ds + \sum\int \overline{M}\frac{\alpha\Delta t}{h}ds + \sum\int \overline{F}_N \alpha t_0 ds \tag{7-32}$$

(4)超静定结构在荷载、温度变化、支座移动等因素共同影响下的位移计算公式。

$$\Delta = \sum\int \frac{\overline{M}M}{EI}ds + \sum\int \frac{\overline{F}_N F_N}{EA}ds + \sum\int \frac{k\overline{F}_Q F_Q}{GA}ds + \sum\int \overline{M}\frac{\alpha\Delta t}{h}ds + \sum\int \overline{F}_N \alpha t_0 ds - \sum\int \overline{F}_{RK} \cdot c_K \tag{7-33}$$

式中　M，F_N，F_Q——超静定结构在全部因素影响下的内力，也可以视为上述因素和多余未知力共同作用于基本结构上产生的内力。

$\overline{M}$，$\overline{F}_N$，$\overline{F}_Q$，$\overline{F}_{RK}$——任一形式的基本结构在单位力作用下的内力和支座反力。因此，超静定结构的位移计算问题，可以理解为上述因素和多余未知力共同作用于基本结构的位移计算问题。这样，超静定结构的位移计算就转化为基本结构的位移计算。具体计算时，可以将单位力直接作用在某一基本结构上，而不用再解算一次超静定结构。

【例 7-13】 试计算如图 7-46(a)所示刚架截面 C 的水平位移 Δ_{CH}。

【解】 该刚架是一次超静定结构，取如图 7-46(b)所示的基本体系。根据位移条件建立力法典型方程为

$$\delta_{11}X_1 + \Delta_{1c} = 0$$

绘出 $X_1=1$ 作用时的弯矩图[图 7-46(c)]，并计算系数和自由项

$$\delta_{11} = \frac{1}{EI}\left(a\times a\times a + \frac{1}{2}\times a\times a\times\frac{2}{3}a\right) = \frac{4a^3}{3EI}$$

$$\Delta_{1c} = -a\theta$$

解方程，求出基本未知量

$$X_1 = -\frac{\Delta_{1c}}{\delta_{11}} = \frac{3EI}{4a^2}\theta$$

利用叠加法绘出原结构的弯矩图[图 7-46(d)]。

再计算如图 7-46(a)所示刚架截面 C 的水平位移 Δ_{CH}。将单位力加在与所求内力相同的基本结构上，作出弯矩图[图 7-46(e)]，代入式(7-31)，求得

$$\Delta_{CH} = -\frac{1}{EI}\times\frac{1}{2}\times a\times a\times\frac{3EI}{4a}\theta + a\theta = \frac{5a\theta}{8}(\rightarrow)$$

当然，单位力也可以加在另外一种形式的基本结构上，并绘出弯矩图[图 7-47(f)]，代入式(7-31)求得

$$\Delta_{CH} = \frac{1}{EI}\left(\frac{1}{2}\times a\times a\times\frac{3EI}{4a}\theta + \frac{1}{2}\times a\times a\times\frac{2}{3}\times\frac{3EI}{4a}\theta\right) = \frac{5a\theta}{8}(\rightarrow)$$

比较两者可见,计算结果完全相同。

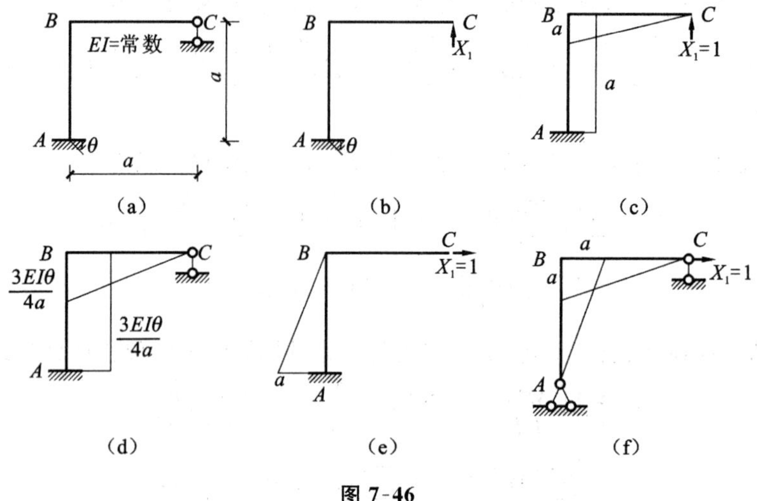

图 7-46

(a)原结构;(b)基本体系;(c)$\overline{M}_1$ 图;(d)M 图;(e)$\overline{M}$图;(f)$\overline{M}$图

7.7 超静定结构内力图的校核

用力法计算超静定结构,步骤多,易出错,因此应注意步步检查,尤其是作为计算成果的最后内力图,是结构设计的依据,必须保证其正确性,故应加以校核。正确的内力图必须同时满足平衡条件和位移条件,因此校核必须从这两方面进行。

下面,以如图 7-47(a)、(b)、(c)所示内力图为例加以说明。

(1)平衡条件的校核。

从结构中任意取出的一部分,都应当满足平衡条件。常用的做法是:截取结构的结点、杆件或结构的一部分作为隔离体,检查是否满足$\sum M=0$、$\sum F_x=0$和$\sum F_y=0$的平衡条件。例如,分别截取结点 B 和横梁 ABC 为隔离体,画出受力图,如图 7-47(d)、(e) 所示,逐个检查

$$\sum M_B=0,\quad 60+40-100=0$$

$$\sum F_x=0,\quad 3.7+11.3-15=0$$

$$\sum F_y=0,\quad 75+147.5-200-22.5=0$$

满足静力平衡条件。

(2)位移条件的校核。

满足了平衡条件,还不能完全说明最后的内力图是否正确。这是因为最后内力图是在求出了多余未知力之后按平衡条件或叠加法作出的,而多余未知力的数值正确与否,平衡条件是检查不出来的,还必须校核是否满足位移条件。位移条件校核的一般做法是:检查各多余约束处的位移是否与已知的实际位移相符,即检查是否满足

$$\Delta_i=a \tag{7-34}$$

如果按式(7-33)求位移 Δ_i,则式(7-34)变为

$$\sum\int\frac{\overline{M}\cdot M}{EI}\mathrm{d}s+\sum\int\frac{\overline{F}_{\mathrm{N}}F_{\mathrm{N}}}{EA}\mathrm{d}s+\sum\int\frac{k\overline{F}_{\mathrm{Q}}F_{\mathrm{Q}}}{GA}\mathrm{d}s+\sum\int\overline{M}\frac{\alpha\Delta t}{h}\mathrm{d}s$$

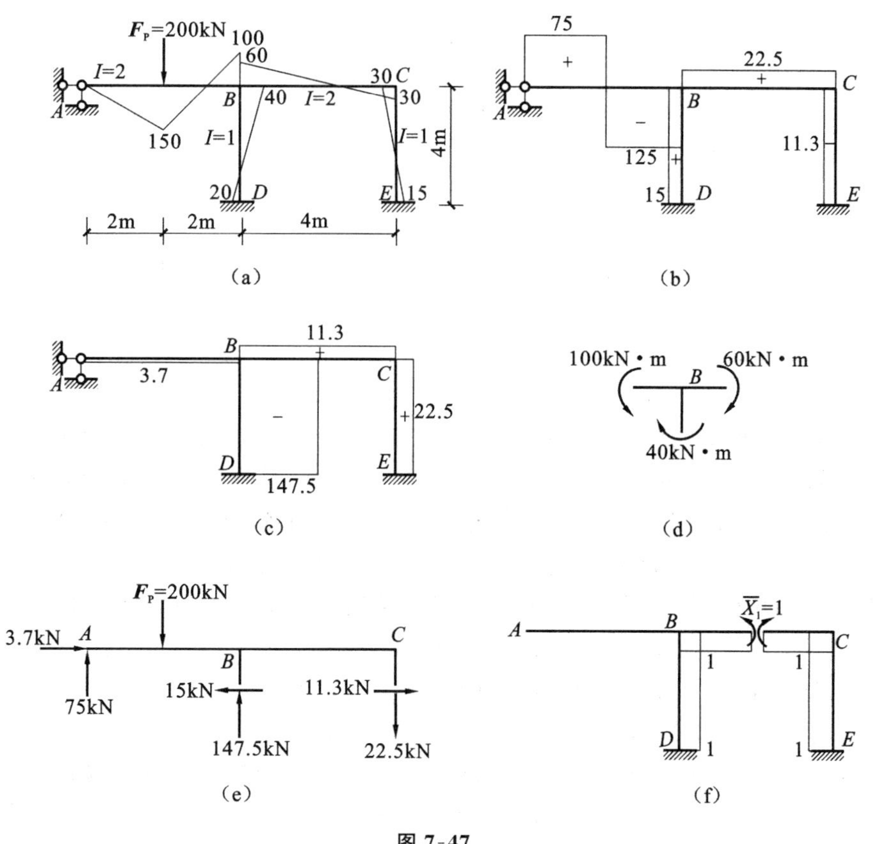

图 7-47

(a)M图(kN·m);(b)F_Q 图(kN);(c)F_N 图(kN);(d)结点隔离体图;

(e)横梁 ABC 隔离体图;(f)$\overline{M}$图

$$+\sum\int\overline{F}_{N}\alpha t_{0}\,ds-\sum\overline{F}_{RK}\cdot c_{K}=a \qquad (7\text{-}35)$$

如果原结构只受荷载作用,而没有支座移动,式(7-35)中等号右边项必为零。则式(7-35)可以简化为

$$\sum\int\frac{\overline{M}M}{EI}ds+\sum\int\frac{\overline{F}_{N}F_{N}}{EA}ds+\sum\int\frac{k\overline{F}_{Q}F_{Q}}{GA}ds=0 \qquad (7\text{-}36)$$

对于位移条件的校核,同超静定结构位移计算一样,也不限于在解算内力时所用的基本结构上进行。对于具有封闭无铰框格的刚架,利用框格上任一截面处的相对位移为零的条件来校核弯矩图是很方便的。例如,为了校核如图 7-47(a)所示的 M 图,可选用如图 7-47(f)所示的基本结构,将如图 7-47(f)所示的基本结构的弯矩 $\overline{M}$ 图与原结构[图 7-47(a)]的 M 图相乘,以检验相对转角是否为零。这时,在单位力 $X_1=1$ 作用下,只有封闭框形 $DBCE$ 部分产生弯矩 $\overline{M}=1$。因此,式(7-37)位移条件为

$$\oint\frac{M}{EI}ds=0 \qquad (7\text{-}37)$$

由此,得出结论,当结构只受荷载作用时,沿封闭无铰的框格上$\dfrac{M}{EI}$图形的总面积应等于零。现利用这个结论来检查图 7-47(a)中的 M 图。沿 $DBCE$ 部分进行积分,其值为

$$\oint\frac{M}{EI}ds=\frac{1}{EI}\left(-\frac{1}{2}\times20\times4+\frac{1}{2}\times40\times4\right)+\frac{1}{2EI}\left(-\frac{1}{2}\times60\times4+\frac{1}{2}\times30\times4\right)$$

$$+\frac{1}{EI}(-\frac{1}{2}\times15\times4+\frac{1}{2}\times30\times4)=\frac{1}{EI}\times40\neq0$$

可见,图7-47(a)中的M图未能满足变形条件,故计算结果是错误的。

7.8 超静定结构的一般特性

超静定结构与静定结构相比较,具有以下一些重要特征。了解这些特性有助于加深对超静定结构的认识,并更好地应用它们。

(1)温度和支座沉降等变形因素的影响。

“没有荷载,就没有内力”这一结论只适用于静定结构,而不适用于超静定结构。在超静定结构中,支座移动、温度变化、材料收缩、制造误差等因素都可以引起内力。这是因为存在着多余联系,当结构受到这些因素影响而发生位移时,一般将要受到多余联系的约束,因而相应地要产生内力。

温度或支座移动因素在超静定结构中引起的内力,一般与各杆刚度的绝对值成正比。因此,简单地增加结构截面尺寸,并不能有效地抵抗温度或支座移动引起的内力。为了防止温度变化或支座沉降而产生过大的附加内力,在结构设计时,通常采用预留温度缝和沉降缝来减少这种附加内力。另外,也可以主动地利用这种自内力来调节超静定结构的内力,如对于连续梁,可以通过改变支座的高度来调整梁的内力,以得到更合理的内力分布。

(2)结构的刚度分布对结构内力的影响。

静定结构的内力只由平衡条件即可唯一确定,其值与结构的材料性质和截面尺寸无关。而超静定结构的内力仅由平衡条件无法全部确定,还必须考虑变形条件才能确定其解答,因此其内力大小与材料性质和截面尺寸有关。

在超静定结构中,各杆刚度比值有任何改变,都会使结构的内力重新分布。这是因为在力法方程中,系数和自由项都与各杆刚度有关,如果各杆的刚度比值有改变,各系数与自由项之间的比值也会随之改变,因而内力分布也改变;如果杆件的刚度比值不变,内力分布就不会发生改变。由此可知,在荷载作用下超静定结构的内力分布与各杆刚度的比值有关,而与其绝对值无关。

由于超静定结构的内力状态与各杆刚度比值有关,因此在设计超静定结构时,需事先根据经验拟定或用近似方法估算截面尺寸,以此为基础才能求出截面内力,然后再根据内力重新选择截面。所选的截面尺寸与事先拟定的截面尺寸不一定相符合,这就需要调整截面进行计算,如此反复,直到得出一个满意的结果为止。因此可见,超静定结构的设计过程比静定结构设计复杂。另外,我们也可以利用超静定结构的这一特点,通过改变各杆的刚度大小来调整超静定结构的内力分布,以达到预期的目的。

(3)多余约束的存在及其影响。

从抵抗突然破坏的防护能力看,超静定结构在多余联系被破坏后,仍能维持几何不变,且具有一定的承载能力;而静定结构在任何一个联系被破坏后,便立即成为几何可变体系而丧失了承载能力。因此,从军事防卫及抗震方面来看,超静定结构具有较强的防御能力。

从内力、变形的分布来看,超静定结构由于具有多余联系,刚度要比相应的静定结构大些,而内力和位移的峰值则小些,且内力分布也更均匀。此外,在局部荷载作用下,前者较之后者的内力分布范围更大。

本章小结

(1)力法基本未知量的数目等于结构的超静定次数。确定超静定次数的方法是"解除多余约束法"。

(2)力法的基本原理:以多余约束中的未知力为基本未知量,根据基本体系沿多余未知力方向的位移与原结构相应处位移一致的条件建立力法方程,解出多余未知力后按静定结构绘内力图。

(3)力法基本结构与基本体系:将原结构的多余约束去掉后得到的无任何外加因素的几何不变体系(一般为静定结构)是力法的基本结构,若基本结构上受到原荷载和全部多余未知力的共同作用则为力法基本体系。同一超静定结构可以有多个不同的力法基本体系。

(4)力法典型方程:力法方程根据基本体系与原结构变形一致的条件写出。方程左边表示基本结构在原荷载(包括支座位移、温度改变等因素)和各多余未知力共同作用下沿某一多余未知力方向产生的总位移;而方程右边则表示原结构在该处的实际位移值。力法方程代表位移条件。在满足力法方程的条件下,基本体系与原结构的受力和变形状态完全相同。力法典型方程的一般形式为:

$$\sum_{j=1}^{n}\delta_{ij}X_j+\Delta_{iP}=\Delta_i \quad (i=1,2,\cdots,n)$$

(5)力法典型方程中的系数和自由项都是基本结构沿某一多余未知力方向的位移值,均可采用单位荷载法计算。

(6)对称结构受对称荷载作用时,对称轴上截面的反对称未知力必为零,结构的变形和内力是对称的;对称结构受反对称荷载作用时,对称轴上截面的对称未知力必为零,结构的变形和内力是反对称的。利用对称结构的这一性质,可采用以下方法简化计算:

①解除结构对称轴截面的多余约束形成对称的基本结构,按该基本结构计算;

②将结构的对称轴截面用与该截面静力及位移条件相同的约束代替形成半结构,按半结构进行计算。

(7)超静定结构的位移仍用单位荷载法计算。为简化计算,将求解超静定结构的位移转化为求解基本体系的位移,且虚拟单位力可加于原结构的任一基本结构上。

(8)超静定结构内力图的校核,除应校核平衡条件外,还应校核变形条件。

思考题

7-1 用力法解超静定结构的基本思路是什么?什么是力法的基本结构、基本体系和基本未知量?

7-2 力法方程的物理意义是什么?

7-3 何谓对称结构?利用对称性简化结构计算有哪几种方法?

7-4 结构上没有荷载就没有内力,这个结论在什么情况下适用?在什么情况下不适用?

7-5 用力法计算超静定结构时,考虑荷载作用的影响与考虑支座移动、温度变化等因素的影响,两者有何异同?

7-6 计算超静定结构的位移与计算静定结构的位移,两者有何异同?

7-7 为什么计算超静定结构的位移时,单位荷载可加在任一形式的基本结构上?

习 题

7-1 试确定如图 7-48 所示结构的超静定次数。

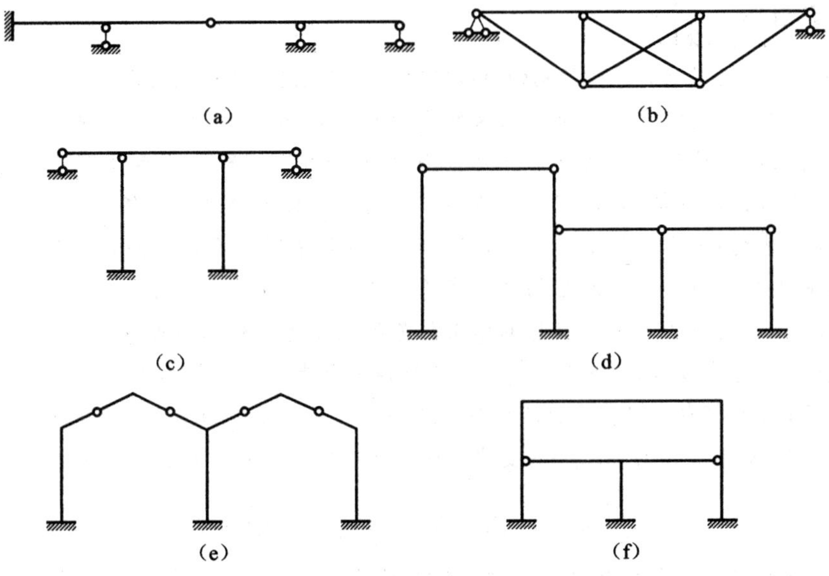

图 7-48

7-2　试用力法计算如图 7-49 所示超静定梁，并绘出 M、F_Q 图。

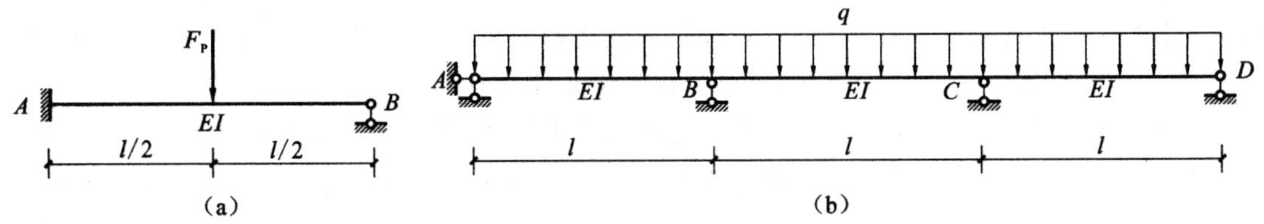

图 7-49

7-3　试用力法计算如图 7-50 所示刚架结构，并绘出 M 图。已知 EI 为常数。

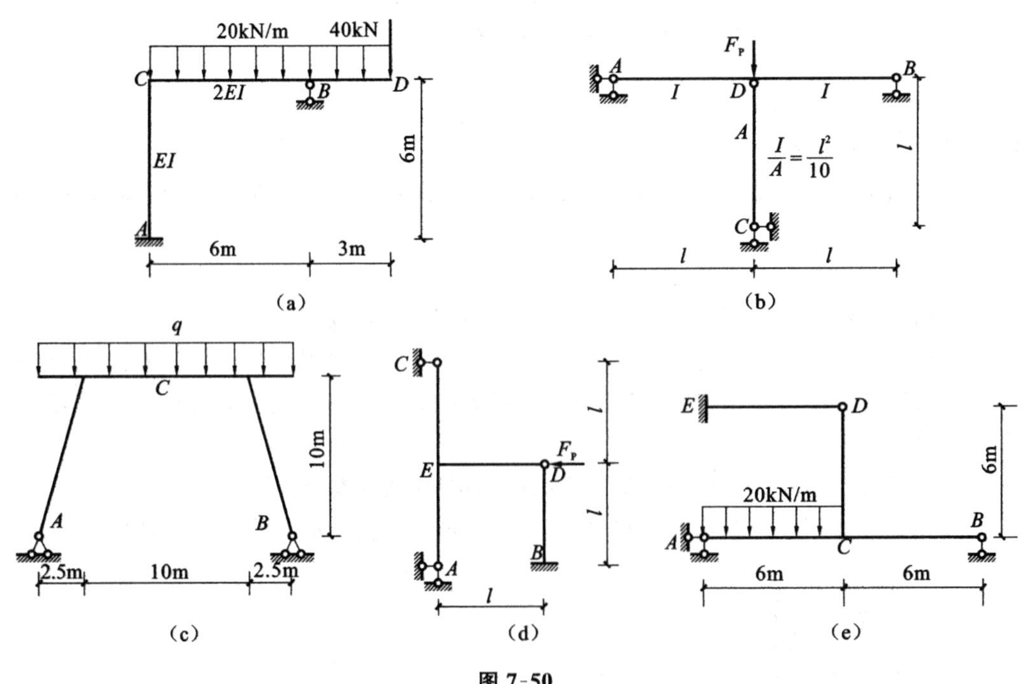

图 7-50

7-4 试用力法计算如图 7-51(a)所示桁架的轴力以及如图 7-51(b)所示指定杆件 1、2 杆的轴力。各杆 EA 为常数。

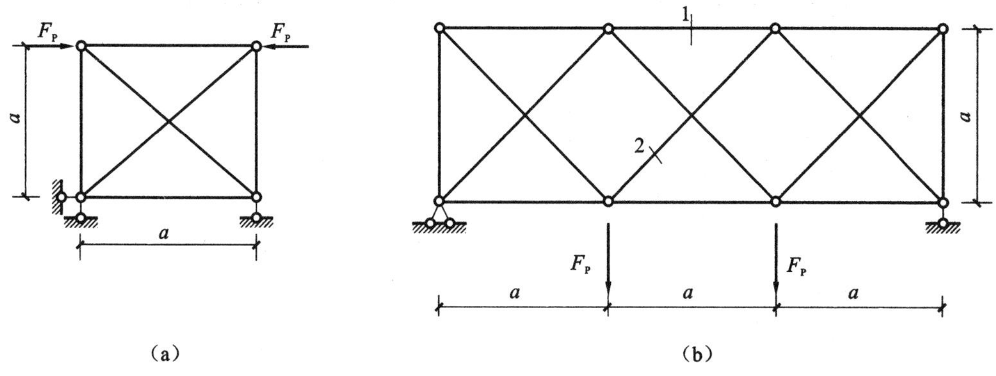

图 7-51

7-5 试用力法计算如图 7-52 所示排架,并作 M 图。

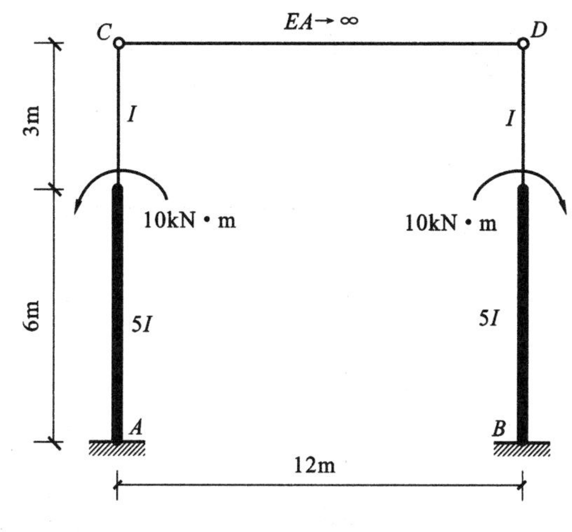

图 7-52

7-6 试计算如图 7-53 所示组合结构各链杆的轴力,并绘出横梁 AB 的弯矩图。设各链杆的 EA 均相同,$A=\frac{I}{16}$。

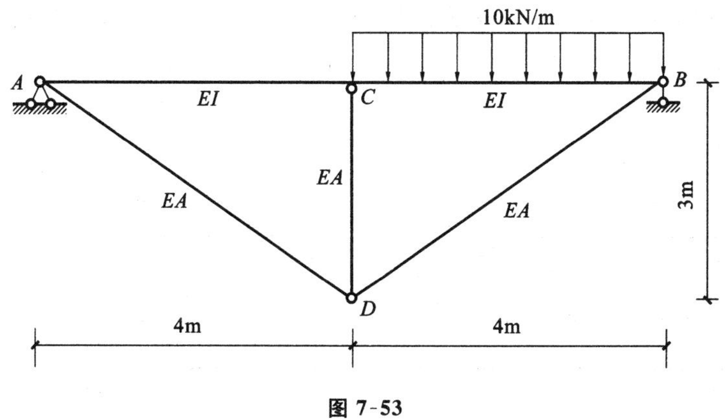

图 7-53

7-7 试利用对称性计算如图 7-54 所示结构,并作弯矩图。

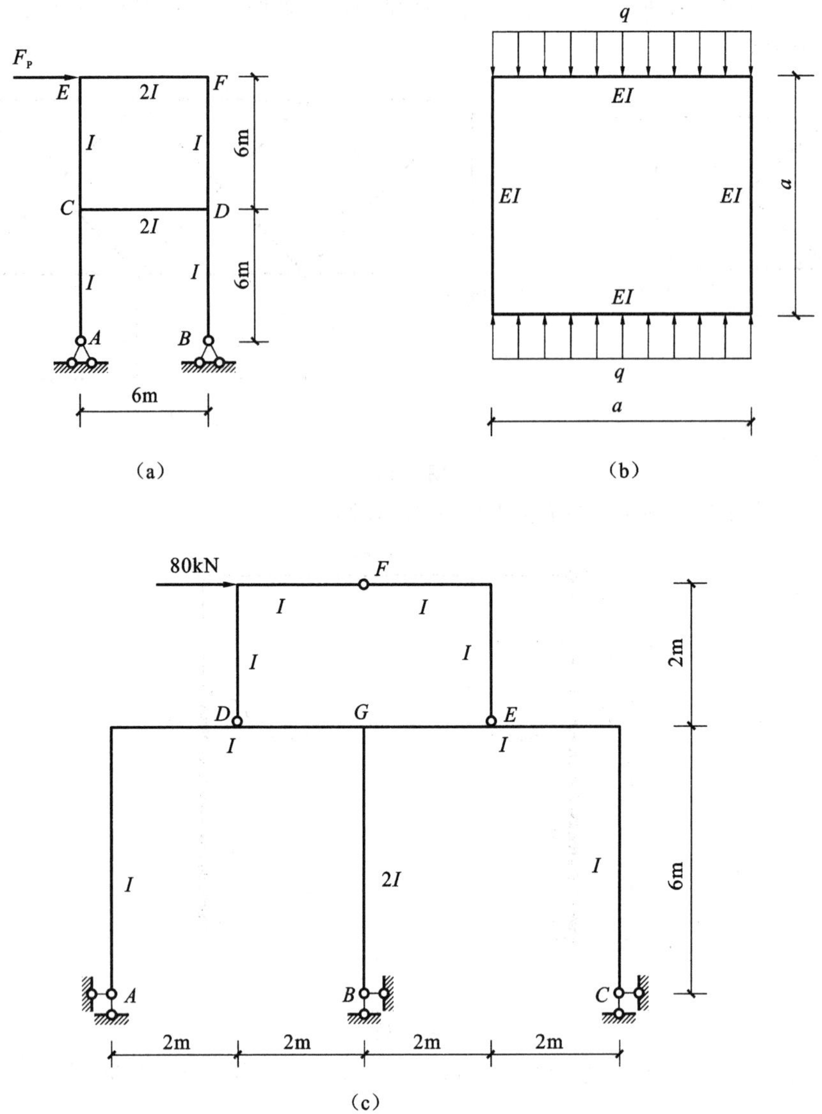

图 7-54

7-8　试推导如图 7-55 所示带拉杆抛物线两铰拱在均布荷载作用下拉杆内力的表达式。拱截面 EI 为常数,拱轴方程为 $y=\frac{4f}{l^2}x(l-x)$。计算位移时,拱身只考虑弯矩的作用,并假设:$ds=dx$。

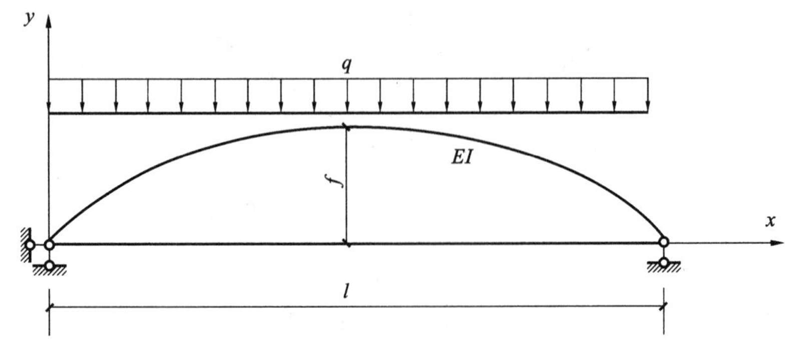

图 7-55

7-9　如图 7-56 所示梁上、下侧温度变化分别为 $+t_1$ 与 $+t_2$（$t_2>t_1$），梁截面高为 h，温度膨胀系数为 α，试求作梁的 M 图和挠曲线方程。

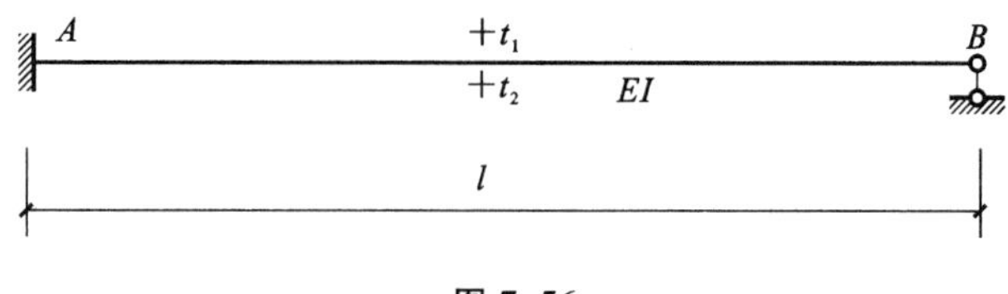

图 7-56

7-10　如图 7-57 所示两端固定梁的 B 端下沉 Δ，试绘出梁的 M、F_Q 图。

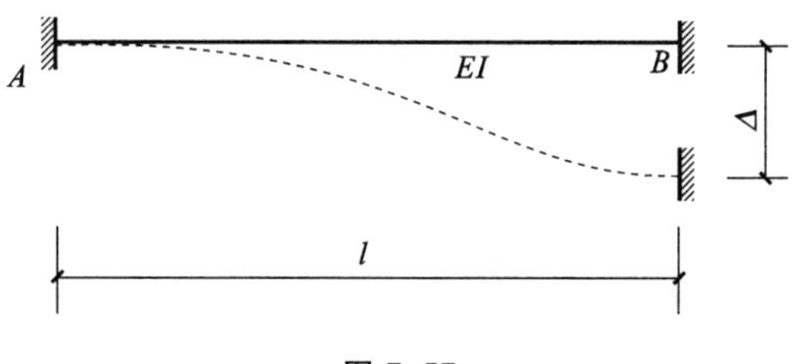

图 7-57

7-11　如图 7-58 所示桁架，各杆长度均为 l，EA 相同。但杆 AB 制作时短了 Δ，将其拉伸（在弹性极限内）后进行装配。试求装配后杆 AB 的长度。

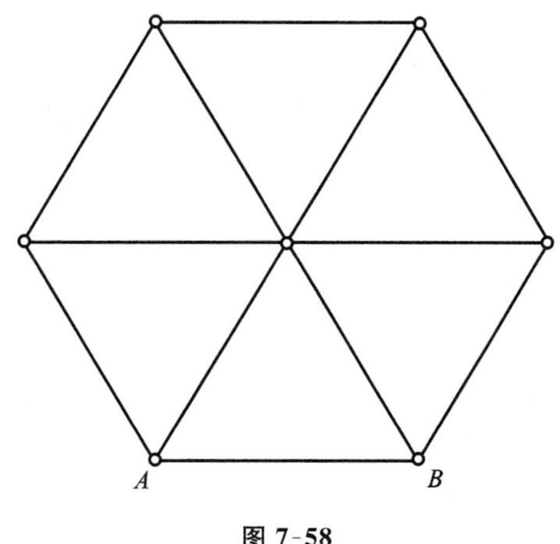

图 7-58

参考文献

[1] 蒋玉川，徐双武，胡耀华．结构力学．北京：科学出版社，2008.

[2] 萧允徽，张来仪．结构力学Ⅰ．3 版．北京：机械工业出版社，2018.

[3] 杜正国．结构力学．成都：西南交通大学出版社，2004.

[4] 文国治．结构力学．2 版．重庆：重庆大学出版社，2022.

[5] 龙驭球，包世华，袁驷．结构力学Ⅰ：基础教程．4 版．北京：高等教育出版社，2019.

[6] 杨天祥．结构力学．2 版．北京：高等教育出版社，1987.

8 位移法

【内容提要】

本章主要内容包括：位移法概述；等截面直杆的转角位移方程；位移法的基本概念；用典型方程法计算超静定结构的内力；用直接平衡法计算超静定结构的内力。本章教学内容的重点是：用典型方程法计算超静定结构的内力。本章教学内容的难点是：典型方程的物理意义以及对方程中系数和自由项的物理意义的正确理解和确定。

【能力要求】

通过本章的学习，学生应理解位移法的基本原理；掌握位移法基本未知量的确定方法；熟练掌握用典型方程法求解荷载作用下梁和刚架的内力；了解直接平衡法与典型方程法的异同及其计算方法。

【价值塑造】

从国家体育馆超静定结构出发，培养学生工程伦理意识和责任感；引导学生在计算和分析过程中追求精确，一丝不苟，培养学生精益求精的工匠精神；鼓励学生在解决结构力学问题时勇于创新，培养学生的创新思维。

8.1 概　　述

本章主要介绍计算超静定结构的第二个基本方法——位移法。

国家体育馆

力法和位移法是求解超静定结构的两种基本方法。力法的基本思路是：通过力法典型方程所代表的变形协调条件，求出与原结构等效的静定基本体系中的多余未知力，最终得到原超静定结构的内力。而从线弹性材料的性质可知，结构中的力与位移总存在一一对应的关系。若能从原结构中，通过力的平衡条件确定出足够的位移量，那么必然可以通过分析外因(即荷载、温度变化和支座移动等)和这些位移量的共同作用，反求出结构中各杆的内力，这就是位移法的基本思路。

结构由杆件通过结点和支座联结而成，为便于分析，位移法将结构中的等截面直杆作为考察对象，称为位移法单元。由于单元两端可能联结于某些结点(或支座)上，这必然导致同结点(或支座)相连的杆端与结点(或支座)有相同的位移量。对结点而言，这些位移量的大小和方向由外因决定，是未知量；对刚性支座而言，因其有限制位移的作用，所以位移值必然为零或已知值(即刚性支座发生移动)。对比力法以多余未知力为基本未知量的思路，位移法常选择未知的结点位移作为基本未知量。

然而，结构中的结点位移量众多，为方便计算，可以引入一些假设来减少基本未知量个数。对于梁和刚架，通常不计其受弯杆件的轴向变形，也不计由于弯曲而引起杆段两端的接近。本章后续内容如无特别声明，均默认满足这两条假设。

例如，对如图 8-1 所示的刚架，位移法将它看作由单元 AB、AC 和 AD 连在刚结点 A 及支座 B、C 和 D 上构成，而这每一部分都可看作隔离体。当荷载 q 作用并平衡后，刚结点只会发生转角位移 θ_A，但该转角位移为未知量。而由刚结点的约束性质可知，联结在结点 A 处的三个单元的杆

端位移必然和 θ_A 相等，这就是杆端位移与结点位移的协调关系。

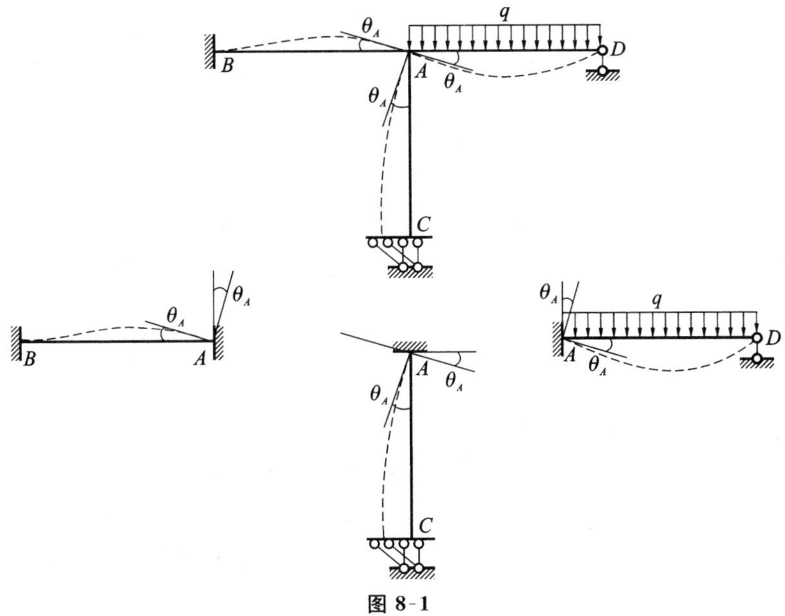

图 8-1

如果能够求得未知量 θ_A，那么原结构就可以化作图 8-1 所示三个独立的单跨超静定梁来单独求解，这是因为这三根单跨超静定梁的变形与原结构变形完全一致，根据线弹性关系可知，其对应的内力也必然与原结构完全一致。

从位移法和力法思路的比对可知，为了求得位移未知量 θ_A，应当使用力的平衡条件。联想到广义力与广义位移的对应关系，可选取结点 A 的力矩平衡条件来求 θ_A。而结点隔离体上的弯矩与单元杆端弯矩是作用力和反作用力，只要分析清楚三个单元杆端弯矩与杆端位移之间的关系，就可以求得杆端弯矩，进而解出 θ_A。一旦求得 θ_A，仍可根据此关系，求得三个单元的杆端弯矩真实值，进而求得整个结构的内力。

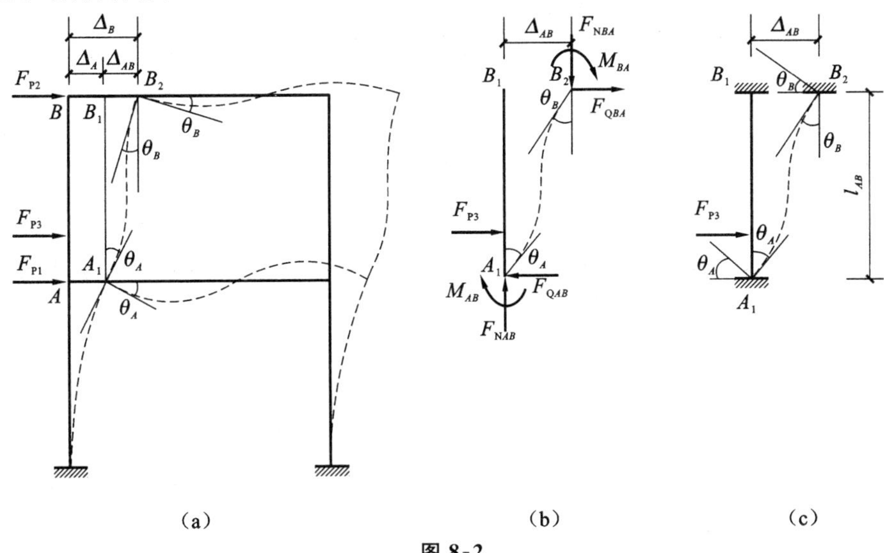

图 8-2

又如，如图 8-2(a)所示结构中的杆单元 AB，在结构受力后，将产生位移并变形成 A_1B_2 的状态。其总位移可理解为先从 AB 刚体平动到 A_1B_1，再从 A_1B_1 因自身变形引起位移到 A_1B_2。而刚体平动是结构其余部分带动产生，并不产生内力，只有变形引起的位移产生内力。因此，分析该单元,就需要求得杆端转角θ_A、θ_B和横向相对线位移θ_{AB}。如图8-2(b)所示是该单元从原结构中取出隔离体时的杆端力和杆端位移,可将它们视作假想固定支座的反力和支座移动(均为未知),就得到如图8-2(c)所示两端固定的单跨超静定梁,而此梁在受力和变形上完全等效于原结构的杆AB,因此对杆AB的分析完全可用它来代替,二者完全等效。

综上可知,要完成对结构的分析,必须做如下三步分析:

①确定结点位移未知量。

②确定单元杆端力和杆端位移之间的关系,也称为单元分析。

③确定求解结点位移未知量所用的平衡方程,也称为结构分析或整体分析。

8.2 等截面直杆的转角位移方程

利用类似图8-2中演示的等效分析方法,并考虑梁和刚架的两个假设条件,位移法单元(等截面直杆)两端的真实支座或等效假想支座可归纳为如图8-3所示的三种情况。即两端固定、一端固定一端铰支和一端固定一端定向支承(支承方向沿杆轴)的三种单跨超静定梁,这里将它们统称为位移法的基本单元。

广州塔

等截面直杆的转角位移方程,是指表述基本单元的杆端力,同作用于其上的杆端位移(等效为支座移动)、荷载以及温度变化之间关系的函数式。

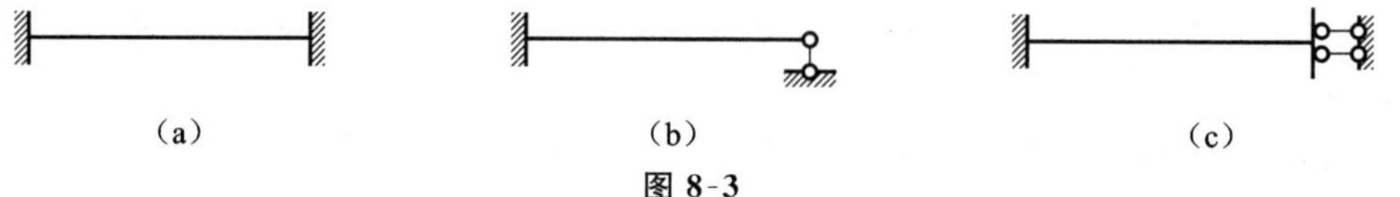

图8-3

(a)两端固定;(b)一端固定一端铰支;(c)一端固定一端定向支承

8.2.1 杆端力及杆端位移的正负号规定

为便于后续分析,这里先规定位移法杆端力和杆端位移的正负号。如图8-4(a)所示的基本单元,截断为杆件和支座隔离体后,得到如图8-4(b)所示的受力图,则对杆件隔离体,规定杆端弯矩以顺时针转动为正,否则为负。而对支座隔离体,因为其上弯矩是杆端弯矩的反作用力,所以以逆时针转动为正。杆端剪力和杆端轴力仍与前面各章的符号规定一致。例如,图8-4(b)中所绘各力均为正。此外,对结点隔离体上的弯矩,也与支座隔离体的弯矩符号规定相同。

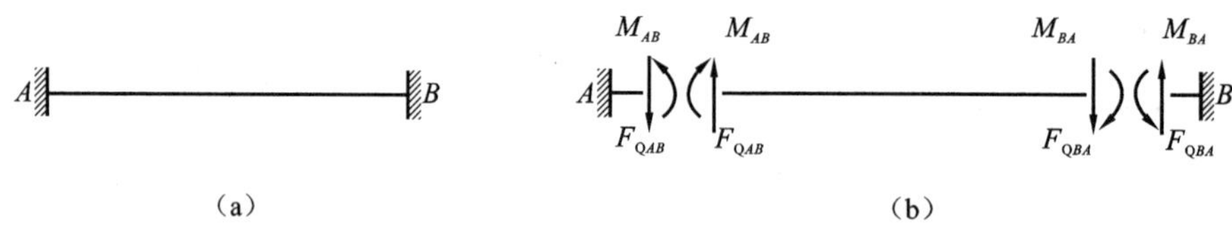

图8-4

杆端位移和结点角位移均以顺时针为正,否则为负。例如,图8-2中的θ_A和θ_B都是正值。杆端相对线位移以使杆的一端相对于另一端产生顺时针方向转动的线位移为正,否则为负。例如,图8-2中的Δ_{AB}为正。结点线位移一般以水平向右或竖直向下为正。

8.2.2 单跨超静定梁的形常数和载常数

转角位移方程是基本单元在综合外因作用下的函数方程,只需求出各种外因单独作用于基本单元时的杆端力，再利用叠加法，就可求得此方程。为此，可用力法分别求出基本单元在单位杆端位移(等效为单位支座移动)作用时的杆端内力，称为形常数，见表 8-1；以及由荷载和温度变化作用所引起的杆端内力，称为载常数，见表 8-2。载常数中的杆端弯矩也称为固端弯矩，用 M_{AB}^{F} 和 M_{BA}^{F} 表示；杆端剪力也称为固端剪力，用 F_{QAB}^{F} 和 F_{QBA}^{F} 表示。

表 8-1　**等截面直杆的形常数**

序号	计算简图及挠度图	杆端弯矩及弯矩图	杆端剪力	
			F_{QAB}	F_{QBA}
1	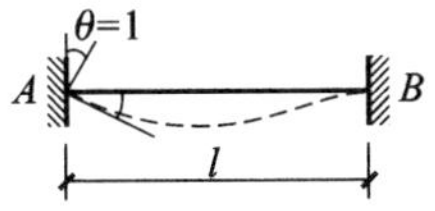 $\theta=1$; A; B; l	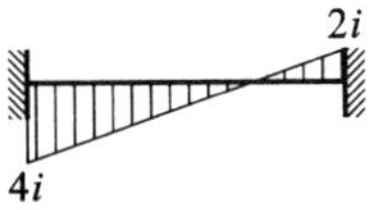 2i; 4i	$-\frac{6i}{l}$	$-\frac{6i}{l}$
2	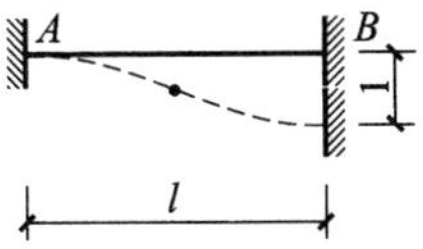 A; B; 1; l	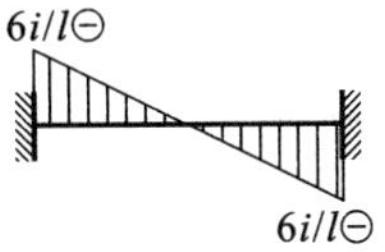 6i/l⊖; 6i/l⊖	$\frac{12i}{l^2}$	$\frac{12i}{l^2}$
3	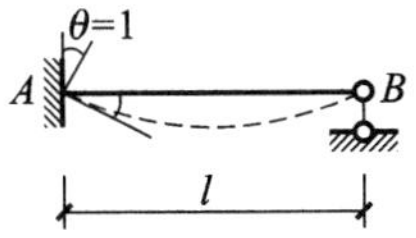 $\theta=1$; A; B; l	 3i	$-\frac{3i}{l}$	$-\frac{3i}{l}$
4	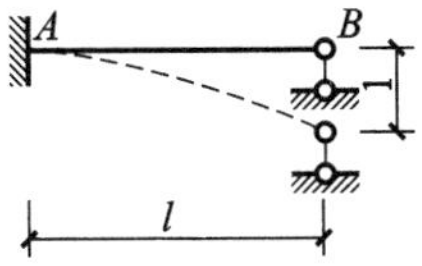 A; B; 1; l	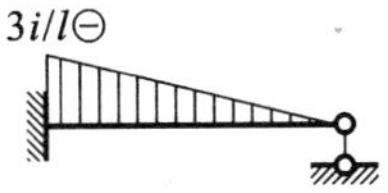 3i/l⊖	$\frac{3i}{l^2}$	$\frac{3i}{l^2}$
5	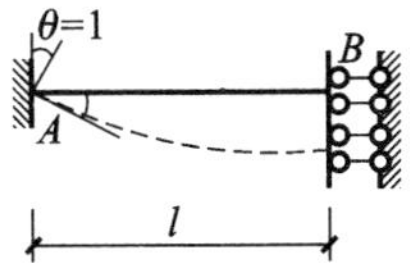 $\theta=1$; A; B; l	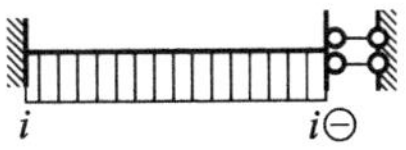 i; i⊖	0	0
6	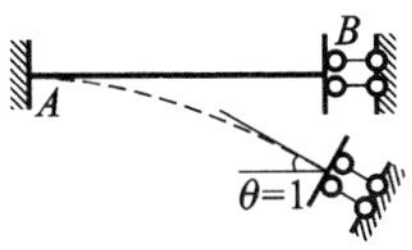 A; B; $\theta=1$	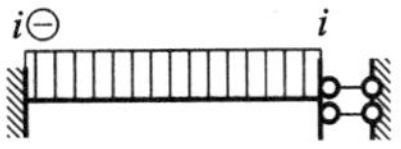 i⊖; i	0	0

注：1. 表中 $i=\frac{EI}{l}$，称为杆件的线刚度。

2. 表中杆端弯矩的值为弯矩图两端竖标上标注的值。由于弯矩图不注符号，为表明杆端弯矩的正负，特在为负值的杆端弯矩值之后加上“⊖”表示，为正值者则未标。

表 8-2 同此，不再备注。

表 8-2　**等截面直杆的载常数**

序号	计算简图及挠度图	杆端弯矩及弯矩图	杆端剪力	
			F_{QAB}^{F}	F_{QBA}^{F}
1	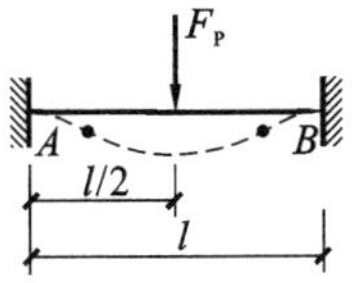 F_P; A; B; $l/2$; l	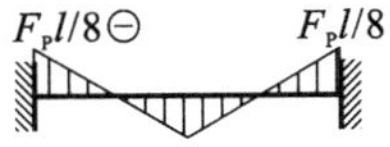 $F_Pl/8$⊖; $F_Pl/8$	$\frac{F_P}{2}$	$-\frac{F_P}{2}$

续表

序号	计算简图及挠度图	杆端弯矩及弯矩图	杆端剪力	
			F_{QAB}^F	F_{QBA}^F
2	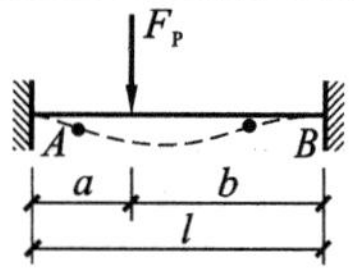 F_P; A; B; a; b; l	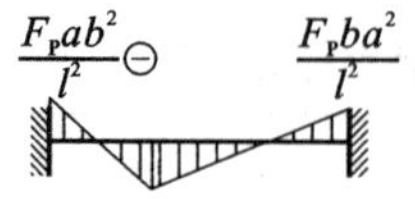 $\frac{F_P ab^2}{l^2}$⊖; $\frac{F_P ba^2}{l^2}$	$\frac{F_P b^2(l+2a)}{l^3}$	$-\frac{F_P a^2(l+2b)}{l^3}$
3	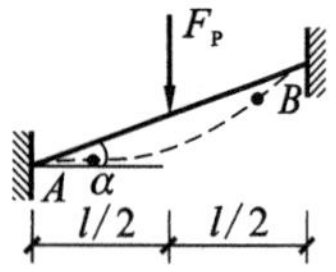 F_P; A; B; α; l/2; l/2	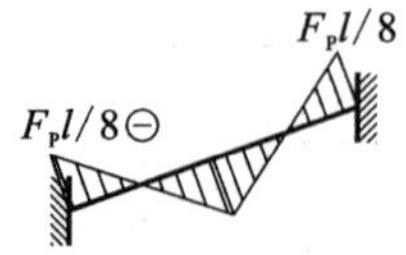 $F_P l/8$⊖; $F_P l/8$	$\frac{F_P}{2}\cos\alpha$	$-\frac{F_P}{2}\cos\alpha$
4	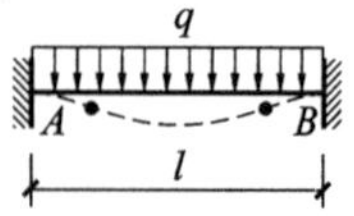 q; A; B; l	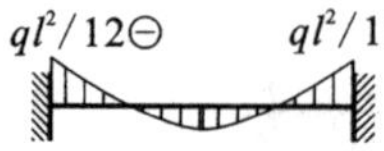 $ql^2/12$⊖; $ql^2/12$	$\frac{ql}{2}$	$-\frac{ql}{2}$
5	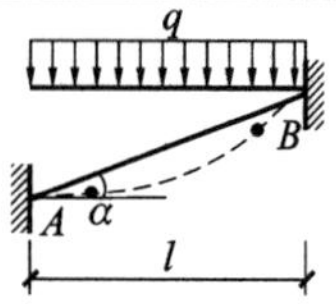 q; A; B; α; l	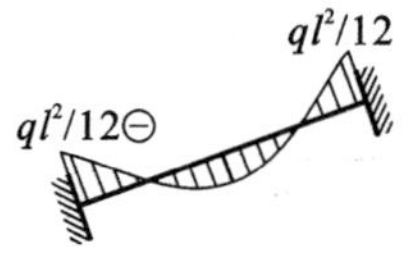 $ql^2/12$⊖; $ql^2/12$	$\frac{ql}{2}\cos\alpha$	$-\frac{ql}{2}\cos\alpha$
6	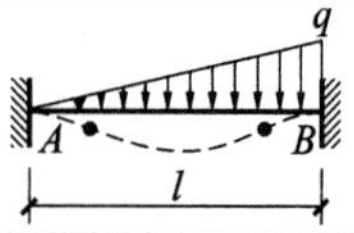 q; A; B; l	 $ql^2/30$⊖; $ql^2/20$	$\frac{3}{20}ql$	$-\frac{7}{20}ql$
7	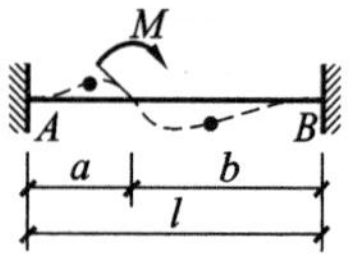 M; A; B; a; b; l	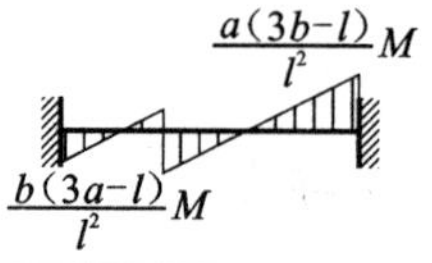 $\frac{a(3b-l)}{l^2}M$; $\frac{b(3a-l)}{l^2}M$	$-M\frac{6ab}{l^3}$	$-M\frac{6ab}{l^3}$
8	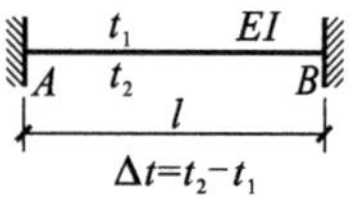 t_1; EI; t_2; A; B; l; $\Delta t=t_2-t_1$	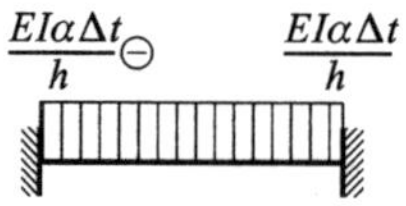 $\frac{EI\alpha\Delta t}{h}$⊖; $\frac{EI\alpha\Delta t}{h}$	0	0
9	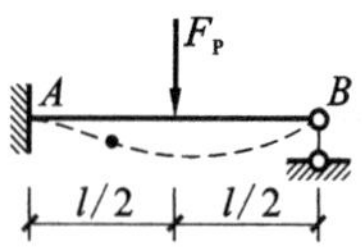 F_P; A; B; l/2; l/2	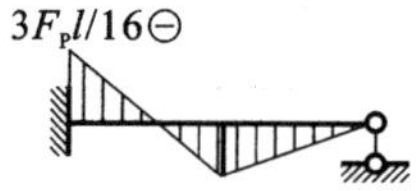 $3F_P l/16$⊖	$\frac{11}{16}F_P$	$-\frac{5}{16}F_P$
10	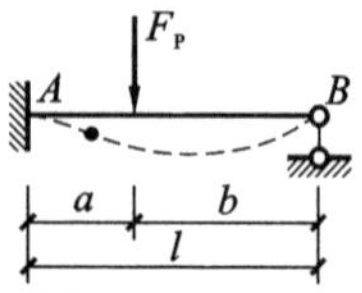 F_P; A; B; a; b; l	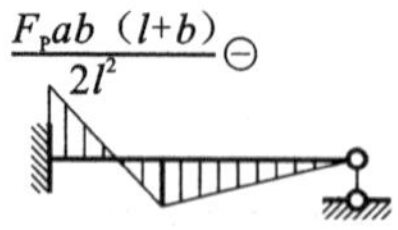 $\frac{F_P ab(l+b)}{2l^2}$⊖	$\frac{F_P b(3l^2-b^2)}{2l^3}$	$-\frac{F_P a^2(2l+b)}{2l^3}$
11	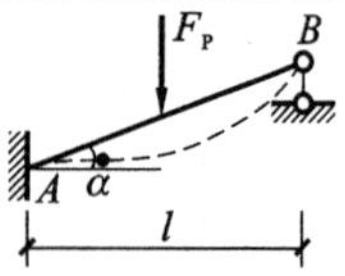 F_P; A; B; α; l	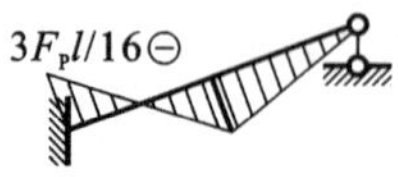 $3F_P l/16$⊖	$\frac{11}{16}F_P\cos\alpha$	$-\frac{5}{16}F_P\cos\alpha$
12	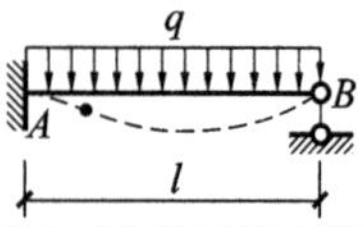 q; A; B; l	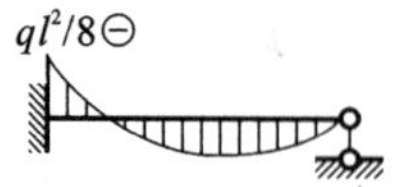 $ql^2/8$⊖	$\frac{5}{8}ql$	$-\frac{3}{8}ql$

续表

序号	计算简图及挠度图	杆端弯矩及弯矩图	杆端剪力	
			F_{QAB}^{F}	F_{QBA}^{F}
13	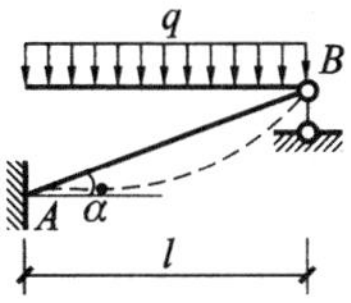q B A α l	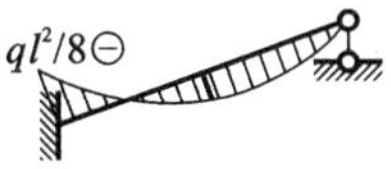ql²/8⊖	$\frac{5}{8}ql\cos\alpha$	$-\frac{3}{8}ql\cos\alpha$
14	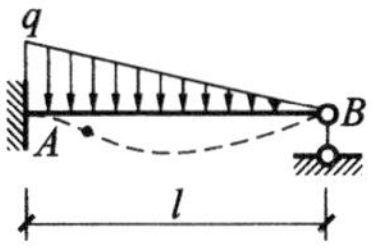q A B l	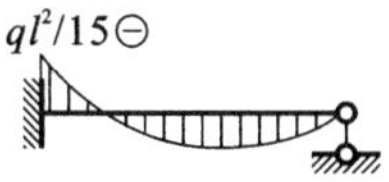ql²/15⊖	$\frac{2}{5}ql$	$-\frac{1}{10}ql$
15	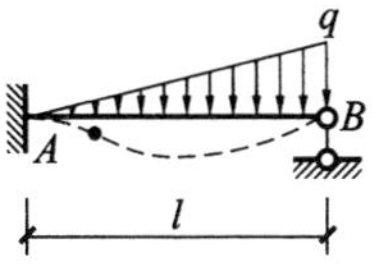q A B l	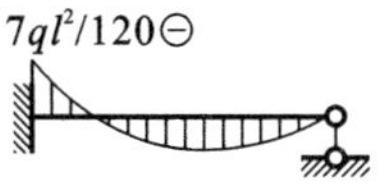7ql²/120⊖	$\frac{9}{40}ql$	$-\frac{11}{40}ql$
16	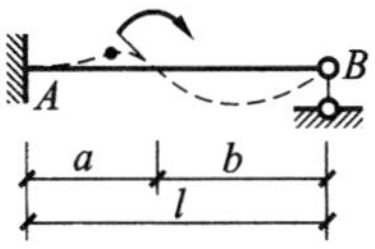A B a b l	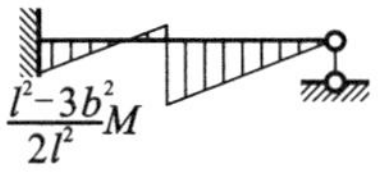(l²−3b²)/(2l²) M	$-M\frac{3(l^2-b^2)}{2l^3}$	$-M\frac{3(l^2-b^2)}{2l^3}$
17	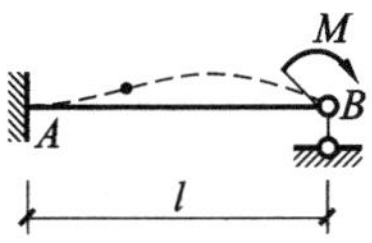M A B l	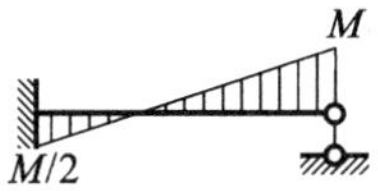M M/2	$-\frac{3}{2l}M$	$-\frac{3}{2l}M$
18	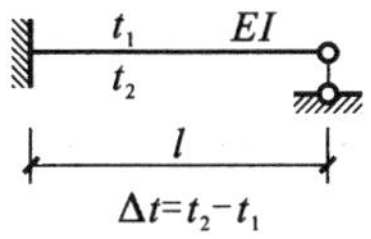t₁ EI t₂ l Δt=t₂−t₁	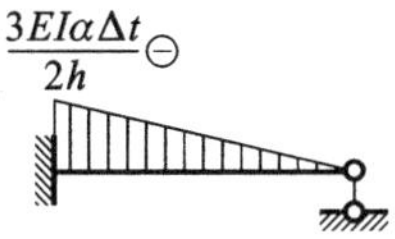3EIαΔt/2h ⊖	$\frac{3EI\alpha\Delta t}{2hl}$	$\frac{3EI\alpha\Delta t}{2hl}$
19	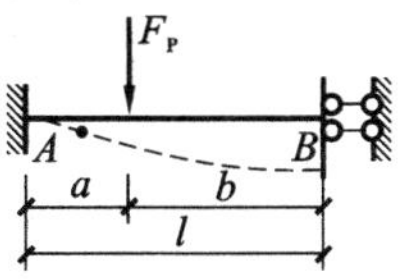F_P A B a b l	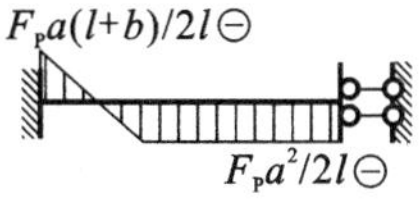F_Pa(l+b)/2l⊖ F_Pa²/2l⊖	F_P	0
20	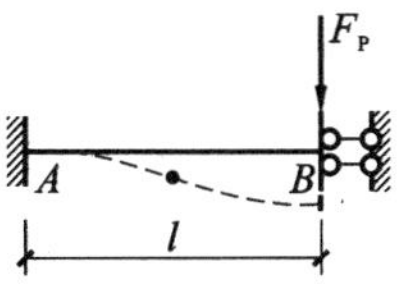F_P A B l	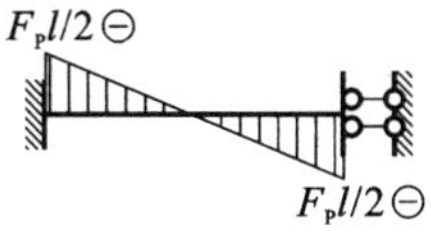F_Pl/2⊖ F_Pl/2⊖	F_P	$F_{QB}^{左}=F_P$ $F_{QB}^{右}=0$
21	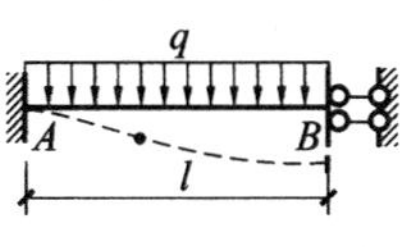q A B l	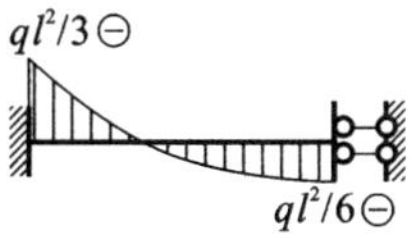ql²/3⊖ ql²/6⊖	ql	0
22	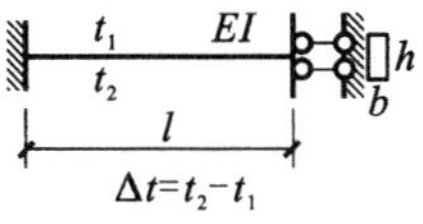t₁ EI t₂ h b l Δt=t₂−t₁	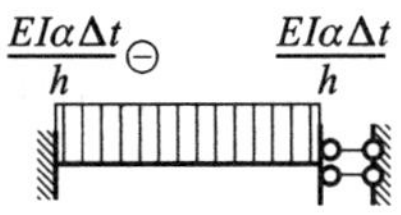EIαΔt/h ⊖ EIαΔt/h	0	0

8.2.3 转角位移方程

(1)两端固定的单跨超静定梁。

对图8-5所示基本单元,根据表8-1和表8-2,并运用叠加法,可得其转角位移方程为

$$\left.\begin{aligned}M_{AB}&=4i\theta_A+2i\theta_B-\frac{6i}{l}\Delta+M_{AB}^{F}\\M_{BA}&=2i\theta_A+4i\theta_B-\frac{6i}{l}\Delta+M_{BA}^{F}\\F_{QAB}&=-\frac{6i}{l}\theta_A-\frac{6i}{l}\theta_B+\frac{12i}{l^2}\Delta+F_{QAB}^{F}\\F_{QBA}&=-\frac{6i}{l}\theta_A-\frac{6i}{l}\theta_B+\frac{12i}{l^2}\Delta+F_{QBA}^{F}\end{aligned}\right\}\tag{8-1}$$

(2)一端固定一端铰支的单跨超静定梁。

如图8-6所示基本单元的转角位移方程为

$$\left.\begin{aligned}M_{AB}&=3i\theta_A-\frac{3i}{l}\Delta+M_{AB}^{F}\\M_{BA}&=0\\F_{QAB}&=-\frac{3i}{l}\theta_A+\frac{3i}{l^2}\Delta+F_{QAB}^{F}\\F_{QBA}&=-\frac{3i}{l}\theta_A+\frac{3i}{l^2}\Delta+F_{QBA}^{F}\end{aligned}\right\}\tag{8-2}$$

式(8-2)中,没有出现 θ_B,是因为可证明 $\theta_B=-\frac{1}{2}\theta_A+\frac{3}{2}\frac{\Delta}{l}$,即 θ_B 是 θ_A 和 Δ 的函数,不独立于 θ_A 和 Δ。

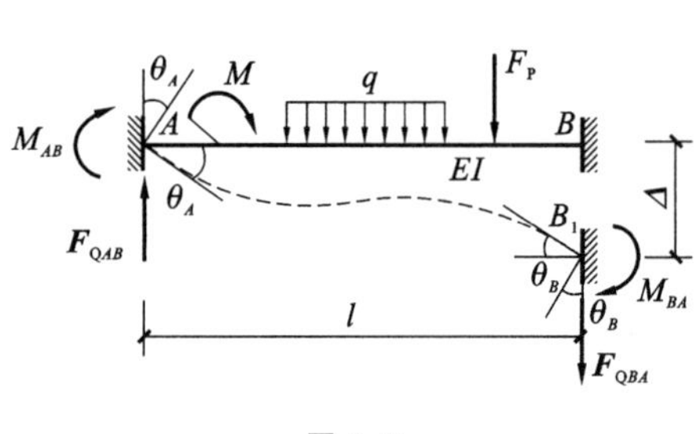

图 8-5

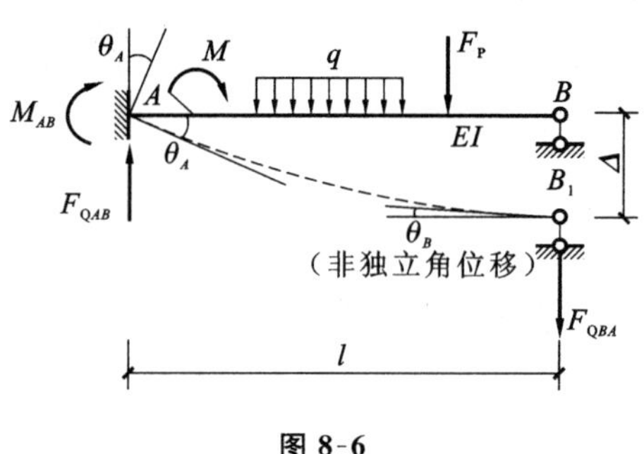

图 8-6

(3)一端固定一端定向支承的单跨超静定梁。

如图8-7所示基本单元的转角位移方程为

$$\left.\begin{aligned}M_{AB}&=i\theta_A-i\theta_B+M_{AB}^{F}\\M_{BA}&=-i\theta_A+i\theta_B+M_{BA}^{F}\\F_{QAB}&=F_{QAB}^{F}\\F_{QBA}&=0\end{aligned}\right\}\tag{8-3}$$

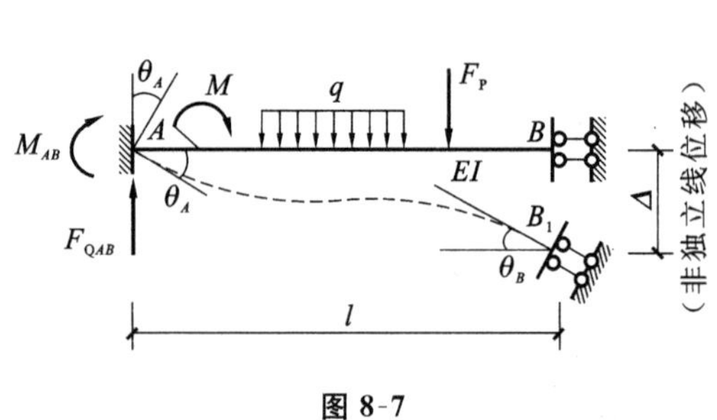

图 8-7

式(8-3)中,没有出现 Δ,是因为可证明 $\Delta=\frac{l}{2}(\theta_A+\theta_B)$,即 Δ 是 θ_A 和 θ_B 的函数,不独立于 θ_A 和 θ_B。

8.3 位移法的基本概念

8.3.1 位移法的基本未知量

中国尊大厦

位移法计算的首要任务是确定其基本未知量。如前所述，位移法常选取结点位移量为未知量，但为简化计算，还应将结构中不独立的位移未知量排除。因此，结构中独立的结点位移未知量就是位移法的基本未知量。

位移法基本未知量包括结点角位移和结点线位移，可用广义位移符号 Z_i 表示。确定独立结点角位移未知量的方法是：寻找结构中出现的刚结点、组合结点、变截面杆的刚度变化点（视作刚结点）和抗转弹簧支座，这是因为结构中只有这些地方能够产生独立未知转角。角位移基本未知量常用“↷”和顺序编号的 Z_i 标于计算简图的相应位置上，其总数用 n_y 表示。例如，如图 8-8(a)所示结构的独立结点角位移如图 8-8(b)所示，其 $n_y=4$。

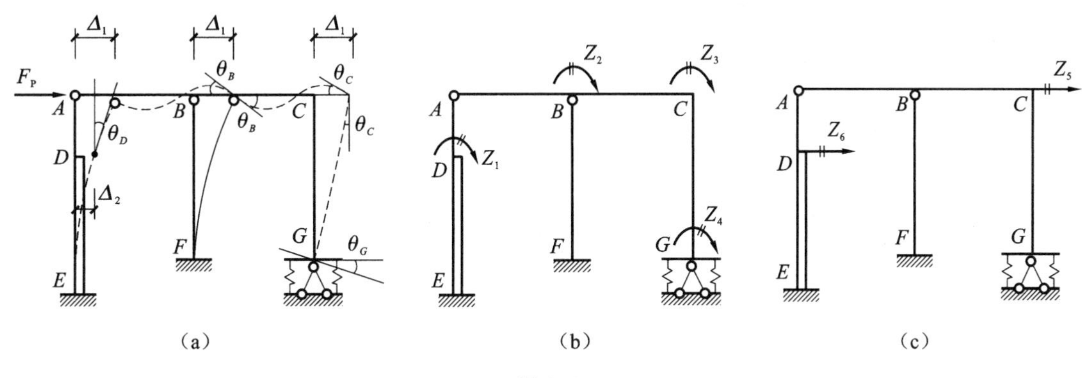

图 8-8

(a)原结构；(b)角位移基本未知量；(c)线位移基本未知量

按真实情况，结构中每个未被刚性支座约束的结点，都可能发生水平和竖向的独立线位移，这会导致未知量过多。为简化计算，引入 8.1 节所述假设：不计梁式杆的轴向变形，且不计由于弯曲而引起杆段两端的接近。对简单的结构，可据此假设，直接观察原结构得到其线位移基本未知量。线位移基本未知量常用“⊣⊢→”和顺序编号的 Z_i 标于结构简图的对应位置上，其总数用 n_l 表示。例如，如图 8-8(a)所示结构的独立结点线位移如图 8-8(c)所示，其 $n_l=2$。

此外，由假设还可得到确定独立结点线位移未知量的另一种有效方法——“铰化结点，附加支杆”。具体做法是：①将结构中梁式杆两端所连的结点或支座都化作全铰结点或铰支座（例如，刚结点和组合结点化作全铰结点，固定支座和定向支座分别化作固定铰支座和支杆），并保留原结构中的梁式杆和 $EA\to\infty$ 的二力杆，从而得到原结构的铰化体系；②在该几何可变且由刚性杆组成的铰接链杆体系的铰结点上，人为附加支杆，直到体系几何不变，则附加支杆就与原结构上发生的结点线位移相对应；③排除这些线位移中可能有的非独立量（见图 8-7 中的 Δ），最终得到结点线位移基本未知量。例如，如图 8-9(a)所示结构，其铰化体系如图 8-9(b)所示，铰化体系上的附加支杆如图 8-9(c)所示，附加支杆所在铰结点对应的原结构相应结点处，就可能产生与支杆支承方向相同的结点线位移，而本例中结点线位移均为独立量，故 $n_l=4$。有必要说明：附加支杆的方法并不唯一，但所得 n_l 的值是相同的。

综合结点的角位移和线位移基本未知量，就可得到结构全部位移法基本未知量，其总数为：

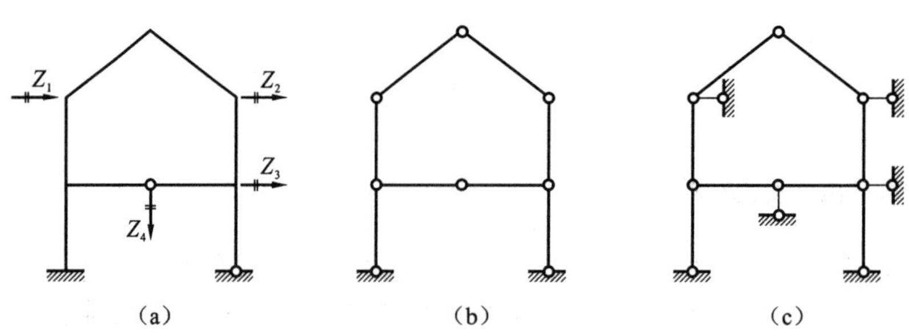

图 8-9

(a)原结构及其线位移基本未知量;(b)铰化体系;(c)附加支杆

$$n = n_y + n_l \tag{8-4}$$

例如,可将如图 8-8(b)、(c)所示的全部基本未知量综合到同一计算简图上。全部未知量在解出前一般先假设为正向。

8.3.2 位移法的基本结构和基本体系

为便于分析基本未知量作用于结构时的受力和变形状态,可以通过向原结构中附加假想约束的方法来临时控制这些未知量。用于控制结点转角的刚性约束,称为附加刚臂,在简图中用"◣"表示;而用于控制结点线位移的刚性约束,称为附加支杆。对应原结构中的各基本未知量,附加刚臂和链杆所得的结构,称为位移法的基本结构。例如,图 8-10(a)所示的原结构,其基本结构如图 8-10(b)所示。而位移法基本结构可被看做是三类基本单元的组合体。

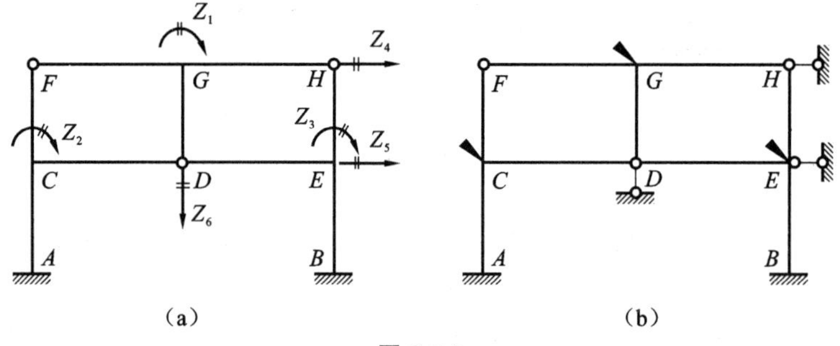

图 8-10

(a)原结构及其基本未知量;(b)基本结构

若在基本结构上作用原结构所受荷载等外部因素,并令附加约束产生与原结构 Z_i 相同的位移,则形成位移法的基本体系。该体系与原结构在受力和变形上完全等效,故对原结构的分析可转为对其基本体系的分析。例如,图 8-10(a)所示结构的基本体系如图 8-11(c)所示。

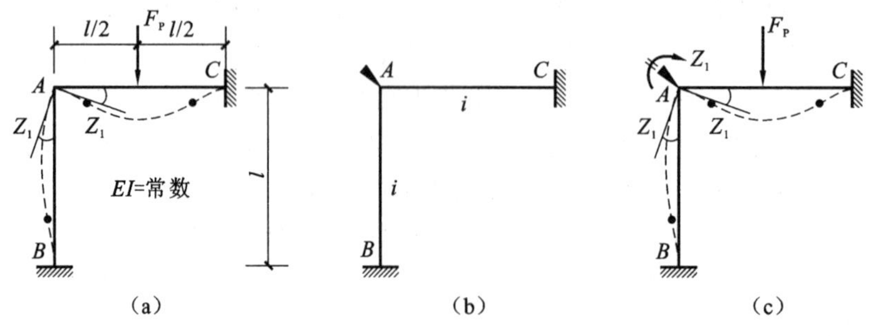

图 8-11

(a)原结构;(b)基本结构;(c)基本体系

8.3.3 位移法的基本方程

仍以如图 8-11(a)所示结构为例进行分析。将基本体系上作用的 Z_1 和荷载 F_P 分别作用于基本结构上,根据叠加原理可知,不论在受力上还是变形上,都有如图 8-12 所示的叠加关系。

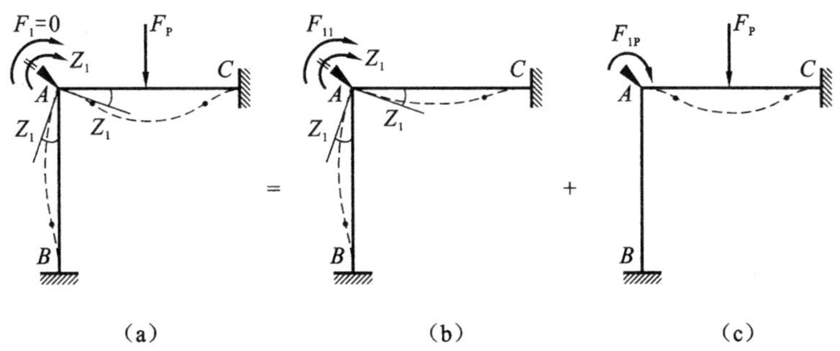

图 8-12

(a)基本体系;(b)Z_1 单独作用;(c)荷载单独作用

因此,附加刚臂上的反力矩 $F_1=F_{11}+F_{1P}$。又由于基本体系与原结构等效,原结构并不存在附加刚臂,所以 $F_1=0$。于是,得到

$$F_{11}+F_{1P}=0 \tag{a}$$

F_{11} 由 Z_1 单独作用引起,在线弹性条件下,与 Z_1 成固定比例的线性函数关系,即可表述为

$$F_{11}=k_{11}Z_1 \tag{b}$$

其中 k_{11} 是系数,代表由单位位移(令 $Z_1=1$)单独作用于基本结构时,引起的附加刚臂上的反力矩。本例中 F_{11} 同 k_{11} 和 Z_1 的关系,如图 8-13 所示。

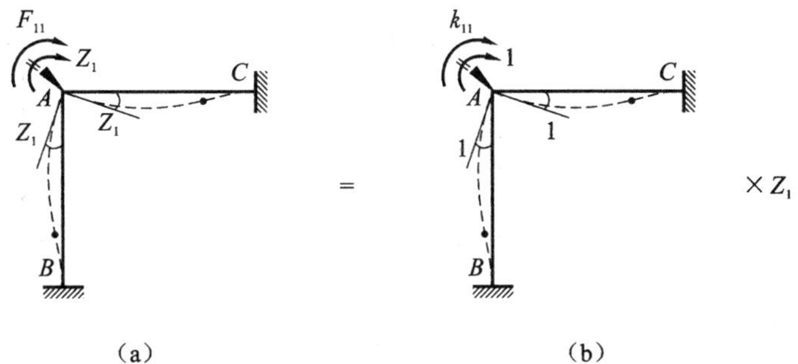

图 8-13

(a)Z_1 单独作用;(b)单位位移单独作用

将式(b)代入式(a),得到含基本未知量 Z_1 的方程

$$k_{11}Z_1+F_{1P}=0 \tag{c}$$

这就是用于求解 Z_1 的位移法基本方程(亦称为典型方程),它利用了 Z_1 和荷载分别单独作用所引起附加刚臂上的力矩之和应为零的力矩平衡条件,即其实质是一种力的平衡条件。该方程中,荷载单独作用引起的反力矩 F_{1P} 称为自由项。

接下来,根据图 8-13(b)和图 8-12(c)来计算系数 k_{11} 与自由项 F_{1P}。由于两种情况都是作用于基本结构上,而基本结构可以拆散为基本单元,因此可查形常数表(表 8-1)和载常数表(表 8-2)来得到两种情况下的弯矩图(分别称为 $\overline{M}_1$ 图和 M_P 图,如图 8-14 所示)。

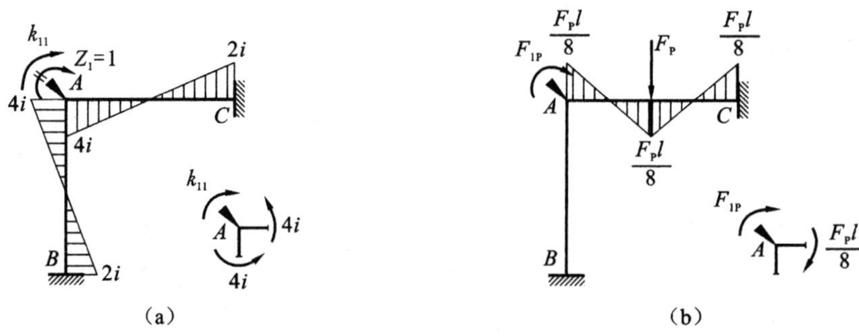

(a)　　　　　　　　　　(b)

图 8-14

(a)基本结构在单位位移下的弯矩图 $\overline{M}_1$;(b)基本结构在荷载作用下的弯矩图 M_P

再由刚结点 A 的力矩平衡条件,容易求得

$$k_{11}=8i,\quad F_{1P}=-\frac{F_Pl}{8} \tag{d}$$

将式(d)代入基本方程式(c),可求得

$$Z_1=\frac{F_Pl}{64i} \tag{e}$$

根据叠加原理,基本体系的最终弯矩(即原结构的弯矩)为

$$M=\overline{M}_1Z_1+M_P \tag{f}$$

将式(e)代入式(f),即可求得原结构弯矩图,如图 8-15(a)所示。

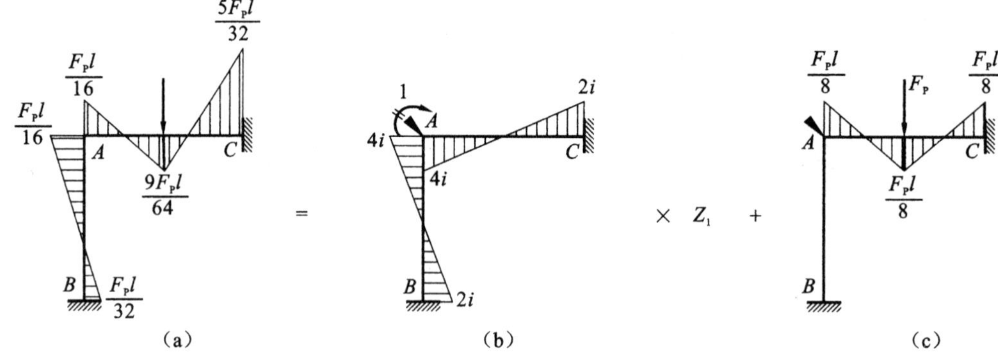

(a)　　　　　　(b)　　　　　　(c)

图 8-15

(a)原结构的弯矩图;(b)单位位移作用下的弯矩图 $\overline{M}_1$;(c)荷载作用下的弯矩图 M_P

【例 8-1】 试用位移法求如图 8-16(a)所示刚架的弯矩图,设两柱 EI 为常数。

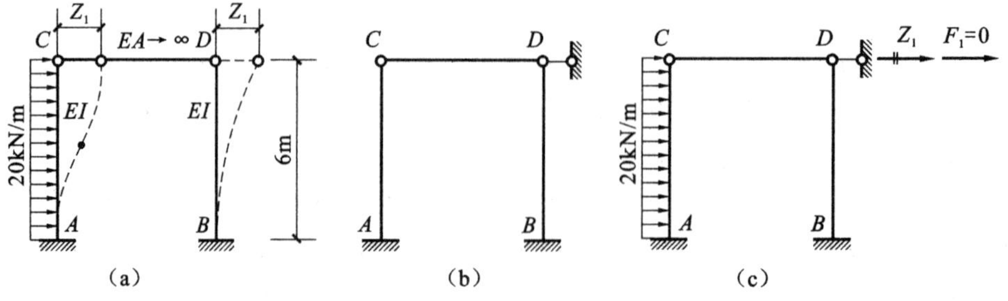

(a)　　　　(b)　　　　(c)

图 8-16

(a)原结构;(b)基本结构;(c)基本体系

【解】 该结构只有一个结点线位移未知量 Z_1。其基本结构如图 8-16(b)所示，基本体系如图 8-16(c)所示。基本体系与原结构的等效条件是附加支杆上不存在反力，即 $F_1=0$。不同于上例，这里 $F_1=0$ 不再是力矩平衡条件，而是反力的平衡条件，但实质仍是力的平衡条件。

分别将 Z_1 和荷载单独作用于基本结构上，仍可得 $F_{11}+F_{1P}=0$。而 $F_{11}=k_{11}Z_1$，于是基本方程仍为

$$k_{11}Z_1+F_{1P}=0$$

但方程中的系数和自由项的物理意义有所变化，k_{11} 在这里代表由单位结点线位移 $Z_1=1$ 单独作用于基本结构上时，引起的附加支杆上的反力。F_{1P} 则代表荷载单独作用于基本结构上时，引起的附加支杆上的反力，如图 8-17 所示。

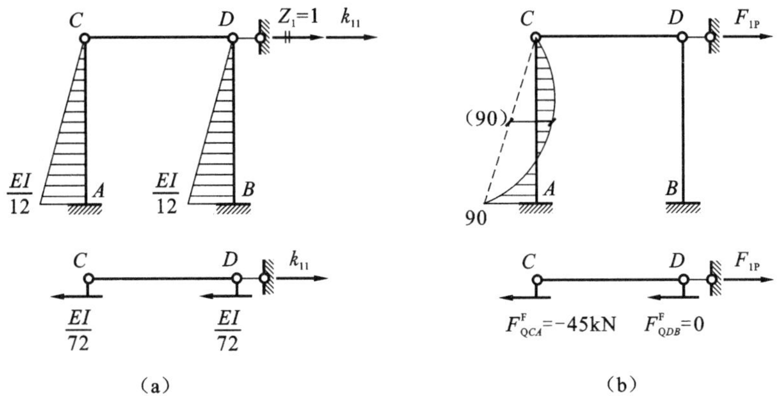

图 8-17

(a)单位位移作用下的弯矩图 $\overline{M}_1$；(b)荷载作用下的弯矩图 M_P(kN·m)

如图 8-17 所示，取包含柱端剪力和附加支杆的隔离体，根据其水平方向力的投影平衡条件，可求得系数和自由项，分别为

$$k_{11}=\frac{EI}{72}+\frac{EI}{72}=\frac{EI}{36},\quad F_{1P}=-45\text{kN}\cdot\text{m}$$

解得

$$Z_1=-\frac{F_{1P}}{k_{11}}=\frac{1620}{EI}$$

代入弯矩叠加公式 $M=\overline{M}_1Z_1+M_P$，可求得原结构弯矩图，如图 8-18所示。

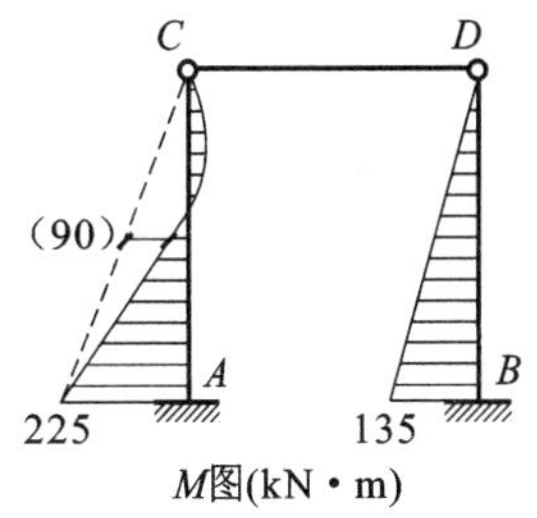

图 8-18

8.4 用典型方程法计算超静定结构的内力

8.4.1 典型方程的一般形式和典型方程法的计算步骤

人民大会堂

(1)典型方程的一般形式。

8.3 节推导出了含一个基本未知量结构所对应的位移法典型方程 $k_{11}Z_1+F_{1P}=0$，下面仍用实例推导含两个基本未知量结构的位移法典型方程，并推广到含 n 个基本未知量的结构。

如图 8-19(a)所示的结构，具有一个结点角位移和一个结点线位移，共两个基本未知量。其基

本结构如图 8-19(b)所示,基本体系如图 8-19(c)所示。

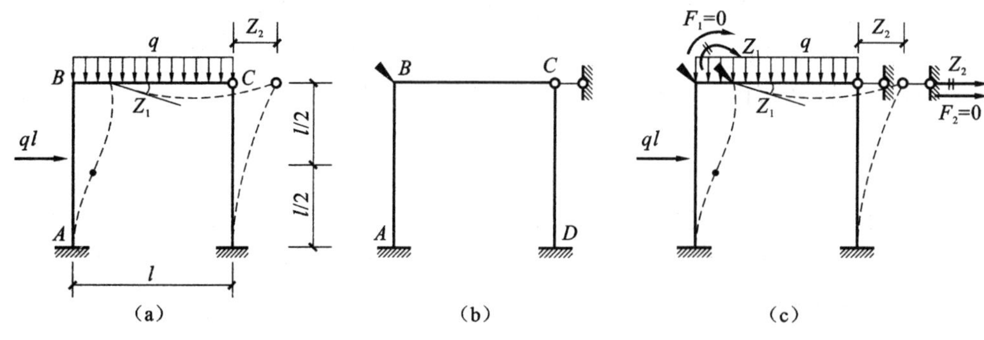

图 8-19

(a)原结构;(b)基本结构;(c)基本体系

基本体系与原结构的等效条件是

$$\left.\begin{aligned} F_1 &= 0 \\ F_2 &= 0 \end{aligned}\right\} \tag{a}$$

代表的物理意义是:原结构不存在附加约束,故附加刚臂和附加支杆上的约束力应为零。

如图 8-20 所示,将基本体系上作用的 Z_1、Z_2 和荷载分别单独作用于基本结构。若设 i、j 取为 1 或 2,则图 8-20 中 F_{ij} 代表由基本未知量 Z_j 单独作用于基本结构时,引起 Z_i 所在附加约束上的约束力;F_{iP} 代表由荷载单独作用于基本结构时,引起 Z_i 所在附加约束上的约束力,仍称为自由项。由叠加原理可知,如图 8-19(c)所示的基本体系的受力和变形,可由如图 8-20 所示的三种情况叠加而得。因此

$$\left.\begin{aligned} F_1 &= F_{11} + F_{12} + F_{1P} = 0 \\ F_2 &= F_{21} + F_{22} + F_{2P} = 0 \end{aligned}\right\} \tag{b}$$

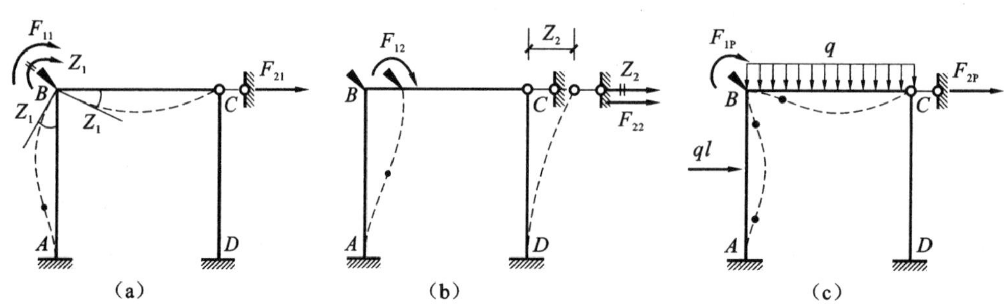

图 8-20

(a)基本结构在 Z_1 作用下;(b)基本结构在 Z_2 作用下;(c)基本结构在荷载作用下

F_{ij} 由 Z_j 单独作用引起,在线弹性条件下,与 Z_j 成固定比例的线性函数关系,即

$$F_{11} = k_{11} Z_1, \quad F_{21} = k_{21} Z_1, \quad F_{12} = k_{12} Z_2, \quad F_{22} = k_{22} Z_2 \tag{c}$$

式(c)中,k_{ij} 仍称为系数,其物理意义是令 Z_j 为单位位移(即 $Z_j = 1$)且单独作用于基本结构时,引起 Z_i 所在附加约束上的广义约束力。

将式(c)代入式(b),可得联立方程

$$\left.\begin{aligned} k_{11} Z_1 + k_{12} Z_2 + F_{1P} &= 0 \\ k_{21} Z_1 + k_{22} Z_2 + F_{2P} &= 0 \end{aligned}\right\} \tag{d}$$

这就是含两个基本未知量结构的位移法典型方程。

为求得系数和自由项，根据形常数表和载常数表，绘制单位位移 $Z_j=1$ 和荷载分别单独作用于基本结构的弯矩图，分别如图 8-21(a)、(b)、(c)所示的 $\overline{M}_1$ 图、$\overline{M}_2$ 图和 M_P 图。对附加刚臂上的系数和自由项(这里是 k_{11}、k_{12} 和 F_{1P})，可利用该刚臂所在结点隔离体的力矩平衡条件来求其具体值；对附加支杆上的系数和自由项(这里是 k_{21}、k_{22} 和 F_{2P})，可取包含柱端剪力和附加支杆的隔离体并利用投影平衡条件来求其具体值，如图 8-21 中所取各隔离体。从而，可求得

$$\left.\begin{array}{l} k_{11}=7i,\quad k_{12}=k_{21}=-\dfrac{6i}{l},\quad k_{22}=\dfrac{15i}{l^2} \\ F_{1P}=0,\quad F_{1P}=-\dfrac{ql}{2} \end{array}\right\}$$

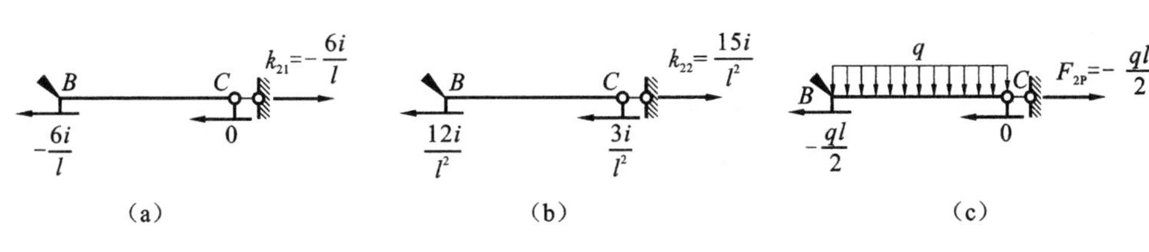

图 8-21

(a)$Z_1=1$ 作用下的 $\overline{M}_1$ 图；(b)$Z_2=1$ 作用下的 $\overline{M}_2$ 图；(c)荷载作用下的 M_P 图

将系数和自由项代入式(d)，可得

$$\left.\begin{array}{r} 7iZ_1-\dfrac{6i}{l}Z_2+0=0 \\ -\dfrac{6i}{l}Z_1+\dfrac{15i}{l^2}Z_2-\dfrac{ql}{2}=0 \end{array}\right\}$$

解之，可得 Z_1 和 Z_2，再代入由叠加原理得到的内力叠加公式 $M=\overline{M}_1Z_1+\overline{M}_2Z_2+M_P$，即可求得原结构弯矩图。若还需求剪力图和轴力图，可根据弯矩图，用杆件隔离体两端的力矩平衡条件，先求得杆端剪力并绘出剪力图，再用结点隔离体的投影平衡条件来求杆端轴力并绘制轴力图。

对含 n 个基本未知量的结构，按与上述方法类似的推导过程可得

$$\left.\begin{array}{r} k_{11}Z_1+k_{12}Z_2+\cdots+k_{1n}Z_n+F_{1P}=0 \\ k_{21}Z_1+k_{22}Z_2+\cdots+k_{2n}Z_n+F_{2P}=0 \\ \cdots\cdots\cdots\cdots \\ k_{n1}Z_1+k_{n2}Z_2+\cdots+k_{nn}Z_n+F_{nP}=0 \end{array}\right\} \tag{8-5}$$

这就是位移法典型方程的一般形式。式中，k_{ij} 仍称为系数，其中主斜线上的系数 k_{ii} 称为位移法方程的主系数，其他系数 $k_{ij}(i\neq j)$称为副系数；F_{iP} 仍称为自由项。

系数和自由项的符号规定是：以与该附加约束所设位移方向一致者为正。主系数 k_{ii} 的方向总是与所设位移 Z_i 的方向一致，故恒大于零。根据反力互等定理可知，副系数 $k_{ij}=k_{ji}(i\neq j)$，但副系

数的值可能为正、负或零。

位移法系数 k_{ij} 反映了结构抵抗变形的能力,故也常被称作刚度系数,而位移法典型方程也因此常被称作刚度方程,位移法也被称作刚度法。

(2)典型方程法的计算步骤。

①确定基本未知量。

②确定基本体系。在原结构各基本未知量 Z_i 所在结点上附加相应约束,得到基本结构。将原结构所受荷载和 Z_i 一同作用于基本结构上,得到等效于原结构的基本体系。

③建立位移法典型方程。根据附加约束上应无广义约束力的平衡条件建立典型方程。

④求系数和自由项。绘出 $Z_i=1$ 单独作用于基本结构的弯矩图 $\overline{M}_i$ 图,荷载单独作用于基本结构的弯矩图 M_P 图,取隔离体的力矩或投影平衡条件,即可求得系数和自由项。

⑤解方程,求基本未知量。

⑥作原结构内力图。按照叠加公式 $M=\overline{M}_1Z_1+\overline{M}_2Z_2+\cdots+\overline{M}_nZ_n+M_P$ 绘出原结构弯矩图,再根据弯矩图绘出剪力图,最后利用剪力图绘出轴力图。

⑦校核。由于位移法在确定基本未知量时已满足了变形协调条件,而位移法典型方程实质是力的平衡条件,故通常只需按平衡条件进行校核。

8.4.2 用典型方程法计算超静定结构在荷载作用下的内力

不同于力法基本结构是通过解除原结构多余约束得到,位移法的基本结构是在原结构上附加约束而得,因此位移法不仅适用于求解超静定结构,也可用于求解静定结构。但静定结构的位移法基本未知量一般较多,手算不方便,故这里只介绍位移法求解超静定结构。

【例 8-2】 试用位移法求如图 8-22(a)所示连续梁的弯矩图和剪力图,设各杆 EI 为常数。

【解】 (1)确定基本未知量。

该结构只有结点 B 的转角是基本未知量,$n=n_y=1$,如图 8-22(b)中的 Z_1。

(2)确定基本体系。

如图 8-22(b)所示在该图中顺便标明各杆的线刚度,以便后续绘制 $\overline{M}_1$ 图使用。

(3)建立位移法典型方程。

$$k_{11}Z_1+F_{1P}=0$$

(4)求系数和自由项。

绘制 $\overline{M}_1$ 图和 M_P 图,分别如图 8-22(c)、(d)所示,由结点 B 的力矩平衡条件,可得

$$k_{11}=10i,\quad F_{1P}=-\frac{ql^2}{8}$$

(5)解方程,求基本未知量

$$Z_1=-\frac{F_{1P}}{k_{11}}=\frac{ql^2}{80i}$$

(6)作原结构内力图。

先利用弯矩叠加公式 $M=\overline{M}_1Z_1+M_P$,求出弯矩图。例如,为求杆 BC 的 B 端弯矩 M_{BC},该公式变为 $M_{BC}=\overline{M}_{1BC}Z_1+M_{PBC}$,假设弯矩以使杆 BC 上侧受拉为正,则

$$M_{BC}=\overline{M}_{1BC}Z_1+M_{PBC}=(-6i)\times\frac{ql^2}{80i}+\frac{ql^2}{8}=\frac{ql^2}{20}\text{(上侧受拉)}$$

结果为正说明 M_{BC} 方向与假设相同,使杆 BC 上侧受拉,于是弯矩图竖标绘于上侧。其余各杆端弯

矩竖标也可按此法求得，所有杆端弯矩竖标都求得后，杆中弯矩图用区段叠加法补全，得原结构弯矩图，如图8-22(e)所示。

剪力图可利用弯矩图和杆件隔离体来求。杆 AB 的剪力图可以直接根据内力图特征得到；杆 BC 的剪力图可取如图8-22(g)所示的杆 BC 为隔离体，由两端的力矩平衡条件求得，该图中 $M_{BC}=\dfrac{ql^2}{20}$ 可直接由弯矩图查得。最终，原结构剪力图如图8-22(f)所示。

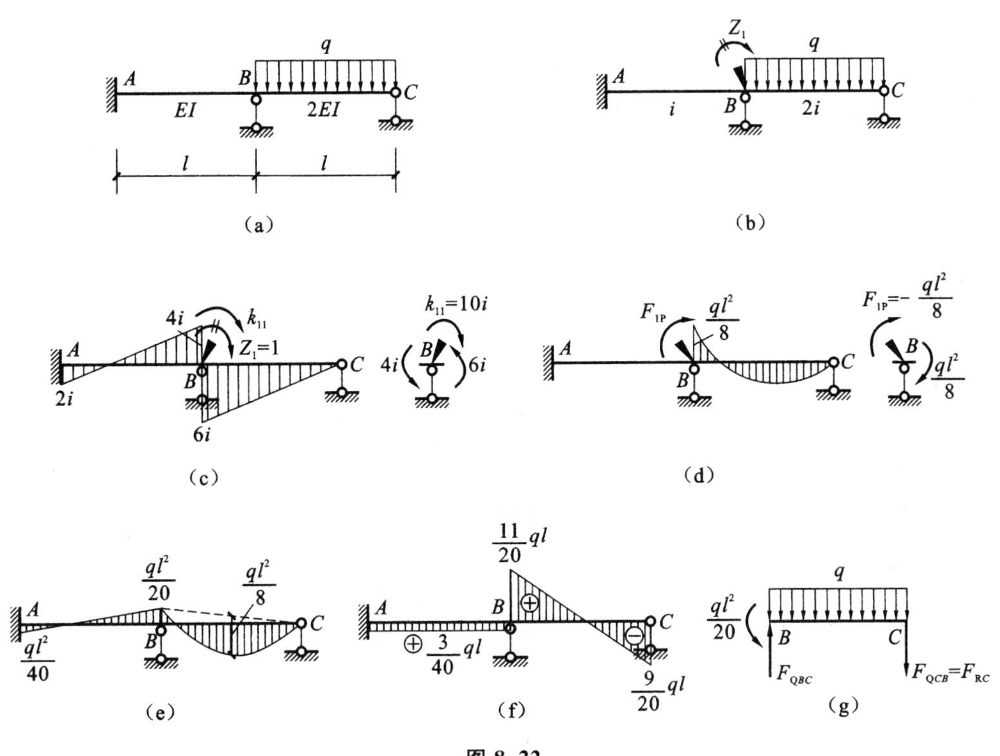

图 8-22

(a)原结构；(b)基本体系；(c)$\overline{M}_1$ 图；(d)M_P 图；(e)M 图；(f)F_Q 图；(g)杆 BC 隔离体

如果还要求支杆 B 的反力，可取结点 B 为隔离体，由剪力图查得 F_{QBA} 和 F_{QBC} 后，再利用竖向投影平衡条件来求。

(7)校核(略)。

【例 8-3】 试用位移法求如图8-23(a)所示刚架的弯矩图，设各杆 EI 为常数。

【解】 (1)确定基本未知量。

该结构有如图8-23(b)所示的 Z_1 和 Z_2 两个基本未知量，$n=n_y+n_l=1+1=2$。

(2)确定基本体系。

基本体系如图8-23(b)所示。

(3)建立位移法典型方程。

$$\left.\begin{aligned}k_{11}Z_1+k_{12}Z_2+F_{1P}=0\\k_{21}Z_1+k_{22}Z_2+F_{2P}=0\end{aligned}\right\}$$

(4)求系数和自由项。

绘制 $\overline{M}_1$ 图、$\overline{M}_2$ 图和 M_P 图，分别如图8-23(c)、(d)、(e)所示，可得

$$k_{11}=8i,\quad k_{12}=k_{21}=\frac{6i}{5},\quad k_{22}=\frac{12i}{25}$$

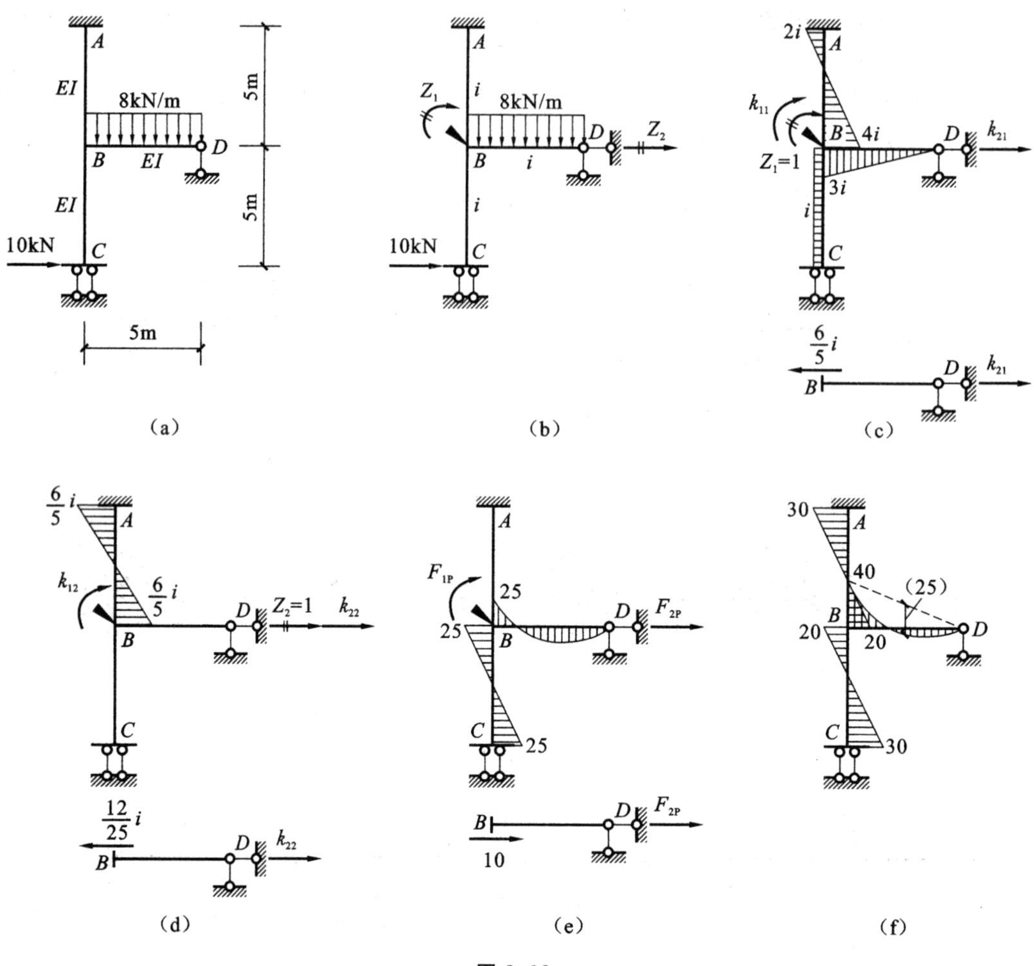

图 8-23

(a)原结构;(b)基本体系;(c)$\overline{M}_1$ 图;(d)$\overline{M}_2$ 图;(e)M_P 图(kN·m);(f)M 图(kN·m)

$$F_{1P}=0,\quad F_{2P}=-10$$

(5)解方程,求基本未知量。

$$Z_1=-\frac{5}{i},\quad Z_2=\frac{100}{3i}$$

(6)作原结构弯矩图。

由 $M=\overline{M}_1Z_1+\overline{M}_2Z_2+M_P$ 可得原结构弯矩图,如图 8-23(f)所示。

(7)校核(略)。

【例 8-4】 试用位移法求图 8-24(a)所示桁架中各杆的轴力,设各杆 EA 为常数。

【解】 (1)确定基本未知量。

因桁杆能产生轴向伸缩,故结点 B 可以发生水平和竖直方向的线位移,所以该结构有如图 8-24(b)所示的 Z_1 和 Z_2 两个基本未知量,$n=n_l=2$。

(2)确定基本体系。

如图 8-24(b)所示,图中 i_N 称为轴向线刚度,等于桁杆轴向刚度与杆长之比,物理意义是使桁杆沿轴向伸长单位位移时,需施加于桁杆两端的轴力。因此,桁杆的轴力 $F_N=i_N\cdot\Delta l$,其中 Δl 是桁杆的轴向伸长量。

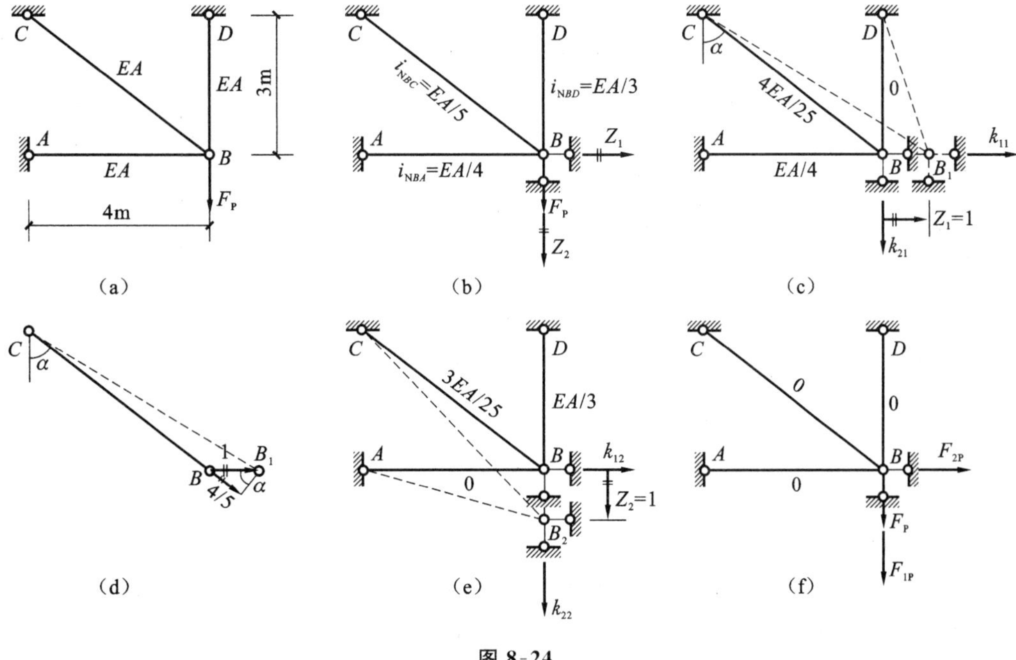

图 8-24

(a)原结构;(b)基本体系;(c)$\overline{F}_{N1}$图;(d)$Z_1=1$时杆BC轴向伸长量的计算;(e)$\overline{F}_{N2}$图;(f)F_{NP}图

(3)建立位移法典型方程。

$$\left.\begin{aligned}k_{11}Z_1+k_{12}Z_2+F_{1P}=0\\k_{21}Z_1+k_{22}Z_2+F_{2P}=0\end{aligned}\right\}$$

(4)求系数和自由项。

类似求解梁和刚架的系数和自由项,绘制桁架的$\overline{F}_{N1}$图、$\overline{F}_{N2}$图和F_{NP}图,它们分别代表$Z_1=1$、$Z_2=1$和外荷载单独作用于基本结构时,所引起的轴力图,如图8-24(c)、(e)、(f)所示(各杆轴力标于杆旁)。

以$\overline{F}_{N1}$图为例,说明各杆内力的确定方法:首先,令$Z_1=1$,引起与结点B相连的各桁杆的变形,如图8-24(c)中的虚线所示;接着,求出各杆沿其轴向的伸长量,易知$\Delta l_{BA}=Z_1=1$,$\Delta l_{BD}=0$,杆BC轴向伸长量的计算方法如图8-24(d),可得$\Delta l_{BC}=Z_1\sin\alpha=4/5$;最后,将各$\Delta l$代入轴力计算式$F_N=i_N\cdot\Delta l$中,就能求得各杆的轴力。

系数和自由项可用$\overline{F}_{N1}$图、$\overline{F}_{N2}$图和F_{NP}图中结点B隔离体的水平和竖向的投影平衡条件求得

$$k_{11}=\frac{189}{500}EA,\quad k_{12}=k_{21}=\frac{48}{500}EA,\quad k_{22}=\frac{608}{1500}EA$$

$$F_{1P}=0,\quad F_{2P}=-F_P$$

(5)解方程,求基本未知量。

$$Z_1=-\frac{2F_P}{3EA},\quad Z_2=\frac{21F_P}{8EA}$$

(6)作原结构轴力图。

根据叠加原理,有$F_N=\overline{F}_{N1}Z_1+\overline{F}_{N2}Z_2+F_{NP}$,据此可得原结构轴力图,如图8-25所示。

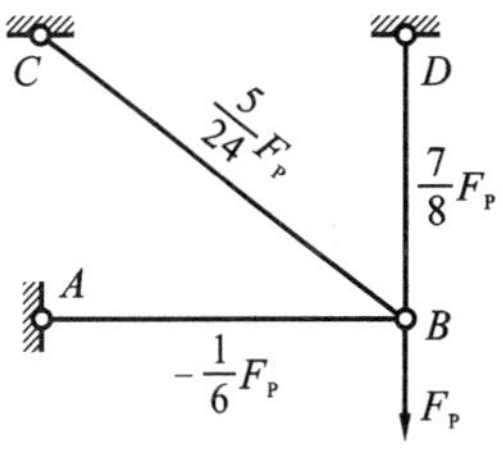

图 8-25

(7)校核。

从原结构轴力图中,取结点B,校核其投影平衡条件,可知受力完全

平衡,故计算无误。

【例 8-5】 试用位移法求如图 8-26(a)所示对称刚架的弯矩图,设各杆 EI 为常数。

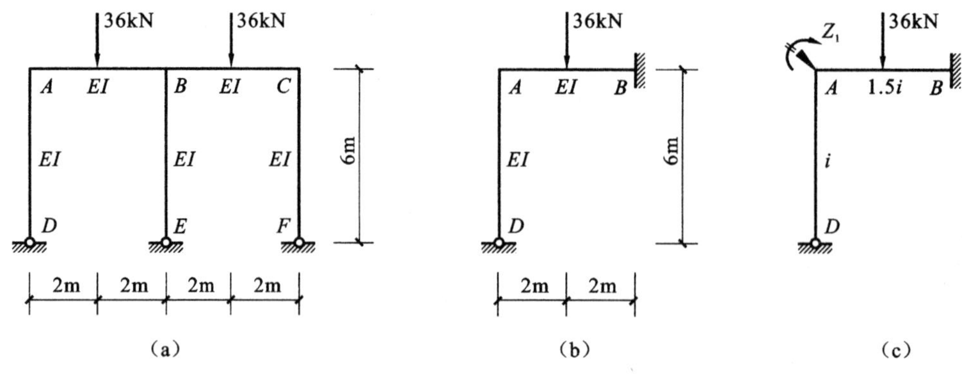

图 8-26

(a)原结构;(b)等效半结构;(c)基本体系

【解】 (1)确定基本未知量。

本题是偶数跨对称结构承受对称荷载作用,可利用对称性取等效半结构,如图 8-26(b)所示。该半结构只有结点 A 的转角是基本未知量,$n=n_y=1$,如图 8-26(c)中的 Z_1。

(2)确定基本体系。

设 $i=\dfrac{EI}{6}$,则各杆的线刚度及基本体系如图 8-26(c)所示。

(3)建立位移法典型方程。

$$k_{11}Z_1+F_{1P}=0$$

(4)求系数和自由项。

绘制 $\overline{M}_1$ 图和 M_P 图,分别如图 8-27(a)、(b)所示,由结点 A 的力矩平衡条件,可得

$$k_{11}=9i,\quad F_{1P}=-18$$

(5)解方程,求基本未知量。

$$Z_1=-\frac{F_{1P}}{k_{11}}=\frac{2}{i}$$

(6)作原结构内力图。

先利用弯矩叠加公式 $M=\overline{M}_1Z_1+M_P$,求出半结构弯矩图,如图 8-27(c)所示。再利用对称性补全原结构弯矩图,如图 8-27(d)所示。

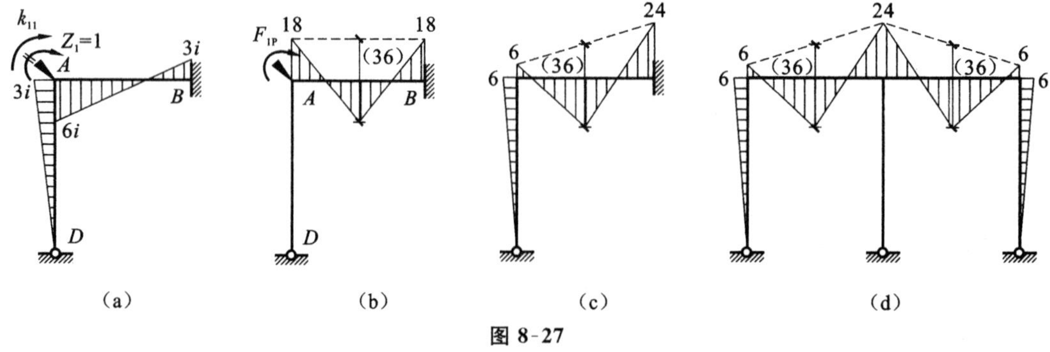

图 8-27

(a)$\overline{M}_1$ 图;(b)M_P 图(kN·m);(c)半结构弯矩图(kN·m);(d)原结构弯矩图(kN·m)

(7)校核(略)。

8.4.3 用典型方程法计算超静定结构在支座移动时的内力

用典型方程法处理超静定结构在支座移动时所用的基本结构，与处理荷载作用时所用的基本结构一样，典型方程略有变化，为

$$\left.\begin{aligned} k_{11}Z_1 + k_{12}Z_2 + \cdots + k_{1n}Z_n + F_{1c} &= 0 \\ k_{21}Z_1 + k_{22}Z_2 + \cdots + k_{2n}Z_n + F_{2c} &= 0 \\ &\cdots\cdots\cdots\cdots \\ k_{n1}Z_1 + k_{n2}Z_2 + \cdots + k_{nn}Z_n + F_{nc} &= 0 \end{aligned}\right\} \tag{8-6}$$

式(8-6)中，系数 k_{ij} 的含义与式(8-5)含义相同；自由项 F_{ic} 代表使基本结构发生与原结构相同的支座移动(所产生弯矩图为 M_c 图，可利用形常数乘以支座移动值求得)时，基本未知量 Z_i 所在附加约束上的约束力。此外，弯矩叠加公式变为

$$M = \overline{M}_1 Z_1 + \overline{M}_2 Z_2 + \cdots + \overline{M}_n Z_n + M_c$$

【例 8-6】 试用典型方程法作如图 8-28 所示连续梁在支座移动时的弯矩图。已知 $EI=3\times 10^4 \text{kN}\cdot\text{m}^2$，$\theta_A=0.01\text{rad}$，$\Delta_c=0.01\text{m}$，$l=3\text{m}$。

【解】 (1)确定基本未知量。

此结构只有结点 B 的转角 Z_1 一个基本未知量。

(2)确定基本体系，如图 8-29 所示。

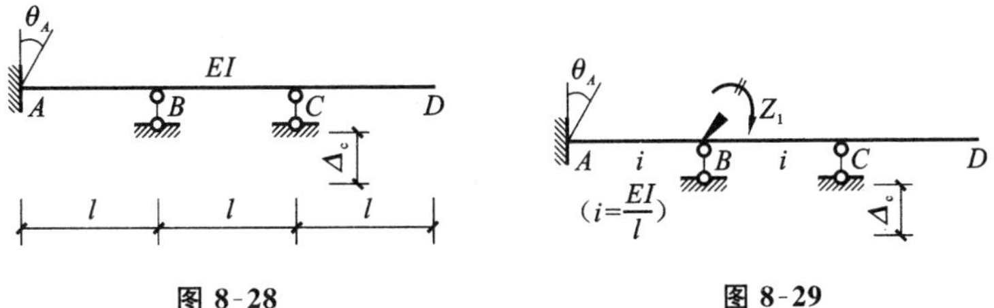

图 8-28　　　　图 8-29

(3)建立位移法典型方程

$$k_{11}Z_1 + F_{1c} = 0$$

(4)求系数和自由项。

令 $i=EI/l$。作 $\overline{M}_1$ 图和 M_c 图，分别如图 8-30(a)、(b)所示。

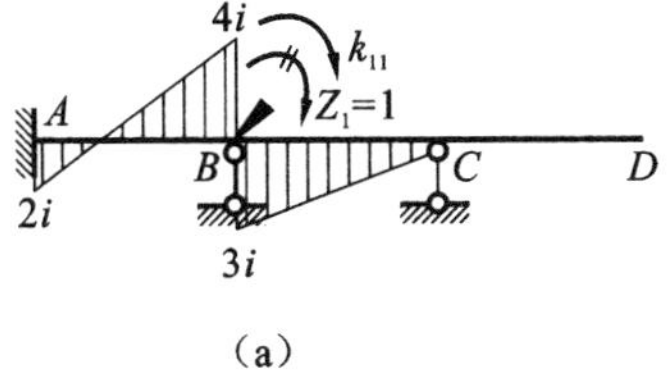

(a)

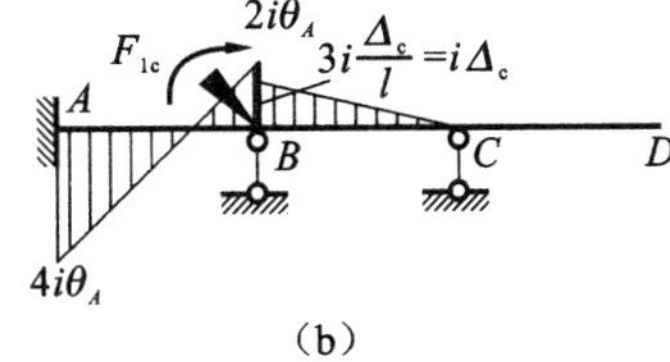

(b)

图 8-30

(a)$\overline{M}_1$ 图；(b)M_c 图

由 $\overline{M}_1$ 图和 M_c 图结点 B 的力矩平衡条件 $\sum M_B = 0$，求得

$$k_{11} = 4i + 3i = 7i = \frac{7EI}{1}$$

$$F_{1c} = 2i\theta_A - i\Delta_c = 2i(0.01) - i(0.01) = i \times 0.01 = 0.01 \times \frac{EI}{3}$$

由于超静定结构受支座移动作用时,其内力分布与各杆件的实际刚度相关,因此在绘制M_c图、计算F_{1c}过程中,不能使用各杆EI的相对值,而必须用实际值。

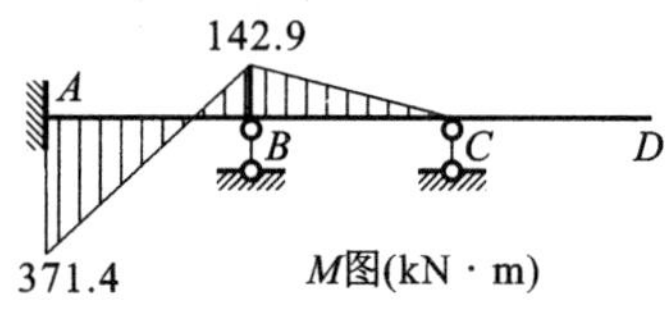

图 8-31

(5)解方程,求基本未知量。

将系数和自由项之值代入典型方程,解得

$$Z_1=-\frac{1}{7}\times10^{-2}$$

(6)作原结构弯矩图。

由$M=\overline{M}_1Z_1+M_c$作原结构弯矩图,如图8-31所示。

(7)校核。

由弯矩图显见,满足$\sum M_B=0$的平衡条件。

【例 8-7】 如图8-32所示刚架的支座A下沉了0.02m,支座E沿逆时针方向转动0.01rad,试绘出刚架由此产生的弯矩图。已知$EI=5.0\times10^4\text{kN}\cdot\text{m}^2$。

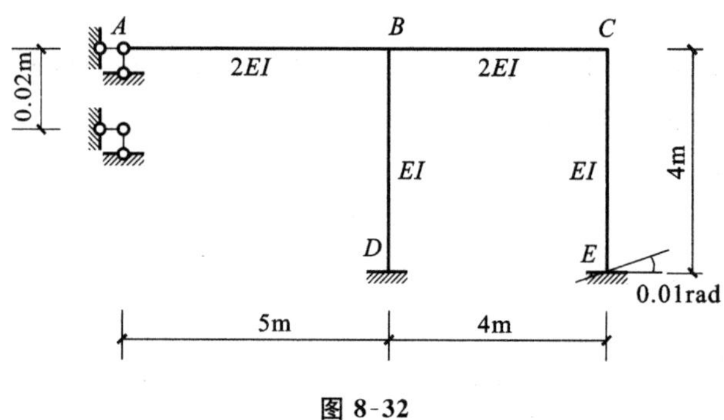

图 8-32

【解】 (1)确定基本未知量。

基本未知量为结点B和C的转角。

(2)确定基本体系。

基本体系如图8-33(a)所示。

(3)建立位移法典型方程。

$$\left.\begin{aligned}k_{11}Z_1+k_{12}Z_2+F_{1c}=0\\k_{21}Z_1+k_{22}Z_2+F_{2c}=0\end{aligned}\right\}$$

(4)求系数和自由项。

$\overline{M}_1$图及$\overline{M}_2$图分别如图8-33(b)、(c)所示,其中$i=\frac{EI}{4}$,系数为

$$k_{11}=16.8,\quad k_{12}=k_{21}=4,\quad k_{22}=12$$

为了计算方程中的自由项,应作出M_c图。由表8-1中的形常数可计算得到基本结构由于支座移动产生的各杆固端弯矩为

$$M_{BA}^{F}=-3\times\left(\frac{2\times5.0\times10^4}{5}\right)\times\left(\frac{-0.02}{5}\right)=240\text{kN}\cdot\text{m}$$

$$M_{EC}^{F}=4\times\left(\frac{5.0\times10^4}{4}\right)\times(-0.01)=-500\text{kN}\cdot\text{m}$$

$$M_{CE}^{F}=2\times\left(\frac{5.0\times10^4}{4}\right)\times(-0.01)=-250\text{kN}\cdot\text{m}$$

据此,可作出M_c图,如图8-34所示。

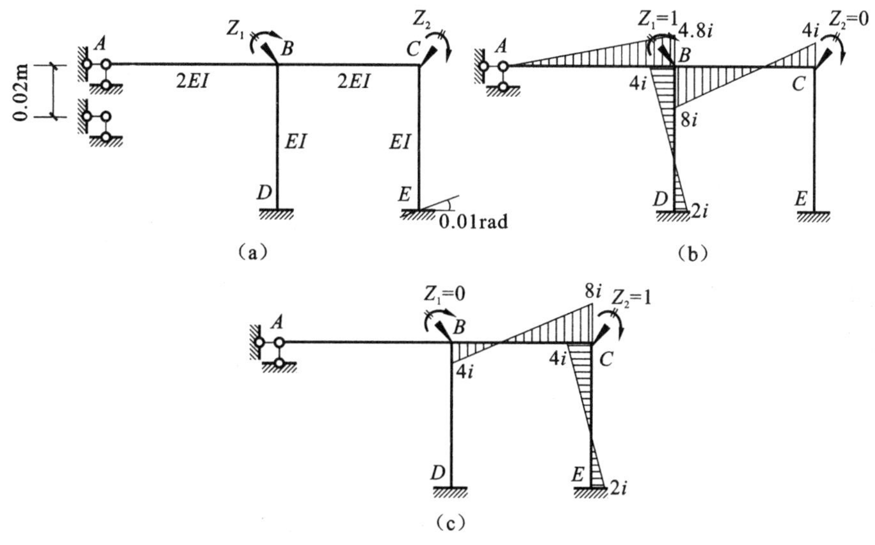

图 8-33

(a)基本体系;(b)$\overline{M}_1$ 图;(c)$\overline{M}_2$ 图

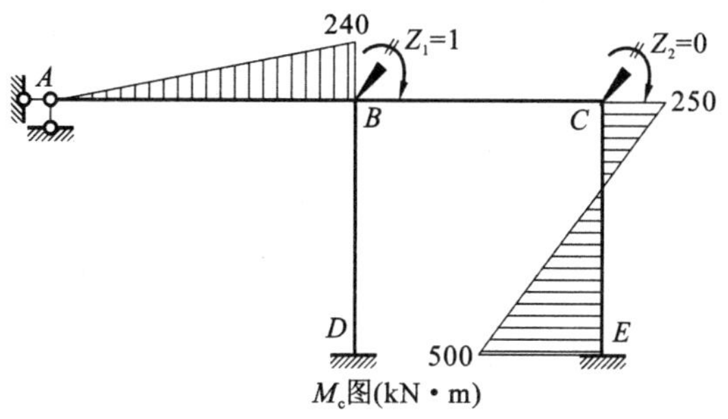

图 8-34

从 M_c 图中取结点 B、C 为隔离体,由 $\sum M_B=0$ 和 $\sum M_c=0$,分别求得

$$F_{1c}=240\text{kN}\cdot\text{m},\quad F_{2c}=-250\text{kN}\cdot\text{m}$$

(5)解方程,求基本未知量。

$$Z_1=-\frac{20.9}{i},\quad Z_1=-\frac{27.8}{i}$$

(6)作原结构弯矩图。

由 $M=\overline{M}_1Z_1+\overline{M}_2Z_2+M_c$ 作原结构弯矩图,如图 8-35 所示。

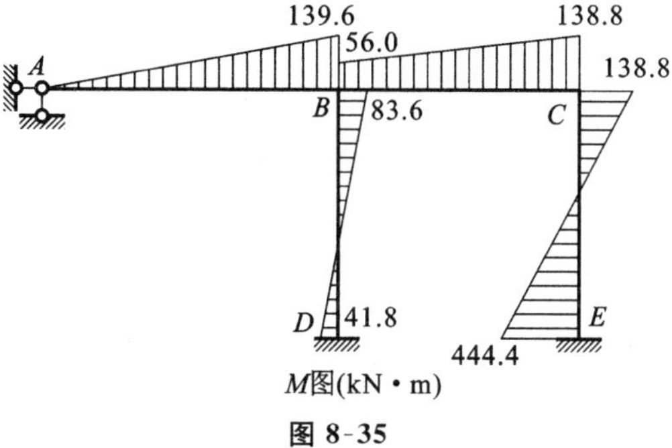

图 8-35

(7)校核(略)。

8.5　用直接平衡法计算超静定结构的内力

在8.4节中,通过附加约束控制结点位移基本未知量,得到与原结构等效的基本体系,并由此得到典型方程的位移法解法,称为典型方程法。

重庆朝天门大桥

而直接平衡法无须人为附加约束,直接将综合外因作用下的原结构"拆散"成三类基本单元,并用8.2节得到的三类基本单元的转角位移方程——式(8-1)、式(8-2)和式(8-3),写出各杆杆端内力(其中包含基本未知量),这一步称为单元分析。最后,通过选取适当的隔离体,并用力的平衡条件即可建立位移法基本方程,这一步反映了结构整体的受力平衡条件,有如将之前"拆散"的单元又重新"组装"成原结构,因此属于整体分析。

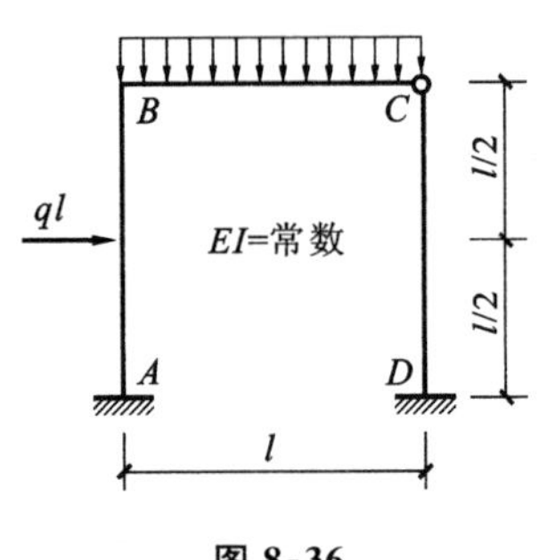

图8-36

【例8-8】 试用直接平衡法求图8-36(a)所示刚架的弯矩图。已知各杆刚度均为EI。

【解】 (1)确定基本未知量。

此结构的基本未知量为结点B的转角$\theta_B=Z_1$和横梁BC的水平线位移$\Delta=Z_2$,如图8-37(a)所示。

(2)单元分析。

"拆散"原结构,利用结点位移表示出各杆件的杆端位移。然后,根据转角位移方程,逐杆写出杆端内力。

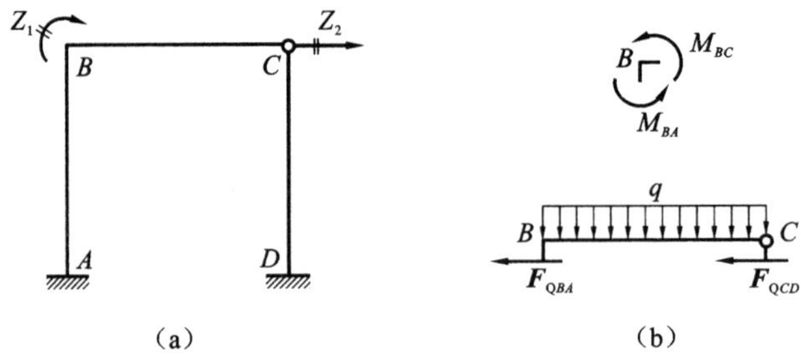

图8-37

(a)基本未知量;(b)结点位移对应的平衡条件

①左柱BA(视为两端固定梁,发生支座移动:$\theta_A=0,\theta_B=Z_1,\Delta=Z_2$)。

根据表8-1、表8-2和式(8-1),并令$i=EI/l$,有

$$M_{AB}=2iZ_1-6i\frac{Z_2}{l}-\frac{ql^2}{8}$$

$$M_{BA}=4iZ_1-6i\frac{Z_2}{l}+\frac{ql^2}{8}$$

$$F_{QBA}=\frac{6iZ_1}{l}+\frac{12iZ_2}{l^2}-\frac{ql}{2}$$

②横梁BC(视为B端固定,C端铰支,发生支座移动$\theta_B=Z_1$)。

根据表8-1、表8-2和式(8-2),有

$$M_{BC}=3iZ_1-\frac{ql^2}{8}$$

$$M_{CB}=0$$

③右柱 CD（视为 D 端固定，C 端铰支，发生支座移动 $\Delta=Z_2$）。

根据表 8-1、表 8-2 和式(8-2)，有

$$M_{CD}=0$$

$$M_{DC}=-3i\frac{Z_2}{l}$$

$$F_{QCD}=3i\frac{Z_2}{l^2}$$

(3)整体分析。

“组装”结构，即选取适当的隔离体，并用力的平衡条件建立位移法基本方程。

①取结点 B 为隔离体，如图 8-37(b)所示，由力矩平衡条件 $\sum M_B=0$，得

$$M_{BC}+M_{BA}=0$$

即

$$7iZ_1-\frac{6i}{l}Z_2=0 \tag{a}$$

②取横梁 BC 为隔离体，如图 8-37(b)所示，由投影平衡条件 $\sum F_x=0$，得

$$F_{QBA}+F_{QCD}=0$$

即

$$-\frac{6i}{l}Z_1+\frac{15i}{l^2}Z_2-\frac{ql}{2}=0 \tag{b}$$

联立式(a)和式(b)即得位移法基本方程，这与 8.4 节中使用典型方程法得到的基本方程完全一致。可见，两种方法本质上完全相同。

(4)解方程，求基本未知量。

$$Z_1=\frac{6}{138i}ql^2,\quad Z_2=\frac{7}{138i}ql^2$$

(5)计算杆端内力。

将 Z_1 和 Z_2 代回转角位移方程所表达的杆端弯矩表达式，即可求得

$$M_{AB}=-\frac{63}{184}ql^2,\quad M_{BA}=-\frac{1}{184}ql^2$$

$$M_{BC}=\frac{1}{184}ql^2$$

$$M_{DC}=-\frac{28}{184}ql^2$$

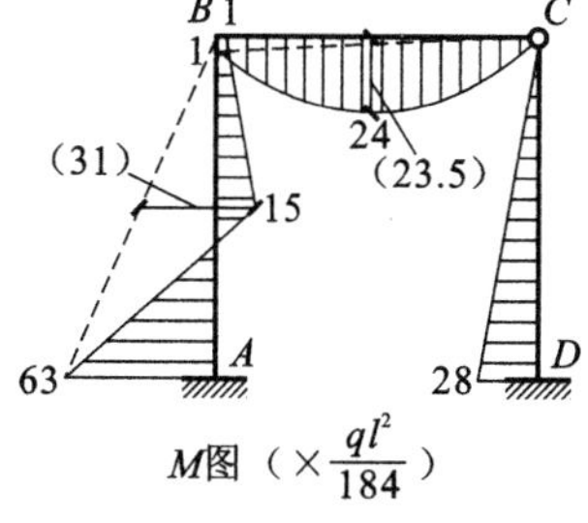

图 8-38

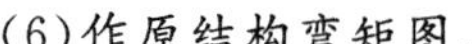

(6)作原结构弯矩图。

原结构弯矩图如图 8-38 所示。

(7)校核。

满足结点平衡条件和截面平衡条件。

(1)位移法的原理。

位移法以独立的未知结点位移为基本未知量，通过人为向原结构基本未知量所在结点上附加

相应约束(刚臂或支杆)得到基本结构,并使之承受与原结构相同的外因(荷载、支座移动、温度变化等)和结点位移的作用,得到基本体系。因为基本体系与原结构受力变形完全等效,故附加约束上应不存在任何约束力,据此建立位移法典型方程(实质是力的平衡方程),即可解出基本未知量,最终利用叠加法就能求得原结构的内力。

(2)三类基本单元的转角位移方程。

详见式(8-1)、式(8-2)和式(8-3)。

(3)位移法的典型方程。

仅考虑荷载作用时,含有 n 个基本未知量的结构典型方程的一般形式为

$$\left.\begin{array}{l} k_{11}Z_1 + k_{12}Z_2 + \cdots + k_{1n}Z_n + F_{1P} = 0 \\ k_{21}Z_1 + k_{22}Z_2 + \cdots + k_{2n}Z_n + F_{2P} = 0 \\ \cdots\cdots\cdots\cdots \\ k_{n1}Z_1 + k_{n2}Z_2 + \cdots + k_{nn}Z_n + F_{nP} = 0 \end{array}\right\}$$

其中,系数 k_{ij} 物理意义是:令 Z_j 为单位位移(即 $Z_j=1$)单独作用于基本结构时,引起 Z_i 所在附加约束上的广义约束力。自由项 F_{iP} 是由荷载单独作用于基本结构时,引起 Z_i 所在附加约束上的约束力。对梁和刚架,系数 k_{ij} 可根据 $\overline{M}_j$ 图求得,自由项 F_{iP} 可根据 M_P 图求得。

(4)典型方程法的计算步骤。

①确定基本未知量。

②确定基本体系。

③建立位移法典型方程。

④求系数和自由项。

⑤解方程,求基本未知量 Z_i。

⑥根据内力叠加公式,作原结构内力图。

⑦校核。

(5)直接平衡法的计算步骤。

①确定基本未知量。

②利用转角位移方程进行单元分析。

③利用隔离体平衡条件进行整体分析,建立位移法基本方程。

④解方程,求基本未知量 Z_i。

⑤将 Z_i 代回转角位移方程求得杆端内力,并作原结构内力图。

⑥校核。

思考题

8-1　位移法中,杆端内力、杆端位移和结点位移的正负号是如何规定的?

8-2　位移法的基本原理是什么?

8-3　位移法的基本单元是什么?什么是单元分析?什么是整体分析?

8-4　结点角位移和结点线位移在什么情况下才能作为位移法的基本未知量?为什么?

8-5　如何确定位移法的基本未知量?

8-6　位移法典型方程的一般形式如何?典型方程的实质是什么?典型方程中的系数和自由项代表怎样的物理意义?如何求系数和自由项?

8-7 典型方程法求解荷载作用和支座移动两类问题时，有何差别？

8-8 直接平衡法与典型方程法有何不同？

8-9 请从基本未知量、基本结构、基本体系与原结构的等效方法、典型方程的实质、系数和自由项的物理意义及计算方法、位移法和力法能够求解的结构类型等方面，比较位移法和力法的差别。

8-10 如何用位移法来求结构中指定结点的位移？

8-11 试用典型方程法证明：无结点线位移的刚架只承受结点集中荷载时，其各杆无弯矩和剪力，如图 8-39 所示。

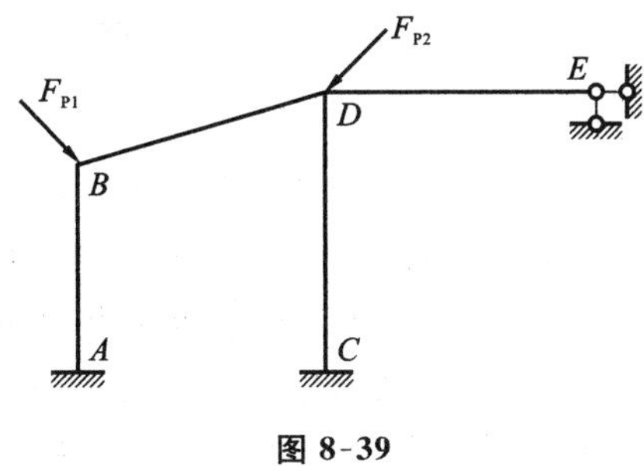

图 8-39

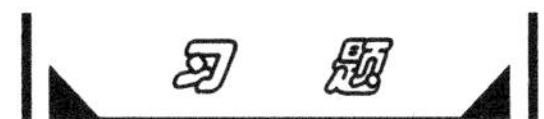

8-1 试确定如图 8-40 所示结构的基本未知量数目，并绘出基本结构（除注明者外，其余杆的 EI 为常数）。

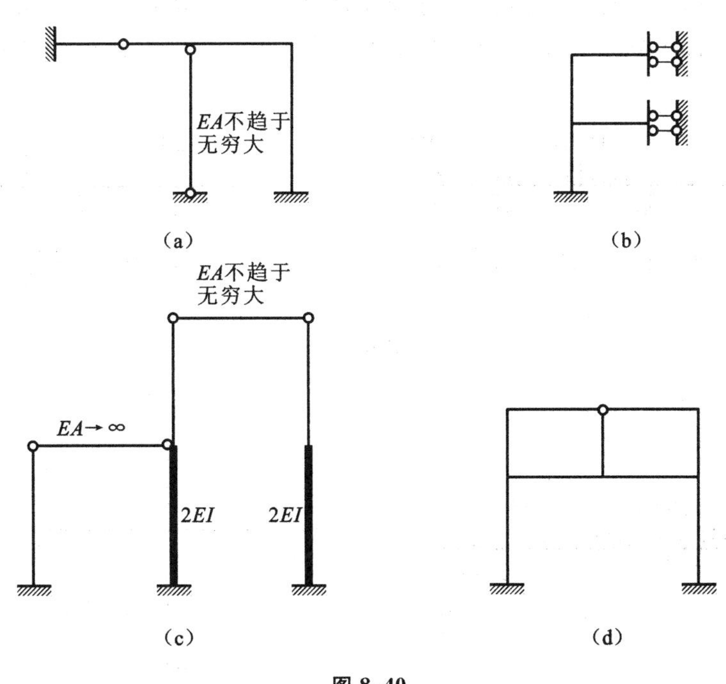

图 8-40

8-2 设如图 8-41 所示刚架的结点 B 产生了转角 $\theta_B=\frac{\pi}{180}$，试用位移法求外力偶 M。

8-3 设如图 8-42 所示结构结点 B 向右产生了单位位移，试用位移法求出荷载 F_P。设 EI 为常数(提示:因为该结构横梁抗弯刚度无限大,所以两刚结点不可能发生转动,故 $n=n_l=1$)。

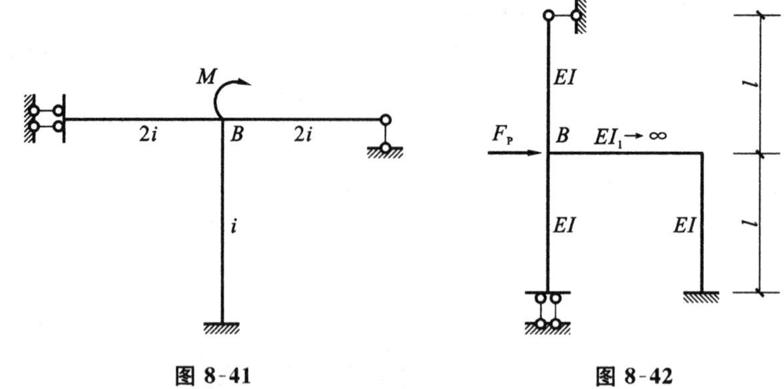

图 8-41　　图 8-42

图 8-43

8-4　已知刚架在横梁 AB 上受满跨竖向均布荷载 q 作用,其弯矩图如图 8-43 所示。设各杆抗弯刚度 EI 均为常数,各杆长 $l=4\text{m}$,试用位移法求结点 B 的转角 θ_B 及 q 的大小。

8-5　试用位移法计算如图 8-44 所示连续梁,作弯矩图和剪力图,各杆抗弯刚度均为常数 EI[提示:图 8-44(a)中的杆 CD 为静定杆,可直接求出其内力后,将内力反作用于剩余部分 ABC 的结点 C,用位移法解剩余部分即可]。

8-6　试用位移法计算如图 8-45 所示结构,作弯矩图,设 EI 为常数[提示:题 8-45(b)图中的杆 AE 弯矩和剪力静定,可事先求出其弯矩和剪力后,将弯矩和剪力反作用于剩余部分 $CDAB$,但由于杆 AE 轴力未知,因此还需在 $CDAB$ 部分的结点 A 处添加水平支杆,以其反力等效杆 AE 的轴力,最后用位移法解含水平支杆的剩余部分即可]。

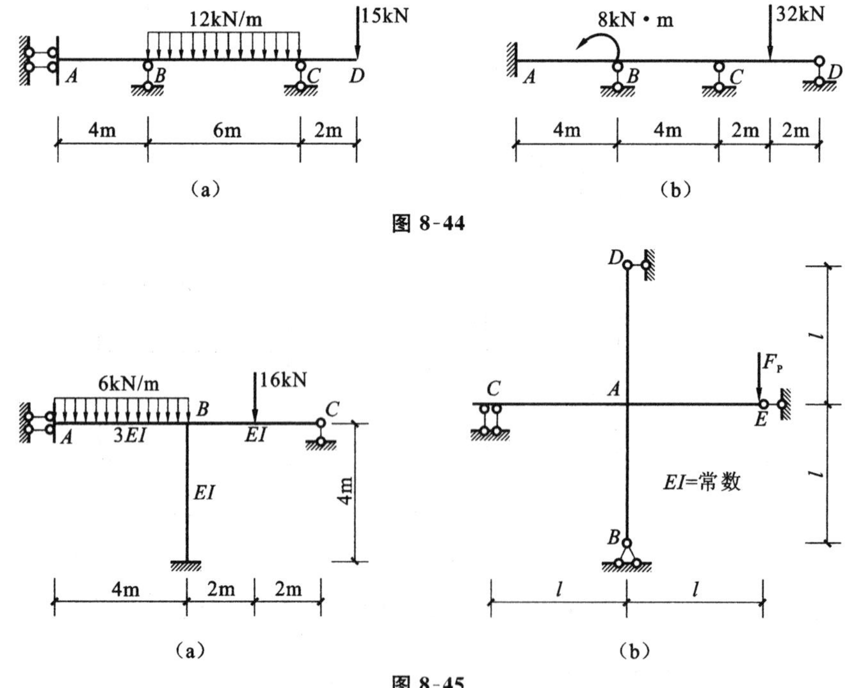

图 8-44

图 8-45

8-7 试用位移法计算如图 8-46 所示结构，作弯矩图。各杆抗弯刚度 EI 均为常数。

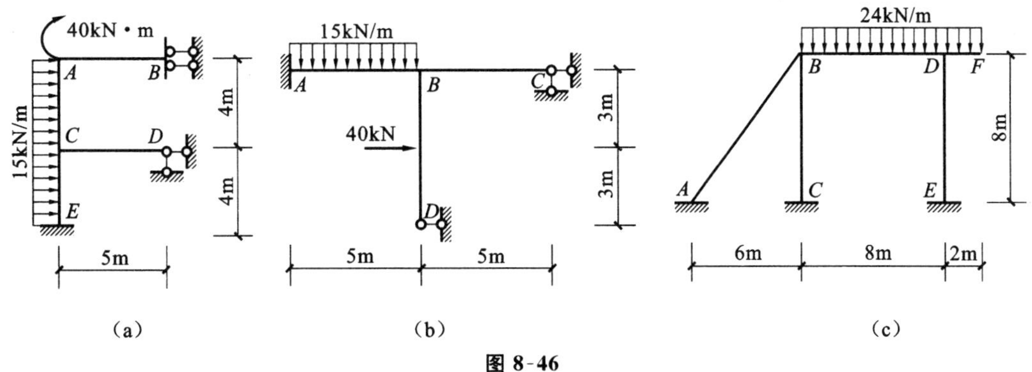

图 8-46

8-8 试利用对称性计算题 8-47 图所示结构，作弯矩图。各杆抗弯刚度 EI 均为常数。

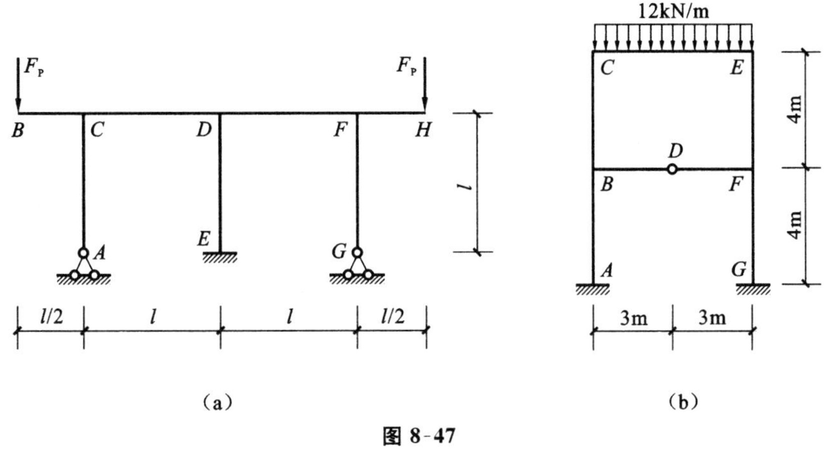

图 8-47

8-9 试利用对称性计算如图 8-48 所示桁架各杆的轴力。各杆 EA 为常数。

8-10 如图 8-49 所示等截面连续梁中各杆 $EI=1.2\times10^5\text{kN}\cdot\text{m}^2$，已知支座 C 下沉 1.6cm，试用位移法求作弯矩图。

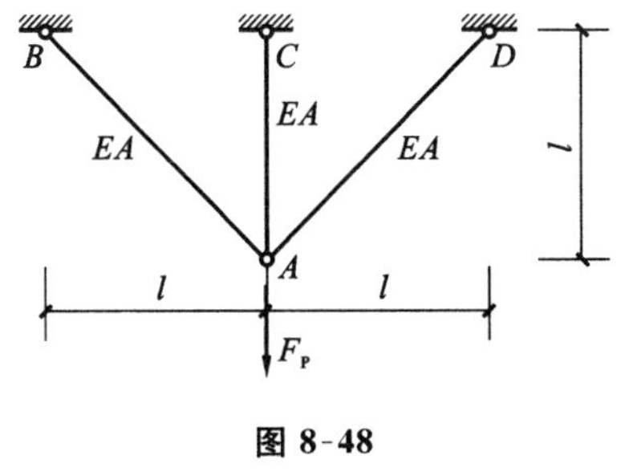

图 8-48

图 8-49

8-11 如图 8-50 所示刚架支座 A 下沉 1cm，支座 B 下沉 3cm，试求结点 D 的转角。已知各杆 $EI=1.8\times10^5\text{kN}\cdot\text{m}^2$（提示：支座 E 不能约束竖向线位移，因此在绘制 M_c 图时，杆 DE 不会发生弯曲）。

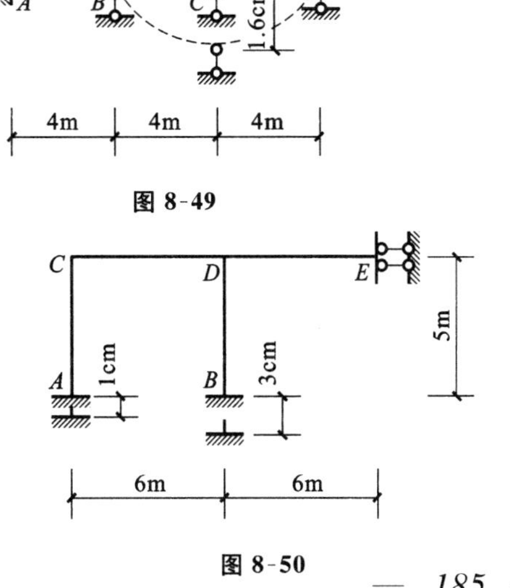

图 8-50

参考文献

[1] 文国治.结构力学.2版.重庆:重庆大学出版社,2022.
[2] 萧允徽,张来仪.结构力学Ⅰ.3版.北京:机械工业出版社,2018.

9 力矩分配法与近似法

【内容提要】

本章主要内容包括:力矩分配法的基本概念和思路;单结点力矩分配法;多结点力矩分配法;多层多跨刚架的分层法和反弯点法等内容。本章教学内容的重点是:转动刚度、分配系数、传递系数的相关概念;单结点结构的力矩分配法。本章教学内容的难点是:准确理解力矩分配法计算的基本思路;把握力矩分配法与位移法之间的内在联系。

【能力要求】

通过本章的学习,学生应理解力矩分配法的基本概念;掌握用力矩分配法计算连续梁和无侧移刚架在荷载作用下的内力;了解多层多跨刚架的分层计算法和反弯点法。

【价值塑造】

从多层框架结构设计出发,使学生明白工程师对社会和人民安全的责任,树立正确的职业价值观;引导学生面对困难和挑战时,坚韧不拔,不轻易放弃,培养学生百折不挠的精神。

9.1 力矩分配法的基本概念

前面两章介绍了分析超静定结构的两个基本方法——力法和位移法。这两个方法都需要建立和直接求解联立方程组,当基本未知量较多时,计算工作量较大,手算也容易出错,且不能直接求解杆端内力。为避免建立和求解方程组,人们曾提出了各种解超静定问题的实用方法。本章将在位移法的基础上,着重介绍工程上实用的一种渐进法——力矩分配法,也将简略地介绍两个适用于多层多跨刚架的近似计算法——分层法和反弯点法。

上海中心大厦

力矩分配法是一种渐进法,以位移法为理论基础,特别适用于计算连续梁和无结点线位移的刚架。

下面,先介绍力矩分配法中几个关键的名词术语和力学概念,即力矩分配法的三要素——转动刚度、分配系数和传递系数。

9.1.1 转动刚度

杆端抵抗转动的能力称为转动刚度,它在数值上等于使杆端产生单位转角时所需要施加的杆端弯矩,记为 S_{AB}。例如,如图 9-1 所示的等截面直杆,由形常数表(表 8-1)可知,S_{AB} 与杆的刚度和杆的另一端 B 结点的约束有关。一般将 A 端称为近端(本端),将 B 端称为远端(他端)。由形常数表可得如图 9-1(a)、(b)、(c)所示的三种基本超静定单跨梁的转动刚度 S_{AB} 分别为:$4i$(远端固定)、$3i$(远端铰接)、i(远端定向支承);而如图 9-1(d)所示的等截面直杆,其 S_{AB} 等于 0(远端自由)。

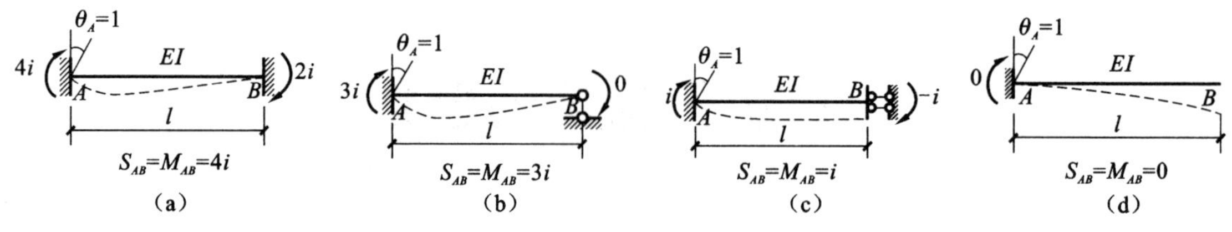

图 9-1

(a)远端固定;(b)远端铰接;(c)远端定向支承;(d)远端自由

9.1.2 分配系数

以如图 9-2(a)所示的无侧移刚架为例,各杆的线刚度 i 相等,结构只有一个刚结点,无独立结点线位移,该结构可以用力矩分配法来求解。

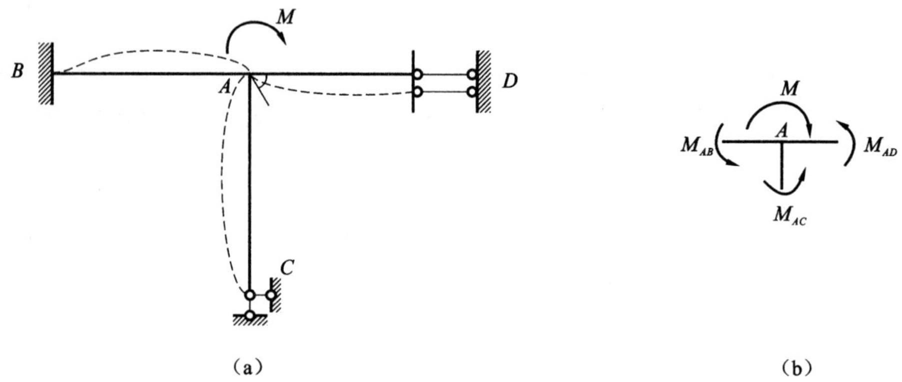

图 9-2

设在结点 A 处作用有外力偶 M 使得结点 A 产生转角 θ,则由各杆的转动刚度的定义,可知

$$M_{AB} = S_{AB}\theta = 4i\theta$$

$$M_{AC} = S_{AC}\theta = 3i\theta$$

$$M_{AD} = S_{AD}\theta = i\theta$$

可以得出

$$M_{AB} : M_{AC} : M_{AD} = S_{AB} : S_{AC} : S_{AD} = 4 : 3 : 1$$

即各杆的近端杆端弯矩值之比,等于各杆的近端转动刚度之比。

考虑到结点 A 的力矩平衡条件[图 9-2(b)],有

$$M_{AB} + M_{AC} + M_{AD} = M$$

结合各杆的近端弯矩的比值关系,可得

$$M_{AB} = \frac{S_{AB}}{\sum\limits_A S} M = \mu_{AB} M$$

$$M_{AC} = \frac{S_{AC}}{\sum\limits_A S} M = \mu_{AC} M$$

$$M_{AD} = \frac{S_{AD}}{\sum\limits_A S} M = \mu_{AD} M$$

式中,μ_{AB}、μ_{AC}、μ_{AD} 称为结点 A 各杆端的弯矩分配系数,代表结点某杆的近端杆端弯矩与结点外力

偶的比值关系，即在各杆分配外力偶时所占的比重。弯矩分配系数的值与外力偶的大小无关，只与该结点各杆的相对转动刚度有关，即

$$\mu_{Ai} = \frac{S_{Ai}}{\sum_{A} S} \tag{9-1}$$

由分配系数，可得各杆的近端杆端弯矩为

$$M_{Ai}^{\mu} = \mu_{Ai} M \tag{9-2}$$

式中 M_{Ai}^{μ}——分配弯矩。

由式(9-1)可知，同一结点处各杆端的弯矩分配系数的总和等于 1，即

$$\sum_{A} \mu_{Ai} = \mu_{AB} + \mu_{AC} + \mu_{AD} = 1 \quad (i = B, C, D)$$

利用这一性质，可检验弯矩分配系数的计算是否正确。

9.1.3 传递系数

如图 9-2(a)所示的结构，当结点 A 产生角位移时，各杆除在 A 端产生弯矩(称为近端弯矩)外，在杆的另一端(即远端)也会产生弯矩(称为远端弯矩)，其中，远端为铰支者，该远端弯矩为零。由形常数表可知，远端弯矩与近端弯矩相关。将远端弯矩与近端弯矩的比值称为传递系数 C_{Aj} $(j=B,C,D)$。

对于三种位移法的基本结构，由形常数表可得其传递系数分别为

远端固定：
$$C_{AB} = \frac{2i}{4i} = \frac{1}{2}$$

远端铰接：
$$C_{AC} = \frac{0}{3i} = 0$$

远端定向：
$$C_{AD} = \frac{-i}{i} = -1$$

由传递系数，可得各杆的远端弯矩为

$$M_{Aj}^{C} = C_{Aj} M_{Aj} \tag{9-3}$$

式中 M_{Aj}^{C}——传递弯矩。

9.1.4 单结点结构的力矩分配

现在，来讨论如何用力矩分配法计算任意荷载作用下，无侧移的单结点结构的杆端弯矩。以如图 9-3(a)所示的两跨梁为例，该结构有一个刚结点，受荷载的作用，按照力矩分配法的思路，该问题的解决分为五步：

第一步：计算弯矩分配系数(准备工作)。

各杆的转动刚度为

$$S_{BA} = 4i, \quad S_{BC} = i, \quad \sum_{B} S = 5i$$

故各杆的分配系数为

$$\mu_{BA} = 0.8, \quad \mu_{BC} = 0.2$$

第二步：锁住结点 B，求各杆的固端弯矩 M_{Bi}^{F} 并计算结点 B 的不平衡力矩 M_B。

在刚结点 B 处加上一个阻止其转动的附加刚臂。这时，汇交于结点 B 的三根杆件的近端由于荷载的作用，将会产生杆端固端弯矩。由图 9-3(b)可以看出，刚结点 B 处的杆端固端弯矩不平衡，

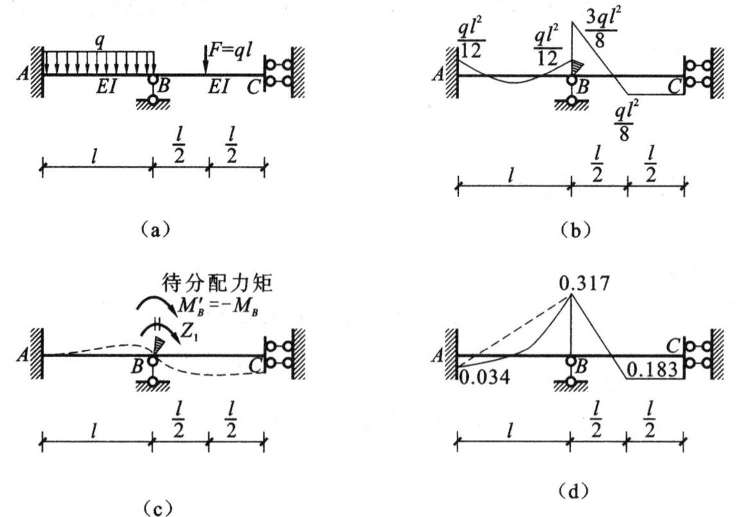

图 9-3

(a)原计算简图;(b)锁住结点 B(不平衡力矩的形成);(c)放松结点 B;(d)结构弯矩图(ql^2)

因而刚臂上必然要承受一个附加的约束反力矩,以保持该结点的力矩平衡,该附加力矩称为不平衡力矩,其大小为汇交于该刚结点 B 处各杆端固端弯矩的代数和。取刚结点 B 为研究对象,求得其不平衡力矩为

$$M_B = (M_{BA}^{F} + M_{BC}^{F}) = (0.083 - 0.375)ql^2 = -0.292ql^2$$

第三步:放松结点 B,将不平衡力矩 M_B 反号进行分配和传递。

附加刚臂改变了原结构的变形状态,而实际的状态是:刚结点 B 处并没有刚臂,因而也没有提供不平衡力矩。为了能够消去锁住结点 B 时附加刚臂对结构的影响,可放松结点 B,令其产生一个转角 Δ_1(与原结构上结点 B 实际转角相等),亦即在刚臂内施加一个与不平衡力矩 M_B 大小相等但是方向相反的力矩 M_B',称为待分配力矩(也称放松力矩),如图 9-3(c)所示。

现在,计算如图 9-3(c)所示放松结点 B 时的分配弯矩和传递弯矩。

由于待分配弯矩(放松弯矩)$M_B' = -M_B$(不平衡力矩反号),因此,对 M_B' 进行分配,实质上就等同于直接将 M_B 反号进行分配。于是各杆的近端弯矩(即分配弯矩)为

$$M_{BA}^{\mu} = 0.8(-M_B) = 0.8 \times (0.292ql^2) = 0.234ql^2$$

$$M_{BC}^{\mu} = 0.2(-M_B) = 0.2 \times (0.292ql^2) = 0.058ql^2$$

根据各杆的传递系数,可得各杆的远端弯矩(即传递弯矩)为

$$M_{AB}^{C} = \frac{1}{2}M_{BA}^{\mu} = 0.117ql^2, \quad M_{CB}^{C} = -M_{BC}^{\mu} = -0.058ql^2$$

将锁住结点 B 时的杆端固端弯矩与放松结点时的分配弯矩和传递弯矩叠加,得到原结构的最终杆端弯矩值,分别为

$$M_{AB} = M_{AB}^{F} + M_{AB}^{C} = 0.034ql^2, \quad M_{BA} = M_{BA}^{F} + M'_{BA} = 0.317ql^2$$

$$M_{BC} = M_{BC}^{F} + M'_{BC} = -0.317ql^2, \quad M_{CB} = M_{CB}^{F} + M'_{CB} = -0.183ql^2$$

计算结果如表 9-1 所示。

表 9-1 **力矩分配法演算表一**

结点	A	B		C
杆端	AB	BA	BC	CB
弯矩分配系数	—	0.8	0.2	—
杆端固端弯矩	$-0.083ql^2$	$0.083ql^2$	$-0.375ql^2$	$-0.125ql^2$
分配与传递弯矩	$0.117ql^2$	$\underline{0.234ql^2}$	$\underline{0.058ql^2}$	$-0.058ql^2$
最终杆端弯矩	$\underline{\underline{0.034ql^2}}$	$\underline{\underline{0.317ql^2}}$	$\underline{\underline{-0.317ql^2}}$	$\underline{\underline{-0.183ql^2}}$

注:数字下方有单行下画线的表示分配弯矩,数字下方有双下画线的表示叠加后的最终杆端弯矩。

第四步:杆端弯矩叠加,作出原结构的内力图[图 9-3(d)]。

第五步:校核。校核过程同位移法,由图 9-3(d)可知,满足结点平衡条件 $\sum M_B=0$。

力矩分配法的基本要点是:首先,锁住刚结点,计算各杆的固端弯矩,求出结点不平衡力矩;然后,放松结点,根据结点分配系数反号分配不平衡力矩,得出各杆的分配弯矩(近端弯矩),并根据各杆的传递系数得出各杆的传递弯矩(远端弯矩);最后,将各杆端相对应的固端弯矩、分配弯矩和传递弯矩叠加,得出原结构的最终杆端弯矩,进而作出原结构的弯矩图。

【例 9-1】 试用力矩分配法计算如图 9-4 所示两跨连续梁的弯矩图。

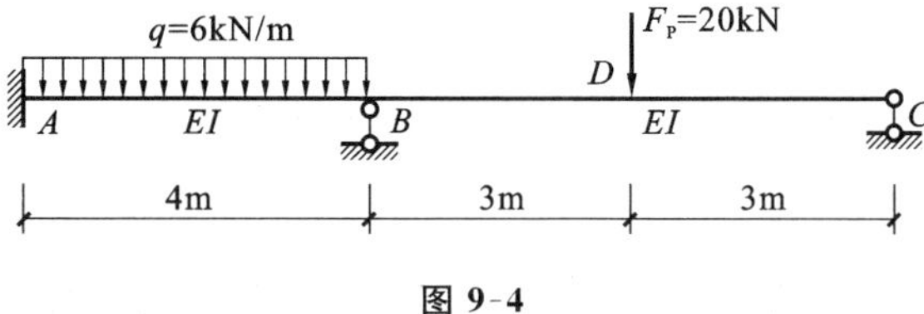

图 9-4

【解】 (1)计算弯矩分配系数。

计算 B 结点各杆杆端转动刚度

$$S_{BA}=4\left(\frac{EI}{4}\right)=EI\,\text{kN}\cdot\text{m}$$

$$S_{BC}=3\left(\frac{EI}{6}\right)=\frac{EI}{2}\text{kN}\cdot\text{m}$$

计算结点 B 转动刚度和分配系数

$$\sum_B S=S_{BA}+S_{BC}=\frac{3}{2}EI\,\text{kN}\cdot\text{m}$$

$$\mu_{BA}=\frac{S_{BA}}{\sum_B S}=\frac{2}{3}$$

$$\mu_{BC}=\frac{S_{BC}}{\sum_B S}=\frac{1}{3}$$

验算:$\mu_{BA}+\mu_{BC}=1$,可见,分配系数计算正确。

将分配系数填入表 9-2 的分配系数一栏中。

(2)求不平衡力矩。

锁住结点 B,求各杆的固端弯矩 M_{Bi}^{F},并计算 B 结点不平衡力矩 M_B

对 AB 杆：　　$M_{BA}^{F}=-M_{AB}^{F}=\frac{1}{12}\times6\times4^{2}=8\text{kN}\cdot\text{m}$

对 BC 杆：　　$M_{BC}^{F}=-\frac{3}{16}\times20\times6=-22.5\text{kN}\cdot\text{m}$

将杆端固端弯矩填入表9-2的杆端固端弯矩一栏中，将结点 B 的杆端固端弯矩求代数和即得不平衡力矩为

$$M_{B}=8-22.5=-14.5\text{kN}\cdot\text{m}$$

(3)放松结点 B，将不平衡力矩 M_{B} 反号并进行分配和传递。

将不平衡力矩反号并进行分配和传递，过程如表9-2所示。

(4)绘弯矩图。

将各杆端固端弯矩与分配弯矩和传递弯矩叠加，得到各杆的最终杆端弯矩值，填入表9-2的最终杆端弯矩一栏中并加双下画线。根据其绘制弯矩图，如图9-5所示。

表9-2　　**力矩分配法演算表二**

结点	A	B		C
杆端	AB	BA	BC	CB
分配系数	—	2/3	1/3	—
杆端固端弯矩/(kN·m)	−8	8	−22.5	0
分配与传递弯矩/(kN·m)	4.83	9.67	4.83	0
最终杆端弯矩/(kN·m)	−3.17	17.67	−17.67	0

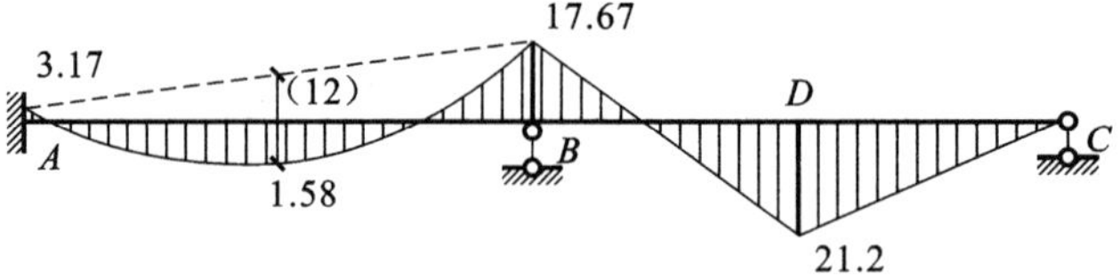

图9-5

【例9-2】　试用力矩分配法计算如图9-6所示刚架的弯矩图。

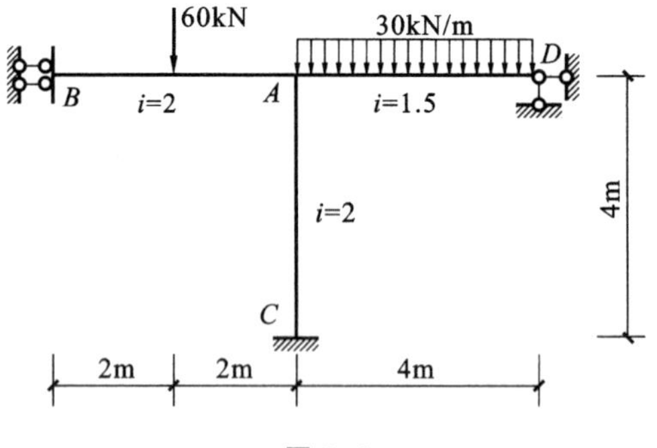

图9-6

【解】　(1)计算结点 A 处各杆端的弯矩分配系数。

$S_{AB}=i=2\text{kN}\cdot\text{m}$，　$S_{AC}=4i=4\times2=8\text{kN}\cdot\text{m}$，　$S_{AD}=3i=3\times1.5=4.5\text{kN}\cdot\text{m}$

$$\sum_{A}S=2+8+4.5=14.5\text{kN}\cdot\text{m}$$

$$\mu_{AB}=\frac{S_{AB}}{\sum_{A}S}=\frac{2}{14.5}=0.138$$

$$\mu_{AC}=\frac{S_{AC}}{\sum_{A}S}=\frac{8}{14.5}=0.552$$

$$\mu_{AD}=\frac{S_{AD}}{\sum_{A}S}=\frac{4.5}{14.5}=0.310$$

验算：$\sum_{A}\mu=\mu_{AB}+\mu_{AC}+\mu_{AD}=0.138+0.552+0.310=1$

(2)在结点 A 加上附加刚臂，计算固端弯矩。

$$M_{BA}^{F}=\frac{F_{P}l}{8}=\frac{60\times4}{8}=30\text{kN}\cdot\text{m}$$

$$M_{AB}^{F}=\frac{3F_{P}l}{8}=\frac{3\times60\times4}{8}=90\text{kN}\cdot\text{m}$$

$$M_{AD}^{F}=-\frac{ql^{2}}{8}=-\frac{30\times4^{2}}{8}=-60\text{kN}\cdot\text{m},\quad M_{DA}^{F}=0$$

$$M_{AC}^{F}=M_{CA}^{F}=0$$

则结点 A 的不平衡力矩为

$$M_{A}=\sum M^{F}=M_{AB}^{F}+M_{AC}^{F}+M_{AD}^{F}=90+0-60=30\text{kN}\cdot\text{m}$$

(3)放松附加刚臂，计算分配弯矩、传递弯矩以及最后的杆端弯矩。

整个计算过程列表进行，见表 9-3。

表 9-3　**力矩分配法演算表三**

结点	B	A			C	D
杆端	BA	AB	AC	AD	CA	DA
分配系数	—	0.138	0.552	0.310	—	—
固端弯矩/(kN·m)	30	90	0	−60	0	0
分配与传递弯矩/(kN·m)	4.14	−4.14	−16.56	−9.30	−8.28	0
最终杆端弯矩/(kN·m)	34.14	85.86	−16.56	−69.30	−8.28	0

(4)绘制刚架的弯矩图如图 9-7 所示。

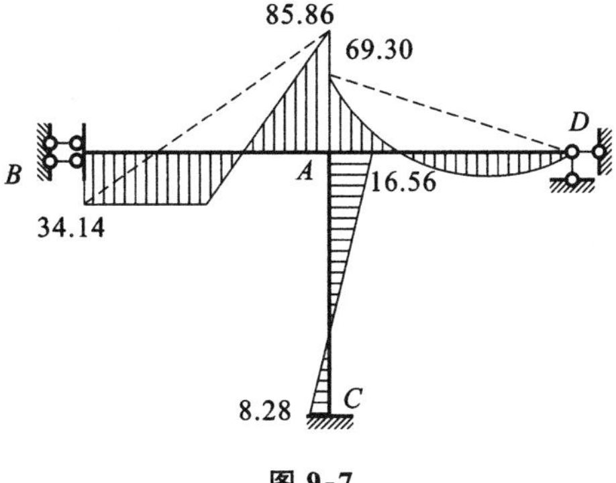

图 9-7

9.2　多结点结构的力矩分配法

9.1节介绍的单结点结构的力矩分配法，是力矩分配法的基础；对多结点结构采用力矩分配法时，其基本思路是相同的，不同的地方有三点：

水立方

①结构的基本体系不同。由于有多个独立结点角位移，所以，要附加多个刚臂锁住结点，通过载常数表得到各结点的不平衡力矩(第一步)。放松结点的时候，每次只放松一个结点(其他结点仍锁住)，这样，就与单结点结构类似。根据远端约束的特点确定分配系数和传递系数，要注意未放松的结点处相当于固定端。因此，每一次的放松仍然是单结点的力矩分配法。

②分配过程不同。单结点力矩分配问题，结点只需要一次放松，分配并传递后即可达到平衡。对多结点力矩分配问题，为了保证每次都是单结点分配，每次只放松一个结点。即先放松第一个结点，分配和传递力矩，使第一个结点力矩平衡；然后再锁住第一个结点，而放松第二个结点，分配和传递力矩，注意第二个结点的传递弯矩可能使得第一个结点不再平衡；依此类推，逐次锁住和放松结点，完成第一轮分配和传递。由于后放松结点向先放松结点处传递弯矩，导致先放松结点的力矩不再平衡，所以要重复上述过程，进行第二轮、第三轮的分配和传递，逐渐减小不平衡力矩。重复次数越多，解得误差越小，因此力矩分配法是一种渐进法。根据工程精度要求，当不平衡力矩满足精度要求时，即可停止计算。

③计算结果精度不同。单结点力矩分配问题，只需要一次分配和传递，得到的解是精确解；而多结点力矩分配问题，得到的解是近似解，计算结果的误差只能逐渐减小而不能消失。

【例9-3】 试用力矩分配法求如图9-8(a)所示多跨连续梁的弯矩图。

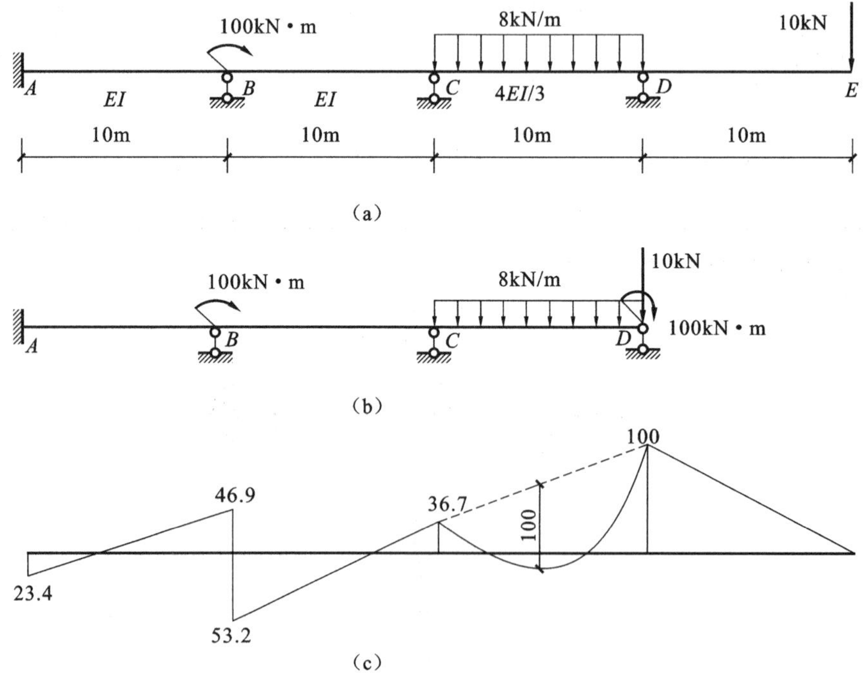

图9-8

(a)原结构计算简图；(b)简化后的结构计算简图；(c)弯矩图 M(kN·m)

【解】 连续梁的悬臂段 DE 是静定的，由平衡条件可求得：$M_{DE}=-100\text{kN}\cdot\text{m}$，$F_{QDE}=10\text{kN}$。去掉悬臂段，将 M_{DE} 和 F_{QDE} 转化为外力作用于结点 D 处，则结点 D 处成为铰支端，而连续梁的 AD 部分就可按如图 9-8(b)所示进行计算。

(1)计算各结点的弯矩分配系数

$$\mu_{BA}=\mu_{BC}=0.5,\quad \mu_{CB}=\mu_{CD}=0.5$$

将两个结点的弯矩分配系数填入表 9-4 中相应位置。

表 9-4　　**力矩分配法演算表四**

<table>
<tr><th>杆端</th><th>AB</th><th>BA</th><th>BC</th><th>CB</th><th>CD</th><th>DC</th><th>DE</th></tr>
<tr><td>分配系数</td><td></td><td>0.5</td><td>0.5</td><td>0.5</td><td>0.5</td><td></td><td></td></tr>
<tr><td>固端弯矩/(kN·m)</td><td colspan="4">−100</td><td>−100
50</td><td>100</td><td>−100</td></tr>
<tr><td>分配与传递弯矩
/(kN·m)</td><td>25

−1.6</td><td>50

−3.1</td><td>50
6.3
−3.1</td><td>25
12.5
−1.6
0.8</td><td>
12.5

0.8</td><td></td><td></td></tr>
<tr><td>最终弯矩/(kN·m)</td><td>23.4</td><td>46.9</td><td>53.2</td><td>36.7</td><td>−36.7</td><td>100</td><td>−100</td></tr>
</table>

(2)锁住各结点，计算各杆的杆端固端弯矩并确定各结点的不平衡力矩 CD 杆左端的固端弯矩 M_{CD}^{F} 应包含两个部分，即

$$M_{CD}^{F}=-\frac{ql^2}{8}+\frac{M_{DC}}{2}=-100+50=-50\text{kN}\cdot\text{m}$$

本题还有一个特殊之处是，在 B 结点处有一个外力偶 $M=100\text{kN}\cdot\text{m}$，对于这种具有结点外力偶的情况，在计算该结点不平衡力矩时，可用下式直接计算：

结点不平衡力矩＝汇交于该结点各杆端固端弯矩的代数和
－直接作用在该结点上的外力偶

外力偶顺时针为正，因此，本题中结点 B 的不平衡力矩为

$$M_B=0-100=-100\text{kN}\cdot\text{m}$$

(3)逐个放松结点 B、C，进行力矩分配和传递。

具体过程参见表 9-4。

(4)作结构的弯矩图[图 9-8(c)]。

可以看出，多结点的力矩分配，每一次的分配和传递都是单结点的力矩分配法，可以避免求解位移法的联立方程组，一般只需经过 2～3 轮计算，即可得到满足精度要求的解。

通常，为了加快计算的收敛速度，第一轮中的第一次力矩分配，一般宜从不平衡力矩绝对值较大的结点开始。

【例 9-4】 试用力矩分配法求解如图 9-9(a)所示刚架，并绘弯矩图。

【解】 (1)计算各结点弯矩分配系数。

各结点的分配系数为

$$\mu_{CA}=\mu_{CD}=0.5$$

$$\mu_{DC}=0.4,\quad \mu_{DB}=0.4,\quad \mu_{DE}=0.2$$

将两个结点的弯矩分配系数填入表9-5相应位置。

(2)锁住各结点,计算各杆的固端弯矩值并确定不平衡力矩。

由载常数表可得各杆的固端弯矩为

$$M_{AC}^{F} = M_{CA}^{F} = 0$$

$$M_{CD}^{F} = -20\text{kN}\cdot\text{m},\quad M_{DC}^{F} = 20\text{kN}\cdot\text{m}$$

$$M_{DE}^{F} = -20\text{kN}\cdot\text{m},\quad M_{CD}^{F} = -10\text{kN}\cdot\text{m}$$

$$M_{DB}^{F} = M_{BD}^{F} = 0$$

将各杆端固端弯矩填入表9-5中。

(3)逐个放松结点C、D,进行力矩分配和传递。

具体过程如表9-5所示。

表9-5 **力矩分配法演算表五**

结点	A	C		D			E	B
杆端弯矩	AC	CA	CD	DC	DB	DE	ED	BD
分配系数		0.5	0.5	0.4	0.4	0.2		
固端弯矩/(kN·m)	0	0	−20	20	0	−20	−10	0
分配与传递弯矩(C结点第一次)/(kN·m)	5	10	10	5				
分配与传递弯矩(D结点第一次)/(kN·m)			−1	−2	−2	−1	1	−1
分配与传递弯矩(C结点第二次)/(kN·m)	0.25	0.5	0.5	0.25				
分配与传递弯矩(D结点第二次)/(kN·m)				−0.1	−0.1	−0.05		−0.05
最终弯矩	5.25	10.5	−10.5	23.15	−2.1	−21.05	−9	−1.05

(4)叠加各杆端弯矩值,作结构的弯矩图[图9-9(b)]。

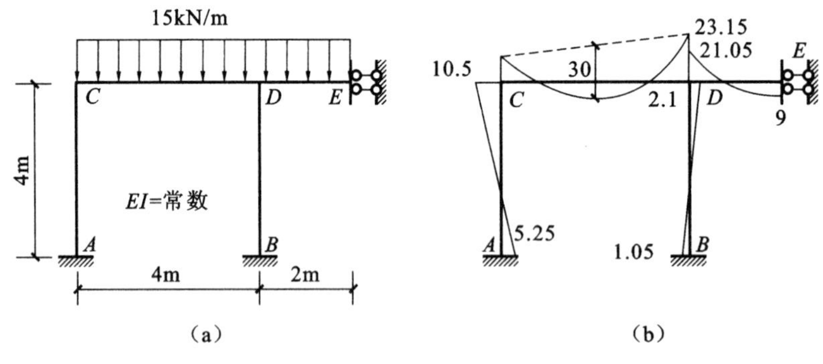

图9-9

(a)原结构计算简图;(b)弯矩图(kN·m)

从以上分析可知,力矩分配法适合求解无独立结点线位移的结构,它避免了联立方程组的求解,计算过程简单,适合于手算。

*9.3　多层多跨刚架的近似计算方法

对于多层多跨刚架结构，采用力法或位移法求解，计算量较大，不借助计算机往往无法计算。如果忽略结构的一些次要因素，则能够得出各种近似解法，以减少计算量。由于计算模型的近似性，所得到的解为近似解，可用于结构的初步设计（如进行方案比较，初估截面尺寸等）。本节将介绍以位移法为基础的分层法和反弯点法。

苏州东方之门

9.3.1　分层法

分层法适用于多层多跨刚架在竖向荷载作用时的情况，它采用了三个近似假设：

①忽略侧移的影响，可用力矩分配法计算。在竖向荷载作用下，多层多跨刚架侧移很小，因而对内力的影响也较小，可忽略不计。

②忽略每层梁上的竖向荷载对其他各层的影响，可以分层单独计算。在不考虑侧移的情况下，从力矩分配法的过程可以看出，荷载在本层结点产生效应，经过分配和传递，才影响到本层柱的远端；然后，在柱的远端再经过分配，才影响到相邻的楼层。经历了“分配—传递—分配”三道运算，竖向荷载对其他各层的影响已经很小，因而可以忽略。

③除底层外的各层柱计算时，柱的远端约束应该介于刚性约束和弹性约束之间。因此，计算时，若将楼层柱的远端约束视为固端，将会产生一定的误差。为了减小误差，在各个分层刚架中，将上层各柱的线刚度乘以折减系数 0.9，并将弯矩传递系数由 1/2 改为 1/3。

如图 9-10(a)所示的三层三跨刚架，可分解为如图 9-10(b)所示的三个单层刚架，每一层都可以用力矩分配法来近似求解。

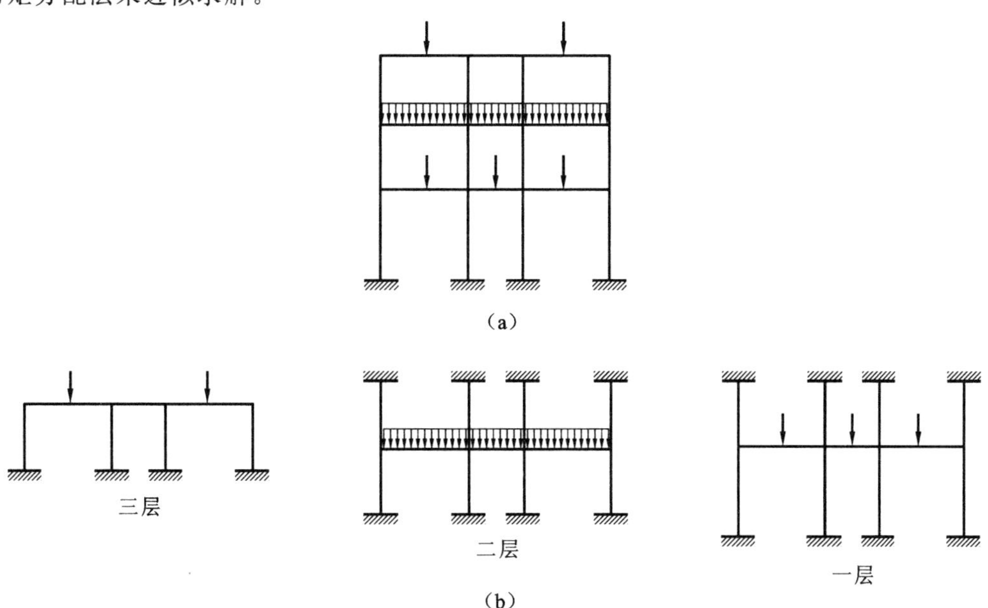

图 9-10　分层结构解法示意图

(a)原结构；(b)分层刚架

在分层计算后，要用叠加法得到原刚架的弯矩图。由于各层柱（底层除外）属于上下两层相邻刚架，因此，柱的弯矩要叠加，而梁和底层柱的弯矩则与单层刚架相同。叠加后，在刚结点上的各杆端弯矩一般是不平衡的,但是误差不会太大,如果有必要,可对结点的不平衡力矩再分配一次。

9.3.2 反弯点法

上述分层法常用于多层多跨刚架在竖向荷载作用下的内力计算,而对于多层多跨刚架结构在水平荷载作用下的内力计算,目前通常采用的方法是反弯点法。反弯点法假定刚架中横梁的刚度为无限大,适用于强梁弱柱的情况,在实际工程中只有横梁与立柱线刚度之比 $i_b/i_c \geqslant 3$ 时,才可用反弯点法计算。

在水平荷载作用下,刚架有侧移,梁柱结点有转角,通常在柱中都有反弯点。反弯点是指杆中截面弯矩为零的点,该点是杆弯矩由正向负(或由负向正)过渡的分界点。反弯点法基于两个概念:一是剪力分配,二是反弯点确定。对于受水平荷载作用的结构,首先,利用剪力分配求出柱的剪力;然后,利用剪力由反弯点位置计算柱的杆端弯矩;最后,由结点平衡条件和用弯矩分配法确定梁的杆端弯矩。

9.3.2.1 剪力分配系数及剪力分配

在介绍剪力分配系数前,先来介绍一下杆端的侧移刚度的概念。

杆端抵抗侧移的能力称为侧移刚度,它在数值上等于使杆端产生单位侧向位移时所需要施加的杆端剪力,记为 D_{AB}。如图 9-13 所示的等截面直杆,由形常数表可知,D_{AB} 与杆的刚度和杆远端的约束有关。由表 8-1 可得如图 9-11(a)、(b)所示的两种基本超静定单跨梁的侧移刚度 D_{AB} 分别为 $\frac{12i}{l^2}$(远端固定)、$\frac{3i}{l^2}$(远端铰接);而远端定向支承和自由的等截面直杆,其 $D_{AB}=0$。

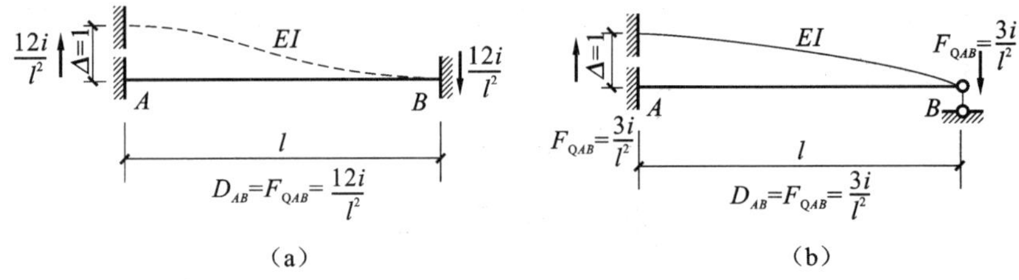

图 9-11

(a)远端固定;(b)远端铰接

如图 9-12(a)所示的刚架(各柱的线刚度均为 i),由于梁的刚度为无限大,柱顶各结点角位移为零,水平位移相同,故位移法计算时只有柱端的水平位移一个基本未知量,如图 9-12(b)所示。设柱顶各结点的水平位移为 Δ,则由各柱的侧移刚度可得各柱的杆端剪力分别为

$$\left.\begin{aligned} F_{QAB} &= \frac{12i}{4l^2}\Delta = D_{AB}\Delta \\ F_{QCD} &= \frac{3i}{4l^2}\Delta = D_{CD}\Delta \\ F_{QEF} &= 0 = D_{EF}\Delta \\ F_{QGH} &= 0 = D_{GH}\Delta \\ F_{QMN} &= \frac{12i}{l^2}\Delta = D_{MN}\Delta \end{aligned}\right\} \tag{a}$$

由图 9-12(c),取横梁为隔离体,由 $\sum F_x = 0$,可得

$$F_{QAB} + F_{QCD} + F_{QEF} + F_{QGH} + F_{QMN} = F_P \tag{b}$$

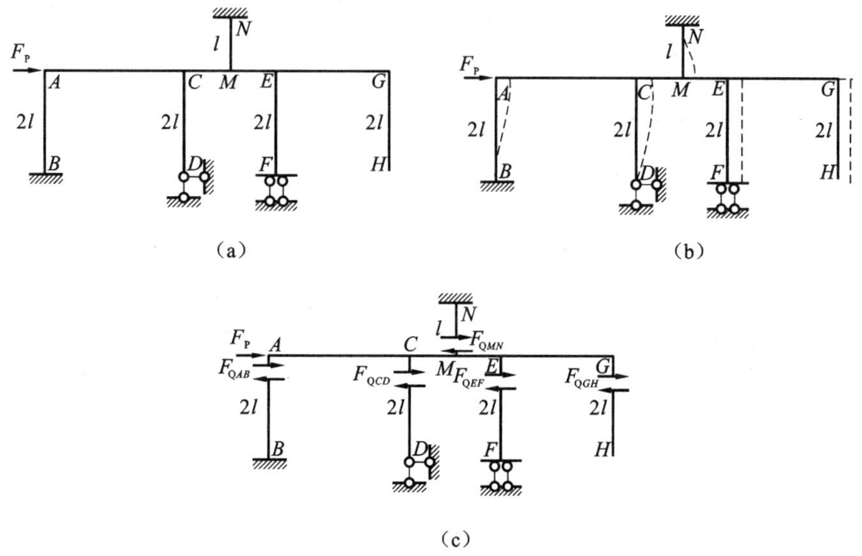

图 9-12

(a)多跨刚架；(b)结构变形曲线；(c)杆端剪力与剪力平衡

将式(a)代入式(b)，可得

$$\Delta = \frac{F_P}{\sum D} \tag{c}$$

将式(c)代入式(a)，可得

$$F_{QAB} = \frac{D_{AB}}{\sum D} F_P = \nu_{AB} F_P$$

$$F_{QCD} = \frac{D_{CD}}{\sum D} F_P = \nu_{CD} F_P$$

$$F_{QEF} = \frac{D_{EF}}{\sum D} F_P = \nu_{EF} F_P$$

$$F_{QGH} = \frac{D_{GH}}{\sum D} F_P = \nu_{GH} F_P$$

$$F_{QMN} = \frac{D_{MN}}{\sum D} F_P = \nu_{MN} F_P$$

式中，$\nu_i = \dfrac{D_i}{\sum D}$，称为剪力分配系数，对于一般无结点角位移的侧移结构，有

$$F_{Qi} = \frac{D_i}{\sum D} F_P = \nu_i F_P \tag{9-4}$$

即各柱所承担的剪力是按各柱的侧移刚度的大小来分配的，可以通过剪力分配系数和总剪力来计算，这种方法称为剪力分配法。它适用于在水平荷载作用下的排架和无结点角位移刚架柱的剪力计算。剪力分配法的计算步骤为：首先，根据柱两端的约束特点确定各柱的侧移刚度；然后，确定剪力分配系数；最后，将总剪力按照剪力分配系数分配到各柱。

如图 9-13(a)所示的两层两跨的刚架，其水平梁的刚度为无穷大，中柱与边柱的刚度之比为 2∶1，现通过剪力分配法确定各柱的剪力。

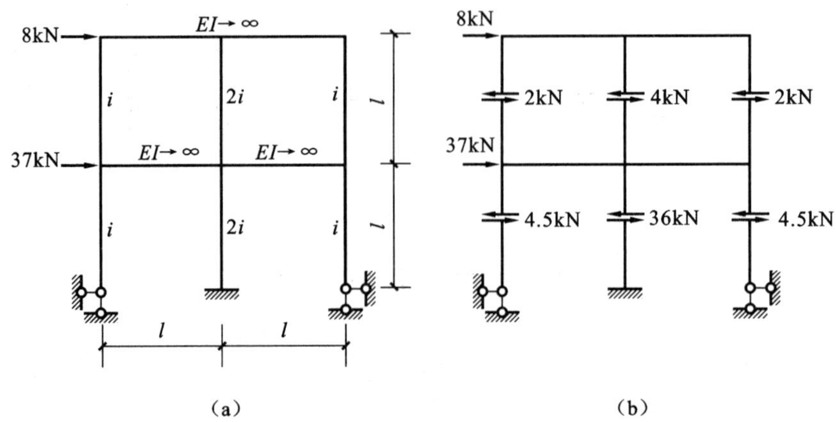

图 9-13

(a)原结构;(b)柱剪力分配结果

结构为两层，先确定上层柱的剪力。上层各柱的侧移刚度分别为 $D_{21}=12i/l^2$、$D_{22}=24i/l^2$ 和 $D_{23}=12i/l^2$(第一个下标表示第几层，第二个下标表示从左数第几个柱，下同)，则各柱的剪力分配系数为

$$\nu_{21}=0.25,\quad \nu_{22}=0.5,\quad \nu_{23}=0.25$$

上层柱的总剪力为

$$F_{Q2}=8\text{kN}$$

因而，上层各柱的剪力分别为

$$F_{Q21}=\nu_{21}F_{Q2}=0.25\times 8\text{kN}=2\text{kN}$$

$$F_{Q22}=\nu_{22}F_{Q2}=0.5\times 8\text{kN}=4\text{kN}$$

$$F_{Q23}=\nu_{23}F_{Q2}=0.25\times 8\text{kN}=2\text{kN}$$

下层各柱的侧移刚度分别为 $D_{11}=3i/l^2$、$D_{12}=24i/l^2$ 和 $D_{13}=3i/l^2$，则各柱的分配系数分别为

$$\nu_{11}=0.1,\quad \nu_{22}=0.8,\quad \nu_{23}=0.1$$

下层柱的总剪力为

$$F_{Q1}=8+37=45\text{kN}$$

因而，下层各柱的剪力分别为

$$F_{Q11}=\nu_{11}F_{Q1}=0.1\times 45\text{kN}=4.5\text{kN}$$

$$F_{Q12}=\nu_{12}F_{Q1}=0.8\times 45\text{kN}=36\text{kN}$$

$$F_{Q13}=\nu_{13}F_{Q1}=0.1\times 45\text{kN}=4.5\text{kN}$$

9.3.2.2 反弯点法

对于多层多跨的刚架，用反弯点法计算多层多跨刚架的求解步骤为：

①根据式 $\nu_i=\dfrac{D_i}{\sum D}$ 计算各层柱的剪力分配系数。

②剪力分配：分层计算每一层的总剪力，根据各层各柱的剪力分配系数，计算各柱的剪力。

③确定反弯点位置：对于两端固定的杆，其反弯点在柱的中间；一端固定而另一端铰接的杆，其

反弯点在铰结点处。在多层刚架中,底层柱的反弯点常设在柱的 2/3 高度处。

④确定柱端弯矩值:如果柱上无荷载,柱端弯矩等于剪力乘以反弯点到柱端的距离;如果柱上有荷载,则需要叠加荷载产生的弯矩值。

⑤确定梁端弯矩值:对于边柱各结点,两端弯矩等于该结点处各柱端弯矩代数和的相反数;对于其他结点,则需要将柱端弯矩求和反号后按梁的线刚度分配到各梁端。

⑥根据杆端弯矩和叠加法作结构弯矩图。

【例 9-5】 试用反弯点法求解如图 9-14(a)所示刚架的弯矩图(图中圆括弧内的数字为杆件的相对线刚度 i 的数值)。

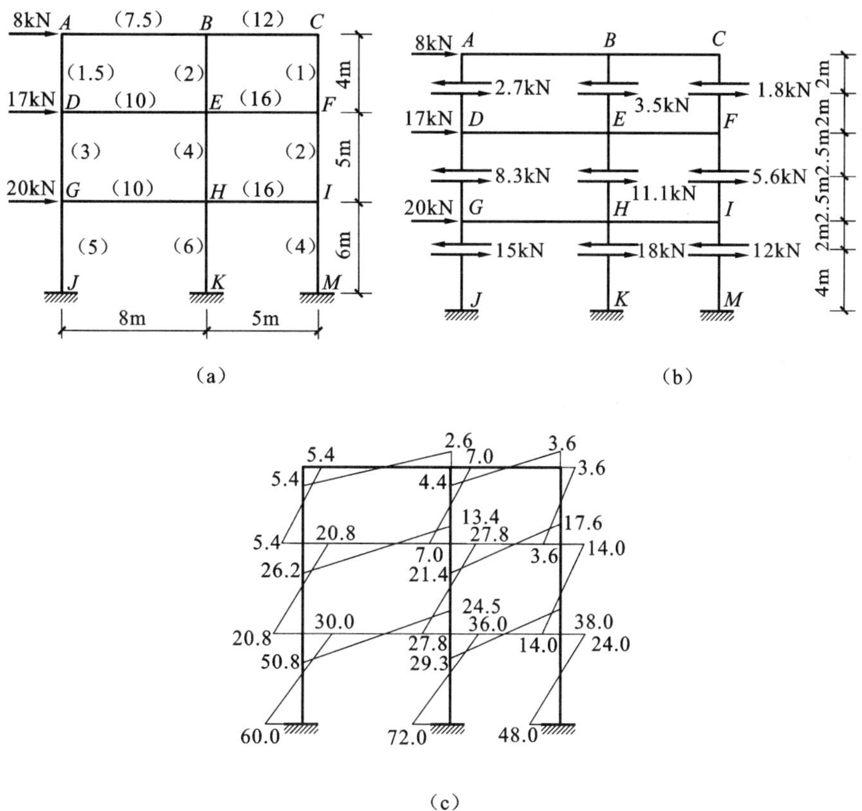

图 9-14

(a)原结构;(b)剪力分配结果;(c)结构弯矩图(kN·m)

【解】 (1)剪力分配法求各柱的剪力(由于各柱两端都可以看作固定端,且同层各柱等高,所以各柱的侧移刚度的比例关系与线刚度比例关系相同)。

第三层的总剪力为

$$F_{Q3}=8\text{kN}$$

分配到各柱,则有

$$F_{QAD}=\frac{1.5}{1.5+2+1}F_{Q3}=2.7\text{kN}$$

$$F_{QBE}=\frac{2}{1.5+2+1}F_{Q3}=3.5\text{kN}$$

$$F_{QCF} = \frac{1}{1.5+2+1}F_{Q3} = 1.8\text{kN}$$

第二层的总剪力为

$$F_{Q2} = 8+17 = 25\text{kN}$$

分配到各柱,则有

$$F_{QDG} = \frac{3}{3+4+2}F_{Q2} = 8.3\text{kN}$$

$$F_{QEH} = \frac{4}{3+4+2}F_{Q2} = 11.1\text{kN}$$

$$F_{QFI} = \frac{2}{3+4+2}F_{Q2} = 5.6\text{kN}$$

底层的总剪力为

$$F_{Q1} = 8+17+20 = 45\text{kN}$$

分配到各柱,则有

$$F_{QGJ} = \frac{5}{5+6+4}F_{Q1} = 15\text{kN}$$

$$F_{QHK} = \frac{6}{5+6+4}F_{Q1} = 18\text{kN}$$

$$F_{QIM} = \frac{4}{5+6+4}F_{Q1} = 12\text{kN}$$

(2)根据反弯点位置和剪力确定各柱端弯矩。

底层反弯点在距柱底端 2/3 柱高的位置,二层、三层反弯点在柱中间位置。

第三层各柱端弯矩为

$$M_{AD} = M_{DA} = 2.7\times 2 = 5.4\text{kN}\cdot\text{m}$$
$$M_{BE} = M_{EB} = 3.5\times 2 = 7\text{kN}\cdot\text{m}$$
$$M_{CF} = M_{FC} = 1.8\times 2 = 3.6\text{kN}\cdot\text{m}$$

第二层各柱端弯矩为

$$M_{DG} = M_{GD} = 8.3\times 2.5 = 20.8\text{kN}\cdot\text{m}$$
$$M_{EH} = M_{HE} = 11.1\times 2.5 = 27.8\text{kN}\cdot\text{m}$$
$$M_{FI} = M_{IF} = 5.6\times 2.5 = 14\text{kN}\cdot\text{m}$$

底层各柱端弯矩为

$$M_{GJ} = 15\times 2 = 30\text{kN}\cdot\text{m}$$
$$M_{JG} = 15\times 4 = 60\text{kN}\cdot\text{m}$$
$$M_{HK} = 18\times 2 = 36\text{kN}\cdot\text{m}$$
$$M_{KH} = 18\times 4 = 72\text{kN}\cdot\text{m}$$
$$M_{IM} = 12\times 2 = 24\text{kN}\cdot\text{m}$$
$$M_{MI} = 12\times 4 = 48\text{kN}\cdot\text{m}$$

(3)利用力矩分配计算梁端弯矩(由于各梁两端都可以看作固定端,所以结点上各梁的转动刚度比例关系与梁的线刚度比例关系相同)。

第三层梁端弯矩为

$$M_{AB} = M_{AD} = 5.4\text{kN}\cdot\text{m}$$

$$M_{BA} = \frac{7.5}{12+7.5}M_{BE} = 2.7\text{kN}\cdot\text{m}$$

$$M_{BC} = \frac{12}{12+7.5}M_{BE} = 4.3\text{kN}\cdot\text{m}$$

$$M_{CD} = M_{CF} = 3.6\text{kN}\cdot\text{m}$$

第二层梁端弯矩为

$$M_{DE} = M_{DA} + M_{DG} = 26.2\text{kN}\cdot\text{m}$$

$$M_{ED} = \frac{10}{10+16}(M_{ED} + M_{EH}) = 13.4\text{kN}\cdot\text{m}$$

$$M_{EF} = \frac{16}{10+16}(M_{EB} + M_{EH}) = 21.4\text{kN}\cdot\text{m}$$

$$M_{FE} = M_{FC} + M_{FI} = 17.6\text{kN}\cdot\text{m}$$

底层梁端弯矩为

$$M_{GH} = M_{GD} + M_{GJ} = 50.8\text{kN}\cdot\text{m}$$

$$M_{HG} = \frac{10}{10+16}(M_{HK} + M_{HE}) = 24.5\text{kN}\cdot\text{m}$$

$$M_{HI} = \frac{16}{10+16}(M_{HK} + M_{HE}) = 29.3\text{kN}\cdot\text{m}$$

$$M_{IH} = M_{IF} + M_{IM} = 38.0\text{kN}\cdot\text{m}$$

需要说明的是，对于梁柱线刚度比值小于 3 的刚架，也可以用反弯点法求解，但是其反弯点的位置和柱的侧移刚度需要通过查表确定。

央视总部大楼

(1)求解超静定结构可以采用渐进法和近似法进行手算。力矩分配法属于渐进法，适用于无独立结点线位移的结构，计算误差可以通过增加计算量来减小；分层法和反弯点法属于近似法，误差来源于结构的力学模型，无法通过计算来消除。

(2)力矩分配法以位移法为理论基础，通过载常数表确定结点的不平衡力矩，通过分配系数和传递系数分配和传递不平衡弯矩，使得结点的不平衡弯矩逐渐减小，最后求出满足精度要求的结果。它适用于连续梁和无侧移刚架的计算。对于单结点力矩分配法，通过一次分配即可得到问题的精确解；而对于多结点力矩分配法，一般要通过 2～3 轮的分配和传递方可达到实际工程所需要的精度。

(3)分层法适用于只有竖向荷载作用的刚架，结构和荷载对称性越高，计算精度越高。分层法的本质是力矩分配法，即先对每一层刚架力矩分配，再叠加各层得到各结点的杆端力矩，一般在叠加后要再次分配以使得各结点满足力矩平衡条件。

(4)反弯点法适用于强梁弱柱的刚架。该方法要先确定剪力分配系数和反弯点的位置，得出柱的剪力后，确定柱的杆端弯矩。梁端弯矩由结点力矩平衡条件确定，中间结点的两侧梁端弯矩，按梁的转动刚度分配不平衡力矩求得。

思考题

9-1 力矩分配法中对杆端弯矩的正负号是怎样规定的?

9-2 什么是转动刚度?分配系数与转动刚度有何关系?为什么每一结点的分配系数之和应等于 1?

9-3 什么是不平衡力矩?如何计算?为什么不平衡力矩要变号后才进行分配?

9-4 在力偶荷载作用下,杆端的分配弯矩和传递弯矩是怎样得到的?

9-5 力矩分配法的基本运算步骤有哪些?每一步骤的物理意义是什么?

9-6 在用力矩分配法计算多结点结构时,为什么每次只放松一个结点?

9-7 为什么力矩分配法不能直接应用于有结点线位移的刚架?

9-8 用力矩分配法计算连续梁和无侧移刚架时,为什么结点的不平衡力矩会趋于 0,即为什么计算过程是收敛的?

9-9 在力矩分配法的计算过程中,如果仅仅是传递弯矩有误,杆端最后弯矩能否满足结点的力矩平衡条件?为什么?

9-10 分层计算法与反弯点法的基本假定有哪些?

习题

9-1 试用力矩分配法求解如图 9-15 所示的连续梁,并绘制弯矩图。

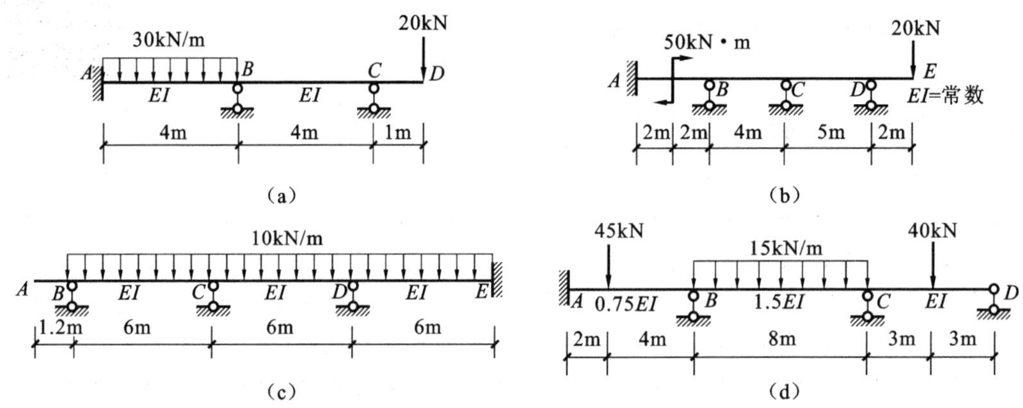

图 9-15

9-2 试用力矩分配法求解如图 9-16 所示刚架,并绘制弯矩图。EI=常数。

9-3 试用分层法求解如图 9-17 所示的多层刚架。括号内的数字,表示各梁、柱杆件的线刚度值($i=EI/l$)。

9-4 试用剪力分配法求解如图 9-18 所示结构,并绘制弯矩图。

9-5 试用反弯点法求解如图 9-19 所示结构,并绘制弯矩图。

20kN/m
B
C
E
2EI
2EI
EI
EI
6m
A
D
6m
6m
(a)
40kN
20kN
10kN/m
A
B
2EI
C
D
4m
EI
E
2m
3m
3m
1m
(b)
80kN
20kN/m
B
2I
C
2I
E
I
I
6m
A
D
3m
3m
6m
(c)
24kN/m
A
4I
B
5I
C
4I
D
4m
3I
3I
E
6m
F
4m
5m
4m
(d)
q=2.8kN/m
G
(7.63)
H
(10.21)
I
(4.21)
(4.21)
(0.79)
q=3.8kN/m
q=3.4kN/m
3.80m
D
(9.53)
E
(12.77)
F
(7.11)
(4.84)
(3.64)
4.40m
A
B
C
7.50m
5.60m
图 9-16

图 9-17

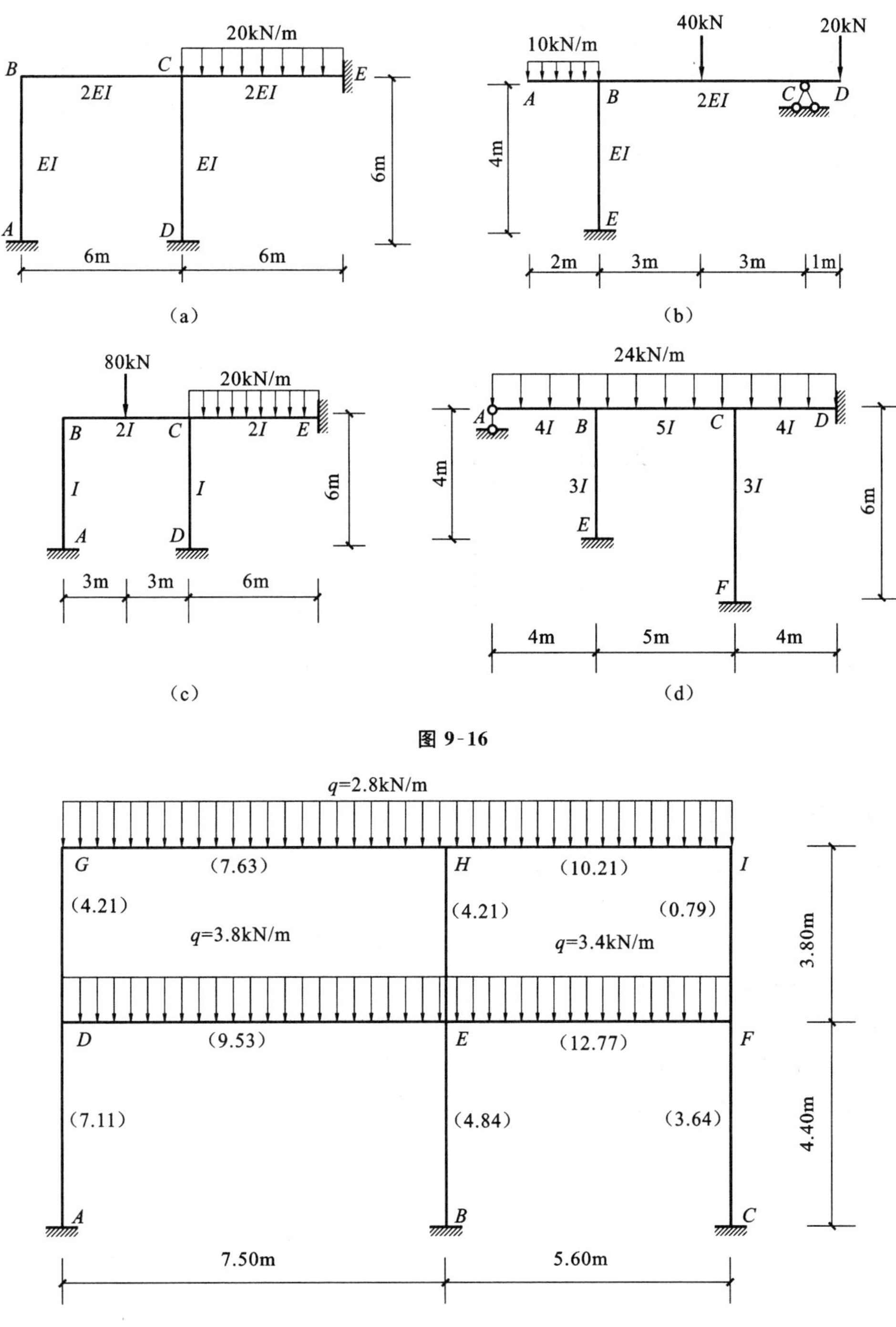

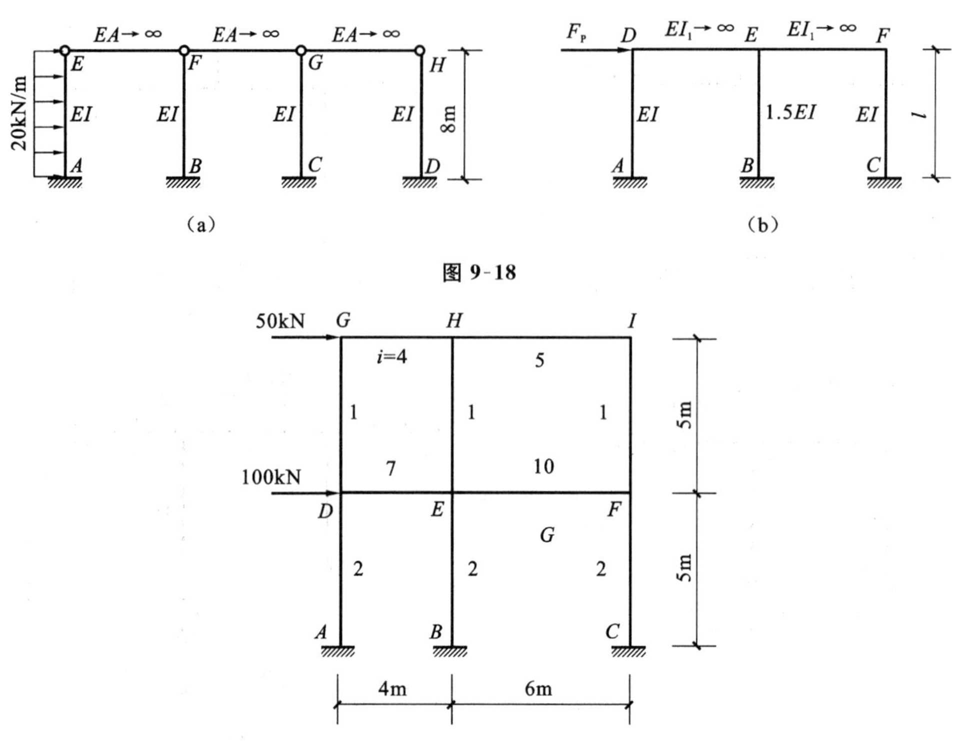

图 9-18

图 9-19

参考文献

[1] 崔清洋,张大长,朱华.结构力学.2版.武汉:武汉理工大学出版社,2010.

[2] 杨国义.结构力学.北京:中国计量出版社,2007.

[3] 戴鸿哲,王伟,王焕定.结构力学.北京:高等教育出版社,2022.

[4] 龙驭球,包世华,袁驷.结构力学Ⅰ:基础教程.4版.北京:高等教育出版社,2018.

[5] 雷钟和,江爱川,郝静明.结构力学解疑.2版.北京:清华大学出版社,2008.

[6] 闫华,巴斯德,王茜,等.应用力学.北京:北京理工大学出版社,2010.

[7] 文国治.结构力学.2版.重庆:重庆大学出版社,2022.

10 影响线及其应用

【内容提要】

本章主要内容包括：影响线的概念；用静力法作静定梁的影响线；用静力法作结点荷载作用下梁的影响线；用机动法作静定梁的影响线；利用影响线计算影响量值；利用影响线确定移动荷载最不利位置；用机动法作连续梁的影响线；内力包络图。本章教学内容的重点是：影响线的概念；用静力法和机动法绘制静定梁的影响线；利用影响线求固定荷载作用下的量值和移动荷载作用下的最大(最小)量值。本章教学内容的难点是：用机动法绘制影响线；利用影响线求移动荷载作用下的最大(最小)量值。

【能力要求】

通过本章的学习，学生应理解影响线的概念；掌握用静力法和机动法作静定梁的影响线；掌握利用影响线求固定荷载作用下的量值；掌握移动荷载的最不利位置及其所对应最大(最小)量值的求法；了解利用机动法作连续梁的影响线；了解简支梁和连续梁的内力包络图。

【价值塑造】

本章专注于分析移动荷载作用下结构的内力计算。与前面章节中讨论的固定荷载不同，移动荷载涉及荷载作用点在结构上的移动，例如桥梁上行驶的火车和汽车，以及吊车梁上的吊车。这些荷载虽然属于静力荷载，但由于其位置不断变化，结构内力也随之变化。学习影响线对国家建设和结构设计具有重要意义。首先，工程师可以通过影响线分析和预测结构在移动荷载作用下的内力变化，识别并加强结构中可能受力最大的部分，从而预防潜在的结构失稳，确保公共安全；其次，影响线帮助工程师计算在荷载最不利情况下的内力分布，允许他们设计更经济的结构，使材料得到最有效的使用，从而提高设计效率；最后，随着城市化和工业化的发展，影响线的应用不仅对提高单个结构的设计质量和安全性有重要影响，还在更广泛的国家基础设施建设和工程教育领域发挥着关键作用。

10.1 影响线的概念

前面各章讨论的都是在作用点不变的固定荷载作用下，结构内力或位移的计算。但实际工程中，结构除了承受固定荷载作用，还会承受作用点会改变的移动荷载的作用。例如，厂房中吊车梁承受的吊车荷载、桥梁承受的行驶的汽车或火车荷载等。在移动荷载作用下，结构的支反力、内力和位移(统称为量值，用 S 表示)将随荷载位置的移动而变化，只有将量值随荷载移动的变化规律找到，才能求出量值的最大(最小)值，并作为结构设计的依据。但是，同一结构上的不同量值虽然都随荷载位置的移动而变化，但通常没有相同的变化规律，这在数学上体现为不同量值虽然都是荷

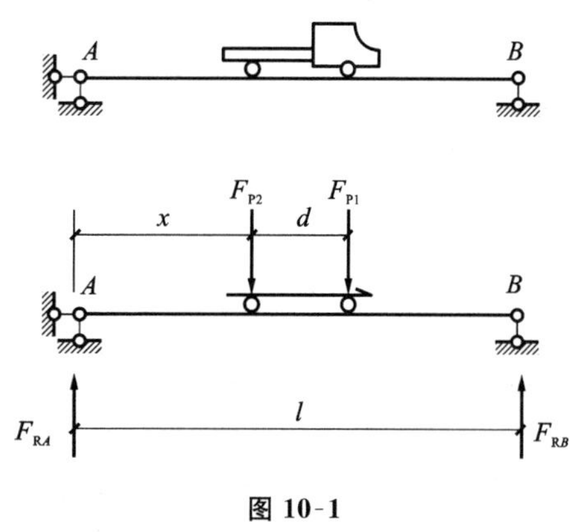

图 10-1

载位置 x 的函数,但这些函数的表达式一般彼此不同。例如,如图 10-1 所示的汽车从左到右行驶过简支梁 AB,则支反力 F_{RA} 的变化规律是由大变小,而支反力 F_{RB} 的变化规律则是由小变大,即 $F_{RA}=f(x)$,$F_{RB}=g(x)$,但 $f(x)\neq g(x)$。因此,一次只宜研究一个量值的变化规律。而量值 S 作为荷载位置 x 的函数,必然可以找到使量值 S 产生最大(最小)值的荷载位置,而该位置就是移动荷载的最不利位置。

桥梁和吊车梁承受的移动荷载

实际移动荷载通常是由一组间距不变的竖向荷载组成,例如图 10-1 中汽车的轮压由相距为 d 的 F_{P1} 和 F_{P2} 组成。为方便起见,可先只研究最简单的一种竖向荷载,即一个竖向单位集中荷载 $F_P=1$ 对某一指定量值所产生的影响,然后就可根据叠加原理来研究形式复杂的实际移动荷载对该量值的影响。例如,如图 10-1 所示的简支梁,若设支反力以竖直向上为正,则在 $F_P=1$ 移动到如图 10-2(a)所示各等分点 A、C、D、E、B 时,F_{RA} 的值分别为 1、3/4、1/2、1/4、0。若以横坐标 x 表示单位移动荷载 $F_P=1$ 作用点的连线(称为基线),纵坐标表示支反力 F_{RA},则可将各等分点处 F_{RA} 的值用竖标表示在此坐标系内,再将这些竖标的顶点用曲线(对静定结构,为直线)相连,就构成了如图 10-2(b)所示的图形,这一图形反映了 $F_P=1$ 作用时 F_{RA} 的变化规律,称为 F_{RA} 影响线。推而广之,反映随单位移动荷载 $F_P=1$ 位置 x 的改变,结构中某量值 S 变化规律的图形,就称为 S 影响线;类似地,在 $F_P=1$ 作用时,量值 S 的函数式 $S=S(x)$,就称为 S 影响线方程。显然,影响线就是影响线方程的图形化表示。为简便起见,影响线一般不绘坐标轴。符号上,规定基线以上的影响线取正号,以下取负,并在图上标明。

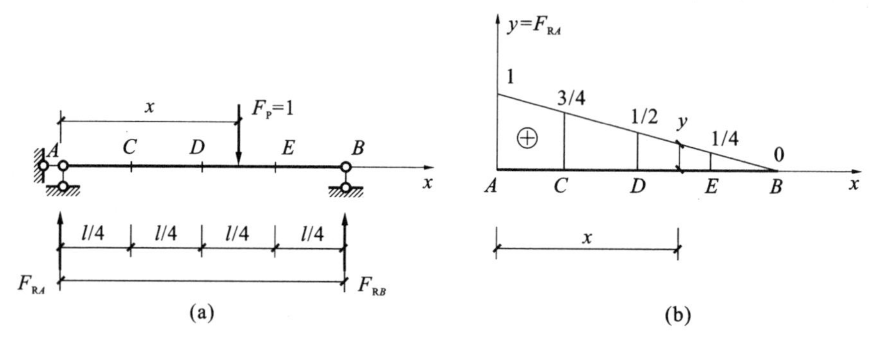

图 10-2

(a)单位竖向荷载 $F_P=1$ 在简支梁上移动;(b)F_{RA} 影响线(可不绘坐标轴)

绘制影响线的基本方法有两种:静力法和机动法,下面分别介绍。

10.2 用静力法作静定梁的影响线

静力法是根据静力平衡条件,以单位移动荷载 $F_P=1$ 的作用点位置 x 为自变量,求出影响线方程,然后利用影响线方程作出相应量值的影响线。因此,静力法作影响线的步骤为:

①选定坐标系。确定坐标系原点及基线 x 轴的正向。

②根据投影平衡方程或力矩平衡方程,确定影响线方程 $S=S(x)$。

③依据影响线方程 $S=S(x)$，在坐标系中绘出影响线，并标注符号。

10.2.1 简支梁的影响线

(1)支反力影响线。

首先，建立坐标系。如图 10-3(a)所示，取 A 为坐标原点，x 轴向右为正。

由整体的力矩平衡条件 $\sum M_B=0$，得

$$F_{RA}l-F_P(l-x)=0$$

即

$$F_{RA}=F_P\frac{l-x}{l}=1-\frac{x}{l}\quad(0\leqslant x\leqslant l)\tag{10-1}$$

可见，支反力 F_{RA} 随 $F_P=1$ 位置的改变而变化，是 x 的一次函数，所以 F_{RA} 影响线是一条直线，作出 F_{RA} 影响线，如图 10-3(b)所示。

同理，F_{RB} 影响线方程可由整体的力矩平衡的 $\sum M_A=0$ 解得，为

$$F_{RB}=F_P\frac{x}{l}=\frac{x}{l}\quad(0\leqslant x\leqslant l)\tag{10-2}$$

F_{RB}影响线如图 10-3(c)所示。

因为单位荷载 $F_P=1$ 无量纲，所以支反力影响线竖标也无量纲。

(2)弯矩影响线。

取任意指定截面 C，当 $F_P=1$ 在其左侧移动时(即在 AC 段上移动，$0\leqslant x\leqslant a$)，由截面 C 右侧 CB 段隔离体的力矩平衡条件 $\sum M_C=0$，可得

$$M_C=F_{RB}b=\frac{x}{l}b\quad(0\leqslant x\leqslant a)\tag{10-3a}$$

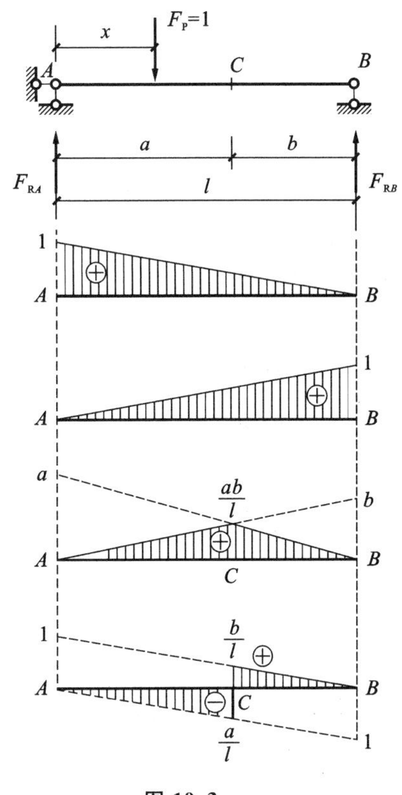

图 10-3

(a)原结构；(b)F_{RA}影响线；(c)F_{RB}影响线；(d)M_C 影响线；(e)F_{QC}影响线

可见，M_C 影响线在截面 C 以左部分仍为一直线，并可由 F_{RB}影响线乘以 b 得到。当 $x=0$ 时，$M_C=0$；当 $x=a$ 时，$M_C=\frac{ab}{l}$。据此，可绘出 M_C 影响线的左直线，如图 10-3(d)所示。

当 $F_P=1$ 在 CB 段上移动时($a\leqslant x\leqslant l$)，由截面 C 以左部分 AC 段的 $\sum M_C=0$，可得

$$M_C=F_{RA}a=(1-\frac{x}{l})a\quad(a\leqslant x\leqslant l)\tag{10-3b}$$

可见，M_C 影响线在截面 C 以右部分还是一条直线，并可由 F_{RA} 影响线乘以 a 得到。当 $x=a$ 时，$M_C=\frac{ab}{l}$；当 $x=l$ 时，$M_C=0$。据此，可绘出 M_C 影响线的右直线，如图 10-3(d)所示。

将上述两段影响线拼接在一起，得到完整的 M_C 影响线。该影响线与基线围成一个三角形，三角形的顶点正好位于截面 C 处，竖标最大，其值为 ab/l；两支座处，竖标为零。

弯矩影响线竖标的量纲是长度。

上述将未知量值(这里是 M_C)表示成已知量值(这里是 F_{RA} 或 F_{RB})的函数，再将已知量值影响线方程代入，最终求得未知量值影响线方程的做法简单实用，应灵活熟练地运用。

(3)剪力影响线。

当 $F_P=1$ 在 AC 段移动时($0\leqslant x\leqslant a$),由 CB 段隔离体的竖向投影平衡条件 $\sum F_y=0$,得

$$F_{QC}=-F_{RB}=-\frac{x}{l}\quad(0\leqslant x\leqslant a)\tag{10-4a}$$

可见,只要将 F_{RB} 影响线绘在基线下方,并取其 AC 段,即得 F_{QC} 影响线的左直线,如图 10-3(e)所示。再按比例关系,可求得 C 点左侧的竖标为 $-a/l$。

当 $F_P=1$ 在 CB 段移动时($a\leqslant x\leqslant l$),由 AC 段的 $\sum F_y=0$,得

$$F_{QC}=F_{RA}=1-\frac{x}{l}\quad(a\leqslant x\leqslant l)\tag{10-4b}$$

可见,只要绘出 F_{RA} 影响线并取其 CB 段,即得 F_{QC} 影响线的右直线,如图 10-3(e)所示,C 点右侧的竖标为 b/l。由图 10-3(e)可知,F_{QC} 影响线由两段平行的直线组成,在 C 点有突变。当 $F_P=1$ 从截面 C 左侧移动到右侧时,F_{QC} 从 $-a/l$ 突变为 b/l,其突变的绝对值等于 $a/l+b/l=1$。F_{QC} 影响线在 C 处形成一间断点。因此,当 $F_P=1$ 恰好作用在 C 点时,F_{QC} 是不确定的。

剪力影响线的竖标和支反力影响线一样,是无量纲的。

10.2.2 伸臂梁的影响线[以如图 10-4(a)所示伸臂梁为例]

(1)支反力影响线。

由平衡方程,可得

$$\left.\begin{aligned}F_{RA}&=\frac{l-x}{l}\\F_{RB}&=\frac{x}{l}\end{aligned}\right\}\quad(-l_1\leqslant x\leqslant l+l_2)$$

可见,支反力 F_{RA}、F_{RB} 的影响线方程与简支梁的相同,只是荷载 $F_P=1$ 的作用范围有所扩大,由简支梁的 $0\leqslant x\leqslant l$,变为 $-l_1\leqslant x\leqslant l+l_2$。$F_{RA}$ 和 F_{RB} 影响线如图 10-4(b)、(c)所示。

(2)跨内部分截面的内力影响线。

先作两支座间的任意指定截面 C 的弯矩 M_C 和剪力 F_{QC} 的影响线。

当 $F_P=1$ 在截面 C 以左移动时,取截面 C 以右 CBF 段为隔离体,由 $\sum M_C=0$ 和 $\sum F_y=0$,分别有

$$\left.\begin{aligned}M_C&=F_{RB}b\\F_{QC}&=-F_{RB}\end{aligned}\right\}\quad(-l_1\leqslant x\leqslant a)$$

当 $F_P=1$ 在截面 C 以右移动时,取截面 C 以左 EAC 段为隔离体,由 $\sum M_C=0$ 和 $\sum F_y=0$,分别有

$$\left.\begin{aligned}M_C&=F_{RA}a\\F_{QC}&=F_{RA}\end{aligned}\right\}\quad(a\leqslant x\leqslant l+l_2)$$

由此作出 M_C 和 F_{QC} 的影响线如图 10-4(d)、(e)所示。

由上可知,作伸臂梁的支反力和 AB 跨内任一截面的弯矩、剪力影响线时,可将 AB 简支梁的相应影响线延长至伸臂段的自由端处得到。

(3)伸臂段上的内力影响线。

现在,来作伸臂段上任一指定截面 D 的弯矩 M_D 和剪力 F_{QD} 的影响线。

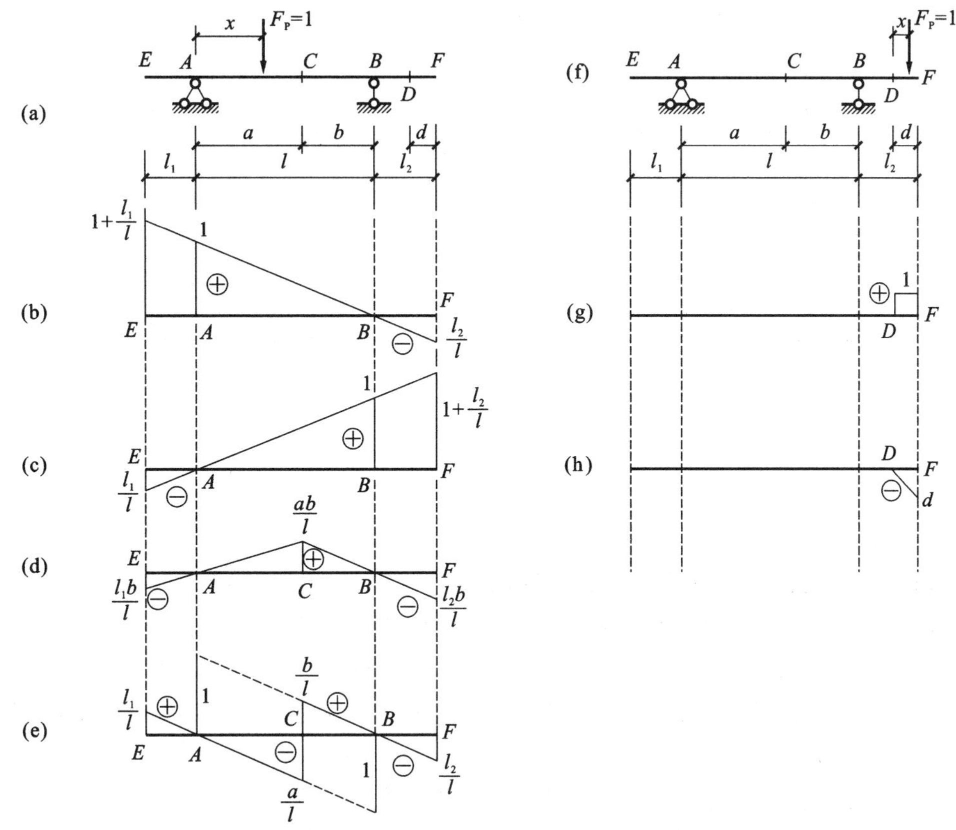

图 10-4

(a)原结构;(b)F_{RA}影响线;(c)F_{RB}影响线;(d)M_C 影响线;(e)F_{QC}影响线;(f)F_P 在伸臂上;(g)F_{QD}影响线;(h)M_D 影响线

当 $F_P=1$ 在截面 D 以左时,因截面 D 的右边部分无外力作用,所以

$$\left.\begin{aligned} M_D &= 0 \\ F_{QD} &= 0 \end{aligned}\right\} \quad (l_1 \leqslant x \leqslant 0,\quad l \leqslant x \leqslant l + l_2 - d)$$

当 $F_P = 1$ 在截面 D 以右时,设 D 为坐标原点,x 向右为正。取截面 D 以右为隔离体,由 $\sum M_D = 0$ 和 $\sum F_y = 0$,有

$$\left.\begin{aligned} M_D &= -x \\ F_{QD} &= 1 \end{aligned}\right\} \quad (l + l_2 - d \leqslant x \leqslant l + l_2)$$

由此作出 F_{QD}和 M_D 的影响线如图 10-4(g)、(h)所示。

由上可知,作伸臂段上某一截面的弯矩和剪力影响线时,只有当 $F_P=1$ 作用于该截面以外的伸臂段上时,才导致影响线竖标非零。

10.2.3 影响线与内力图的区别

影响线的图形与内力图形状虽然相似,但它们所表示的含义却截然不同。现以简支梁为例,说明影响线与内力图之间的本质区别。

(1)横坐标 x 的含义不同。

影响线的基线是单位荷载 $F_P=1$ 作用点的连线,而内力图的基线是杆轴线。前者反映的是单位荷载位置的变化,后者反映的是梁上各横截面的 x 轴坐标。如图 10-5 所示,因为 $F_P=1$ 所移动过的范围正好是整个梁,所以影响线的基线与弯矩图基线重合。而在例 10-1 中可以看到,影响线基线不再是简支部分 AB 的杆轴线。可见,影响线基线与内力图基线不一定相同。

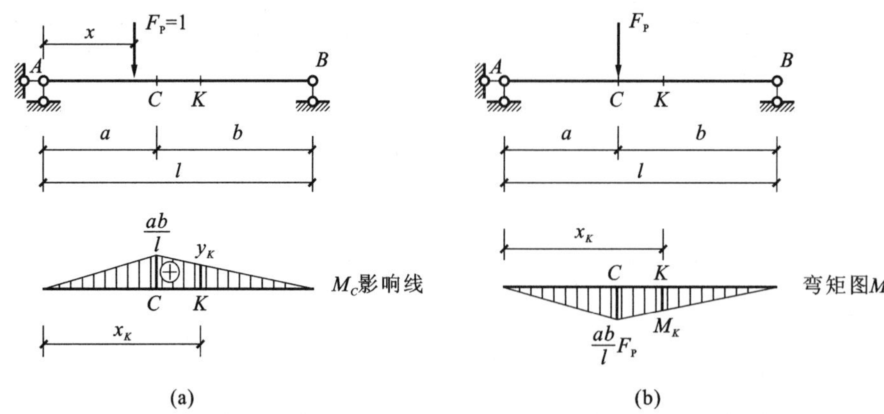

图 10-5

(2)竖标的含义不同。

影响线的竖标代表了单位荷载移动到不同位置时,同一个具体量值的值。而内力图竖标代表的是固定荷载作用时,结构上不同位置的各截面上的内力值。如图 10-5(a)所示的 M_C 影响线,反映了单位荷载 $F_P=1$ 沿整梁移动时,截面 C 弯矩值的变化情况,其上所有竖标都代表一个确切的量值,即截面 C 的弯矩。如 M_C 影响线在截面 K 处的竖标 y_K,表示当 $F_P=1$ 移动到截面 K 时,所引起的截面 C 的弯矩值。而如图 10-5(b)所示的弯矩图,则表示在固定荷载 F_P 作用下,梁上各个截面弯矩的分布情况,其上竖标表示所在截面的弯矩值。不同截面处的竖标表示不同截面的弯矩。例如弯矩图在截面 K 处的竖标 M_K,表示在截面 C 处作用固定荷载 F_P 时,引起的截面 K 的弯矩为 M_K。

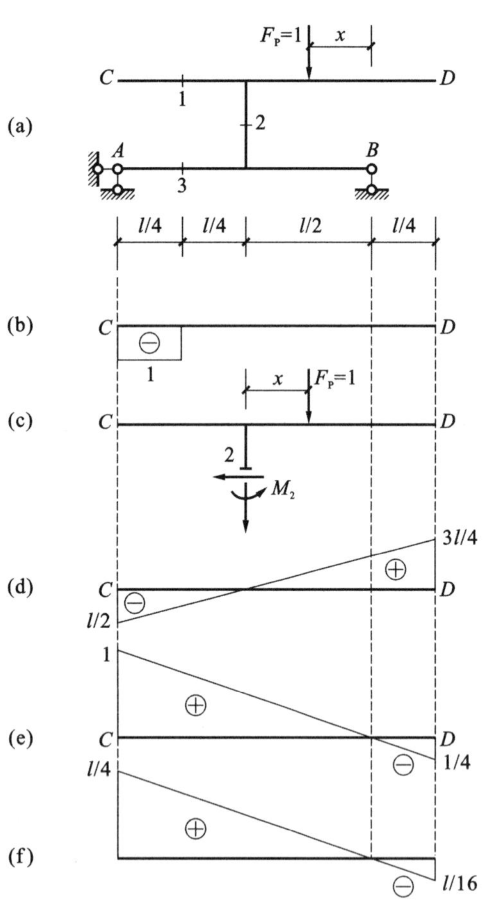

图 10-6

(a)原结构;(b)F_{Q1}影响线;(c)隔离体;(d)M_2 影响线;(e)F_{RA}影响线;(f)M_3 影响线

(3)量纲不同。

支反力和剪力影响线无量纲,反力矩和弯矩影响线的量纲是长度;剪力图量纲是力,弯矩图量纲是力×长度。这是因为求影响线所用的单位荷载 $F_P=1$ 无量纲,而实际荷载中则会包含力的量纲。

(4)符号标注不同。

不论是哪种量值的影响线,都应标注符号。而在内力图中,剪力图和轴力图应标注符号,弯矩图则不标注符号,但要求弯矩竖标绘于杆件受拉侧。

【例 10-1】 试作如图 10-6(a)所示结构的 F_{Q1}、M_2、F_{RA}和 M_3 的影响线。设 $F_P=1$ 在 CD 上移动。

【解】 (1)作 F_{Q1} 的影响线。

$F_P=1$ 在 1 以右时,$F_{Q1}=0$;$F_P=1$ 在 1 以左时,$F_{Q1}=-1$。F_{Q1} 的影响线如图 10-6(b)所示。

(2)作 M_2 的影响线。

取截面2以上部分为隔离体并建立坐标系如图 10-6(c) 所示，x 以向右为正。设 M_2 以使左侧受拉为正。由 $\sum M_2 = 0$，得

$$M_2 = x \quad (-\frac{l}{2} \leqslant x \leqslant \frac{3l}{4})$$

M_2 的影响线如图 10-6(d)所示。

(3)作 F_{RA} 的影响线。

坐标系如图 10-6(a) 所示，x 以向左为正。由 $\sum M_B = 0$，得

$$F_{RA} = \frac{x}{l} \quad (-\frac{l}{4} \leqslant x \leqslant l)$$

作出 F_{RA} 的影响线如图 10-6(e)所示。

(4)作 M_3 的影响线。

由于 $F_P=1$ 在上横梁 CD 上移动，而不在下横梁 AB 上移动，所以总有

$$M_3 = F_{RA} \times \frac{l}{4}$$

即把 F_{RA} 影响线扩大 $l/4$ 倍就得 M_3 的影响线，如图 10-6(f)所示。

10.3 用静力法作结点荷载作用下梁的影响线

在桥梁、楼板等结构中，常使用一种纵横交错的主次梁体系，这种体系上的移动荷载并不直接作用于梁上，而是作用于桥面(楼面)后，先传递给次梁，再从次梁传递给主梁。如果研究对象是主梁，那么在计算简图中可将次梁视作联系桥面(楼面)和主梁的结点，而主梁间接承受的通过结点传递来的荷载，就称为结点荷载或间接荷载。相应地，前述各节中直接作用于梁上的荷载，就称为直接荷载。如图 10-7(a)所示计算简图中，单位荷载 $F_P=1$ 沿纵梁(由桥面或楼面简化而得)移动时，荷载就会透过横梁(结点)传递给主梁，$F_P=1$ 对主梁 AB 而言就是结点荷载。下面，以作主梁截面 C 的弯矩影响线为例，说明结点荷载作用下影响线的作法。

先作出 $F_P=1$ 直接作用在主梁上时的 M_C 影响线，如图 10-7(b)所示。由影响线的物理意义可知，y_A、y_B、y_D、y_E 和 y_F 分别表示 $F_P=1$ 直接作用在主梁 A、B、D、E 和 F 处时，引起的截面 C 的弯矩 M_C 值。

再考虑移动荷载 $F_P=1$ 作用在纵梁上的情形。

①当荷载 $F_P=1$ 在纵梁上移动到结点上方时(例如 D 点上方)，力通过横梁直接传到主梁，这时相当于荷载 $F_P=1$ 直接作用在主梁上，所以结点荷载作用下各结点处的影响线竖标与直接荷载作用下的影响线竖标相同。

②当荷载 $F_P=1$ 在指定截面 C 相邻结点 E、F(此时以 E 为坐标原点建立坐标系)之间的纵梁上移动时，主梁将在 E、F 处分别受到结点荷载 $\frac{d-x}{d}$ 及 $\frac{x}{d}$ 的作用，如图 10-7(c)所示。

因为单位荷载作用在主梁的 E 处时，$M_C=y_E$，单位荷载作用在主梁的 F 处时，$M_C=y_F$，所以荷载 $\frac{d-x}{d}$ 作用于 E 处时，引起的 $M_C=\frac{d-x}{d}y_E$，而荷载 $\frac{x}{d}$ 作用于 F 处时，引起的 M_C 为 $M_C=\frac{x}{d}y_F$。故当荷载 $\frac{d-x}{d}$ 及 $\frac{x}{d}$ 同时作用在 E、F 处时，截面 C 的弯矩值 M_C 为

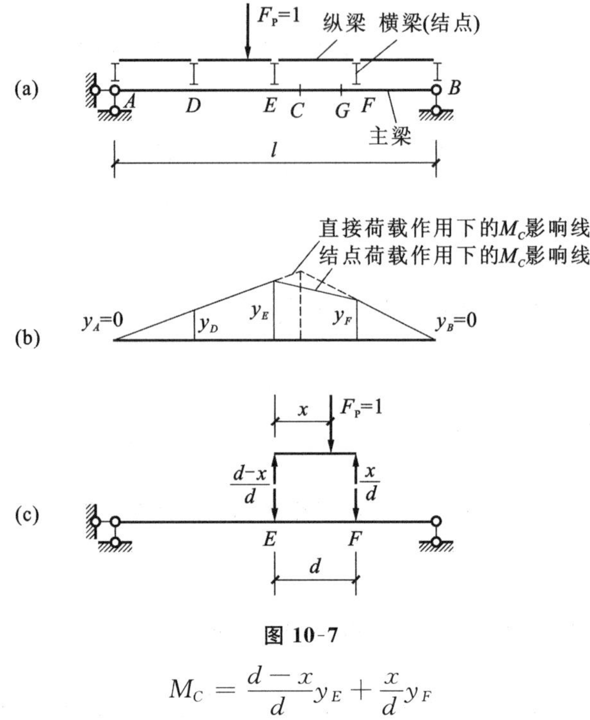

图 10-7

$$M_C = \frac{d-x}{d}y_E + \frac{x}{d}y_F$$

上式表明,当 $F_P=1$ 在 EF 上移动时,截面 C 的弯矩值按线性变化,说明在主梁的结点 E 和 F 之间的范围内,结点荷载作用下的 M_C 影响线是直线,而此直线就是连接竖标 y_E 和 y_F 顶点的直线,如图 10-7(b)所示。

同理可证,其他相邻两结点间结点荷载作用下的影响线也是直线。因为,只要依次连接直接荷载作用下相邻结点的影响线竖标顶点,就可得到结点荷载作用下主梁的 M_C 影响线。

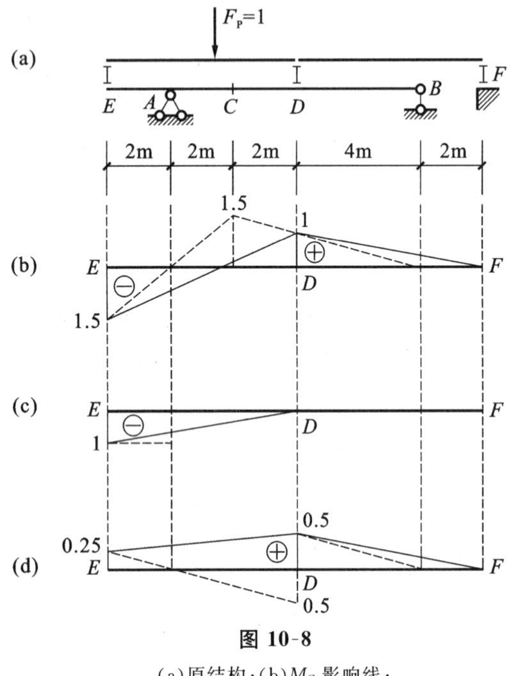

图 10-8

(a)原结构;(b)M_C 影响线;

(c)$F_{QA左}$影响线;(d)$F_{QD左}$影响线

综上所述,可得绘制结点荷载作用下影响线的步骤:

①先作出直接荷载作用下所求量值的影响线,绘出结点处的竖标。

②用直线连接相邻结点的竖标顶点,即得在结点荷载作用下该量值的影响线。

【例 10-2】 试作如图 10-8(a)所示主梁在结点荷载作用下的 M_C、$F_{QA左}$、$F_{QD左}$影响线。

【解】 (1)作 M_C 影响线。

先作直接荷载作用下的 M_C 影响线,如图 10-8(b)所示的虚线。E、D、F 三个结点对应的竖标分别为-1.5、1 和 0。用直线连接 E、D 竖标顶点和 D、F 竖标顶点,即得结点荷载作用下的 M_C 影响线,如图 10-8(b)所示的实线。

(2)作 $F_{QA左}$ 影响线。

如图 10-8(c)所示中虚线为直接荷载作用下

$F_{QA左}$的影响线。将结点E处竖标和结点D处竖标用直线连接，即得所需的$F_{QA左}$影响线。由于D、F两结点处竖标均为零，故DF节间不需再用直线相连。

(3)作$F_{QD左}$影响线。

先作直接荷载作用下的F_{QD}影响线，如图10-8(d)中虚线所示。结点E、F处的竖标分别为0.25和0。由于结点D位于截面$D_{左}$的右侧，结点D处的竖标应取$+0.5$。分别用直线将结点E和D、D和F的竖标顶点相连，即得$F_{QD左}$影响线，如图10-8(d)中细实线所示。

10.4 用机动法作静定梁的影响线

绘制影响线的方法除了前面各节所述的静力法，还可以采用机动法。与静力法相比，机动法具有能快速判定影响线形状，迅速找到影响线零点的优点。因此，在无须精确计算但要定性分析移动荷载最不利位置的某些应用场合，机动法更为简洁实用。

机动法作影响线的理论基础是虚位移原理。下面以伸臂梁为例，说明用机动法作静定梁支反力、内力影响线的原理和步骤。

例如，欲求图10-9(a)所示伸臂梁支座B的支反力F_{RB}的影响线。首先，撤除与支反力F_{RB}相应的约束，即撤除B处支杆，同时在B点沿支承方向加一正向支反力F_{RB}，使梁仍保持平衡，这样原梁成为具有一个自由度的结构，如图10-9(b)所示。接着，令杆AB在B点处沿F_{RB}方向发生一个微小的虚位移δ，由于该结构只能绕铰A发生转动，因此δ所引起该机构的虚位移图如图10-9(b)所示。若以δ_P表示该虚位移图中$F_P=1$作用点的虚位移，可知随$F_P=1$位置的移动，δ_P将沿着虚位移图呈线性变化。因为梁在F_P、F_{RA}、F_{RB}共同作用下保持平衡，由刚体虚位移原理可知，它们在上述虚位移中所做虚功之和为零。于是

$$F_{RB}\delta - F_P\delta_P = 0$$

$$F_{RB} = \frac{\delta_P}{\delta} \tag{10-5}$$

式(10-5)表明，无论$F_P=1$移动到梁上什么地方，支杆B的支反力总等于$F_P=1$作用处的竖向位移δ_P除以常数δ。因此，只要把虚位移图缩小δ倍，各处的竖向位移就表示$F_P=1$作用于该处时所引起的F_{RB}值。故令$\delta=1$，此时δ_P在虚位移图上呈现的变化规律，就是$F_P=1$作用于梁上各位置时F_{RB}的变化规律，或者说该虚位移图就是F_{RB}的影响线。因为虚位移图均在基线上方，所以F_{RB}影响线取正值，如图10-9(c)所示。

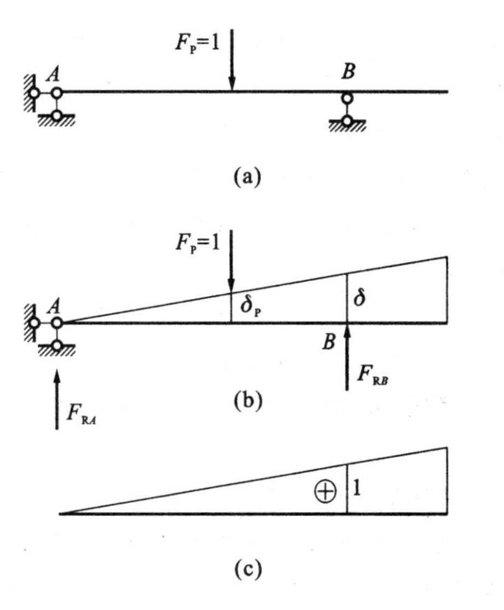

图 10-9

(a)原结构；(b)虚位移图；(c)F_{RB}影响线

由上可知，机动法作静定梁某量值S影响线的步骤如下：

①解除与S相应的约束，代以正向约束力S。

②使所得机构沿S的正向发生相应的单位虚位移，则该机构的竖向虚位移图即为S的影响线。因为机构位移图由直线段组成，所以静定结构的影响线也必然由直线段组成。

③基线以上的竖标取正号，基线以下的竖标取负号。

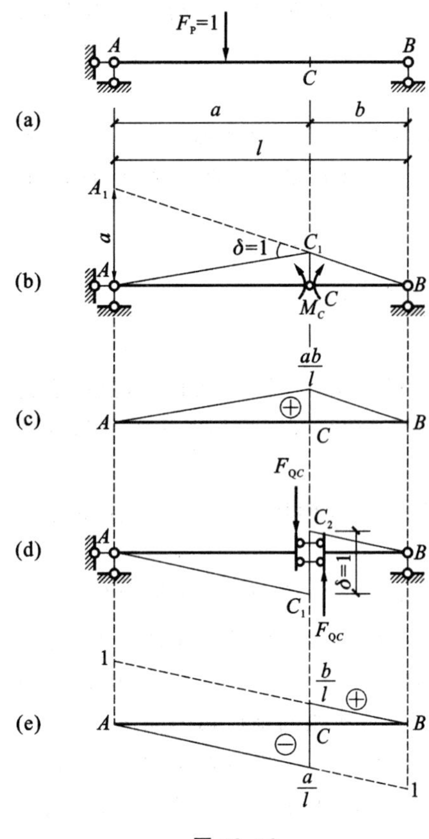

图 10-10

(a)原结构;(b)M_C 相应的虚位移;(c)M_C 影响线;(d)F_{QC}相应的虚位移;(e)F_{QC}影响线

【例 10-3】 试用机动法作如图 10-10(a)所示简支梁的弯矩和剪力影响线。

【解】 (1)弯矩 M_C 的影响线。

撤去与 M_C 相应的约束(即将截面 C 处改为铰接),代之以一对等值反向的力偶 M_C(设为正向,即使梁下侧受拉),如图 10-10(b)所示。

令机构沿 M_C 的正向发生虚位移 $\delta=1$,根据广义力与广义位移的对应关系,成等值反向的力偶 M_C 所对应的位移 δ 就是铰 C 两侧截面 C_1、C_2 的相对转角(这里 δ 代表一个微小的单位相对转角,而非 1 弧度)。在相对转角 δ 的作用下,杆 AC 和 CB 分别绕铰点 A 和 B 发生转动,从而使得铰 C 移至 C_1,而 C_1、C_2 截面的相对转角就等于三角形 AA_1C_1 的外角 δ,令 $\delta=1$,可得整个机构的位移图,如图 10-10(b)所示。接下来,确定影响线的顶点竖标。在三角形 AA_1C_1 中,$AA_1=\delta\cdot AC_1=1\cdot AC=a$。由于三角形 BCC_1 与三角形 BAA_1 相似,可求出竖标 $CC_1=ab/l$。

由上,作出 M_C 影响线如图 10-10(c)所示。因为竖向位移在基线上方,故 M_C 的影响线为正。

(2)剪力 F_{QC}的影响线。

撤去与 F_{QC}相应的约束(即将截面 C 处改为定向联系),代之以一对等值反向的力 F_{QC}(设为正向,即使左右梁段 AC 和 CB 均有顺时针转动的趋势),如图 10-10(d)所示。

令机构沿 F_{QC}的正向发生虚位移 $\delta=1$,根据广义力与广义位移的对应关系,等值反向的力 F_{QC}所对应的位移 δ 就是定向联系 C 两侧截面的相对线位移(这里 δ 代表一个微小的单位相对线位移,而非 1m)。在相对线位移 $\delta=1$ 的作用下,C 两侧截面 C_1 和 C_2 将发生错动,分别向下和向上位移,而位移的总量为 1。又由于在机构发生位移后,定向联系将变为平行四边形的形态,因此可知 $AC_1//C_2B$,最终机构移动到如图 10-10(d)所示位置。接下来,确定影响线的顶点竖标。因为 $AC_1//C_2B$,所以直角三角形 BCC_1 与直角三角形 ACC_2 相似。再根据 $\delta=CC_1+CC_2=1$,就可以解得竖标 $CC_1=-a/l$,$CC_2=b/l$。

由上,作出 F_{QC}影响线如图 10-10(e)所示。其中,C 截面左侧影响线在基线下方,符号为负;右侧影响线则在基线上方,为正。

【例 10-4】 试用机动法作如图 10-11(a)所示多跨静定梁的 M_C、M_B、F_{QC}、$F_{QB左}$、$F_{QB右}$ 的影响线。

【解】 (1)作 M_C 影响线。

将 C 处改为铰,代之以正向 M_C 并沿其正向施加相应单位虚位移(这里为 $\alpha=1$),可得如图 10-11(b)所示的机构位移图,即 M_C 影响线。其中,杆 CD 绕铰点 B 转动到 C_1D_1 位置,从而带动 DE 部分发生位移。

(2)作 M_B 影响线。

将 B 处改为铰,代之以正向弯矩 M_B 并沿其正向施加相应单位虚位移。由于 AB 部分是几何

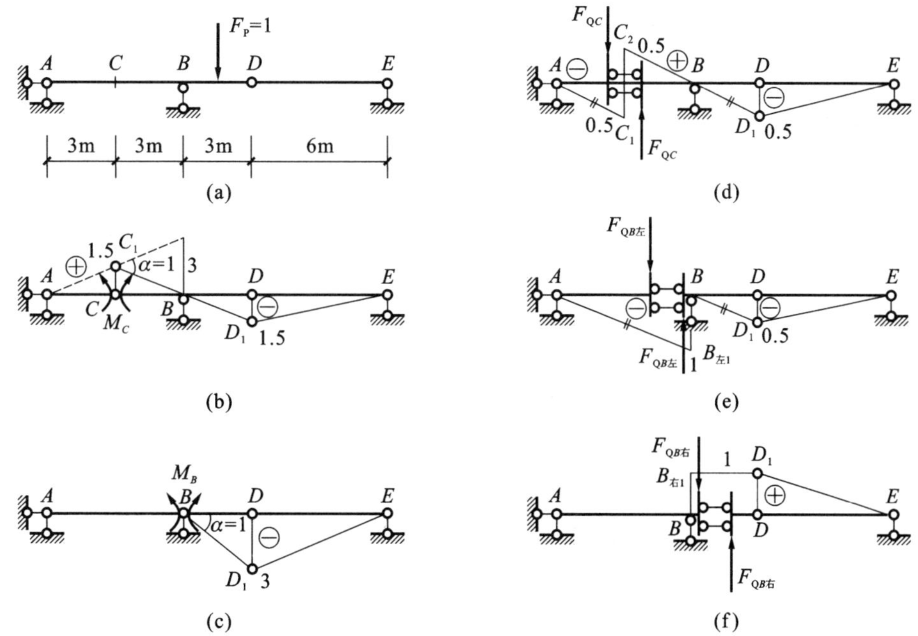

图 10-11

(a)多跨静定梁;(b)M_C 影响线(m);(c)M_B 影响线(m);(d)F_{QC}影响线;(e)$F_{QB左}$影响线(m);(f)$F_{QB右}$影响线

不变部分,不能转动,故单位虚位移 $\alpha=1$ 只能由其右侧的机构 BDE 产生。令 BD 转动单位转角后,可得图 10-11(c)所示的机构位移图,即 M_B 影响线。

(3)作 F_{QC}影响线。

将 C 处改为定向联系,代之以正向剪力 F_{QC} 并沿其正向施加单位虚位移(未绘出)。这将使 AC 绕 A 转动至 AC_1,CD 绕 B 转动至 C_2D_1,并且 $AC_1//C_2D_1$,C_2D_1 再带动 DE 部分产生位移。最终,机构位移图如图 10-11(d)所示,这就是 F_{QC}影响线。

(4)作 $F_{QB左}$影响线。

将 B 截面左侧改为定向联系,代之以正向剪力 $F_{QB左}$ 并沿其正向施加单位虚位移。由于 B 处有支杆,不能上下移动,因此虚加相对线位移只能由定向联系的左侧部分 AB 来产生,而 AB 又只能绕铰点 A 发生顺时针的转动,故 $F_{QB左}$ 影响线在 B 点的竖标 $BB_{左1}=-1$。再看 B 点以右,由于机构移动后,定向联系将变为平行四边形的形态,因此它将带动 BD 部分发生与 AB 相同模式的转动,并保证 $AB_{左1}//BD_1$,BD_1 再带动 DE 部分产生位移。最终,机构位移图如图 10-11(e)所示,这就是 $F_{QB左}$ 影响线。

(5)作 $F_{QB右}$ 影响线。

将 B 截面右侧改为定向联系,代之以正向剪力 $F_{QB右}$ 并沿其正向施加单位虚位移。由于 AB 部分是几何不变部分,不能移动,虚加相对线位移只能由定向联系的右侧机构 BDE 来产生,故 $F_{QB右}$ 影响线在 B 点的竖标 $BB_{右1}=1$。又由定向联系的位移性质,可知 $AB//B_{右1}D_1$,于是得到 BD 部分将移至 $B_{右1}D_1$,$B_{右1}D_1$ 再带动 DE 部分产生位移。最终,机构位移图如图 10-11(f)所示,这就是 $F_{QB右}$ 影响线。

以上各影响线的竖标均可由三角形的相似关系求得。

10.5 用影响线计算影响量值

前面几节介绍了影响线的绘制方法,从本节开始将介绍影响线的具体应用。影响线主要有三个用途:①利用影响线求固定荷载所引起的量值;②利用影响线求移动荷载的最不利位置及相应量值的最大(最小)值;③绘制内力包络图。本节将介绍第一个用途。

10.5.1 一组集中荷载

如图 10-12(a)所示伸臂梁,承受一组位置固定的集中荷载 F_{P1}、F_{P2} 和 F_{P3} 的作用,需求截面 C 的弯矩 M_C。这个问题除可用静力平衡条件求解外,还可用影响线来求解。为此,先作出 M_C 影响线,如图 10-12(b)所示,设 M_C 影响线在各荷载作用点处的竖标依次为 y_1、y_2、y_3。由影响线的定义可知,F_{P1}、F_{P2} 和 F_{P3} 分别单独作用于该梁时,所引起的 M_C 分别等于 $F_{P1}y_1$、$F_{P2}y_2$ 和 $F_{P3}y_3$。故由叠加原理,在 F_{P1}、F_{P2} 和 F_{P3} 共同作用下的 M_C 为

$$M_C = F_{P1}y_1 + F_{P2}y_2 + F_{P3}y_3 = \sum_{i=1}^{3} F_{Pi}y_i$$

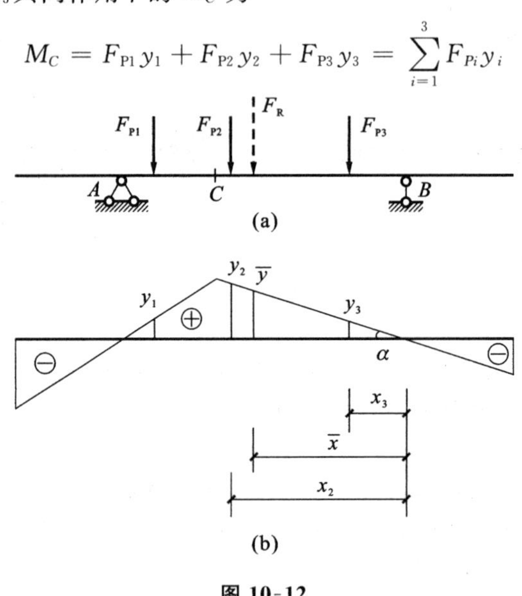

图 10-12

(a)原结构;(b)M_C 影响线

一般情况下,若有一组集中荷载 $F_{P1}, F_{P2}, \cdots, F_{Pn}$ 作用在结构上,结构的某一量值的影响线在各荷载作用点的竖标分别为 $y_1, y_2, \cdots, y_n$,则该组荷载引起的 S 值为

$$S = F_{P1}y_1 + F_{P2}y_2 + \cdots + F_{Pn}y_n = \sum_{i=1}^{n} F_{Pi}y_i \tag{10-6}$$

若一组固定位置的集中荷载作用在影响线的同一根直线段上,那么它们所引起的量值 S 可用其合力 F_R 与合力作用点处影响线竖标 $\overline{y}$ 的乘积来计算。例如,图 10-12(a)中荷载 F_{P2}、F_{P3} 作用在 M_C 影响线的同一直线段上,若 F_{P2}、F_{P3} 的合力为 F_R,F_R 作用点处的影响线竖标为 $\overline{y}$,则 F_{P2}、F_{P3} 引起的 M_C 可用其合力代替,即

$$M_C = F_{P2}y_2 + F_{P3}y_3 = F_R\overline{y}$$

证明如下:由图 10-12(b)可知

$$F_{P2}y_2 + F_{P3}y_3 = F_{P2}x_2\tan\alpha + F_{P3}x_3\tan\alpha = (F_{P2}x_2 + F_{P3}x_3)\tan\alpha$$

括号内的值是 F_{P2}、F_{P3} 对 B 点力矩之和,它等于合力 F_R 对 B 点的矩,即

$$F_{P2}x_2 + F_{P3}x_3 = F_R\overline{x}$$

所以

$$F_{P2}y_2 + F_{P3}y_3 = F_R\overline{x}\tan\alpha = F_R\overline{y}$$

该结论可推广到一般情况。

10.5.2　分布荷载作用

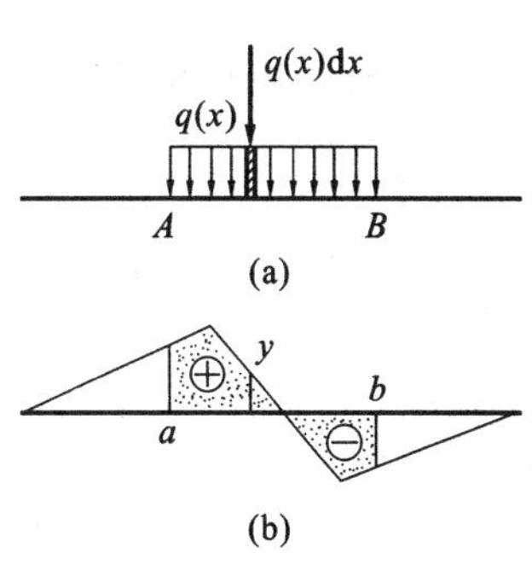

图 10-13
(a)原结构;(b)S 影响线

设某量值 S 的影响线如图 10-13(b)所示,现有分布荷载 $q(x)$ 作用于区间 $[a,b]$ 上,求 $q(x)$ 引起的 S 值。将分布荷载转化成无数个微小集中荷载 $q(x)\mathrm{d}x$,如图 10-13(a)所示。由 $q(x)\mathrm{d}x$ 引起的量值为 $\mathrm{d}S=yq(x)\mathrm{d}x$,故全部 AB 段内 $q(x)$ 引起的 S 值为

$$S=\int_a^b yq(x)\mathrm{d}x$$

若 $q(x)$ 等于常数 q,即为一均布荷载,则其作用在 AB 段内引起的 S 值为

$$S=\int_a^b yq\mathrm{d}x=q\int_a^b y\mathrm{d}x=qA \tag{10-7}$$

式中　A——在均布荷载作用范围内影响线图形面积的代数和。

【例 10-5】　利用影响线求如图 10-14(a)所示多跨静定梁在给定荷载作用下的 M_C 值。

【解】　作出 M_C 影响线,如图 10-14(b)所示,并求出均布荷载 q 作用范围内影响线的面积为

$$A_1=\frac{9}{4},\quad A_2=-1,\quad A_3=-\frac{3}{2}$$

集中荷载作用处的竖标 $y_D=-0.5$。因此,全部荷载共同作用时的 F_{QC} 为

$$F_{QC}=q(A_1+A_2+A_3)+F_Py_D=20\times\left(-\frac{1}{4}\right)+30\times(-0.5)=-20\mathrm{kN\cdot m}$$

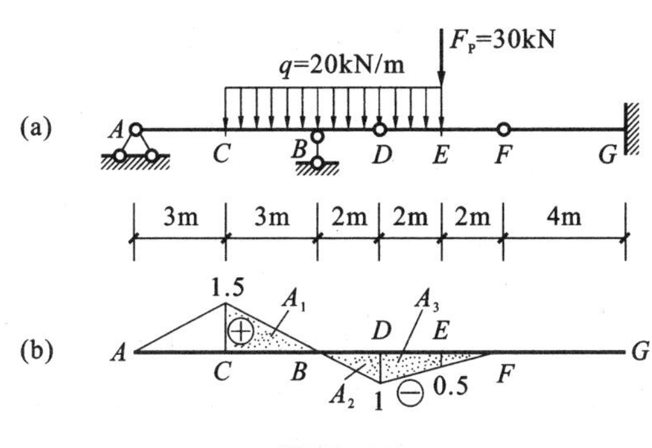

图 10-14
(a)多跨静定梁;(b)M_C 影响线(m)

10.6　移动荷载最不利位置的确定

在移动荷载作用下,结构上的任一量值 S 一般都随荷载位置的变化而变化。在结构设计中需求出量值 S 的最大值作为设计依据,这里所说的最大值包括正号的最大值 $S_{\max}$ 和负号的最大值 $S_{\min}$(也称为最小值)。下面,讨论利用影响线确定移动荷载最不利位置的布置方法。

10.6.1　单个移动集中荷载

因为 $S=F_Py$,故要取得 $S_{\max}$,只需将 F_P 移动到 S 影响线正号的最大竖标处;而要取得 $S_{\min}$,则需将 F_P 移动到影响线负号的最大竖标处,如图 10-15 所示。

10.6.2 任意断续布置的均布荷载

对于人群、货物等可以任意断续布置的均布荷载，由 $S=qA$ 知，当荷载布满影响线所有正号区间时，引起 S_{max}；当荷载布满所有负号区间时，引起 S_{min}，如图 10-16 所示。

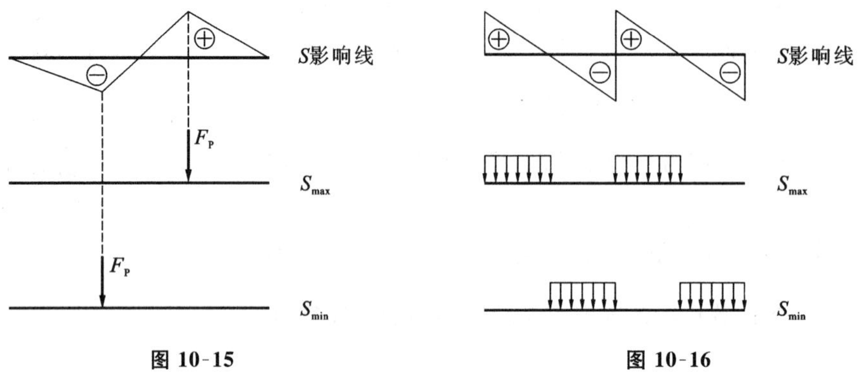

图 10-15　　图 10-16

10.6.3 行列荷载

间距不变的一组移动集中荷载称为行列荷载，如火车、吊车的轮压荷载等。

可以证明，当行列荷载处于最不利位置时，组成该行列荷载的某个集中力必然作用在影响线的顶点。但组成行列荷载的集中力众多，能引起 S_{max} 或 S_{min} 的却只有一个，为了确定是哪个集中力，需要进行试算，也就是将行列荷载中的各个集中力分别布置在影响线顶点并视作固定荷载，用 $S=\sum_{i=1}^{n}F_{Pi}y_i$ 求出一组不同大小的量值，再从中找出 S_{max} 或 S_{min}。为了减少试算次数，一般宜将数量大、排列密的荷载布置在影响线竖标较大的部位，并将最大(或较大)的荷载放在竖标最大处。同时，还应使位于同符号影响线范围内的集中力尽可能多。

【例 10-6】 如图 10-17(a)所示为两台吊车的轮压和轮距，试求吊车梁 AB 在截面 C 的最大剪力。

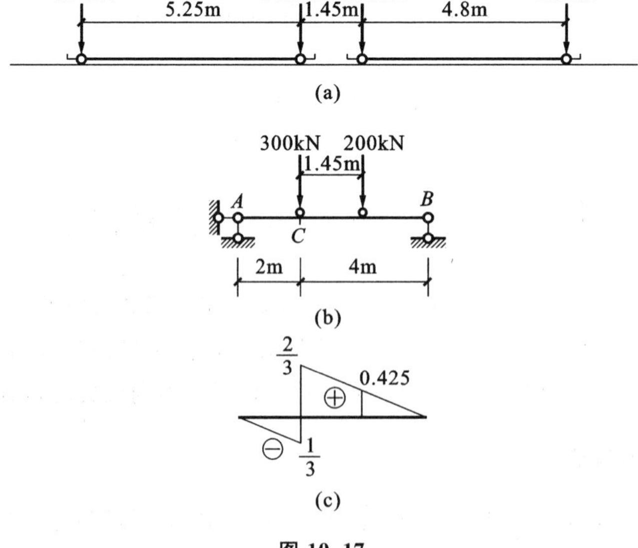

图 10-17

(a)两吊车轮压；(b)最不利荷载位置；(c)F_{QC}影响线

【解】 先作出 F_{QC} 的影响线，如图 10-17(c)所示。

要使 F_{QC} 为最大，首先，荷载应放在 F_{QC} 影响线的正号区间。其次，应将排列密的荷载放在影响线竖标较大的部位，这里就是将中间两个轮压中大小为 300kN 的荷载放在 C 点的右侧，如图 10-17(b)所示。与其他荷载布置方法对比易知，该布置为最不利荷载位置。由 $S=\sum_{i=1}^{n}F_{Pi}y_i$，求得

$$F_{QC\max}=300\times\frac{2}{3}+200\times0.425=285\text{kN}$$

【例 10-7】 如图 10-18(a)所示简支吊车梁，承受起吊能力为 20t、10t 的两台桥式箱梁起重机传来的最大轮压，分别为 195kN、118kN，轮距均为 4.4m，两台吊车并行的最小间距为 1.15m。试求 K、C 两截面的最大弯矩。设 $F_{P1}=F_{P2}=195\text{kN}$，$F_{P3}=F_{P4}=118\text{kN}$。

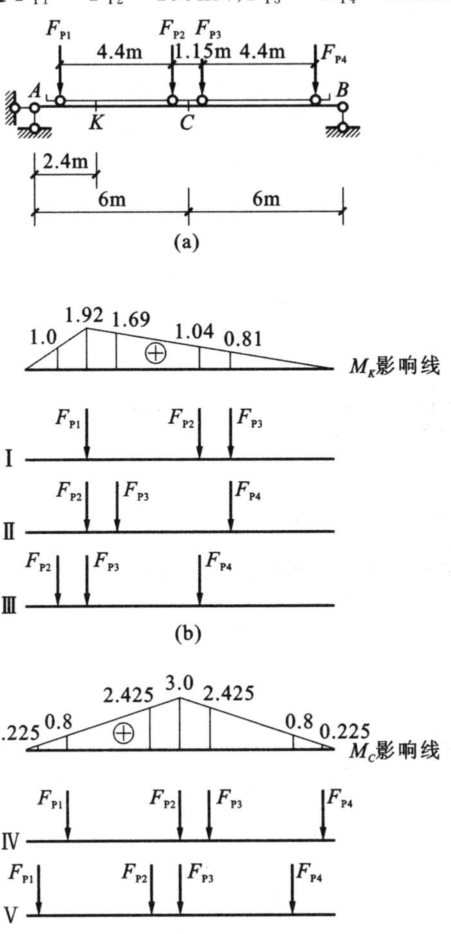

图 10-18

【解】 作出 M_K 的影响线，如图 10-18(b)所示。按此图中Ⅰ、Ⅱ、Ⅲ三种布置方法，将 F_{P1}、F_{P2}、F_{P3} 分别作用在 M_K 影响线顶点上。这三种方法均可能使 M_K 达到最大值，需求出具体值进行比较。

布置方法Ⅰ：$M_{K\text{I}}=195\times(1.92+1.04)+118\times0.81=672.78\text{kN}\cdot\text{m}$

布置方法Ⅱ：$M_{K\text{II}}=195\times1.92+118\times(1.69+0.81)=669.4\text{kN}\cdot\text{m}$

布置方法Ⅲ：$M_{K\text{III}}=195\times1.0+118\times(1.92+1.04)=544.28\text{kN}\cdot\text{m}$

比较得，$M_{K\max}=M_{K\text{I}}=672.78\text{kN}\cdot\text{m}$，即布置方法Ⅰ中的荷载位置为 M_K 的最不利位置。

同理，作 M_C 的影响线，计算 F_{P2}、F_{P3} 分别作用在 M_K 顶点上时的 M_C 值，如图 10-18(c)所示。

布置方法Ⅳ:$M_{CⅣ}=195\times(3.0+0.8)+118\times(2.425+0.225)=1053.7\text{kN}\cdot\text{m}$

布置方法Ⅴ:$M_{CⅤ}=195\times(2.425+0.225)+118\times(3.0+0.8)=965.15\text{kN}\cdot\text{m}$

比较得,$M_{C\max}=M_{CⅣ}=1053.7\text{kN}\cdot\text{m}$,**即布置方法Ⅳ中的荷载位置为** M_C **的最不利位置。**

*10.7 用机动法作连续梁的影响线

绘制连续梁的影响线可用静力法和机动法,这里只举例说明用机动法作连续梁影响线的具体作法。

例如,为作如图10-19(a)所示连续梁支座2的支反力F_{R2}影响线,可首先撤除支杆2,代以支反力F_{R2},则此时截面2处的竖向位移仍为零,结构处于平衡状态,称此状态为Ⅰ状态,如图10-19(b)所示。然后,设想撤去支杆2的同一连续梁,在2处受到一个与F_{R2}正向一致的力F作用。在F作用下,梁发生挠曲变形,如图10-19(c)所示,称此变形状态为Ⅱ状态。设F引起的沿其方向上的位移为δ,规定δ与F_{R2}同向为正;在$F_P=1$作用点处的挠度为δ_P,规定δ_P与δ同向为正。

由线弹性体的虚功互等定理:Ⅰ状态的外力在Ⅱ状态对应位移上做的虚功,等于Ⅱ状态的外力在Ⅰ状态对应位移上所做的虚功,得

$$-F_P\delta_P+F_{R2}\delta=0$$

即

$$F_{R2}=\frac{\delta_P}{\delta} \tag{10-8}$$

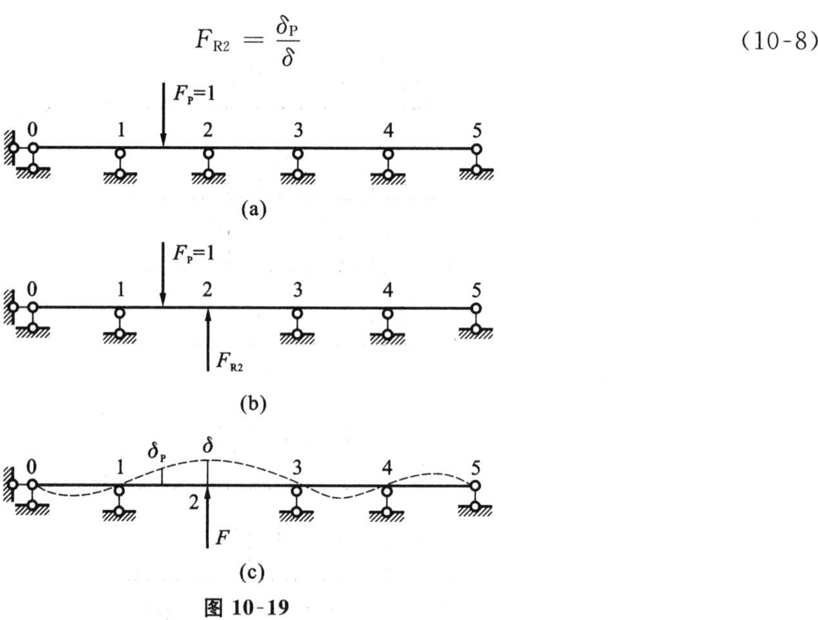

图10-19

(a)连续梁;(b)Ⅰ状态;(c)Ⅱ状态

δ_P是Ⅱ状态挠曲线在$F_P=1$作用点处的竖标(即挠度值),随着$F_P=1$移动,δ_P也相应移动。若$F_P=1$的作用点位置用x表示,可知δ_P是x的函数,函数的形状就是该挠曲线。只需将该挠曲线缩小δ倍,就能得到支反力F_{R2}的影响线。

上述作连续梁影响线的机动法也称挠度图法,其步骤与静定结构机动法的步骤基本相同,唯一的差别是静定结构撤去量值相应的约束后,成为机构,绘制的是机构位移图,而超静定结构撤去多余约束后,仍是结构,所以这里绘制的则是结构挠曲线图。具体步骤是:

①撤去与所求量值S相应的约束,并代之以正向的S。

②使所得体系沿S的正向发生相应的单位虚位移,则该体系的竖向位移图(若撤去的是多余约束,该图为挠度图,可勾绘一条满足约束条件的光滑曲线)即为S影响线的大致形状。

③基线以上取正号，基线以下取负号。

由于超静定结构挠曲线竖标值的计算比较复杂，故在工程上一般只用机动法作出影响线的大致形状。如图 10-20 所示是用机动法作出的五跨连续梁各类影响线的大致形状。其中，如图10-20(b)所示是 F_{R5} 影响线，可在撤除支杆 5 后，沿 F_{R5} 正向施加单位虚位移，并勾绘出相应挠曲线得到；如图 10-20(c)所示是 M_3 影响线，可将截面 3 改为铰接，沿 M_3 正向施加单位虚位移，并勾绘相应挠曲线得到；如图 10-20(d)所示是连续梁跨中任一截面 K 处的 M_K 影响线，绘制方法与 M_3 类似；如图 10-20(e)所示是 F_{QK} 影响线，可将截面 K 改为定向联系，沿 F_{QK} 正向施加单位虚位移，并勾绘相应挠曲线得到；如图 10-20(f)、(g)所示分别是 $F_{Q2右}$ 和 $F_{Q2左}$ 影响线，绘制方法与 F_{QK} 类似。

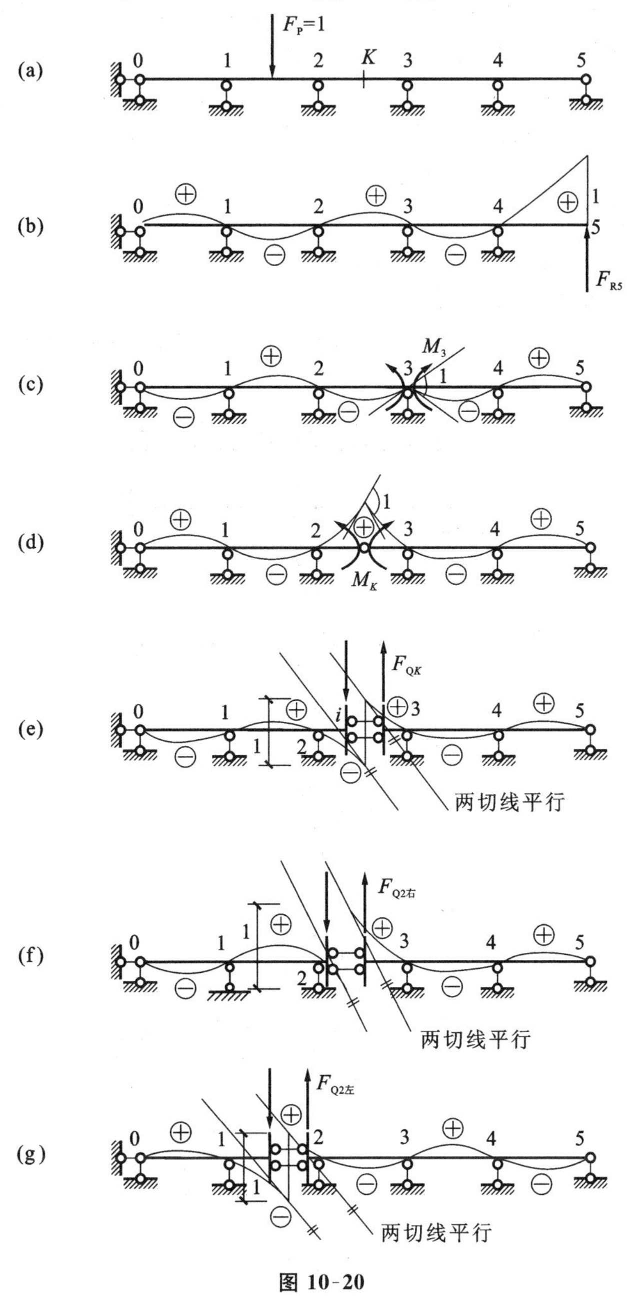

图 10-20

(a)连续梁；(b) F_{R5} 影响线；(c) M_3 影响线；(d) M_K 影响线；(e) F_{QK} 影响线；(f) $F_{Q2右}$ 影响线；(g) $F_{Q2左}$ 影响线

10.8 内力包络图

10.8.1 简支梁的内力包络图

在设计移动荷载作用下钢筋混凝土材质的吊车梁、楼盖连续梁和桥梁时,需同时考虑恒载和移动荷载的共同作用,求出梁上各截面内力的最大值和最小值。连接各截面内力最大值和最小值的曲线称为内力包络图,由最小值曲线和最大值曲线两根曲线构成。梁的内力包络图包括弯矩包络图和剪力包络图两种,反映了梁上各截面内力变化的范围。实际工程中,弯矩包络图常用作梁正截面设计的依据,而剪力包络图则用作梁斜截面设计的依据。

考虑移动荷载作用时桥梁产生的动力效应,有关设计规范规定,由移动荷载引起的内力应适当提高。例如,在工业厂房吊车梁设计中,最大弯矩 M_{max}的计算方法为

$$M_{max} = M_q + \mu M_{Pmax} \tag{10-9}$$

式中 M_q——由恒载引起的弯矩;

M_{Pmax}——由移动荷载引起的最大弯矩;

μ——移动荷载的动力系数,其值大于 1。

下面以如图 10-21(a)所示一跨度为 12m 的简支吊车梁为例,说明包络图的绘制方法。设该梁

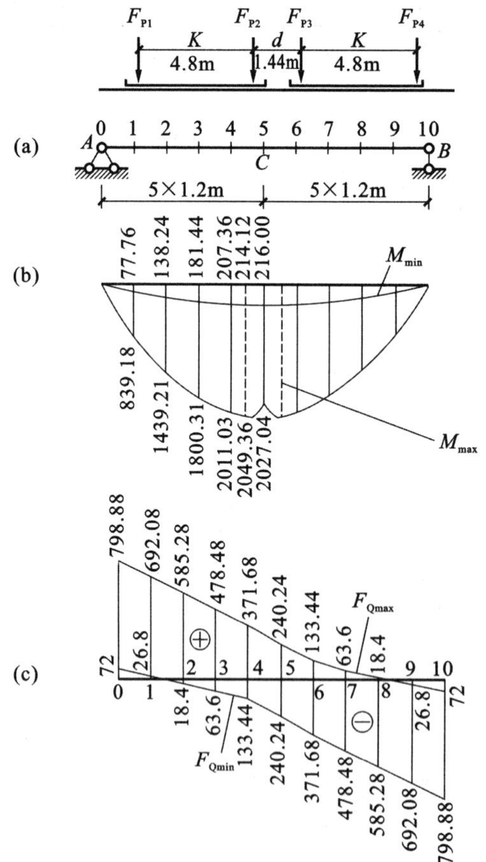

图 10-21

(a)简支吊车梁;(b)弯矩包络图(kN・m);(c)剪力包络图(kN)

承受两台同吨位的吊车荷载，吊车轮压为 $F_{P1}=F_{P2}=F_{P3}=F_{P4}=280\text{kN}$，动力系数 $\mu=1.1$。吊车梁自重 $q=12\text{kN/m}$。

为作弯矩包络图，需绘制 M_{max} 曲线和 M_{min} 曲线。为作 M_{max} 曲线，首先把梁分为若干等份(这里取 10 等分)，利用对称性，只需计算梁左半部即可。然后按 10.6 节所述方法，求出吊车移动时在 0、1、2、3、4、5 截面所引起的最大弯矩 M_{Pmax}，再求出恒载弯矩值 M_q 后，代入式(10-9)求出各截面的最大弯矩 M_{max}。将这些最大弯矩值按成比例的竖标绘制于各等分点处，然后用光滑曲线连接各竖标顶点，并根据对称性补全右半部分，就得到 M_{max} 曲线。而各截面的最小弯矩 M_{min} 对应移动荷载移出梁外，梁仅承受自重作用时的弯矩，故 M_{min} 曲线就是恒载引起弯矩图，即 M_q 图。最终，弯矩包络图如图 10-21(b)所示。

同理，将移动荷载引起的最大剪力 F_{QPmax} 或最小剪力 F_{QPmin} 分别乘以 μ，再与恒载剪力值 F_{Qq} 相加，就得到此梁各截面的最大剪力 F_{Qmax} 或最小剪力 F_{Qmin}。据此可作出剪力包络图，如图 10-21(c)所示。该图形接近直线，为简便起见，工程上常这样简化：求出两端和跨中最大、最小剪力值，分别连以直线，作为近似剪力包络图。

在使用包络图做梁的正截面设计时，应选取弯矩包络图中的最大值，该值称为绝对最大弯矩。对如图 10-21(a)所示的简支梁，可求出在移动荷载作用下，距跨中截面左右两侧各 0.56m 的截面上将产生绝对最大弯矩 2049.36kN·m，它仅比跨中截面的最大弯矩 2027.04kN·m 大不到 5%，故设计时可用跨中截面的最大弯矩近似代替绝对最大弯矩。

10.8.2　连续梁的内力包络图

恒载引起的各截面内力可用弯矩图和剪力图表示，它是不变的。活载引起的内力随活载分布的不同而变化。只要求出连续梁在活载作用下某一截面的最大、最小内力，再加上恒载作用下该截面的内力，就可求得该截面的最大、最小内力。

可以利用影响线先确定活载的最不利位置，再计算某量值 S 的最大(或最小)值。对任意断续布置的均布荷载，由 $S=qA$ 可知，只要将活载布满影响线的所有正号(或负号)区间，量值 S 就将产生最大(或最小)值。如图 10-22 所示绘出了五跨连续梁某些截面的弯矩、剪力影响线和引起这些截面内力最大、最小值的活载布置方法。如图 10-22(e)所示为产生 M_{Cmin}、$F_{QC左min}$、$F_{QC右max}$ 的活载布置方法，如图 10-22(f)所示为产生 M_{Cmax}、$F_{QC左max}$、$F_{QC右min}$ 的活载分布，如图 10-22(h)所示为产生 M_{Kmax} 的活载布置方法，如图 10-22(i)所示为产生 M_{Kmin} 的活载布置方法。

由图 10-22 可以得出如下几个重要结论：

①支座截面的最大负弯矩的最不利活载布置方法是在两个相邻跨布满活载，然后每隔一跨布满活载。

②跨中截面的最大弯矩的最不利活载布置方法是本跨布满活载，然后每隔一跨布满活载。

③连续梁的弯矩影响线在各跨范围内符号相同。各截面弯矩的最不利荷载位置是在某些跨上整跨布满活载。因此各截面弯矩的最大值、最小值均可由某几跨单独布满活载时的弯矩叠加得到。

利用第③条结论，可以得到求作连续梁弯矩包络图工作量最少的方案。下面以如图 10-23(a)所示连续梁为例进行说明：

①作出恒载 g 作用下的弯矩图，如图 10-23(b)所示。

②逐一作出各跨单独布满活载 q 时的弯矩图，如图 10-23(c)、(d)和(e)所示，具体计算时可采用力矩分配法或查静力计算手册。

③将各跨分为若干等份，对每一等份点处截面，把各活载弯矩图中此截面的所有正弯矩值加在

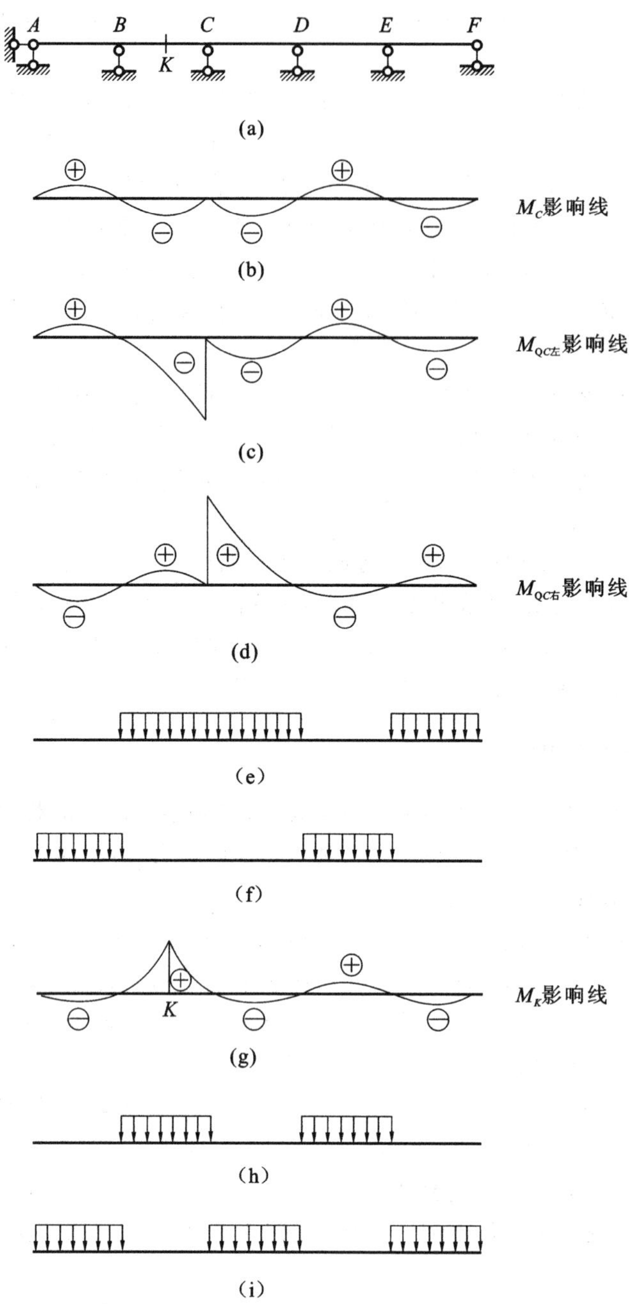

图 10-22

一起,所有负弯矩值加在一起,再分别加上恒载作用下此截面的弯矩值,就得到此截面的最大和最小弯矩值。

④将各截面的最大弯矩值用一曲线相连,最小弯矩值用另一曲线相连,这两个曲线构成的封闭图形即为弯矩包络图,如图 10-23(f)所示。

例如,截面 1 及支座截面 B 弯矩的最大值和最小值分别为

$$M_{1\max} = 22 + (37 + 2) = 61\text{kN} \cdot \text{m}$$

$$M_{1\min} = 22 + (-6) = 16\text{kN} \cdot \text{m}$$

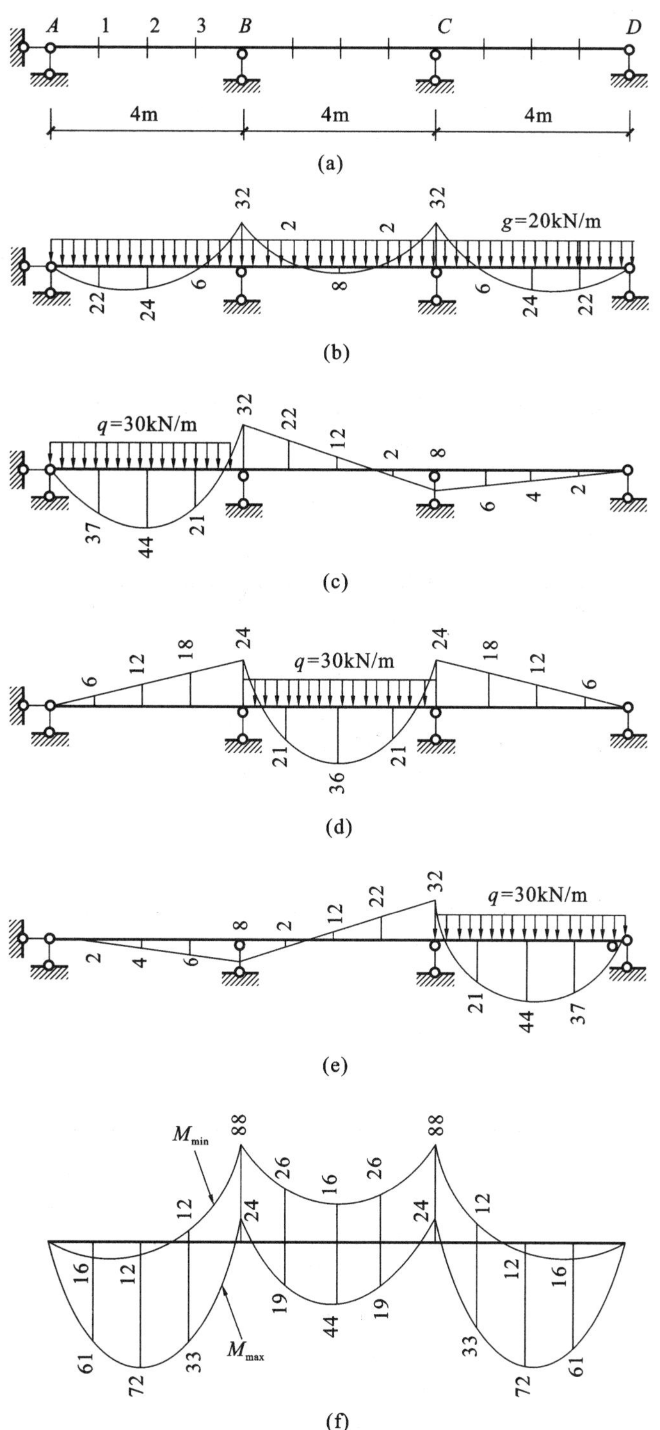

图 10-23

(a)连续梁;(b)恒载的 M 图(kN·m);(c)活载在第一跨的 M 图(kN·m);(d)活载在第二跨的 M 图(kN·m);

(e)活载在第三跨的 M 图(kN·m);(f)弯矩包络图(kN·m)

$$M_{B\max} = -32 + (8) = -24\text{kN} \cdot \text{m}$$

$$M_{B\min} = -32 + (-32 - 24) = -88\text{kN} \cdot \text{m}$$

实际工程设计中,有时还需要作剪力包络图。精确作连续梁剪力包络图很烦琐,一般情况下,各支座两侧截面的剪力最大,跨中较小。因此,通常只求出支座两侧截面上的最大剪力值和最小剪力值,而在各跨跨中用直线相连,近似地作出剪力包络图。因为布置活载时,活载在某些跨上也是满跨分布的,所以可以用与作弯矩包络图相同的方法求支座两侧截面的最大、最小剪力值,具体作法详见例 10-8。

【例 10-8】 试作如图 10-24(a)所示三跨连续梁的剪力包络图。恒载 $g=20\text{kN/m}$,活载 $q=30\text{kN/m}$。

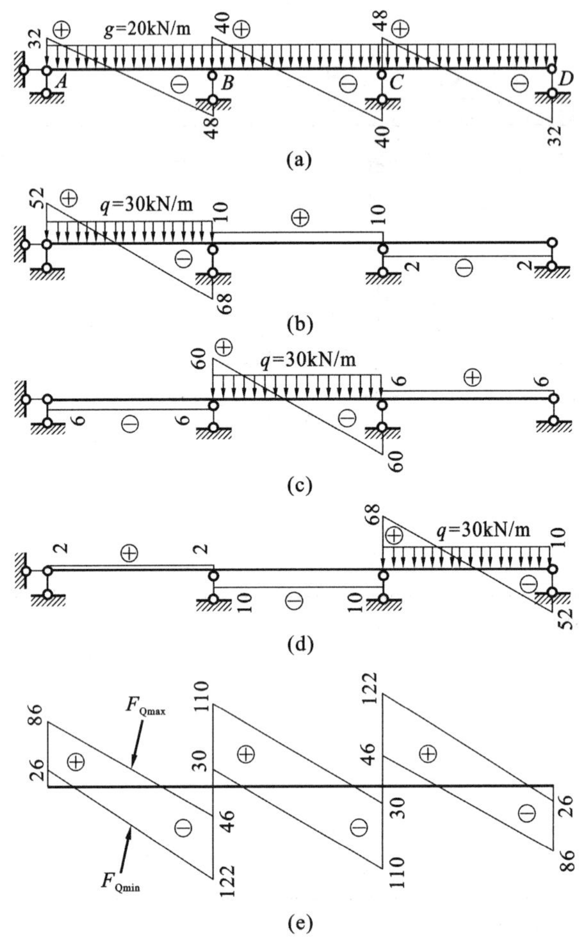

图 10-24

(a)恒载的 F_Q 图(kN);(b)活载在第一跨的 F_Q 图(kN);(c)活载在第二跨的 F_Q 图(kN);(d)活载在第三跨的 F_Q 图(kN);(e)剪力包络图(kN)

【解】 (1)作恒载作用下的剪力图,如图 10-24(a)所示。

(2)作各跨分别布满活载下的剪力图,如图 10-24(b)、(c)、(d)所示。

(3)求支座两侧截面的最大、最小剪力值。

$$F_{QB左\max}=-48+2=-46\text{kN}$$

$$F_{QB左\min}=-48+(-68-6)=-122\text{kN}$$

$$F_{QB右\max}=40+(10+60)=110\text{kN}$$

$$F_{QB右\min} = 40 + (-10) = 30\text{kN}$$

(4)用直线连接各跨两端的最大剪力，用另一直线连接各跨两端的最小剪力，即得近似的剪力包络图，如图 10-24(e)所示。

本章小结

(1)影响线反映了随单位移动荷载 $F_P = 1$ 位置的改变，结构中某量值的变化规律。而内力图则是固定荷载作用下，内力沿杆件各横截面变化的图形。

(2)作结构影响线的方法有静力法和机动法两种。

静力法作影响线的基本步骤是：①选定一坐标系，并以横坐标 x 表示单位荷载 $F_P = 1$ 的作用点位置。②根据静力平衡条件，求出所求量值与荷载位置 x 之间的函数关系式，即影响线方程。③根据影响线方程绘制图形，即为所求量值的影响线。一般规定量值为正时，绘于基线上方；为负时绘于基线下方。

机动法的理论依据是虚位移原理，将绘影响线的静力计算问题转化为绘位移图的几何问题。绘制静定结构影响线的步骤是：①在结构中撤去与量值 S 相应的约束，代以正方向的约束力 S。②使所得机构沿 S 的正向发生相应的单位虚位移，则该机构的竖向虚位移图即为 S 的影响线。③基线以上的竖标取正号，基线以下的竖标取负号。相比静力法，机动法作静定梁的影响线显得尤为方便。

需要指出，无论何种方法作出的静定结构影响线，必然都由直线段组成。

(3)影响线的应用有三个方面：一是利用影响线求量值，二是确定最不利荷载位置，三是绘制内力包络图。

对固定位置的一组集中力或均布荷载，可分别用 $S = \sum_{i=1}^{n} F_{Pi} y_i$ 或 $S = qA$ 来求量值。

对单个移动集中力，其最不利荷载位置是将其移动至影响线的最大(或最小)竖标处；对任意断续布置的均布荷载，其最不利荷载位置是将其布满影响线的正号(或负号)区间；行列荷载最不利荷载位置的确定则需使用试算法，一般将数量大、排列密的荷载布置在影响线竖标较大的部位，并将最大(或较大)的荷载放在最大竖标处，求得数个不同布置方法的量值后，从中选出最大(或最小)值。

内力包络图是恒载和活载共同作用下各截面最大内力(或最小内力)的连线图形，分为弯矩包络图和剪力包络图两种。实际工程中，梁的内力包络图常作为梁截面设计的重要控制依据。

(3)为了方便计算，还可以使用结构力学求解器计算一般结构的影响线①，利用求解器求解影响线时，需要输入静定结构和计算影响线所需要的控制参数。

思考题

10-1　举例说明土木工程中的移动荷载和固定荷载。

10-2　内力影响线和内力图有何区别？

10-3　静力法作影响线的理论依据是什么？步骤是怎样的？

10-4　机动法作影响线的理论依据是什么？步骤是怎样的？

---

① 龙驭球，包世华，袁驷．结构力学Ⅰ—基础教程[M]．北京：高等教育出版社，2018．

10-5　如图10-3(e)所示中F_{QC}影响线在C点有突变,且左、右直线相互平行,这代表什么含义?

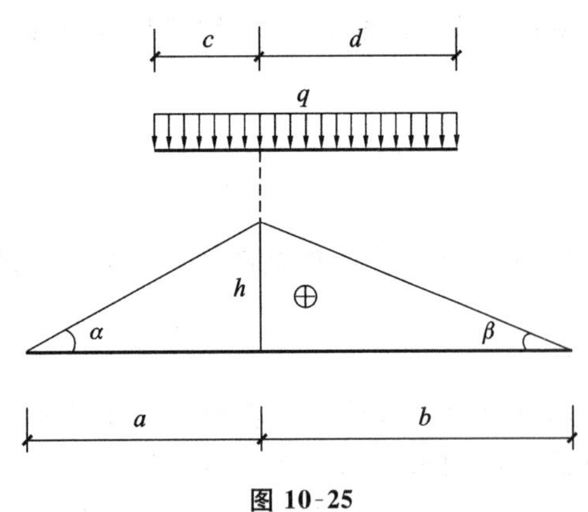

图 10-25

10-6　如何利用影响线求固定荷载所引起的量值?

10-7　对相同的移动荷载,梁中同一截面的不同内力(如弯矩M、剪力F_Q等)的最不利荷载位置是否相同?为什么?

10-8　如图10-25所示为某三角形影响线,设移动均布荷载q的分布长度为$l=c+d$,且q在该影响线的基线范围内移动,试证明q_{max}的最不利荷载位置必跨过影响线顶点,且满足$\frac{c}{a}=\frac{d}{b}$。

10-9　说明为什么多跨静定梁附属部分上某量值的影响线,在基本部分上的竖标为零(即在基本部分上影响线线段与基线重合)。

10-10　何谓内力包络图?绘制连续梁弯矩包络图的步骤是怎样的?

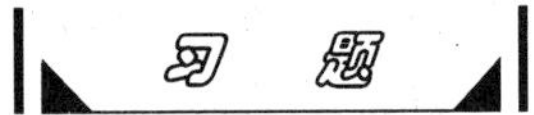

10-1　试作如图10-26所示梁的F_{RA}和M_E影响线。

10-2　如图10-27所示,单位荷载在梁DE上移动,试作梁AB的F_{RB}和M_C影响线。

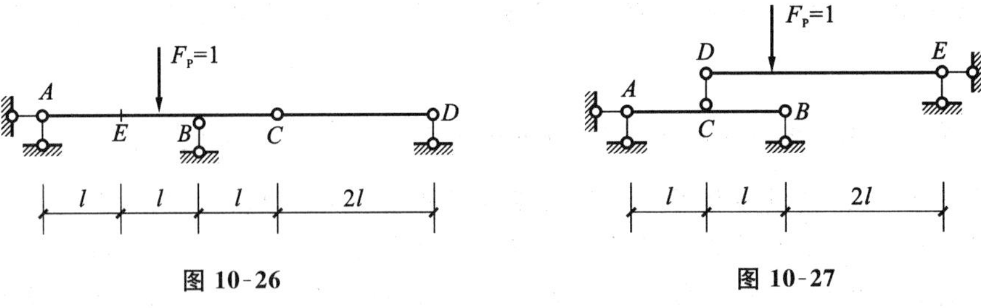

图 10-26　　图 10-27

10-3　试作如图10-28所示结构的F_{RB}和$F_{QB右}$影响线。

10-4　如图10-29所示,单位荷载在刚架的横梁上移动,试作M_A影响线。设M_A以右侧受拉为正。

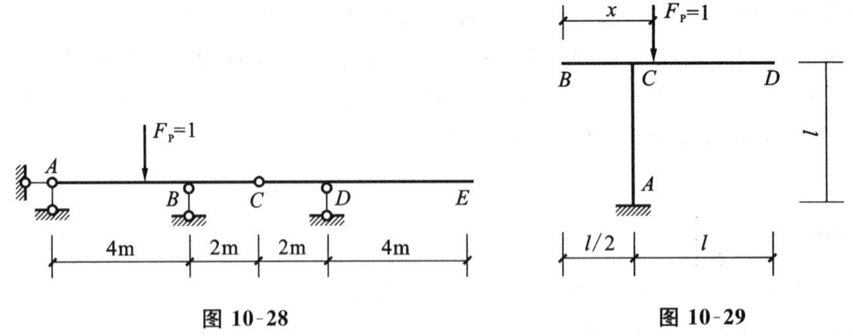

图 10-28　　图 10-29

10-5　若$F_P=1$在如图10-30图所示结构的DG部分上移动,试作M_C和$F_{QC右}$影响线。

10-6　试作如图10-31所示结构的M_B影响线。

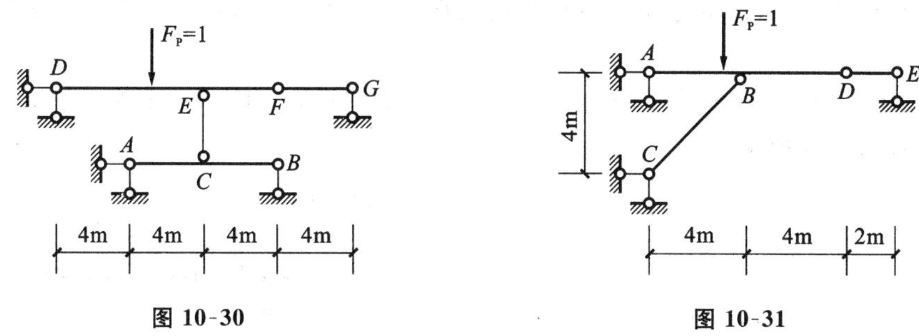

图 10-30　　图 10-31

10-7　试作如图 10-32 所示结构的 M_C 和 F_{QF} 影响线。设 M_C 以左侧受拉为正。

10-8　如图 10-33 所示，单位荷载在桁架上弦移动，试作 F_{RA} 影响线。

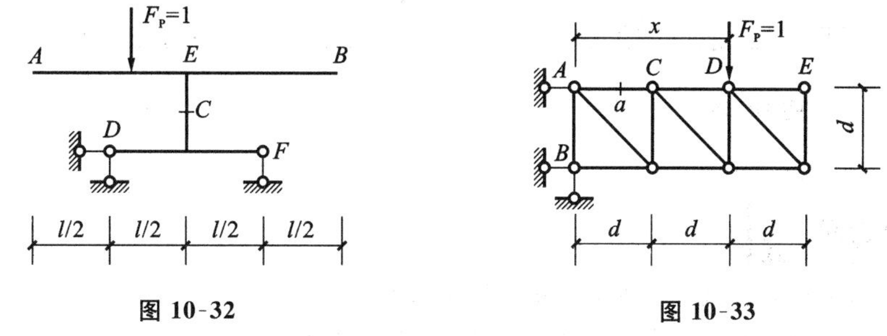

图 10-32　　图 10-33

10-9　如图 10-34 所示，$F_P=1$ 在 DE 上移动，试作主梁的 F_{RA}、M_C 和 F_{QC} 影响线。

10-10　试作如图 10-35 所示梁的 M_A 影响线，并利用影响线求出给定荷载下的 M_A 值。

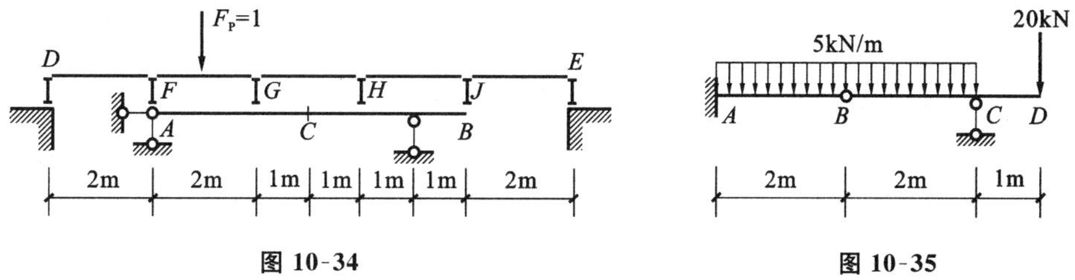

图 10-34　　图 10-35

10-11　若 $F_P=1$ 沿 AB 及 CD 移动，试作如图 10-36 所示结构的 M_A 影响线，并利用影响线求给定荷载作用下 M_A 的值。

10-12　试作如图 10-37 所示梁的 F_{QC} 影响线，并利用影响线求给定荷载作用下 F_{QC} 的值。

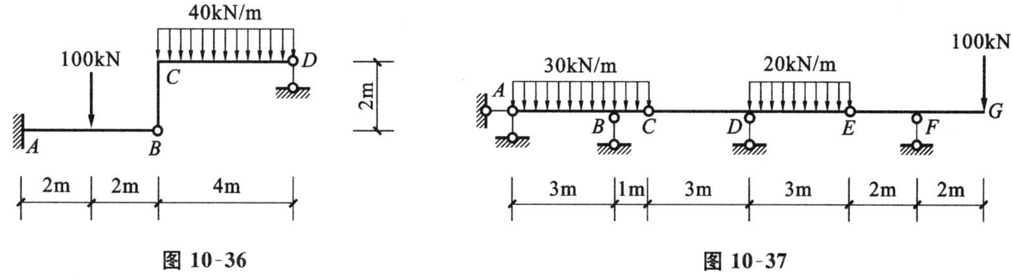

图 10-36　　图 10-37

10-13 如图10-38所示静定梁上有行列荷载作用,不考虑荷载掉头,利用影响线求出支反力F_{RB}的最大值。

10-14 试作出如图10-39所示结构的支反力F_{RB}影响线,并求图中行列荷载作用下F_{RB}的最大值。假设需考虑荷载掉头。

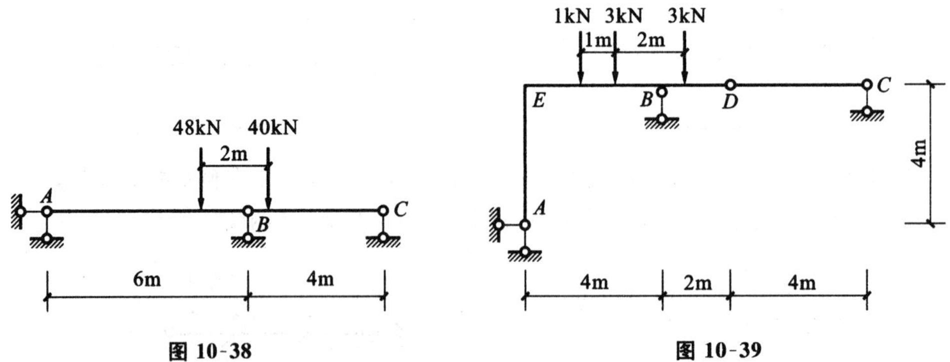

图10-38

图10-39

[1] 文国治.结构力学.2版.重庆:重庆大学出版社,2022.

[2] 萧允徽,张来仪.结构力学Ⅰ.3版.北京:机械工业出版社,2018.

11 矩阵位移法

【内容提要】

本章主要内容包括:杆件结构的离散化;单元和结构坐标系下单元刚度矩阵的形成;用单元定位向量形成结构刚度矩阵;形成综合结点荷载列阵;结构刚度方程的形成及其求解;结构各杆内力的计算;矩阵位移法的计算步骤。本章教学内容的重点是:用先处理法形成结构刚度矩阵和综合结点荷载列阵。本章教学内容的难点是:用先处理法形成结构刚度矩阵中各步骤的物理意义;单元刚度矩阵和结构刚度矩阵中刚度系数的物理意义和求法;矩阵位移法与位移法之间的联系与区别。

【能力要求】

通过本章的学习,学生应掌握用矩阵位移法(先处理法)计算平面杆件结构各杆内力,包括:单元和结点的划分;单元和结构坐标系中单元刚度矩阵的形成;用单元定位向量形成结构刚度矩阵;形成结构综合结点荷载列阵;结构刚度方程的形成及其求解;结构各杆内力的计算。

【价值塑造】

与传统的位移法相对应,结构矩阵分析也有矩阵位移法,矩阵位移法作为结构力学分析中的一种高效工具,在计算机技术应用中的演化展示了科技创新对于工程领域的推动作用。通过引入计算机辅助设计和计算机辅助工程技术,矩阵位移法使得复杂结构的分析和优化成为可能。这种技术进步不仅提高了设计的精确性,也极大地缩短了设计周期,降低了成本。在国家层面,推广这种创新技术符合中国的科技强国战略,即通过科技创新驱动经济发展和社会进步,通过相关计算机技术,实现了工程设计的革新,保证了工程的安全性与经济性。

高铁和大桥等国家重大工程是国家发展的重要标志,也是展示国家工程技术水平的重要平台。在这些工程项目中,矩阵位移法被用来进行精确的负载分析和结构响应评估。例如,港珠澳大桥的建设中,通过矩阵位移法进行的动力分析帮助工程师优化了桥梁设计,确保了其在长期荷载和极端天气条件下的稳定性和安全性。这不仅体现了技术的应用效果,也反映了我国在解决复杂工程技术问题上的自主创新能力。

11.1 概　　述

11.1.1 结构矩阵分析

结构矩阵分析是20世纪60年代迅速发展起来的一种将经典的力学理论(力法和位移法)、传统的数学工具(矩阵代数)与现代的计算手段(电子计算机)三者有机结合的、高效实用的结构分析方法。

结构矩阵分析以结构力学的原理为基础,采用矩阵进行运算,不仅公式紧凑,而且形式统一,便于计算过程的规范化和程序化,因而满足电子计算机进行自动化计算的要求。

结构矩阵分析已普遍应用于结构的内力分析、位移计算和截面设计工作中,也是计算机辅助设计(CAD)的基础。

11.1.2 结构矩阵分析的两类基本方法

根据所选基本未知量的不同,与传统的力法和位移法相对应,结构矩阵分析有矩阵力法(又称柔度法)和矩阵位移法(又称刚度法)两类基本解法。由于矩阵位移法计算过程更为规范化,程序简单,通用性强,故应用最广。本章主要介绍杆件结构的矩阵位移法。

将杆件结构的矩阵分析方法推广应用于分析连续体结构,则称为有限单元法。结构矩阵分析有时也称为杆件结构的有限单元法。

11.1.3 矩阵位移法的三个基本环节

简单说来,矩阵位移法就是以矩阵形式表达的位移法,它与位移法的基本原理总体上是相同的。即它们都是以结点位移为基本未知量,通过先“拆散”、后“组装”,利用平衡方程求解,然后再计算结构内力的方法。矩阵位移法主要有以下三个基本环节:

(1)结构离散化。

结构离散化,就是将结构划分为有限个单元,各单元只在有限个结点处相互连接。对于杆件结构,单元常取为等截面直杆,各单元通过各类结点相连组成结构。因此,整个结构可看作是有限个单元的集合体。这一环节,相当于建立位移法的基本结构。

(2)单元分析。

单元分析的任务在于,分析杆单元的杆端内力与杆端位移之间的关系,以矩阵形式表示,建立单元刚度方程。这一环节,与位移法中建立转角位移方程相对应。单元杆端位移一旦求得,单元杆端力即可通过单元刚度方程求得。

(3)整体分析。

整体分析是将单元刚度矩阵按照刚度集成规则直接形成结构刚度矩阵,并建立整体结构的刚度方程。整体分析的任务是,在单元分析的基础上,进一步分析结构各结点荷载与结点位移之间的关系,通过考虑各结点的变形协调条件和平衡条件,建立整个结构的刚度方程,以求解原结构的结点位移。这一环节,与建立位移法的基本方程相对应。求解结构刚度方程得到各结点位移后,只需再返回单元分析,即可求出各单元杆端力,进而绘出结构内力图。

下面,将遵循结构的离散化→单元分析→整体分析这三个基本环节,对矩阵位移法进行讨论。

11.2 杆件结构的离散化

11.2.1 单元与结点的划分及编码

进行结构矩阵分析,首先就需要将结构离散化,包括划分单元和结点,并进行编号。

(1)关于单元与结点的划分。

在矩阵位移法中,从理论上讲,单元和结点的划分可不受任何限制。但为了计算方便,对杆件结构,通常每个杆件单元要采用等截面直杆,且为同一种材料。这样,结构中的某些点就必须作为结点,如杆件的转折点、汇交点、支承点、截面突变点、自由端、材料交界点等。这些结点都是根据结构本身的构造特征来确定的,故称为构造结点。图 11-1(a)中结点 1~6 和 8~10 以及图 11-1(b)中结点 1~5 都是构造结点。对于集中力作用点[图 11-1(a)中结点 7],为了保证结构只承受结点荷载,也可将它作为一个结点来处理,这种结点称为非构造结点;若不把它看作结点,则可按 11.6 节讨论的方法,改用等效结点荷载来替代。除此之外,杆件中任何位置都可设置非构造结点。

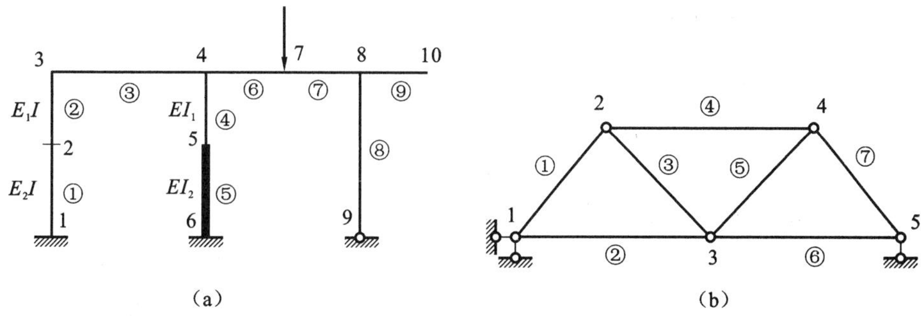

图 11-1

对于一些特殊情况的杆,有时需要做特殊处理。例如,对于渐变截面杆,通常是把单元中点截面作为该单元的截面几何参数;对于曲杆,则把它划分成若干个单元,用一段段直线组成的折线近似地代替原曲杆。

结构的所有结点确定以后,结点间的单元也就随之确定了。

(2)关于单元与结点的编号。

为了有所区别,结点号用 1,2,3,…表示,单元号用①,②,③,…表示,如图 11-1(a)、(b)所示。单元号和结点号顺序原则上是任意的,但学到后面会知道,结点编号顺序对计算机内存和计算时间影响很大。为了减少内存和计算时间,通常应使每个单元两端结点号的差值尽可能小。需要说明的是,结点码和单元码的编码方法并不唯一,不同的编码方法对结构分析最终结果没有影响。

11.2.2 两种直角坐标系

组成结构的各杆方向不尽相同,为了分析的方便,需要采用两种直角坐标系。一种是在整体分析时对整个结构建立的坐标系,称为结构坐标系或整体坐标系,用 x-y 表示;另一种是在单元分析时为每个单元建立的坐标系,称为该单元的单元坐标系或局部坐标系,用 $\overline{x}$-$\overline{y}$ 表示。结构坐标系的原点位置可任意选取(但应便于确定各结点坐标值),x 轴以水平向右为正。单元坐标系的原点设在单元的一个端点(称该端点为单元的始端,另一端为末端),$\overline{x}$ 轴与单元的轴线重合,从单元的始端到末端为正。结构坐标系和单元坐标系可采用右手旋转直角坐标系,即从 x(或 $\overline{x}$)轴的正方向顺时针旋转 90°就得到 y(或 $\overline{y}$)轴的正方向,如图 11-2(a)所示。

为了减少图上的标注,使图形看上去更简洁,各单元的单元坐标系可不画出,而在单元的 $\overline{x}$ 轴方向加画一箭头表示,如图 11-2(b)所示。

11.2.3 单元杆端力和杆端位移

单元杆端截面的内力和位移,分别称为单元杆端力和杆端位移。

(1)力和位移的正负号规定。

无论是在单元坐标系或是在结构坐标系中,沿坐标轴正方向的杆端力和杆端位移为正,顺时针方向的杆端弯矩和杆端转角为正;反之皆为负。

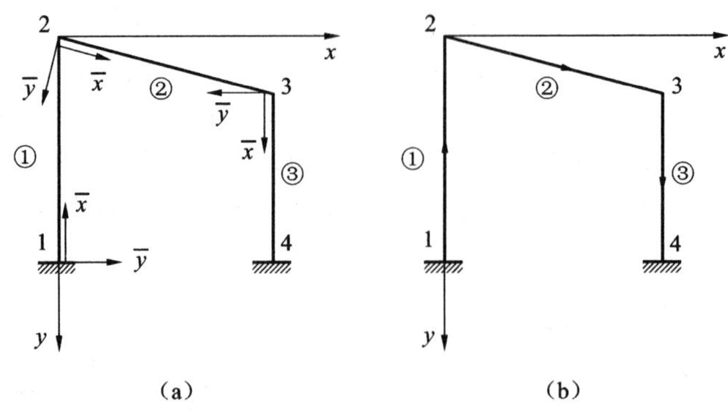

图 11-2

(2)单元坐标系中的单元杆端力和杆端位移。

如图 11-3 所示为一平面刚架单元ⓔ,其始端和末端的结点编号分别为 i 和 j。

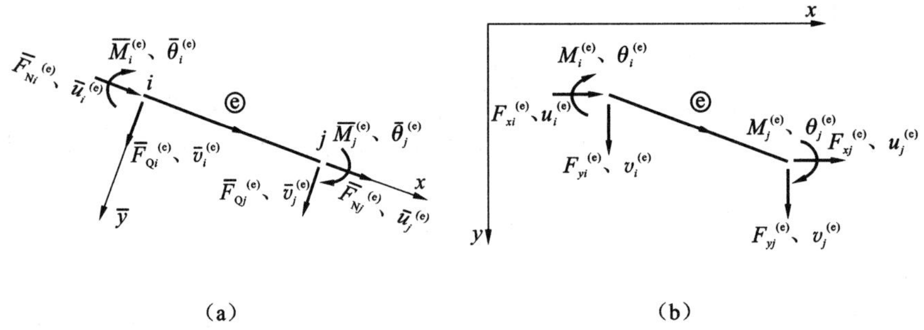

图 11-3

单元坐标系中,平面刚架单元的每个杆端有三个杆端力分量,即沿 $\bar{x}$、$\bar{y}$ 方向的杆端力 $\bar{F}_{N}^{(e)}$、$\bar{F}_{Q}^{(e)}$ 和杆端弯矩 $\bar{M}^{(e)}$。与之对应的三个杆端位移分量分别用 $\bar{u}^{(e)}$、$\bar{v}^{(e)}$ 和 $\bar{\theta}^{(e)}$ 表示,如图 11-3(a)所示。于是,单元杆端力列阵 $\bar{\boldsymbol{F}}^{(e)}$ 和杆端位移列阵 $\bar{\boldsymbol{\delta}}^{(e)}$(按从始端到末端的顺序,且每端按 $\bar{\mu}$、$\bar{v}$、$\bar{\theta}$ 的次序)可分别表示为式(11-1)和式(11-2)。

$$\bar{\boldsymbol{F}}^{(e)}=\begin{bmatrix}\bar{\boldsymbol{F}}_i^{(e)}\\ \cdots\\ \bar{\boldsymbol{F}}_j^{(e)}\end{bmatrix}=\begin{bmatrix}\bar{f}_1^{(e)}\\ \bar{f}_2^{(e)}\\ \bar{f}_3^{(e)}\\ \cdots\\ \bar{f}_4^{(e)}\\ \bar{f}_5^{(e)}\\ \bar{f}_6^{(e)}\end{bmatrix}=\begin{bmatrix}\bar{F}_{Ni}^{(e)}\\ \bar{F}_{Qi}^{(e)}\\ \bar{M}_i^{(e)}\\ \cdots\\ \bar{F}_{Nj}^{(e)}\\ \bar{F}_{Qj}^{(e)}\\ \bar{M}_j^{(e)}\end{bmatrix} \tag{11-1}$$

$$\bar{\boldsymbol{\delta}}^{(e)}=\begin{bmatrix}\bar{\boldsymbol{\delta}}_i^{(e)}\\ \cdots\\ \bar{\boldsymbol{\delta}}_j^{(e)}\end{bmatrix}=\begin{bmatrix}\bar{\delta}_1^{(e)}\\ \bar{\delta}_2^{(e)}\\ \bar{\delta}_3^{(e)}\\ \cdots\\ \bar{\delta}_4^{(e)}\\ \bar{\delta}_5^{(e)}\\ \bar{\delta}_6^{(e)}\end{bmatrix}=\begin{bmatrix}\bar{u}_i^{(e)}\\ \bar{v}_i^{(e)}\\ \bar{\theta}_i^{(e)}\\ \cdots\\ \bar{u}_j^{(e)}\\ \bar{v}_j^{(e)}\\ \bar{\theta}_j^{(e)}\end{bmatrix} \tag{11-2}$$

(3)结构坐标系中的单元杆端力和杆端位移。

在结构坐标系中,平面刚架单元杆端力和杆端位移如图 11-3(b)所示。单元杆端力列阵 $\boldsymbol{F}^{(e)}$

和杆端位移列阵 $\boldsymbol{\delta}^{(e)}$（排序方式与 $\overline{\boldsymbol{F}}^{(e)}$ 和 $\bar{\boldsymbol{\delta}}^{(e)}$ 类似）可分别表示为式(11-3)和式(11-4)。

$$\boldsymbol{F}^{(e)}=\begin{bmatrix}\boldsymbol{F}_i^{(e)}\\ \cdots\\ \boldsymbol{F}_j^{(e)}\end{bmatrix}=\begin{bmatrix}f_1^{(e)}\\ f_2^{(e)}\\ f_3^{(e)}\\ \cdots\\ f_4^{(e)}\\ f_5^{(e)}\\ f_6^{(e)}\end{bmatrix}=\begin{bmatrix}F_{xi}^{(e)}\\ F_{yi}^{(e)}\\ M_i^{(e)}\\ \cdots\\ F_{xj}^{(e)}\\ F_{yj}^{(e)}\\ M_j^{(e)}\end{bmatrix}\tag{11-3}$$

$$\boldsymbol{\delta}^{(e)}=\begin{bmatrix}\boldsymbol{\delta}_i^{(e)}\\ \cdots\\ \boldsymbol{\delta}_j^{(e)}\end{bmatrix}=\begin{bmatrix}\delta_1^{(e)}\\ \delta_2^{(e)}\\ \delta_3^{(e)}\\ \cdots\\ \delta_4^{(e)}\\ \delta_5^{(e)}\\ \delta_6^{(e)}\end{bmatrix}=\begin{bmatrix}u_i^{(e)}\\ v_i^{(e)}\\ \theta_i^{(e)}\\ \cdots\\ u_j^{(e)}\\ v_j^{(e)}\\ \theta_j^{(e)}\end{bmatrix}\tag{11-4}$$

11.3　单元坐标系中的单元刚度矩阵

11.3.1　单元刚度方程与单元刚度矩阵

单元杆端力和杆端位移之间的转换关系，称为单元刚度方程。它表示单元在给定任意的杆端位移时所产生的杆端力。

在单元坐标系中，单元刚度方程可表示为

$$\overline{\boldsymbol{F}}^{(e)}=\bar{\boldsymbol{k}}^{(e)}\bar{\boldsymbol{\delta}}^{(e)}\tag{11-5}$$

式中　$\bar{\boldsymbol{k}}^{(e)}$——平面刚架单元在单元坐标系中的单元刚度矩阵，简称单刚，是杆端力与杆端位移之间的转换矩阵。

如图 11-4 所示为一等截面平面刚架单元ⓔ的杆端力与杆端位移，在线性弹性范围内，可忽略轴向变形与弯曲变形之间的相互影响。

轴向力 $\overline{F}_{Ni}^{(e)}$、$\overline{F}_{Nj}^{(e)}$ 与轴向位移 $\bar{u}_i^{(e)}$、$\bar{u}_j^{(e)}$（图 11-5）之间的关系，可由材料力学公式得

$$\overline{F}_{Nj}^{(e)}=\frac{EA}{l}(\bar{u}_j^{(e)}-\bar{u}_i^{(e)})=-\frac{EA}{l}\bar{u}_i^{(e)}+\frac{EA}{l}\bar{u}_j^{(e)}\tag{a}$$

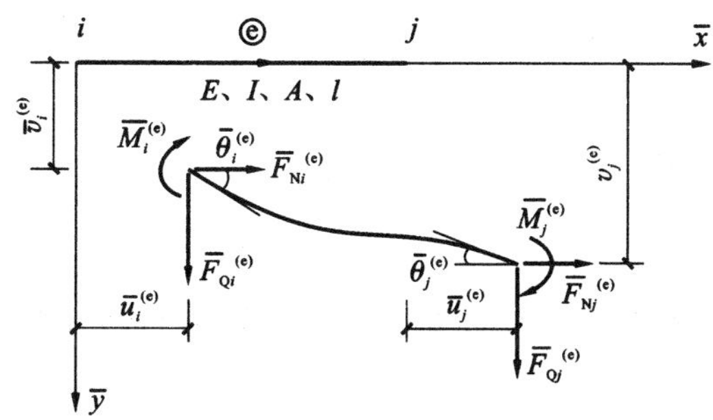

图 11-4

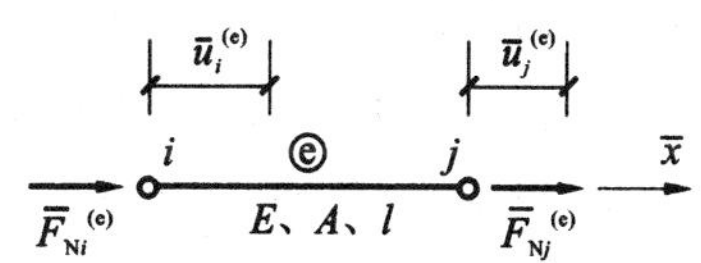

图 11-5

再根据单元的平衡条件，有

$$\bar{F}_{Ni}^{(e)} = -\bar{F}_{Nj}^{(e)} = \frac{EA}{l}\bar{u}_i^{(e)} - \frac{EA}{l}\bar{u}_j^{(e)} \tag{b}$$

杆端剪力和杆端弯矩 $\bar{F}_{Qi}^{(e)}$、$\bar{F}_{Qj}^{(e)}$、$\bar{M}_i^{(e)}$、$\bar{M}_j^{(e)}$ 与横向位移和杆端转角 $\bar{v}_i^{(e)}$、$\bar{v}_j^{(e)}$、$\bar{\theta}_i^{(e)}$、$\bar{\theta}_j^{(e)}$ 之间的关系,可由无荷载作用时的等截面直杆转角位移方程直接写出,为

$$\left.\begin{aligned}
-\bar{F}_{Qi}^{(e)} &= -\frac{6EI}{l^2}\bar{\theta}_i^{(e)} - \frac{6EI}{l^2}\bar{\theta}_j^{(e)} + \frac{12EI}{l^3}(\bar{v}_j^{(e)} - \bar{v}_i^{(e)}) \\
\bar{M}_i^{(e)} &= \frac{4EI}{l}\bar{\theta}_i^{(e)} + \frac{2EI}{l}\bar{\theta}_j^{(e)} - \frac{6EI}{l^2}(\bar{v}_j^{(e)} - \bar{v}_i^{(e)}) \\
\bar{F}_{Qj}^{(e)} &= -\frac{6EI}{l^2}\bar{\theta}_i^{(e)} - \frac{6EI}{l^2}\bar{\theta}_j^{(e)} + \frac{12EI}{l^3}(\bar{v}_j^{(e)} - \bar{v}_i^{(e)}) \\
\bar{M}_j^{(e)} &= \frac{2EI}{l}\bar{\theta}_i^{(e)} + \frac{4EI}{l}\bar{\theta}_j^{(e)} - \frac{6EI}{l^2}(\bar{v}_j^{(e)} - \bar{v}_i^{(e)})
\end{aligned}\right\} \tag{c}$$

将式(a)、式(b)、式(c)合为一式,并写成矩阵形式,得

$$\begin{bmatrix} \bar{F}_{Ni} \\ \bar{F}_{Qi} \\ \bar{M}_i \\ \bar{F}_{Nj} \\ \bar{F}_{Qj} \\ \bar{M}_j \end{bmatrix}^{(e)} = \begin{bmatrix}
\frac{EA}{l} & 0 & 0 & -\frac{EA}{l} & 0 & 0 \\
0 & \frac{12EI}{l^3} & \frac{6EI}{l^2} & 0 & -\frac{12EI}{l^3} & \frac{6EI}{l^2} \\
0 & \frac{6EI}{l^2} & \frac{4EI}{l} & 0 & -\frac{6EI}{l^2} & \frac{2EI}{l} \\
-\frac{EA}{l} & 0 & 0 & \frac{EA}{l} & 0 & 0 \\
0 & -\frac{12EI}{l^3} & -\frac{6EI}{l^2} & 0 & \frac{12EI}{l^3} & -\frac{6EI}{l^2} \\
0 & \frac{6EI}{l^2} & \frac{2EI}{l} & 0 & -\frac{6EI}{l^2} & \frac{4EI}{l}
\end{bmatrix} \begin{bmatrix} \bar{u}_i \\ \bar{v}_i \\ \bar{\theta}_i \\ \bar{u}_j \\ \bar{v}_j \\ \bar{\theta}_j \end{bmatrix}^{(e)} \tag{11-6}$$

式(11-6)就是式(11-5)的展开形式,$\bar{\boldsymbol{k}}^{(e)}$ 为

$$\bar{\boldsymbol{k}}^{(e)} = \begin{bmatrix}
\frac{EA}{l} & 0 & 0 & -\frac{EA}{l} & 0 & 0 \\
0 & \frac{12EI}{l^3} & \frac{6EI}{l^2} & 0 & \frac{-12EI}{l^3} & \frac{6EI}{l^2} \\
0 & \frac{6EI}{l^2} & \frac{4EI}{l} & 0 & \frac{-6EI}{l^2} & \frac{2EI}{l} \\
-\frac{EA}{l} & 0 & 0 & \frac{EA}{l} & 0 & 0 \\
0 & \frac{-12EI}{l^3} & \frac{-6EI}{l^2} & 0 & \frac{12EI}{l^3} & \frac{-6EI}{l^2} \\
0 & \frac{6EI}{l^2} & \frac{2EI}{l} & 0 & \frac{-6EI}{l^2} & \frac{4EI}{l}
\end{bmatrix}^{(e)} \tag{11-7}$$

$\bar{\boldsymbol{k}}^{(e)}$ 亦称为一般单元的单元刚度矩阵,简称单刚。

矩阵位移法仅采用位移法中的两端固定单跨超静定梁来推导单元刚度方程,这使得其基本单元类型统一化,更便于应用程序的编制。

11.3.2 特殊单元

杆端独立位移未知量因被约束变为已知位移,或者不独立于其他杆端位移的单元,称为特殊单

元。例如,连续梁单元和理想桁架单元等。

(1)连续梁单元。

忽略轴向变形的连续梁或无结点线位移的刚架,经过离散化后,单元两端只有独立的杆端转角未知量 $\bar{\theta}_i$ 和 $\bar{\theta}_j$。将线位移 $\bar{u}_i=\bar{v}_i=\bar{u}_j=\bar{v}_j=0$ 的条件代入式(11-6)中,并注意到杆端剪力 $\bar{F}_{Qi}$ 和 $\bar{F}_{Qj}$ 不独立于杆端弯矩 $\bar{M}_i$ 和 $\bar{M}_j$,则可得连续梁单元的单元刚度方程为

$$\begin{bmatrix}\bar{M}_i\\\bar{M}_j\end{bmatrix}^{(e)}=\begin{bmatrix}\frac{4EI}{l}&\frac{2EI}{l}\\\frac{2EI}{l}&\frac{4EI}{l}\end{bmatrix}^{(e)}\begin{bmatrix}\bar{\theta}_i\\\bar{\theta}_j\end{bmatrix}^{(e)}\tag{11-8}$$

相应的单元刚度矩阵为

$$\bar{\boldsymbol{k}}^{(e)}=\begin{bmatrix}\frac{4EI}{l}&\frac{2EI}{l}\\\frac{2EI}{l}&\frac{4EI}{l}\end{bmatrix}^{(e)}\tag{11-9}$$

可见,连续梁单元的单刚可以由一般单元的单刚划去与零位移相应的行和列,即式(11-7)中的第1、2、4、5行和列而得到。

(2)理想桁架单元。

理想桁架中的各杆件只有轴向变形,即 $\bar{u}_i\neq0$,$\bar{u}_j\neq0$。而 $\bar{v}_i=\bar{v}_j=\bar{\theta}_i=\bar{\theta}_j=0$,将这一条件代入式(11-7),可得理想桁架单元的单元刚度方程为

$$\begin{bmatrix}\bar{F}_{Ni}\\\bar{F}_{Nj}\end{bmatrix}^{(e)}=\begin{bmatrix}\frac{EA}{l}&-\frac{EA}{l}\\-\frac{EA}{l}&\frac{EA}{l}\end{bmatrix}^{(e)}\begin{bmatrix}\bar{u}_i\\\bar{u}_j\end{bmatrix}^{(e)}\tag{11-10}$$

相应的单元刚度矩阵为

$$\bar{\boldsymbol{k}}^{(e)}=\begin{bmatrix}\frac{EA}{l}&-\frac{EA}{l}\\-\frac{EA}{l}&\frac{EA}{l}\end{bmatrix}^{(e)}\tag{11-11}$$

可见,理想桁架单元的单刚也可由一般单元的单刚划去与零位移相应的行和列,即式(11-7)中的第2、3、5、6行和列而得到。

11.3.3 单元刚度矩阵的性质

单元坐标系中的单刚 $\bar{\boldsymbol{k}}^{(e)}$ 具有如下性质:

(1)$\bar{\boldsymbol{k}}^{(e)}$ 是单元固有的性质。

$\bar{\boldsymbol{k}}^{(e)}$ 中各元素只与单元的弹性模量 E、横截面面积 A、惯性矩 I 及杆长 l 等有关,而与外荷载等其他因素无关。

(2)单元刚度矩阵中各元素(也称为单元刚度系数)的物理意义。

①单刚 $\bar{\boldsymbol{k}}^{(e)}$ 中任一元素 $\bar{k}_{lm}^{(e)}$,表示 $\bar{\boldsymbol{\delta}}^{(e)}$ 中第 m 个杆端位移分量等于1(其他杆端位移分量为零)时,所引起的 $\bar{\boldsymbol{F}}^{(e)}$ 中第 l 个杆端力分量之值。例如,式(11-7)中元素 $\bar{k}_{35}^{(e)}=-6EI/l^2$,表示 $\bar{v}_j^{(e)}=1$ 时,所引起的第3个杆端力分量 $\bar{M}_i^{(e)}$ 之值。

②$\bar{\boldsymbol{k}}^{(e)}$ 中第 m 列的6个元素,分别表示仅由第 m 个杆端位移分量发生单位位移时,所引起的6个杆端力分量之值。图11-6表示仅当 $\bar{v}_j^{(e)}=1$ 时所引起的6个杆端力分量,将它们按顺序排列,就

得到式(11-7)中的第五列的 6 个元素。

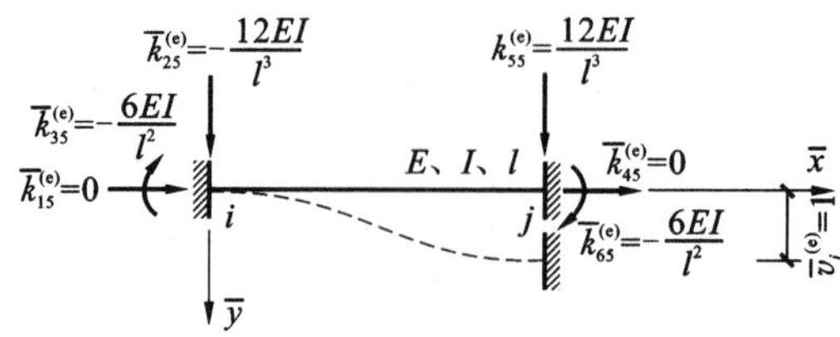

图 11-6

③$\bar{\boldsymbol{k}}^{(e)}$中第 l 行的 6 个元素,分别表示各个杆端位移分量分别等于 1 时,所引起的 $\bar{\boldsymbol{F}}^{(e)}$ 中第 l 个杆端力分量的数值。例如,第二行的 6 个元素,对应于各个杆端位移分量分别等于 1 时,所引起的该单元 i 端的相应剪力 $\bar{F}_{Qi}$ 的值。

(3)单元刚度矩阵是对称矩阵。

这一性质可由单刚元素的物理意义及支反力互等定理加以证明。例如,在式(11-7)中,$\bar{k}_{25}^{(e)}=-12EI/l^3$ 表示两端固定的单元ⓔ中,末端支座位移 $\bar{v}_j^{(e)}=1$ 时引起的始端支座位移 $\bar{v}_i^{(e)}$ 方向的支反力值;而 $\bar{k}_{52}^{(e)}=-12EI/l^3$ 则表示始端 $\bar{v}_i^{(e)}=1$ 时引起的末端 $\bar{v}_j^{(e)}$ 方向的支反力值。根据支反力互等定理,必有 $\bar{k}_{25}^{(e)}=\bar{k}_{52}^{(e)}$。由此可知,$\bar{\boldsymbol{k}}^{(e)}$中,位于主对角线两边处于对称位置上的两个元素相等,即 $\bar{k}_{ij}^{(e)}=\bar{k}_{ji}^{(e)}(i\neq j)$。

(4)单元刚度矩阵是奇异矩阵。

单刚的奇异性是指其对应的行列式之值$|\bar{\boldsymbol{k}}^{(e)}|$为零,即不存在逆矩阵。这表明,如果给定单元的杆端位移 $\bar{\boldsymbol{\delta}}^{(e)}$,可由单元刚度方程式(11-5)或式(11-6)确定唯一杆端力 $\bar{\boldsymbol{F}}^{(e)}$;反之,若给定杆端力 $\bar{\boldsymbol{F}}^{(e)}$,却不能由式(11-5)或式(11-6)求得杆端位移 $\bar{\boldsymbol{\delta}}^{(e)}$ 的唯一解。从物理概念来理解,这是由于所讨论的单元是两端没有任何支承的自由单元,在杆端力 $\bar{\boldsymbol{F}}^{(e)}$ 作用下,单元本身除产生弹性变形外,还可以产生任意的刚体位移,故某一组满足平衡条件的杆端力可与弹性位移和任意刚体位移组成的多组杆端位移相对应。

(5)单元刚度元素值的性质。

单元刚度矩阵 $\bar{\boldsymbol{k}}^{(e)}$ 中,主对角线上各元素 $\bar{k}_{ii}^{(e)}$ 皆为正(这可由刚度系数的物理意义理解,实际上也就是位移法基本方程中的主系数);第二列与第五列各非零元素等值反号(这是因为第二列对应着 $\bar{v}_i^{(e)}=1$ 与第五列对应着 $\bar{v}_j^{(e)}=1$ 各自所产生的单元变形刚好相反,因而各自所引起的四个杆端力大小相等而符号相反);同理,第二行与第五行各非零元素也等值反号。

11.4 结构坐标系中的单元刚度矩阵

11.4.1 坐标变换矩阵

在结构矩阵分析中,单元分析采用的是单元坐标系,而整体分析采用的是结构坐标系。一般情况下,各单元坐标系的方向互不相同。为了便于利用单元坐标系中的单元杆端力和杆端位移,来建立结构坐标系中的结构刚度方程,有必要建立单元杆端力和杆端位移在两种坐标系之间的转换关系。

图 11-7 将杆单元ⓔ在单元坐标系中的杆端力 $\bar{\boldsymbol{F}}^{(e)}$ 和整体坐标系 xOy 中的杆端力 $\boldsymbol{F}^{(e)}$ 一同绘出。若设从整体坐标系 x 轴转向单元坐标系 $\bar{x}$ 轴的夹角为 α(顺时针为正),根据投影关系,可得

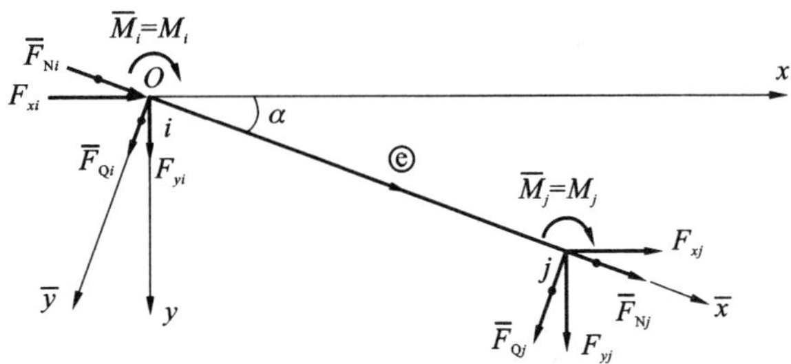

图 11-7

$$
\left.\begin{aligned}
\overline{F}_{Ni} &= F_{xi}\cos\alpha + F_{yi}\sin\alpha \\
\overline{F}_{Qi} &= -F_{xi}\sin\alpha + F_{yi}\cos\alpha \\
\overline{M}_i &= M_i \\
\overline{F}_{Nj} &= F_{xj}\cos\alpha + F_{yj}\sin\alpha \\
\overline{F}_{Qj} &= -F_{xj}\sin\alpha + F_{yj}\cos\alpha \\
\overline{M}_j &= M_j
\end{aligned}\right\}
\tag{11-12}
$$

写成矩阵形式

$$
\begin{bmatrix} \overline{F}_{Ni} \\ \overline{F}_{Qi} \\ \overline{M}_i \\ \overline{F}_{Nj} \\ \overline{F}_{Qj} \\ \overline{M}_j \end{bmatrix}^{(e)} = \begin{bmatrix} \cos\alpha & \sin\alpha & 0 & 0 & 0 & 0 \\ -\sin\alpha & \cos\alpha & 0 & 0 & 0 & 0 \\ 0 & 0 & 1 & 0 & 0 & 0 \\ 0 & 0 & 0 & \cos\alpha & \sin\alpha & 0 \\ 0 & 0 & 0 & -\sin\alpha & \cos\alpha & 0 \\ 0 & 0 & 0 & 0 & 0 & 1 \end{bmatrix}^{(e)} \begin{bmatrix} F_{xi} \\ F_{yi} \\ M_i \\ F_{xj} \\ F_{yj} \\ M_j \end{bmatrix}
\tag{11-13}
$$

或简写为

$$
\overline{\boldsymbol{F}}^{(e)} = \boldsymbol{T}\boldsymbol{F}^{(e)}
\tag{11-14}
$$

其中

$$
\boldsymbol{T} = \begin{bmatrix} \cos\alpha & \sin\alpha & 0 & 0 & 0 & 0 \\ -\sin\alpha & \cos\alpha & 0 & 0 & 0 & 0 \\ 0 & 0 & 1 & 0 & 0 & 0 \\ 0 & 0 & 0 & \cos\alpha & \sin\alpha & 0 \\ 0 & 0 & 0 & -\sin\alpha & \cos\alpha & 0 \\ 0 & 0 & 0 & 0 & 0 & 1 \end{bmatrix}
\tag{11-15}
$$

称为单元坐标转换矩阵。它是一个正交矩阵，即有

$$
\boldsymbol{T}^{-1} = \boldsymbol{T}^{\mathrm{T}}
\tag{11-16}
$$

如需将 $\overline{\boldsymbol{F}}^{(e)}$ 转换为 $\boldsymbol{F}^{(e)}$，则可使用下式

$$
\boldsymbol{F}^{(e)} = \boldsymbol{T}^{-1}\overline{\boldsymbol{F}}^{(e)} = \boldsymbol{T}^{\mathrm{T}}\overline{\boldsymbol{F}}^{(e)}
\tag{11-17}
$$

上述转换关系也同样适用于杆端位移 $\overline{\boldsymbol{\delta}}^{(e)}$ 和 $\boldsymbol{\delta}^{(e)}$ 之间的转换，即有

$$
\overline{\boldsymbol{\delta}}^{(e)} = \boldsymbol{T}\boldsymbol{\delta}^{(e)}
\tag{11-18}
$$

11.4.2 结构坐标系中的单元刚度矩阵

类比单元坐标系中的单元刚度方程 $\overline{\boldsymbol{F}}^{(e)}=\overline{\boldsymbol{k}}^{(e)}\overline{\boldsymbol{\delta}}^{(e)}$，可以写出整体坐标系中的单元刚度方程

$$
\boldsymbol{F}^{(e)} = \boldsymbol{k}^{(e)}\boldsymbol{\delta}^{(e)}
\tag{11-19}
$$

式中 $\boldsymbol{k}^{(e)}$——整体坐标系中的单元刚度矩阵。

下面来推导 $\boldsymbol{k}^{(e)}$:将 $\overline{\boldsymbol{F}}^{(e)}=\overline{\boldsymbol{k}}^{(e)}\overline{\boldsymbol{\delta}}^{(e)}$ 左右两边先前乘 $\boldsymbol{T}^{\mathrm{T}}$,得 $\boldsymbol{T}^{\mathrm{T}}\overline{\boldsymbol{F}}^{(e)}=\boldsymbol{T}^{\mathrm{T}}\overline{\boldsymbol{k}}^{(e)}\overline{\boldsymbol{\delta}}^{(e)}$,再参考式(11-17),左边即为 $\boldsymbol{F}^{(e)}$,再将式(11-18)代入右边,可得

$$\boldsymbol{F}^{(e)}=\boldsymbol{T}^{\mathrm{T}}\overline{\boldsymbol{k}}^{(e)}\boldsymbol{T}\boldsymbol{\delta}^{(e)}$$

比对式(11-19),可得

$$\boldsymbol{k}^{(e)}=\boldsymbol{T}^{\mathrm{T}}\overline{\boldsymbol{k}}^{(e)}\boldsymbol{T} \tag{11-20}$$

将式(11-7)和式(11-15)代入上式右边进行矩阵运算,可得整体坐标系中的一般单元的单元刚度矩阵为

$$\boldsymbol{k}^{(e)}=\begin{bmatrix} S_1 & S_2 & -S_3 & -S_1 & -S_2 & -S_3 \\ & S_4 & S_5 & -S_2 & -S_4 & S_5 \\ & & 2S_6 & S_3 & -S_5 & S_6 \\ & & & S_1 & S_2 & S_3 \\ & \text{对称} & & & S_4 & -S_5 \\ & & & & & 2S_6 \end{bmatrix} \tag{11-21}$$

其中

$$\left.\begin{aligned} S_1 &= \frac{EA}{l}\cos^2\alpha+\frac{12EI}{l^3}\sin^2\alpha \\ S_2 &= \left(\frac{EA}{l}-\frac{12EI}{l^3}\right)\sin\alpha\cos\alpha \\ S_3 &= \frac{6EI}{l^2}\sin\alpha \\ S_4 &= \frac{EA}{l}\sin^2\alpha+\frac{12EI}{l^3}\cos^2\alpha \\ S_5 &= \frac{6EI}{l^2}\cos\alpha \\ S_6 &= \frac{2EI}{l} \end{aligned}\right\} \tag{11-22}$$

结构坐标系中的单刚 $\boldsymbol{k}^{(e)}$ 中的任一元素 $k_{lm}^{(e)}$,表示结构坐标系中的杆端位移 $\boldsymbol{\delta}^{(e)}$ 中第 m 个分量等于 1(其他杆端位移分量为零)时,所引起的结构坐标系中的杆端力 $\boldsymbol{F}^{(e)}$ 中第 l 个分量之值。它不仅与单元的弹性模量 E、横截面面积 A、惯性矩 I 及杆长 l 等有关,还与两种坐标系之间的夹角 α 有关。与单元坐标系中的单刚 $\overline{\boldsymbol{k}}^{(e)}$ 类似,$\boldsymbol{k}^{(e)}$ 也是对称矩阵和奇异矩阵。

11.5 直接刚度法形成结构刚度矩阵

前面,我们讨论了杆件结构的离散化和结构的单元分析这两个矩阵位移法的基本环节,现在来讨论第三个基本环节——结构的整体分析。

11.5.1 结构的整体分析

在结构坐标系中,平面刚架整体分析的主要任务,就是要建立结构的结点位移列阵 $\boldsymbol{\Delta}$ 与结构的综合结点荷载列阵 $\boldsymbol{P}$ 之间的关系式,称为结构刚度方程(即矩阵位移法的基本方程),以求解作为基本未知量的各结点位移。

结构刚度方程可写作

$$\boldsymbol{K\Delta} = \boldsymbol{P} \tag{11-23}$$

式中，$\boldsymbol{K}$ 称为结构刚度矩阵(简称总刚)。本节主要讨论 $\boldsymbol{K}$ 的形成。关于 $\boldsymbol{P}$ 的形成及方程(11-23)的求解，则将分别在 11.6 节和 11.7 节中予以讨论。

11.5.2 先处理法和后处理法

(1)先处理法。

先处理法，就是在对结点位移分量编码时即考虑结构的支承条件，把已知的支座位移排除在基本未知量之外，不列入结构的结点位移列阵 $\boldsymbol{\Delta}$ 中。相应地，结构的综合结点荷载列阵 $\boldsymbol{P}$ 中也不包括支反力。因而，所形成的结构刚度方程阶数较小，且不用再修正。先处理法可以很方便地处理有铰结点的结构、具有各种不同支承的结构及忽略轴向变形的结构等。

(2)后处理法。

后处理法，就是在对结点位移分量编码时先不考虑支承条件，即使已知的支座结点位移，也一并列入结构的结点位移列阵 $\boldsymbol{\Delta}$ 中，结构的综合结点荷载列阵 $\boldsymbol{P}$ 中同时包括支反力。先形成不受约束的原始刚度方程，再根据结构的实际支承条件修改而形成结构刚度方程，以求解结点位移。后处理法的基本未知量数目更多，占用计算机内存和计算时间也更多。一般用于结点多而支座约束少、考虑轴向变形的结构。

本章主要介绍先处理法。

11.5.3 结点位移分量的统一编码 —— 总码

在结构坐标系中，若要考虑平面刚架的轴向变形，则其每个刚结点有 3 个互相独立的位移分量，即沿 x 轴和 y 轴方向的线位移 u、v(与坐标轴一致时为正)，以及角位移 θ(顺时针为正)。采用先处理法时，对于已知的支座结点位移分量(零位移或非零的支座位移)，均不作为结构的未知量。

在运用先处理法之前，一般有几个约定，说明如下：

①若结构共有 n 个未知结点位移分量，必须按照其结点编号从小到大的顺序，依次对每个结点的未知位移分量 u、v、θ 按照 $1,2,\cdots,n$ 的次序进行统一编号，此编号称为结点位移分量统一编号(或称为结点位移总码)。显然，此编号也是相应的结点荷载分量的编号，两者是一一对应的。在支座结点处，其 u、v、θ 对应的任一方向若有约束，则给以“0”编号。如图 11-8(a)所示刚架共有 4 个结点，位移分量的编号写在结点号旁的圆括号内。该结构的结点位移列阵 $\boldsymbol{\Delta}$ 中共有 6 个未知结点位移分量。

②当刚架内部有铰(全铰或半铰)结点时，则应将相互铰接的杆端编以不同的结点号(即进行双编号)。如图 11-8(b)中的结点 2 与结点 3(分别为①、②两个单元的杆端结点)，它们的线位移分量相同，则编号相同；而转角不同，则应分别编号。图 11-8(b)中进行双编号的结点 4 与结点 5 也属此种情况。

③组合结构中，仅连接桁架单元的铰结点，其转角位移可不作为未知量，给以“0”编号，如图 11-8(c)中的结点 3 所示。至于连接梁单元与桁架单元之间的铰结点[如图 11-8(c)中的结点 1、2、4]，因其角位移分量仅仅影响与其连接的梁单元，而不影响与其连接的桁架单元，故这些结点仍可按具有三个独立的位移未知量进行编号(分别为 0,0,1;2,3,4;7,0,8)，不需进行任何处理。

④当忽略刚架杆件的轴向变形时，则每个刚结点就不一定都有 3 个独立的位移分量。如图 11-8(d)所示刚架，若忽略各杆的轴向变形，则结点 2、3 的竖向位移 $v_2=v_3=0$；而结点 2、3、5 的

水平位移 $u_2=u_3=u_5$,它们是同一个未知量,则相应的位移分量编号相同。

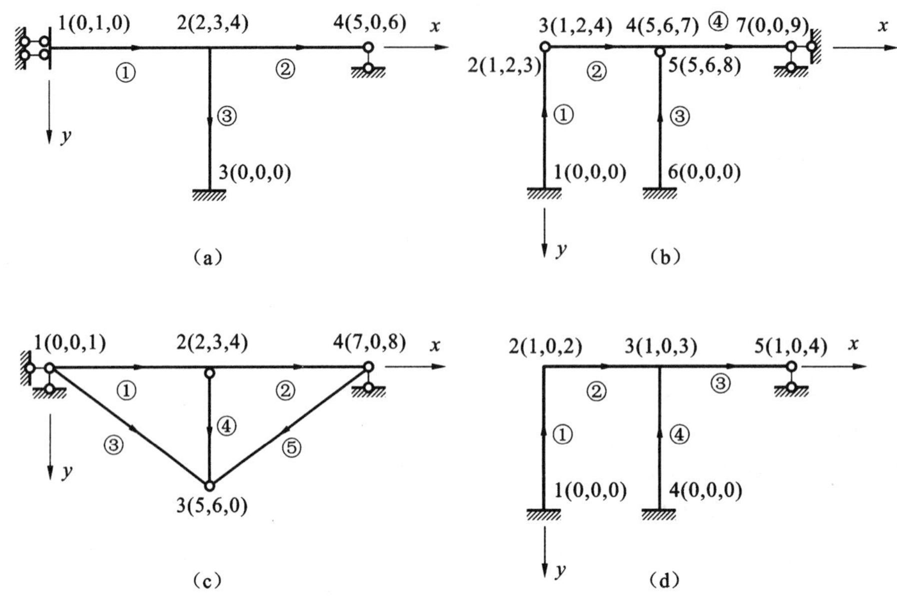

图 11-8

(a)一般刚架;(b)有铰结点的刚架;(c)组合结构;(d)忽略各杆轴向变形

11.5.4 用先处理法形成结构刚度矩阵

(1)单元定位向量。

将单元两端结点位移分量的统一编号按从始端到末端的顺序排列而成的向量称为单元定位向量。通常,单元ⓔ的定位向量用 $\boldsymbol{\lambda}^{(e)}$ 表示。例如,图 11-8(b)中单元②、③的定位向量分别为

$$\boldsymbol{\lambda}^{(2)}=[1\quad 2\quad 4\ \vdots\ 5\quad 6\quad 7]^{\mathrm{T}}$$

$$\boldsymbol{\lambda}^{(3)}=[0\quad 0\quad 0\ \vdots\ 5\quad 6\quad 8]^{\mathrm{T}}$$

图 11-8(c)中单元③的定位向量为

$$\boldsymbol{\lambda}^{(3)}=[0\quad 0\quad 1\ \vdots\ 5\quad 6\quad 0]^{\mathrm{T}}$$

图 11-8(d)中单元③的定位向量为

$$\boldsymbol{\lambda}^{(3)}=[1\quad 0\quad 3\ \vdots\ 1\quad 0\quad 4]^{\mathrm{T}}$$

单元定位向量有三个重要的作用,即:

①用来确定单元刚度矩阵(单刚)$\boldsymbol{k}^{(e)}$ 中的各元素在结构刚度矩阵(总刚)$\boldsymbol{K}$ 中的位置,本节稍后将介绍;

②用来确定单元等效结点荷载 $\boldsymbol{P}_{\mathrm{E}}^{(e)}$ 中的各元素在结构综合结点荷载列阵 $\boldsymbol{P}$ 中的位置,具体请参见 11.6 节;

③用来确定单元杆端位移向量 $\boldsymbol{\delta}^{(e)}$ 中的各元素在整个结构的结点位移向量 $\boldsymbol{\Delta}$ 中的位置,11.7 节中将反向使用这一功能,从已解得的 $\boldsymbol{\Delta}$ 中,提取 $\boldsymbol{\delta}^{(e)}$ 来求单元杆端力。

由此可见,单元定位向量在结构分析的全过程中,实际上起着组织整个计算的重要作用。

(2)直接刚度法形成结构刚度矩阵 $\boldsymbol{K}$。

直接刚度法是利用单元定位向量 $\boldsymbol{\lambda}^{(e)}$,将结构坐标系中的单元刚度系数 $k_{lm}^{(e)}$,“对号入座”到结构刚度矩阵 $\boldsymbol{K}$ 中,从而直接形成 $\boldsymbol{K}$ 的方法。具体步骤通过下面的例题来说明。

【例 11-1】 试用直接刚度法求如图 11-9 所示刚架的结构刚度矩阵 $\boldsymbol{K}$。

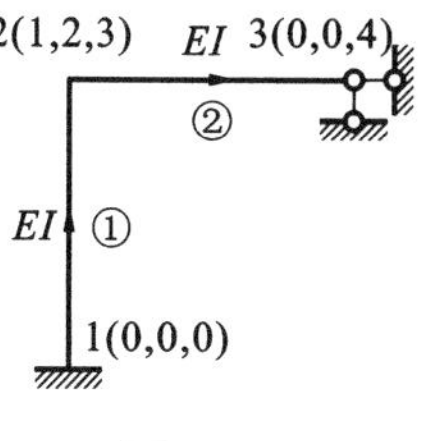

图 11-9

【解】 (1)将结构离散化，并对单元、结点和结点位移未知量进行编码，如图 11-9 所示。

(2)利用式(11-21)或式(11-22)，计算各单元整体坐标系中的单元刚度矩阵 $\boldsymbol{k}^{(e)}$。这里略去具体值的计算，用 $k_{lm}^{(e)}$ 的形式表示单刚元素。其中的下标表示该元素在单元坐标系中的行列码，称为局部码。

(3)写出各单元的单元定位向量。

$$\boldsymbol{\lambda}^{(1)}=[0\quad 0\quad 0\ \vdots\ 1\quad 2\quad 3]^{\mathrm{T}}$$

$$\boldsymbol{\lambda}^{(2)}=[1\quad 2\quad 3\ \vdots\ 0\quad 0\quad 4]^{\mathrm{T}}$$

将单元定位向量标在相应单元的行上方和列右边，如图 11-10(a)、(b)所示。

(4)按照单元定位向量中的非零分量所指定的行码和列码，称为整体码。将各单元刚度矩阵 $\boldsymbol{k}^{(e)}$ 中的元素，正确地叠加到结构刚度矩阵 $\boldsymbol{K}$ 中去，行、列码相同的元素则相加。这一作法称为"对号入座，同号相加"。

以单元①为例，其单元定位向量 $\boldsymbol{\lambda}^{(1)}=[0\quad 0\quad 0\ \vdots\ 1\quad 2\quad 3]^{\mathrm{T}}$，单刚 $\boldsymbol{k}^{(1)}$ 中第一、二、三行和第一、二、三列对应元素的行、列号中含有"0"编码，因此这些元素不进入总刚。而如果单刚元素 $k_{lm}^{(1)}$ 在第四行或第四列，由于 $\boldsymbol{\lambda}^{(1)}$ 中第四个元素为 1，所以 $k_{lm}^{(1)}$ 应该进入总刚的第 1 行或第 1 列；同理，第五行或第五列的单刚元素应该进入总刚的第 2 行或第 2 列；第六行或第六列的单刚元素应该进入总刚的第 3 行或第 3 列。或者说，应该用单刚元素 $k_{lm}^{(e)}$ 的下标 l(或 m)查出 $\boldsymbol{\lambda}^{(e)}$ 中第 l(或 m)个元素的值，若该值不是零，它就是 $k_{lm}^{(e)}$ 进入总刚的行号(或列号)。

同样，也可将单元②[图 11-10(b)]中非零总码所对应行、列中的相关单元刚度系数逐一取出，按照"对号入座，同号相加"的原则，送入并叠加到结构刚度矩阵 $\boldsymbol{K}$ 中去。最后形成的结构刚度矩

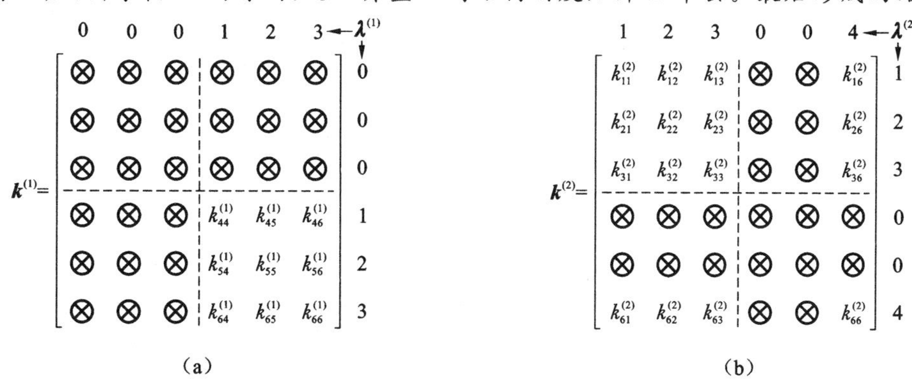

(a)　　　　(b)

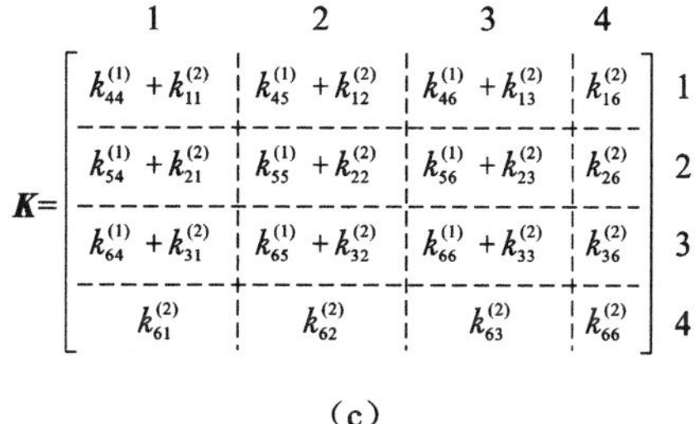

(c)

图 11-10

(a)单元①的单刚(⊗—不进入总刚的单刚元素)；(b)单元②的单刚；(c)总刚

阵如图11-10(c)所示。

例如$k_{23}^{(2)}$应进入总刚第2行第3列,但是在此之前总刚第2行第3列已经有单元①的元素$k_{56}^{(1)}$,这时就需要把两者相加。最终总刚第2行第3列元素的值,应该是$k_{56}^{(1)}+k_{23}^{(2)}$。

以上做法的正确性,可从单刚$\boldsymbol{k}^{(e)}$的元素和总刚$\boldsymbol{K}$的元素的物理意义和相互关系来理解,并利用平衡条件加以证明。

总刚$\boldsymbol{K}$中的元素k_{lm}的物理意义为:当结点位移分量$\Delta m=1$而其他各结点位移分量均为零时,在结点位移分量l方向产生的结点力。比如例11-1中总刚元素k_{23}和k_{34}的物理意义,可用图11-11表示。为使结点位移分量Δm的值可控,该图采用了类似位移法附加刚臂和链杆后的基本结构来表述。

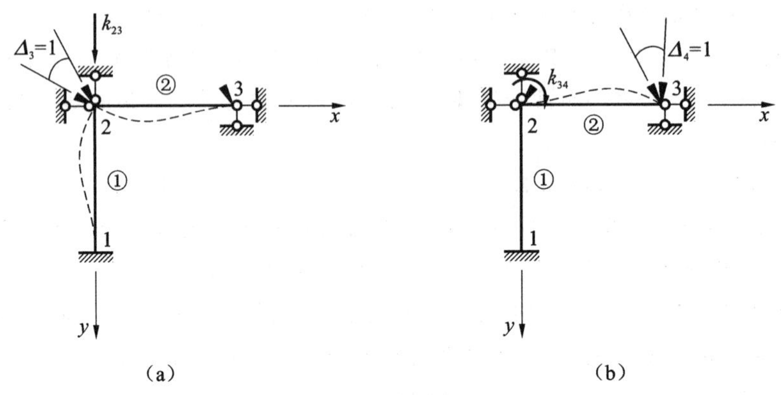

图11-11

(a)k_{23}的物理意义;(b)k_{34}的物理意义

从总刚元素的物理意义,还可以直接求得总刚元素和单刚元素的关系。例如,将图11-11(a)中结点位移分量$\Delta_3=1$依照变形协调条件,对应成单元①和②在整体坐标系中的杆端位移$\delta_6^{(1)}$和$\delta_3^{(2)}$,如图11-12所示。再将原结构拆成单元①、②,并取结点2为隔离体,在整体坐标轴y方向的投影平衡方程,容易得到$k_{23}=k_{56}^{(1)}+k_{23}^{(2)}$,这与直接刚度法所得的结果相同。推而广之,对总刚中其他元素,同样可以用其物理意义证明直接刚度法的正确性。

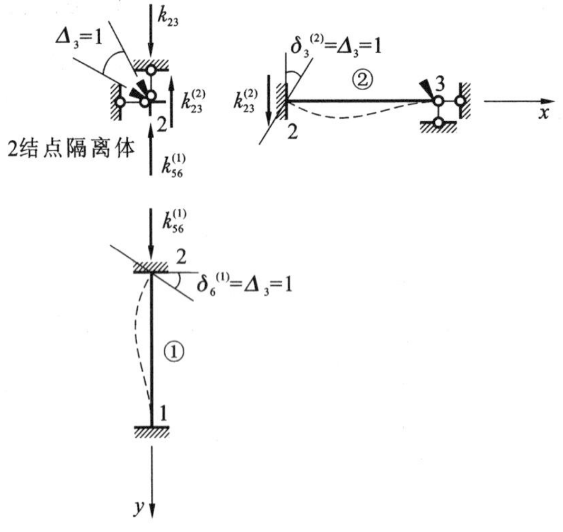

图11-12

(3)结构刚度矩阵 $\boldsymbol{K}$ 的性质。

为了讨论方便起见,我们将单元定位向量中有编号 i 的所有单元称为未知量 Δ_i 的相关单元;将与未知量 Δ_i 属于同一个单元的其他未知量称为 Δ_i 的相关未知量。

结构刚度矩阵有如下一些特性和组成规律:

①结构刚度矩阵 $\boldsymbol{K}$ 是一个 $N\times N$ 阶的方阵,N 为结点的位移未知量数。

②结构刚度矩阵 $\boldsymbol{K}$ 是一个对称矩阵,$\boldsymbol{K}=\boldsymbol{K}^{\mathrm{T}}$。这可由反力互等定理证明 $\boldsymbol{K}$ 中对称于主对角线的元素两两相等,即 $k_{ij}=k_{ji}$。

③可以证明结构刚度矩阵 $\boldsymbol{K}$ 是正定的。因此,$|\boldsymbol{K}|>0$,任一主元素 $k_{ii}>0$。这时的结构是几何不变的。

④结构刚度矩阵 $\boldsymbol{K}$ 是稀疏带状矩阵。合理的结点位移分量统一编码会使 $\boldsymbol{K}$ 成为一个带状矩阵,即靠近主对角线的一定范围内为非零元素,而此范围外的元素均为零元素。实际结构总刚 $\boldsymbol{K}$ 的规模一般都很大,所以结构刚度矩阵容易形成零元素很多而非零元素很少的稀疏矩阵。

⑤结构刚度矩阵 $\boldsymbol{K}$ 中系数的性质。

a. 主对角元素 k_{ii} 由未知量 Δ_i 的相关单元刚度矩阵的相应主对角元素叠加而成。例如,图 11-10(c)中

$$k_{11}=k_{44}^{(1)}+k_{11}^{(2)}$$

$$k_{22}=k_{55}^{(1)}+k_{22}^{(2)}$$

b. 非对角元素 k_{ij} 有两种情况:若未知量 Δ_i 与 Δ_j 是相关未知量,则 $k_{ij}=k_{ji}\neq0$。若未知量 Δ_i 与 Δ_j 不是相关未知量,则 $k_{ij}=k_{ji}=0$。

11.6 结构的综合结点荷载列阵

在上节中推导结构刚度方程时,只讨论了结点荷载作用的情况。当实际结构中单元(即杆件)上作用有荷载时,称为非结点荷载。这时,应根据叠加原理及结点位移相同的原则,将非结点荷载转换为等效结点荷载,才能用矩阵位移法进行求解。

11.6.1 单元的等效结点荷载列阵

按照结点位移相同的原则,可以将非结点荷载的影响转换成等效结点荷载。如图 11-13(a)所示刚架,先添加附加约束,将结点 2 和 3 固定起来,按照两端固定的超静定梁求出单元上荷载引起的固端反力,亦称单元固端约束力,即为附加约束中的力,如图 11-13(b)所示。再拆除附加约束,相当于反方向施加单元固端约束力,如图 11-13(c)所示。这样,不论位移状态还是力状态,图 11-13(a)都等于图 11-13(b)和图 11-13(c)的叠加。而图 11-13(b)中结点位移已被附加约束限制,所以图 11-13(a)和图 11-13(c)有相同的结点位移。因此,图 11-13(c)所示结点荷载就是图 11-13(a)所示非结点荷载的等效结点荷载。

(1)单元坐标系中的单元固端约束力。

如图 11-13(b)所示,②单元在均布荷载作用下的单元固端约束力 $\overline{\boldsymbol{F}}_{\mathrm{P}}^{(e)}$ 为

$$\overline{\boldsymbol{F}}_{\mathrm{P}}^{(2)}=\left[\begin{array}{ccc:ccc}0 & -\dfrac{1}{2}ql & -\dfrac{1}{12}ql^{2} & 0 & -\dfrac{1}{2}ql & \dfrac{1}{12}ql^{2}\end{array}\right]^{\mathrm{T}}$$

表 11-1 列出了一些常见荷载作用下的单元固端约束力 $\overline{\boldsymbol{F}}_{\mathrm{P}}^{(e)}$。

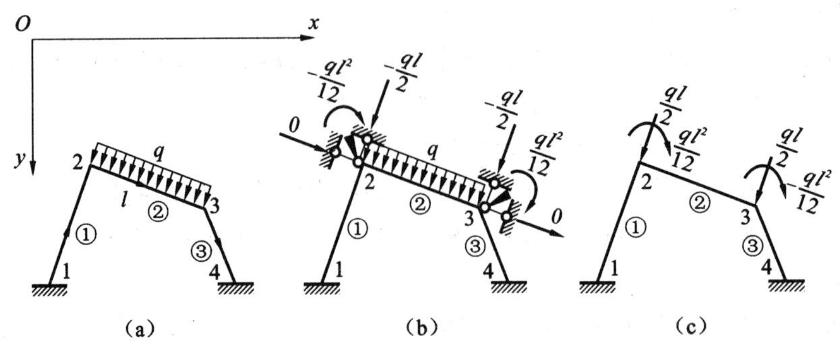

图 11-13

(a)计算简图;(b)单元固端力 $\overline{\boldsymbol{F}}_{\mathrm{P}}^{(e)}$;(c)单元等效结点荷载 $\overline{\boldsymbol{P}}_{\mathrm{E}}^{(e)}$

表 11-1　　**单元坐标系中的单元固端约束力 $\overline{\boldsymbol{F}}_{\mathrm{P}}^{(e)}$**

类型码	荷载简图	$\overline{\boldsymbol{F}}_{\mathrm{P}}^{(e)}$	始端(i)	末端(j)
1		$\overline{F}_{\mathrm{N}}$	0	0
		$\overline{F}_{\mathrm{Q}}$	$-Gc\left(1-\frac{c^2}{l^2}+\frac{c^3}{2l^3}\right)$	$-G\frac{c^3}{l^2}\left(1-\frac{c}{2l}\right)$
		$\overline{M}$	$-G\frac{c^2}{12}\left(6-8\frac{c}{l}+3\frac{c^2}{l^2}\right)$	$G\frac{c^3}{12l}\left(4-3\frac{c}{l}\right)$
2		$\overline{F}_{\mathrm{N}}$	0	0
		$\overline{F}_{\mathrm{Q}}$	$-G\frac{b^2}{l^2}\left(1+2\frac{c}{l}\right)$	$-G\frac{c^2}{l^2}\left(1+2\frac{b}{l}\right)$
		$\overline{M}$	$-G\frac{cb^2}{l^2}$	$G\frac{c^2b}{l^2}$
3		$\overline{F}_{\mathrm{N}}$	0	0
		$\overline{F}_{\mathrm{Q}}$	$G\frac{6cb}{l^3}$	$-G\frac{6cb}{l^3}$
		$\overline{M}$	$G\frac{b}{l}\left(2-3\frac{b}{l}\right)$	$G\frac{c}{l}\left(2-3\frac{c}{l}\right)$
4		$\overline{F}_{\mathrm{N}}$	0	0
		$\overline{F}_{\mathrm{Q}}$	$-G\frac{c}{4}\left(2-3\frac{c^2}{l^2}+1.6\frac{c^3}{l^3}\right)$	$-G\frac{c^3}{4l^2}\left(3-1.6\frac{c}{l}\right)$
		$\overline{M}$	$-G\frac{c^2}{6}\left(2-3\frac{c}{l}+1.2\frac{c^2}{l^2}\right)$	$G\frac{c^3}{4l^2}\left(1-0.8\frac{c}{l}\right)$
5		$\overline{F}_{\mathrm{N}}$	$-Gc\left(1-\frac{c}{2l}\right)$	$-G\frac{c^2}{2l}$
		$\overline{F}_{\mathrm{Q}}$	0	0
		$\overline{M}$	0	0
6		$\overline{F}_{\mathrm{N}}$	$-G\frac{b}{l}$	$-G\frac{c}{l}$
		$\overline{F}_{\mathrm{Q}}$	0	0
		$\overline{M}$	0	0

(2)单元坐标系中的单元等效结点荷载。

将 $\overline{\boldsymbol{F}}_{\mathrm{P}}^{(e)}$ 反号,得到单元坐标系中的单元等效结点荷载$\overline{\boldsymbol{P}}_{\mathrm{E}}^{(e)}$,即

$$\overline{\boldsymbol{P}}_{\mathrm{E}}^{(e)}=-\overline{\boldsymbol{F}}_{\mathrm{P}}^{(e)}$$

如图 11-13(c)中

$$\overline{\boldsymbol{P}}_{\mathrm{E}}^{(2)}=\begin{bmatrix}0 & \frac{1}{2}ql & \frac{1}{12}ql^2 & \vdots & 0 & \frac{1}{2}ql & -\frac{1}{12}ql^2\end{bmatrix}^{\mathrm{T}}$$

这时,单元结点荷载已被转换成单元等效结点荷载。

(3)整体坐标系中的单元等效结点荷载。

各单元坐标系下不同指向的等效结点荷载$\overline{\boldsymbol{P}}_{\mathrm{E}}^{(e)}$,需要统一到整体坐标系中才能进行叠加。为此,需求出整体坐标系中的单元等效结点荷载

$$\boldsymbol{P}_{\mathrm{E}}^{(e)}=\boldsymbol{T}^{\mathrm{T}}\overline{\boldsymbol{P}}_{\mathrm{E}}^{(e)}=-\boldsymbol{T}^{\mathrm{T}}\overline{\boldsymbol{F}}_{\mathrm{P}}^{(e)} \tag{11-24}$$

11.6.2 结构的综合结点荷载列阵

(1)结构的等效结点荷载列阵。

与单刚集成总刚的方法相同,把各单元 $\boldsymbol{P}_{\mathrm{E}}^{(e)}$ 中的元素,按其单元定位向量 $\boldsymbol{\lambda}^{(e)}$,以“对号入座,重叠相加”的方式,集成到结构的等效结点荷载列阵 $\boldsymbol{P}_{\mathrm{E}}$ 中。

(2)结构的综合结点荷载列阵。

按照结点位移分量统一编码的顺序,将直接作用在结点上的荷载,依次填入直接结点荷载列阵 $\boldsymbol{P}_{\mathrm{J}}$ 中;再将 $\boldsymbol{P}_{\mathrm{J}}$ 与结构的等效结点荷载列阵 $\boldsymbol{P}_{\mathrm{E}}$ 进行叠加,可得结构的综合结点荷载列阵

$$\boldsymbol{P}=\boldsymbol{P}_{\mathrm{J}}+\boldsymbol{P}_{\mathrm{E}} \tag{11-25}$$

【例 11-2】 试求如图 11-14(a)所示结构的综合结点荷载列阵 $\boldsymbol{P}$。

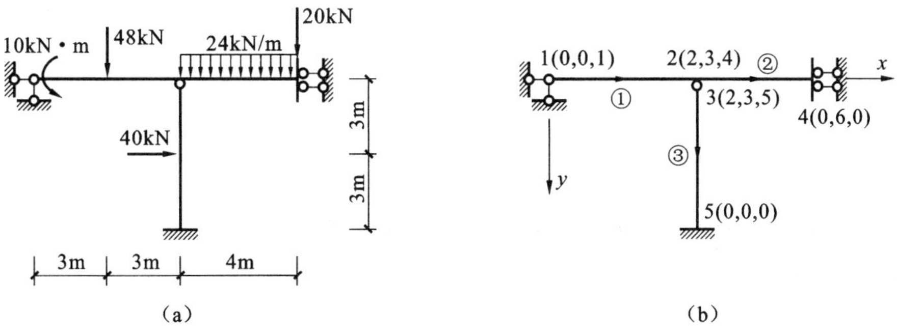

图 11-14

【解】 (1)结点编号、单元编号、结点位移未知量编码及单元坐标系、整体坐标系如图 11-14(b)所示。

(2)计算单元固端力 $\overline{\boldsymbol{F}}_{\mathrm{P}}^{(e)}$。

按表 11-1 所列公式,可求得

$$\overline{\boldsymbol{F}}_{\mathrm{P}}^{(1)}=\begin{bmatrix}0\\-24\\-36\\ \hdashline 0\\-24\\36\end{bmatrix},\quad \overline{\boldsymbol{F}}_{\mathrm{P}}^{(2)}=\begin{bmatrix}0\\-48\\-32\\ \hdashline 0\\-48\\32\end{bmatrix},\quad \overline{\boldsymbol{F}}_{\mathrm{P}}^{(3)}=\begin{bmatrix}0\\20\\30\\ \hdashline 0\\20\\-30\end{bmatrix}$$

(3)计算单元等效结点荷载 $\boldsymbol{P}_{\mathrm{E}}^{(e)}$，并将单元定位向量写在 $\boldsymbol{P}_{\mathrm{E}}^{(e)}$ 的右侧，即

单元①：$\alpha=0°$

$$\boldsymbol{T}^{(1)}=\boldsymbol{I}$$

$$\boldsymbol{\lambda}^{(1)}=[0\quad 0\quad 1 \,\vdots\, 2\quad 3\quad 4]^{\mathrm{T}}$$

$$\boldsymbol{P}_{\mathrm{E}}^{(1)}=-\boldsymbol{T}^{(1)}\overline{\boldsymbol{F}}_{\mathrm{P}}^{(1)}=-\overline{\boldsymbol{F}}_{\mathrm{P}}^{(1)}=\begin{bmatrix}0\\24\\36\\\hdashline 0\\24\\-36\end{bmatrix}\begin{matrix}0\\0\\1\\2\\3\\4\end{matrix}$$

单元②：$\alpha=0°$

$$\boldsymbol{T}^{(2)}=\boldsymbol{I}$$

$$\boldsymbol{\lambda}^{(2)}=[2\quad 3\quad 4 \,\vdots\, 0\quad 6\quad 0]^{\mathrm{T}}$$

$$\boldsymbol{P}_{\mathrm{E}}^{(2)}=-\boldsymbol{T}^{(2)}\overline{\boldsymbol{F}}_{\mathrm{P}}^{(2)}=-\overline{\boldsymbol{F}}_{\mathrm{P}}^{(2)}=\begin{bmatrix}0\\48\\32\\\hdashline 0\\48\\-32\end{bmatrix}\begin{matrix}2\\3\\4\\0\\6\\0\end{matrix}$$

单元③：$\alpha=90°$

$$\boldsymbol{\lambda}^{(3)}=[2\quad 3\quad 5 \,\vdots\, 0\quad 0\quad 0]^{\mathrm{T}}$$

$$\boldsymbol{P}_{\mathrm{E}}^{(3)}=-\boldsymbol{T}^{\mathrm{T}(3)}\overline{\boldsymbol{F}}_{\mathrm{P}}^{(3)}=-\left[\begin{array}{ccc:ccc}0&-1&0&0&0&0\\1&0&0&0&0&0\\0&0&1&0&0&0\\\hdashline 0&0&0&0&-1&0\\0&0&0&1&0&0\\0&0&0&0&0&1\end{array}\right]\begin{bmatrix}0\\20\\30\\\hdashline 0\\20\\-30\end{bmatrix}=\begin{bmatrix}20\\0\\-30\\\hdashline 20\\0\\30\end{bmatrix}\begin{matrix}2\\3\\5\\0\\0\\0\end{matrix}$$

(4)利用单元定位向量形成结构的等效结点荷载列阵 $\boldsymbol{P}_{\mathrm{E}}$。

按单元定位向量“对号入座，重叠相加”，得结构的等效结点荷载列阵为

$$\boldsymbol{P}_{\mathrm{E}}=\begin{bmatrix}36\\0+0+20\\24+48+0\\-36+32\\-30\\48\end{bmatrix}\begin{matrix}1\\2\\3\\4\\5\\6\end{matrix}=\begin{bmatrix}36\\20\\72\\-4\\-30\\48\end{bmatrix}$$

(5)形成结构的综合结点荷载列阵 $\boldsymbol{P}$。

通过以上计算，已将非结点荷载转化为结构的等效结点荷载 $\boldsymbol{P}_{\mathrm{E}}$，再与直接结点荷载 $\boldsymbol{P}_{\mathrm{J}}$ 叠加，即得

$$\boldsymbol{P}=\boldsymbol{P}_{\mathrm{J}}+\boldsymbol{P}_{\mathrm{E}}=\begin{bmatrix}-10\\0\\0\\0\\0\\20\end{bmatrix}+\begin{bmatrix}36\\20\\72\\-4\\-30\\48\end{bmatrix}=\begin{bmatrix}26\\20\\72\\-4\\-30\\68\end{bmatrix}\begin{matrix}1\\2\\3\\4\\5\\6\end{matrix}$$

11.7 求解结点位移和单元杆端力

前面,采用先处理法对结点位移分量进行了统一编号(即列出了 $\boldsymbol{\Delta}$),并利用单元定位向量,于11.5节装配了结构刚度矩阵 $\boldsymbol{K}$,11.6节形成了结构的综合结点荷载列阵 $\boldsymbol{P}$。因此,整个结构刚度方程(即位移法的基本方程)

$$\boldsymbol{K\Delta}=\boldsymbol{P}$$

实际上已经建立起来了。

下面的任务是:

第一,解方程 $\boldsymbol{K\Delta}=\boldsymbol{P}$,求出基本未知量——结点位移 $\boldsymbol{\Delta}$。

第二,求出单元杆端位移 $\bar{\boldsymbol{\delta}}^{(e)}$。

第三,求出单元杆端内力 $\bar{\boldsymbol{F}}^{(e)}$。

11.7.1 求结点位移

用先处理法直接形成的结构刚度方程 $\boldsymbol{K\Delta}=\boldsymbol{P}$,是一个线性代数方程组,其结构刚度矩阵 $\boldsymbol{K}$ 为对称正定矩阵。求解此方程组,即可得到未知结点位移 $\boldsymbol{\Delta}$ 的唯一确定解。

11.7.2 求单元杆端位移 $\bar{\boldsymbol{\delta}}^{(e)}$

这是一个逆向求解过程。对于单元 ij 而言,首先通过单元定位向量,从 $\boldsymbol{\Delta}$ 中取出结构坐标系中的 $\boldsymbol{\delta}^{(e)}$;然后,再利用坐标转换矩阵,将 $\boldsymbol{\delta}^{(e)}$ 变换到单元坐标系中去,求得 $\bar{\boldsymbol{\delta}}^{(e)}$,即

$$\boldsymbol{\Delta}\xrightarrow[\text{(根据变形连续条件)}]{\text{通过}\boldsymbol{\lambda}^{(e)}\text{,取出}}\boldsymbol{\delta}^{(e)}\xrightarrow{\text{利用}\boldsymbol{T}\text{,变换}}\bar{\boldsymbol{\delta}}^{(e)}=\boldsymbol{T\delta}^{(e)}$$

11.7.3 求单元杆端内力 $\bar{\boldsymbol{F}}^{(e)}$

以图11-13(a)所示②单元为例,由于图11-13(a)中原结构的受力等效于图11-13(b)和图11-13(c)两种情况的叠加,因此原结构②单元的杆端内力也应该由图11-13(b)中的单元固端力 $\bar{\boldsymbol{F}}_{\mathrm{P}}^{(2)}$ 和图11-13(c)中结点位移引起的单元杆端力(记作 $\bar{\boldsymbol{F}}_{\delta}^{(2)}$)叠加而成。

根据式(11-5),有 $\bar{\boldsymbol{F}}_{\delta}^{(2)}=\bar{\boldsymbol{K}}^{(2)}\bar{\boldsymbol{\delta}}^{(2)}$。所以最终②单元的杆端内力 $\bar{\boldsymbol{F}}^{(2)}$ 应为

$$\bar{\boldsymbol{F}}^{(2)}=\bar{\boldsymbol{F}}_{\delta}^{(2)}+\bar{\boldsymbol{F}}_{\mathrm{P}}^{(2)}=\bar{\boldsymbol{K}}^{(2)}\bar{\boldsymbol{\delta}}^{(2)}+\bar{\boldsymbol{F}}_{\mathrm{P}}^{(2)}$$

将这一结论一般化,可得求解平面刚架单元杆端内力 $\bar{\boldsymbol{F}}^{(e)}$ 为

$$\bar{\boldsymbol{F}}^{(e)}=\bar{\boldsymbol{F}}_{\delta}^{(e)}+\bar{\boldsymbol{F}}_{\mathrm{P}}^{(e)}=\bar{\boldsymbol{K}}^{(e)}\bar{\boldsymbol{\delta}}^{(e)}+\bar{\boldsymbol{F}}_{\mathrm{P}}^{(e)}\tag{11-26}$$

式中

$$\bar{\boldsymbol{F}}_{\delta}^{(e)}=\bar{\boldsymbol{K}}^{(e)}\bar{\boldsymbol{\delta}}^{(e)}\tag{11-27}$$

代表由结点位移引起的单元杆端力。这里,杆端力特意加下标 δ,是为了强调该杆端力 $\bar{\boldsymbol{F}}_{\delta}^{(e)}$ 是仅由

杆端位移引起的。$\overline{F_P}^{(e)}$为非结点荷载引起的单元固端力。

注意到

$$\bar{F}_{\delta}^{(e)} = T^{(e)} F_{\delta}^{(e)} = T^{(e)} (K^{(e)} \delta^{(e)}) \tag{11-28}$$

将之代入式(11-26),得到求解平面刚架单元杆端内力$\bar{F}^{(e)}$的第二种实用计算方法,即

$$\bar{F}^{(e)} = \bar{F}_{\delta}^{(e)} + \bar{F}_{P}^{(e)} = T^{(e)} (K^{(e)} \delta^{(e)}) + \bar{F}_{P}^{(e)} \tag{11-29}$$

使用式(11-26)或式(11-29)计算出的$\bar{F}^{(e)}$,是按照单元始端轴力、剪力、弯矩到末端轴力、剪力、弯矩的顺序排列的列阵,与单元坐标系同向的分量为正,反之为负,这与位移法中习惯的轴力和剪力的正负号规定不同。

11.8 矩阵位移法的计算步骤及举例

11.8.1 矩阵位移法的计算步骤

先处理法的计算步骤:

(1)结构离散化。建立结构坐标系和单元坐标系,并对结点、单元及结点位移分量分别进行编号。

(2)用式(11-7)形成单元坐标系中的单元刚度矩阵$\bar{k}^{(e)}$。

(3)形成结构坐标系中的单元刚度矩阵$k^{(e)}$[既可用式(11-20)形成,也可直接由式(11-21)和式(11-22)形成]。

(4)按直接刚度法形成结构刚度矩阵K。

(5)按式(11-25)形成结构的综合结点荷载列阵P。

(6)解线性代数方程组$K\Delta=P$,求出结构的未知结点位移列阵Δ。

(7)按式(11-26)或式(11-29)计算单元杆端内力,并由计算结果绘内力图。

11.8.2 举例

(1)连续梁。

连续梁每跨一般为等截面,各跨截面刚度EI可不相同。各单元坐标$\bar{x}$与结构坐标x轴一致。若忽略各杆轴向变形的影响,则各结点只有一个角位移。因此,连续梁各结点未知量只需编一个号。由于各单元的$\alpha=0$,故$k^{(e)}=\bar{k}^{(e)}$,可按式(11-9)计算,相应的结点荷载只有力偶。

【例11-3】 试用先处理法计算如图11-15(a)所示连续梁的内力,并作弯矩图。忽略各杆轴向变形的影响。

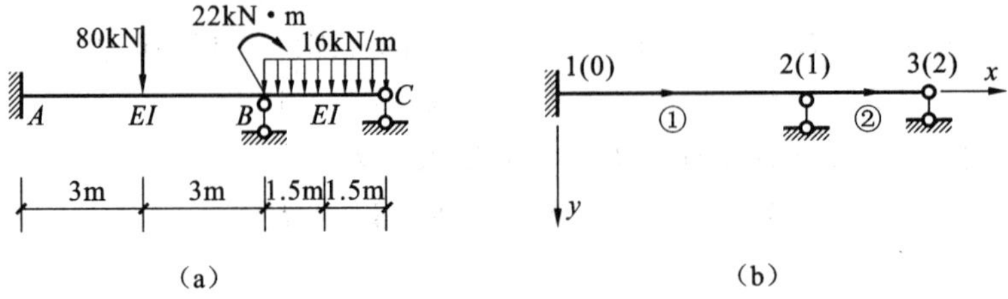

图11-15

(a)原结构;(b)结构离散化

【解】 (1)结构离散化。

整体坐标系、单元坐标系、结点编号、单元编号及结点位移未知量统一编码(注于括号中的数字),如图 11-15(b)所示。

(2)形成整体坐标系中的单元刚度矩阵 $\boldsymbol{k}^{(e)}$。

设①单元的线刚度为 i,则②单元的线刚度为 $2i$。用式(11-9)计算,分别为

$$\begin{matrix} & 0 \quad 1 & & & 1 \quad 2 & \\ \boldsymbol{k}^{(1)} = i & \begin{bmatrix} 4 & 2 \\ 2 & 4 \end{bmatrix} & \begin{matrix} 0 \\ 1 \end{matrix}, & \boldsymbol{k}^{(2)} = i & \begin{bmatrix} 8 & 4 \\ 4 & 8 \end{bmatrix} & \begin{matrix} 1 \\ 2 \end{matrix} \end{matrix}$$

(3)利用单元定位向量 $\boldsymbol{\lambda}^{(e)}$ 集成结构刚度矩阵 $\boldsymbol{K}$。

$$\begin{matrix} & 1 \quad\quad 2 & & & 1 \quad 2 & \\ \boldsymbol{K} = i & \begin{bmatrix} 4+8 & 4 \\ 4 & 8 \end{bmatrix} & \begin{matrix} 1 \\ 2 \end{matrix} = & i & \begin{bmatrix} 12 & 4 \\ 4 & 8 \end{bmatrix} & \begin{matrix} 1 \\ 2 \end{matrix} \end{matrix}$$

(4)计算综合结点荷载列阵 $\boldsymbol{P}$。

先形成单元等效结点荷载列阵 $\boldsymbol{P}_{\mathrm{E}}^{(e)}$,用式(11-24)计算,分别为

$$\boldsymbol{P}_{\mathrm{E}}^{(1)} = -\boldsymbol{T}^{\mathrm{T}}\overline{\boldsymbol{F}}_{\mathrm{P}}^{(1)} = -\overline{\boldsymbol{F}}_{\mathrm{P}}^{(1)} = -\begin{bmatrix} -\dfrac{1}{8}\times 80\times 6 \\ \dfrac{1}{8}\times 80\times 6 \end{bmatrix}\begin{matrix} 0 \\ 1 \end{matrix} = \begin{bmatrix} 60 \\ -60 \end{bmatrix}\begin{matrix} 0 \\ 1 \end{matrix}\ \mathrm{kN\cdot m}$$

$$\boldsymbol{P}_{\mathrm{E}}^{(2)} = -\boldsymbol{T}^{\mathrm{T}}\overline{\boldsymbol{F}}_{\mathrm{P}}^{(2)} = -\overline{\boldsymbol{F}}_{\mathrm{P}}^{(2)} = -\begin{bmatrix} -\dfrac{1}{12}\times 16\times 3^2 \\ \dfrac{1}{12}\times 16\times 3^2 \end{bmatrix}\begin{matrix} 1 \\ 2 \end{matrix} = \begin{bmatrix} 12 \\ -12 \end{bmatrix}\begin{matrix} 1 \\ 2 \end{matrix}\ \mathrm{kN\cdot m}$$

将 $\boldsymbol{P}_{\mathrm{E}}^{(e)}$ 的元素,按 $\boldsymbol{\lambda}^{(e)}$ 的指示集成结构的等效结点荷载列阵 $\boldsymbol{P}_{\mathrm{E}}$

$$\boldsymbol{P}_{\mathrm{E}} = \begin{bmatrix} -60+12 \\ -12 \end{bmatrix}\begin{matrix} 1 \\ 2 \end{matrix} = \begin{bmatrix} -48 \\ -12 \end{bmatrix}\begin{matrix} 1 \\ 2 \end{matrix}$$

计算综合结点荷载列阵 $\boldsymbol{P}$

$$\boldsymbol{P} = \boldsymbol{P}_{\mathrm{J}} + \boldsymbol{P}_{\mathrm{E}} = \begin{bmatrix} 22 \\ 0 \end{bmatrix}\begin{matrix} 1 \\ 2 \end{matrix} + \begin{bmatrix} -48 \\ -12 \end{bmatrix}\begin{matrix} 1 \\ 2 \end{matrix} = \begin{bmatrix} -26 \\ -12 \end{bmatrix}\begin{matrix} 1 \\ 2 \end{matrix}$$

(5)解结构刚度方程求出结点位移列阵。

由结构刚度方程 $\boldsymbol{K\Delta}=\boldsymbol{P}$ 得

$$i\begin{bmatrix} 12 & 4 \\ 4 & 8 \end{bmatrix}\begin{bmatrix} \theta_1 \\ \theta_2 \end{bmatrix} = \begin{bmatrix} -26 \\ -12 \end{bmatrix}$$

解方程,得结点位移 $\boldsymbol{\Delta}$ 为

$$\boldsymbol{\Delta} = \begin{bmatrix} \theta_1 \\ \theta_2 \end{bmatrix} = \frac{1}{i}\begin{bmatrix} -2 \\ -0.5 \end{bmatrix}\begin{matrix} 1 \\ 2 \end{matrix}$$

(6)计算单元杆端内力 $\overline{\boldsymbol{F}}^{(e)}$。

按单元定位向量获取各单元的 $\boldsymbol{\delta}^{(e)}$,分别为

$$\boldsymbol{\delta}^{(1)} = \begin{bmatrix} 0 \\ \theta_1 \end{bmatrix} = \frac{1}{i}\begin{bmatrix} 0 \\ -2 \end{bmatrix}\begin{matrix} 0 \\ 1 \end{matrix},\quad \boldsymbol{\delta}^{(2)} = \begin{bmatrix} \theta_1 \\ \theta_2 \end{bmatrix} = \frac{1}{i}\begin{bmatrix} -2 \\ -0.5 \end{bmatrix}\begin{matrix} 1 \\ 2 \end{matrix}$$

按式(11-29)计算单元杆端力,分别为

$$\overline{\boldsymbol{F}}^{(1)} = \boldsymbol{T}^{(1)}(\boldsymbol{k}^{(1)}\boldsymbol{\delta}^{(1)}) + \overline{\boldsymbol{F}}_{\mathrm{P}}^{(1)} = \boldsymbol{k}^{(1)}\boldsymbol{\delta}^{(1)} + \overline{\boldsymbol{F}}_{\mathrm{P}}^{(1)}$$

$$= i\begin{bmatrix}4 & 2\\ 2 & 4\end{bmatrix}\begin{bmatrix}0\\ -2\end{bmatrix}\frac{1}{i}+\begin{bmatrix}-60\\ 60\end{bmatrix}=\begin{bmatrix}-64\\ 52\end{bmatrix}\begin{matrix}0\\ 1\end{matrix}\ \text{kN}\cdot\text{m}$$

$$\overline{\boldsymbol{F}}^{(2)} = \boldsymbol{T}^{(2)}(\boldsymbol{k}^{(2)}\boldsymbol{\delta}^{(2)})+\overline{\boldsymbol{F}}_{\text{P}}^{(2)} = \boldsymbol{k}^{(2)}\boldsymbol{\delta}^{(2)}+\overline{\boldsymbol{F}}_{\text{P}}^{(2)}$$

$$= i\begin{bmatrix}8 & 4\\ 4 & 8\end{bmatrix}\begin{bmatrix}-2\\ -0.5\end{bmatrix}\frac{1}{i}+\begin{bmatrix}-12\\ 12\end{bmatrix}=\begin{bmatrix}-30\\ 0\end{bmatrix}\begin{matrix}1\\ 2\end{matrix}\ \text{kN}\cdot\text{m}$$

(7)绘制弯矩图。

根据求得的 $\overline{\boldsymbol{F}}^{(1)}$ 和 $\overline{\boldsymbol{F}}^{(2)}$，作出弯矩图，如图 11-16 所示。

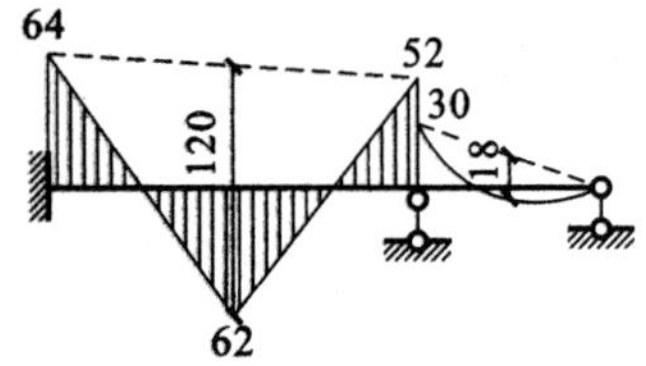

图 11-16

(2)平面桁架。

平面桁架的每个结点有两个独立的位移分量，即沿结构坐标系的 x 轴方向的线位移 u 和沿 y 轴方向的线位移 v。在单元坐标系中的单元刚度矩阵 $\overline{\boldsymbol{k}}^{(e)}$，按式(11-11)计算，即

$$\overline{\boldsymbol{k}}^{(e)} = \begin{bmatrix}\dfrac{EA}{l} & \dfrac{-EA}{l}\\ \dfrac{-EA}{l} & \dfrac{EA}{l}\end{bmatrix}^{(e)}$$

而单元坐标转换矩阵可将式(11-15)中的第 2、3、5、6 行和第 3、6 列的各元素划去，即得

$$\boldsymbol{T} = \begin{bmatrix}\cos\alpha & \sin\alpha & 0 & 0\\ 0 & 0 & \cos\alpha & \sin\alpha\end{bmatrix}^{(e)} \tag{11-30}$$

将 $\overline{\boldsymbol{k}}^{(e)}$、$\boldsymbol{T}$ 代入式(11-20)，可得整体坐标系中的单元刚度矩阵

$$\boldsymbol{k}^{(e)} = \boldsymbol{T}^{\text{T}}\overline{\boldsymbol{k}}^{(e)}\boldsymbol{T} = \frac{EA}{l}\begin{bmatrix}\cos^2\alpha & \sin\alpha\cos\alpha & -\cos^2\alpha & -\sin\alpha\cos\alpha\\ & \sin^2\alpha & -\sin\alpha\cos\alpha & -\sin^2\alpha\\ & & \cos^2\alpha & \sin\alpha\cos\alpha\\ & \text{对称} & & \sin^2\alpha\end{bmatrix} \tag{11-31}$$

形成平面桁架结构刚度矩阵 **K** 的方法与平面刚架相同。对结点位移分量编码应注意，桁架单元的结点角位移不作为基本未知量。

【例 11-4】 试用先处理法计算如图 11-17(a)所示桁架的内力。各杆 EA 相同。

【解】 (1)结构离散化。

建立整体坐标系、单元坐标系，对结点、单元及结点位移未知量统一编码，如图 11-17(b)所示。

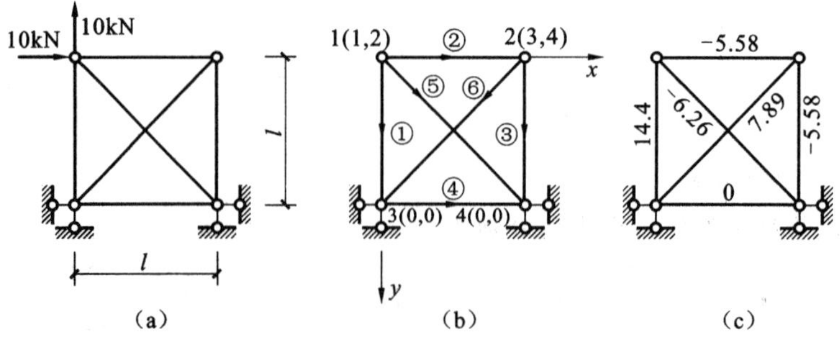

图 11-17

(a)原结构；(b)编号、编码及坐标系；(c)F_{N} 图(kN)

(2)利用式(11-31)形成整体坐标系中的单元刚度矩阵 $\boldsymbol{k}^{(e)}$,并将单元定位向量写在各单元刚度矩阵的上方和右侧。

单元①和单元③:$\alpha=\frac{\pi}{2}$

由式(11-31),可得

$$\begin{array}{c} \begin{matrix} 3 & 4 & 0 & 0 \\ 1 & 2 & 0 & 0 \end{matrix} \\ \boldsymbol{k}^{(1)}=\boldsymbol{k}^{(3)}=\frac{EA}{l}\left[\begin{array}{cc:cc} 0 & 0 & 0 & 0 \\ 0 & 1 & 0 & -1 \\ \hdashline 0 & 0 & 0 & 0 \\ 0 & -1 & 0 & 1 \end{array}\right]\begin{matrix} 1 & 3 \\ 2 & 4 \\ 0 & 0 \\ 0 & 0 \end{matrix} \end{array}$$

单元②和单元④:$\alpha=0$

$$\begin{array}{c} \begin{matrix} 0 & 0 & 0 & 0 \\ 1 & 2 & 3 & 4 \end{matrix} \\ \boldsymbol{k}^{(2)}=\boldsymbol{k}^{(4)}=\frac{EA}{l}\left[\begin{array}{cc:cc} 1 & 0 & -1 & 0 \\ 0 & 0 & 0 & 0 \\ \hdashline -1 & 0 & 1 & 0 \\ 0 & 0 & 0 & 0 \end{array}\right]\begin{matrix} 1 & 0 \\ 2 & 0 \\ 3 & 0 \\ 4 & 0 \end{matrix} \end{array}$$

单元⑤:$\alpha=\frac{\pi}{4}$

$$\begin{array}{c} \begin{matrix} 1 & 2 & 0 & 0 \end{matrix} \\ \boldsymbol{k}^{(5)}=\frac{EA}{l}\times\frac{\sqrt{2}}{4}\left[\begin{array}{cc:cc} 1 & 1 & -1 & -1 \\ 1 & 1 & -1 & -1 \\ \hdashline -1 & -1 & 1 & 1 \\ -1 & -1 & 1 & 1 \end{array}\right]\begin{matrix} 1 \\ 2 \\ 0 \\ 0 \end{matrix} \end{array}$$

单元⑥:$\alpha=\frac{3\pi}{4}$

$$\begin{array}{c} \begin{matrix} 3 & 4 & 0 & 0 \end{matrix} \\ \boldsymbol{k}^{(6)}=\frac{EA}{l}\times\frac{\sqrt{2}}{4}\left[\begin{array}{cc:cc} 1 & -1 & -1 & 1 \\ -1 & 1 & 1 & -1 \\ \hdashline -1 & 1 & 1 & -1 \\ 1 & -1 & -1 & 1 \end{array}\right]\begin{matrix} 3 \\ 4 \\ 0 \\ 0 \end{matrix} \end{array}$$

(3)利用单元定位向量形成结构刚度矩阵 $\boldsymbol{K}$。

$$\begin{array}{c} \begin{matrix} 1 & 2 & 3 & 4 \end{matrix} \\ \boldsymbol{K}=\frac{EA}{l}\begin{bmatrix} 1.35 & 0.35 & -1 & 0 \\ 0.35 & 1.35 & 0 & 0 \\ -1 & 0 & 1.35 & 0.35 \\ 0 & 0 & 0.35 & 1.35 \end{bmatrix}\begin{matrix} 1 \\ 2 \\ 3 \\ 4 \end{matrix} \end{array}$$

(4)形成结构的综合结点荷载列阵 $\boldsymbol{P}$。

由图 11-17(a)和图 11-17(b),可直接根据作用在结点 1 上的结点荷载 $\boldsymbol{P}_{\mathrm{J}}$ 形成,即

$$\boldsymbol{P}=\boldsymbol{P}_{\mathrm{J}}=\begin{matrix} 1 & 2 & 3 & 4 \\ [10 & -10 & 0 & 0]^{\mathrm{T}} \end{matrix}$$

(5)形成结构刚度方程 $\boldsymbol{K\Delta}=\boldsymbol{P}$,即

$$\frac{EA}{l}\begin{bmatrix} 1.35 & 0.35 & -1 & 0 \\ 0.35 & 1.35 & 0 & 0 \\ -1 & 0 & 1.35 & 0.35 \\ 0 & 0 & 0.35 & 1.35 \end{bmatrix}\begin{bmatrix} u_1 \\ v_1 \\ u_2 \\ v_2 \end{bmatrix}=\begin{bmatrix} 10 \\ -10 \\ 0 \\ 0 \end{bmatrix}$$

(6)解方程,得结点位移 $\boldsymbol{\Delta}$ 为

$$\begin{bmatrix} u_1 \\ v_1 \\ u_2 \\ v_2 \end{bmatrix}=\frac{l}{EA}\begin{bmatrix} 26.94 \\ -14.42 \\ 21.36 \\ 5.58 \end{bmatrix}\begin{matrix} 1 \\ 2 \\ 3 \\ 4 \end{matrix}$$

(7)计算各单元轴力 $\overline{\boldsymbol{F}}^{(e)}$。

$$\overline{\boldsymbol{F}}^{(1)}=\boldsymbol{TF}^{(1)}=\boldsymbol{Tk}^{(1)}\boldsymbol{\delta}^{(1)}$$

$$=\begin{bmatrix} 0 & 1 & 0 & 0 \\ -1 & 0 & 0 & 0 \\ 0 & 0 & 0 & 1 \\ 0 & 0 & -1 & 0 \end{bmatrix}\begin{bmatrix} 0 & 0 & 0 & 0 \\ 0 & 1 & 0 & -1 \\ 0 & 0 & 0 & 0 \\ 0 & -1 & 0 & 1 \end{bmatrix}\begin{bmatrix} 26.94 \\ -14.42 \\ 0 \\ 0 \end{bmatrix}\begin{matrix} 1 \\ 2 \\ 0 \\ 0 \end{matrix}=\begin{bmatrix} -14.4 \\ 0 \\ 14.4 \\ 0 \end{bmatrix}\mathrm{kN}$$

$$\overline{\boldsymbol{F}}^{(2)}=\boldsymbol{F}^{(2)}=\boldsymbol{k}^{(2)}\boldsymbol{\delta}^{(2)}$$

$$=\begin{bmatrix} 1 & 0 & -1 & 0 \\ 0 & 0 & 0 & 0 \\ -1 & 0 & 1 & 0 \\ 0 & 0 & 0 & 0 \end{bmatrix}\begin{bmatrix} 26.94 \\ -14.42 \\ 21.36 \\ 5.58 \end{bmatrix}\begin{matrix} 1 \\ 2 \\ 3 \\ 4 \end{matrix}=\begin{bmatrix} 5.58 \\ 0 \\ -5.58 \\ 0 \end{bmatrix}\mathrm{kN}$$

$$\overline{\boldsymbol{F}}^{(3)}=\boldsymbol{Tk}^{(3)}\boldsymbol{\delta}^{(3)}$$

$$=\begin{bmatrix} 0 & 1 & 0 & 0 \\ -1 & 0 & 0 & 0 \\ 0 & 0 & 0 & 1 \\ 0 & 0 & -1 & 0 \end{bmatrix}\begin{bmatrix} 0 & 0 & 0 & 0 \\ 0 & 1 & 0 & -1 \\ 0 & 0 & 0 & 0 \\ 0 & -1 & 0 & 1 \end{bmatrix}\begin{bmatrix} 21.36 \\ 5.58 \\ 0 \\ 0 \end{bmatrix}\begin{matrix} 3 \\ 4 \\ 0 \\ 0 \end{matrix}=\begin{bmatrix} 5.58 \\ 0 \\ -5.58 \\ 0 \end{bmatrix}\mathrm{kN}$$

$$\overline{\boldsymbol{F}}^{(4)}=\boldsymbol{F}^{(4)}=\boldsymbol{k}^{(4)}\boldsymbol{\delta}^{(4)}=\mathbf{0}\mathrm{kN}$$

$$\overline{\boldsymbol{F}}^{(5)}=\boldsymbol{Tk}^{(5)}\boldsymbol{\delta}^{(5)}$$

$$=\frac{\sqrt{2}}{2}\begin{bmatrix} 1 & 1 & 0 & 0 \\ -1 & 1 & 0 & 0 \\ 0 & 0 & 1 & 1 \\ 0 & 0 & -1 & 1 \end{bmatrix}\times\frac{\sqrt{2}}{4}\begin{bmatrix} 1 & 1 & -1 & -1 \\ 1 & 1 & -1 & -1 \\ -1 & -1 & 1 & 1 \\ -1 & -1 & 1 & 1 \end{bmatrix}\begin{bmatrix} 26.94 \\ -14.42 \\ 0 \\ 0 \end{bmatrix}\begin{matrix} 1 \\ 2 \\ 0 \\ 0 \end{matrix}=\begin{bmatrix} 6.26 \\ 0 \\ -6.26 \\ 0 \end{bmatrix}\mathrm{kN}$$

$$\overline{\boldsymbol{F}}^{(6)}=\boldsymbol{Tk}^{(6)}\boldsymbol{\delta}^{(6)}$$

$$=\frac{\sqrt{2}}{2}\begin{bmatrix} -1 & 1 & & \\ -1 & -1 & & \\ & & -1 & 1 \\ & & -1 & -1 \end{bmatrix}\times\frac{\sqrt{2}}{4}\begin{bmatrix} 1 & -1 & -1 & 1 \\ -1 & 1 & 1 & -1 \\ -1 & 1 & 1 & -1 \\ 1 & -1 & -1 & 1 \end{bmatrix}\begin{bmatrix} 21.36 \\ 5.58 \\ 0 \\ 0 \end{bmatrix}\begin{matrix} 3 \\ 4 \\ 0 \\ 0 \end{matrix}=\begin{bmatrix} -7.89 \\ 0 \\ 7.89 \\ 0 \end{bmatrix}\mathrm{kN}$$

各杆内力值标注在图 11-17(c)中桁架各杆杆旁。各结点杆内力平衡,计算正确。

(3)平面刚架。

【例 11-5】 试用先处理法计算例 11-2 中图 11-14(a)[这里重绘于图 11-18(a)]所示刚架的内力。已知各杆 $EA=4.8\times10^6\,\text{kN}$，$EI=0.9\times10^5\,\text{kN}\cdot\text{m}^2$。

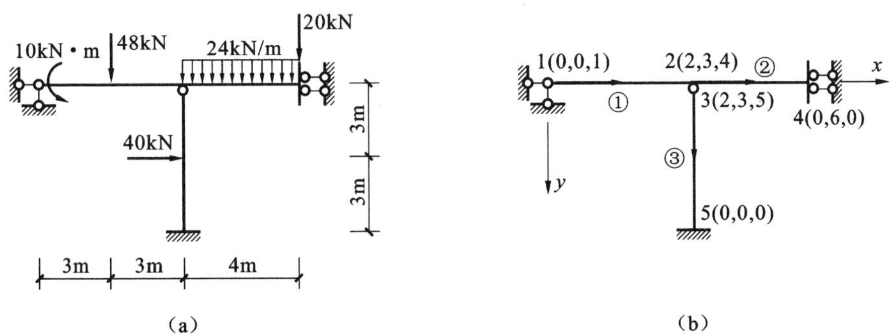

图 11-18

【解】 (1)结构离散化。

建立整体坐标系、单元坐标系，对结点、单元及结点位移未知量统一编码，如图 11-18(b)所示。各单元定位向量为

$$\boldsymbol{\lambda}^{(1)}=[0\ 0\ 1\ \vdots\ 2\ 3\ 4]^{\mathrm{T}},\quad \boldsymbol{\lambda}^{(2)}=[2\ 3\ 4\ \vdots\ 0\ 6\ 0]^{\mathrm{T}},\quad \boldsymbol{\lambda}^{(3)}=[2\ 3\ 5\ \vdots\ 0\ 0\ 0]^{\mathrm{T}}$$

(2)形成整体坐标系中的单元刚度矩阵 $\boldsymbol{k}^{(e)}$。

按式(11-21)和式(11-22)直接计算，分别为

单元①：

$$\begin{matrix} & 0 & 0 & 1 & 2 & 3 & 4 & \\ \boldsymbol{k}^{(1)}=10^4\times & \left[\begin{array}{ccc:ccc} 80 & 0 & 0 & -80 & 0 & 0 \\ 0 & 0.5 & 1.5 & 0 & -0.5 & 1.5 \\ 0 & 1.5 & 6.0 & 0 & -1.5 & 3.0 \\ \hdashline -80 & 0 & 0 & 80 & 0 & 0 \\ 0 & -0.5 & -1.5 & 0 & 0.5 & -1.5 \\ 0 & 1.5 & 3.0 & 0 & -1.5 & 6.0 \end{array}\right] & \begin{matrix} 0\\0\\1\\2\\3\\4 \end{matrix} \end{matrix}$$

单元②：

$$\begin{matrix} & 2 & 3 & 4 & 0 & 6 & 0 & \\ \boldsymbol{k}^{(2)}=10^4\times & \left[\begin{array}{ccc:ccc} 120 & 0 & 0 & -120 & 0 & 0 \\ 0 & 1.688 & 3.375 & 0 & -1.688 & 3.375 \\ 0 & 3.375 & 9.0 & 0 & -3.375 & 4.5 \\ \hdashline -120 & 0 & 0 & 120 & 0 & 0 \\ 0 & -1.688 & -3.375 & 0 & 1.688 & -3.375 \\ 0 & 3.375 & 4.5 & 0 & -3.375 & 9.0 \end{array}\right] & \begin{matrix} 2\\3\\4\\0\\6\\0 \end{matrix} \end{matrix}$$

单元③：

$$
\boldsymbol{k}^{(3)}=10^4\times\begin{bmatrix}0.5 & 0 & -1.5 & -0.5 & 0 & -1.5\\0 & 80 & 0 & 0 & -80 & 0\\-1.5 & 0 & 6.0 & 1.5 & 0 & 3.0\\-0.5 & 0 & 1.5 & 0.5 & 0 & 1.5\\0 & -80 & 0 & 0 & 80 & 0\\-1.5 & 0 & 3.0 & 1.5 & 0 & 6.0\end{bmatrix}\begin{matrix}2\\3\\5\\0\\0\\0\end{matrix}
$$

(列编号:2 3 5 0 0 0)

(3)利用单元定位向量 $\boldsymbol{\lambda}^{(e)}$ 集成结构刚度矩阵 $\boldsymbol{K}$。

$$
\boldsymbol{K}=10^4\times\begin{bmatrix}6.0 & 0 & -1.5 & 3.0 & 0 & 0\\0 & 200.5 & 0 & 0 & -1.5 & 0\\-1.5 & 0 & 82.188 & 1.875 & 0 & -1.688\\3.0 & 0 & 1.875 & 15.0 & 0 & -3.375\\0 & -1.5 & 0 & 0 & 6.0 & 0\\0 & 0 & -1.688 & -3.375 & 0 & 1.688\end{bmatrix}\begin{matrix}1\\2\\3\\4\\5\\6\end{matrix}
$$

(列编号:1 2 3 4 5 6)

(4)计算综合结点荷载列阵 $\boldsymbol{P}$。

已在例 11-2 中求得,为

$$
\boldsymbol{P}=[26\quad 20\quad 72\quad -4\quad -30\quad 68]^{\mathrm{T}}
$$

(5)形成结构刚度方程 $\boldsymbol{K\Delta}=\boldsymbol{P}$,即

$$
10^4\times\begin{bmatrix}6.0 & 0 & -1.5 & 3.0 & 0 & 0\\0 & 200.5 & 0 & 0 & -1.5 & 0\\-1.5 & 0 & 82.188 & 1.875 & 0 & -1.688\\3.0 & 0 & 1.875 & 15.0 & 0 & -3.375\\0 & -1.5 & 0 & 0 & 6.0 & 0\\0 & 0 & -1.688 & -3.375 & 0 & 1.688\end{bmatrix}\begin{bmatrix}\theta_1\\u_2\\v_2\\\theta_2\\\theta_3\\v_4\end{bmatrix}=\begin{bmatrix}26\\20\\72\\-4\\-30\\68\end{bmatrix}
$$

(6)解方程,得结点位移 $\boldsymbol{\Delta}$ 为

$$
\boldsymbol{\Delta}=\begin{bmatrix}\theta_1\\u_2\\v_2\\\theta_2\\\theta_3\\v_4\end{bmatrix}=10^{-4}\times\begin{bmatrix}-4.09347\\0.06246\\1.99549\\17.85130\\-4.98438\\77.99450\end{bmatrix}\begin{matrix}1\\2\\3\\4\\5\\6\end{matrix}
$$

(7)计算单元杆端内力 $\overline{\boldsymbol{F}}^{(e)}$。

按式(11-29)计算各单元杆端内力,分别为:

单元①:$\alpha=0$

$\overline{\boldsymbol{F}}^{(1)}=\boldsymbol{k}^{(1)}\boldsymbol{\delta}^{(1)}+\overline{\boldsymbol{F}}_{P}^{(1)}$

单元定位向量 ↓

$$=\begin{bmatrix} 80 & 0 & 0 & -80 & 0 & 0 \\ 0 & 0.5 & 1.5 & 0 & -0.5 & 1.5 \\ 0 & 1.5 & 6.0 & 0 & -1.5 & 3.0 \\ -80 & 0 & 0 & 80 & 0 & 0 \\ 0 & -0.5 & -1.5 & 0 & 0.5 & -1.5 \\ 0 & 1.5 & 3.0 & 0 & -1.5 & 6.0 \end{bmatrix}\begin{bmatrix} 0 \\ 0 \\ -4.09343 \\ 0.06246 \\ 1.99549 \\ 17.85130 \end{bmatrix}\begin{matrix} 0 \\ 0 \\ 1 \\ 2 \\ 3 \\ 4 \end{matrix}+\begin{bmatrix} 0 \\ -24 \\ -36 \\ 0 \\ -24 \\ 36 \end{bmatrix}=\begin{bmatrix} -4.9969 \\ -4.3609 \\ -10.0000 \\ 4.9969 \\ -43.6391 \\ 127.8345 \end{bmatrix}$$

单元②：$\alpha=0$

$\overline{\boldsymbol{F}}^{(2)}=\boldsymbol{k}^{(2)}\boldsymbol{\delta}^{(2)}+\overline{\boldsymbol{F}}_{P}^{(2)}$

单元定位向量 ↓

$$=\begin{bmatrix} 120 & 0 & 0 & -120 & 0 & 0 \\ 0 & 1.688 & 3.375 & 0 & -1.688 & 3.375 \\ 0 & 3.375 & 9.0 & 0 & -3.375 & 4.5 \\ -120 & 0 & 0 & 120 & 0 & 0 \\ 0 & -1.688 & -3.375 & 0 & 1.688 & -3.375 \\ 0 & 3.375 & 4.5 & 0 & -3.375 & 9.0 \end{bmatrix}\begin{bmatrix} 0.06246 \\ 1.99549 \\ 17.85130 \\ 0 \\ 77.99450 \\ 0 \end{bmatrix}\begin{matrix} 2 \\ 3 \\ 4 \\ 0 \\ 6 \\ 0 \end{matrix}$$

$$+\begin{bmatrix} 0 \\ -48 \\ -32 \\ 0 \\ -48 \\ 32 \end{bmatrix}=\begin{bmatrix} 7.4953 \\ -116.0000 \\ -127.8345 \\ -7.4953 \\ 20.0000 \\ -144.1655 \end{bmatrix}$$

单元③：$\alpha=\pi/2$

$\overline{\boldsymbol{F}}^{(3)}=\boldsymbol{T}^{(3)}\boldsymbol{F}^{(3)}+\overline{\boldsymbol{F}}_{P}^{(3)}=\boldsymbol{T}^{(3)}(\boldsymbol{k}^{(3)}\boldsymbol{\delta}^{(3)})+\overline{\boldsymbol{F}}_{P}^{(3)}$

$$=\begin{bmatrix} 0 & 1 & 0 & 0 & 0 & 0 \\ -1 & 0 & 0 & 0 & 0 & 0 \\ 0 & 0 & 1 & 0 & 0 & 0 \\ 0 & 0 & 0 & 0 & 1 & 0 \\ 0 & 0 & 0 & -1 & 0 & 0 \\ 0 & 0 & 0 & 0 & 0 & 1 \end{bmatrix}\begin{bmatrix} 0.5 & 0 & -1.5 & -0.5 & 0 & -1.5 \\ 0 & 80 & 0 & 0 & -80 & 0 \\ -1.5 & 0 & 6.0 & 1.5 & 0 & 3.0 \\ -0.5 & 0 & 1.5 & 0.5 & 0 & 1.5 \\ 0 & -80 & 0 & 0 & 80 & 0 \\ -1.5 & 0 & 3.0 & 1.5 & 0 & 6.0 \end{bmatrix}$$

单元定位向量 ↓

$$\begin{bmatrix} 0.06246 \\ 1.99549 \\ -4.98438 \\ 0 \\ 0 \\ 0 \end{bmatrix}\begin{matrix} 2 \\ 3 \\ 5 \\ 0 \\ 0 \\ 0 \end{matrix}+\begin{bmatrix} 0 \\ 20 \\ 30 \\ 0 \\ 20 \\ -30 \end{bmatrix}=\begin{bmatrix} 159.6391 \\ 12.4922 \\ 0.0000 \\ -159.6391 \\ 27.5078 \\ -45.0468 \end{bmatrix}$$

(8)绘制内力图。

三个内力图分别如图11-19(a)、(b)、(c)所示。

fortran矩阵位移法教程+Midas矩阵法求解两层框架

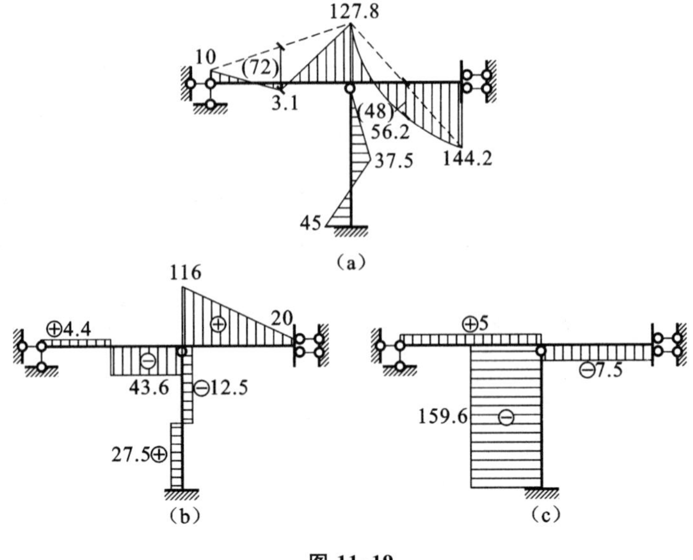

图 11-19

(a)M图(kN·m);(b)F_Q图(kN);(c)F_N图(kN)

本章小结

(1)矩阵位移法是位移法和数学矩阵结合的产物,其基本原理和位移法相同,仍以结点位移分量为基本未知量,通过结点平衡条件(刚度方程)来求解这些未知量。

(2)矩阵位移法有三个基本要点:结构离散化、单元分析、整体分析。可以理解为先将结构"拆散",再重新"装配"成原结构的过程。

在形成结构刚度矩阵$\boldsymbol{K}$和综合结点荷载列阵$\boldsymbol{P}$的过程中,均包含了先做单元分析,再做整体分析的步骤,具体请参见11.7.2节。

单元定位向量$\boldsymbol{\lambda}^{(e)}$是使单元分析和整体分析正常运作的至关重要的组织者,它在集成总刚$\boldsymbol{K}$和结构等效结点荷载列阵$\boldsymbol{P}_E$,以及从求解出的结点位移$\boldsymbol{\Delta}$中取出各单元杆端位移$\boldsymbol{\delta}^{(e)}$的过程中,起着重要的作用。

(3) 为了加深对矩阵位移法的理解,以及加强对了解计算机程序的实践。

思考题

11-1　什么是结构的离散化?单元划分应注意些什么?

11-2　为什么自由单元(一般单元)的单元刚度矩阵是奇异矩阵?

11-3　单元刚度矩阵各元素的物理意义是什么?试说明一般单元刚度矩阵中第2行及第6列元素的物理意义。

11-4　自由单元的单元刚度矩阵是奇异的,由它们集成的先处理法结构刚度矩阵是不是也是奇异的?为什么?

11-5 刚架中的铰结点是如何处理的？为什么其铰结点的角位移在矩阵位移法中作为基本未知量，而在位移法中却不作为基本未知量？

11-6 在矩阵位移法中，为什么要将非结点荷载转化为等效结点荷载？

11-7 矩阵位移法中的结构刚度方程 $\boldsymbol{K\Delta}=\boldsymbol{P}$ 与位移法基本方程有何异同？

11-8 矩阵位移法计算出的单元在整体坐标系中的杆端力是否是该单元的内力，为什么？

11-9 什么叫单元定位向量？它的作用是什么？

11-10 什么是等效结点荷载？矩阵位移法的等效结点荷载与位移法基本体系中附加约束的约束反力相同吗？

11-11 当忽略轴向变形时，刚架结构的结点未知量会有何改变？试举例说明。

习题

11-1 试根据单元刚度矩阵元素的物理意义，直接求出如图 11-20 所示刚架的 $\bar{\boldsymbol{k}}^{(1)}$ 中元素 $\bar{k}_{11}^{(1)}$、$\bar{k}_{23}^{(1)}$、$\bar{k}_{35}^{(1)}$ 的值以及 $\boldsymbol{k}^{(1)}$ 中元素 $k_{11}^{(1)}$、$k_{23}^{(1)}$、$k_{35}^{(1)}$ 的值。

11-2 试根据结构刚度矩阵元素的物理意义，直接求出如图 11-21 所示刚架结构刚度矩阵中的元素 k_{11}、k_{21}、k_{32} 的值。各杆 E、A、I 相同。

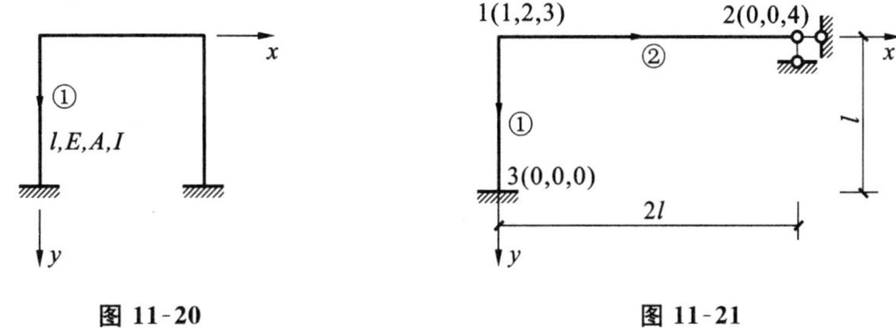

图 11-20　　　　图 11-21

11-3 试用简图表示如图 11-22 所示刚架的单元刚度矩阵 $\bar{\boldsymbol{k}}^{(1)}$ 中元素 $\bar{k}_{23}^{(1)}$，$\boldsymbol{k}^{(2)}$ 中元素 $k_{44}^{(2)}$ 的物理意义。

11-4 如图 11-23 所示刚架各单元杆长为 l，EA、EI 为常数。试根据单元刚度矩阵元素的物理意义，写出单元刚度矩阵 $\boldsymbol{k}^{(1)}$、$\boldsymbol{k}^{(2)}$ 的第 3 列和第 5 列元素。

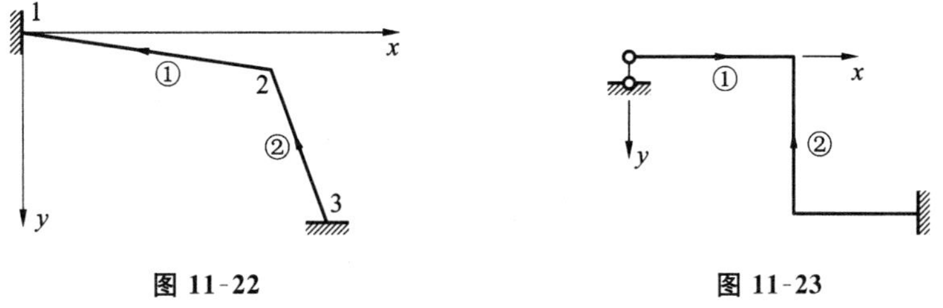

图 11-22　　　　图 11-23

11-5 试用先处理法，对如图 11-24 所示结构进行单元编号、结点编号和结点位移分量编码，并写出各单元的定位向量。

11-6 试用先处理法形成如图 11-25 所示结构的综合结点荷载列阵。

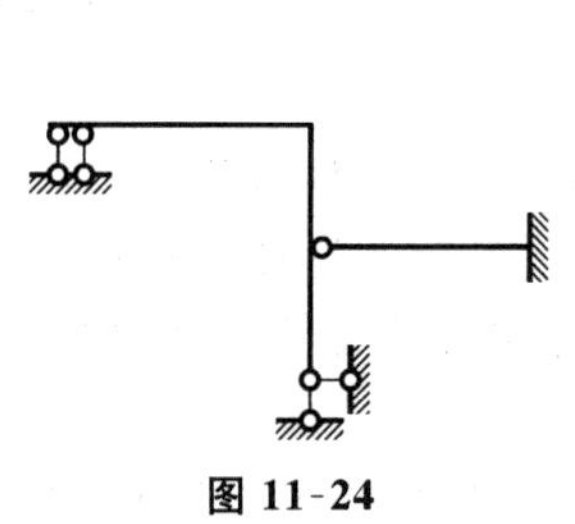
图 11-24

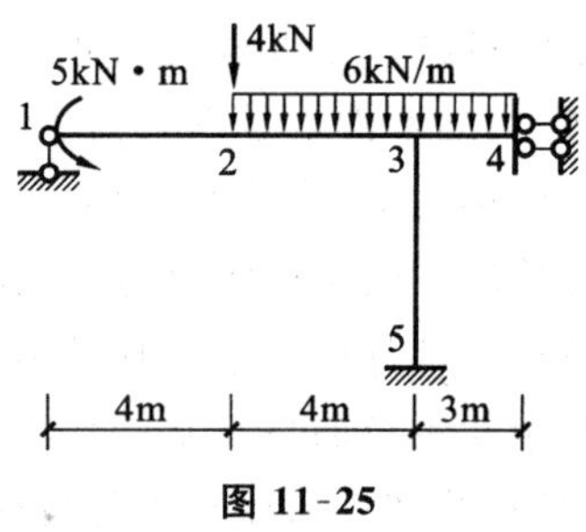

图 11-25

11-7　试用先处理法求如图 11-26 所示连续梁的结构刚度矩阵和综合结点荷载列阵。已知：$EI=2.4\times10^4\,\text{kN}\cdot\text{m}^2$。

11-8　试用先处理法求如图 11-27 所示结构刚度矩阵。忽略杆件的轴向变形，各杆 $EI=5\times10^5\,\text{kN}\cdot\text{m}^2$。

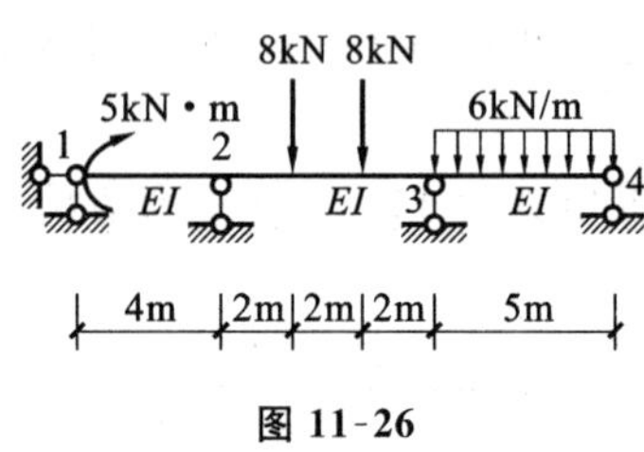

图 11-26

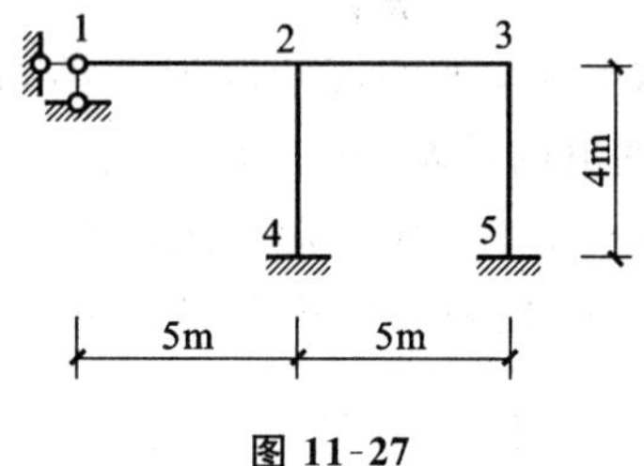

图 11-27

11-9　试用先处理法建立如图 11-28 所示结构的矩阵位移法方程。已知：各杆 $EA=4\times10^5\,\text{kN}$，$EI=5\times10^4\,\text{kN}\cdot\text{m}^2$。

11-10　试用先处理法计算如图 11-29 所示刚架的结构刚度矩阵。已知：$EA=3.2\times10^5\,\text{kN}$，$EI=4.8\times10^4\,\text{kN}\cdot\text{m}^2$。

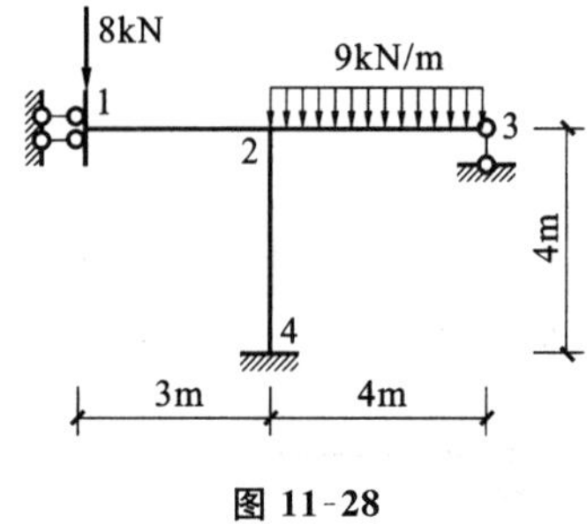

图 11-28

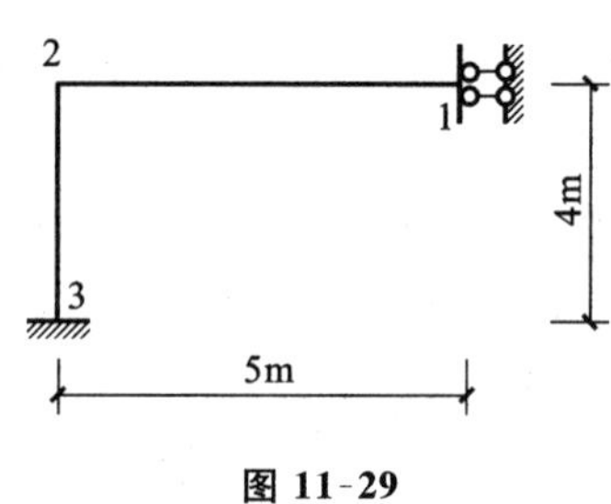

图 11-29

11-11　试用先处理法计算如图 11-30 所示组合结构的刚度矩阵 $\boldsymbol{K}$。已知：梁杆单元的 $EA=3.2\times10^5\,\text{kN}$，$EI=4.8\times10^4\,\text{kN}\cdot\text{m}^2$，链杆单元的 $EA=2.4\times10^5\,\text{kN}$。

11-12　若用先处理法计算如图 11-31 所示结构，则在结构刚度矩阵 $\boldsymbol{K}$ 中零元素的个数至少有多少个？

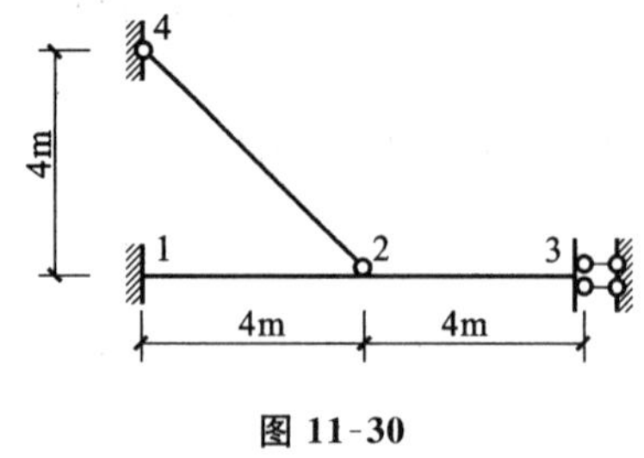

图 11-30

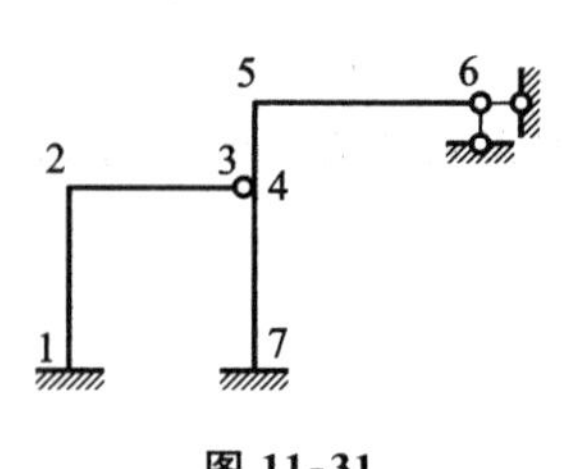

图 11-31

11-13 试用矩阵位移法计算如图 11-32 所示连续梁,并画出弯矩图。各杆 EI=常数。

11-14 试用先处理法计算如图 11-33 所示刚架的内力,并绘内力图。已知:各杆 $E=3\times10^{7}\mathrm{kN/m^2}$,$A=0.16\mathrm{m^2}$,$I=0.002\mathrm{m^4}$。

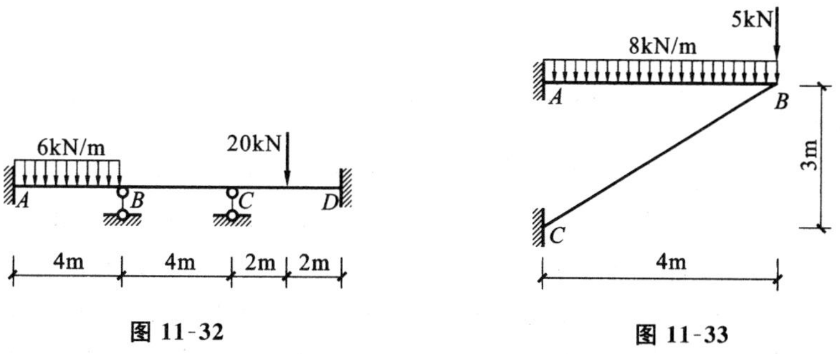

图 11-32

图 11-33

11-15 试用矩阵位移法计算如图 11-34 所示平面桁架的内力。已知:$E=3\times10^{7}\mathrm{kN/m^2}$,各杆 $A=0.1\mathrm{m^2}$。

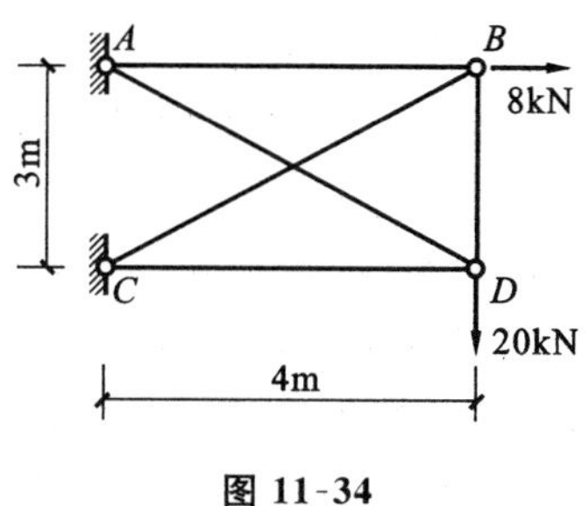

图 11-34

参考文献

[1] 萧允徽,张来仪. 结构力学Ⅰ. 3 版. 北京:机械工业出版社,2018.

[2] 萧允徽,张来仪. 结构力学Ⅱ. 3 版. 北京:机械工业出版社,2018.

[3] 赵更新. 结构力学. 北京:中国水利水电出版社,知识产权出版社,2004.

[4] 文国治. 结构力学. 2 版. 重庆:重庆大学出版社,2022.

12 结构的动力计算

【内容提要】

本章主要内容包括：结构的动力自由度；单自由度体系自由振动微分方程的建立和自振频率(周期)的计算；单自由度体系在简谐荷载作用下动位移和动内力的计算；共振的概念及避免共振的途径；两个自由度体系自由振动微分方程的建立和自振频率、振型的计算。本章教学内容的重点是：结构动力分析的基本概念；结构的动力自由度；单自由度体系自由振动微分方程的建立和自振频率(周期)的计算；两个自由度体系自由振动微分方程的建立和自振频率、振型的计算；在简谐荷载作用下动位移和动内力的计算；共振的概念及避免共振的途径。本章教学内容的难点是：结构动力自由度；简谐荷载与结构质量的惯性力作用线不重合时的振动微分方程的建立及动位移、动内力计算；对结构受迫振动时动位移各影响因素的分析。

【能力要求】

通过本章的学习，学生应掌握确定结构体系动力自由度数目的方法；熟练掌握计算单自由度体系自由振动的刚度法和柔度法；掌握无阻尼单自由度体系在简谐荷载作用下的动力反应的计算方法；熟练掌握计算两个自由度体系自由振动的刚度法和柔度法；了解两个自由度体系在简谐荷载作用下的受迫振动；了解阻尼对振动的影响。

【价值塑造】

“振动”在我们的日常生活中有广泛的表现和应用。这些振动有时是有益的，有时也可能是有害的，某些医疗成像技术(如超声波成像)可以利用声波的振动来探查人体内部结构；核潜艇中的声呐系统，可以利用声波的振动探测、导航和通信。而振动也有有害的一面，例如2000年伦敦的千禧桥在开放几天后就因行人引起的共振而关闭。因此，正确的动力计算对于防灾减灾就格外重要。在现代建筑中，我们可以通过结构动力计算来设计减隔震装置，以提高建筑的抗震性能。工程师计算评估建筑物的自然振动频率、振动模式和地震输入能量，通过调整隔震支座的刚度和阻尼，使建筑物的自振频率与地震激励的主要频率不一致，从而降低建筑的响应。又比如，调谐质量阻尼器是一种安装在建筑物中的附加质量系统，它通过与主结构共振相抵消的方式来减少建筑物的振动。这些抗震技术的设计和实施都依赖精确的结构动力分析，工程师使用各种软件工具进行模拟，以确保设计的效果能满足安全标准。

上述工程案例以及技术方案，旨在结合专业知识与社会责任、国家意识等，使学生在进行专业学习的同时，提升对工程伦理和社会责任的认识。

12.1 概 述

12.1.1 静力荷载和动力荷载概述

神奇的同步现象（伦敦千禧桥）＋汶川大地震＋隔震支座

土木工程结构经常遇到两种不同性质的荷载，即静力荷载和动力荷载。

(1)静力荷载。

静力荷载是指大小、方向和作用位置不随时间变化或变化非常缓慢的荷载。这类荷载使结构产生的惯性力较小因而可以忽略不计。

(2)动力荷载。

动力荷载是指其大小、方向和作用位置随时间而明显变化的荷载。这类荷载作用下引起的各质点的加速度以及结构的惯性力是不能忽略的，由它所引起的内力和变形都是时间的函数。

静力荷载作用下的结构计算称为结构静力计算，前面各章论述了结构在静力荷载作用下的内力和位移计算问题。

动力荷载作用下的结构计算称为结构动力计算，与静力荷载计算相比，考虑惯性力的影响是结构动力学计算最主要的特点。

由动力荷载作用使结构所产生的内力和位移称为动内力和动位移，并统称为动力响应。通过对结构的动力计算可以保证结构的强度要求，保证结构在振动中的位移、速度和加速度在规定的范围以内。

土木工程中常见的动力计算有：动力基础的振动、多层厂房楼板的振动、抗震和抗风计算、减振和隔振设计、高速行驶的车辆使桥梁结构产生的振动等。

12.1.2 动力荷载的分类

动力荷载按其随时间变化的规律来分，主要有以下几类：

(1)周期荷载。

同期荷载是指随时间作周期性变化的荷载。其中，最为常见的为按正弦或余弦函数规律改变的周期荷载，称为简谐荷载。如图 12-1 所示，具有偏心质量的机器运转时，传到结构上的偏心力 $F_P(t)$ 随时间 t 的变化规律，可用 $F\sin\theta t$ 或 $F\cos\theta t$ 表示。

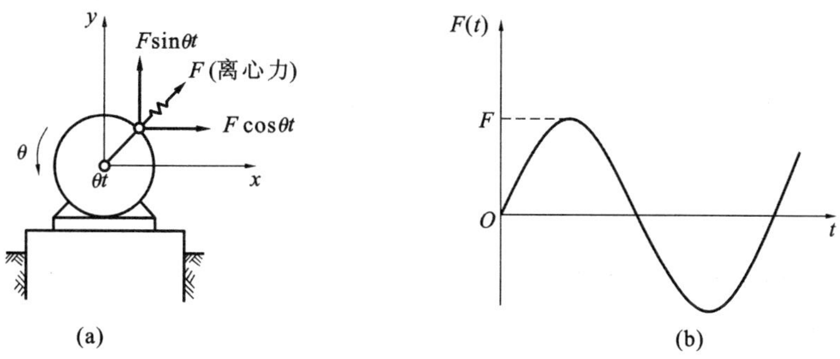

图 12-1

(a)机器运转；(b)简谐荷载

(2)冲击荷载。

冲击荷载是指荷载在很短时间内,荷载值急剧增大或急剧减小,如爆炸引起的冲击波对结构的作用。如图 12-2(a)所示属于急剧增大荷载;图 12-2(b)属于急剧减小荷载。

(3)突加荷载。

突加荷载是指以某一恒值突然施加到结构上,并一直作用在结构上或在结构上持续作用了较长时间的荷载,其函数曲线如图 12-2(c)所示。例如,起重机突然起吊重物时所产生的荷载等。

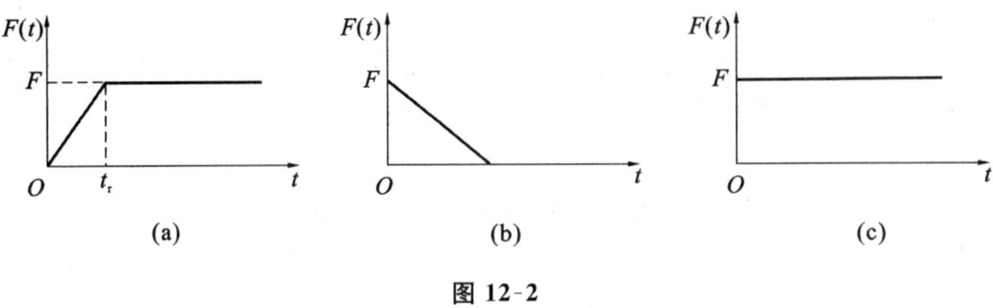

图 12-2

(4)随机荷载。

随机荷载的特点是不能事先确定随时间变化的函数关系,其对结构的作用需借助概率和数理统计的方法来分析。如地震作用时地面运动的加速度和风压作用时结构表面的脉动风压,均属于随机荷载,如图 12-3 所示。

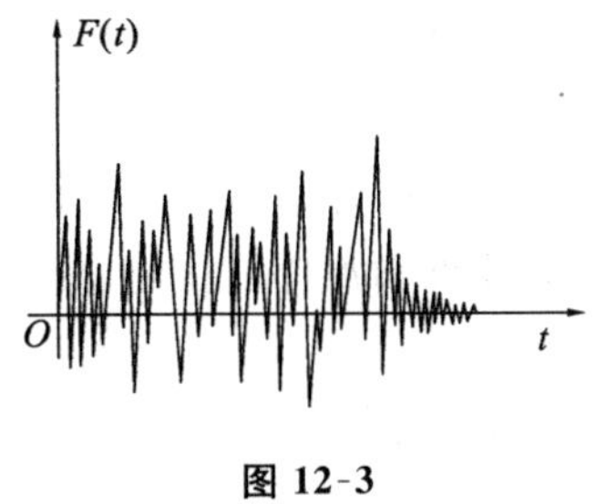

图 12-3

需要指出的是,一种荷载能否作为动力荷载,与结构本身的动力特性有关。某一荷载对一些结构可看作静载,对另一些结构则需看作动力荷载,这主要与荷载及结构的自振周期有关。一般来说,当动力荷载的周期大于结构自振周期 5 倍以上时,动力作用较小,可看作静载以简化计算。

12.1.3 结构体系的动力自由度

(1)动力自由度的概念。

发生振动的结构称为振动体系。实际的振动体系通常是非常复杂的,在研究振动体系的振动问题时总要将其简化成理想的力学模型或计算简图。与静力学不同的是,在动力计算中要计算的量有位移、速度、加速度、内力、惯性力等,它们之间由物理方程、运动方程等相互联系,并不是独立的。当求出质点的位移后,求导数即可确定速度、加速度,有了加速度即可确定惯性力,从而按静力分析方法确定内力。一个体系有多少基本未知量,或者说有多少未知的基本位移,可通过分析体系的动力自由度来确定。

一个体系的动力自由度,是指确定体系上所有质点的位置所需要的独立几何参数的数目。具有 1 个自由度的体系称为单自由度体系,自由度大于 1 的体系称为多自由度体系。

(2)动力自由度的确定方法。

实际结构的质量都是连续分布的,严格说来,都是无限自由度体系。具体计算时,常采用集中质量法进行简化,即把连续分布的质量(根据静力等效原则)集中为几个质点,将一个无限自由度的问题简化成有限自由度问题。

例如,图 12-4(a)所示为一简支梁,跨中放有重物 W。当梁本身质量远小于重物的质量时,可以不考虑梁的质量,取图 12-4(b)为计算简图,这是一个典型的单自由度体系。

对于如图 12-5(a)所示的铰接排架,当计算水平力作用下结构的水平振动时,因厂房的屋盖、

图 12-4

屋架的质量较大，柱的质量相对较小，可将柱的质量集中于柱两端，并将排架的质量都集中于柱的顶部。在水平振动时，可忽略屋架与柱子的轴向变形，认为排架两柱的柱顶水平位移相同。因此，该结构可简化为单自由度体系，如图 12-5(b)所示为计算简图。

对于如图 12-6(a)所示两层刚架，计算侧向振动时，采用上述类似的方法，可简化为质量集中于楼层的两个自由度体系，取图 12-6(b)为计算简图。

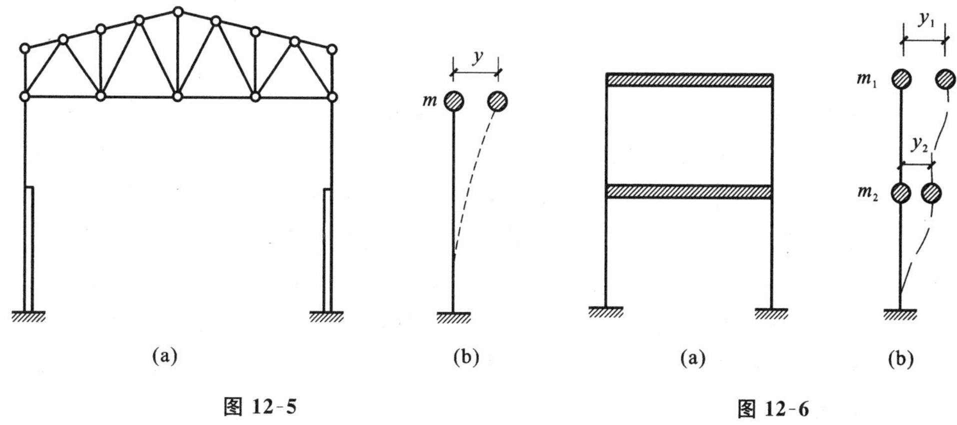

图 12-5　　　　图 12-6

注意，体系的动力自由度仅与确定质点位置所需独立几何参数的数目有关，而与结构中质点的数目和结构的几何组成没有关系。如图 12-7(a)所示的静定刚架上只有一个质点，但为两个自由度体系；而图 12-7(b)所示的超静定刚架柱顶上有两个质点，但却是单自由度体系。

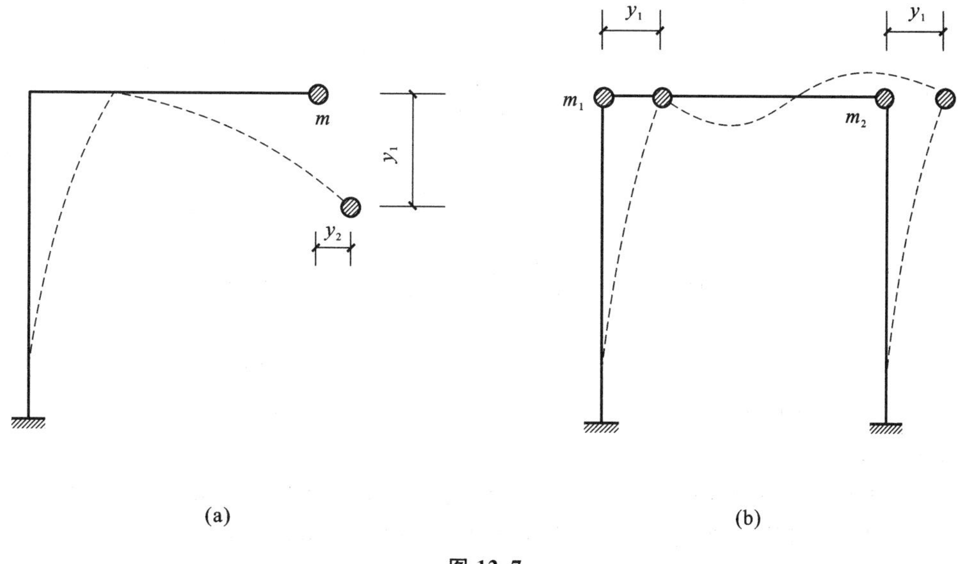

图 12-7

(a)一个质点、两个自由度；(b)两个质点、一个自由度

最后需要指出的是，具有连续分布质量的体系，可将其视为具有无限多个质点，而各质点的位

移又是互相独立的，故这种体系是无限自由度体系。如图 12-8 所示需要考虑杆本身分布质量 $\overline{m}(x)$的梁，就是一个无限自由度体系。

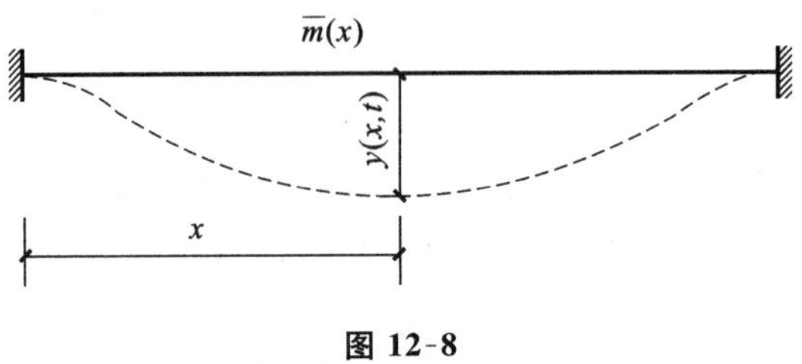

图 12-8

12.2 单自由度体系的运动方程

有些实际工程可以简化成单自由度体系进行计算，例如单层工业厂房、简支梁等，其计算结果在一定程度上能满足工程上的要求，所以，单自由度体系的振动分析具有很大的实用性。另外，多自由度和无限自由度体系的分析，可以转化为单自由度体系来分析，因此，单自由度体系的分析有其重要的基础性。熟练掌握单自由度体系的分析，对学好结构动力计算是非常重要的。

为了求解质量的位移，需建立位移与动力荷载之间的关系方程，这个方程称为运动方程(亦称振动方程)。建立运动方程最基本的方法，是基于达朗贝尔原理的惯性力法(亦称动静法)，即在建立平衡方程时，引入附加惯性力，考虑瞬间振动平衡，这样，就把动力学问题转化成静力问题。与静力平衡方程所不同的是，振动平衡方程是微分方程，它的解(即动力反应)是随时间变化的，因而动力分析比静力分析更加复杂。

在结构动力分析中，建立结构振动运动方程的方法，主要包括刚度法与柔度法。

12.2.1 按平衡条件建立运动方程——刚度法

图 12-9(a)表示单自由度体系的振动模型。图中 m 为集中质量，C 为阻尼器，$F_P(t)$为动力荷载，$F_I(t)$和 $F_C(t)$分别为在振动过程中，任一时刻质量上的惯性力和阻尼力，$y(t)$为质量在 t 时刻的水平位移。

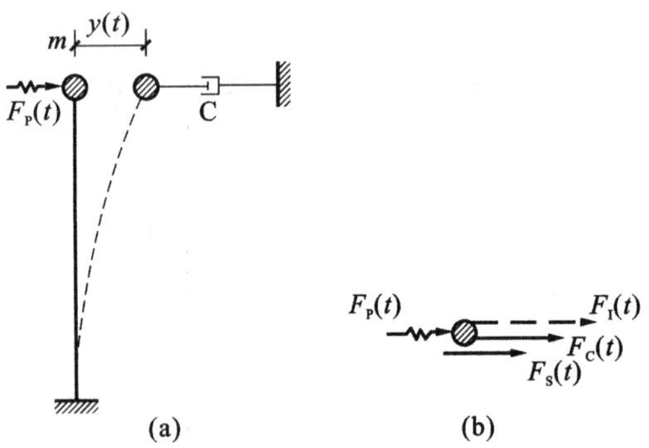

图 12-9

为了建立动力平衡方程，取质量 m 为隔离体，如图 12-9(b)所示。由隔离体的平衡条件，可得

$$F_I(t)+F_C(t)+F_S(t)+F_P(t)=0 \quad (12\text{-}1)$$

式中 $F_P(t)$——动力荷载；

$F_C(t)$——阻尼力；

$F_S(t)$——弹性恢复力；

$F_I(t)$——惯性力。

(1)阻尼力 $F_C(t)$。

阻尼是指任何振动系统在振动中，由于外界作用或系统本身固有的原因引起的振动幅度逐渐下降的特性。根据黏滞阻尼理论，阻尼力 $F_C(t)$的大小和质量运动的速度成正比，它的数学表达式为

$$F_C(t)=-c\dot{y}(t) \quad (12\text{-}2)$$

式中，负号表示阻尼力的方向总是与质量速度的方向相反，c 为阻尼系数。

(2)弹性恢复力 $F_S(t)$。

弹性恢复力是指杆件因外力产生弹性形变后的恢复力。它的大小与质量的位移成正比,但方向相反,可表示为

$$F_S(t) = -k_{11}y(t) \tag{12-3}$$

式中　k_{11}——刚度系数,是使体系的质量沿动力自由度方向产生单位位移时,在该质量上沿该方向所需施加的力。

(3)惯性力 $F_I(t)$。

惯性力的大小等于质量 m 与其位移加速度的乘积,而方向与加速度方向相反,可表示为

$$F_I(t) = -m\ddot{y}(t) \tag{12-4}$$

将式(12-2)～式(12-4)代入式(12-1),即得

$$m\ddot{y} + c\dot{y} + k_{11}y = F_P(t) \tag{12-5}$$

式(12-5)是根据平衡条件建立的单自由度体系运动方程。它是一个二阶线性常系数微分方程。这种推导方法涉及体系的刚度系数,所以又称为刚度法。

有必要说明,为了表述简明,本书从式(12-5)和图 12-10 起,以下各方程和各图形中的 $y(t)$、$\dot{y}(t)$、$\ddot{y}(t)$以及除动力荷载 $F_P(t)$之外的各力均省去自变量"(t)"。

12.2.2　按位移协调条件建立运动方程——柔度法

刚度法所列方程是平衡方程,柔度法所列方程是位移方程。下面以图 12-9(a)所示体系为例,说明柔度法列出运动方程的过程。质点位移 y,可以看成是动力荷载 $F_P(t)$、惯性力 F_I 和阻尼力 F_C 共同引起的静位移。根据叠加原理,位移 y 可表示为

$$y = \delta_{11}F_I + \delta_{11}F_C + \delta_{11}F_P(t) \tag{12-6}$$

式中　δ_{11}——柔度系数,表示在体系的质量上沿动力自由度方向施加单位力时,引起该质量沿该方向产生的静位移。

将式(12-2)～式(12-4)代入式(12-6),即得

$$m\ddot{y} + c\dot{y} + \frac{1}{\delta_{11}}y = F_P(t) \tag{12-7}$$

值得注意的是,对于单自由度体系而言,柔度系数 δ_{11} 与刚度系数 k_{11} 互为倒数,即 $\delta_{11}=1/k_{11}$,将此结果代入式(12-7),即得出与刚度法相同的结果。

上述原理和方法也适用于 $F_P(t)$、F_I、F_C 三力不全作用于质点上的情况。

【例 12-1】　不考虑阻尼,试列出图 12-10(a)所示体系的运动方程。

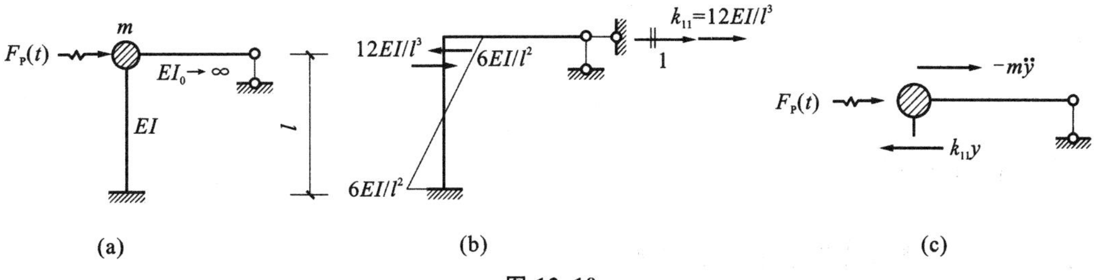

图 12-10

【解】　本题宜采用刚度法。设质点 m 的位移 y 以向右为正。先求体系的刚度系数 k_{11},如图 12-10(b)所示。

然后,取质点连同横梁为隔离体,其受力图如图12-10(c)所示。由 $\sum F_x = 0$,得

$$k_{11} + m\ddot{y} - F_P(t) = 0$$

即

$$m\ddot{y} + \frac{12EI}{l^3}y = F_P(t)$$

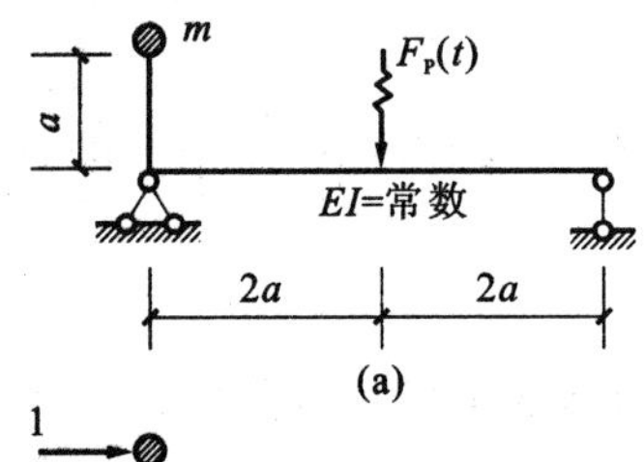

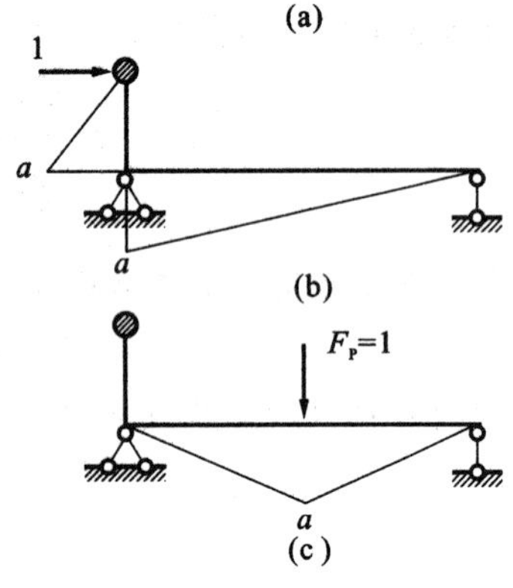

图 12-11

(a)原结构;(b)$\overline{M}_1$图;(c)$\overline{M}_F$图

【例 12-2】 图12-11(a)所示结构,不计阻尼,试建立运动方程。

【解】 图示刚架质点 m 作水平振动,现以柔度法建立振动方程,步骤如下:

作出 $\overline{M}_1$ 图和 $\overline{M}_F$ 图,求出柔度系数为

$$\delta_{11} = \frac{5a^3}{3EI}, \quad \delta_{1F} = \frac{a^3}{EI}$$

质点 m 沿水平方向振动时,任一时刻的位移为

$$y = \delta_{11}(-m\ddot{y}) + \delta_{1F}F_P(t)$$

将 δ_{11}、δ_{1F} 代入上式,即得

$$y = \frac{5a^3}{3EI}(-m\ddot{y}) + \frac{a^3}{EI}F_P(t)$$

整理后,得振动方程为

$$\ddot{y} + \frac{3EI}{5ma^3}y = \frac{3}{5m}F_P(t)$$

12.3 单自由度体系的自由振动

自由振动指由初始扰动引起的,在振动中无动力荷载[即 $F_P(t)=0$]作用的振动。例如,将结构拉离平衡位置,然后突然释放,结构开始做自由振动。分析结构自由振动的主要目的是确定体系的自振周期等动力特性,它们对结构在动力荷载作用下的动力反应是否有重要的影响。自由振动又分为无阻尼和有阻尼两种情况,现分别叙述如下:

12.3.1 无阻尼自由振动

(1)运动方程及其解。

根据式(12-5),并令动力荷载 $F_P(t)=0$,阻尼力 $F_C=0$,即得体系的无阻尼自由振动方程为

$$m\ddot{y} + k_{11}y = 0 \tag{12-8}$$

令

$$\omega^2 = \frac{k_{11}}{m} \tag{12-9}$$

将式(12-9)代入式(12-8)得

$$\ddot{y} + \omega^2 y = 0 \tag{12-10}$$

这是一个二阶齐次常微分方程,其通解为

$$y = C_1\sin\omega t + C_2\cos\omega t \tag{12-11a}$$

式中,积分常数 C_1 和 C_2 可由初始条件确定。设在初始时刻 $t=0$ 时,质点有初位移 y_0 和初速度 v_0,即

$$y(0)=y_0,\quad \dot{y}(0)=v_0$$

由此解出

$$C_1=\frac{v_0}{\omega},\quad C_2=y_0$$

代入式(12-11a)中,即得

$$y=y_0\cos\omega t+\frac{v_0}{\omega}\sin\omega t \tag{12-11b}$$

式(12-11b)就是单自由度体系无阻尼自由振动的解,该式还可以写成单项形式

$$y=a\sin(\omega t+\alpha) \tag{12-11c}$$

将式(12-11c)右边展开,得

$$y=a\sin\alpha\cos\omega t+a\cos\alpha\sin\omega t$$

再与式(12-11b)比较,即得

$$y_0=a\sin\alpha,\quad \frac{v_0}{\omega}=a\cos\alpha$$

于是

$$\left.\begin{aligned} a&=\sqrt{y_0^2+\frac{v_0^2}{\omega^2}}\\ \alpha&=\arctan\frac{y_0\omega}{v_0}\end{aligned}\right\} \tag{12-12}$$

(2)质点的运动规律。

式(12-11c)表明,单自由度体系作自由振动时,质点的位移随时间按正弦函数变化,由于正弦函数是周期为 2π 的周期函数,即

$$y=a\sin(\omega t+\alpha)=a\sin(\omega t+\alpha+2\pi)=a\sin\left[\omega\left(t+\frac{2\pi}{\omega}\right)+\alpha\right]=y\left(t+\frac{2\pi}{\omega}\right)$$

可见,位移在 t 时刻的位移与经过 $2\pi/\omega$ 后的位移相同,即质点的位移具有周期性,周期为$2\pi/\omega$,用 T 表示,即

$$T=\frac{2\pi}{\omega} \tag{12-13}$$

T 称为体系的自振周期,表示结构出现前后同一运动状态(包括位移、速度)所需的时间间隔,也就是振动一次所需的时间,单位为秒(s)。a 为振动过程中的最大位移,称为振幅;α 为初始相位角。这两个参数均由式(12-12)确定。

位移 y 随时间的变化规律如图 12-12 所示,此图也称为位移时程曲线,图 12-12 中还标出了周期、振幅、初位移和初始相位角,曲线的切线斜率为速度。

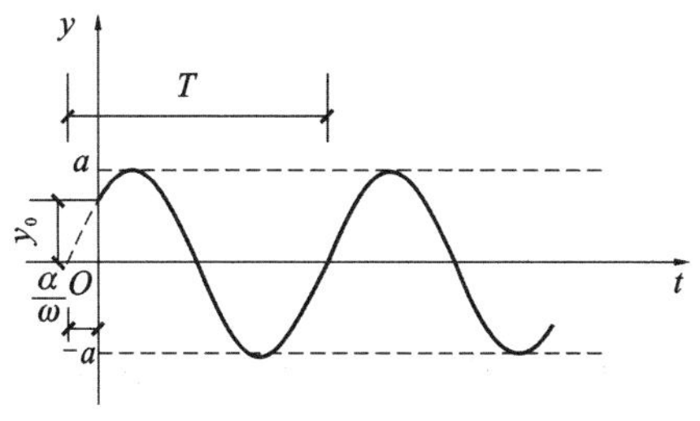

图 12-12

每秒振动的次数称为工程频率,用 f 表示。因为 T 秒振动一次,所以 1 秒振动$\frac{1}{T}$次,即

$$f=\frac{1}{T}=\frac{\omega}{2\pi} \tag{12-14}$$

f 的单位为赫兹(Hz)。

由式(12-14)得

$$\omega=\frac{2\pi}{T}=2\pi f \tag{12-15}$$

式中　ω——自振频率,表示在 2π 内的振动次数。因此,ω 也称为圆频率,其单位为 rad/s,也常简写成 s^{-1}。

(3)自振周期及其计算。

由式(12-9)和式(12-13)可知:结构的自振频率及自振周期只与结构的刚度和质量有关,是体系固有的动力特性,所以也称为固有周期和固有频率;无论体系有怎样的初始扰动,体系均按体系固有的自振周期做自由振动;初始扰动的大小只会影响自由振动的幅值和初始相位角;自振周期的平方与刚度系数成反比,与质量成正比,改变体系的质量或刚度可调整体系的自振周期。

自振周期 T 的计算公式有以下几种常用形式:

①将式(12-9)代入式(12-13),得

$$T = 2\pi\sqrt{\frac{m}{k_{11}}} \tag{12-16a}$$

②将 $\dfrac{1}{k_{11}}=\delta_{11}$ 代入式(12-16a),得

$$T = 2\pi\sqrt{m\delta_{11}} \tag{12-16b}$$

③将 $m=\dfrac{W}{g}$ 代入式(12-16b),得

$$T = 2\pi\sqrt{\frac{W\delta_{11}}{g}} \tag{12-16c}$$

式中　g——重力加速度;

　　W——质点重量。

④令 $\Delta_{st}=W\delta_{11}$ 并代入式(12-16c),得

$$T = 2\pi\sqrt{\frac{\Delta_{st}}{g}} \tag{12-16d}$$

式中　Δ_{st}——在质量 m 上沿其动力自由度方向施加重力 $W=mg$ 的荷载时,引起该质量沿该方向所产生的静位移。

同样,利用式(12-15)和式(12-16a),可得自振频率 ω 的计算公式的几种形式:

$$\omega = \sqrt{\frac{k_{11}}{m}} \tag{12-17a}$$

$$\omega = \sqrt{\frac{1}{m\delta_{11}}} \tag{12-17b}$$

$$\omega = \sqrt{\frac{g}{W\delta_{11}}} \tag{12-17c}$$

$$\omega = \sqrt{\frac{g}{\Delta_{st}}} \tag{12-17d}$$

【例 12-3】　如图 12-13 所示三根单跨梁,EI 为常数,在梁中点有集中质量 m,不考虑梁的质量,试比较三者的自振频率 ω。

【解】　质量 m 沿梁竖向振动,分别计算各梁的柔度系数 δ_{11}、δ_{22}、δ_{33}。为此,在各单跨梁的跨中质量 m 处,加一竖向单位力 $F_P=1$,作 $\overline{M}$ 图,如图 12-14 所示,由单位荷载法,可得

①两端简支承梁:　　$\delta_{11}=\dfrac{l^3}{48EI}$

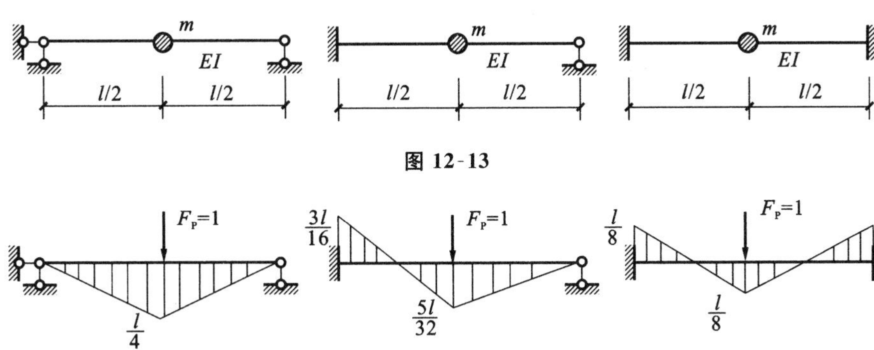

图 12-13

图 12-14

②一端简支，一端固定梁： $\delta_{22}=\dfrac{7l^3}{768EI}$

③两端固定梁： $\delta_{33}=\dfrac{l^3}{192EI}$

由公式 $w=\sqrt{\dfrac{1}{m\delta}}$，得

$$\omega_1=\frac{1}{\sqrt{m\delta_{11}}}=\sqrt{\frac{48EI}{ml^3}}$$

$$\omega_2=\frac{1}{\sqrt{m\delta_{22}}}=\sqrt{\frac{768EI}{7ml^3}}$$

$$\omega_3=\frac{1}{\sqrt{m\delta_{33}}}=\sqrt{\frac{192EI}{ml^3}}$$

据此，可得

$$\omega_1:\omega_2:\omega_3=1:1.51:2$$

由上可见，结构约束越强，其刚度越大；刚度越大，其自振动频率也越大。

【例 12-4】 图 12-15 所示为一等截面悬臂柱，截面面积为 A，抗弯刚度为 EI。柱顶有重物，重量为 W。设柱本身质量忽略不计，试分别求水平振动和竖直振动的自振周期。

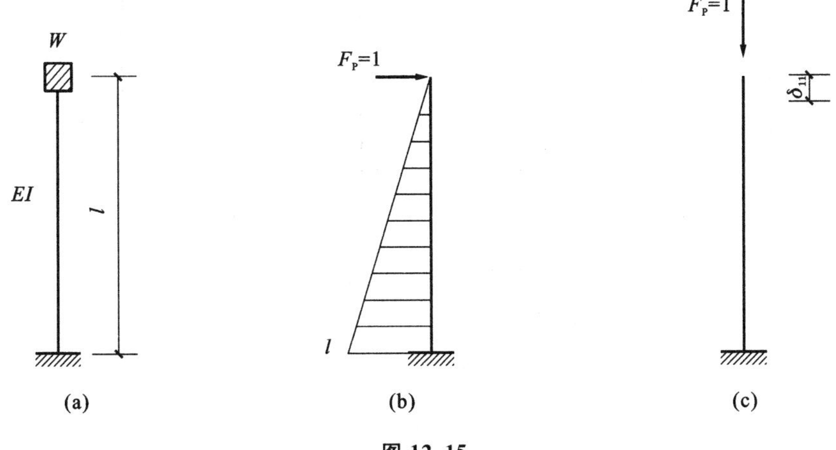

图 12-15

(a)柱顶有集中质量的悬臂柱；(b)水平振动时的单位弯矩图$\overline{M}_1$；(c)竖向振动时的单位力及位移

【解】 (1)水平振动。

在柱顶 W 处,加一水平单位力如图 12-15(b)所示,求得

$$\delta_{11}=\frac{l^3}{3EI}$$

当柱顶作用水平力 W 时,柱顶的水平位移为

$$\Delta_{st}=\frac{Wl^3}{3EI}$$

所以,由公式 $T=2\pi\sqrt{\frac{\Delta_{st}}{g}}$,得

$$T=2\pi\sqrt{\frac{Wl^3}{3EIg}}$$

(2)竖向振动。

在柱顶 W 处,加一竖向单位力[图 12-15(c)],求得

$$\delta_{11}=\frac{l}{EA}$$

当柱顶作用竖向力 W 时,柱顶的竖向位移为

$$\Delta_{st}=\frac{Wl}{EA}$$

所以,由公式 $T=2\pi\sqrt{\frac{\Delta_{st}}{g}}$,得

$$T=2\pi\sqrt{\frac{Wl}{EAg}}$$

【例 12-5】 图 12-16(a)所示为一单层刚架,横梁抗弯刚度 $EI_b\to\infty$,柱的截面抗弯刚度为 EI。横梁上总质量为 m,柱的质量可以忽略不计。试求刚架的水平自振频率。

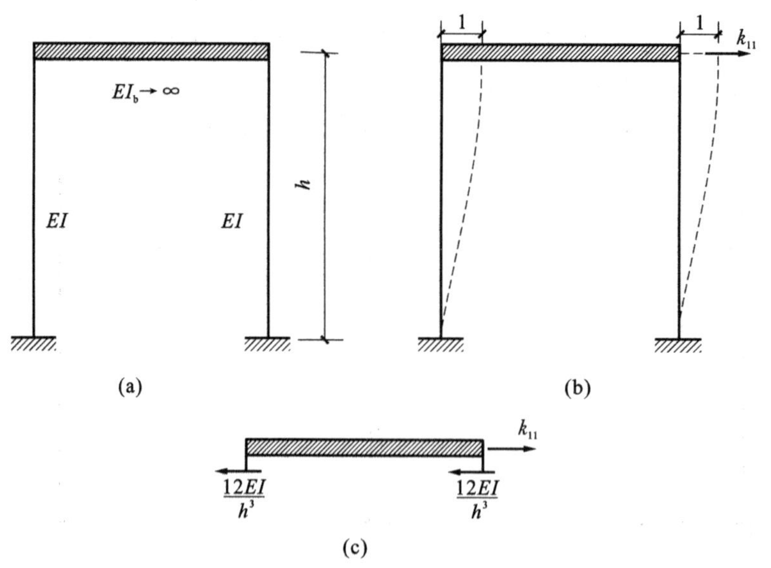

图 12-16

(a)单层刚架;(b)水平侧移刚度系数;(c)横梁隔离体

【解】 (1)求刚架水平侧移刚度系数 k_{11}(柱顶产生单位水平位移所需施加的力),见图 12-16(b)。

由截面杆的形常数，可得柱顶剪力为 $12EI/h^3$，以横梁为隔离体[图 12-16(c)]，由平衡条件，可得

$$k_{11}=2\times\frac{12EI}{h^3}=\frac{24EI}{h^3}$$

(2)由式(12-17a)计算，刚架的自振频率为

$$\omega=\sqrt{\frac{k_{11}}{m}}=\sqrt{\frac{24EI}{mh^3}}$$

【例 12-6】 如图 12-17 所示为一机器基础，机器与基础的总重量 $W=60\text{kN}$，基础下土壤的抗压刚度系数(即单位面积产生单位沉陷时所需施加的压力)为 $c_z=0.6\text{N/cm}^3=0.6\times10^6\text{N/m}^3$，基础的底面积 $A=20\ \text{m}^2$。试求机器连同基础作竖向振动的自由频率。

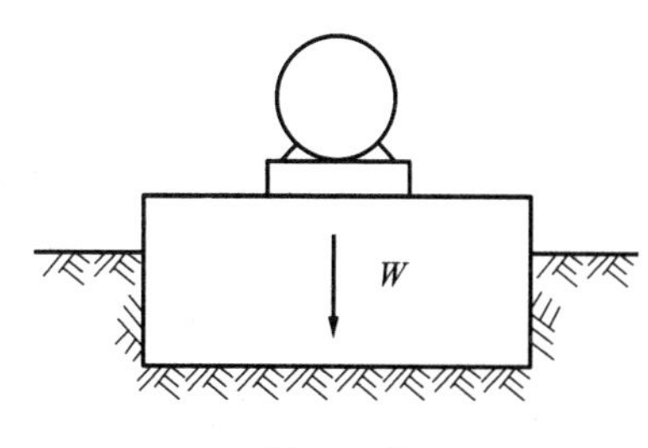

图 12-17

【解】 (1)在基础底面积上总的抗压刚度系数 k_{11} 为

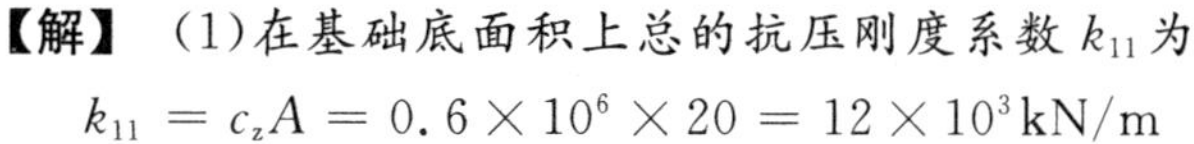

$$k_{11}=c_zA=0.6\times10^6\times20=12\times10^3\text{kN/m}$$

(2)由式(12-17a)，自振频率为

$$\omega=\sqrt{\frac{k_{11}}{m}}=\sqrt{\frac{k_{11}g}{W}}=\sqrt{\frac{12\times10^3\times9.8}{60}}=44.27\ \text{s}^{-1}$$

12.3.2　有阻尼自由振动

按照前面的分析，自由振动一经发生便会以不变的振幅 a 一直振动下去。实际上，由于阻尼的作用，自由振动一般在振动开始后的几秒乃至百分之几秒内便结束了。下面，讨论阻尼对自由振动的影响。

(1)运动方程及其解。

根据式(12-5)，令 $F_P(t)=0$，即得体系的有阻尼自由振动方程为

$$m\ddot{y}+c\dot{y}+k_{11}y=0 \tag{12-18}$$

以质量 m 除上式各项，引入 $\omega=\sqrt{\frac{k_{11}}{m}}$，并令 $\xi=\frac{c}{2m\omega}$，得

$$\ddot{y}+2\xi\omega\dot{y}+\omega^2y=0 \tag{12-19}$$

式中　ξ——阻尼比。

设微分方程式(12-19)解的形式为

$$y=Ce^{\lambda t}$$

则 λ 由以下特征方程所确定

$$\lambda^2+2\xi\omega\lambda+\omega^2=0$$

其解为

$$\lambda=\omega(-\xi\pm\sqrt{\xi^2-1}) \tag{12-20}$$

根据 $\xi=1$、$\xi>1$、$\xi<1$ 三种情况，可得出三种运动形态，分述如下：

①$\xi=1$(临界阻尼)的情况。

此时，由式(12-20)可知，λ 有两个相等的重根，即

$$\lambda_1=\lambda_2=-\omega$$

因此，微分方程式(12-19)的解为

$$y=(C_1+C_2t)e^{-\omega t}$$

再引入初始条件,得

$$y=[y_0(1+\omega t)+v_0 t]e^{-\omega t} \tag{12-21}$$

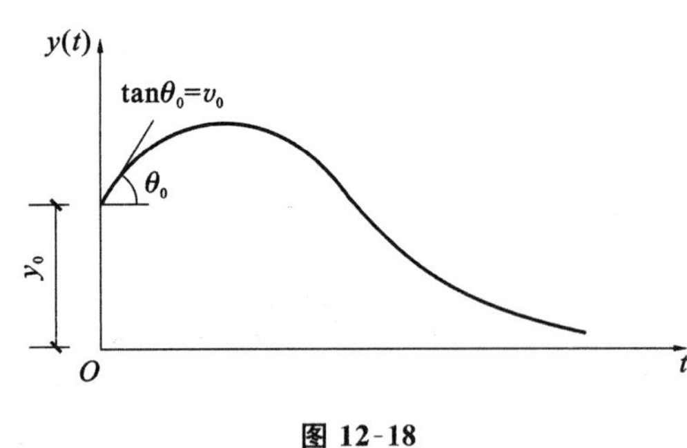

图 12-18

其位移时程曲线如图 12-18 所示。从图 12-18 中可见,位移随时间逐渐变小,但不具有像图 12-12 所示的振动性质,即初位移、初速度使质点离开静力平衡位置后,质点很快回到静力平衡位置而不振动。其原因是体系的阻尼过大,振动能量在质点退回到静力平衡位置的过程中被阻尼消耗殆尽,没有多余的能量产生振动。对于建筑结构来说,阻尼比一般都很小(0.01～0.1),不会出现这种情况,故这种情况不是我们所要研究的。但是这种情况的阻尼可以作为衡量阻尼大小的尺度。将这时的阻尼常数 c_t 定义为临界阻尼常数。

在式 $\xi=\dfrac{c}{2m\omega}$ 中,令 $\xi=1$,则临界阻尼常数为

$$c_t=2m\omega=2\sqrt{mk_{11}} \tag{12-22}$$

当结构的实际阻尼系数达到 c_t,即 $\xi=c/c_t=1$ 时,结构便不能发生自由振动。

②$\xi>1$(强阻尼)的情况。

此时,特征根 λ_1、λ_2 为两个负实数,式(12-19)的通解为

$$y=C_1e^{(-\xi+\sqrt{\xi^2-1})\omega t}+C_2e^{(-\xi-\sqrt{\xi^2-1})\omega t}$$

上式不含有简谐振动的因子,其原因是过大的阻尼作用使得体系不能产生自由振动。

以上两种情况在建筑结构中几乎不存在,但在其他领域是存在的,例如有些可以双向开关的弹簧门所安装的自动关门器的回弹装置就是强阻尼的。

③$\xi<1$(低阻尼)的情况。

令

$$\omega_t=\omega\sqrt{1-\xi^2} \tag{12-23}$$

则

$$\lambda=-\xi\omega\pm i\omega_t\text{(二共轭虚根)} \tag{a}$$

此时,微分方程式(12-19)的解为

$$y=e^{-\xi\omega t}(C_1\cos\omega_t t+C_2\sin\omega_t t)$$

再引入初始条件确定积分常数后,可得

$$y=e^{-\xi\omega t}\left(y_0\cos\omega_t t+\frac{v_0+\xi\omega y_0}{\omega_t}\sin\omega_t t\right) \tag{12-24}$$

式中 ω_t——低阻尼体系的自振频率,按式(12-23)计算。

式(12-24)也可写成单项形式

$$y=e^{-\xi\omega t}a\sin(\omega_t t+\alpha) \tag{12-25}$$

其中

$$a=\sqrt{y_0^2+\frac{(v_0+\xi\omega y_0)^2}{\omega_t^2}}$$

$$\tan\alpha=\frac{y_0\omega_t}{v_0+\xi\omega y_0}$$

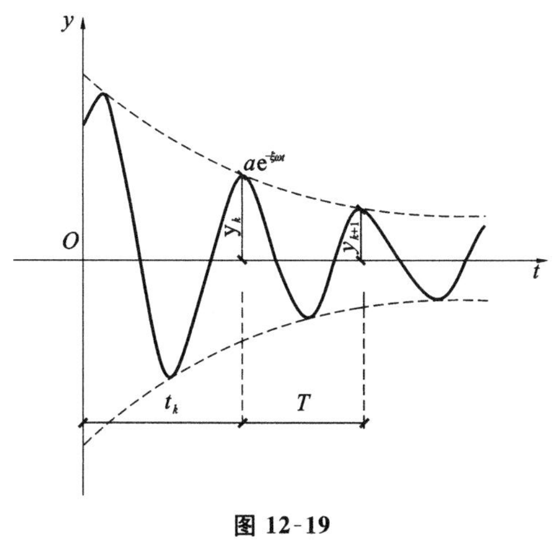

图 12-19

(2)有阻尼自由振动分析。

根据以上解答,对低阻尼的自由振动,讨论如下:

①低阻尼的振动是衰减的周期振动。

由式(12-24)或式(12-25)可画出低阻尼体系自由振动的 y-t 曲线,如图 12-19 所示,这是一条衰减曲线。

②低阻尼对自由振动频率的影响。

由式(12-23),因 $\xi<1$,所以 $\omega_t<\omega$。但是普通建筑结构的 ξ 一般很小($\xi<0.1$),阻尼对自振频率的影响不大。比如,当 $\xi<0.2$ 时,ω_t/ω 在 0.98～1.0 之间,ω_t 与 ω 很接近。因此,在计算结构自振频率时可不考虑阻尼的影响。

③低阻尼对振幅的影响。

在式(12-25)中,振幅为 $ae^{-\xi\omega t}$。可以看出,由于阻尼的影响,振幅随时间按对数规律衰减(图 12-19)。还可看出,经过一个周期 $T(T=2\pi/\omega_t)$后,相邻两个振幅之比为

$$\frac{y_{k+1}}{y_k}=\frac{ae^{-\xi\omega(t_k+T)}}{ae^{-\xi\omega t_k}}=e^{-\xi\omega T}$$

④低阻尼比的测定。

上式右边是不随时间变化的常数,利用此式可以实测结构的阻尼比。将上式等号左右两边取自然对数,得

$$\ln\frac{y_k}{y_{k+1}}=\xi\omega T=\xi\omega\frac{2\pi}{\omega_t}$$

当 $\xi<0.2$ 时,$\frac{\omega_t}{\omega}\approx1$,因此

$$\xi\approx\frac{1}{2\pi}\ln\frac{y_k}{y_{k+1}}$$

式中,$\ln\frac{y_k}{y_{k+1}}$称为振幅的对数递减率。同样,用 y_k 和 y_{k+n} 表示两个相隔 n 个周期的振幅,可得

$$\xi\approx\frac{1}{2\pi n}\ln\frac{y_k}{y_{k+n}}\tag{12-26}$$

因此,在测得了两个振幅 y_k 和 y_{k+n} 后,则由式(12-26),可推算出 ξ 值。

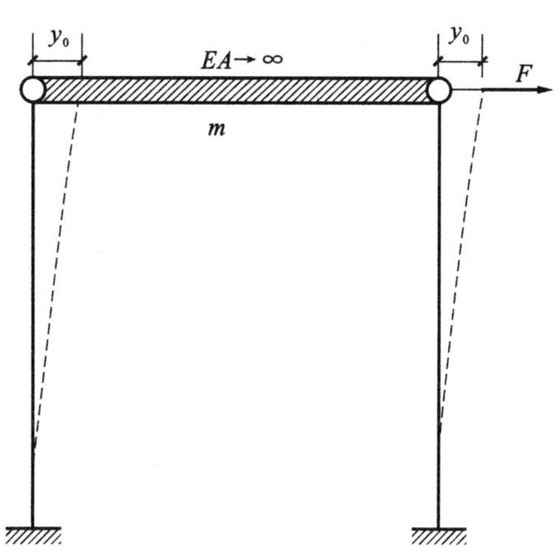

图 12-20

【例 12-7】 如图 12-20 所示排架,横梁 $EA\to\infty$,横梁质量及柱的部分质量集中在横梁处,结构为单自由度体系。为进行振动实验,在横梁处加一水平力 F_P,柱顶产生的侧移 $y_0=0.6$cm,这时突然卸除荷载 F_P,排架作自由振动。振动一周后,柱顶侧移为0.54cm。试求排架的阻尼比 ξ 及振动 10 周后,柱顶的振幅 y_{10}。

【解】 (1)求 ξ。

假设阻尼比 $\xi<0.2$,$\omega_t\approx\omega$,因此,可用式(12-26)计

算 ξ,即

$$\xi \approx \frac{1}{2\pi}\ln\frac{y_0}{y_1} = \frac{1}{2\pi}\ln\frac{0.6}{0.54} = 0.0168$$

(2)求振动10周后的振幅 y_{10}。

在式(12-26)中,$n=10$,故

$$\xi \approx \frac{1}{2\pi n}\ln\frac{y_0}{y_{10}}$$

$$\ln\frac{y_0}{y_{10}} = 2\pi n\xi$$

$$\ln y_{10} = \ln y_0 - 20\pi\xi = \ln 0.6 - 20\pi \times 0.0168$$

由此可得

$$y_{10} = 0.21\text{cm}$$

所求振动10周后的振幅为0.21cm。

12.4 无阻尼单自由度体系的强迫振动

体系在动力荷载(也称干扰力)作用下的振动称为强迫振动或受迫振动。简谐荷载作用下的强迫振动是工程中常见的振动。从结构在简谐荷载作用下的动力反应中所得到的一些结论具有典型意义,而且分析结果可用于其他动力荷载的分析中。下面,将分别讨论无阻尼单自由度体系在简谐荷载与一般动力荷载下的强迫振动。

12.4.1 简谐荷载作用下的动力反应

(1)运动方程及其解。

根据公式(12-5),令 $F_C=0$,即得体系的无阻尼强迫振动方程为

$$m\ddot{y} + k_{11}y = F_P(t) \tag{12-27}$$

将 $\omega=\sqrt{\dfrac{k_{11}}{m}}$ 与简谐荷载 $F_P(t)=F\sin\theta t$ 代入式(12-27),可写成

$$\ddot{y} + \omega^2 y = \frac{F}{m}\sin\theta t \tag{12-28}$$

式中 θ——简谐荷载的干扰频率;

F——荷载的最大值,也称为荷载的幅值。

式(12-28)是二阶常系数非齐次微分方程,其通解由齐次方程的通解($\overline{y}$)和特解(y^*)构成,即

$$y = \overline{y} + y^*$$

齐次解 $\overline{y}$ 为自由振动方程的通解,已在12.3.1节中求出为

$$\overline{y} = C_1\sin\omega t + C_2\cos\omega t$$

下面,求式(12-28)的特解,设特解 y^* 为

$$y^* = A\sin\theta t$$

其中 A 待定,由所设特解满足式(12-28)确定。将 y^* 代入式(12-28),得

$$(-\theta^2 + \omega^2)A\sin\theta t = \frac{F}{m}\sin\theta t$$

由此得

$$A = \frac{F}{m(\omega^2 - \theta^2)}$$

因此，特解为

$$y^* = \frac{F}{m(\omega^2 - \theta^2)}\sin\theta t$$

于是，方程的通解为

$$y = C_1\sin\omega t + C_2\cos\omega t + \frac{F}{m(\omega^2 - \theta^2)}\sin\theta t \tag{12-29}$$

积分常数 C_1、C_2 由初始条件确定。

由式(12-29)可以看出，振动由三项组成，前两项为按自振频率 ω 的振动，如果考虑阻尼，它们将很快消失，最后只剩下第三项按干扰频率 θ 的振动。我们把振动刚开始三项振动同时存在的阶段称为“过渡阶段”，而把后来只按干扰频率振动的阶段(第三项)称为“平稳阶段”。由于过渡阶段存在的时间较短，一般只考虑平稳阶段，即稳态强迫振动。

(2)简谐荷载的动力系数。

平稳阶段任意时刻的位移，由式(12-29)的第三项有

$$y = \frac{F}{m(\omega^2 - \theta^2)}\sin\theta t = \frac{F}{m\omega^2\left(1 - \frac{\theta^2}{\omega^2}\right)}\sin\theta t \tag{12-30}$$

式(12-30)是按干扰频率做等幅简谐振动，振幅为

$$y_{d,\max} = \frac{F}{m(\omega^2 - \theta^2)} = \frac{F}{m\omega^2}\frac{1}{1 - \frac{\theta^2}{\omega^2}} = y_{st}\beta \tag{12-31}$$

其中

$$y_{st} = \frac{F}{m\omega^2} = F\delta_{11} \tag{12-32}$$

$$\beta = \frac{1}{1 - \frac{\theta^2}{\omega^2}} = \frac{y_{d,\max}}{y_{st}} \tag{12-33}$$

式中 $y_{d,\max}$——最大动位移(A)，为强迫振动的振幅，是控制设计的重要依据；

y_{st}——最大静位移，即把荷载幅值 F 作为静力荷载作用时，结构所产生的位移；

β——与频率比值 θ/ω 有关的无量纲系数，称为动力系数。

从式(12-33)可以看出，β 表示最大动位移 $y_{d,\max}$ 与最大静位移 y_{st} 的比值。动力系数 β 随 θ/ω 变化的规律，如图 12-21所示。其中横坐标为 θ/ω，纵坐标为 β 的绝对值(注意：当 $\theta/\omega>1$ 时，β 为负值)。

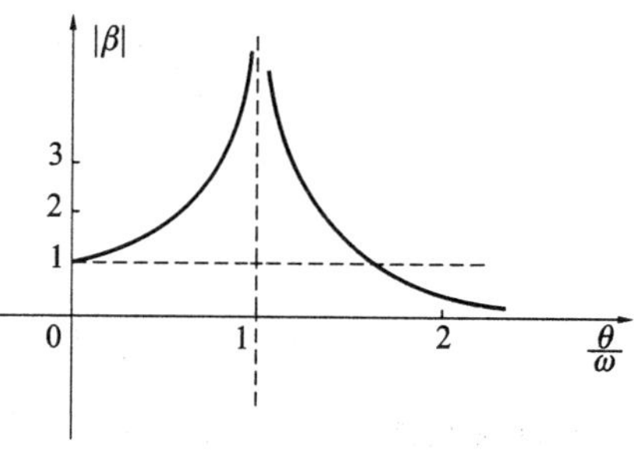

图 12-21

从图 12-21 中可得到振幅与频率比的关系，从而说明结构在简谐荷载作用下无阻尼稳态振动的一些性质。

①当 $\theta/\omega\to 0$ 时，动力系数 $\beta\to 1$。这说明当干扰频率与自振频率相比很小时，动力作用不明显，可作为静荷载计算。

②$0<\theta/\omega<1$ 时，β 随 θ/ω 的增加而增加。在这种情况下，若要减小振幅，可通过提高结构刚度、减小结构质量来增大自振频率。

③$\theta/\omega \to 1$ 时,动力系数 $\beta \to \infty$。这说明随荷载频率 θ 趋近于结构自振频率 ω 时,振幅趋于无穷大,这种现象称为共振。但实际上由于阻尼力的影响,共振时也不会出现振幅为无限大的情况,但共振时的振幅比静位移大很多倍的情况是可能出现的。因此,应避免这种情况的发生。

④$\theta/\omega > 1$ 时,动力系数绝对值 $|\beta|$ 随 θ/ω 的增大而减小。在这种情况下,若要减小振幅需减小自振频率。

⑤当 $\theta/\omega >> 1$ 时,$|\beta| \to 0$。这说明当荷载频率与结构自振频率相比很大时,振幅会很小。

(3)振幅与动内力幅值的计算。

振幅按式(12-31)计算。对于单质点单自由度体系而言,动力荷载作用在质点上,结构的内力与质点位移成正比,因此动力系数不仅是位移的动力系数,也是内力的动力系数。荷载幅值作为静荷载所引起的内力乘以动力系数即为动内力的最大值。据此可得求振幅和动内力幅值的计算步骤为:

①将动荷载幅值作为静荷载,求最大静位移、静内力。

②计算动力系数。

③将最大静位移、静内力分别乘以动力系数即得振幅和动内力幅值。

【例 12-8】 试求图 12-22 所示刚架稳态振动时的最大动力弯矩图和质点的振幅。已知:$F=2.5\text{kN}$,$\theta=\sqrt{\frac{4}{3}}\omega$,$EI=2.8\times10^4\text{kN}\cdot\text{m}^2$,不考虑阻尼。

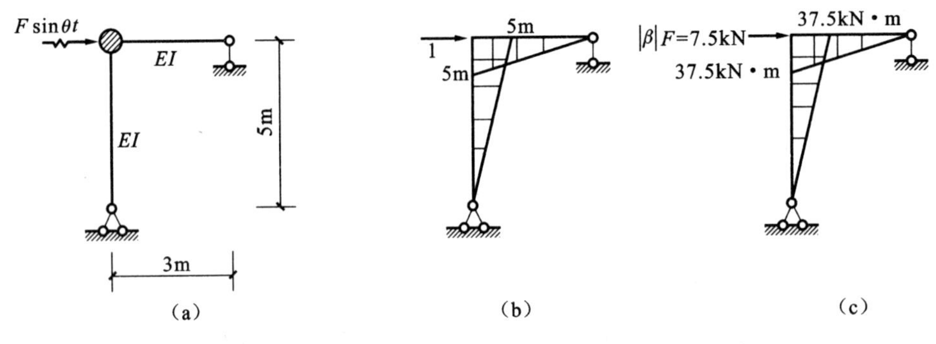

图 12-22

(a)原结构;(b)$\overline{M}_1$ 图;(c)最大动弯矩图

【解】 在质点处施加水平单位力,绘 $\overline{M}_1$ 图,如图 12-22(b)所示。由 $\overline{M}_1$ 图求得

$$\delta_{11}=\frac{1}{EI}\left[\frac{1}{2}\times5\times5\times\frac{2}{3}\times5+\frac{1}{2}\times3\times5\times\frac{2}{3}\times5\right]=\frac{200}{3EI}$$

$$\beta=\frac{1}{1-\frac{\theta^2}{\omega^2}}=\frac{1}{1-\frac{4}{3}}=-3$$

$$y_{\text{d,max}}=|\beta|F\delta_{11}=3\times2.5\times\frac{200}{3\times2.8\times10^4}=0.0179\text{m}$$

则刚架稳态振动时,动力幅值为 $|\beta|F=7.5\text{kN}$,将 $|\beta|F$ 作为静力沿质点位移方向作用在体系上,按静力法计算并绘出最大动弯矩图,如图 12-22(c)所示。这样计算最大动内力的方法,也称为动力系数法。有必要指出,该方法很方便,但仅适用于 $F_P(t)$ 直接作用于质点上的单自由度体系。

【例 12-9】 图 12-23 所示的机器重量 $W=60\text{kN}$，底面积 $A=20\text{m}^2$。机器运转产生简谐荷载 $F\sin\theta t$，$F=20\text{kN}$，机器每分钟的转数为 400 转。求机器连同基础作竖向振动时的振幅及地基最大压应力（在例 12-6 中已求出 $\omega=44.27\text{s}^{-1}$，$k_{11}=12\times10^3\text{kN/m}$）。

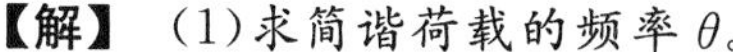

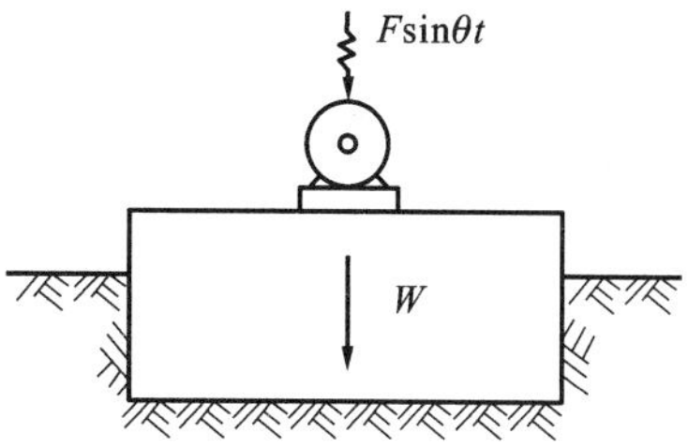

图 12-23

【解】 （1）求简谐荷载的频率 θ。

$$\theta=\frac{2\pi n}{60}=\frac{2\pi\times400}{60}=41.89\text{s}^{-1}$$

（2）计算动力系数 β。

由式（12-33），有

$$\beta=\frac{1}{1-\dfrac{\theta^2}{\omega^2}}=\frac{1}{1-\left(\dfrac{41.89}{44.27}\right)^2}=9.56$$

（3）计算基础作竖向振动时的振幅 $y_{\text{d,max}}$。

$$y_{\text{d,max}}=\beta y_{\text{st}}=\frac{F}{k_{11}}\beta=9.56\times\frac{20}{12\times10^3}$$
$$=0.0159\text{m}=1.59\text{cm}$$

（4）计算地基最大压应力。

$$\sigma_{\text{压max}}=\frac{W}{A}+\frac{\beta F}{A}=\frac{60}{20}+\frac{9.56\times20}{20}=12.56\text{kPa}$$

*12.4.2 一般动荷载作用下的动力反应

一般动荷载 $F(t)$ 作用下的动力反应，可看成由一系列瞬时冲量引起的动力反应的叠加。

（1）瞬时冲量引起的动力反应。

设体系在 $t=0$ 时为静止状态，然后作用瞬时冲量 S，即在 Δt 时间内作用荷载 F，冲量 S 为 $F\Delta t$，如图 12-24(a)所示。由动量定理，得

$$v_0 m-0=S=F\Delta t$$

冲量使体系产生初始速度 $v_0=S/m$，但初始位移仍为零。由公式 $y=y_0\cos\omega t+\dfrac{v_0}{w}\sin\omega t$，有

$$y=\frac{S}{m\omega}\sin\omega t \tag{12-34a}$$

式(12-34)为在 $t=0$ 时作用瞬时冲量 S 所引起的动力反应。

如果体系在 $t=\tau$ 时作用瞬时冲量 S，如图 12-24(b)所示，则在以后任一时刻 $t(t>\tau)$ 的位移为

$$y=\frac{S}{m\omega}\sin\omega(t-\tau) \tag{12-34b}$$

（2）分析一般动荷载作用下动力反应的冲量法。

一般动荷载可看作由一系列瞬时冲量组成，如图 12-24(c)所示。例如：在 $t=\tau$ 时刻作用的荷载 $F(\tau)$，此时荷载在微分时段 $\text{d}\tau$ 内产生的微分冲量为 $\text{d}S=F(\tau)\text{d}\tau$。由式(12-34b)可知，此微分冲量引起如下的动力反应

$$\text{d}y=\frac{F(\tau)\text{d}\tau}{m\omega}\sin\omega(t-\tau)\quad(t>\tau) \tag{12-34c}$$

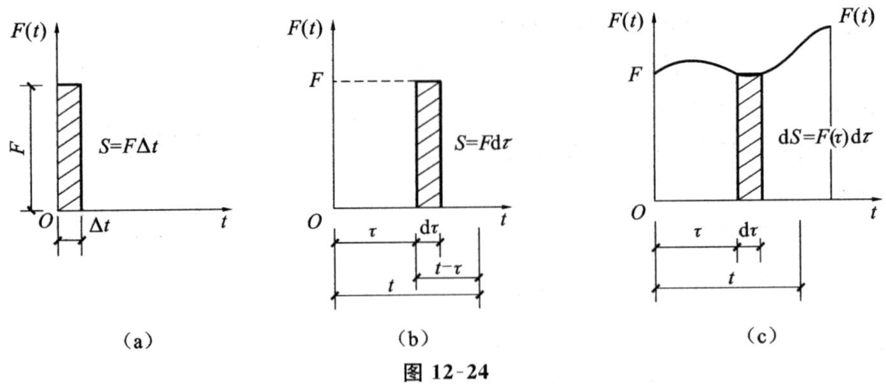

图 12-24

(a)$t=0$ 时冲量;(b)$t=\tau$ 时冲量;(c)冲量集成

然后,对加载过程中产生的所有微分冲量引起的动力反应进行叠加,即对式(12-34c)进行积分,可得总反应为

$$y=\frac{1}{m\omega}\int_0^t F(\tau)\sin\omega(t-\tau)\mathrm{d}\tau \tag{12-35}$$

式(12-35)称为杜哈梅(Duhamel)积分,这就是初始处于静止状态时单自由度体系在任意动力荷载 $F(t)$ 作用下的位移公式。

如果在 O 点初始位移 y_0 和初始速度 v_0 不为零,则总位移应为

$$y=y_0\cos\omega t+\frac{v_0}{\omega_0}\sin\omega t+\frac{1}{m\omega}\int_0^t F(\tau)\sin\omega(t-\tau)\mathrm{d}\tau$$

(3)几种典型荷载的动力反应。

①突加荷载。

体系原处于静止状态,在 $t=0$ 时,突然加上荷载 F_0,并一直作用在结构上。吊装重物时的吊装荷载即为此种荷载,其表达式为

$$\left.\begin{aligned}F_{\mathrm{P}}(t)&=0 \qquad (t<0)\\ F_{\mathrm{P}}(t)&=F_0 \qquad (t\geqslant 0)\end{aligned}\right\}$$

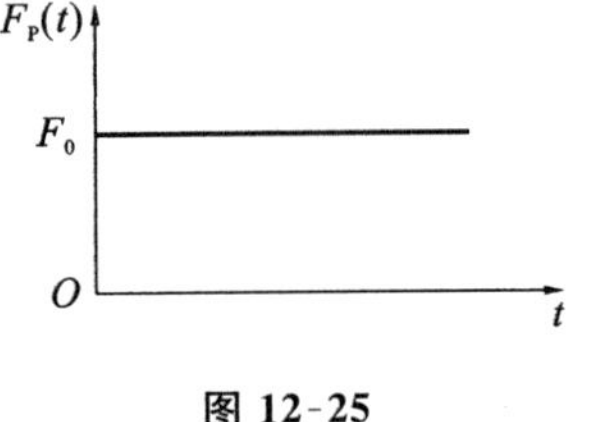

图 12-25

式中,$F_{\mathrm{P}}(t)$ 曲线如图 12-25 所示。

将上式中的荷载表达式代入式(12-35),得到动位移

$$\begin{aligned}y&=\frac{1}{m\omega}\int_0^t F_{\mathrm{P}}(\tau)\sin\omega(t-\tau)\mathrm{d}\tau\\&=\frac{F_0}{m\omega^2}(1-\cos\omega t)\\&=y_{\mathrm{st}}(1-\cos\omega t)\end{aligned} \tag{12-36}$$

式中　y_{st}——静荷载 F_0 作用下产生的静位移,$y_{\mathrm{st}}=\dfrac{F_0}{m\omega^2}=F_0\delta_{11}$。

根据式(12-36)作出的动力位移如图 12-26 所示。可以看出,质点是围绕其静力平衡位置 $y=y_{\mathrm{st}}$ 作简谐运动,动力系数为

$$\beta=\frac{y_{d,\max}}{y_{\mathrm{st}}}=2 \tag{12-37}$$

由此看出,突加荷载作用引起的最大位移比相应的静位移大1倍,应该引起注意。

②线性渐增荷载。

在一定时间内($0\leqslant t\leqslant t_{\tau}$),荷载 $F(t)$ 由0增至 F_0,然后荷载值保持不变(图 12-27)。荷载表达

式为

$$
\left.\begin{aligned}
F(t) &= \frac{F_0}{t_r}t \qquad (0 \leqslant t < t_r) \\
F(t) &= F_0 \qquad\quad (t \geqslant t_r)
\end{aligned}\right\}
$$

式中　t_r——升载时间。

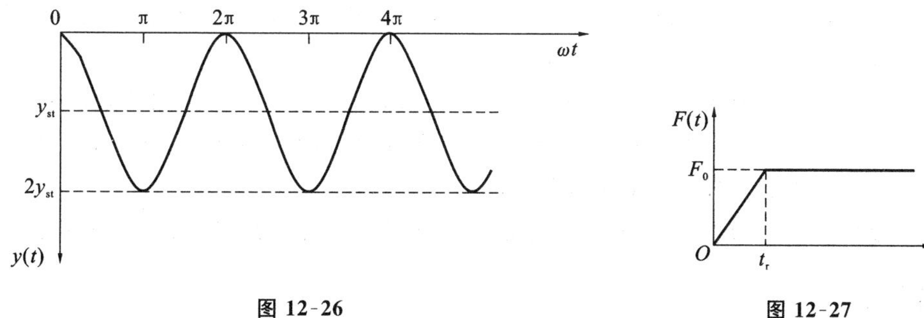

图 12-26　　　　图 12-27

这种荷载作用引起的动力反应同样可以利用杜哈梅积分求出，结果如下：

$$
\left.\begin{aligned}
y &= \frac{F_0}{m\omega t_r}\int_0^t \tau\sin\omega(t-\tau)\mathrm{d}\tau = y_{st}\frac{1}{t_r}\left(t - \frac{\sin\omega t}{\omega}\right) \qquad (t < t_r) \\
y &= \frac{F_0}{m\omega t_r}\int_0^{t_r} \tau\sin\omega(t-\tau)\mathrm{d}\tau + \frac{F_0}{m\omega}\int_{t_r}^t \sin\omega(t-\tau)\mathrm{d}\tau \\
&= y_{st}\left\{1 - \frac{1}{\omega t_r}[\sin\omega t - \sin\omega(t-t_r)]\right\} \qquad (t \geqslant t_r)
\end{aligned}\right\} \tag{12-38}
$$

对于这种线性渐增荷载，其动力反应与升载时间 t_r 有很大关系。图 12-28 所示曲线表示动力系数 β 随升载时间比值 t_r/T 而变化的情形，这种关系曲线叫动力系数的反应谱曲线。

由图 12-28 可以看出，动力系数 β 介于 1 与 2 之间。如果升载时间很短，如 $t_r < T/4$，则动力系数 β 接近于 2.0，即相当于突加荷载的情况。如果升载时间很长，如 $t_r > 4T$，动力系数 β 接近于 1.0，即相当于静荷载的情况。注意，这里说的升载时间的长短，不仅是时间 t_r 的长短，而且是与周期 T 紧密相关的。例如，升载时间 $t_r = 0.5\text{s}$ 的荷载，对一个周期 $T = 0.1\text{s}$ 的结构（$t_r/T = 5$），其作用相当于静荷载；同样，$t_r = 0.5\text{s}$ 的荷载，对一个周期 $T = 3\text{s}$ 的结构（$t_r/T = 0.167$），其作用相当于突加荷载。图 12-28 中所示的外包虚线，可作为设计中选用动力系数的依据。

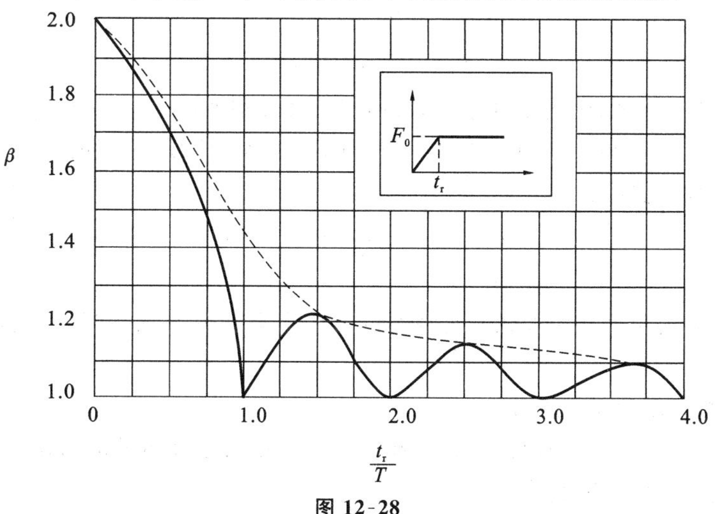

图 12-28

*12.5 两个自由度体系的自由振动

一般情况下,工程结构都被理想化为多自由度体系来进行动力分析。特别是在当前计算机已经普及的情况下,一般均将质量连续分布的无限自由度体系转化为多自由度体系计算。本节及后续章节只对两个自由度体系进行分析,有了这些知识,读者不难将其扩展到自由度更多的体系上去。

多自由度体系的振动分析也分为自由振动分析和强迫振动分析。自由振动分析是确定体系的自振周期和自振频率等动力特性,为强迫振动分析做准备;强迫振动分析是确定体系的动力反应。对于多自由度体系自由振动分析一般不计阻尼。

与单自由度体系一样,建立两个自由度体系振动方程也有刚度法和柔度法两种方法。

12.5.1 刚度法

(1)振动微分方程的建立。

如图 12-29(a)所示的两自由度体系,在自由振动任一时刻,m_1 和 m_2 的位移分别是 y_1 和 y_2。

按刚度法建立无阻尼自由振动微分方程的思路是:取质量 m_1 和 m_2 为隔离体,建立动力平衡方程。质量 m_1 和 m_2 的隔离体,如图 12-29(b)所示,隔离体 m_1 和 m_2 所受的力有下列两种:

①惯性力 $-m_1\ddot{y}_1$ 和 $-m_2\ddot{y}_2$,分别与加速度 $\ddot{y}_1$ 和 $\ddot{y}_2$ 的方向相反。

②弹性恢复力 $-K_1$ 和 $-K_2$,分别与位移 y_1 和 y_2 的方向相反。

根据达朗贝尔原理,可列出动平衡方程为

$$\left.\begin{aligned} m_1\ddot{y}_1 + K_1 &= 0 \\ m_2\ddot{y}_2 + K_2 &= 0 \end{aligned}\right\} \tag{12-39a}$$

弹性恢复力 K_1、K_2 是质量 m_1、m_2 与结构之间的相互作用力。图 12-29(b)中的 $-K_1$、$-K_2$ 是质点受到的弹性恢复力,图 12-29(c)中的 K_1、K_2 是结构所受的力,两者方向相反。按位移法原理,图 12-29(c)所示结构的基本结构如图 12-29(d)所示。由基本结构在荷载(K_1、K_2)和基本未知量(y_1、y_2)共同作用下应等于原结构图[图 12-29(c)]的条件,可写出结构所受到的力 K_1、K_2 与结构的位移 y_1、y_2 之间的刚度方程如下

$$\left.\begin{aligned} K_1 &= k_{11}y_1 + k_{12}y_2 \\ K_2 &= k_{21}y_1 + k_{22}y_2 \end{aligned}\right\} \tag{12-39b}$$

式中 $k_{11}, k_{12}, k_{21}, k_{22}$——结构的刚度系数,其物理意义分别如图 12-29(e)、(f)所示,例如,k_{12} 表示使体系中的质量 2 产生单位位移时在质量 1 处需施加的作用力。

将式(12-39b)代入式(12-39a),可得

$$\left.\begin{aligned} m_1\ddot{y}_1 + k_{11}y_1 + k_{12}y_2 &= 0 \\ m_2\ddot{y}_2 + k_{21}y_1 + k_{22}y_2 &= 0 \end{aligned}\right\} \tag{12-40}$$

这就是按刚度法建立的两个自由度无阻尼体系的自由振动微分方程,它是通过动力平衡方程的形式建立的。

(2)用刚度系数表示的频率方程。

两自由度体系具有两个不同数值的自振频率。参照单自由度体系的自由振动为简谐振动的结论,设式(12-40)的解为以下形式

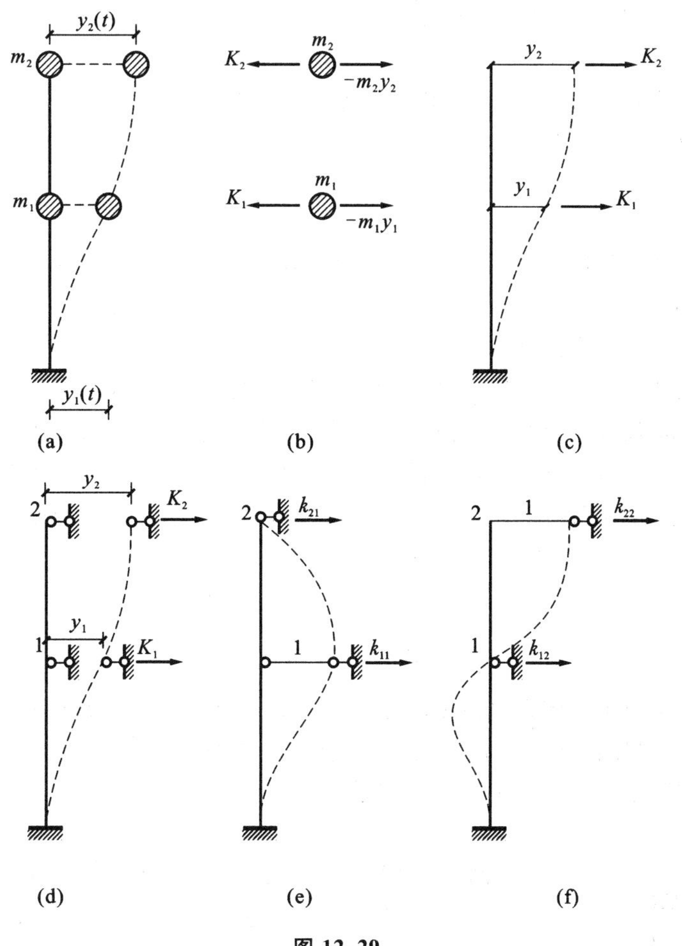

图 12-29

(a)质量和位移;(b)质量隔离体;(c)结构弹性力和位移;(d)位移法的基本体系;

(e)刚度系数 k_{11}、k_{21};(f)刚度系数 k_{12}、k_{22}

$$\left.\begin{aligned}y_1 &= A_1\sin(\omega t+\alpha)\\ y_2 &= A_2\sin(\omega t+\alpha)\end{aligned}\right\} \tag{12-41}$$

式中　A_1, A_2——m_1 和 m_2 的位移幅值。

应该注意的是,在振动过程中两个质点具有相同的频率和相同的相位角;两个质点的位移在数值上随时间而变化,但其比值始终保持不变,即$\dfrac{y_1}{y_2}=\dfrac{A_1}{A_2}=\rho=$常数,这表示整个体系具有确定的振动形态,称为主振型(简称振型)。主振型和自振频率一样只取决于体系本身的质量和刚度,而与初始条件无关。

将式(12-41)代入式(12-40),消去公因子 $\sin(\omega t+\alpha)$后,得

$$\left.\begin{aligned}(k_{11}-\omega^2 m_1)A_1+k_{12}A_2 &= 0\\ k_{21}A_1+(k_{22}-\omega^2 m_2)A_2 &= 0\end{aligned}\right\} \tag{12-42}$$

式(12-42)称为振型方程,是关于 A_1 和 A_2 的齐次代数方程组,$A_1=0$、$A_2=0$ 虽然是方程组的解答,但它代表的是没有发生振动的静止状态。若要使得解答具有振动性质,则要求 A_1、A_2 不同时为零。对于齐次方程式(12-42),有非零解的条件是系数组成的行列式等于零,即

$$D=\begin{vmatrix} k_{11}-\omega^2 m_1 & k_{12} \\ k_{21} & k_{22}-\omega^2 m_2 \end{vmatrix}=0 \tag{12-43}$$

由式(12-43)可确定体系的自振频率 ω_i,因此,该式称为体系的频率方程。展开上述频率方程,可求出用刚度系数表示的自振频率解为

$$\omega_{1,2}^2=\frac{1}{2}\left[\left(\frac{k_{11}}{m_1}+\frac{k_{22}}{m_2}\right)\mp\sqrt{\left(\frac{k_{11}}{m_1}+\frac{k_{22}}{m_2}\right)^2-\frac{4(k_{11}k_{22}-k_{12}k_{21})}{m_1 m_2}}\right] \tag{12-44}$$

由式(12-44)可求得圆频率的两个根:ω_1 和 ω_2。较小的 ω_1 称为第一圆频率或基本圆频率,ω_2 称为第二圆频率。频率的个数与自由度的数目相等。

(3)用刚度系数表示的主振型。

按式(12-43)或式(12-44)求出自振圆频率 ω_1 和 ω_2 之后,就可确定它们各自相应的振型。

将第一圆频率 ω_1 代入式(12-42),由于行列式 $D=0$,方程组中的两个方程是线性相关的,实际上只有一个独立的方程。由式(12-42)的任一个方程可求出比值 A_1/A_2,称为第一主振型。同理,可确定与第二圆频率 ω_2 相对应的第二主振型。由式(12-42)的第一个方程,得主振型的表达式为

$$\left.\begin{aligned} \rho_1&=\frac{A_1^{(1)}}{A_2^{(1)}}=-\frac{k_{12}}{k_{11}-\omega_1^2 m_1} \\ \rho_2&=\frac{A_1^{(2)}}{A_2^{(2)}}=-\frac{k_{12}}{k_{11}-\omega_2^2 m_1} \end{aligned}\right\} \tag{12-45}$$

一般情况下,两个自由度体系自由振动是两种频率及其主振型的组合振动。只有当各质点的初始位移和初始速度之比正好等于 ρ_1(或 ρ_2)时,体系才会按第一(或第二)主振型作自由振动,此时,多自由度体系实际上是像一个单自由度体系在振动。

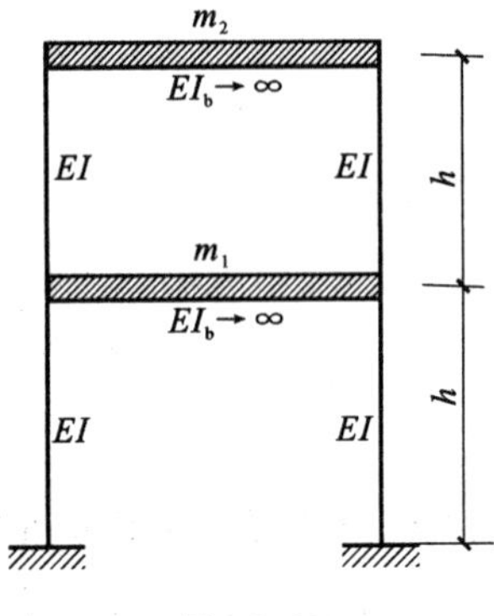

图 12-30

【例 12-10】 如图 12-30 所示为一两层刚架,柱高 h,各柱 $EI=$常数,设横梁 $EI_b\to\infty$,质量集中在横梁上且 $m_1=m_2=m$,试求刚架水平振动时的自振频率和振型。

【解】 在水平振动下,两层刚架可看作两自由度体系,可用刚度法求解其自振频率。

(1)计算结构的刚度系数。

当 m_1 沿振动方向有单位水平位移 $\delta_1=1$ 时,如图 12-31(a)所示,在质量 m_1 和 m_2 的约束处需施加的力(结构的刚度系数)k_{11} 和 k_{21},可由位移法方程的系数求得。分别取质量 m_1、m_2 为隔离体,如图 12-31(c),利用平衡条件,求得

$$k_{11}=\frac{48EI}{h^3},\quad k_{21}=-\frac{24EI}{h^3}$$

同理,当质量 m_2 沿振动方向有单位水平位移 $\delta_2=1$ 时,如图12-31(b)所示。分别取质量 m_1、m_2 为隔离体,如图 12-31(d)所示,利用平衡条件,求得

$$k_{12}=-\frac{24EI}{h^3},\quad k_{22}=\frac{24EI}{h^3}$$

(2)计算自振频率。

令 $k=\dfrac{24EI}{h^3}$,则 $k_{11}=2k,k_{12}=k_{21}=-k,k_{22}=k$。将刚度系数代入频率方程式(12-44),得

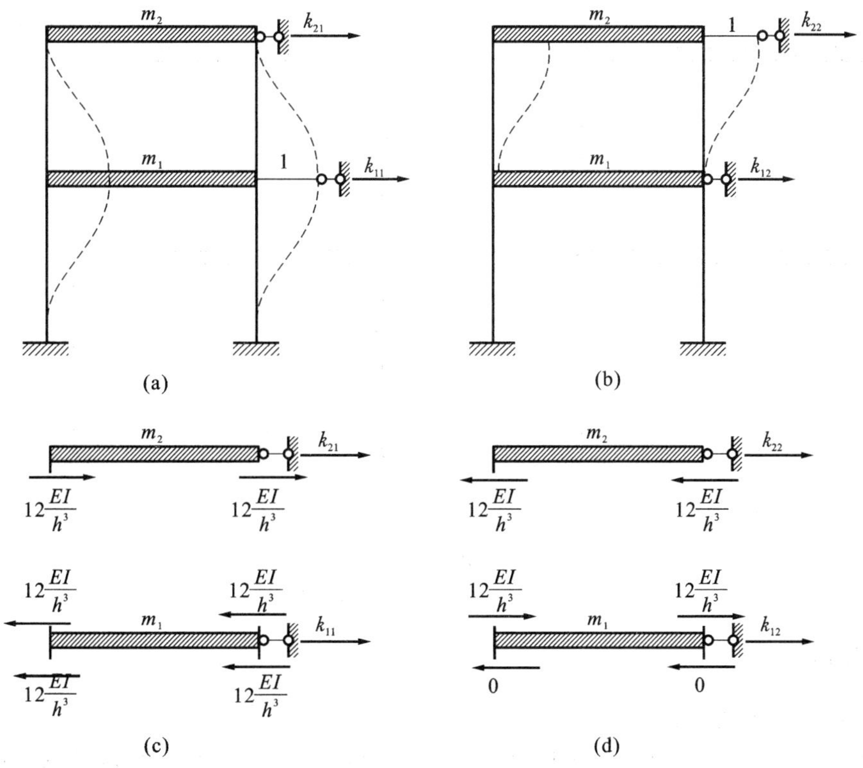

图 12-31

(a)质量 1 有单位水平位移时所需的力;(b)质量 2 有单位水平位移所需的力;

(c)求 k_{11}、k_{21} 的质量隔离体;(d)求 k_{12}、k_{22} 的质量隔离体

$$\omega_{1,2}^2=\frac{1}{2m}\left[3k\mp\sqrt{(3k)^2-4(2k^2-k^2)}\right]$$

$$\omega_1^2=\frac{(3-\sqrt{5})}{2m}k=0.382\frac{k}{m}$$

$$\omega_2^2=\frac{(3+\sqrt{5})}{2m}k=2.618\frac{k}{m}$$

所以,两个频率为

$$\omega_1=0.618\sqrt{\frac{k}{m}}=0.618\sqrt{\frac{24EI}{mh^3}}=3.028\sqrt{\frac{EI}{mh^3}}$$

$$\omega_2=1.618\sqrt{\frac{k}{m}}=1.618\sqrt{\frac{24EI}{mh^3}}=7.927\sqrt{\frac{EI}{mh^3}}$$

(3)计算主振型。

将以上数值代入式(12-45),可得

$$\rho_1=\frac{A_1^{(1)}}{A_2^{(1)}}=-\frac{k_{12}}{k_{11}-\omega_1^2m_1}=-\frac{(-k)}{2k-0.382k}=\frac{1}{1.618}$$

$$\rho_2=\frac{A_1^{(2)}}{A_2^{(2)}}=-\frac{k_{12}}{k_{11}-\omega_2^2m_1}=-\frac{(-k)}{2k-2.618k}=-\frac{1}{0.618}$$

两个主振型形状,分别如图 12-32(a)、(b)所示。

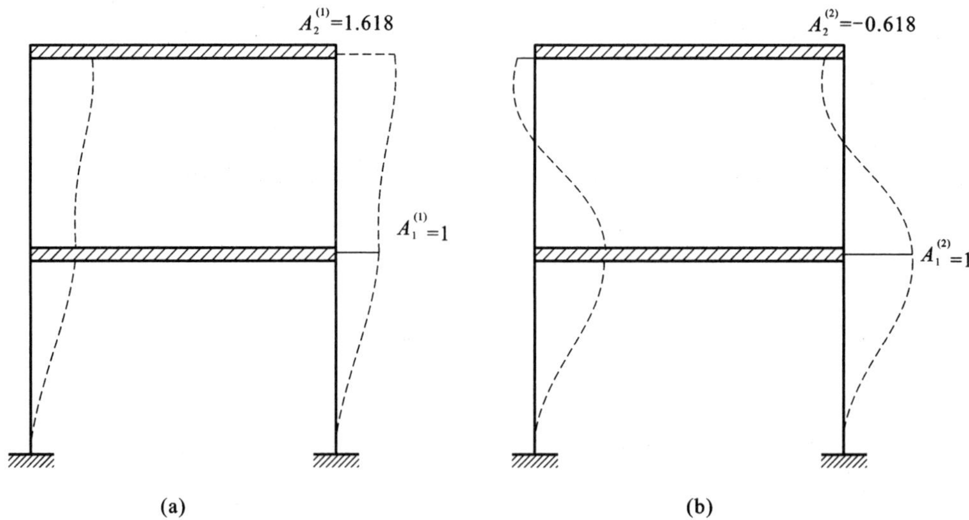

图 12-32

(a)第一主振型;(b)第二主振型

12.5.2 柔度法

(1)振动微分方程的建立。

图 12-33(a)所示为具有两个集中质量 m_1 和 m_2 的两自由度体系。在自由振动任一时刻 t,质量 m_1、m_2 的位移分别是 y_1 和 y_2。

按柔度法建立两个自由度自由振动微分方程的思路是:在自由振动任一时刻 t,质量 m_1、m_2 的位移 y_1 和 y_2 应等于在该时刻惯性力 $-m_1\ddot{y}_1$、$-m_2\ddot{y}_2$ 共同作用下所产生的静力位移。根据叠加原理,可列出方程如下

$$\left.\begin{aligned} y_1 &= -m_1\ddot{y}_1\delta_{11} - m_2\ddot{y}_2\delta_{12} \\ y_2 &= -m_1\ddot{y}_1\delta_{21} - m_2\ddot{y}_2\delta_{22} \end{aligned}\right\} \tag{12-46}$$

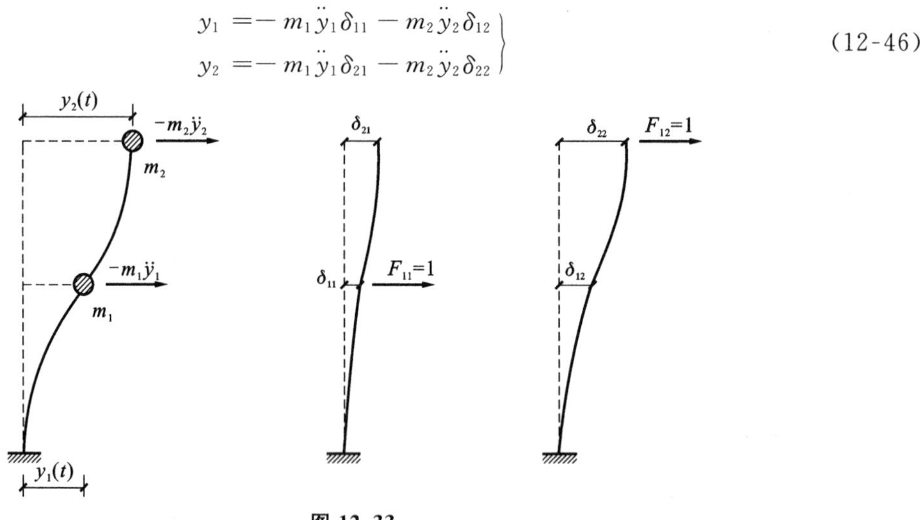

图 12-33

(a)惯性力产生的位移;(b)柔度系数 δ_{11}、δ_{21};(c)柔度系数 δ_{12}、δ_{22}

式中 δ_{11}、δ_{12}、δ_{21}、δ_{22}——结构的柔度系数。物理意义分别如图 12-33(b)、(c)所示。

这就是用柔度法建立的两个自由度无阻尼体系自由振动的微分方程,它是通过位移方程的形式建立的。

(2)用柔度系数表示的频率方程。

设方程式(12-46)的解为简谐振动解,即

$$\left.\begin{aligned} y_1 &= A_1\sin(\omega t+\alpha) \\ y_2 &= A_2\sin(\omega t+\alpha) \end{aligned}\right\} \tag{12-47}$$

将式(12-47)代入柔度法方程式(12-46),消去公因子 $\sin(\omega t+\alpha)$后,得

$$\left.\begin{aligned} \left(\delta_{11}m_1-\frac{1}{\omega^2}\right)A_1+\delta_{12}m_2A_2 &= 0 \\ \delta_{21}m_1A_1+\left(\delta_{22}m_2-\frac{1}{\omega^2}\right)A_2 &= 0 \end{aligned}\right\} \tag{12-48}$$

式(12-48)称为振型方程。

为了要得到 A_1、A_2 不全为零的解,要求系数行列式等于零,即

$$D=\begin{vmatrix} \delta_{11}m_1-\dfrac{1}{\omega^2} & \delta_{12}m_2 \\ \delta_{21}m_1 & \delta_{22}m_2-\dfrac{1}{\omega^2} \end{vmatrix}=0 \tag{12-49}$$

式(12-49)称为频率方程。

令 $\lambda=\dfrac{1}{\omega^2}$,并将式(12-49)展开

$$(\delta_{11}m_1-\lambda)(\delta_{12}m_2-\lambda)-\delta_{12}m_2\delta_{21}m_1=0$$

整理后,得到一个关于 λ 的一元二次方程

$$\lambda^2-(\delta_{11}m_1+\delta_{22}m_2)\lambda+(\delta_{11}\delta_{22}m_1m_2-\delta_{12}\delta_{21}m_1m_2)=0$$

由此,可解出 λ 的两个根

$$\lambda_{1,2}=\frac{1}{2}\left[(\delta_{11}m_1+\delta_{22}m_2)\pm\sqrt{(\delta_{11}m_1+\delta_{22}m_2)^2-4(\delta_{11}\delta_{22}-\delta_{12}\delta_{21})m_1m_2}\right] \tag{12-50}$$

这两个根都是正的实根。约定 $\lambda_1>\lambda_2$,于是,可求得圆频率的两个值分别为

$$\left.\begin{aligned} \omega_1 &= \frac{1}{\sqrt{\lambda_1}} \\ \omega_2 &= \frac{1}{\sqrt{\lambda_2}} \end{aligned}\right\} \tag{12-51}$$

其中,较小的 ω_1 为第一圆频率或基本圆频率,较大的 ω_2 为第二圆频率。

(3)用柔度系数表示的主振型。

由式(12-48),得用柔度法计算的主振型为

$$\left.\begin{aligned} \rho_1 &= \frac{A_1^{(1)}}{A_2^{(1)}}=-\frac{\delta_{12}m_2}{\delta_{11}m_1-\lambda_1} \\ \rho_2 &= \frac{A_1^{(2)}}{A_2^{(2)}}=-\frac{\delta_{12}m_2}{\delta_{11}m_1-\lambda_2} \end{aligned}\right\} \tag{12-52}$$

下面,举例说明用柔度法计算两个自由度体系的自振频率和主振型。

【例 12-11】 试求如图 12-34(a)所示体系的自振频率并确定其主振型。不计梁的质量,EI 为常数。

【解】 该结构有两个自由度。由图乘法[图 12-34(b)、(c)],可得

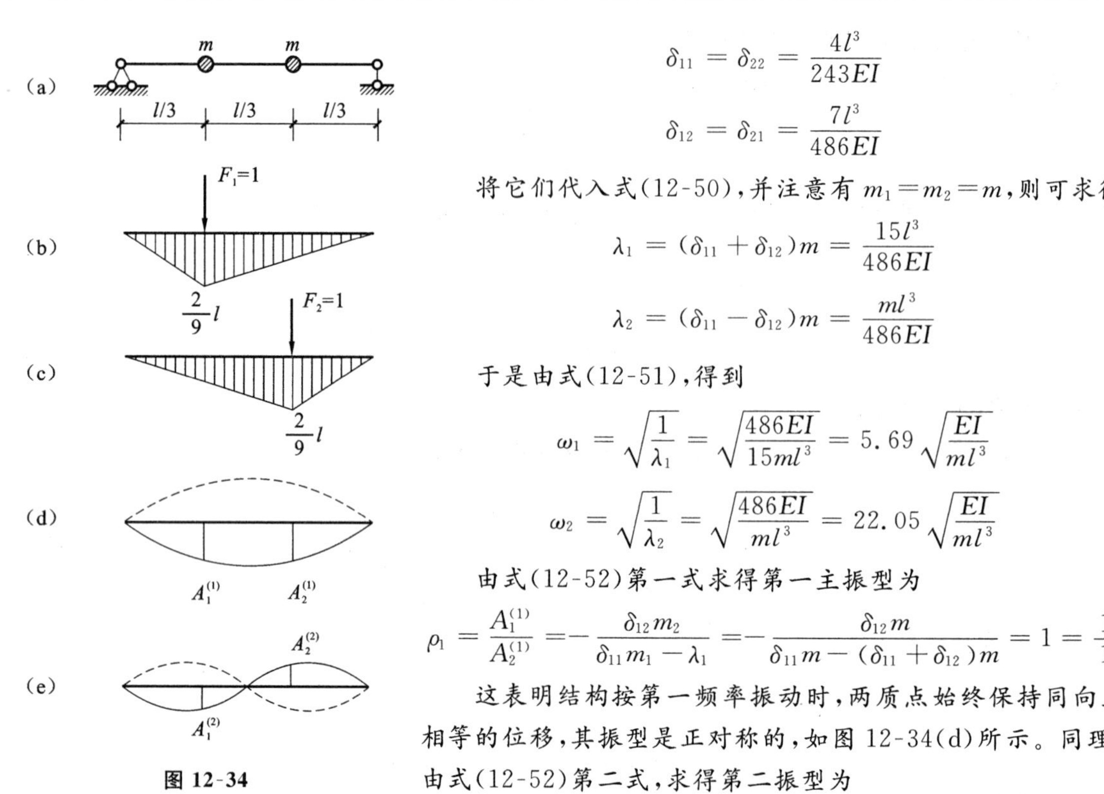

图 12-34

$$\delta_{11}=\delta_{22}=\frac{4l^3}{243EI}$$

$$\delta_{12}=\delta_{21}=\frac{7l^3}{486EI}$$

将它们代入式(12-50),并注意有 $m_1=m_2=m$,则可求得

$$\lambda_1=(\delta_{11}+\delta_{12})m=\frac{15l^3}{486EI}$$

$$\lambda_2=(\delta_{11}-\delta_{12})m=\frac{ml^3}{486EI}$$

于是由式(12-51),得到

$$\omega_1=\sqrt{\frac{1}{\lambda_1}}=\sqrt{\frac{486EI}{15ml^3}}=5.69\sqrt{\frac{EI}{ml^3}}$$

$$\omega_2=\sqrt{\frac{1}{\lambda_2}}=\sqrt{\frac{486EI}{ml^3}}=22.05\sqrt{\frac{EI}{ml^3}}$$

由式(12-52)第一式求得第一主振型为

$$\rho_1=\frac{A_1^{(1)}}{A_2^{(1)}}=-\frac{\delta_{12}m_2}{\delta_{11}m_1-\lambda_1}=-\frac{\delta_{12}m}{\delta_{11}m-(\delta_{11}+\delta_{12})m}=1=\frac{1}{1}$$

这表明结构按第一频率振动时,两质点始终保持同向且相等的位移,其振型是正对称的,如图 12-34(d)所示。同理,由式(12-52)第二式,求得第二振型为

$$\rho_2=\frac{A_1^{(2)}}{A_2^{(2)}}=-\frac{\delta_{12}m_2}{\delta_{11}m_1-\lambda_2}=-\frac{\delta_{12}m}{\delta_{11}m-(\delta_{11}-\delta_{12})m}=-1=-\frac{1}{1}$$

可见按第二频率振动时,两质点的位移是等值而反向的,振型为反对称形状,如图 12-34(e)所示。

此例中的结论可以推广:若结构的刚度和质量分布都是对称的,则其主振型为正对称或反对称的。因此,求自振频率时,我们也可以分别就正、反对称的情况取一半结构来进行计算,这样就可简化为两个单自由度结构的计算。

【例 12-12】 试求如图 12-35(a)所示体系的自振频率并确定其主振型。不计梁的质量,各杆 EI 都为常数。

【解】 绘制体系在水平单位力作用下的 $\overline{M}_1$ 图和竖向单位力作用下的 $\overline{M}_2$ 图,分别如图 12-36(a)、(b)所示。

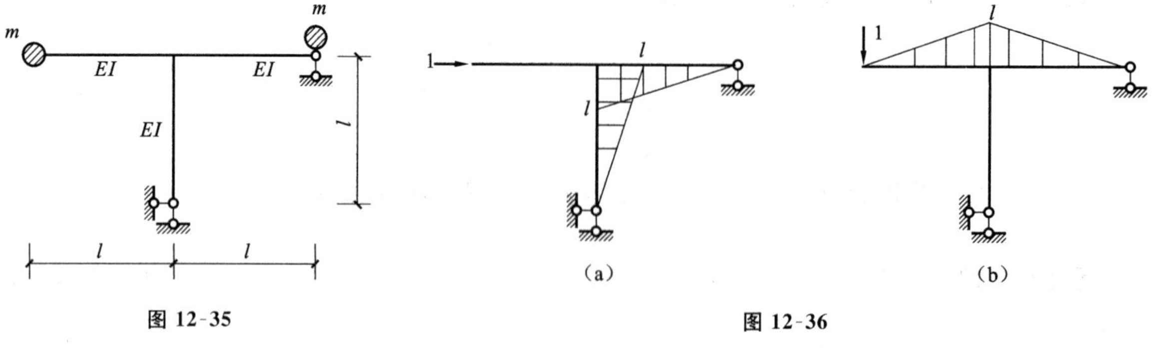

图 12-35

图 12-36

(a)$\overline{M}_1$ 图;(b)$\overline{M}_2$ 图

计算柔度系数

$$\delta_{11}=\frac{2l^3}{3EI}$$

$$\delta_{22}=\frac{2l^3}{3EI}$$

$$\delta_{12}=\delta_{21}=\frac{-1}{EI}\left(\frac{1}{2}\times l\times l\times\frac{2}{3}l\right)=-\frac{l^3}{3EI}$$

又有

$$m_1=2m,\quad m_2=m$$

将柔度系数代入式(12-50),并注意 $m_1=2m$,$m_2=m$,可求得

$$\lambda_1=\left(1+\frac{\sqrt{3}}{3}\right)\frac{ml^3}{EI}=1.577\,\frac{ml^3}{EI}$$

$$\lambda_2=\left(1-\frac{\sqrt{3}}{3}\right)\frac{ml^3}{EI}=0.423\,\frac{ml^3}{EI}$$

于是,自振频率

$$\omega_1=\frac{1}{\sqrt{\lambda_1}}=0.796\sqrt{\frac{EI}{ml^3}}$$

$$\omega_2=\frac{1}{\sqrt{\lambda_2}}=1.538\sqrt{\frac{EI}{ml^3}}$$

再由式(12-52)分别求得第一主振型和第二主振型为

$$\rho_1=-\frac{1}{0.731},\quad \rho_2=\frac{1}{2.731}$$

12.6 两个自由度体系在简谐荷载作用下的受迫振动

本节仅讨论结构上作用的动荷载为简谐荷载,并且结构上各简谐荷载的频率与振幅相同的情况。当干扰频率远小于结构自振频率时,可以不计阻尼影响。

12.6.1 柔度法

(1)振动微分方程的建立。

如图 12-37(a)所示为一两个自由度体系,承受简谐荷载 $F_P(t)=F\sin\theta t$,在任一时刻 t,质点 1、2 的位移分别为 y_1、y_2,如图 12-37(b)所示。根据柔度法建立受迫振动微分方程的思路是:y_1 和 y_2 应当等于体系在惯性力 $-m_1\ddot{y}_1$、$-m_2\ddot{y}_2$ 和荷载 $F\sin\theta t$ 共同作用下产生的位移。

设以 Δ_{1P}、Δ_{2P} 分别表示由荷载幅值 F 所引起的在质点 1、质点 2 的静位移,如图 12-37(c)所示,则质点 1、质点 2 的位移为

$$\left.\begin{aligned}y_1&=(-m_1\ddot{y}_1)\delta_{11}+(-m_2\ddot{y}_2)\delta_{12}+\Delta_{1P}\sin\theta t\\y_2&=(-m_1\ddot{y}_1)\delta_{21}+(-m_2\ddot{y}_2)\delta_{22}+\Delta_{2P}\sin\theta t\end{aligned}\right\}\tag{12-53}$$

式(12-53)也可以写为

$$\left.\begin{aligned}m_1\ddot{y}_1\delta_{11}+m_2\ddot{y}_2\delta_{12}+y_1&=\Delta_{1P}\sin\theta t\\m_1\ddot{y}_1\delta_{21}+m_2\ddot{y}_2\delta_{22}+y_2&=\Delta_{2P}\sin\theta t\end{aligned}\right\}\tag{12-54}$$

这就是两个自由度体系在简谐荷载作用下用柔度法建立的振动微分方程。

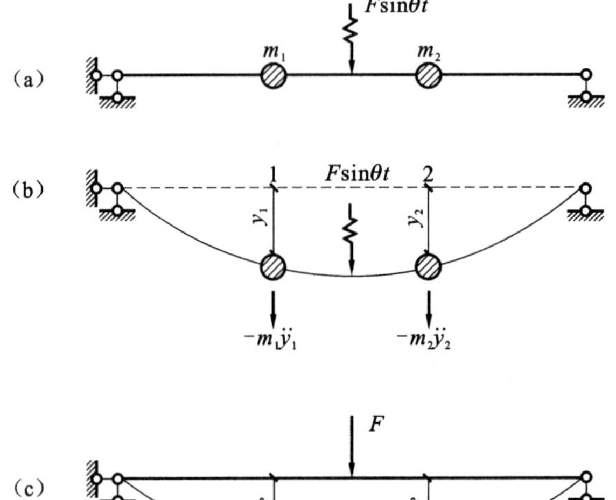

图 12-37

(a)受简谐荷载的两个自由度体系;(b)动荷载、惯性力和位移;(c)荷载幅度产生的静位移

(2)动位移的解答及讨论。

与单自由度体系一样,多自由度体系在简谐荷载作用下的振动也分为过渡阶段和平稳阶段。由于过渡阶段很短,所以一般仅考虑平稳阶段的振动。设平稳阶段的质点位移为

$$\left.\begin{aligned} y_1 &= A_1 \sin\theta t \\ y_2 &= A_2 \sin\theta t \end{aligned}\right\} \tag{12-55}$$

式中 A_1, A_2——质点1、2的振幅值。

将式(a)代入式(12-51),消去公因子 $\sin\theta t$ 并整理后,得

$$\left.\begin{aligned} (m_1\theta^2\delta_{11}-1)A_1 + m_2\theta^2\delta_{12}A_2 + \Delta_{1P} &= 0 \\ m_1\theta^2\delta_{21}A_1 + (m_2\theta^2\delta_{22}-1)A_2 + \Delta_{2P} &= 0 \end{aligned}\right\} \tag{b}$$

这是以质点振幅值为未知量的二元一次方程组,解方程组,得质点振幅为

$$A_1 = \frac{D_1}{D_0},\quad A_2 = \frac{D_2}{D_0} \tag{12-52}$$

式(12-52)中

$$\left.\begin{aligned} D_0 &= \begin{vmatrix} (m_1\theta^2\delta_{11}-1) & m_2\theta^2\delta_{12} \\ m_1\theta^2\delta_{21} & (m_2\theta^2\delta_{22}-1) \end{vmatrix} \\ D_1 &= \begin{vmatrix} -\Delta_{1P} & m_2\theta^2\delta_{12} \\ -\Delta_{2P} & (m_2\theta^2\delta_{22}-1) \end{vmatrix} \\ D_2 &= \begin{vmatrix} (m_1\theta^2\delta_{11}-1) & -\Delta_{1P} \\ m_1\theta^2\delta_{21} & -\Delta_{2P} \end{vmatrix} \end{aligned}\right\} \tag{12-53}$$

下面,对振幅解答的几种情况分别加以讨论:

①当 $\theta \to 0$ 时。

由式(b)可得,$A_1 \to \Delta_{1P}$,$A_2 \to \Delta_{2P}$。这说明当简谐荷载频率很小时,其动力作用很小,这时可将动力荷载按静力荷载计算。

②当 $\theta\to\infty$ 时。

由式(12-52)与式(12-53)可得：分母 D_0 不为零，而分子 $D_1\to 0$，$D_2\to 0$，因此，$A_1\to 0$，$A_2\to 0$。这说明当荷载频率非常大时，动位移非常小。

③当 $\theta=\omega_1$ 或 $\theta=\omega_2$ 时。

式(12-53)中的 D_0 与式(12-46)中的 D 相同，于是有

$$D_0 = 0$$

因此，当 D_1、D_2 不全为零时，则

$$A_1 \to \infty,\quad A_2 \to \infty$$

这说明荷载频率与任意一个自振频率相等或靠近均会引起共振。实际上，由于阻尼的存在，振幅不可能无限大，但仍然是非常大的。由此可知，两自由度体系，存在着两个可能的共振点，各对应于一个自振频率。

以上讨论结果与单自由度体系受简谐荷载作用的情况基本相同。

(3)动内力幅值计算。

在求得位移幅值 A_1、A_2 后，可得到各质点的位移和惯性力的解。

位移

$$\left.\begin{aligned} y_1 &= A_1\sin\theta t \\ y_2 &= A_2\sin\theta t \end{aligned}\right\} \tag{a}$$

惯性力

$$\left.\begin{aligned} -m_1\ddot{y}_1 &= m_1\theta^2 A_1\sin\theta t \\ -m_2\ddot{y}_2 &= m_2\theta^2 A_2\sin\theta t \end{aligned}\right\} \tag{b}$$

荷载 $F\sin\theta t$ 因位移、惯性力、荷载同时到达幅值，动内力也在同一时间到达幅值。动内力幅值的计算可以在各质点的惯性力幅值及荷载幅值共同作用下按静力分析方法计算。

设惯性力幅值以 F_{I1}、F_{I2} 表示，则有

$$\left.\begin{aligned} F_{I1} &= m_1\theta^2 A_1 \\ F_{I2} &= m_2\theta^2 A_2 \end{aligned}\right\} \tag{12-54}$$

按柔度法计算最大动内力的方法可采用：

方法一：列写幅值方程法。以图12-37(a)所示体系为例，将位移达到幅值 A_1、A_2 时，所求出的惯性力幅值 F_{I1}、F_{I2} 以及干扰力幅值 F 一起，沿 y 坐标方向施加于结构相应的位置上(注意：所含 A_i 项自身带正负号)，如图12-38所示，然后按静力计算即可求得动内力幅值，从而绘制动内力幅值图。

方法二：利用叠加原理计算，即

$$M_{d,\max} = \overline{M}_1 F_{I1} + \overline{M}_2 F_{I2} + M_P \tag{12-55}$$

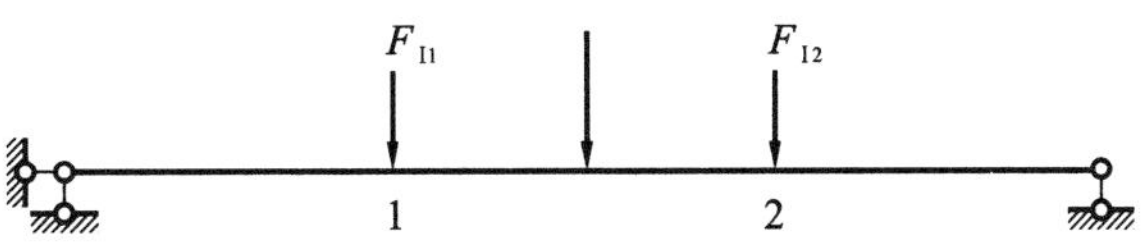

图 12-38

式中　F_{I1}，F_{I2}——质点1、2的惯性力幅值；

$\overline{M}_1$，$\overline{M}_2$——单位惯性力 $F_{I1}=1$、$F_{I2}=1$ 作用下，任一截面的弯矩值或弯矩图；

$\overline{M}_P$——动载幅值 F 静力作用下的同一截面的弯矩值或弯矩图。

对于其他内力,如剪力、轴力等,也可按同样方法计算。

应当注意,动内力有正负号的变化,在与静荷载(如自重)作用下的内力叠加时需加以考虑。

【例 12-13】 试求如图 12-39(a)所示体系质点 1 和 2 的动位移幅值和动力弯矩幅值图。已知:$m_1=m_2=m$,EI=常数,$\theta=0.75\omega_1$。

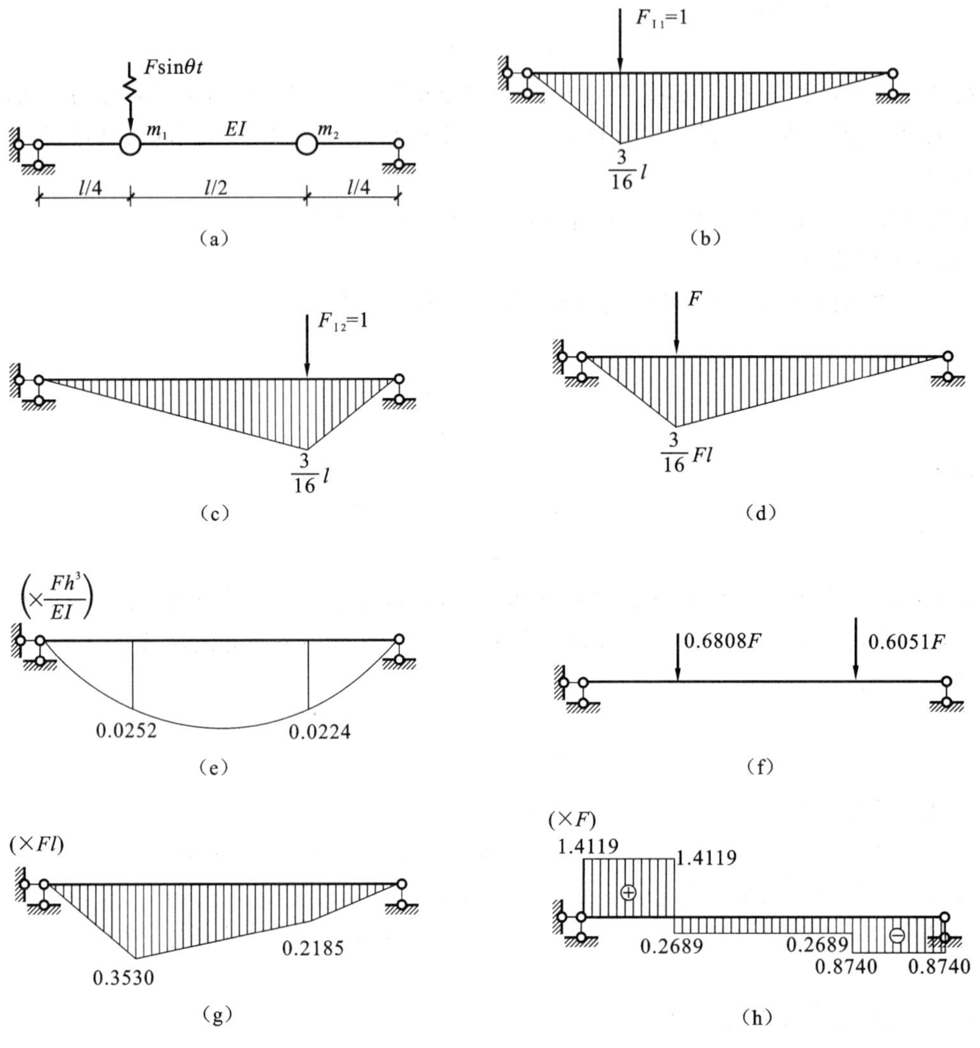

图 12-39

(a)受简谐荷载作用的简支梁;(b)$\overline{M}_1$ 图;(c)$\overline{M}_2$ 图;(d)$\overline{M}_P$ 图;

(e)y 图;(f)荷载和惯性力幅值;(g)M 图;(h)F_Q 图

【解】 (1)计算得以下参数(请读者完成参数计算):

$$\omega_1=6.93\sqrt{\frac{EI}{ml^3}},\quad \theta=0.75\omega_1=0.75\times 6.93\sqrt{\frac{EI}{ml^3}}=5.1975\sqrt{\frac{EI}{ml^3}}$$

$$\delta_{11}=\delta_{22}=\frac{3l^3}{256EI},\quad \delta_{12}=\delta_{21}=\frac{7l^3}{768EI}$$

(2)分别作 $\overline{M}_1$、$\overline{M}_2$ 及 M_P 图[图 12-39(b)、(c)、(d)],计算 Δ_{1P}、Δ_{2P}。

$$\Delta_{1P}=\frac{3Fl^3}{256EI}\text{，}\quad \Delta_{2P}=\frac{7Fl^3}{768EI}$$

(3)计算 D_0、D_1、D_2。

将 θ、δ_{11}、δ_{12}、δ_{21}、δ_{22}、Δ_{1P}、Δ_{2P}及 $m_1\theta^2=m_2\theta^2=27.0140EI/l^3$ 等代入式(12-53)，得

$$D_0=\begin{vmatrix}(m_1\theta^2\delta_{11}-1) & m_2\theta^2\delta_{12}\\ m_1\theta^2\delta_{21} & (m_2\theta^2\delta_{22}-1)\end{vmatrix}=0.4065$$

$$D_1=\begin{vmatrix}-\Delta_{1P} & m_2\theta^2\delta_{12}\\ -\Delta_{2P} & (m_2\theta^2\delta_{22}-1)\end{vmatrix}=0.01025\frac{Fl^3}{EI}$$

$$D_2=\begin{vmatrix}(m_1\theta^2\delta_{11}-1) & -\Delta_{1P}\\ m_1\theta^2\delta_{21} & -\Delta_{2P}\end{vmatrix}=0.00911\frac{Fl^3}{EI}$$

(4)计算位移幅值 A_1 和 A_2。

由式(12-52)，得

$$A_1=\frac{D_1}{D_0}=\frac{0.01025Fl^3}{0.4065EI}=0.0252\frac{Fl^3}{EI}$$

$$A_2=\frac{D_2}{D_0}=\frac{0.00911Fl^3}{0.4065EI}=0.0224\frac{Fl^3}{EI}$$

位移幅值图如图 12-39(e)所示。

(5)计算惯性力幅值 F_{I1}和 F_{I2}。

由式(12-54)，得

$$F_{I1}=m_1\theta^2A_1=27.0140\frac{EI}{l^3}\times 0.0252\frac{Fl^3}{EI}=0.6808F$$

$$F_{I2}=m_2\theta^2A_2=27.0140\frac{EI}{l^3}\times 0.0224\frac{Fl^3}{EI}=0.6051F$$

体系受力图如图 12-39(f)所示。

(6)计算质点 1、2 的动弯矩幅值。

由式(12-55)，得

$$\begin{aligned}M_1(t)_{\max}&=\overline{M}_1F_{I1}+\overline{M}_2F_{I2}+M_P\\&=\frac{3}{16}l\times 0.6808F+\frac{1}{16}l\times 0.6051F+\frac{3}{16}Fl=0.3530Fl\\M_2(t)_{\max}&=\overline{M}_1F_{I1}+\overline{M}_2F_{I2}+M_P\\&=\frac{1}{16}l\times 0.6808F+\frac{3}{16}l\times 0.6051F+\frac{1}{16}Fl=0.2185Fl\end{aligned}$$

弯矩幅值图如图 12-39(g)所示。

(7)计算质点 1、2 的动剪力幅值。

由图 12-39(f)的受力图，得到各控制点的动剪力幅值，如图 12-39(h)所示。

(8)计算质点 1 的位移、弯矩的动力系数，并进行比较。

$$y_{1st}=\Delta_{1P}=\frac{3Fl^3}{256EI}=0.01172\frac{Fl^3}{EI}\text{，}\quad \beta_{y1}=\frac{A_1}{y_{1st}}=\frac{0.0252}{0.01172}=2.150$$

$$M_{1st}=\frac{3}{16}Fl=0.1875Fl\text{，}\quad \beta_{M1}=\frac{M_{1\max}^{(1)}}{M_{1st}}=\frac{0.3530Fl}{0.1875Fl}=1.883$$

由此可见，对于两自由度体系而言，同一点的位移和弯矩的动力系数是不同的。因此，没有统

一的动力系数,这是与单自由度体系不同的。

12.6.2 刚度法

如图 12-40 所示为两个自由度体系,作用在质点 1、2 上的简谐荷载分别为 $F_1\sin\theta t$、$F_2\sin\theta t$。取质点为隔离体,可写出两自由度体系在简谐荷载作用下的动力平衡方程为

$$\left.\begin{aligned} m_1\ddot{y}_1 + k_{11}y_1 + k_{12}y_2 &= F_1\sin\theta t \\ m_2\ddot{y}_2 + k_{21}y_1 + k_{22}y_2 &= F_2\sin\theta t \end{aligned}\right\} \tag{12-56}$$

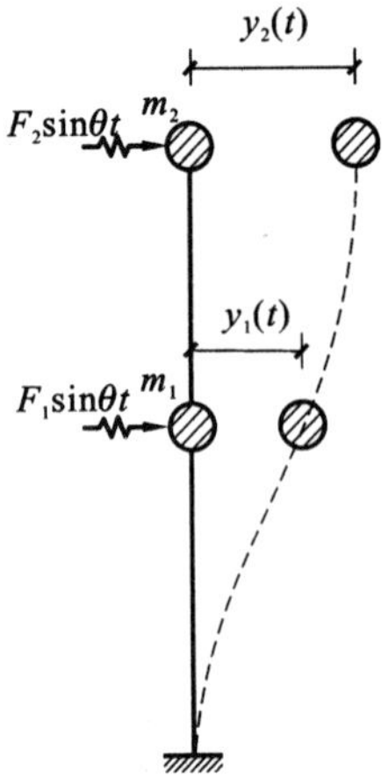

这就是两个自由度体系在简谐荷载作用下用刚度法建立的振动微分方程。仍然设平稳阶段强迫振动部分位移的解为

$$\left.\begin{aligned} y_1 &= F_1\sin\theta t \\ y_2 &= F_2\sin\theta t \end{aligned}\right\} \tag{a}$$

将式(a)代入式(12-56),消去公因子 $\sin\theta t$,可得

$$\left.\begin{aligned} (k_{11} - m_1\theta^2)A_1 + k_{12}A_2 &= F_1 \\ k_{21}A_1 + (k_{22} - m_2\theta^2)A_2 &= F_2 \end{aligned}\right\} \tag{b}$$

由式(b),可解得位移幅值为

$$A_1 = \frac{D_1}{D_0}, \quad A_2 = \frac{D_2}{D_0} \tag{12-57}$$

图 12-40

式(12-57)中

$$\left.\begin{aligned} D_0 &= \begin{vmatrix} (k_{11} - m_1\theta^2) & k_{12} \\ k_{21} & (k_{22} - m_2\theta^2) \end{vmatrix} \\ D_1 &= \begin{vmatrix} F_1 & k_{12} \\ F_2 & (k_{22} - m_2\theta^2) \end{vmatrix} \\ D_2 &= \begin{vmatrix} (k_{11} - m_1\theta^2) & F_1 \\ k_{21} & F_2 \end{vmatrix} \end{aligned}\right\} \tag{12-58}$$

求得位移幅值 A_1、A_2 后,仍可按式(12-54)计算惯性力幅值 F_{I1}、F_{I2}。

按刚度法计算最大动内力,如同前述柔度法一样,仍可采用列写幅值方程法,即将 F_{I1}、F_{I2},连同荷载幅值 F 一起,沿 y 坐标方向施加于结构相应的位置上(注意:所含 A_i 项本身带正负号),然后按静力计算,即求得动内力幅值;当然,也可依据叠加原理用式(12-55)计算动弯矩幅值。

【例 12-14】 如图 12-41(a)所示刚架在二层楼面作用有动荷载 $F\sin\theta t$,$\theta=4\sqrt{\dfrac{EI}{mh^3}}$,$m_1=m_2=m$,试计算第一、二层楼面处侧移幅值、惯性力幅值及柱底端截面弯矩幅值。

【解】 (1)在例 12-10 中,已算出

$$k_{11} = \frac{48EI}{h^3}, \quad k_{12} = k_{21} = -\frac{24EI}{h^3}, \quad k_{22} = \frac{24EI}{h^3}$$

(2)计算 D_0、D_1、D_2。

$$m_1\theta^2 = m_2\theta^2 = m\left(4\sqrt{\frac{EI}{mh^3}}\right)^2 = 16\,\frac{EI}{h^3}$$

由式(12-58),得

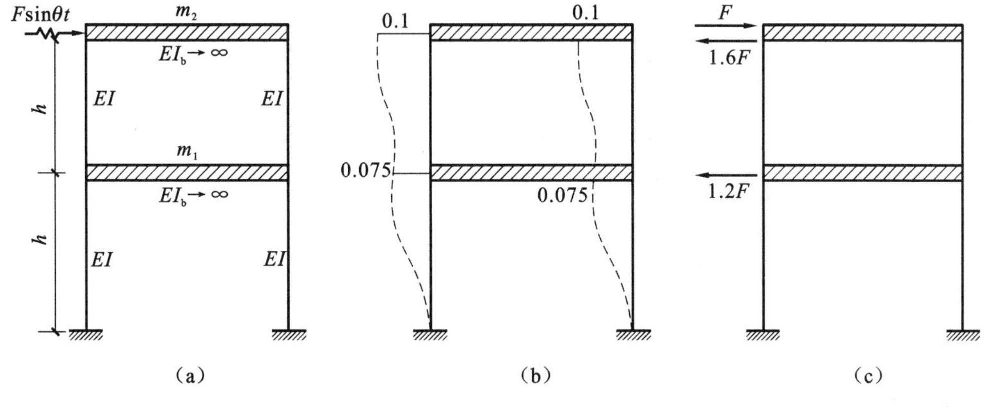

图 12-41

(a)受简谐荷载作用的两层刚架;(b)位移幅值$\left(\times\frac{Fh^2}{EI}\right)$;(c)荷载和惯性力幅值

$$D_0=\begin{vmatrix}(k_{11}-m_1\theta^2) & k_{12}\\ k_{21} & (k_{22}-m_2\theta^2)\end{vmatrix}=\begin{vmatrix}(48-16) & -24\\ -24 & (24-16)\end{vmatrix}\left(\frac{EI}{h^3}\right)^2=-320\left(\frac{EI}{h^3}\right)^2$$

$$D_1=\begin{vmatrix}F_1 & k_{12}\\ F_2 & (k_{22}-m_2\theta^2)\end{vmatrix}=\begin{vmatrix}0 & -24\\ F & 8\end{vmatrix}\frac{EI}{h^3}=24F\frac{EI}{h^3}$$

$$D_2=\begin{vmatrix}(k_{11}-m_1\theta^2) & F_1\\ k_{21} & F_2\end{vmatrix}=\begin{vmatrix}32 & 0\\ -24 & F\end{vmatrix}\frac{EI}{h^3}=32F\frac{EI}{h^3}$$

(3)计算 A_1、A_2。

由式(12-57),得

$$A_1=\frac{D_1}{D_0}=-\frac{24}{320}F\frac{h^3}{EI}=-0.075F\frac{h^3}{EI}$$

$$A_2=\frac{D_2}{D_0}=-\frac{32}{320}F\frac{h^3}{EI}=-0.1F\frac{h^3}{EI}$$

(4)计算 F_{I1}、F_{I2}。

由式(12-54),得

$$F_{I1}=m_1\theta^2A_1=16\frac{EI}{h^3}\times(-0.075)\frac{Fh^3}{EI}=-1.2F$$

$$F_{I2}=m_2\theta^2A_2=16\frac{EI}{h^3}\times(-0.1)\frac{Fh^3}{EI}=-1.6F$$

(5)计算内力(柱底截面 A 弯矩幅值)。

刚架受力如图 12-41(c)所示,由式(12-55),得

$$M_A=\overline{M}_1F_{I1}+\overline{M}_2F_{I2}+M_P=-1.2F\left(\frac{h}{4}\right)-1.6F\left(\frac{h}{4}\right)+\frac{Fh}{4}=-0.45Fh$$

*12.7 振型分解法

12.7.1 主振型的正交性

对于同一多自由度体系来说,各个主振型之间存在着正交性,这是多自由度体系的重要动力特

性。现以如图12-42所示两自由度体系的主振型为例,说明主振型正交性的概念。

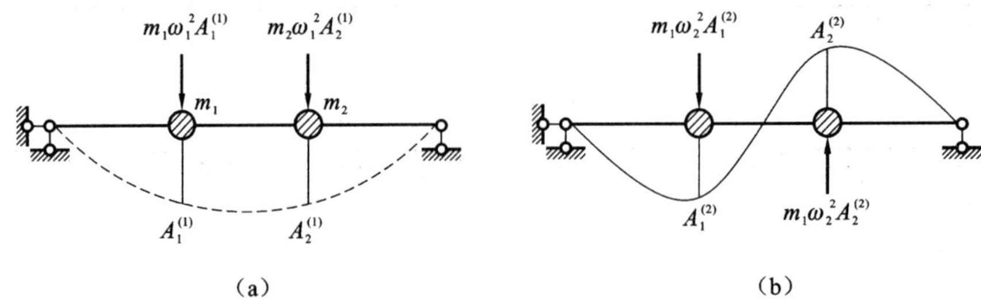

(a) (b)

图 12-42

(a)第一主振型;(b)第二主振型

由12.5小节讨论可知,两个自由度体系自由振动的解为简谐解,即

$$\left.\begin{aligned} y_1 &= A_1\sin(\omega t+\alpha) \\ y_2 &= A_2\sin(\omega t+\alpha) \end{aligned}\right\}$$

代入式(12-46),得

$$\left.\begin{aligned} A_1 &= (m_1\omega^2A_1)\delta_{11}+(m_2\omega^2A_2)\delta_{12} \\ A_2 &= (m_1\omega^2A_1)\delta_{21}+(m_2\omega^2A_2)\delta_{22} \end{aligned}\right\} \tag{12-59}$$

此式说明位移幅值是惯性力幅值作用下所产生的静力位移,也就是主振型正好等于惯性力幅值所产生的静力位移。

对于图12-42(a)所示的第一主振型,质点1、2的振幅分别为$A_1^{(1)}$、$A_2^{(1)}$,其值正好等于相应惯性力幅值($m_1\omega_1^2A_1^{(1)}$、$m_2\omega_1^2A_2^{(1)}$)所产生的静力位移,即

$$\left.\begin{aligned} A_1^{(1)} &= (m_1\omega_1^2A_1^{(1)})\delta_{11}+(m_2\omega_1^2A_2^{(1)})\delta_{12} \\ A_2^{(1)} &= (m_1\omega_1^2A_1^{(1)})\delta_{21}+(m_2\omega_1^2A_2^{(1)})\delta_{22} \end{aligned}\right\}$$

而图12-42(b)所示的第二主振型,质点1、2的振幅分别为$A_1^{(2)}$、$A_2^{(2)}$,其值正好等于惯性力幅值($m_1\omega_2^2A_1^{(2)}$、$m_2\omega_2^2A_2^{(2)}$)所产生的静力位移,即

$$\left.\begin{aligned} A_1^{(2)} &= (m_1\omega_2^2A_1^{(2)})\delta_{11}+(m_2\omega_2^2A_2^{(2)})\delta_{12} \\ A_2^{(2)} &= (m_1\omega_2^2A_1^{(2)})\delta_{21}+(m_2\omega_2^2A_2^{(2)})\delta_{22} \end{aligned}\right\}$$

对于上述线性变形体系的动力平衡状态,可应用功的互等定理来说明。功的互等定理表明:

第一振型中的惯性力在第二振型的相应位移上所做的虚功,应当等于第二振型中的惯性力在第一振型的相应位移上所做的虚功,即

$$(m_1\omega_1^2A_1^{(1)})A_1^{(2)}+(m_2\omega_1^2A_2^{(1)})A_2^{(2)} = (m_1\omega_2^2A_1^{(2)})A_1^{(1)}+(m_2\omega_2^2A_2^{(2)})A_2^{(1)}$$

整理后,可得

$$(\omega_1^2-\omega_2^2)(m_1A_1^{(1)}A_1^{(2)}+m_2A_2^{(1)}A_2^{(2)}) = 0$$

因$\omega_1\neq\omega_2$,则必有

$$m_1A_1^{(1)}A_1^{(2)}+m_2A_2^{(1)}A_2^{(2)} = 0 \tag{12-60}$$

式(12-60)也可写成矩阵形式

$$\begin{bmatrix} A_1^{(1)} & A_2^{(1)} \end{bmatrix}\begin{bmatrix} m_1 & 0 \\ 0 & m_2 \end{bmatrix}\begin{bmatrix} A_1^{(2)} \\ A_2^{(2)} \end{bmatrix}=0 \tag{12-61}$$

式中,$\boldsymbol{A}^{(1)}=\begin{bmatrix} A_1^{(1)} & A_2^{(1)} \end{bmatrix}^{\mathrm{T}}$ 和 $\boldsymbol{A}^{(2)}=\begin{bmatrix} A_1^{(2)} & A_2^{(2)} \end{bmatrix}^{\mathrm{T}}$ 为对应于ω_1、ω_2的两个振型向量,$\boldsymbol{M}=\begin{bmatrix} m_1 & 0 \\ 0 & m_2 \end{bmatrix}$为质量矩阵。所以,式(12-60)又可写成

$$[\boldsymbol{A}^{(1)}]^{\mathrm{T}}\boldsymbol{M}\boldsymbol{A}^{(2)} = 0 \tag{12-62}$$

式(12-62)表明两个自由度体系的两个主振型向量关于质量矩阵 $\boldsymbol{M}$ 加权正交，这就是两个自由度体系自由振动主振型的正交性。因与质量有关，又称第一正交关系。

将式(12-60)分别乘以 ω_1^2 与 ω_2^2，可得

$$(m_1\omega_1^2A_1^{(1)})A_1^{(2)} + (m_2\omega_1^2A_2^{(1)})A_2^{(2)} = 0 \tag{a}$$

$$(m_1\omega_2^2A_1^{(2)})A_1^{(1)} + (m_2\omega_2^2A_2^{(2)})A_2^{(1)} = 0 \tag{b}$$

式(a)说明，第一主振型惯性力在第二主振型上所做的虚功为零；式(b)说明，第二主振型惯性力在第一主振型上所做的虚功为零。这表明体系在振动过程中，某一主振型的惯性力不会在其他主振型上做功，即它的能量不会转移到其他主振型上，也就不会引起其他振型的振动。因此，各个主振型能单独存在而不互相干扰。

可以证明，两自由度体系的两个主振型向量，不但关于质量矩阵加权正交，而且关于刚度矩阵 $\boldsymbol{K}=\begin{bmatrix} k_{11} & k_{12} \\ k_{21} & k_{22} \end{bmatrix}$ 也是正交的，称第二正交关系，其表达式为

$$[\boldsymbol{A}^{(1)}]^{\mathrm{T}}\boldsymbol{K}\boldsymbol{A}^{(2)} = 0 \tag{12-63}$$

12.7.2　正则坐标

两个自由度结构的无阻尼强迫振动微分方程已在12.6节导出，按刚度法，有

$$m_1\ddot{y}_1 + k_{11}y_1 + k_{12}y_2 = F_1(t)$$

$$m_2\ddot{y}_2 + k_{21}y_1 + k_{22}y_2 = F_2(t)$$

上式可写成矩阵形式

$$\begin{bmatrix} m_1 & 0 \\ 0 & m_2 \end{bmatrix}\begin{bmatrix} \ddot{y}_1 \\ \ddot{y}_2 \end{bmatrix} + \begin{bmatrix} k_{11} & k_{12} \\ k_{21} & k_{22} \end{bmatrix}\begin{bmatrix} y_1 \\ y_2 \end{bmatrix} = \begin{bmatrix} F_1(t) \\ F_2(t) \end{bmatrix} \tag{12-64}$$

也可写成

$$\boldsymbol{M}\ddot{\boldsymbol{Y}} + \boldsymbol{K}\boldsymbol{Y} = \boldsymbol{F}(t) \tag{12-65}$$

其中，$\boldsymbol{K}=\begin{bmatrix} k_{11} & k_{12} \\ k_{21} & k_{22} \end{bmatrix}$ 为刚度矩阵，$\boldsymbol{Y}=\begin{bmatrix} y_1 \\ y_2 \end{bmatrix}$ 为位移向量，对于只具有集中质量的结构，质量矩阵 $\boldsymbol{M}$ 是对角矩阵，但刚度矩阵 $\boldsymbol{K}$ 一般不是对角矩阵，因此，微分方程组(12-65)关于变量 $\begin{bmatrix} y_1 \\ y_2 \end{bmatrix}$ 是耦合的。当荷载 $F_{\mathrm{P}}(t)$ 是任意动力荷载时，一般是先设法解除方程组的耦合再求解。微分方程组(12-65)的解耦，可利用主振型的正交性通过坐标变换来实现。

前面所建立的两个自由度结构的振动微分方程，是以二质点的位移 y_1，y_2 为对象来求解的，位移向量 $\boldsymbol{Y}=[y_1 \quad y_2]^{\mathrm{T}}$ 称为几何坐标。为了解除方程组的耦合，我们进行如下的坐标变换：将结构的两个主振型向量表示为 $\boldsymbol{A}^{(1)}=[A_1^{(1)} \quad A_2^{(1)}]^{\mathrm{T}}$，$\boldsymbol{A}^{(2)}=[A_1^{(2)} \quad A_2^{(2)}]^{\mathrm{T}}$，并作为基底，把几何坐标 $\boldsymbol{Y}$ 表示为主振型向量的线性组合，即

$$\begin{bmatrix} y_1 \\ y_2 \end{bmatrix} = \eta_1\begin{bmatrix} A_1^{(1)} \\ A_2^{(1)} \end{bmatrix} + \eta_2\begin{bmatrix} A_1^{(2)} \\ A_2^{(2)} \end{bmatrix} \tag{12-66}$$

也就是将位移向量 $\boldsymbol{Y}$ 按二主振型进行分解。上式的矩阵形式为

$$\boldsymbol{Y} = \begin{bmatrix} A_1^{(1)} & A_1^{(2)} \\ A_2^{(1)} & A_2^{(2)} \end{bmatrix}\begin{bmatrix} \eta_1 \\ \eta_2 \end{bmatrix} = [\boldsymbol{A}^{(1)} \quad \boldsymbol{A}^{(2)}]\begin{bmatrix} \eta_1 \\ \eta_2 \end{bmatrix} \tag{12-67}$$

可简写为

$$\boldsymbol{Y}=\boldsymbol{A\eta} \tag{12-68}$$

上述各式中,$\boldsymbol{A}=[\boldsymbol{A}^{(1)}\quad \boldsymbol{A}^{(2)}]$称为主振型矩阵。这样就把几何坐标$\boldsymbol{Y}$变换成数目相同的另一组新坐标$\boldsymbol{\eta}=[\eta_1\quad \eta_2]$,$\boldsymbol{\eta}$称为正则坐标。值得注意的是,正则坐标$\boldsymbol{\eta}=[\eta_1\quad \eta_2]=[\eta_1(t)\quad \eta_2(t)]$是时间的函数,而主振型矩阵$\boldsymbol{A}=[\boldsymbol{A}^{(1)}\quad \boldsymbol{A}^{(2)}]$不是时间的函数。

12.7.3 振型分解法

主振型矩阵$\boldsymbol{A}=(\boldsymbol{A}^{(1)}\quad \boldsymbol{A}^{(2)})$就是几何坐标和正则坐标之间的转换矩阵。将式(12-68)代入式(12-65)并左乘以$\boldsymbol{A}^{\mathrm{T}}$,得到

$$\boldsymbol{A}^{\mathrm{T}}\boldsymbol{MA}\ddot{\boldsymbol{\eta}}+\boldsymbol{A}^{\mathrm{T}}\boldsymbol{KA\eta}=\boldsymbol{A}^{\mathrm{T}}\boldsymbol{F}(t) \tag{12-69}$$

利用主振型的正交性,很容易证明上式中的$\boldsymbol{A}^{\mathrm{T}}\boldsymbol{MA}$和$\boldsymbol{A}^{\mathrm{T}}\boldsymbol{KA}$都是对角矩阵。由矩阵的乘法有

$$\boldsymbol{A}^{\mathrm{T}}\boldsymbol{MA}=\begin{Bmatrix}[\boldsymbol{A}^{(1)}]^{\mathrm{T}}\\ [\boldsymbol{A}^{(2)}]^{\mathrm{T}}\end{Bmatrix}\boldsymbol{M}[\boldsymbol{A}^{(1)}\quad \boldsymbol{A}^{(2)}]=\begin{Bmatrix}[\boldsymbol{A}^{(1)}]^{\mathrm{T}}\boldsymbol{MA}^{(1)} & [\boldsymbol{A}^{(1)}]^{\mathrm{T}}\boldsymbol{MA}^{(2)}\\ [\boldsymbol{A}^{(2)}]^{\mathrm{T}}\boldsymbol{MA}^{(1)} & [\boldsymbol{A}^{(2)}]^{\mathrm{T}}\boldsymbol{MA}^{(2)}\end{Bmatrix} \tag{12-70}$$

由第一个正交关系即式(12-62)可知,上式右端矩阵中所有非主对角线上的元素均为零,因而,只剩下主对角线上的元素。令

$$\overline{M}_i=[\boldsymbol{A}^{(i)}]^{\mathrm{T}}\boldsymbol{MA}^{(i)}$$

称为相应于第i个主振型的广义质量。于是式(12-70)可写为

$$\boldsymbol{A}^{\mathrm{T}}\boldsymbol{MA}=\begin{bmatrix}\overline{M}_1 & 0\\ 0 & \overline{M}_2\end{bmatrix}=\overline{\boldsymbol{M}} \tag{12-71}$$

$\overline{\boldsymbol{M}}$称为广义质量矩阵,它是一个对角矩阵。

同理,可以证明$\boldsymbol{A}^{\mathrm{T}}\boldsymbol{KA}$也是对角矩阵,并可将其表示为

$$\boldsymbol{A}^{\mathrm{T}}\boldsymbol{KA}=\begin{bmatrix}\overline{K}_1 & 0\\ 0 & \overline{K}_2\end{bmatrix}=\overline{\boldsymbol{K}} \tag{12-72}$$

其中,主对角线上的任一元素为

$$\overline{K}_i=[\boldsymbol{A}^{(i)}]^{\mathrm{T}}\boldsymbol{KA}^{(i)} \tag{12-73}$$

称为相应于第i个主振型的广义刚度,对角矩阵$\overline{\boldsymbol{K}}$称为广义刚度矩阵。

前面,两个自由度体系自由振动刚度法计算中的式(12-40)为

$$\left.\begin{aligned}(k_{11}-\omega^2 m_1)A_1+k_{12}A_2&=0\\ k_{21}A_1+(k_{22}-\omega^2 m_2)A_2&=0\end{aligned}\right\}$$

可写成矩阵形式

$$\left\{\begin{bmatrix}k_{11} & k_{12}\\ k_{21} & k_{22}\end{bmatrix}-\omega^2\begin{bmatrix}m_1 & 0\\ 0 & m_2\end{bmatrix}\right\}\begin{bmatrix}A_1\\ A_2\end{bmatrix}=0$$

或

$$(\boldsymbol{K}-\omega_i^2\boldsymbol{M})\boldsymbol{A}^{(i)}=0$$

将上式左边乘以$[\boldsymbol{A}^{(i)}]^{\mathrm{T}}$,得

$$[\boldsymbol{A}^{(i)}]^{\mathrm{T}}\boldsymbol{KA}^{(i)}=\omega_i^2[\boldsymbol{A}^{(i)}]^{\mathrm{T}}\boldsymbol{MA}^{(i)}$$

所以

$$\overline{K}_i=\omega_i^2\overline{M}_i \tag{12-74}$$

或

$$\omega_i = \sqrt{\frac{\overline{K}_i}{\overline{M}_i}} \tag{12-75}$$

这就是自振频率与广义刚度和广义质量间的关系式，它与单自由度体系的频率公式(12-9)具有相似的形式。如果将两个自振频率的平方也组成一个对角矩阵并记为 $\boldsymbol{\Omega}^2$，即

$$\boldsymbol{\Omega}^2 = \begin{bmatrix} \omega_1^2 & 0 \\ 0 & \omega_2^2 \end{bmatrix} \tag{12-76}$$

则又可写出

$$\overline{\boldsymbol{K}} = \boldsymbol{\Omega}^2 \overline{\boldsymbol{M}} \tag{12-77}$$

最后，将式(12-69)的右端记为 $\overline{\boldsymbol{F}}(t)$，即

$$\overline{\boldsymbol{F}}(t) = \boldsymbol{A}^{\mathrm{T}} \boldsymbol{F}(t) = \begin{Bmatrix} [\boldsymbol{A}^{(1)}]^{\mathrm{T}} \boldsymbol{F}(t) \\ [\boldsymbol{A}^{(2)})^{\mathrm{T}} \boldsymbol{F}(t) \end{Bmatrix} = \begin{bmatrix} \overline{\boldsymbol{F}}_1(t) \\ \overline{\boldsymbol{F}}_2(t) \end{bmatrix} \tag{12-78}$$

其中，任一元素

$$\overline{F}_i(t) = [\boldsymbol{A}^{(i)}]^{\mathrm{T}} \boldsymbol{F}(t) \quad (i = 1,2) \tag{12-79}$$

称为相应于第 i 个主振型的广义荷载，$\overline{\boldsymbol{F}}(t)$称为广义荷载向量。

考虑到式(12-71)、式(12-72)及式(12-78)，则式(12-69)成为

$$\overline{\boldsymbol{M}}\ddot{\boldsymbol{\eta}} + \overline{\boldsymbol{K}}\boldsymbol{\eta} = \overline{\boldsymbol{F}}(t) \tag{12-80}$$

由于 $\overline{\boldsymbol{M}}$ 和 $\overline{\boldsymbol{K}}$ 都是对角矩阵，故此时方程组已解耦，而成为两个独立方程

$$\overline{M}_i \ddot{\eta}_i + \overline{K}_i \eta_i = \overline{F}_i(t) \quad (i = 1,2)$$

将式(12-75)代入并除以 $\overline{M}_i$，可得

$$\ddot{\eta}_i + \omega_i^2 \eta = \frac{\overline{F}_i(t)}{\overline{M}_i} \quad (i = 1,2) \tag{12-81}$$

这与无阻尼单自由度结构的强迫振动方程式(12-28)的形式相同，因而可按同样方法求解。方程式(12-81)的解可用杜哈梅积分求得，在初位移和初速度为零的情况下，式(12-81)的解为

$$\eta_i(t) = \frac{1}{\overline{M}_i \omega_i} \int_0^t \overline{F}_i(\tau) \sin\omega_i(t-\tau) \mathrm{d}\tau \quad (i = 1,2) \tag{12-82}$$

这样，就把两自由度结构的计算问题简化为两个单自由度的计算问题。在分别求得了各正则坐标 η_1，η_2 的解之后，再代入式(12-66)或式(12-68)，即可得到各几何坐标 y_1，y_2。以上解法的关键之处，就在于将位移 $\boldsymbol{Y}$ 分解为各主振型的叠加，故称为振型分解法或振型叠加法。

综上所述，可将振型分解法的步骤归纳如下：

①求自振频率和振型 ω_i 和 $\boldsymbol{A}^{(i)}$ $(i=1,2,\cdots,n)$。

②计算广义质量和广义荷载。

$$\left.\begin{aligned} \overline{M}_i &= [\boldsymbol{A}^{(i)}]^{\mathrm{T}} \boldsymbol{M} \boldsymbol{A}^{(i)} \\ \overline{F}_i(t) &= [\boldsymbol{A}^{(i)}]^{\mathrm{T}} \boldsymbol{F}(t) \end{aligned}\right\} \quad (i = 1,2,\cdots,n)$$

③求解正则坐标的振动微分方程为

$$\ddot{\eta}_i + \omega_i^2 \eta = \frac{\overline{F}_i(t)}{\overline{M}_i} \qquad (i = 1,2,\cdots,n)$$

与单自由度问题一样求解，得到 η_1，η_2。

④计算几何坐标。

由

$$\boldsymbol{Y} = \boldsymbol{A}\boldsymbol{\eta}$$

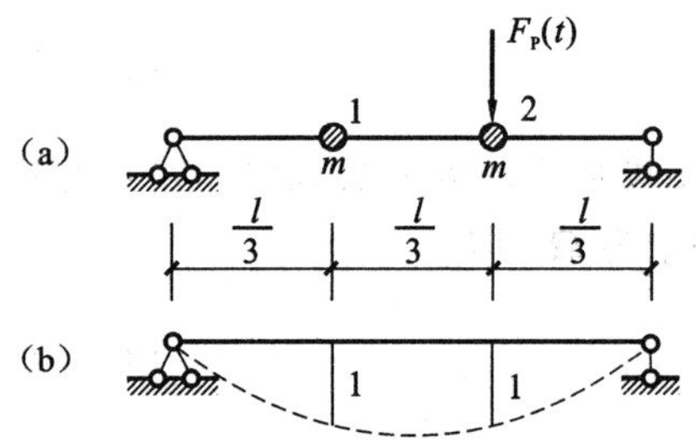

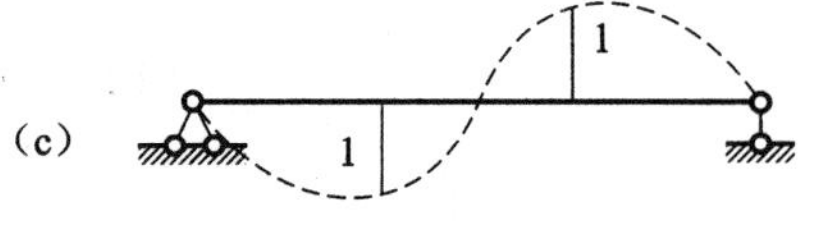

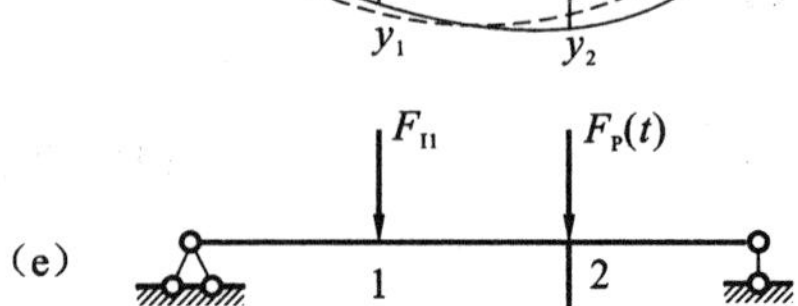

图 12-43

求出二质点位移 y_1, y_2，然后即可计算其他动力反应(加速度、惯性力和动内力等)。

【例 12-15】 例 12-11 的结构在质点 2 处受有突加荷载

$$F_P(t) = \begin{cases} 0 & (t < 0) \\ F & (t > 0) \end{cases}$$

如图 12-43(a)所示，试求两质点的位移和梁的弯矩。

【解】 (1)由例 12-11 知，结构的两个自振频率及振型[图 12-43(b)、(c)]为

$$\omega_1 = 5.69\sqrt{\frac{EI}{ml^3}}, \quad \omega_2 = 22.05\sqrt{\frac{EI}{ml^3}}$$

$$\boldsymbol{A}^{(1)} = \begin{bmatrix} 1 \\ 1 \end{bmatrix}, \quad \boldsymbol{A}^{(2)} = \begin{bmatrix} 1 \\ -1 \end{bmatrix}$$

(2)广义质量为

$$\overline{M}_1 = [\boldsymbol{A}^{(1)}]^{\mathrm{T}}\boldsymbol{M}\boldsymbol{A}^{(1)} = [1 \quad 1]\begin{bmatrix} m & 0 \\ 0 & m \end{bmatrix}\begin{bmatrix} 1 \\ 1 \end{bmatrix} = 2m$$

$$\overline{M}_2 = [\boldsymbol{A}^{(2)}]^{\mathrm{T}}\boldsymbol{M}\boldsymbol{A}^{(2)} = [1 \quad -1]\begin{bmatrix} m & 0 \\ 0 & m \end{bmatrix}\begin{bmatrix} 1 \\ -1 \end{bmatrix} = 2m$$

广义荷载为

$$\overline{F}_1(t) = [\boldsymbol{A}^{(1)}]^{\mathrm{T}}\boldsymbol{F}(t) = [1 \quad 1]\begin{bmatrix} 0 \\ F(t) \end{bmatrix} = F(t)$$

$$\overline{F}_2(t) = [\boldsymbol{A}^{(2)}]^{\mathrm{T}}\boldsymbol{F}(t) = [1 \quad -1]\begin{bmatrix} 0 \\ F(t) \end{bmatrix} = -F(t)$$

(3)求正则坐标。

由式(12-82)，有

$$\begin{aligned} \eta_1(t) &= \frac{1}{\overline{M}_1\omega_1}\int_0^t \overline{F}_1(\tau)\sin\omega_1(t-\tau)\,\mathrm{d}\tau \\ &= \frac{1}{2m\omega_1}\int_0^t F\sin\omega_1(t-\tau)\,\mathrm{d}\tau \\ &= \frac{F}{2m\omega_1^2}(1-\cos\omega_1 t) \end{aligned}$$

$$\begin{aligned} \eta_2(t) &= \frac{1}{\overline{M}_2\omega_2}\int_0^t \overline{F}_2(\tau)\sin\omega_2(t-\tau)\,\mathrm{d}\tau \\ &= \frac{1}{2m\omega_2}\int_0^t (-F)\sin\omega_2(t-\tau)\,\mathrm{d}\tau \\ &= -\frac{F}{2m\omega_2^2}(1-\cos\omega_2 t) \end{aligned}$$

(4)求位移。

由式(12-68)，有

$$\begin{bmatrix} y_1 \\ y_2 \end{bmatrix} = \begin{bmatrix} 1 & 1 \\ 1 & -1 \end{bmatrix}\begin{bmatrix} \eta_1 \\ \eta_2 \end{bmatrix}$$

得

$$
\begin{aligned}
y_1 &= \eta_1 + \eta_2 \\
&= \frac{F}{2m\omega_1^2}\left[(1-\cos\omega_1 t)-\left(\frac{\omega_1}{\omega_2}\right)^2(1-\cos\omega_2 t)\right] \\
&= \frac{F}{2m\omega_1^2}[(1-\cos\omega_1 t)-0.0667(1-\cos\omega_2 t)] \\
y_1 &= \eta_1 - \eta_2 \\
&= \frac{F}{2m\omega_1^2}[(1-\cos\omega_1 t)+0.0667(1-\cos\omega_2 t)]
\end{aligned}
$$

两质点位移图大致形状如图 12-43(d)所示。由上式可见,第二振型所占分量比第一振型小得多。一般来说,多自由度结构的动力位移主要是由前几个较低频率的振型组成,更高频率的振型则影响很小,可略去不计。还应注意,第一振型与第二振型频率不同,它们并不是同时达到最大值,故求最大位移时不能简单地把两个分量的最大值相加。

(5)求弯矩。

两质点的惯性力分别为

$$F_{I1} = -m_1\ddot{y}_1 = -\frac{F}{2}(\cos\omega_1 t - \cos\omega_2 t)$$

$$F_{I2} = -m_2\ddot{y}_2 = -\frac{F}{2}(\cos\omega_1 t + \cos\omega_2 t)$$

声呐核潜艇的眼睛
+Midas 结构动力学
基础知识讲解

然后,由图 12-43(e)便可求得梁的动力弯矩。例如,截面 1 的弯矩为

$$M_1(t) = F_{I1}\frac{2l}{9} + [F(t) + F_{I2}]\frac{l}{9} = \frac{Fl}{6}\left[(1-\cos\omega_1 t)-\frac{1}{3}(1-\cos\omega_2 t)\right]$$

本章小结

(1)在结构体系的动力分析中,建立体系的振动方程是对体系进行动力分析的基本手段。利用达朗贝尔原理建立振动微分方程,有柔度法与刚度法两种基本方法。刚度法通过建立力的平衡方程求解,柔度法通过建立位移协调方程求解。

(2)在单自由度体系的自由振动分析中,重点在于确定结构的动力特性,掌握自振周期和自振频率的不同表现形式及其重要性质。在单自由度体系的强迫振动中,主要讨论简谐荷载,对一般荷载则做了简要介绍,属于选学内容。

(3)在两自由度体系的自由振动分析中,首先说明了两个自由度体系按单自由度体系产生振动的可能性,并由此在两个自由度体系振动中引出主振型的概念。在强迫振动中,重点讨论了简谐荷载,而对于一般荷载,通常是先设法解除方程组的耦合再求解。本章介绍了振型分解法,其主要内容是利用主振型的正交性通过坐标变换来实现方程组的解耦,从而将两自由度体系的振动问题转化为单自由度体系的计算问题,这个转换过程是理解振型分解法的核心。

(4)在学习过程中,可通过对比分析来加深对所学内容的理解。例如,动力计算与静力计算的比较分析,结构静力特性与动力特性的比较分析,单自由度体系与两个自由度体系在计算和动力特性方面的异同分析等。

(5)结构动力学与工程实际有着十分密切的关系,具体的工程实际不同,动力分析的内容也可能有所不同,但最基本的力学原理和方法(当然包括动力学原理和方法)是普遍适用的,因此学习中应注意理解和掌握结构动力分析的原理和方法,以便能实际解决各种工程问题。

思考题

12-1　动力荷载的特点是什么？与静力荷载有什么区别？

12-2　结构的动力计算与静力计算的主要区别是什么？

12-3　结构动力计算中的自由度概念与结构几何组成分析中的自由度概念有何异同？

12-4　试确定如图 12-44 所示各体系的动力自由度数目。

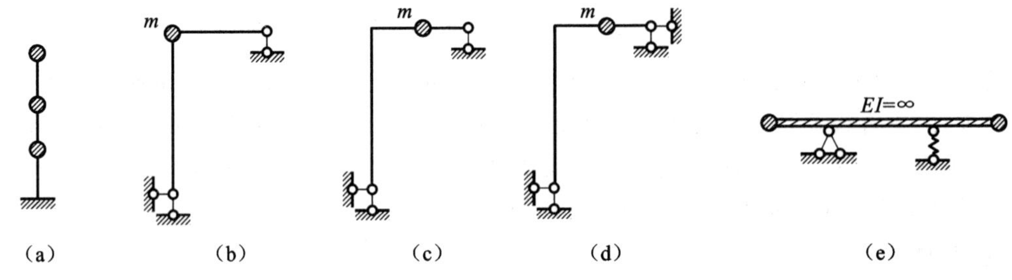

图 12-44

12-5　在建立振动微分方程时，如考虑重力的影响，动位移的方程有无改变？

12-6　无阻尼自由振动的 y-t 曲线是怎样的？

12-7　为什么说结构的自振周期和自振频率是结构的固有性质？它们与结构的哪些因素有关？有怎样的关系？

12-8　为了计算自由振动时质点在任意时刻的位移，除了要知道质点的初始位移和初始速度外，还需要知道什么？

12-9　式(12-16)和式(12-17)中，k_{11}、δ_{11}、Δ_{st}的物理意义是什么？k_{11}和δ_{11}有怎样的关系？δ_{11}和Δ_{st}有怎样的关系？

12-10　在振动过程中产生阻尼的原因有哪些？

12-11　在低阻尼条件下，自由振动的 y-t 曲线是怎样的？

12-12　阻尼对自振频率和振幅的影响如何？

12-13　什么叫动力系数？动力系数的大小与哪些因素有关？单自由度体系位移动力系数与内力动力系数是否一样？

12-14　在杜哈梅积分中时间变量 τ 与 t 有什么区别？

12-15　对比刚度法和柔度法求频率的原理和计算步骤，在什么情况下用刚度法较好？在什么情况下用柔度法较好？

12-16　何谓主振型？在什么情况下两个自由度体系只按某个特定的主振型振动？

12-17　何谓主振型的正交性？

12-18　两个自由度体系发生共振的可能性有几个？为什么？

12-19　两个自由度体系各质点的位移、内力有没有统一的动力系数？与单自由度体系有什么不同？

12-20　振型分解法中用到了叠加原理，在结构动力计算中，什么情况下能用这个方法？什么情况下不能用？

习　题

12-1　试求如图 12-45 所示体系的自振频率。除特殊标注外，其余各杆不计质量。

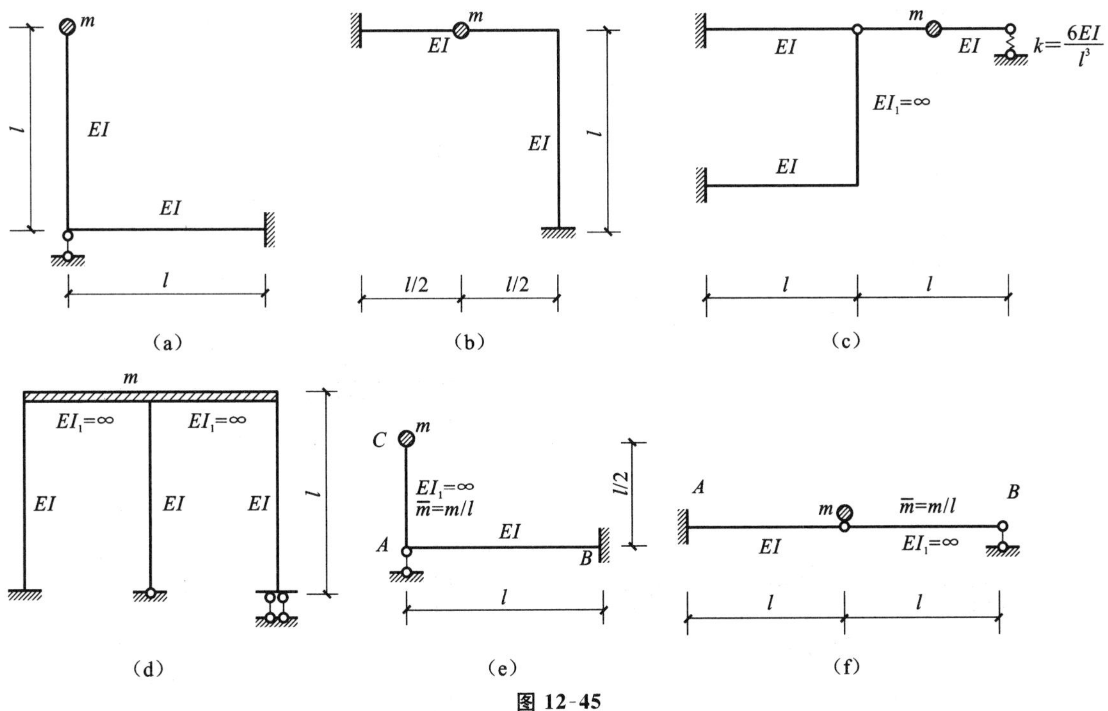

图 12-45

12-2　如图 12-46 所示跨长为 l 的等截面简支梁，承受一集中重量 $W=mg$。按图 12-46(a)、(b)所示两种作用位置，试分别求自振频率及它们之间的比值。设梁重不计。

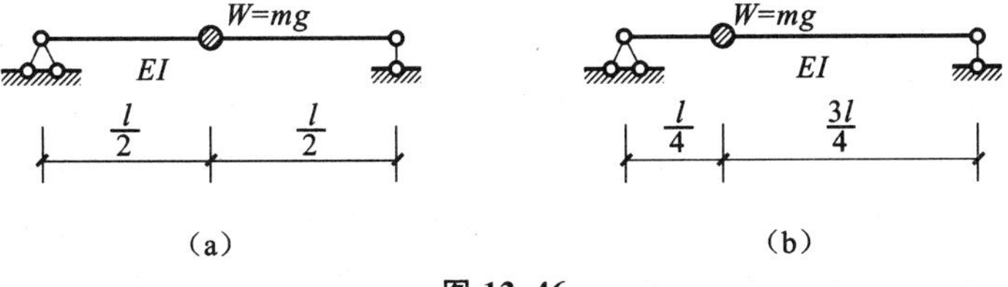

图 12-46

12-3　如图 12-47 所示一等截面梁跨长为 l，集中质量 m 位于梁的中点。试按图示四种支承情况分别求自振频率，并分析支撑情况对自振频率的影响。其中图 12-47(b)支座弹簧刚度 $k=4/\delta_{11}$[δ_{11}为图 12-47(a)中梁的柔度系数]。

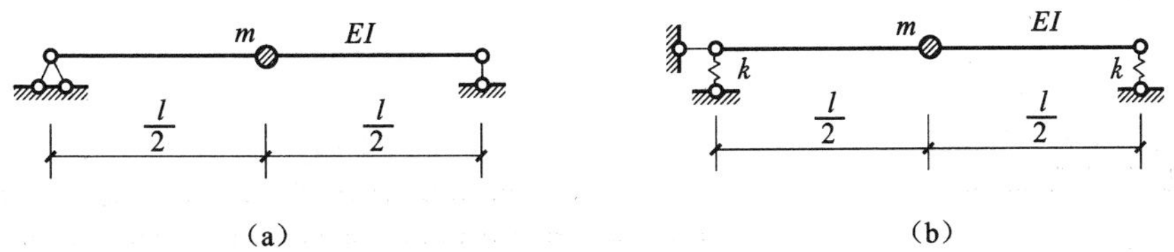

图 12-47

12-4　试求如图 12-48 所示体系的自振频率。设杆件自重略去不计，各杆 EI 相同，为常数。

12-5　试求如图 12-49 所示体系的自振频率。设杆件自重略去不计，各杆 EI 相同，为常数。

12-6　试求如图 12-50 所示体系的自振频率。设各杆截面相同，$A=20\text{cm}^2$，$E=206\text{GPa}$。各

杆重量以及重物的水平运动略去不计。

12-7 试求如图12-51所示体系的水平自振周期。已知:$W=20\text{kN}$,$I=20\times10^4\text{cm}^4$,$E=3\times10^4\text{MPa}$。

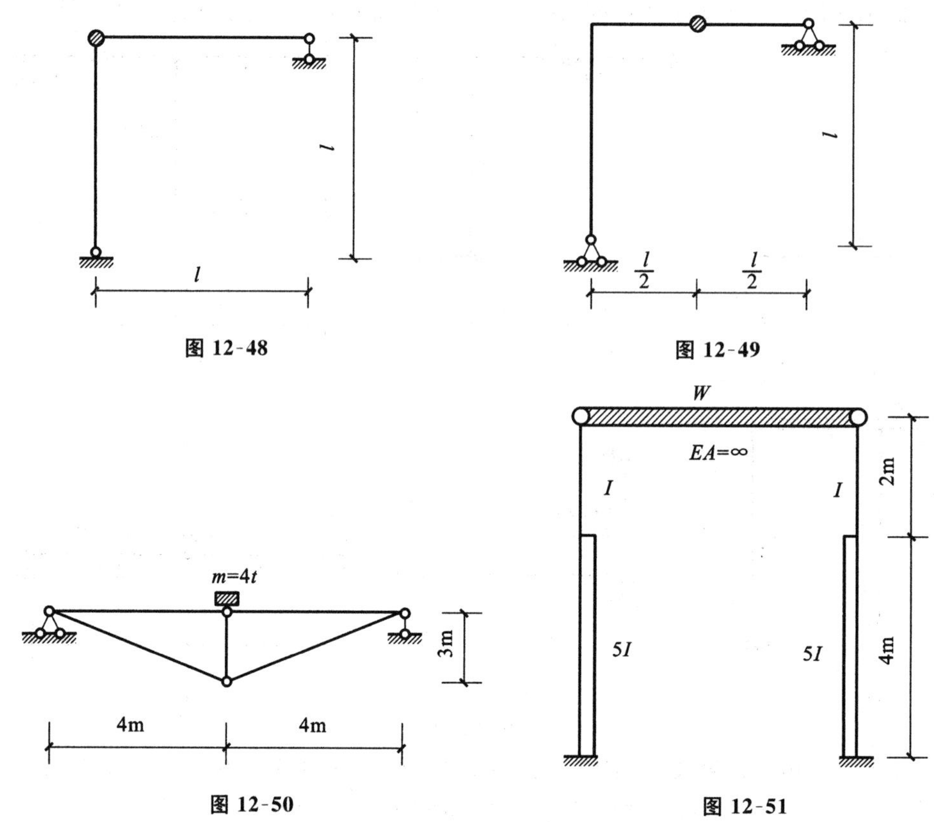

12-8 如图12-52所示机器与基座的总质量为78t,基座下土壤的抗压地基刚度系数$C_z=6.0\text{MN/m}^3$,基座的底面积$A=20\text{cm}^2$。试求机器连同基座作竖向振动时的自振频率。

12-9 如图12-53所示两根长4m的工字钢梁并排放置,在中点处装置一电动机。将梁的部分质量集中于中点,与电动机的质量合并后的总质量为$m=320\text{kg}$。电动机的转速为每分钟1200转。由于转动部分有偏心,在转动时引起离心惯性力,其幅值为$F=300\text{N}$。已知$E=200\text{GPa}$,一根梁的$I=2.5\times10^3\text{cm}^4$,梁高为20cm。试求强迫振动时梁中点的振幅、最大总挠度及梁截面的最大正应力。设略去阻尼力的影响。

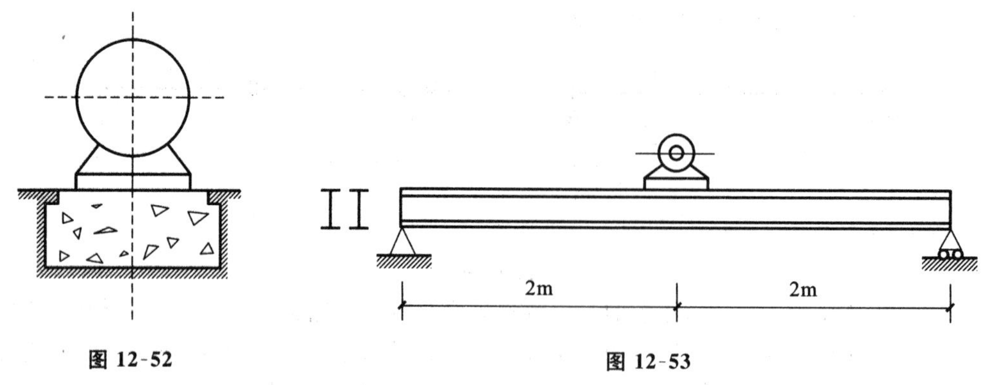

12-10　同 12-9 题，设考虑阻尼的影响，阻尼比 $\xi=0.03$。

12-11　通过某结构的自由振动实验，测得经过 10 个周期后，振幅降为原来的 15%。试求阻尼比，并求此结构在简谐干扰力作用下，共振时的放大系数。

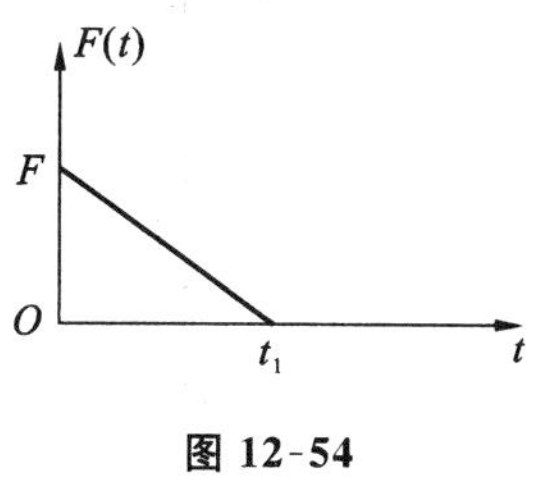

图 12-54

12-12　爆炸荷载可近似用如图 12-54 所示规律表示，即

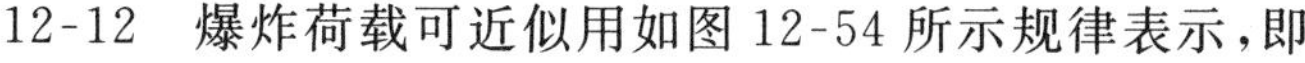

$$F(t)=\begin{cases}F\left(1-\dfrac{t}{t_1}\right) & (t<t_1)\\ 0 & (t\geqslant t_1)\end{cases}$$

若不考虑阻尼，试求单自由度结构在此种荷载作用下的动力位移公式。设结构原处于静止状态。

12-13　求如图 12-55 所示体系的频率和主振型。各杆 EI 相同，为常数。

12-14　求如图 12-56 所示体系的频率和主振型，并绘主振型图。EI 为常数。

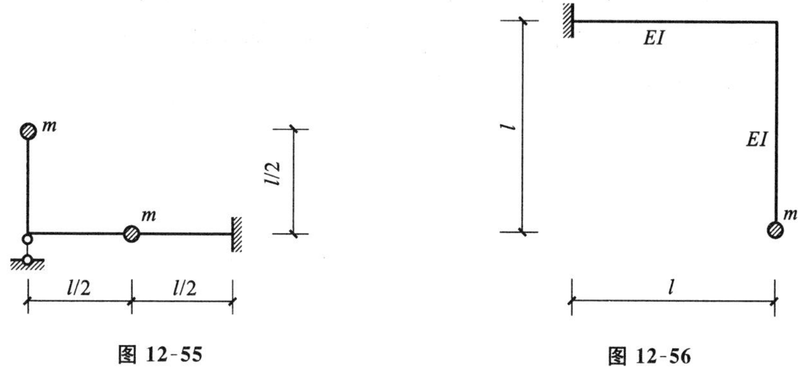

图 12-55　　图 12-56

12-15　求如图 12-57 所示体系的频率和主振型，并绘主振型图。EI 为常数。

12-16　求如图 12-58 所示简支梁，若不计梁的自重和阻尼，EI 为常数。求当简谐荷载的频率分别为 $\theta_1=0.8\sqrt{\dfrac{48EI}{ml^3}}$，$\theta_2=1.2\sqrt{\dfrac{48EI}{ml^3}}$ 时，质点的动位移幅值，并绘动弯矩幅值图。

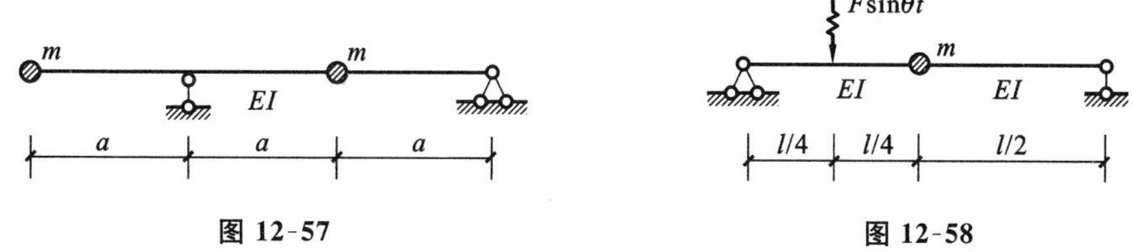

图 12-57　　图 12-58

12-17　如图 12-59 所示结构，质量集中在横梁上，不计阻尼，EI 为常数。求当 $\theta=\sqrt{\dfrac{6EI}{ml^3}}$ 时动弯矩幅值图。

12-18　如图 12-60 所示刚架横梁刚度为无穷大，质量为 $m_1=m_2=100\text{t}$，层间侧移刚度分别为 $K_1=3\times10^4\,\text{kN/m}$，$K_2=2\times10^4\,\text{kN/m}$，柱子的质量忽略不计。动荷载的幅值为 $F=20\text{kN}$，频率为 $\theta=300\text{r/min}$。求横梁水平位移的幅值及动弯矩幅值图。

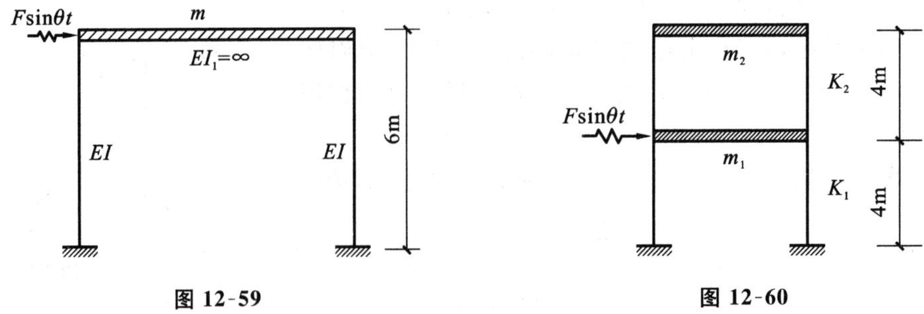

图 12-59　　　　图 12-60

参考文献

[1] 萧允徽,张来仪.结构力学Ⅰ.3 版.北京:机械工业出版社,2018.
[2] 萧允徽,张来仪.结构力学Ⅱ.3 版.北京:机械工业出版社,2018.
[3] 文国治.结构力学.2 版.重庆:重庆大学出版社,2022.

13 结构的稳定计算

【内容提要】

本章主要内容包括:结构的三种平衡状态及两类稳定问题;用静力法和能量法计算理想压杆第一类稳定问题临界力的基本原理。本章教学内容的重点是:准确地理解稳定问题的基本概念,应用静力法和能量法确定压杆的临界力。本章教学内容的难点是:稳定问题的实质;临界状态的静力特征和能量特征;弹性支座问题中弹簧刚度的计算;稳定方程的建立和求解。

【能力要求】

通过本章的学习,学生应能准确地理解稳定问题的基本概念,具有应用静力法和能量法计算第一类稳定问题临界力的能力。

【价值塑造】

一、结构稳定计算的社会意义和责任感培养

结构的稳定性是保证建筑安全的首要条件。无论是桥梁、房建,还是其他工程建筑,稳定性计算都是不可或缺的一环。通过静力法和能量法对结构稳定性进行计算,不仅是一种技术活动,更是一种社会责任的体现。

结构稳定性的计算直接关系到人民群众的生命财产安全。在教学中强调工程伦理,如诚实守信、精益求精的工程师形象,可以增强学生的职业责任感。例如,某日,大连中心机械厂四楼会议室顶棚 5 榀梭形轻型屋架连同屋面突然倒塌,造成 42 人死亡、179 人受伤的特大事故。根据分析报告,该会议室屋顶倒塌是由第三榀屋架北端 14 号腹杆失稳造成。可见结构稳定计算稍有失误就会在工程中造成不可估量的生命财产安全损失。

二、静力法和能量法的原理与实践

静力法是通过求解结构在各种可能失稳形式下的平衡方程,来判断结构的稳定性。能量法则是基于最小势能原理,通过计算结构失稳前后的能量变化来判断结构的稳定性。静力法和能量法求解不仅可以应用于传统的建筑结构,还可以拓展到新材料和新技术的应用,如常用于航空、汽车和体育器材的碳纤维材料,形状记忆合金、压电材料等智能材料。这些材料在结构稳定性分析中的应用,为动态调整和优化结构稳定性提供了可能。

三、结构稳定计算与国家建设的关系

结构稳定计算是国家基础设施建设不可分割的一部分。在中国的“一带一路”倡议中,大量的桥梁、隧道等交通设施的建设需要精确的结构稳定性计算。随着科技的进步和新材料的应用,结构稳定性计算的方法和技术也在不断更新。我们应当与时俱进,利用新型技术来优化结构设计和稳定性分析,以期在“新工科”背景下,结合国家的发展需求,为国家的现代化建设做出一些贡献。

13.1 概　　述

为了保证结构的安全和正常使用,除了进行强度计算和刚度验算外,还须考虑其稳定性。也就是说,杆件除了应有足够大的横截面面积,使所产生的最大应力不超过强度要求外,还不能过分细长,以致变形过大,不满足使用上对刚度的要求。特别是在受压杆件中,变形会引起压力作用位置的偏移,形成附加弯矩,进而引起附加弯曲变形,两者互相促进的结果,也可能导致某截面强度不足而破坏。

对于细长压杆(柱)以及某些情况下的梁、桁架、拱和板壳来说,即使具有足够的强度,但在稳定性方面仍可能出现问题。

历史上,就曾因为人们对稳定问题认识不足,而发生过一些因结构失稳而造成的重大工程事故,至今对人们仍有警示作用。

例如,在 1907 年,加拿大魁北克一座长 548 m 的钢桥,在施工中因其桁架压杆失稳而突然坍塌;1922 年,美国华盛顿一座剧院,在一场特大暴风雪中,因其屋顶结构中一根梁丧失稳定,而导致该建筑物倒塌等。

随着现代科学技术的飞速发展,新型材料(高强度钢、复合材料等)和新型结构(大跨度结构、高层结构、薄壁结构等)在工程中的广泛应用,使结构的稳定性问题更加突出,逐渐上升为控制设计的主要因素。

13.1.1　三种平衡状态

在结构稳定计算中,需要对结构的平衡状态作更深层次的考察。从稳定角度来考察,平衡状态有三种不同情况。

(1)稳定平衡状态。

设轴心受压杆件受到轻微干扰而稍微偏离了它原来的直线平衡位置,当干扰消除后,该杆件能够回到原来的平衡位置,则原来的平衡状态称为稳定平衡状态。

(2)不稳定平衡状态。

设轴心受压杆件受到轻微干扰而稍微偏离了它原来的直线平衡位置,当干扰消除后,该杆件继续偏离,不能回到原来的平衡位置,则原来的平衡状态称为不稳定平衡状态。

(3)临界状态。

设轴心受压杆件受到轻微干扰而稍微偏离了它原来的直线平衡位置,当干扰消除后,该杆件在新位置上静止并平衡,则原来的平衡状态称为临界状态,亦称随遇平衡状态或中性平衡状态。这是一种由稳定平衡向不稳定平衡过渡的中间状态。

使杆件处于临界状态的外力称为临界荷载,以 F_{Pcr} 表示。它既是使杆件保持稳定平衡的最大荷载,也是使杆件产生不稳定平衡的最小荷载。

结构稳定分析过程中,均以变形后的位形为计算依据,属于几何非线性范畴(叠加原理不再适宜)。用于稳定分析有大挠度和小挠度两种理论。其中小挠度理论的曲率采用近似表达式,而大挠度理论的曲率采用精确表达式。大挠度理论更为准确,但计算复杂,而小挠度理论可以用比较简单的方法得到能满足工程需要的基本正确的结论。

13.1.2　两类稳定问题

结构的失稳有两种基本形式：第一类失稳，一般称分支点失稳；第二类失稳，一般称极值点失稳。现以压杆为例加以说明。

(1)第一类失稳——分支点失稳(质变失稳)。

如图 13-1(a)所示为简支压杆的理想体系(理想柱)，其杆轴线绝对竖直(无初曲率)，荷载是理想的对中荷载(无初偏心)。其 F_P-Δ 曲线(亦称平衡路径)如图 13-1(b)所示。

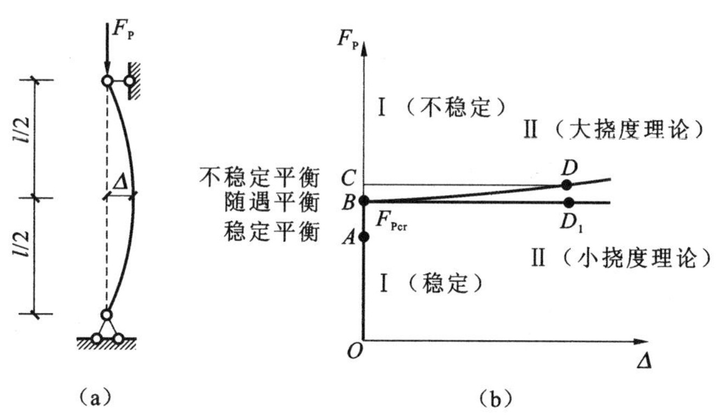

图 13-1

根据所受荷载 F_P 与欧拉临界荷载 Euler-F_{Pcr}的大小关系，该简支压杆可能的平衡状态可分为以下 3 种类型：

①当 $F_P<F_{Pcr}=\dfrac{\pi^2 EI}{l^2}$时：压杆单纯受压，不发生弯曲变形(挠度 $\Delta=0$)，仅有唯一平衡形式——直线形式的原始平衡状态，是稳定的，即使因其他干扰发生了微小位移，但干扰撤除后体系仍会恢复直线形式的原始平衡状态，对应如图 13-1(b)所示的原始平衡路径Ⅰ(OAB 表示)。

②当 $F_P>F_{Pcr}$时：具有两种平衡形式。一是直线形式的原始平衡状态，是不稳定的，对应原始平衡路径Ⅰ(由 BC 表示)；二是弯曲形式的新的平衡状态，对应平衡路径Ⅱ(对于大挠度理论，用曲线 BD 表示；对于小挠度理论，曲线 BD 退化为直线 BD_1)。

有必要指出，解析分析的精确结果表明，按照大挠度理论计算对提高结构承载能力的贡献是很小的。因此，在实际土建工程中，一般都不考虑大挠度的影响，而按小挠度理论计算。

③当 $F_P=F_{Pcr}$时：B 点是路径Ⅰ与Ⅱ的分支点。该分支点处，两平衡路径同时并存，出现平衡形式的二重性(其平衡既可以是原始直线形式，也可以是新的微弯形式)。原始平衡路径Ⅰ在该分支点处，由稳定平衡转变为不稳定平衡。因此，这种形式的失稳称为分支点失稳，对应的荷载称为第一类失稳的临界荷载，对应的状态称为临界状态。

如图 13-2 所示为分支点失稳的几个实例。在分支点 $F_P=F_{Pcr}$及 $q=q_{cr}$处，结构的原始平衡形式由稳定转为不稳定，并出现新的平衡形式。

理想体系的失稳形式是分支点失稳，其特征是：丧失稳定性时，结构的内力状态和平衡形式均发生质的变化。因此，亦称质变失稳(屈曲问题)。

(2)第二类失稳——极值点失稳(量变失稳)。

图 13-3(a)、(b)分别为具有初弯曲和初偏心的实际压杆(工程柱)，它们称为压杆的非理想体系。

按照小挠度理论，对于如图 13-3(b)所示具有初偏心的假设具有无限弹性的压杆(弹性工程柱)来说，其 F_P-Δ 曲线(或平衡路径)用图 13-3(c)中曲线 OBA 表示。从一开始加载，压杆就处于

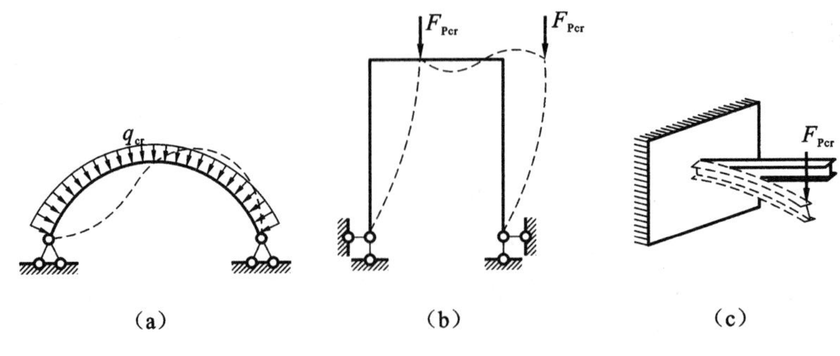

图 13-2

(a)受静水压力的圆弧拱单纯受压转为压弯组合变形;(b)框架各柱单纯受压转为压弯组合变形;(c)梁平面弯曲转为斜弯曲和扭转组合变形

压弯复合受力状态,无直线阶段。在初始阶段,其挠度增加较慢,以后逐渐加快,当 F_P 接近中心压杆欧拉极限值 Euler-F_{Pcr}时,挠度趋于无穷大。

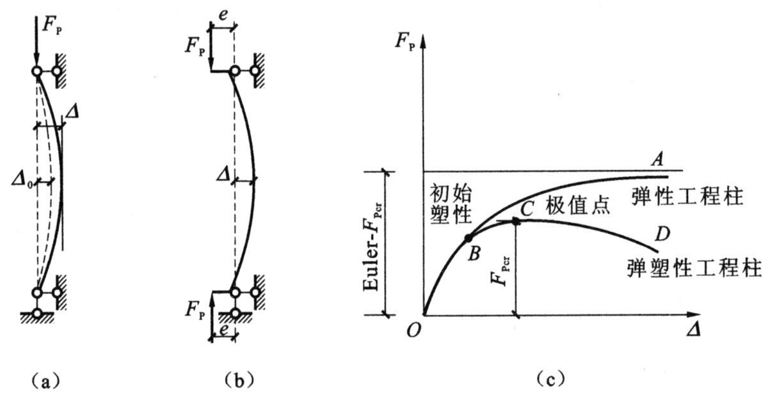

图 13-3

(a)初弯曲柱;(b)初偏心柱;(c)平衡路径

按照小挠度理论,对于如图 13-3(b)所示具有初偏心的弹塑性实际压杆(弹塑性工程柱)来说,其 F_P-Δ 曲线由图 13-3(c)中上升曲线 OBC 和下降曲线 CD 组成。其中,初始的 OB 段,表示压杆仍处于弹性工作阶段;B 点,标志着某截面最外纤维处的应力开始达到屈服点 σ_s;此后的 BCD 段,则表示压杆已进入弹塑性工作阶段。C 点为极值点,荷载 F_P 达到极限值 F_{Pcr}。在 F_P 达到 C 点之前,每个 F_P 值都对应着一定的变形挠度;当 F_P 达到 C 点后,即使荷载减小,挠度仍继续迅速增大,即失去平衡的稳定性。这种形式的失稳,称为极值点失稳。与极值点对应的荷载称为第二类失稳的临界荷载。

非理想体系的失稳形式是极值点失稳,其特征是:丧失稳定性时,结构没有内力状态和平衡形式质的变化,而只有两者量的渐变。因此,亦称为量变失稳(属压溃问题)。

强度问题的实质,是一个通过对结构的内力分析,来确定构件最大应力的位置和数值的问题;而稳定问题的实质,则是一个通过对结构的变形分析,计入附加荷载效应之后,来判断结构的原有位形是否能保持稳定平衡的问题。

第一类稳定问题只是一种理想情况,实际结构或构件总是存在着一些初始缺陷。因而,第一类稳定问题在实际工程中并不存在。尽管如此,由于解决具有极值点失稳的第二类稳定问题,通常要涉及几何和物理的非线性关系,虽然近些年来,在运用有限元法和计算机工具进行数值解方面已取得很大进展,但在解析解方面,至今也只解决了一些比较简单的问题;而解决具有分支点失稳的第一类稳定问题，使用解析解则比较方便，理论也比较成熟，因而很多问题目前在工程计算中仍然按照第一类稳定求解临界荷载，对于初始缺陷的影响，则采用安全系数加以考虑。例如，轴心受压杆(柱)的稳定、梁的整体稳定、刚架的稳定以及薄板的稳定等问题。

本章作为讨论结构稳定性问题的开始，先只讨论弹性压杆的第一类稳定问题，并根据小挠度理论，求临界荷载；对于刚架等结构的第一类稳定问题以及第二类稳定问题，将在今后的研究生学习阶段进一步讨论。读者还可参阅有关专著和最新的研究成果。

13.1.3 稳定分析的自由度

在稳定分析时，需要描述体系失稳时的位形。确定体系失稳时所有可能的位移状态所需的独立几何参数(位移参数)的数目称为体系稳定分析的自由度，用 W 表示。例如：

如图 13-4(a)所示体系，其位移参数为 θ，$W=1$。

如图 13-4(b)所示体系，其位移参数为 y_1 和 y_2，$W=2$。

如图 13-4(c)所示体系，其位移参数为 $y(x)$，$W\to\infty$。

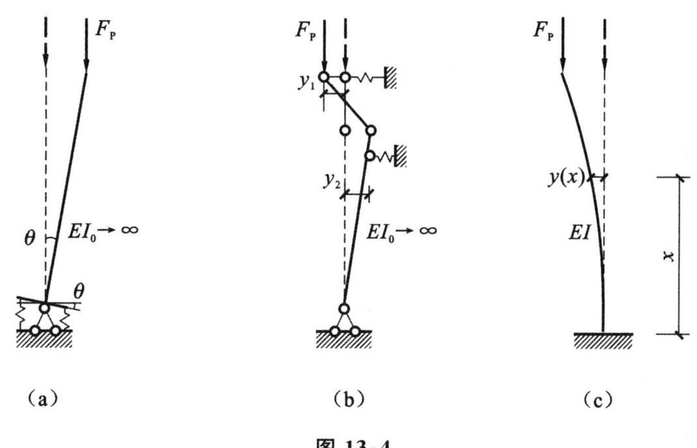

图 13-4

(a)单自由度体系；(b)两个自由度体系；(c)无限自由度体系

13.2 确定临界荷载的静力法

确定临界荷载有两类基本方法：静力法和能量法。本节先介绍静力法，下节介绍能量法。

13.2.1 静力法及其计算步骤

确定临界荷载的静力法是根据临界状态的静力特征而提出的。在分支点失稳问题中，临界状态的静力特征是：平衡形式具有二重性。静力法的要点是：在原始平衡路径Ⅰ之外，寻找新的平衡路径Ⅱ，确定两者交叉的分支点，从而求出临界荷载。

静力法计算临界荷载，可按以下步骤进行：

①假设临界状态时体系新的平衡形式(以下简称失稳形式)。

②根据静力平衡条件，建立临界状态平衡方程。

③根据平衡形式具有二重性的静力特征(位移有零解时，对应于体系原始平衡形式；位移有非零解时，对应于新的平衡形式)，建立特征方程，即稳定方程。

④解稳定方程，求特征根，即特征荷载值。

⑤由最小的特征荷载值,确定临界荷载。

13.2.2 用静力法求有限自由度体系的临界荷载

【例13-1】 试用静力法计算如图13-5(a)所示单自由度体系的临界荷载。

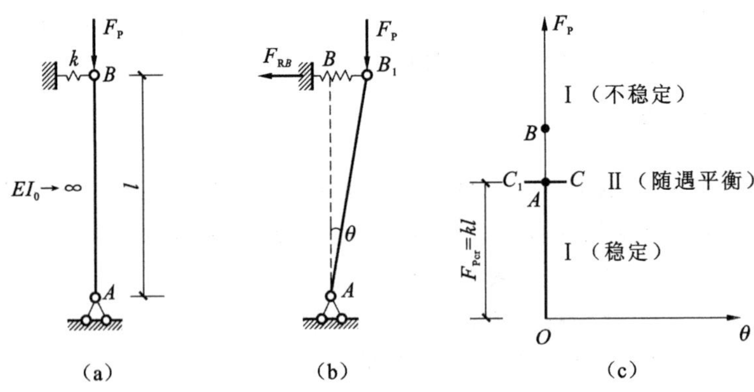

图13-5

(a)原体系;(b)假设失稳形式;(c)平衡路径Ⅰ和Ⅱ

【解】 (1)假设失稳形式。

假设失稳形式,如图13-5(b)所示($\theta\ll1$)。

(2)建立临界状态的平衡方程。

由$\sum M_A=0$,得

$$F_Pl\theta-F_{RB}l=0 \tag{a}$$

式(a)中,弹簧反力$F_{RB}=kl\theta$,于是有

$$(F_Pl-kl^2)\theta=0 \tag{b}$$

(3)建立稳定方程。

方程(b)有两个解,其一为零解,$\theta=0$,对应于原始平衡路径Ⅰ,如图13-5(c)中OAB段;其二为非零解,$\theta\neq0$,对应于新的平衡路径Ⅱ,如图13-5(c)中AC或AC_1所示。

为了得到非零解,该齐次方程(b)的系数应为零,即

$$F_Pl-kl^2=0 \tag{c}$$

式(c)称为稳定方程。由此方程知,平衡路径Ⅱ为水平直线。

(4)解稳定方程,求特征荷载值。

$$F_P=kl \tag{d}$$

(5)确定临界荷载。

对于单自由度体系,该唯一的特征荷载值即为临界荷载,因此

$$F_{Pcr}=kl \tag{e}$$

【例13-2】 如图13-6(a)所示是具有两个自由度的体系。各杆均为刚性杆,在铰结点B和C处为弹簧支承,其刚度系数均为k。体系在D端有压力F_P作用。试用静力法求其临界荷载。

【解】 (1)假设失稳形式。

根据约束条件,假设体系可能的失稳形式如图13-6(b)所示。该体系具有两个自由度,位移参数分别为y_1和y_2。

各支座反力分别为

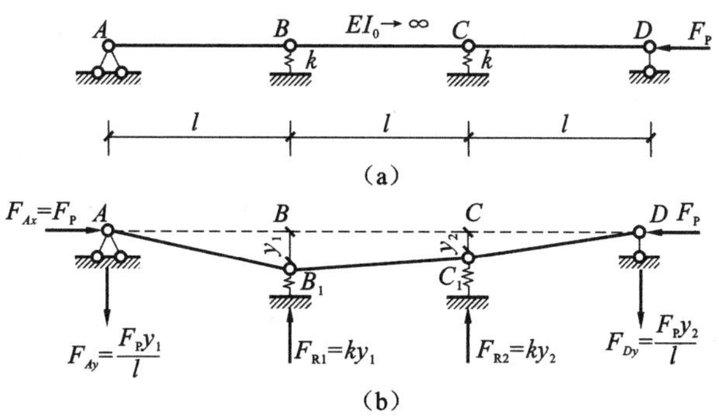

图 13-6

(a)原体系;(b)假设失稳形式

$$F_{R1}=ky_1(\uparrow),\quad F_{R2}=ky_2(\uparrow)$$

$$F_{Ax}=F_P(\rightarrow),\quad F_{Ay}=\frac{F_P y_1}{l}(\downarrow),\quad F_{Dy}=\frac{F_P y_2}{l}(\downarrow)$$

(2)建立临界状态的平衡方程。

在图 13-6(b)中,分别取 $A—B_1—C_1$ 部分和 $B_1—C_1—D$ 部分为隔离体,则有

$$\left.\begin{aligned}\sum_{(C_1\text{以左部分})}M_{C_1}=0,\quad ky_1l-\left(\frac{F_P y_1}{l}\right)2l+F_P y_2=0\\ \sum_{(B_1\text{以右部分})}M_{B_1}=0,\quad ky_2l-\left(\frac{F_P y_2}{l}\right)2l+F_P y_1=0\end{aligned}\right\}$$

即

$$\left.\begin{aligned}(kl-2F_P)y_1+F_P y_2=0\\ F_P y_1+(kl-2F_P)y_2=0\end{aligned}\right\}\qquad\text{(a)}$$

这是关于 y_1 和 y_2 的齐次线性方程组。

(3)建立稳定方程。

如果 $y_1=y_2=0$,则对应于原始平衡形式,相应于没有丧失稳定的情况。如果 y_1 和 y_2 不全为零,则对应于新的平衡形式。为了求此非零解,式(a)的系数行列式应为零,即

$$D=\begin{vmatrix}kl-2F_P & F_P\\ F_P & kl-2F_P\end{vmatrix}=0\qquad\text{(b)}$$

此方程就是稳定方程。

(4)解稳定方程,求特征荷载值。

展开式(b),得

$$(kl-2F_P)^2-F_P^2=0$$

由此解得两个特征荷载值,即

$$F_{P1}=\frac{kl}{3},\quad F_{P2}=kl$$

(5)确定临界荷载。

取两特征荷载值中较小者,得

$$F_{Pcr}=\frac{kl}{3}$$

将以上两特征荷载值分别代回式(a),可求得 y_1 和 y_2 的比值,从而确定结构失稳形状。

如将 $F_{P1}=F_{Pcr}=\frac{kl}{3}$ 代回式(a),则得 $y_1=-y_2$。相应变形曲线如图 13-7(a)所示,为反对称形式失稳;如将 $F_{P2}=kl$ 代回式(a),则得 $y_1=y_2$,相应变形曲线如图 13-7(b)所示,为正对称形式失稳。由此可知,该体系实际上将按反对称变形形式丧失稳定。从而可推知,n 个自由度体系可能有 n 种失稳形式,相应有 n 个临界荷载,但其中最小者才有实际意义。

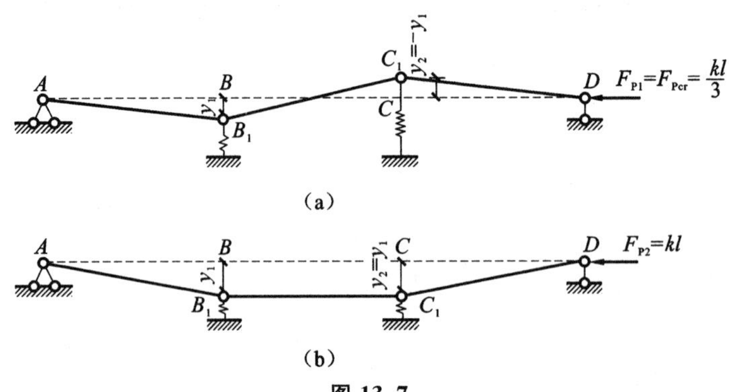

图 13-7

(a)反对称失稳(实际失稳形式);(b)正对称失稳

13.2.3 用静力法求无限自由度体系的临界荷载

用静力法计算无限自由度体系稳定问题有两个特点:第一,位移参数为无穷多个;第二,临界状态平衡方程为微分方程,即 $EIy''=\pm M$。微分方程右端正负号的规定如图 13-8 所示。

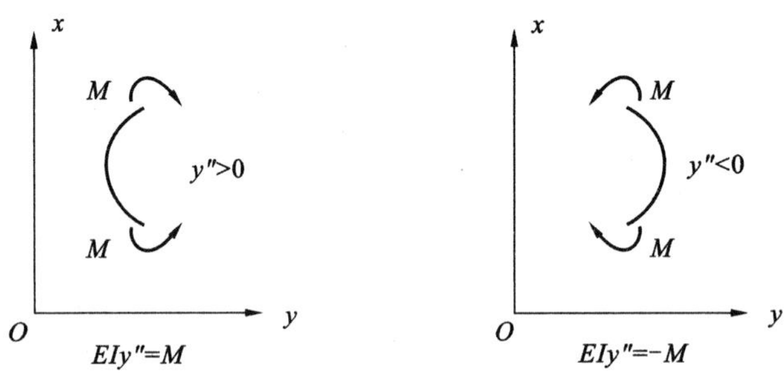

图 13-8

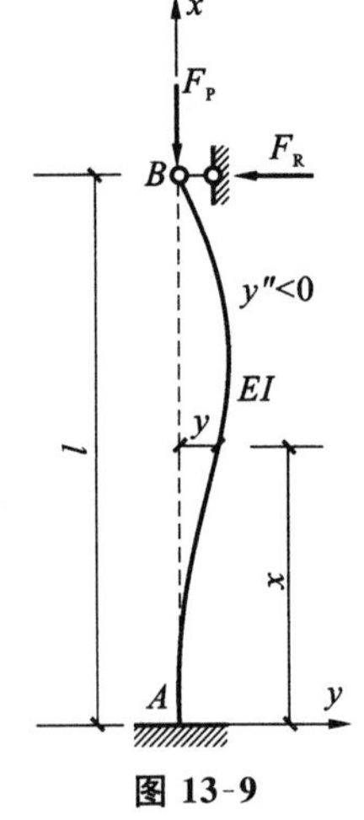

图 13-9

【例 13-3】 用静力法计算如图 13-9 所示理想弹性压杆的临界荷载。

【解】 (1)假设失稳形式。

假设失稳形式如图 13-9 中实线所示。

(2)建立临界状态的平衡方程。

按小挠度理论,压杆弹性曲线的近似微分方程为

$$EIy''=-M$$

将 $M=F_Py+F_R(l-x)$ 代入上式,得

$$EIy''+F_Py=-F_R(l-x)$$

整理得

$$y''+\frac{F_P}{EI}y=-\frac{F_R}{EI}(l-x)$$

令 $\alpha^2=\dfrac{F_P}{EI}$，则

$$y''+\alpha^2 y=-\frac{F_R}{EI}(l-x) \tag{a}$$

这是一个二阶常系数非齐次线性微分方程。

(3)建立稳定方程。

式(a)的通解为

$$y=A\cos\alpha x+B\sin\alpha x-\frac{F_R}{F_P}(l-x) \tag{b}$$

常数 A、B 和 $\dfrac{F_R}{F_P}$ 可由边界条件确定：

当 $x=0$ 时，$y=0$，$y'=0$；

当 $x=l$ 时，$y=0$。

由此，可得 A、B、$\dfrac{F_R}{F_P}$ 的一组齐次线性代数方程

$$\left.\begin{aligned}&A-l\frac{F_R}{F_P}=0\\&\alpha B+\frac{F_R}{F_P}=0\\&A\cos\alpha l+B\sin\alpha l=0\end{aligned}\right\} \tag{c}$$

因为对应于新的平衡形式的 $y(x)$ 不恒等于零，所以 A、B 和 $\dfrac{F_R}{F_P}$ 不全为零。由此可知，式(c)中的系数行列式应等于零，即

$$D=\begin{vmatrix}1 & 0 & -l\\0 & \alpha & 1\\\cos\alpha l & \sin\alpha l & 0\end{vmatrix}=0 \tag{d}$$

将式(d)展开并整理后，得到稳定方程

$$\tan\alpha l=\alpha l \tag{e}$$

这里，计算临界荷载的问题，变成求解稳定方程的问题。

(4)解稳定方程，求特征荷载值。

式(e)的精确解不易求得，可改用试算法或图解法进行数值解。当采用图解法时，作 $y_1=\tan\alpha l$ 和 $y_2=\alpha l$ 两组线，其交点即为方程的解，得到无穷多个解(图 13-10)。因为弹性压杆有无穷多个自由度，因而有无穷多个特征荷载。

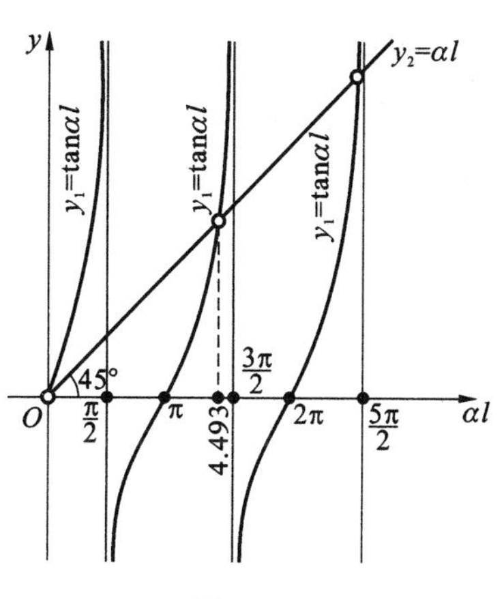

图 13-10

(5)确定临界荷载。

由最小特征值荷载，确定临界荷载。

由于 $(\alpha l)_{\min}=4.493$，故得

$$\begin{aligned}F_{Pcr}&=\alpha^2 EI=(4.493)^2\frac{EI}{l^2}\\&=20.19\frac{EI}{l^2}\approx\frac{\pi^2 EI}{(0.7l)^2}\end{aligned}$$

*13.3 确定临界荷载的能量法

在较为复杂的情况下,如某些无限自由度体系的稳定计算时,用静力法确定临界荷载将会遇到数学上求解微分方程的困难。而确定临界荷载的能量法,则是根据临界状态时体系的能量特征而提出的,在计算过程中可以通过一定的简化方式,将微分方程转换成代数方程计算,因此,是一种适于求解复杂问题的实用近似法。

13.3.1 势能驻值原理

体系的总势能 E_P 定义为体系的应变能 U 与荷载势能 U_P 之和,即

$$E_P = U + U_P \tag{13-1}$$

式(13-1)中,荷载势能 U_P 用荷载功 W 来度量,两者之间的关系是:数值相等,符号相反,即$U_P=-W$。

势能驻值原理可表述为:在弹性体系的所有几何可能位移状态中,其真实的位移状态使体系总势能的一阶变分为零,或者说使总势能为驻值,亦即

$$\delta E_P = \delta U + \delta U_P = 0 \tag{13-2}$$

由此得到的这个驻值条件,等价于平衡条件,也就是以能量形式表示的临界状态平衡方程。依据此平衡方程,并考虑位移有非零解,即可求得相应的临界荷载。

13.3.2 用能量法计算有限自由度体系的临界荷载

能量法计算临界荷载,可按以下步骤进行:

①假设失稳形式;

②建立势能函数($E_P=U+U_P$);

③应用势能驻值条件,建立临界状态平衡方程;

④由位移有非零解的条件,建立稳定方程;

⑤解稳定方程,由最小特征荷载值确定临界荷载值。

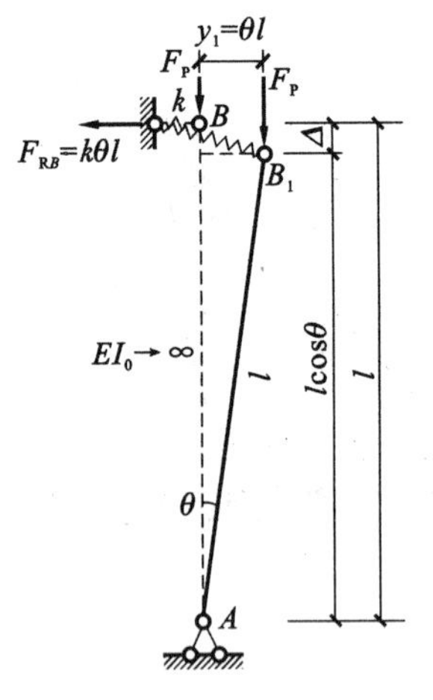

图 13-11

【例 13-4】 试用能量法重解例 13-1 中图 13-5(a)所示体系的临界荷载。

【解】 (1)假设失稳形式。

根据自由度设定体系可能位形,如图 13-11 所示,未知量为 θ。

(2)建立势能函数。

①求体系的应变能 U。

计算弹性支座的应变能时,考虑到侧移 y_1 是由零到其最终值的发展过程,故体系的应变能为

$$U = \frac{1}{2}(kl\theta)(l\theta) = \frac{1}{2}k(l\theta)^2$$

②求荷载势能。

$$U_P = -F_P\Delta$$

式中

$$\Delta = l - l\cos\theta = l(1-\cos\theta) = l\left(2\sin^2\frac{\theta}{2}\right) \approx l\left[2\left(\frac{\theta}{2}\right)^2\right]$$

即

$$\Delta = \frac{l\theta^2}{2} \text{ 或 } \Delta = \frac{y_1^2}{2l}$$

故荷载势能

$$U_P = -F_P\frac{l\theta^2}{2}$$

③求体系的总势能。

$$E_P = U + U_P = \frac{1}{2}k(l\theta)^2 - F_P\frac{l\theta^2}{2} = \frac{1}{2}(kl^2 - F_Pl)\theta^2 \qquad \text{(a)}$$

(3)应用势能驻值条件,建立临界状态平衡方程。

本例为单自由度体系,势能的一阶变分等于零,即

$$\delta E_P = \frac{dE_P}{d\theta}\delta\theta = 0$$

因 $\delta\theta \neq 0$,故有

$$\frac{dE_P}{d\theta} = 0$$

将总势能 E_P 值代入上式,即可得

$$(kl^2 - F_Pl)\theta = 0 \qquad \text{(b)}$$

此即用能量法建立的临界状态平衡方程,等效于用静力法对同一体系导出的平衡方程[13.2.2节中式(b)]。

(4)由位移有非零解,建立稳定方程。

未知量 θ 有非零解的条件是

$$kl^2 - F_Pl = 0 \qquad \text{(c)}$$

此即稳定方程。

(5)解稳定方程,确定临界荷载。

解稳定方程,得特征荷载值

$$F_P = kl$$

对于单自由度体系,该特征荷载值即为临界荷载

$$F_{Pcr} = F_P = kl \qquad \text{(d)}$$

从本例式(a)可知,总势能 E_P 是位移 y_1 的二次函数,其关系曲线为二次抛物线(图13-12)。如上所述,总势能为驻值,等价于平衡条件。但是,仅凭驻值条件,还不能保证体系变形状态的稳定性,因为体系的平衡状态还分为稳定的、不稳定的和随遇平衡三种。要最终判别平衡状态究竟属于哪一种,还必须进一步考察总势能的二阶变分 δ^2E_P 的情况,即

当 $\delta E_P=0$,且
- ①$\delta^2E_P>0$,该变形状态 E_P 最小,稳定平衡;
- ②$\delta^2E_P=0$,该变形状态附近 E_P 不变,随遇平衡;
- ③$\delta^2E_P<0$,该变形状态 E_P 最大,不稳定平衡。

由以上分析表明,体系总势能的一阶变分 $\delta E_P=0$,且二阶变分 $\delta^2E_P=0$,才是严格的平衡稳定性的能量准则。

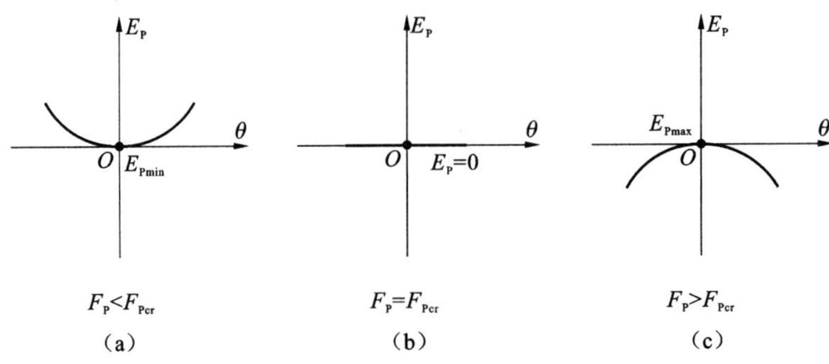

图 13-12

(a)稳定平衡状态;(b)随遇平衡状态;(c)不稳定平衡状态

那么,当用能量法计算临界荷载时,为什么可以更为简便地将其能量特征表述为“总势能为驻值(即 $\delta E_P=0$),且位移有非零解”,而不必再考察总势能的二阶变分情况呢?这是因为,对于具有轴压构件的弹性结构来说,稳定分析的关键在于确定使随遇平衡成为可能的那个临界荷载值。所以,若在一个新的且可能实现的变形状态中,该荷载的作用可以达成平衡,这时,无须检查系统的平衡稳定条件。因此,总势能(新状态中位移的函数)具有驻值,就可以作为临界状态的充要条件。上述结论是根据单自由度体系作出的,但它同样适用于多自由度体系和无限自由度体系。

【例 13-5】 试用能量法重解例 13-2[图 13-6(a)]所示具有两个自由度体系的临界荷载。

【解】 (1)假设失稳形式。

失稳形式如图 13-13 所示。

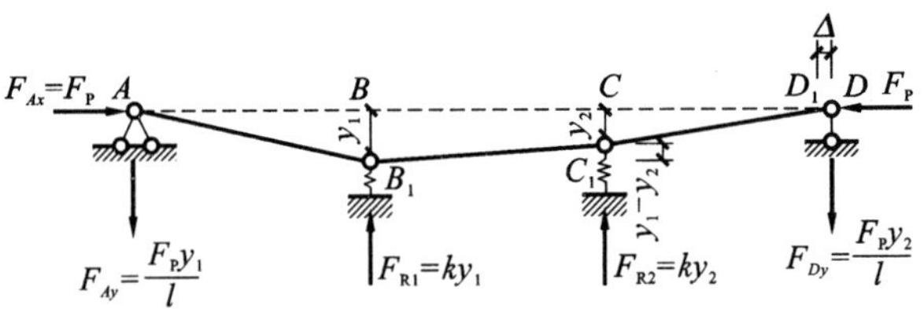

图 13-13

(2)建立势能函数。

体系的应变能

$$U=\frac{1}{2}ky_1^2+\frac{1}{2}ky_2^2=\frac{1}{2}k(y_1^2+y_2^2)$$

荷载势能

$$U_P=-F_P\Delta=-F_P\times\frac{1}{2l}[y_1^2+(y_2-y_1)^2+y_2^2]$$

$$=-\frac{F_P}{l}(y_1^2-y_1y_2+y_2^2)$$

由总势能 $E_P=U+U_P$,有

$$E_P=\frac{1}{2}k(y_1^2+y_2^2)-\frac{F_P}{l}(y_1^2-y_1y_2+y_2^2)$$

(3)应用势能驻值条件,建立临界状态平衡方程。

本例为两个自由度体系,势能 $E_P(y_1,y_2)$ 的一阶变分等于 0,即

$$\delta E_{\mathrm{P}} = \frac{\partial E_{\mathrm{P}}}{\partial y_1}\delta y_1 + \frac{\partial E_{\mathrm{P}}}{\partial y_2}\delta y_2 = 0$$

因 $\delta y_1 \neq 0$、$\delta y_2 \neq 0$，故有

$$\frac{\partial E_{\mathrm{P}}}{\partial y_1} = 0, \quad \frac{\partial E_{\mathrm{P}}}{\partial y_2} = 0$$

即

$$\left.\begin{aligned} \frac{\partial E_{\mathrm{P}}}{\partial y_1} &= ky_1 - \frac{F_{\mathrm{P}}}{l}(2y_1 - y_2) = 0 \\ \frac{\partial E_{\mathrm{P}}}{\partial y_2} &= ky_2 - \frac{F_{\mathrm{P}}}{l}(2y_2 - y_1) = 0 \end{aligned}\right\}$$

经整理，可得临界状态平衡方程

$$\left.\begin{aligned} (kl - 2F_{\mathrm{P}})y_1 + F_{\mathrm{P}}y_2 &= 0 \\ F_{\mathrm{P}}y_1 + (kl - 2F_{\mathrm{P}})y_1 &= 0 \end{aligned}\right\}$$

上式也就是例 13-2 中用静力法导出的式(a)，能量法余下的步骤与静力法完全相同(此处从略)，最后得

$$F_{\mathrm{Pcr}} = F_{\mathrm{Pmin}} = \frac{kl}{3}$$

其结果与静力法相同。

13.3.3　用能量法计算无限自由度体系的临界荷载

现以图 13-14(a)所示理想弹性压杆为例予以说明。

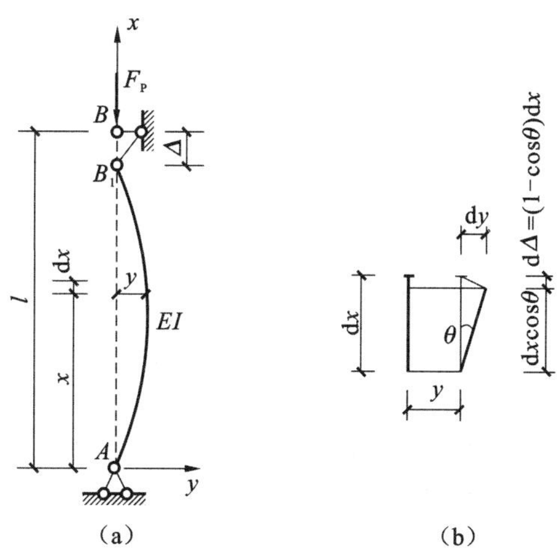

图 13-14

(a)弹性理想压杆；(b)取微段 dx 进行分析

取压杆直线平衡位置作为参考状态。根据边界条件和位移协调条件，设定体系可能位形，如图 13-14(a)中实线所示，$y(x)$即为满足位移边界条件的任一可能位形状态(即失稳形式)。

为建立势能函数，首先，确定体系的应变能。若只考虑弯曲变形的影响，则

$$U = \frac{1}{2}\int_0^l \frac{M^2}{EI}\mathrm{d}x$$

即

$$U = \frac{1}{2}\int_0^l EI(y'')^2 \mathrm{d}x \tag{13-3}$$

其次，计算荷载势能。如图 13-14(b)所示，先取微段 dx 进行分析，微段两端竖向位移的差值为

$$\mathrm{d}\Delta = (1-\cos\theta)\mathrm{d}x$$

在小变形时，可取 $\theta \approx \tan\theta = y'$，上式可改写为

$$\mathrm{d}\Delta = \frac{1}{2}\theta^2 \mathrm{d}x = \frac{1}{2}(y')^2 \mathrm{d}x$$

因此，压杆顶点的竖向位移

$$\Delta = \int_0^l \mathrm{d}\Delta = \frac{1}{2}\int_0^l (y')^2 \mathrm{d}x$$

于是可得荷载势能为

$$U_\mathrm{P} = -F_\mathrm{P}\Delta = -\frac{F_\mathrm{P}}{2}\int_0^l (y')^2 \mathrm{d}x$$

最后，得到体系的总势能为

$$E_\mathrm{P} = \frac{1}{2}\int_0^l [EI(y'')^2 - F_\mathrm{P}(y')^2]\mathrm{d}x$$

有必要指出，上式中挠曲线函数 $y(x)$ 尚属未知，而结构的势能 E_P 又是 $y(x)$ 的函数，因此，E_P 是一个泛函数。将势能驻值条件精确地应用于无限自由度体系，是一个泛函数的变分问题，计算过程比较复杂，而且，只能先得到微分方程，然后再求解，而不能直接求得问题的解。所以，在实际计算中，一般是将无限自由度体系近似地简化为有限自由度体系来处理。这样的能量方法，通常称为里兹法。

里兹法采用广义坐标，近似地用包含若干参数的已知函数的线性组合，去逼近真实的微弯失稳曲线，即令

$$y(x) = a_1\varphi_1(x) + a_2\varphi_2(x) + \cdots + a_n\varphi_n(x) \tag{13-4}$$

式中 $\varphi_i(x)$——满足位移边界条件的已知函数，$i=1,2,\cdots,n$，也称为里兹基函数；

a_i——待定的参数，共有 n 个。

这样，无限自由度体系就被近似地看成具有 n 个自由度的体系。因而，只需要使用微分计算，最后用 n 个齐次线性代数方程，并按照与有限自由度体系相同的方法和步骤，即可求出无限自由度体系的临界荷载。

为了便于应用起见，现将构成直杆位移函数的几种常用的级数表达式列入表 13-1 中。其中，选取项数的多少应由计算精度方面的要求决定。

表 13-1 **满足位移边界条件的几种常用的级数形式**

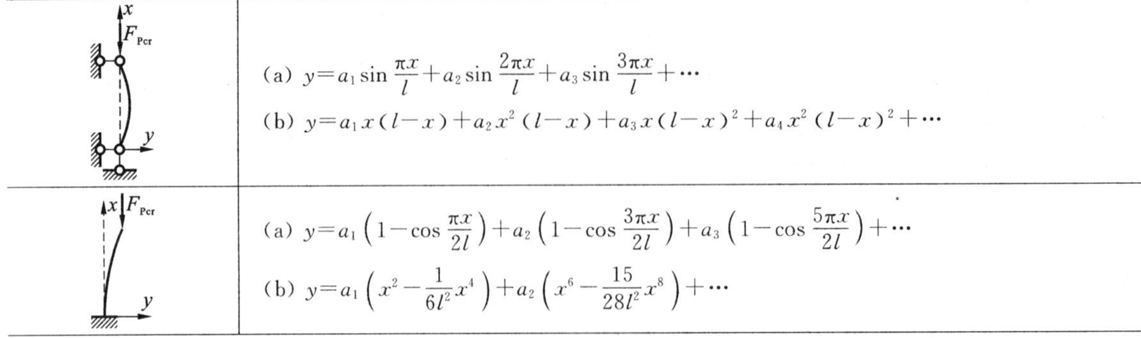

x, F_{Pcr}, y	(a) $y=a_1\sin\frac{\pi x}{l}+a_2\sin\frac{2\pi x}{l}+a_3\sin\frac{3\pi x}{l}+\cdots$ (b) $y=a_1x(l-x)+a_2x^2(l-x)+a_3x(l-x)^2+a_4x^2(l-x)^2+\cdots$
x, F_{Pcr}, y	(a) $y=a_1\left(1-\cos\frac{\pi x}{2l}\right)+a_2\left(1-\cos\frac{3\pi x}{2l}\right)+a_3\left(1-\cos\frac{5\pi x}{2l}\right)+\cdots$ (b) $y=a_1\left(x^2-\frac{1}{6l^2}x^4\right)+a_2\left(x^6-\frac{15}{28l^2}x^8\right)+\cdots$

续表

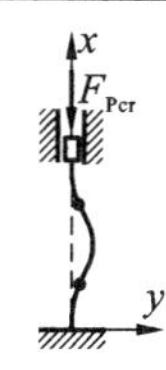	(a) $y=a_1\left(1-\cos\frac{2\pi x}{l}\right)+a_2\left(1-\cos\frac{6\pi x}{l}\right)+a_3\left(1-\cos\frac{10\pi x}{l}\right)+\cdots$ (b) $y=a_1x^2(l-x)^2+a_2x^3(l-x)^3+\cdots$
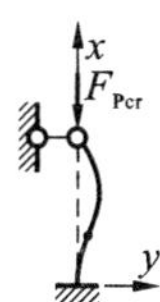	$y=a_1x^2(l-x)+a_2x^3(l-x)+\cdots$

【例 13-6】 试用能量法求解图 13-14(a)所示简支弹性压杆的临界荷载。

【解】 解法 1:(1)假设失稳形式。

按表 13-1,假定位形曲线为抛物线,即

$$y(x)=ax(l-x) \tag{a}$$

相当于在式(13-4)中只取一项。容易看出,此曲线满足简支压杆的边界条件。由于曲线形状已设定,只要给定 a 的数值,就可以唯一确定位形,即是以单自由度体系(变量为 a)的二次曲线来近似表示原无限自由度体系。

(2)建立势能函数。

$$E_P=\frac{1}{2}\int_0^l[EI(y'')^2-F_P(y')^2]\mathrm{d}x \tag{b}$$

将式(a)代入式(b),得

$$\begin{aligned}E_P&=\frac{1}{2}\int_0^l EI(-2a)^2-F_P(al-2ax)^2\mathrm{d}x\\&=2a^2lEI-\frac{1}{6}F_Pa^2l^3\end{aligned} \tag{c}$$

(3)应用势能驻值条件。

$$\begin{aligned}\frac{\mathrm{d}E_P}{\mathrm{d}a}&=4alEI-\frac{1}{3}F_Pal^3\\&=al(4EI-\frac{1}{3}F_Pl^2)\\&=0\end{aligned} \tag{d}$$

(4)建立稳定方程。

未知量 a 有非零解的条件是

$$l(4EI-\frac{1}{3}F_Pl^2)=0 \tag{e}$$

(5)确定临界荷载。

解稳定方程,得

$$F_{Pcr}=F_P=\frac{12EI}{l^2} \tag{f}$$

与精确解 $F_{Pcr}=\frac{\pi^2EI}{l^2}$ 相比,误差为+21.6%。

解法2:假设失稳形式为横向均布荷载 q 作用下的挠曲线

$$y(x)=\frac{q}{24EI}(l^3x-2lx^3+x^4) \tag{g}$$

即以单自由度体系(变量为 q)的四次曲线,来近似表示原无限自由度体系。

按照以上的计算步骤可确定临界荷载为

$$F_{\mathrm{Pcr}}=\frac{168EI}{17l^2}=\frac{9.882EI}{l^2}$$

与精确解 $F_{\mathrm{Pcr}}=\frac{\pi^2EI}{l^2}$ 相比,误差为+0.1256%。

解法3:假设失稳形式为正弦曲线

$$y(x)=a\sin\frac{\pi x}{l}$$

即以单自由度体系(变量为 a)的正弦曲线,来表示原无限自由度体系。

按照以上的计算步骤可确定临界荷载为

$$F_{\mathrm{Pcr}}=\frac{\pi^2EI}{l^2}$$

与精确解完全一致。

一般情况下,用能量法求得的临界荷载偏大。这是因为一般所设的失稳形式与实际变形并不一致,这就相当于在压杆中加入了某些约束,提高了压杆的刚度。

用能量法求解临界荷载的关键是:假定的变形曲线 $y(x)$ 必须合适,应尽可能接近实际屈曲形式而又便于计算。但是,在实际工程中,失稳的真实位移曲线往往是未知的,横向荷载作用下的挠曲线也不易确定,因此,采用里兹能量法并利用表13-1,是求解临界荷载十分实用的方法。尽管在本例中解法1得到的精度较低,但这是由于简化后自由度太少的原因造成的;如果选用较多项次的函数去拟合位形曲线,则可迅速达到足够的解答精度。

13.4 直杆的稳定

前面两节中,结合约束和受力都比较简单的压杆,讨论了用静力法和能量法确定临界荷载的原理和方法。下面,将用这些方法进一步讨论略为复杂一点,但杆的轴线在变形前仍为直线的压杆稳定问题。

13.4.1 刚性支承等截面直杆的稳定

刚性支承、等截面直杆的稳定,归纳起来主要有以下五种形式,如图13-15所示。

图13-15(a)所示两端铰支压杆临界荷载的计算公式,又称为欧拉公式,即

$$F_{\mathrm{Pcr}}=\frac{\pi^2EI}{l^2}$$

实际上,各种不同约束条件下的压杆在临界状态时的微弯变形曲线特征,可与两端铰支压杆的临界微弯变形曲线(一个正弦半波)相比较,进而可确定各种压杆微弯时与一个正弦半波相当部分的长度,用 μl 表示。然后,用 μl 代替上式中的 l,便得到各种约束条件下压杆临界荷载计算的通用公式,即

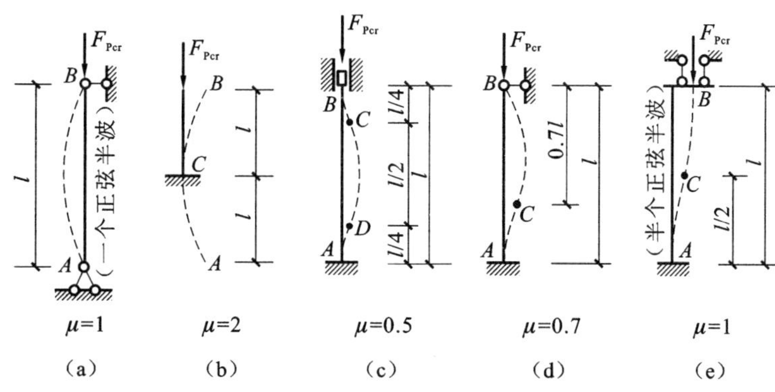

图 13-15

(a)两端铰支;(b)一端固定、一端自由;(c)两端固定;(d)一端固定、一端铰支;(e)一端固定、一端定向支承

$$F_{Pcr}=\frac{\pi^2 EI}{(\mu l)^2}$$

式中　μ——计算长度系数(图 13-15),它反映杆端约束对压杆临界荷载的影响;

μl——计算长度。

13.4.2　弹性支承等截面直杆的稳定

有许多刚架和排架都可简化为单根压杆的稳定问题,而把其余部分的作用转化为该杆的某种弹性支承(即将其余部分作为一个子结构),问题只是在于这些弹性支承的弹簧刚度有时容易确定,因而宜于这样简化;有时不易确定(计算复杂),因而不宜于这样简化。

如果要简化,则须同时满足以下两个条件:

①除所选压杆外,结构的其余杆件中无压杆(包括对称结构取一半之后,除所选压杆外,其余部分无压杆;或其余部分虽有压杆,但为两端铰接杆)。

②组成各弹性支承的杆件互不重复,否则,各弹簧间相互影响,计算不方便,而且不能用相互独立的弹簧刚度来表示。

例如,图 13-16(a)所示刚架 F_{Pcr}的计算,可简化为图 13-16(b)所示单根压杆来计算。

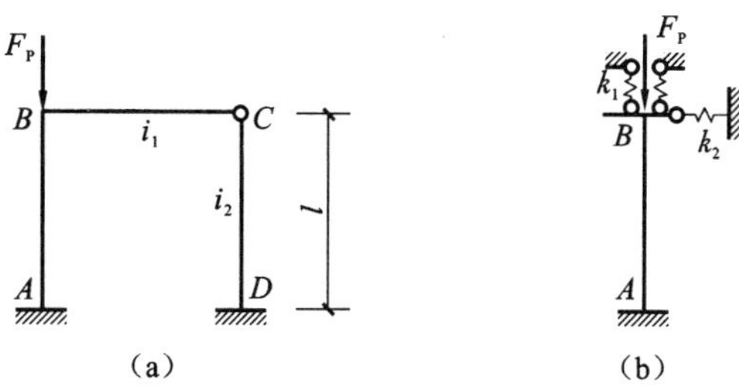

图 13-16

(a)原结构;(b)具有弹性支承的压杆

其中,BC 杆对 AB 杆的作用化作抗转动弹簧,其刚度 $k_1=3i_1$;CD 杆的作用化作抗移动弹簧,其刚度为 $k_2=\frac{3i_2}{l^2}$。

需要指出的是:对于不满足上述条件的刚架等结构,则应采用矩阵位移法等其他方法进行计算,可参阅有关教材。

将结构转换为单根压杆后得到的计算模型,常见的有如图 13-17 所示的三种基本形式。下面,用静力法分别计算。

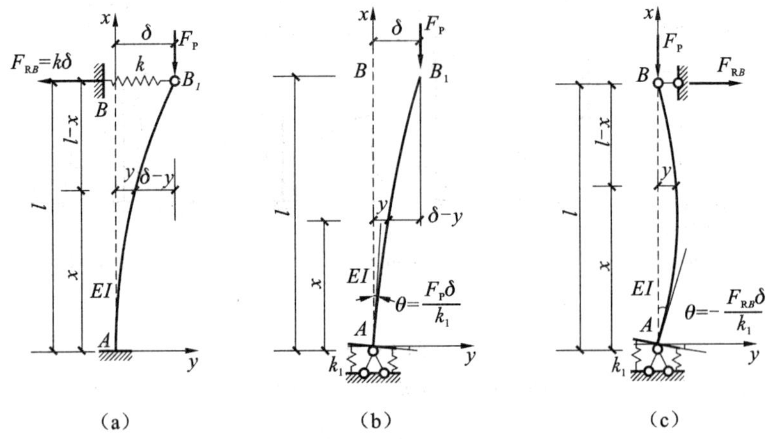

图 13-17

(a)基本形式之一;(b)基本形式之二;(c)基本形式之三

(1)基本形式之一:一端固定、另一端弹性支座。

①假定失稳形式,如图 13-17(a)所示。

②建立临界状态平衡方程:任一截面的外弯矩为

$$M = F_P(\delta - y) - k\delta(l - x) \tag{a}$$

将式(a)代入内、外弯矩平衡方程中,则得弹性曲线的微分方程为

$$EIy'' = M = F_P(\delta - y) - k\delta(l - x)$$

或

$$EIy'' + F_P y = F_P\delta - k\delta(l - x) \tag{b}$$

③根据平衡形式具有二重性的静力特征,建立稳定方程:

式(b)的通解为

$$y = A\cos\alpha x + B\sin\alpha x + \delta\left[1 - \frac{k}{F_P}(l - x)\right] \tag{c}$$

式中

$$\alpha = \sqrt{\frac{F_P}{EI}} \tag{d}$$

引入边界条件:当 $x=0$ 时,$y=y'=0$;当 $x=l$ 时,$y=\delta$,即可得到关于未知量 A、B 和 δ 的线性方程组

$$\left.\begin{aligned} A + \left(1 - \frac{kl}{F_P}\right)\delta = 0 \\ B\alpha + \frac{k}{F_P}\delta = 0 \\ A\cos\alpha l + B\sin\alpha l = 0 \end{aligned}\right\} \tag{e}$$

由于 A、B 和 δ 不能全为零,故方程组(e)的系数行列式应等于零,即

$$D = \begin{vmatrix} 1 & 0 & 1 - \dfrac{kl}{\alpha^2 EI} \\ 0 & \alpha & \dfrac{k}{\alpha^2 EI} \\ \cos\alpha l & \sin\alpha l & 0 \end{vmatrix} = 0 \tag{f}$$

④解稳定方程，求特征荷载值：

将式(f)展开，得稳定方程

$$\tan\alpha l = \alpha l - \frac{(\alpha l)^3 EI}{kl^3} \tag{13-5}$$

用试算法或作图法求得$(\alpha l)_{min}$后，根据式(d)不难求出临界荷载值 F_{Pcr}。

(2)基本形式之二：一端自由、另一端为弹性抗转动支座[图 13-17(b)]。

在临界状态下，任一截面的弯矩为

$$M = F_P(\delta - y)$$

相应的边界条件为：当 $x=0$ 时，$y=0$ 和 $y'=\theta$；当 $x=l$ 时，$y=\delta$。

与前述推导类似，将弯矩表达式代入 $EIy''=M$，解此微分方程，在引入以上边界条件后，再根据位移有非零解的条件，可得到稳定方程

$$\alpha l \tan\alpha l = \frac{k_1 l}{EI} \tag{13-6}$$

采用作图法或试算法求得$(\alpha l)_{min}$后，即可用式(d)求出 F_{Pcr}。

(3)基本形式之三：一端铰支、另一端为弹性抗转动支座[图 13-17(c)]。

在临界状态下，任一截面的弯矩为

$$M = -F_P y + F_{RB}(l - x)$$

相应的边界条件为：当 $x=0$ 时，$y=0$ 和 $y'=-\frac{F_{RB}l}{k_1}$；当 $x=l$ 时，$y=0$。

由类似推导，可得稳定方程

$$\tan\alpha l = \alpha l \frac{1}{1+(\alpha l)^2 \frac{EI}{k_1 l}} \tag{13-7}$$

采用作图法或试算法求得$(\alpha l)_{min}$后，即可用 $\alpha=\sqrt{\frac{F_P}{EI}}$ 求出 F_{Pcr}。

【例 13-7】 试将如图 13-18(a)所示刚架简化成具有弹性支承端的压杆，并求其稳定方程。

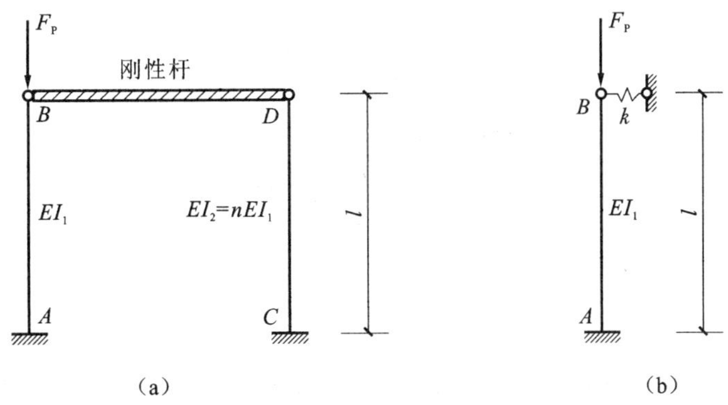

图 13-18

(a)原结构；(b)具有弹性支承的压杆(基本形式之一)

【解】 如图 13-18(a)所示刚架可等效地简化为如图 13-18(b)所示的上端具有弹性支承、下端固定的压杆(属基本形式之一)。其弹簧刚度系数

$$k=\frac{3EI_2}{l^3}$$

将其代入式(13-5),得稳定方程

$$\tan\alpha l=\alpha l-\frac{(\alpha l)^3EI_1}{kl^3}$$

【例 13-8】 试将如图 13-19(a)所示刚架简化成具有弹性支承端的压杆,并求其稳定方程。

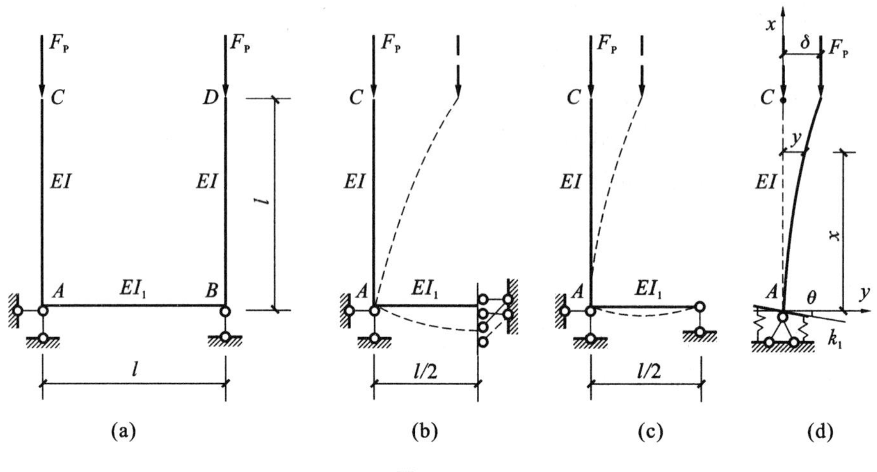

图 13-19

(a)原结构;(b)对称位形模式;(c)反对称位形模式;(d)具有弹形支承的压杆(基本形式之二)

【解】 如图 13-19(a)所示为对称结构,可能出现正对称失稳和反对称失稳两种失稳形式。因此,可对应地取等效半刚架,如图 13-19(b)、(c)所示。

为进一步简化计算,还可将图 13-19(b)和图 13-19(c)统一化为如图 13-19(d)所示的上端自由、下端具有抗转动弹性支承的压杆(属基本形式之二)。

(1)对称失稳时,如图 13-19(b)所示,其抗转动刚度系数为

$$k_{1b}=\frac{EI_1}{l/2}=\frac{2EI_1}{l}$$

将其代入式(13-5),得稳定方程

$$\alpha l\tan\alpha l=\frac{2EI_1}{EI} \tag{a}$$

(2)反对称失稳时,如图 13-19(c)所示,其转动刚度系数为

$$k_{1c}=3\frac{EI_1}{l/2}=\frac{6EI_1}{l}$$

将其代入式(13-5),得稳定方程

$$\alpha l\tan\alpha l=\frac{6EI_1}{EI}$$

由于对称失稳时的抗转动刚度系数较小,决定原结构临界荷载的稳定方程将由对称失稳时所确定,因此稳定方程可取为对称失稳模式下的式(a)。

【例 13-9】 试求如图 13-20(a)所示结构的稳定方程。

【解】 考察 AB 杆的可能失稳形式,当其发生弯曲失稳时,将引起刚结点 B 的转动;此时,结构中的其余部分(如 CB、BD 杆等),会对结点 B 的转动形成约束。因此,可将图 13-20(a)所示结构简化为图 13-20(b)所示的压杆,而 CB 杆和 BD 杆则转化为 B 支承处的弹性约束。

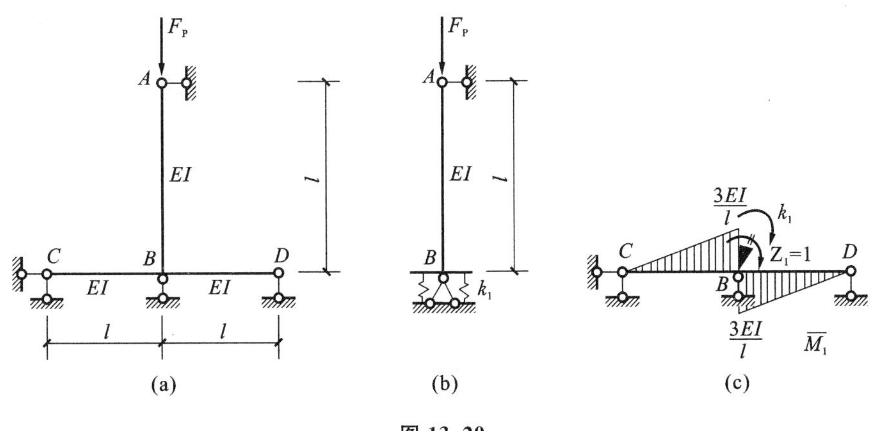

图 13-20

(a)原结构；(b)带弹性支承的压杆(基本形式之三)；(c)刚度系数的计算

求弹性约束处的刚度系数 k_1 时，可将结构中除 AB 压杆外的其余部分取出，由 k_1 的物理意义计算，如图 13-20(c)所示。

在本例中，由于 k_1 即等于连续梁的中点 B 发生单位转角时所需的力矩，故根据图 13-20(c)所示 $\overline{M}_1$ 图，可知

$$k_1 = \frac{3EI}{l} + \frac{3EI}{l} = \frac{6EI}{l}$$

将求得的 k_1 值代入式(13-7)，便可得到稳定方程

$$\tan\alpha l = \alpha l \frac{1}{1 + \frac{(\alpha l)^2}{6}}$$

Abaqus 结构梁-柱压杆稳定性仿真分析＋Midas 稳定分析操作讲解＋workbench 压杆稳定分析

对于某些结构，若求柔度系数更方便时，可将除压杆外的其余部分取出，用单位荷载法求出相应的位移(即柔度系数)，然后取其倒数即可求得弹簧刚度系数。

本章小结

(1)结构的失稳有两种形式：分支点失稳和极值点失稳。分支点失稳讨论的主要对象是理想柱(属理想体系)，当荷载达到一定数值时，引起变形状态的质变而使结构失去稳定；极值点失稳讨论的主要对象是工程柱(属非理想体系)，是指荷载达到一定数值时，变形持续增大而令结构失去稳定。

(2)本章主要讨论的是小挠度理论下线弹性结构理想体系的稳定分析。分析方法根据临界状态下的静力特征和能量特征建立，即静力法和能量法。

(3)静力法依据的是临界状态的静力特征，即平衡形式的二重性。静力法的基本方程是失稳状态的平衡方程，其形式是关于位移的齐次代数方程(在无限自由度体系中，根据平衡微分方程的解引入支承条件后，是关于待定常数的齐次代数方程)。根据齐次方程解答的二重性条件，可以得出稳定方程，并用以解出临界荷载。

(4)能量法依据的是临界状态的能量特征，即当荷载为特征荷载时，体系的总势能为驻值(即 $\delta E_P=0$)，且位移有非零解，根据势能驻值原理可解出特征荷载。能量法在计算时，可以通过设定

体系的位形函数,从而把无限自由度体系简化为有限自由度体系计算,避免微分方程的求解。

(5)可以将某些结构简化为具有弹性支承的单根压杆的稳定问题,然后用静力法或能量法求解。简化的条件是其弹性支座的刚度可较容易求得,且除所选压杆外,结构的其余部分无压杆。应注意,不是所有的结构都能这样简化,对于不能简化的结构,应采用矩阵位移法等其他方法进行计算,可参阅有关教材。

思考题

13-1　何谓第一类失稳与第二类失稳?两者有何不同?有何联系?

13-2　试分别说明静力法和能量法求临界荷载的解题依据和主要计算步骤。

13-3　能量法本身是不是近似法?为什么按能量法计算无限自由度体系临界荷载所得出的结果一般都是近似解,而且总是大于精确解?怎样才能提高计算精度?

13-4　增大或减小杆端约束的刚度,对压杆的临界荷载值有何影响?

13-5　在什么条件下刚架可简化为单根具有弹性支座压杆的稳定计算?能否用能量法计算具有弹性支座压杆的临界荷载?

13-6　结构的稳定问题与强度问题能否完全分开讨论?

习题

13-1　试用静力法计算如图 13-21 所示体系的临界荷载。

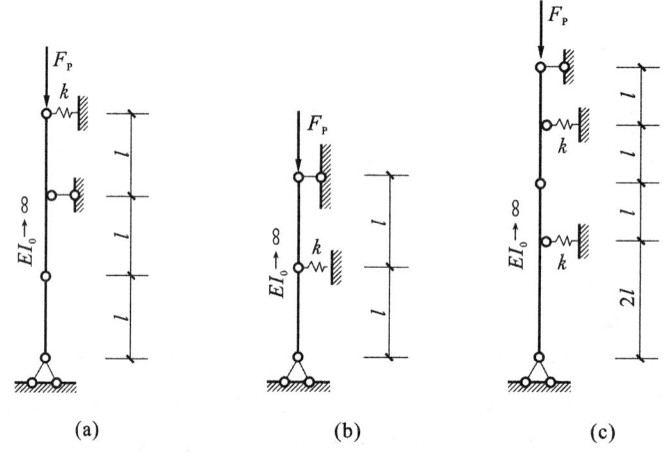

图 13-21

13-2　试用静力法计算如图 13-22 所示体系的临界荷载。k 为弹性铰的抗转刚度(发生单位相对转角所需的力矩)。

13-3　试用静力法计算如图 13-23 所示体系的临界荷载。

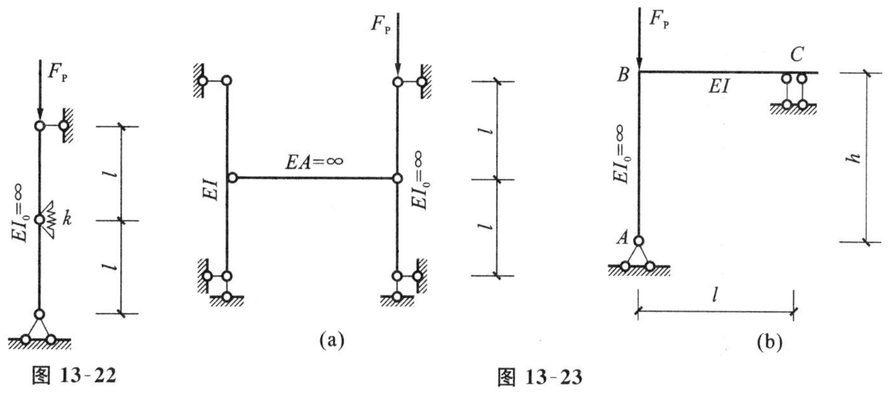

图 13-22

图 13-23

13-4 试用能量法重做习题 13-1 的图 13-21(c)。

13-5 试用静力法求如图 13-24 所示结构的稳定方程。

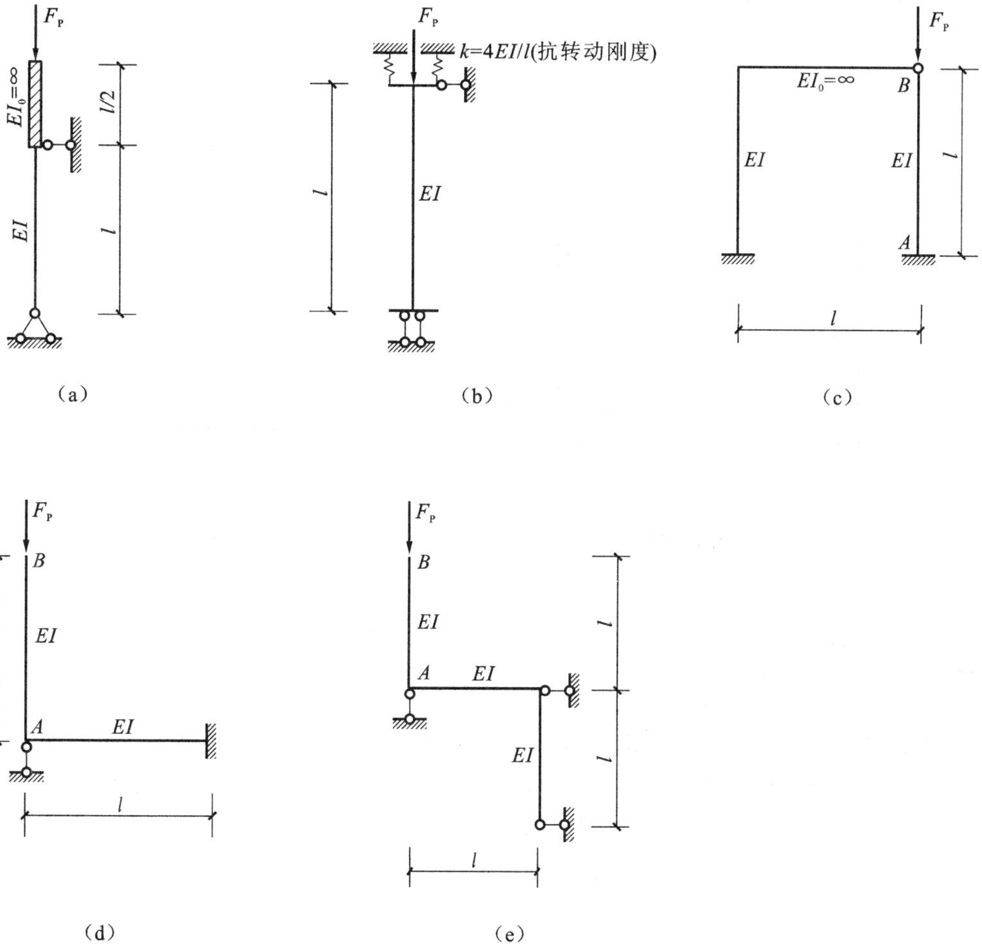

(a) (b) (c)

(d) (e)

图 13-24

13-6 试用能量法计算如图 13-25 所示结构的临界荷载，已知弹簧刚度 $k=\dfrac{3EI}{l^3}$，设失稳曲线为 $y=\Delta\left(1-\cos\dfrac{\pi x}{2l}\right)$。

13-7 试计算如图 13-26 所示结构的临界荷载。已知各杆长为 l，$EI=$常数。

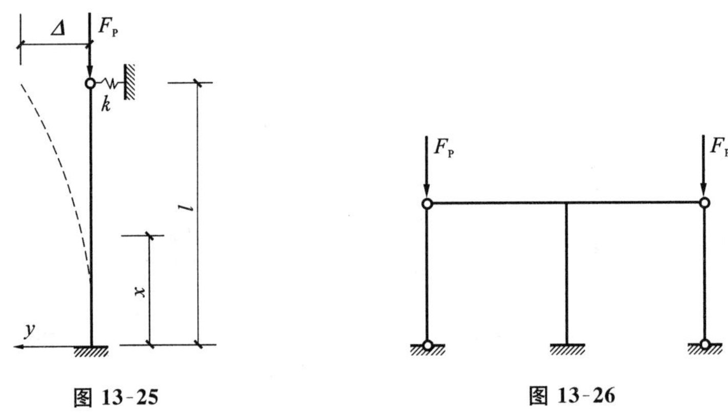

图 13-25　　图 13-26

13-8　试分别按对称失稳和反对称失稳求图 13-27 所示结构的稳定方程。

13-9　试写出如图 13-28 所示柱子的稳定方程,设失稳时基础绕 D 点转动,地基的抗转刚度为 k。

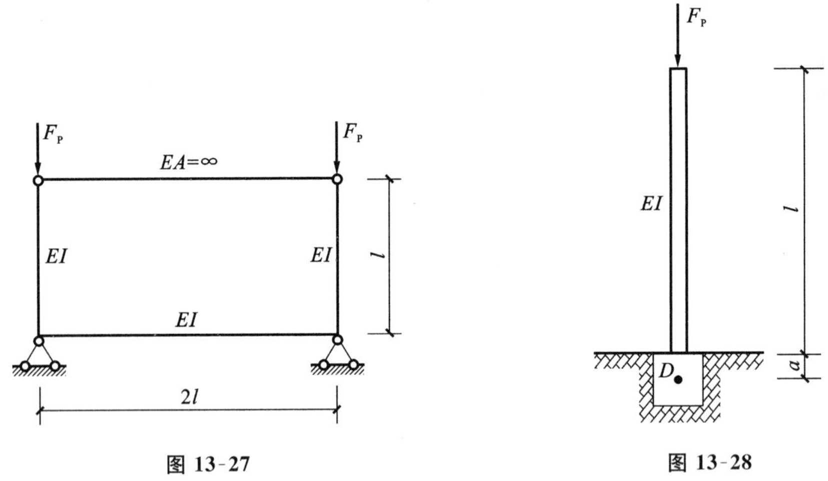

图 13-27　　图 13-28

参考文献

[1] 萧允徽,张来仪. 结构力学Ⅰ. 3 版. 北京:机械工业出版社,2018.
[2] 萧允徽,张来仪. 结构力学Ⅱ. 3 版. 北京:机械工业出版社,2018.
[3] 赵更新. 结构力学. 北京:中国水利水电出版社,知识产权出版社,2004.
[4] 文国治. 结构力学. 2 版. 重庆:重庆大学出版社,2022.
[5] 文国治. 结构力学辅导. 北京:机械工业出版社,2012.